NOVO CURSO DE DIREITO CIVIL

DIREITOS REAIS

5

NOVO CURSO DE DIREITO CIVIL – V. 5

Pablo Stolze Gagliano
Rodolfo Pamplona Filho

1.ª edição – jan. 2019
2.ª edição – jan. 2020
3.ª edição – jan. 2021, 2.ª tiragem – abr. 2021
4.ª edição – jan. 2022, 2.ª tiragem – mar. 2022
5.ª edição – jan. 2023
6.ª edição – jan. 2024
7.ª edição – jan. 2025

PABLO STOLZE GAGLIANO

Juiz de Direito. Professor de Direito Civil da Universidade Federal da Bahia — UFBA. Mestre em Direito Civil pela Pontifícia Universidade Católica de São Paulo — PUC-SP. Especialista em Direito Civil pela Fundação Faculdade de Direito da Bahia. Membro da Academia Brasileira de Direito Civil — ABDC, do Instituto Brasileiro de Direito Contratual — IBDCont e da Academia de Letras Jurídicas da Bahia. Já ministrou palestras e cursos em diversas instituições brasileiras, inclusive no Supremo Tribunal Federal. Membro da Comissão de Juristas da Reforma do Código Civil.

RODOLFO PAMPLONA FILHO

Juiz Titular da 32ª Vara do Trabalho de Salvador-BA. Professor Titular de Direito Civil e Direito Processual do Trabalho do curso de Direito da Universidade Salvador — UNIFACS. Professor Associado da graduação e da pós-graduação (Mestrado e Doutorado) em Direito da Universidade Federal da Bahia — UFBA. Mestre e Doutor em Direito das Relações Sociais pela Pontifícia Universidade Católica de São Paulo — PUC-SP. Máster em Estudios en Derechos Sociales para Magistrados de Trabajo de Brasil pela Universidad de Castilla-La Mancha/Espanha — UCLM. Especialista em Direito Civil pela Fundação Faculdade de Direito da Bahia. Membro e Presidente Honorário da Academia Brasileira de Direito do Trabalho. Membro (e ex-Presidente) da Academia de Letras Jurídicas da Bahia e do Instituto Baiano de Direito do Trabalho. Membro da Academia Brasileira de Direito Civil — ABDC, do Instituto Brasileiro de Direito Civil — IBDCivil, do Instituto Brasileiro de Direito Contratual — IBDCont e do Instituto Brasileiro de Direito de Família — IBDFAM.

NOVO CURSO DE DIREITO CIVIL

DIREITOS REAIS

5

7ª edição
revista, atualizada e ampliada
2025

gen | saraiva jur

- Os autores deste livro e a editora empenharam seus melhores esforços para assegurar que as informações e os procedimentos apresentados no texto estejam em acordo com os padrões aceitos à época da publicação, *e todos os dados foram atualizados pelos autores até a data da entrega dos originais à editora*. Entretanto, tendo em conta a evolução das ciências, as atualizações legislativas, as mudanças regulamentares governamentais e o constante fluxo de novas informações sobre os temas que constam do livro, recomendamos enfaticamente que os leitores consultem sempre outras fontes fidedignas, de modo a se certificarem de que as informações contidas no texto estão corretas e de que não houve alterações nas recomendações ou na legislação regulamentadora.

- Data do fechamento do livro: 09/01/2025

- Os autores e a editora se empenharam para citar adequadamente e dar o devido crédito a todos os detentores de direitos autorais de qualquer material utilizado neste livro, dispondo-se a possíveis acertos posteriores caso, inadvertida e involuntariamente, a identificação de algum deles tenha sido omitida.

- Direitos exclusivos para a língua portuguesa
  Copyright ©2025 by
  Saraiva Jur, um selo da SRV Editora Ltda.
  Uma editora integrante do GEN | Grupo Editorial Nacional
  Travessa do Ouvidor, 11
  Rio de Janeiro – RJ – 20040-040

- Atendimento ao cliente: https://www.editoradodireito.com.br/contato

- Reservados todos os direitos. É proibida a duplicação ou reprodução deste volume, no todo ou em parte, em quaisquer formas ou por quaisquer meios (eletrônico, mecânico, gravação, fotocópia, distribuição pela Internet ou outros), sem permissão, por escrito, da **SRV Editora Ltda.**

- Capa: Tiago Dela Rosa

DADOS INTERNACIONAIS DE CATALOGAÇÃO NA PUBLICAÇÃO (CIP)
DE ACORDO COM ISBD
ELABORADO POR VAGNER RODOLFO DA SILVA – CRB-8/9410

G135n   Gagliano, Pablo Stolze
Novo curso de direito civil - v. 5 - Direitos reais / Pablo Stolze Gagliano, Rodolfo
    Mário Veiga Pamplona Filho. – 7. ed. - São Paulo : Saraiva Jur, 2025.

608 p. – (Novo Curso de Direito)
ISBN: 978-85-5362-740-0

1. Direito. 2. Direito Civil. 3. Direitos reais. I. Pamplona Filho, Rodolfo Mário Veiga. II. Título. III. Série.

2024-4375	CDD 347
	CDU 347

Índice para catálogo sistemático:
1.   Direito Civil 347
2.   Direito Civil 347

Dedicamos esta obra
a nosso Senhor Jesus Cristo, por tudo que vivemos e acreditamos;
a Swami Sri Yukteswarji, gratidão eterna pelo Divino Auxílio;
a Emilia Valentina de Araújo Pamplona, por toda uma vida juntos;
à memória dos imortais Professores Elsior Moreira Alves, José Carlos de
Carvalho Filho, Alice Gonzalez Borges e Edivaldo Machado Boaventura;
e aos formandos do Curso de Direito da Maurício de Nassau 2014.2,
que nos concederam a honra acadêmica da paraninfia,
mesmo sem ter sido nossos alunos.

Agradecimentos

Este livro, embora seja o volume 5, encerra a nossa produção de uma coleção completa de Direito Civil, que conta com sete volumes.

O nosso *Novo Curso de Direito Civil* foi lançado, na primeira edição do primeiro volume, em 3 de abril de 2002.

Desde então, escrevemos, sempre com muito cuidado e sem arroubos de pressa, cada volume, maturando nossas ideias sobre cada ramo do Direito Civil.

Por opção pessoal, fizemos os volumes 6 (Direito de Família) e 7 (Sucessões) antes deste volume, inteiramente dedicado aos Direitos Reais.

Assim sendo, consideramos justo, nesse momento de arremate da coleção, fazer agradecimentos a várias pessoas que acreditaram e continuam acreditando na nossa visão do Direito Civil brasileiro.

Pedindo perdão pela eventual omissão (que, por certo, poderá ser sanada em edições futuras), e sem que haja uma ordem hierárquica, registramos nosso agradecimento a nossas famílias, do sangue e do coração, bem como a Claudio Lensing, Flávia Bravin, Deborah Caetano de Freitas Viadana, Martinha Araújo (o "anjo da guarda" de Rodolfo), Aline Darcy Flor de Souza, Roberto Navarro, Renata Muller, Eveline Denardi, ao irmão Flavio Tartuce, ao estimado Professor Gustavo Tepedino, ao querido Professor Rodrigo Toscano, ao amado Salominho Resedá, aos "amigos" Bruno e Buck, Alisson Carmelo, Poliana Gomes Teixeira, Miguel Calmon Teixeira de Carvalho Dantas, Fernanda Barretto, Julia Pringsheim Garcia, Edilberto Silva Ramos, Adelmo Schindler Jr., Fabio Rocha, Cassio Brasil, Ricardo "Barata" Guerra, Amanda Leite Freitas, Teresa Rodrigues, Geórgia Fernandes Lima, Natália Cavalcante, Gilberto Rodrigues Martins, Marcella Almeida, Edson Saldanha, Rosângela Lacerda, Silvia Isabelle Teixeira, Andrea Mariani Ludwig, Guilherme Ludwig, Erica Adorno, Luiz Fernando Cerqueira Leal, Manoel Oliveira Sales, Murilo Sampaio, Renato Dantas, Fábio Periandro Hirsch, Fredie Didier Jr., Nathalia Lutterbach, Poliana Soares de Albuquerque, Daniel Boaventura, João da Costa Falcão Neto, Cláudia Mara Viegas e a nossos alunos em cursos, presenciais ou *online*, de todo o Brasil.

Registramos um agradecimento especial aos diversos grupos de formandos que decidiram reservar um espaço para nos prestigiar em suas solenidades de colação de grau, elegendo-nos "Patrono" (Direito UNIFACS 2015 matutino, Direito UFBA 2016.1 Reitoria e Direito UniNassau 2017.1, unidade Mercês) e "Professor Homenageado" (Direito UNIFACS 2015 noturno, Direito UFBA 2015.2 Reitoria e Direito UFBA 2017.1).

Dedicamos o nosso esforço a vocês e a todos os nossos queridos leitores.

Prefácio

Diante da fascinante evolução dos direitos reais, a sistematização da matéria torna-se tarefa árdua, a exigir renovada abordagem dogmática na leitura dos diversos núcleos normativos – não raro conflitantes – em perspectiva unitária, à luz da tábua axiológica constitucional. O estudo do tema por autores contemporâneos como Pablo Stolze Gagliano e Rodolfo Pamplona Filho mostra-se, nessa medida, de extrema importância para o aprofundamento dos diálogos sobre os novos temas de direitos reais.

O livro, organizado em trinta capítulos, propõe-se ao exame analítico dos principais institutos dos direitos reais e das suas principais controvérsias doutrinárias e jurisprudenciais. O primeiro deles, ao tratar das "Noções introdutórias sobre Direitos Reais", inicia o leitor nos aspectos fundamentais da teoria geral dos direitos reais. No segundo capítulo, os autores apresentam a principiologia dos direitos reais, na qual argutamente incluem a boa-fé objetiva, princípio cuja incidência – comumente associada apenas ao direito contratual – deve abranger as relações patrimoniais em geral.

O estudo da posse encontra-se contemplado nos capítulos III a VI, com o exame detido do seu conceito, natureza jurídica, teorias justificadoras, principais classificações, modos de aquisição e perda, efeitos, destacando-se, no Capítulo VI, a proposta de "Compreensão da proteção possessória como um sistema" a partir do cotejo das normas materiais com as normas processuais de tutela da posse.

No âmbito da propriedade, Gagliano e Pamplona desenvolvem, no capítulo voltado ao estudo do condomínio, o tema da multipropriedade imobiliária – recentemente reconhecida como direito real pelo Superior Tribunal de Justiça (Recurso Especial n. 1.546.165) –, em mais uma prova de seu desvelo com as questões em voga na jurisprudência brasileira. Reservam, ainda, o Capítulo XXX ao novel direito real de laje, incluído pela Lei n. 13.465/2017 no art. 1.510-A e s. do Código Civil.

Ao mesmo tempo que os autores se lançam ao desafio de enfrentar questões instigantes e complexas, a obra apresenta benfazeja preocupação didática, dedicando um capítulo (Capítulo XI) ao sistema registral, de modo a permitir ao estudante o contato inicial com as noções conceituais e práticas no campo da aquisição dos direitos reais.

A obra ora apresentada aos leitores, estudantes e profissionais do Direito constitui relevante fonte para o diálogo e amadurecimento da comunidade jurídica através da lente da renovada geração de juristas da qual fazem parte Pablo Stolze Gagliano e Rodolfo Pamplona Filho, sendo especialmente proveitosa a produção científica de autores contemporâneos na dogmática dos direitos reais, que se renova em ritmo acelerado. A originalidade e o dinamismo que caracterizam os Professores Pablo Stolze Gagliano e Rodolfo Pamplona em sua intensa atividade acadêmica, enriquecendo, entre outras frentes, o nosso Instituto Brasileiro de Direito Civil (IBDCivil), encontram-se refletidos neste *Novo Curso de Direito Civil*, oferecendo ao leitor subsídios teóricos e práticos para a compreensão e a construção de direito civil efetivamente *novo*, em crescente aproximação às demandas sociais.

Rio de Janeiro, agosto de 2018

Prof. *Gustavo Tepedino*

Apresentação

Com muita honra – uma das maiores que recebi até este estágio da minha trajetória docente –, fui convidado para apresentar este volume 5 da prestigiada coleção *Novo Curso de Direito Civil*, dos meus amigos e irmãos *socioafetivoacadêmicos* Pablo Stolze Gagliano e Rodolfo Pamplona Filho, dedicada aos Direitos Reais.

Trata-se de uma grande honraria em virtude do fato de serem os autores verdadeiros *gurus intelectuais* para mim. Como afirmo em vários ambientes, e reitero aqui, Pablo e Pamplona me incentivaram, mesmo que implicitamente, a desenvolver os meus livros, pois foram os primeiros da minha geração a terem a coragem de fazê-lo. Foi inspirado nesta coleção que desenvolvi a minha série bibliográfica e também o *Manual de Direito Civil*: volume único.

Além dessa inspiração acadêmica, divido com Pablo e Pamplona muitas posições doutrinárias, ou seja, temos uma forma muito próxima de ver o mundo juridicamente. As citações bilaterais entre os nossos trabalhos, assim, são inevitáveis e percebidas por alunos, professores e leitores. Fico muito feliz quando nossas obras estão juntas nos mais diversos ambientes. A convivência que temos é também contínua e intensa, há cerca de quinze anos. Já dividimos eventos, viagens, encontros familiares e debates pessoais e profissionais. Estamos sempre nos encontrando, e isso me torna mais rico e realizado, em vários sentidos.

Na linha dos livros anteriores, referências não só para a doutrina como para a jurisprudência nacional, lançam os juristas mais uma brilhante obra, concebida em trinta capítulos com a análise de todo o programa e o conteúdo do Direito das Coisas – ou Direitos Reais, como querem.

De início, como não poderia ser diferente, os doutrinadores tratam das noções introdutórias sobre os Direitos Reais, com a justificativa do uso desse termo para o título da obra. O capítulo seguinte, uma inovação entre as obras atuais sobre o assunto, traz a principiologia aplicada ao tema, tratando da função social, da tipicidade, da publicidade, da vedação ao abuso de direito e da boa-fé objetiva.

Na sequência, vem o estudo da posse – com seu conceito, natureza jurídica, classificações e efeitos –, bem como da propriedade, estando nos capítulos III a VII deste livro o *coração da matéria*, para o seu desenvolvimento e compreensão em qualquer nível do estudo jurídico.

Com muito esmero e cuidado com as categorias jurídicas, além de muito fôlego, a obra segue analisando os conceitos afeitos ao domínio jurídico, seja pleno ou restrito, como a propriedade resolúvel, as formas de aquisição e perda da propriedade móvel e imóvel, a usucapião, o registro imobiliário, os direitos de vizinhança, o condomínio em suas mais diversas formas de expressão, o compromisso de compra e venda como direito real de aquisição, os direitos reais de gozo e fruição e os direitos reais de garantia.

Como não poderia ser diferente, o livro está atualizado de acordo com a recente Lei n. 13.465/2017, que trouxe mudanças estruturais e funcionais nos institutos concernentes à propriedade, destacando-se a abordagem do direito real de laje, há tempos estudada pelos autores.

Como grande admirador dos trabalhos – e também das pessoas – de Pablo Stolze e Rodolfo Pamplona há mais de uma década, não me resta outra recomendação a fazer que não seja a leitura e utilização contínua desta obra, o que, sem dúvidas, será feito por mim. A coleção *Novo Curso de Direito Civil*, em suas diversas e sucessivas edições, tem uma posição de destaque nas minhas bibliotecas e prateleiras. Os volumes sempre estão próximos a mim. E não será diferente com este livro, que tenho a grande honra de apresentar.

São Paulo, Aclimação, julho de 2018.

Flávio Tartuce
Doutor em Direito Civil pela USP.
Mestre em Direito Civil Comparado pela PUCSP.
Professor Titular do programa de mestrado e doutorado
da Faculdade Autônoma de Direito (FADISP).
Coordenador e professor dos cursos de pós-graduação
lato sensu em Direito Privado da Escola Paulista de Direito (EPD).
Coordenador regente e professor do curso de pós-graduação em
Direito Negocial e Imobiliário da Escola Brasileira de Direito (EBRADI).
Advogado, consultor jurídico e parecerista em São Paulo. Autor de obras jurídicas.

Nota dos Autores

Neste ano de 2025, completamos 24 (vinte e quatro) anos de parceria.

Foram 11 (onze) volumes lançados com nossa assinatura conjunta, contando os 7 (sete) volumes desta coleção, os dois tomos sobre contratos (que foram fundidos no atual volume 4), a obra *O Novo Divórcio* (depois rebatizada de *O Divórcio na Atualidade*) e o nosso robusto *Manual de Direito Civil*.

Isso sem falar nas nossas obras produzidas individualmente ou com outros(as) colegas.

São vários livros, portanto, que nos orgulham e elevam a nossa responsabilidade acadêmica e compromisso com o público leitor.

Para estas novas edições, procedemos, como de costume, à revisão geral de toda a obra, acrescentando novos posicionamentos jurisprudenciais, bem como incorporando as mais recentes inovações legislativas.

Reiteramos nossa disposição para continuar ensinando o novo Direito Civil brasileiro com profundidade, objetividade e leveza. Por isso, agradecemos, mais uma vez, todas as sugestões de aperfeiçoamento que recebemos pelos nossos *e-mails* pessoais, aqui novamente divulgados com nossos perfis no Instagram e nossos sites.

Muito obrigado por tudo!

Com Deus, sempre!

Pablo Stolze Gagliano
pablostolze@gmail.com
Instagram: @pablostolze
Visite: www.pablostolze.com.br

Rodolfo Pamplona Filho
rpf@rodolfopamplonafilho.com.br
Instagram: @rpamplonafilho
Visite: www.rodolfopamplonafilho.com.br

Índice

Agradecimentos VII
Prefácio IX
Apresentação XI
Nota dos Autores XXIII

Capítulo I
Noções Introdutórias sobre Direitos Reais

1. Direitos Reais: denominação e conceito 1
2. Objeto dos Direitos Reais 1
3. Compreensão dos Direitos Reais no diálogo das fontes do Direito 3
4. Natureza da relação jurídica real e a distinção entre "direitos reais" e "direitos pessoais".. 4
5. Obrigação *propter rem*: conceito e distinções (ônus real e obrigação com eficácia real) 6
6. Classificação dos direitos reais 9

Capítulo II
Principiologia dos Direitos Reais

1. Introdução 11
2. Função social 11
3. Tipicidade 16
4. Publicidade 18
5. Vedação ao abuso de direito 19
6. Boa-fé objetiva 21

Capítulo III
Noções Gerais sobre Posse

1. Conceito e natureza jurídica 25
2. Teorias da posse 27
3. Teoria adotada pelo Código Civil 32
4. Detenção 32

5. Posse de direitos (*possessio juris*) 36
6. Classificação da posse 38
   6.1. Quanto ao exercício e gozo (posse direta e posse indireta) 38
   6.2. Quanto à existência de vício (posse justa e posse injusta) 39
   6.3. Quanto à legitimidade do título ou ao elemento subjetivo (posse de boa-fé e posse de má-fé) 41
   6.4. Quanto ao tempo (posse nova e posse velha) 44
   6.5. Quanto à proteção (posse *ad interdicta* e posse *ad usucapionem*) 45
7. Composse 46

Capítulo IV
Aquisição e Perda da Posse

1. Introdução 49
2. Momento de aquisição da posse 49
3. Legitimidade para aquisição da posse 51
4. Modalidades de perda da posse 52

Capítulo V
Efeitos da Posse

1. Introdução 55
2. Percepção dos frutos e produtos 55
3. Responsabilidade pela perda ou deterioração da coisa 57
4. Indenização pelas benfeitorias realizadas 58

Capítulo VI
Sistema de Proteção Possessória

1. Considerações introdutórias 63
2. Compreensão da proteção possessória como um sistema 63
   2.1. Proteção possessória de direito material 64
   2.2. Tutela processual da posse 65

Capítulo VII
Noções Gerais sobre Propriedade

1. Introdução 77
2. Conceito 77
3. Propriedade, domínio e direito à propriedade 78

4. Elementos constitutivos (poderes inerentes à propriedade)	81
5. Características..	82
6. Extensão	84
7. Objeto	85
8. Classificação...	86
8.1. Quanto à extensão do direito do titular (alcance subjetivo)	86
8.2. Quanto à perpetuidade do domínio (alcance temporal)............	86
8.3. Quanto à localização e destinação da propriedade (alcance finalístico)	87
9. Algumas palavras sobre a função social da propriedade.......................	88
10. Tutela processual da propriedade..	90

Capítulo VIII
Propriedade Fiduciária

1. Introdução	93
2. Conceito e distinção necessária (propriedade resolúvel x propriedade *ad tempus*)..	93
3. Alienação fiduciária em garantia	96
3.1. Conceito	96
3.2. Disciplina codificada..	97
3.3. Alienação fiduciária e adimplemento substancial........................	105
3.4. Noções fundamentais sobre a alienação fiduciária de bens imóveis.....	108

Capítulo IX
Uma Visão Geral sobre as Formas de Aquisição de Propriedade

1. Considerações iniciais...	113
2. Classificação das formas de aquisição de propriedade em originária e derivada.....	113
3. Modo de aquisição comum da propriedade mobiliária e imobiliária	114
4. Modos de aquisição exclusivos da propriedade imobiliária	114
5. Modos de aquisição exclusivos da propriedade mobiliária.....................	115
6. Propriedade aparente..	115

Capítulo X
Usucapião

1. Introdução	119
2. Conceito e pressupostos	120
3. Principais espécies de usucapião	128
3.1. Usucapião extraordinária (art. 1.238, CC)................................	128

3.2. Usucapião ordinária (art. 1.242, CC) 130
3.3. Usucapião constitucional (ou especial) rural ou *pro labore* (art. 191, CF; art. 1.239, CC) 132
3.4. Usucapião constitucional (ou especial) urbana ou *pro misero* (art. 183, CF; art. 1.240, CC; art. 9.º do Estatuto da Cidade) 135
3.5. Usucapião especial urbana coletiva (art. 10 do Estatuto da Cidade) 139
3.6. Usucapião rural coletiva (art. 1.228, §§ 4.º e 5.º, do Código Civil) 141
3.7. Usucapião familiar (art. 1.240-A do Código Civil) 148
3.8. Usucapião indígena 151
3.9. Usucapião administrativa (art. 1.071 do Código de Processo Civil) 152
3.10. Algumas palavras sobre a usucapião da propriedade superficiária 155
3.11. Usucapião e pandemia 157

Capítulo XI
Registro Imobiliário

1. Introdução 159
2. Noções conceituais sobre registro imobiliário 159
3. Distinções terminológicas 161
4. Principais sistemas de registro de imóveis 163
5. Principiologia 165
6. Escrituração 167
7. Registro Torrens 168

Capítulo XII
Acessão

1. Conceito 171
2. Distinção entre acessão e benfeitoria 172
3. Acessão natural: formação de ilhas 173
4. Acessão natural: aluvião 175
5. Acessão natural: avulsão 177
6. Acessão natural: álveo abandonado 178
7. Acessão artificial: construções e plantações 179

Capítulo XIII
Aquisição da Propriedade Mobiliária

1. Introdução 187
2. Modalidades 187

2.1. Usucapião	187
2.2. Ocupação	191
2.3. Achado de tesouro	192
2.4. Tradição	193
2.5. Especificação	196
2.6. Confusão, comistão e adjunção	197

Capítulo XIV
Uma Visão Geral sobre as Formas de Perda de Propriedade

1. Considerações iniciais	199
2. Algumas palavras sobre o rol codificado de modalidades de perda da propriedade	199
3. Alienação	200
4. Renúncia	200
5. Abandono	200
6. Perecimento da coisa	202
7. Desapropriação	203
8. Usucapião	205
9. Confisco	205
10. Outras modalidades	206

Capítulo XV
Direitos de Vizinhança

1. Conceito e natureza jurídica	209
2. Uso anormal da propriedade (arts. 1.277 a 1.281)	211
3. Árvores limítrofes (arts. 1.282 a 1.284)	216
4. Passagem forçada (art. 1.285)	217
5. Passagem de cabos e tubulações (arts. 1.286 e 1.287)	220
6. Das águas (arts. 1.288 e 1.296)	221
7. Dos limites entre prédios e do direito de tapagem (arts. 1.297 e 1.298)	224
8. Direito de construir (arts. 1.299 a 1.313)	226

Capítulo XVI
Condomínio

1. Noções introdutórias	233
2. Condomínio voluntário	233

  2.1. Administração do condomínio 234
  2.2. Direitos e deveres dos condôminos 235
3. Condomínio necessário 241
4. Condomínio edilício 243
  4.1. Conceito e estrutura jurídica 243
  4.2. Direitos e deveres dos condôminos 248
  4.3. Administração do condomínio 253
  4.4. Extinção do condomínio 258
5. Algumas palavras sobre o condômino antissocial 258
6. Condomínio de lotes 261
7. Multipropriedade ou *time sharing* 263
8. Fundos de investimento 268
9. Condomínio edilício e pandemia 271

Capítulo XVII
Noções Gerais sobre Direitos Reais na Coisa Alheia

1. Introdução 273
2. Noções conceituais 273
3. Classificação 276
4. Constituição e extinção 276

Capítulo XVIII
Direito de Superfície

1. Conceito e partes 279
2. Constituição 282
3. Características 283
4. Transmissibilidade do direito de superfície 285
5. O direito de superfície e os enunciados das Jornadas de Direito Civil 287
6. Extinção do direito de superfície 289

Capítulo XIX
Servidão

1. Introdução 293
2. Conceito e conteúdo 293
3. Classificação e proteção possessória 295
4. Institutos correlatos 299
5. Constituição 300

6. Exercício do direito real de servidão	301
7. Extinção	304

Capítulo XX
Usufruto

1. Conceito	309
2. Classificação	311
2.1. Quanto à origem	311
2.1.1. Usufruto voluntário ou convencional	311
2.1.2. Usufruto legal	312
2.1.3. Usufruto constitucional	312
2.2. Quanto ao objeto	314
2.3. Quanto ao alcance ou extensão	315
2.4. Quanto à duração	315
3. Objeto e cessibilidade	316
4. Direitos e deveres do usufrutuário	316
4.1. Direitos do usufrutuário (arts. 1.394 a 1.399, CC)	317
4.2. Deveres do usufrutuário (arts. 1.400 a 1.409, CC)	317
5. Usufruto vidual	319
6. Usufruto e partilha em vida	322
7. Usufruto e fideicomisso	324
8. Extinção do usufruto	328
8.1. Renúncia ou morte do usufrutuário	328
8.2. Termo final	329
8.3. Extinção da pessoa jurídica, em favor de quem o usufruto foi constituído, ou, se ela perdurar, pelo decurso de trinta anos da data em que se começou a exercer	329
8.4. Cessação do motivo do qual se origina o usufruto	330
8.5. Destruição da coisa	330
8.6. Consolidação	331
8.7. Culpa do usufrutuário	332
8.8. Pelo não uso ou não fruição da coisa	332

Capítulo XXI
Uso

1. Noções introdutórias	335
2. Conceito e principais características	335
3. Modos de constituição e extinção do direito real de uso	336

4. Direitos e deveres do usuário e do constituinte 337
5. Interpretação constitucional das normas do direito real de uso 338

Capítulo XXII
Habitação

1. Conceito e características 339
2. Registro imobiliário 340
3. Direito de habitação e as relações sucessórias 342
4. Duração do direito de habitação 345
5. Direito de habitação do(a) companheiro(a) 347

Capítulo XXIII
Direito do Promitente Comprador de Imóvel

1. Introdução 349
2. Considerações acerca do contrato de promessa de compra e venda 349
3. Natureza jurídica e conceito do direito do promitente comprador 351
4. Breve histórico sobre o direito do promitente comprador: um passeio no tempo 353
5. O direito do promitente comprador e o direito de família 359
6. Adjudicação compulsória 360

Capítulo XXIV
Uma Visão Geral sobre os Direitos Reais de Garantia

1. Introdução 367
2. Princípio da acessoriedade ou da gravitação jurídica e características 367
3. Legitimidade (plano subjetivo) e objeto (plano objetivo) do direito real de garantia 370
4. Efeitos do pagamento parcial da dívida e o princípio da indivisibilidade 379
5. Direito de preferência 380
6. Prazo do direito real da anticrese 381
7. Vencimento da dívida 381
8. Garantia prestada por terceiro 382
9. Proibição do pacto comissório 383
10. Responsabilidade remanescente do devedor 385

Capítulo XXV
Penhor

1. Conceito 387
2. Modos de constituição e espécies de penhor 390
3. Direitos e deveres do credor pignoratício 392
   3.1. Direitos do credor pignoratício 392
   3.2. Obrigações do credor pignoratício 396
4. Modalidades especiais de penhor 397
   4.1. Penhor rural 397
       4.1.1. Penhor agrícola 398
       4.1.2. Penhor pecuário 399
   4.2. Penhor industrial e mercantil 400
   4.3. Penhor de direitos e de títulos de crédito 401
   4.4. Penhor de veículos 404
5. Extinção do penhor 405

Capítulo XXVI
Hipoteca

1. Introdução 409
2. Conceito e importância 409
3. Características 410
4. Espécies de hipoteca 413
5. Objeto da hipoteca 415
   5.1. Os imóveis e os acessórios dos imóveis conjuntamente com eles ... 416
   5.2. O domínio direto 416
   5.3. O domínio útil 417
   5.4. As estradas de ferro 417
   5.5. Os recursos naturais a que se refere o art. 1.230, independentemente do solo onde se acham 417
   5.6. Os navios 418
   5.7. As aeronaves 419
   5.8. O direito de uso especial para fins de moradia 420
   5.9. O direito real de uso 421
   5.10. A propriedade superficiária 421
6. Registro da hipoteca e princípios jurídicos 422
7. Sub-hipoteca 423
8. Aquisição de imóvel hipotecado 428
9. Reflexões sobre a Súmula 308 do STJ 429

10. Extinção da hipoteca 432
    10.1. Extinção da obrigação principal 432
    10.2. Perecimento da coisa 432
    10.3. Resolução da propriedade 433
    10.4. Renúncia do credor 434
    10.5. Remição 434
    10.6. Arrematação ou adjudicação 435
    10.7. Cancelamento do registro ou da hipoteca 436
11. Perempção da hipoteca 436
12. Garantia hipotecária e bem de família 438

Capítulo XXVII
Anticrese

1. Conceito 443
2. Direitos e deveres do credor anticrético 446
3. Extinção e remissão da anticrese 446

Capítulo XXVIII
Concessão de Uso Especial para Fins de Moradia

1. Considerações introdutórias 449
2. Conceito 449
3. Disciplina normativa 451

Capítulo XXIX
Concessão de Direito Real de Uso

1. Noções conceituais 455
2. Tratamento legal 455
3. Extensão do direito e diferenciações relevantes 456
4. Prazo prescricional da pretensão de cobrança da contraprestação devida pelo direito de uso 458

Capítulo XXX
Direito de Laje

1. Introdução 459
2. Conceito 462
3. Tratamento jurídico 463
    3.1. Cessão da superfície superior ou inferior de uma propriedade (art. 1.510-A, *caput*, do Código Civil) 464

3.2. Autonomia do direito de laje (art. 1.510-A, §§ 3.º e 4.º, do Código Civil) 465
3.3. Direito a sobrelevações sucessivas (art. 1.510-A, § 6.º, do Código Civil)... 466
3.4. Compartilhamento das despesas necessárias à conservação e fruição das partes que sirvam a todo o edifício (art. 1.510-C do Código Civil). 466
3.5. Direito de preferência (art. 1.510-D do Código Civil) 468
3.6. Matrícula do direito real de laje (art. 176 da Lei n. 6.015, de 31 de dezembro de 1973 – Lei de Registros Públicos – LRP) 470
4. O direito real de laje e o art. 799, X e XI, do Código de Processo Civil 472
5. Ruína da construção e o direito de laje 473

Capítulo XXXI
Direitos Oriundos da Imissão Provisória na Posse nos termos da Lei n. 14.620/2023

1. Noções gerais 475
2. Breve reflexão crítica 476

Referências 477

Capítulo I
Noções Introdutórias sobre Direitos Reais

Sumário: 1. Direitos Reais: denominação e conceito. 2. Objeto dos Direitos Reais. 3. Compreensão dos Direitos Reais no diálogo das fontes do Direito. 4. Natureza da relação jurídica real e a distinção entre "direitos reais" e "direitos pessoais". 5. Obrigação *propter rem*: conceito e distinções (ônus real e obrigação com eficácia real). 6. Classificação dos Direitos Reais.

1. DIREITOS REAIS: DENOMINAÇÃO E CONCEITO

Antes de estudarmos esse importante campo do Direito Civil, parece-nos necessário tecer algumas considerações introdutórias sobre sua denominação e conceito.

Até um passado recente, por inspiração alemã, a expressão preferida para o ramo do Direito Civil que se pretende aqui compreender era "Direito das Coisas" (*Sachenrecht*).

Na contemporaneidade, todavia, tem-se preferido utilizar a locução "Direitos Reais" para denominar o segmento da civilística que disciplina a relação jurídica real.

Entretanto, salientamos que, em nosso sentir, a utilização de uma denominação por outra não traduz qualquer equívoco, podendo ambas ser tranquilamente utilizadas como sinônimas.

Nesse contexto, temos que o **Direito das Coisas** ou os **Direitos Reais**, como ramificação do Direito Civil, consistem em um conjunto de princípios e normas regentes da relação jurídica referente às coisas suscetíveis de apropriação pelo homem, segundo uma finalidade social.

Por outro lado, em sentido mais estrito, quando mencionarmos a expressão "*direitos reais*" (propositalmente com o "d" minúsculo), estaremos tratando especificamente dos direitos subjetivos vinculados à relação real, elencados no art. 1.225 do Código Civil (direito real de propriedade, direito real de usufruto, direito real de servidão etc.).

Trata-se de uma opção consciente de estilo, por amor à clareza das ideias.

E o que se estuda nos Direitos Reais?

É o que veremos no próximo tópico.

2. OBJETO DOS DIREITOS REAIS

Os Direitos Reais têm por objeto o estudo das coisas, entendidas como os bens que podem ser objeto de apropriação.

Conforme adverte CLÓVIS BEVILÁQUA:

"A expressão *direito dos bens* é mais extensa do que *direito das coisas*; por isso é aquela denominação que aparece na Parte Geral do Código Civil; por isso não aparece neste livro, que tem os limites do seu objeto: *direito das coisas*.

Em sentido filosófico, bem é tudo quanto corresponde, de modo geral, à satisfação dos nossos desejos. Para o economista, é o que corresponde á satisfação das necessidades pessoais ou sociais, é o útil. Os nossos desejos íntimos, as nossas aspirações, puramente morais, estéticas ou científicas desenvolvem-se em campo diferente do econômico e do jurídico.

Sem dúvida, o bem jurídico é, também, utilidade, quando é parte componente do patrimônio, que se define como o complexo das relações jurídicas de valor econômico. Mas, além dos bens patrimoniais, o direito protege interêsses de outra categoria, nas relações de ordem moral e na constituição da família"[1].

Nesse sentido, também observa PAULO LÔBO:

"Coisas, em direito, têm significado estrito. O termo frequentemente se confunde com bens, tanto na legislação quanto na doutrina jurídica. Contudo, os bens jurídicos têm dimensão mais ampla e imprecisa, porque abrangem todas as situações que são valiosas e merecedoras de proteção pelo direito, incluindo os que não têm natureza patrimonial e econômica. Os direitos da personalidade, por exemplo, são bens jurídicos, mas não são coisas; são bens não coisificáveis. A prestação, como dever da relação obrigacional voltado ao comportamento da pessoa, não é coisa, mas sim bem jurídico"[2].

Assim, é preciso deixar claro que, no campo dos Direitos Reais, o que se estuda é realmente a "coisa", entendida como o bem suscetível de apropriação, valendo salientar que, segundo a linha filosófica que seguimos, "bem" é um conceito mais amplo do que o de "coisa"[3].

A possibilidade jurídica de apropriação é, portanto, o elemento distintivo essencial para que um determinado "bem" seja considerado uma "coisa" e, consequentemente, possa ser objeto da disciplina dos direitos reais.

Observe-se que, por isso, podemos falar de um processo de "coisificação" para que determinados direitos ou bens possam ser objeto de uma relação jurídica real.

Nessa linha, invocamos novamente o magistério de PAULO LÔBO:

"Há direitos que se coisificam, por necessidade do tráfico jurídico. Por exemplo, o usufruto de um crédito, o usufruto de ações de sociedade por ações, a hipoteca do direito de superfície. São passíveis de coisificação os direitos reais limitados ou os direitos disponíveis.

O corpo humano não é coisa; nem o que passa a integrá-lo, como as próteses. O que se destaca do corpo humano e é renovável, como os cabelos, pode converter-se em coisa. O cadáver não reclamado se coisifica, quando é destinado para fins de pesquisa e ensino, na forma da Lei n. 8.501/92. Órgãos, tecidos e partes do corpo humano podem ser removidos para fins de implante e tratamento, proibida a mercantilização, na forma da Lei n. 9.434/97, especialmente quando houver morte encefálica; deixa de ser coisa quando há o implante em outra pessoa.

---

[1] BEVILÁQUA, Clóvis. *Direito das Coisa*s. 5. ed. Rio de Janeiro: Forense, s/d. v. 1. p. 12.
[2] LÔBO, Paulo. *Direito Civil*: coisas. 5. ed. São Paulo: Saraiva, 2020. v. 4, p. 16.
[3] Sobre o tema, para um aprofundamento ou revisão da matéria, confira-se o Capítulo VIII ("Bens jurídicos") do v. 1 ("Parte geral") desta coleção.

A restrição das coisas aos bens corpóreos é forte em nosso direito e tem longa tradição. Para o jurisconsulto GAIO (1997, II, 13, p. 197), as coisas corpóreas eram aquelas que se podiam tocar, como, por exemplo, um terreno, um vestido, o outro, enquanto as incorpóreas eram as que tinham sua existência no direito, como uma herança as obrigações. No *Código Civil – Esboço*, que deu à publicidade em 1860, por encomenda do governo imperial, Teixeira de Freitas (1983, v. 1, p. 115) introduziu a seção 'Das coisas em geral' ('Art. 317. Todos os objetos materiais suscetíveis de uma medida de valor são coisas.'), com decisiva afirmação de princípio: 'Para este Projeto não há coisas, que no dizer de Bentham, não sejam coisas. Entende-se por coisas somente os objetos corpóreos, e fique portanto em esquecimento a divisão que fez o Direito Romano, e que fazem todos os Códigos, de coisas corpóreas e coisas incorpóreas. Essa distinção ou divisão, que os legisladores não têm podido dispensar, confunde todas as ideias, e tem sido causa de uma perturbação constante na inteligência e aplicação das leis civis, com os erros e injustiças que daí sempre dimanam'. Para ele essa distinção era desnecessária, se temos a palavra *bens*, e melhor ainda a palavra *objetos*, que sem nenhum inconveniente prestam-se a satisfazer o fim meramente doutrinal da distinção. Materiais ou imateriais seriam os objetos, não as coisas. Por isso haveria objetos de direitos (os das relações de família não concernentes a bens, por exemplo) que não são bens e haveria bens, como os créditos, que fazem parte do patrimônio, mas não são coisas.

No Código Civil alemão, a regra é clara: 'coisas em sentido legal somente são os bens corporais' (§ 90). Esse conceito legal tem os bens como gênero, do qual são espécies as coisas. Conquanto o Código Civil brasileiro não contenha regra tão precisa, o livro do direito das coisas volta-se, essencialmente, aos bens corporais. O bem corpóreo, passível de valoração econômica e de imputação patrimonial privada, é a coisa em sentido jurídico (Penteado, 2012, p. 48). As exceções são residuais, sem quebra do sistema, como o penhor de direitos e títulos de créditos (CC, arts. 1.451 e 1.458)"[4].

Definido que os Direitos Reais têm por objeto o estudo das coisas, compreendamos as suas ligações na perspectiva do diálogo das fontes do Direito.

3. COMPREENSÃO DOS DIREITOS REAIS NO DIÁLOGO DAS FONTES DO DIREITO

A compreensão dos Direitos Reais se dá, naturalmente, no âmbito do estudo do Direito Privado, como tronco que lhe dá sustentação.

Por isso, merece referência, novamente, a figura histórica de CLÓVIS BEVILÁQUA, que, com costumeira erudição e acerto, apontou o seu necessário diálogo com toda a base do Direito Civil, ao afirmar que o "Direito das Coisas completa-se, por um lado, com a Teoria dos Bens exposta na Parte Geral, Livro II, e, por outro lado, com a Teoria das Obrigações e das Sucessões, às quais serve de base, porém com as quais se acha em posição de interdependência"[5].

Trata-se de uma advertência de grande significado, porquanto dá ciência ao estudioso e ao intérprete de que o estudo estanque dos Direitos Reais não permitirá a exata compreensão do alcance das suas normas.

---

[4] LÔBO, Paulo. Op. cit. p. 16-17.

[5] BEVILÁQUA, Clóvis. *Código Civil dos Estados Unidos do Brasil Comentado*. 4. ed. Rio de Janeiro: Francisco Alves, 1933. p. 8. O autor, nesta obra histórica e grandiosa, ainda utiliza palavras com a grafia antiga, a exemplo da expressão "theoria".

E, além disso, não nos esqueçamos de que toda e qualquer investigação científica contemporânea dos Direitos Reais deverá ser feita em uma perspectiva constitucional, tendo em vista os superiores princípios que regem as relações privadas, como o da dignidade da pessoa humana e da função social.

Afinal, "as exigências da nova realidade", preleciona LUIZ EDSON FACHIN,

> "(...) fizeram com que fossem inseridas no texto constitucional disposições que pertenciam, tradicionalmente, ao Direito Privado, adequando categorias antigas à renovação da estrutura da sociedade: assim, a propriedade, antes absoluta, passou a ter uma função social; a família, antes hierarquizada, matrimonial, passou a ter direção diárquica, origem plural e houve o fim da discriminação entre os filhos; e as relações contratuais passaram a sofrer intervenções para proteção de determinadas categorias"[6].

É nessa vereda constitucional que iremos seguir.

4. NATUREZA DA RELAÇÃO JURÍDICA REAL E A DISTINÇÃO ENTRE "DIREITOS REAIS" E "DIREITOS PESSOAIS"

Real é a relação jurídica que vincula uma pessoa a uma coisa, submetendo-a em todos (propriedade) ou em alguns de seus aspectos (usufruto, servidão, superfície etc.). Para o seu exercício, portanto, prescinde-se de outro sujeito.

A esta corrente, denominada *realista*, opuseram-se defensores da *doutrina personalista*, segundo a qual toda relação jurídica exigiria a convergência de, no mínimo, duas pessoas, de maneira que, até mesmo para os direitos reais, haveria que corresponder uma *obrigação passiva universal*, imposta a todas as pessoas, de se absterem de qualquer ato lesivo ao titular do direito.

Não concordamos, todavia, com esse raciocínio.

A despeito de considerarmos o direito como um fenômeno essencialmente humano, o fato é que, em meio a tão variados matizes de relações jurídicas, algumas há em que a figura do sujeito passivo é despicienda: *eu exerço as faculdades ínsitas ao direito de propriedade sobre o meu imóvel, independentemente da interferência de quem quer que seja.*

"A obrigação que se pode considerar como correspondente aos direitos reais", assevera Teixeira de Freitas, "geral e negativa, não é o objeto imediato desses direitos, cuja existência é independente de qualquer obrigação"[7].

Aliás, sustentar a existência de "um sujeito passivo universal" apenas para não prejudicar *a pessoalidade* comum, mas não absoluta, das relações jurídicas e direitos em geral, é, em nosso ponto de vista, um raciocínio equivocado.

A ideia do *"dever geral de abstenção"*, que caracterizaria a obrigação passiva universal nas relações jurídicas reais, é desprovida de maior significado jurídico, considerando-se que este *dever geral de respeito* deve ser observado sempre em toda e qualquer relação jurídica, real ou pessoal, indistintamente.

---

[6] FACHIN, Luiz Edson. *Estatuto jurídico do patrimônio mínimo*. Rio de Janeiro: Renovar, 2001. p. 281-282.

[7] FREITAS, Augusto Teixeira de. *Código Civil*: esboço, comentário ao art. 868. Brasília: MJ – Departamento de Imprensa Nacional e UNB, 1983 (edição conjunta). v. 1. p. 205.

Aliás, consoante preleciona ORLANDO GOMES, "a existência de obrigação passiva universal não basta para caracterizar o direito real, porque outros direitos radicalmente distintos, como os personalíssimos, podem ser identificados pela mesma obrigação negativa e universal"[8].

Para os direitos reais, o sujeito passivo e a sua correspondente obrigação somente surgem quando há a efetiva violação ou ameaça concreta de lesão (ex.: esbulho de propriedade, séria ameaça de invasão). Nesses casos, surge para o infrator o dever de restabelecer o *status quo ante*, ou, não tendo havido efetiva lesão, de abster-se da prática de qualquer ato danoso, sob pena de ser civilmente responsabilizado.

Assim, a par de reconhecermos a eficácia *erga omnes* dos direitos reais (que devem ser respeitados por qualquer pessoa), entendemos que, no aspecto interno (da relação jurídica em si), o poder jurídico que eles contêm é exercitável *diretamente contra os bens e coisas em geral, independentemente da participação de um sujeito passivo*.

Nesse diapasão, com fundamento na doutrina de ARRUDA ALVIM, podemos enumerar as seguintes características dos direitos reais, para distingui-los dos direitos de natureza pessoal[9]:

a) **legalidade** ou **tipicidade** – os direitos reais somente existem se a respectiva figura estiver prevista em lei (art. 1.225 do CC/2002);

b) **taxatividade** – a enumeração legal dos direitos reais é taxativa (*numerus clausus*), ou seja, não admite ampliação pela simples vontade das partes;

c) **publicidade** – primordialmente para os *bens imóveis*, por se submeterem a um sistema formal de registro, que lhes imprime essa característica;

d) **eficácia *erga omnes*** – os direitos reais são oponíveis a todas as pessoas, indistintamente. Consoante vimos acima, essa característica não impede, em uma perspectiva mais imediata, o reconhecimento da relação jurídica real entre um homem e uma coisa. Ressalte-se, outrossim, que essa eficácia *erga omnes* deve ser entendida com ressalva, apenas no aspecto de sua oponibilidade, uma vez que o exercício do direito real – até mesmo o de propriedade, mais abrangente de todos – deverá ser sempre condicionado (relativizado) pela ordem jurídica positiva e pelo interesse social, uma vez que não vivemos mais a era da *ditadura dos direitos*[10];

e) **inerência** ou **aderência** – o direito real adere à coisa, acompanhando-a em todas as suas mutações. Essa característica é nítida nos direitos reais em garantia (penhor, anticrese, hipoteca), uma vez que o credor (pignoratício, anticrético, hipotecário), gozando de um direito real vinculado (aderido) à coisa, prefere outros credores desprovidos dessa prerrogativa;

f) **sequela** – como consequência da característica anterior, o titular de um direito real poderá perseguir a coisa afetada, para buscá-la onde se encontre, e em mãos de quem quer

---

[8] GOMES, Orlando. *Direitos Reais*. 15. ed. Rio de Janeiro: Forense, 1999. p. 2-5.

[9] ALVIM, Arruda. Confronto entre situação de direito real e de direito obrigacional. Prevalência da primeira, prévia e legitimamente constituída – salvo lei expressa em contrário. Parecer publicado na *Revista de Direito Privado*, São Paulo: Revista dos Tribunais, jan./mar. 2000. v. 1. p. 103-6.

[10] Nesse sentido, já advertia DUGUIT: "A propriedade não é mais o direito subjetivo do proprietário; é a função social do detentor da riqueza" (DUGUIT, Léon. *Las Transformaciones Generales del Derecho Privado*. Madrid: Ed. Posada, 1931. p. 37).

que seja. É *aspecto privativo dos direitos reais*, não tendo o direito de sequela o titular de direitos pessoais ou obrigacionais.

Por tudo isso, o poder atribuído ao titular de um direito real é juridicamente muito mais expressivo do que aquele conferido ao titular de um direito de natureza pessoal ou obrigacional.

5. OBRIGAÇÃO *PROPTER REM*: CONCEITO E DISTINÇÕES (ÔNUS REAL E OBRIGAÇÃO COM EFICÁCIA REAL)

Pela sua singular natureza híbrida (tanto real, quanto obrigacional), merece nosso especial cuidado a **obrigação *propter rem*** (também chamada de obrigações *in rem, ob rem,* reais ou mistas).

Trata-se de obrigações decorrentes de um direito real sobre determinada coisa, aderindo a esta e, por isso, acompanhando-a nas modificações do seu titular.

Ao contrário das relações jurídicas obrigacionais em geral, que se referem pessoalmente ao indivíduo que as contraiu, as obrigações *propter rem* se transmitem automaticamente para o novo titular da coisa a que se relacionam.

É o caso, por exemplo, da obrigação do condômino de contribuir para a conservação da coisa comum (art. 1.315, CC/2002) ou a dos vizinhos de proceder à demarcação das divisas de seus prédios (art. 1.297, CC/2002), em que a obrigação decorre do direito real, transmitindo-se com a transferência da titularidade do bem. Também era a hipótese, prevista no art. 678 do CC/1916 (sem correspondência no CC/2002), da obrigação do enfiteuta de pagar o foro.

Até mesmo no âmbito tributário, a categoria é utilizada para enquadramento de determinados impostos que se vinculam à coisa, independentemente de quem seja o seu titular, como já decidiu o Superior Tribunal de Justiça:

"PROCESSO CIVIL. RECURSO ESPECIAL REPRESENTATIVO DE CONTROVÉRSIA. ARTIGO 543-C, DO CPC. EMBARGOS À EXECUÇÃO FISCAL. ITR. CONTRATO DE PROMESSA DE COMPRA E VENDA DO IMÓVEL RURAL. LEGITIMIDADE PASSIVA *AD CAUSAM* DO POSSUIDOR DIRETO (PROMITENTE COMPRADOR) E DO PROPRIETÁRIO/POSSUIDOR INDIRETO (PROMITENTE VENDEDOR). DÉBITOS TRIBUTÁRIOS VENCIDOS. TAXA SELIC. APLICAÇÃO. LEI 9.065/95.

1. A incidência tributária do imposto sobre a propriedade territorial rural – ITR (de competência da União), sob o ângulo do aspecto material da regra matriz, é a propriedade, o domínio útil ou a posse de imóvel por natureza, como definido na lei civil, localizado fora da zona urbana do Município (artigos 29, do CTN, e 1.º, da Lei 9.393/96).

2. O proprietário do imóvel rural, o titular de seu domínio útil, ou o seu possuidor a qualquer título, à luz dos artigos 31, do CTN, e 4.º, da Lei 9.393/96, são os contribuintes do ITR.

3. O artigo 5.º, da Lei 9.393/96, por seu turno, preceitua que: 'Art. 5.º É responsável pelo crédito tributário o sucessor, a qualquer título, nos termos dos arts. 128 a 133 da Lei n. 5.172, de 25 de outubro de 1966 (Sistema Tributário Nacional).' 4. <u>Os impostos incidentes sobre o patrimônio (Imposto sobre a Propriedade Territorial Rural – ITR e Imposto sobre a Propriedade Predial e Territorial Urbana – IPTU) decorrem de relação jurídica tributária instaurada com a ocorrência de fato imponível encartado, exclusivamente, na</u>

titularidade de direito real, razão pela qual consubstanciam obrigações *propter rem*, impondo-se sua assunção a todos aqueles que sucederem ao titular do imóvel.
(...)".
(REsp 1.073.846/SP, rel. Min. LUIZ FUX, PRIMEIRA SEÇÃO, julgado em 25-11-2009, *DJe* 18-12-2009) (grifamos).

O mesmo Superior Tribunal, por seu turno, tem entendimento no sentido de que as obrigações decorrentes dos contratos para fornecimento de água e luz *não têm natureza propter rem*:

"ADMINISTRATIVO. PROCESSUAL CIVIL. AGRAVO REGIMENTAL NO RECURSO ESPECIAL. SUSPENSÃO NO FORNECIMENTO DE ÁGUA. DÍVIDA PRETÉRITA. IMPOSSIBILIDADE. OBRIGAÇÃO PESSOAL. PRECEDENTES. HONORÁRIOS ADVOCATÍCIOS. VALOR EXORBITANTE. NÃO CONFIGURADO. AGRAVO NÃO PROVIDO.

1. Segundo a jurisprudência do Superior Tribunal de Justiça, o corte de serviços essenciais, tais como água e energia elétrica, pressupõe o inadimplemento de conta regular, sendo inviável, portanto, a suspensão do abastecimento em razão de débitos antigos realizados por usuário anterior.

2. O entendimento firmado neste Superior Tribunal é no sentido de que o débito, tanto de água como de energia elétrica, é de natureza pessoal, não se caracterizando como obrigação de natureza *propter rem*.

3. No caso em exame, a fixação da verba honorária, em percentual de 10% sobre o valor da causa – que é de R$ 10.077,69 –, foi arbitrada no mínimo legal, com equidade e em consonância com o disposto no art. 20, §§ 3.º e 4.º, do CPC, não se afigurando exorbitante.

4. Agravo regimental não provido".
(AgRg no REsp 1.258.866/SP, rel. Min. ARNALDO ESTEVES LIMA, PRIMEIRA TURMA, julgado em 16-10-2012, *DJe* 22-10-2012) (grifamos).

Nessa linha, diferentemente do que se dá com a obrigação condominial – tipicamente *propter rem* –, caso o locatário, em nome de quem fora firmado o contrato para fornecimento de energia, devolva a casa locada com faturas "em aberto", não poderá a Companhia de Luz demandar o proprietário do imóvel, mas sim o próprio contratante, beneficiário do fornecimento, uma vez que a obrigação, por não ser *propter rem*, não se vincula ao bem.

Posto isso, algumas importantes distinções devem ser feitas.

Muitas vezes confundido com tais obrigações mistas é o instituto da *renda constituída sobre imóvel*, que, como direito real na coisa alheia previsto somente no Código Civil de 1916 (arts. 749 a 754), traduzia, em verdade, uma limitação da fruição e disposição da propriedade, com oponibilidade *erga omnes*, que a doutrina costumava classificar como ônus real.

Nesse sentido, escreve CARLOS ROBERTO GONÇALVES que "ônus reais são obrigações que limitam o uso e gozo da propriedade, constituindo gravames ou direitos oponíveis *erga omnes*, como, por exemplo, a renda constituída sobre imóvel"[11].

---

[11] GONÇALVES, Carlos Roberto. *Direito Civil Brasileiro*: teoria geral das obrigações. 17. ed. São Paulo: Saraiva, 2020. v. 2. p. 31.

Por fim, não se confunde a **obrigação *propter rem*** com a **obrigação com eficácia real**.

Nesta, sem perder seu caráter de direito a uma prestação, há a possibilidade de oponibilidade a terceiros, quando houver anotação preventiva no registro imobiliário, como, por exemplo, nos casos de locação e compromisso de venda, a teor do art. 8.º da Lei n. 8.245/91:

"Art. 8.º Se o imóvel for alienado durante a locação, o adquirente poderá denunciar o contrato, com o prazo de noventa dias para a desocupação, salvo se a locação for por tempo determinado e o contrato contiver cláusula de vigência em caso de alienação e estiver averbado junto à matrícula do imóvel.

§ 1.º Idêntico direito terá o promissário comprador e o promissário cessionário, em caráter irrevogável, com imissão na posse do imóvel e título registrado junto à matrícula do mesmo.

§ 2.º A denúncia deverá ser exercitada no prazo de noventa dias contados do registro da venda ou do compromisso, presumindo-se, após esse prazo, a concordância na manutenção da locação".

Trata-se, em outras palavras, tão somente, de uma obrigação típica, que passa a ter oponibilidade contra todos em virtude da averbação feita no Registro.

Salientamos, por fim, que o Superior Tribunal de Justiça já proferiu julgado no sentido de que a obrigação decorrente do contrato de arrendamento mercantil, uma vez constante no Registro de Imóveis, teria eficácia real:

"TRIBUTÁRIO. EXECUÇÃO FISCAL. FRAUDE À EXECUÇÃO. ART. 185 DO CTN. ARRENDAMENTO MERCANTIL. AFERIÇÃO DO *CONSILIUM FRAUDIS*. IMPOSSIBILIDADE. SÚMULA N. 7/STJ. DIFERENÇA ENTRE ÔNUS DE NATUREZA REAL E ÔNUS NATUREZA PESSOAL. NEGÓCIO JURÍDICO DE NATUREZA HÍBRIDA. OBRIGAÇÃO COM EFICÁCIA REAL. ENQUADRAMENTO NO CONCEITO DE 'ONERAÇÃO' PREVISTO NO ART. 185 DO CTN.

1. O Tribunal de origem não se manifestou conclusivamente sobre a ciência do arrendante a respeito da existência de demanda capaz de reduzir o arrendatário à insolvência e nem sobre a data em que foi celebrado o negócio jurídico tido por ineficaz – se antes ou depois da citação do devedor –. Assim, não é possível a esta Corte analisar tais peculiaridades no presente caso, sob pena de ofensa ao teor da Súmula n. 7/STJ.

2. Embora o arrendamento mercantil não tenha cunho de direito real, ele pode configurar a chamada 'obrigação com eficácia real' quando puder ser oposto ao terceiro adquirente no caso de averbação do negócio jurídico no CRI (inteligência do art. 576 do Código Civil), pelo que, quando for possível atribuir-lhe essa eficácia real, tal qual na hipótese dos autos, estará configurada a fraude à execução de que trata o art. 185 do CTN, desde que também preenchidos os demais requisitos do *consilium fraudis*.

3. Recurso especial parcialmente conhecido e, nessa parte, improvido".

(REsp 835.698/RS, rel. Min. MAURO CAMPBELL MARQUES, SEGUNDA TURMA, julgado em 14-9-2010, *DJe* 6-10-2010) (grifamos).

De todo o exposto, portanto, podemos concluir que a **obrigação *propter rem*** é aquela que se vincula a uma coisa, acompanhando-a, independentemente de quem seja o seu titular; ao passo que a **obrigação com eficácia real** é uma prestação típica que passa a ter eficácia *erga omnes*, em virtude de uma anotação preventiva no Registro.

Nenhuma delas, portanto, é, tecnicamente, um direito real, embora tenham características semelhantes, sendo a primeira uma figura intermediária, e a segunda apenas uma relação jurídica obrigacional com oponibilidade *erga omnes* (ou seja, não há mudança de natureza, mas, sim, apenas uma ampliação da exigibilidade subjetiva).

6. CLASSIFICAÇÃO DOS DIREITOS REAIS

Tendo em mente que os direitos reais são marcados pela característica da tipicidade, uma vez que devem estar previamente delineados e regulados por lei, merece menção, neste capítulo introdutório, o art. 1.225 do Código Civil, que dispõe:

"Art. 1.225. São direitos reais:

I – a propriedade;

II – a superfície;

III – as servidões;

IV – o usufruto;

V – o uso;

VI – a habitação;

VII – o direito do promitente comprador do imóvel;

VIII – o penhor;

IX – a hipoteca;

X – a anticrese.

XI – a concessão de uso especial para fins de moradia;

XII – a concessão de direito real de uso;

XIII – a laje;

XIV – os direitos oriundos da imissão provisória na posse, quando concedida à União, aos Estados, ao Distrito Federal, aos Municípios ou às suas entidades delegadas e a respectiva cessão e promessa de cessão (Incluído pela Lei n. 14.620, de 2023)".

Com efeito, em perspectiva classificatória, observamos que a propriedade é, essencialmente, o direito real na coisa própria (*jus in re propria*).

Os direitos reais na coisa alheia (*jus in re aliena*)[12] ou direitos reais limitados, por sua vez, podem ser subdivididos em:

a) **direitos de gozo ou fruição** – **superfície, servidão, usufruto, uso, habitação, concessão de uso especial para moradia, concessão de direito real de uso**[13], **laje**;

---

[12] Os "direitos oriundos da imissão provisória na posse, quando concedida à União, aos Estados, ao Distrito Federal, aos Municípios ou às suas entidades delegadas e a respectiva cessão e promessa de cessão", incluídos no inciso XIV do art. 1.225 do CC, pela Lei n. 14.620/2023, não se subsomem, adequadamente, em nosso sentir, na tipologia tradicional dos direitos reais na coisa alheia, razão por que mereceram a nossa reflexão crítica, conforme se pode conferir no Cap. XXXI desta obra.

[13] A **concessão de direito real de uso para fins de moradia** e a **concessão de direito real de uso** são tratadas por legislação especial (Lei n. 11.481 de 2007, Lei n. 10.257 de 2001, Lei n. 9.639 de 1998), e traduzem institutos com reflexos no Direito Administrativo.

b) **direitos de garantia** – penhor, anticrese e hipoteca[14];

c) **direito à coisa** – promessa de compra e venda.

Interessante, neste ponto, quanto aos direitos reais na coisa alheia, é a subtipificação que pode lhes ser conferida em **subjetivamente pessoais** ou **subjetivamente reais**.

Sobre o tema, escreve ORLANDO GOMES:

"Os direitos reais limitados admitem subdivisão do ponto de vista da pessoa do titular, salientada por Enneccerus, segundo a qual ou são subjetivamente pessoais ou subjetivamente reais. Os primeiros são os que pertencem a pessoa individualmente determinada; os segundos, a quem, em cada momento, seja proprietário de certo imóvel. Subjetivamente pessoal é, por exemplo, o usufruto, que se constitui sempre em favor de pessoa determinada e insubstituível na relação jurídica real. Subjetivamente real, a servidão, que grava o prédio seja quem for seu dono, pouco importando, assim, que tenha sido ele quem admitiu o ônus ou seu sucessor na propriedade do imóvel"[15].

Ao longo desta obra, cuidaremos de cada um desses direitos.

Antes disso, porém, é relevante sistematizar a principiologia dos Direitos Reais.

---

[14] Pode ser inserida, aqui, também, a alienação fiduciária em garantia, regulada em legislação especial (destacamos as Leis ns. 4.728/65 – alterada pelo Dec.-Lei n. 911/69 –, 10.931/2004, 9.514/97).

[15] GOMES, Orlando. Op. cit., p. 8.

Capítulo II
Principiologia dos Direitos Reais

Sumário: 1. Introdução. 2. Função social. 3. Tipicidade. 4. Publicidade. 5. Vedação ao abuso de direito. 6. Boa-fé objetiva.

1. INTRODUÇÃO

O estudo dos direitos reais tradicionalmente está vinculado à compreensão da posse e da propriedade, bem como de seus desdobramentos.

Todavia, parece-nos que, na contemporaneidade, uma nova visão se impõe.

De fato, o ensino jurídico tem investido, cada vez mais, em uma concepção principiológica, com o reconhecimento da força normativa dos princípios, ultrapassando a visão tradicional que os remetia a uma função informativa do legislador ou meramente interpretadora na ausência de preceitos legais.

E há uma **principiologia** aplicável aos direitos reais?

É o desafio que pretendemos demonstrar neste capítulo.

2. FUNÇÃO SOCIAL

Para nós, é emblemático iniciarmos com o estudo do princípio da função social.

Decorrência da elevação constitucional da função social da propriedade, um novo paradigma de funcionalização de todos os direitos reais e da própria posse foi consagrado em nosso sistema.

Mas no que consiste a função social dos direitos reais?

Parece-nos que a resposta deve ser sempre relacional, no sentido de que todo exercício de um direito real (em verdade, de qualquer direito) não poderá descurar da preocupação com os reflexos potenciais para a sociedade.

É preciso compreender que a expressão "função social" implica um conceito evidentemente aberto e indeterminado, o que impossibilita uma delimitação apriorística.

De fato, a função social de um instituto jurídico somente pode ser compreendida a partir da relação com a sociedade e o meio em que está inserida.

Observe-se como tal alteridade pode se manifestar.

Quando alguém se torna proprietário ou possuidor de uma joia ou de um terreno, este fato, por si só, não permite visualizar a função social.

Todavia, quando se discute o respaldo da tributação correspondente ou a possibilidade de desapropriação de tal bem, a função social salta aos olhos como a fundamentação mais adequada para a atuação no caso concreto.

Por certo, é no exercício do mais completo dos direitos reais – a propriedade – que a função social torna-se mais visível, até mesmo por conta do seu fundamento histórico.

De fato, historicamente, atribui-se a LEON DUGUIT a maior influência e inspiração da produção doutrinária e legislativa brasileira acerca da teoria da função social da propriedade[1]. Sua concepção de que os direitos somente se justificam pela missão social para a qual devem contribuir, devendo o proprietário se comportar e ser considerado, em relação a seus bens, como alguém que realiza uma função, é fundamental para a compreensão do tema. Nessa linha, confira-se a doutrina de ORLANDO GOMES:

> "A propriedade deixou de ser o direito subjetivo do indivíduo e tende a se tornar a função social do detentor da riqueza mobiliária e imobiliária; a propriedade implica para todo detentor de uma riqueza a obrigação de empregá-la para o crescimento da riqueza social e para a interdependência social. Só o proprietário pode executar uma certa tarefa social. Só ele pode aumentar a riqueza geral utilizando a sua própria; a propriedade não é, de modo algum, um direito intangível e sagrado, mas um direito em contínua mudança que se deve modelar sobre as necessidades sociais às quais deve responder"[2].

Assim, temos que a funcionalização da propriedade traz conformação e limites ao seu exercício, uma vez que a expressão "função" sobrepõe-se à tradicional ideia de estrutura com que se vislumbravam normalmente os institutos jurídicos.

Ao refletir sobre o tema, aponta GUSTAVO TEPEDINO:

> "A propriedade, portanto, não seria mais aquela atribuição de poder tendencialmente plena, cujos confins são definidos externamente, ou, de qualquer modo, em caráter predominantemente negativo, de tal modo que, até uma certa demarcação, o proprietário teria espaço livre para suas atividades e para a emanação de sua senhoria sobre o bem. A determinação do conteúdo da propriedade, ao contrário, dependerá de centros de interesses extraproprietários, os quais vão ser regulados no âmbito da relação jurídica de propriedade. (...) Tal conclusão oferece suporte teórico para a correta compreensão da função social da propriedade, que terá, necessariamente, uma configuração flexível, mais uma vez devendo-se refutar os apriorismos ideológicos e homenagear o dado normativo. A função social modificar-se-á de estatuto para estatuto, sempre em conformidade com os preceitos constitucionais e com a concreta regulamentação dos interesses em jogo"[3].

Na também histórica lição de ORLANDO GOMES:

> "Estabelecidas essas premissas, pode-se concluir pela necessidade de abandonar a concepção romana da propriedade para compatibilizá-la com as finalidades sociais da sociedade

---

[1] Para um aprofundamento sobre o tema, confira-se o belíssimo artigo de MALDANER, Alisson Thiago; AZEVEDO, Fatima Gabriela Soares de. León Duguit e a Função Social da Propriedade no Ordenamento Jurídico Brasileiro – uma abordagem crítica na perspectiva da História do Direito. In: SIQUEIRA, Gustavo Silveira; WOLKMER, Antonio Carlos; PIERDONÁ, Zélia Luiza (Coordenadores). *História do Direito*. XXIV Encontro Nacional do Conpedi – UFS. Florianópolis: Conpedi, 2015. Disponível em: <https://www.conpedi.org.br/publicacoes/c178h0tg/405y75l2/pwYDAX1whP0Pqf36.pdf>. Acesso em 15 fev. 2018.

[2] DUGUIT, Léon apud GOMES, Orlando. *Direitos Reais*. 19. ed. Atualizada por Luiz Edson Fachin. Rio de Janeiro: Forense, 2008. p. 126.

[3] TEPEDINO, Gustavo. Contornos constitucionais da propriedade privada. In: DIREITO, Carlos Menezes (coord.). *Estudos em homenagem ao Professor Caio Tácito*. Rio de Janeiro: Renovar, 1997, p. 321-322.

contemporânea, adotando-se, como preconiza André Piettre, uma concepção finalista, a cuja luz se definam as funções sociais desse direito. No mundo moderno, o direito individual sobre as coisas impõe deveres em proveito da sociedade e até mesmo no interesse dos não-proprietários. Quando tem por objeto bens de produção, sua finalidade social determina a modificação conceitual do próprio direito, que não se confunde com a política das limitações específicas ao seu uso. A despeito, porém, de ser um conceito geral, sua utilização varia conforme a vocação social do bem no qual recai o direito – conforme a intensidade do interesse geral que o delimita e conforme a sua natureza na principal *rerum diviso* tradicional. A propriedade deve ser entendida como função social tanto em relação aos bens imóveis como em relação aos bens móveis. A concepção finalista apanha a propriedade rural, em primeiro lugar, porque a terra era até poucos tempos atrás o bem de produção por excelência e a empresa, que é o seu objeto na propriedade produtiva da sociedade industrial, bem como, embora sem a mesma eficácia, os valores imobiliários. Não se trata de uma posição apriorística, mas sim de uma posição de rigor lógico com "o conceito de função social que polariza a propriedade para a realização de finalidades ou objetivos sociais". Não me parece, com efeito, como entende Barcelona, que a função social da propriedade se resolva em uma atribuição de competência ao legislador para intervir na relação entre o sujeito e o objeto do direito real e na qualificação das causas que justificam a intervenção. Essa política intervencionista compreende técnicas que encontram apoio na necessidade de defender os chamados interesses difusos, como é o caso da proteção ao ambiente, ou de restringir certas faculdades do domínio até o ponto de desagregá-las, como já aconteceu, em algumas legislações, com o direito de construir. Essas técnicas também são aspectos da modernização do direito de propriedade, mas aspectos distintos de sua concepção finalística, limitações, vínculos, ônus comprimem a propriedade porque outros interesses mais altos se alevantam, jamais porque o proprietário tenha deveres em situação passiva característica"[4].

É preciso entender que tal diretriz encontrou ampla guarida no Direito Brasileiro.

De fato, estabelece a Constituição Federal de 1988 no Título II ("Dos Direitos e Garantias Fundamentais"), em seu Capítulo I ("Dos Direitos e Deveres Individuais e Coletivos"):

"Art. 5.º Todos são iguais perante a lei, sem distinção de qualquer natureza, garantindo-se aos brasileiros e aos estrangeiros residentes no país a inviolabilidade do direito à vida, à liberdade, à igualdade, à segurança e à propriedade, nos termos seguintes:

(...)

XXII – é garantido o direito de propriedade;

XXIII – a propriedade atenderá a sua função social;

XXIV – a lei estabelecerá o procedimento para desapropriação por necessidade ou utilidade pública, ou por interesse social, mediante justa e prévia indenização em dinheiro, ressalvados os casos previstos nesta Constituição;

XXV – no caso de iminente perigo público, a autoridade competente poderá usar de propriedade particular, assegurada ao proprietário indenização ulterior, se houver dano;

XXVI – a pequena propriedade rural, assim definida em lei, desde que trabalhada pela família, não será objeto de penhora para pagamento de débitos decorrentes de sua atividade produtiva, dispondo a lei sobre os meios de financiar o seu desenvolvimento";

---

[4] GOMES, Orlando. *Direitos Reais*. 19. ed. Atualizada por Luiz Edson Fachin. Rio de Janeiro: Forense, 2008. p. 129.

Da mesma forma, estabelecem os arts. 173, 182 e 184 a 186 da nossa Constituição:

"Art. 173. Ressalvados os casos previstos nesta Constituição, a exploração direta de atividade econômica pelo Estado só será permitida quando necessária aos imperativos da segurança nacional ou a relevante interesse coletivo, conforme definidos em lei.

§ 1.º A lei estabelecerá o estatuto jurídico da empresa pública, da sociedade de economia mista e de suas subsidiárias que explorem atividade econômica de produção ou comercialização de bens ou de prestação de serviços, dispondo sobre: (Redação dada pela Emenda Constitucional n. 19, de 1998)

I – sua função social e formas de fiscalização pelo Estado e pela sociedade; (Incluído pela Emenda Constitucional n. 19, de 1998)

II – a sujeição ao regime jurídico próprio das empresas privadas, inclusive quanto aos direitos e obrigações civis, comerciais, trabalhistas e tributários; (Incluído pela Emenda Constitucional n. 19, de 1998)

III – licitação e contratação de obras, serviços, compras e alienações, observados os princípios da administração pública; (Incluído pela Emenda Constitucional n. 19, de 1998)

IV – a constituição e o funcionamento dos conselhos de administração e fiscal, com a participação de acionistas minoritários; (Incluído pela Emenda Constitucional n. 19, de 1998)

V – os mandatos, a avaliação de desempenho e a responsabilidade dos administradores. (Incluído pela Emenda Constitucional n. 19, de 1998)

§ 2.º As empresas públicas e as sociedades de economia mista não poderão gozar de privilégios fiscais não extensivos às do setor privado.

§ 3.º A lei regulamentará as relações da empresa pública com o Estado e a sociedade.

§ 4.º A lei reprimirá o abuso do poder econômico que vise à dominação dos mercados, à eliminação da concorrência e ao aumento arbitrário dos lucros.

§ 5.º A lei, sem prejuízo da responsabilidade individual dos dirigentes da pessoa jurídica, estabelecerá a responsabilidade desta, sujeitando-a às punições compatíveis com sua natureza, nos atos praticados contra a ordem econômica e financeira e contra a economia popular.

(...)

Art. 182. A política de desenvolvimento urbano, executada pelo Poder Público municipal, conforme diretrizes gerais fixadas em lei, tem por objetivo ordenar o pleno desenvolvimento das funções sociais da cidade e garantir o bem-estar de seus habitantes.

§ 1.º O plano diretor, aprovado pela Câmara Municipal, obrigatório para cidades com mais de vinte mil habitantes, é o instrumento básico da política de desenvolvimento e de expansão urbana.

§ 2.º A propriedade urbana cumpre sua função social quando atende às exigências fundamentais de ordenação da cidade expressas no plano diretor.

§ 3.º As desapropriações de imóveis urbanos serão feitas com prévia e justa indenização em dinheiro.

§ 4.º É facultado ao Poder Público municipal, mediante lei específica para área incluída no plano diretor, exigir, nos termos da lei federal, do proprietário do solo urbano não edificado, subutilizado ou não utilizado, que promova seu adequado aproveitamento, sob pena, sucessivamente, de:

I – parcelamento ou edificação compulsórios;

II – imposto sobre a propriedade predial e territorial urbana progressivo no tempo;

III – desapropriação com pagamento mediante títulos da dívida pública de emissão previamente aprovada pelo Senado Federal, com prazo de resgate de até dez anos, em parcelas anuais, iguais e sucessivas, assegurados o valor real da indenização e os juros legais.

(...)

CAPÍTULO III
DA POLÍTICA AGRÍCOLA E FUNDIÁRIA E DA REFORMA AGRÁRIA

Art. 184. Compete à União desapropriar por interesse social, para fins de reforma agrária, o imóvel rural que não esteja cumprindo sua função social, mediante prévia e justa indenização em títulos da dívida agrária, com cláusula de preservação do valor real, resgatáveis no prazo de até vinte anos, a partir do segundo ano de sua emissão, e cuja utilização será definida em lei.

§ 1.º As benfeitorias úteis e necessárias serão indenizadas em dinheiro.

§ 2.º O decreto que declarar o imóvel como de interesse social, para fins de reforma agrária, autoriza a União a propor a ação de desapropriação.

§ 3.º Cabe à lei complementar estabelecer procedimento contraditório especial, de rito sumário, para o processo judicial de desapropriação.

§ 4.º O orçamento fixará anualmente o volume total de títulos da dívida agrária, assim como o montante de recursos para atender ao programa de reforma agrária no exercício.

§ 5.º São isentas de impostos federais, estaduais e municipais as operações de transferência de imóveis desapropriados para fins de reforma agrária.

Art. 185. São insuscetíveis de desapropriação para fins de reforma agrária:

I – a pequena e média propriedade rural, assim definida em lei, desde que seu proprietário não possua outra;

II – a propriedade produtiva.

Parágrafo único. A lei garantirá tratamento especial à propriedade produtiva e fixará normas para o cumprimento dos requisitos relativos a sua função social.

Art. 186. A função social é cumprida quando a propriedade rural atende, simultaneamente, segundo critérios e graus de exigência estabelecidos em lei, aos seguintes requisitos:

I – aproveitamento racional e adequado;

II – utilização adequada dos recursos naturais disponíveis e preservação do meio ambiente;

III – observância das disposições que regulam as relações de trabalho;

IV – exploração que favoreça o bem-estar dos proprietários e dos trabalhadores".

Constata-se, portanto, de maneira expressa, a preocupação constitucional com a função social do direito de propriedade, diante do seu inafastável conteúdo político, erigido à condição de direito fundamental na Constituição da República.

Assim, socializando-se a propriedade, tornou-se inevitável que outros importantes e matriciais institutos jurídicos experimentassem, em maior ou menor escala, o mesmo fenômeno, ainda que o reconhecimento legal dessa alteração no seu trato ideológico não houvesse se dado de forma imediata.

Vê-se isso já de forma expressa na posse e no contrato[5], mas não se pode desprezar uma função social da empresa, da família, da responsabilidade civil.

E – por certo – de todos os direitos reais!

É por isso que consideramos a função social o primeiro princípio – e talvez o mais evidente – da disciplina jurídica dos direitos reais.

Mas não é ele o único.

Sigamos, então, nessa missão de conhecer e sistematizar a principiologia dos direitos reais, com algumas considerações sobre o princípio da tipicidade.

3. TIPICIDADE

Uma outra característica marcante dos direitos reais é a sua tipicidade.

A ideia fundamental é a de que somente podem existir direitos reais se decorrentes de previsão legal correspondente.

Ou seja, há uma reserva legal, que não admite flexibilização pela autonomia da vontade, para a criação de direitos reais.

Essa característica merece ser levada a princípio, pois é uma ideia estruturante de todo o sistema brasileiro de direitos reais.

Uma exceção a essa ideia subverteria o sistema, retirando muito da segurança e estabilidade que se pretende ter nesse campo.

Observe-se, nesse contexto, a relação de direitos reais prevista no art. 1.225 do Código Civil, que dispõe, *in verbis*:

"Art. 1.225. São direitos reais:

I – a propriedade;

II – a superfície;

III – as servidões;

IV – o usufruto;

V – o uso;

VI – a habitação;

VII – o direito do promitente comprador do imóvel;

VIII – o penhor;

IX – a hipoteca;

X – a anticrese.

XI – a concessão de uso especial para fins de moradia;

XII – a concessão de direito real de uso;

---

[5] A relação **propriedade e contrato** é singularmente interessante. Na medida em que, especialmente por meio dos contratos, a propriedade circula, no meio social, transferindo-se de um sujeito a outro, a socialização da propriedade resultaria na socialização do contrato, por conta dessa peculiar dinâmica.

XIII – a laje;

XIV – os direitos oriundos da imissão provisória na posse, quando concedida à União, aos Estados, ao Distrito Federal, aos Municípios ou às suas entidades delegadas e a respectiva cessão e promessa de cessão (Incluído pela Lei n. 14.620, de 2023)".

Um equívoco comum é considerar que este dispositivo é *numerus clausus*, taxativo, ou seja, esgota todos os diretos reais.

Definitivamente, isso é um erro.

Para que haja um direito real, é preciso que ele seja previsto em lei, não necessariamente no Código Civil ou neste importante dispositivo transcrito.

Nesse sentido, observa CARLOS ROBERTO GONÇALVES:

"O aludido art. 1.225 do Código Civil é a referência para os que proclamam a taxatividade do número dos direitos reais. Todavia, quando se afirma que não há direito real senão quando a lei o declara, tal não significa que só são direitos reais os apontados no dispositivo em apreço, mas também outros disciplinados de modo esparso no mesmo diploma e os instituídos em diversas leis especiais. Assim, embora o art. 1.227 do Código Civil de 2002, correspondente ao art. 676 do de 1916, exija o registro do título como condição para a aquisição do direito real sobre imóveis, ressalva o dispositivo em tela os casos expressos neste Código.

(...)

Leis posteriores ao Código Civil criaram outros direitos reais, como o do promitente comprador, quando a promessa é irretratável e irrevogável, estando devidamente registrado no Registro de Imóveis, com direito à adjudicação compulsória (Dec.-Lei n. 58, de 10-12-1937, regulamentado pelo Dec. n. 3.079, de 15-9-1938, e ampliado pela Lei n. 649, de 11-4-1949). Como já mencionado, o direito do promitente comprador do imóvel foi incluído no elenco dos direitos reais do novo Código, constando expressamente do inciso VII do aludido art. 1.225.

Com a legislação concernente ao mercado de capitais, assumiu especial importância a alienação fiduciária, como garantia nas vendas realizadas ao consumidor (art. 66 da Lei n. 4.278, de 14-7-1965; Dec.-Lei n. 911, de 1.º-10-1969; Lei n. 9.514, de 20-11-1997; Lei n. 10.931, de 2-8-2004; Lei n. 11.481/2007, art. 11). O mencionado dispositivo é disciplinado no Código Civil de 2002 como espécie de propriedade, nos arts. 1.361 e s. do capítulo intitulado "Da Propriedade Fiduciária", aplicando-se-lhe, no que couber, o disposto nos arts. 1.421, 1.425, 1.426, 1.427 e 1.436, que dizem respeito à hipoteca e ao penhor, que são direitos reais de garantia"[6].

Por fim, merecem transcrição as palavras do ilustre jurista português JOSÉ DE OLIVEIRA ASCENSÃO, que aponta a proximidade que há entre a tipicidade e a taxatividade:

"Se há um *numerus clausus*, também há, necessariamente, uma tipologia de direitos reais. O *numerus clausus* implica sempre a existência de um catálogo, de uma delimitação de direitos reais existentes. Quer dizer, o *numerus clausus* significa que nem todas as figuras

---

[6] GONÇALVES, Carlos Roberto. *Direito Civil Brasileiro*: Direito das Coisas. 15. ed. São Paulo: Saraiva, 2020. v. 5. p. 33-34.

que cabem no conceito de direito real são admitidas, mas tão somente as que forem previstas como tal. Pressupõe, pois, a especificação de uma pluralidade de figuras que realizam o preenchimento incompleto dum conceito, o que nos dá a própria definição de tipologia. O conceito de direito real tem uma extensão maior do que a resultante da soma dos direitos reais existentes"[7].

Em síntese, os direitos reais são típicos, pois derivam da lei, mas não se pode dizer que o rol do art. 1.225 é taxativo, esgotando todos os direitos reais, pois poderá haver outros previstos em normas legais diversas do nosso ordenamento.

4. PUBLICIDADE

Um dos mais importantes princípios dos direitos reais, na nossa visão, é o da publicidade.

Com efeito, não se admite, por princípio, a constituição de um direito real secreto ou sigiloso, não havendo espaço para seu estabelecimento apenas *inter partes*, devendo existir, sempre, para segurança do próprio sistema, a publicização das relações jurídicas reais.

Os direitos reais sobre imóveis são adquiridos, primordialmente, por meio do **registro** (art. 1.227, CC/2002), enquanto os direitos reais sobre móveis aperfeiçoam-se, em geral, com a **tradição** (art. 1.226 e 1.267, CC/2002). Registro e tradição funcionam, portanto, como vias para a visibilidade da titularidade dos direitos reais.

Vale destacar, como veremos em capítulo próprio, que, no chamado "Direito Registrário", a publicidade já é reconhecida há muito como um princípio, mas ousamos afirmar que, no campo amplo dos direitos reais, ela é, sem a menor sombra de dúvida, um dos seus princípios fundamentais, do qual se extraem, inclusive, algumas características marcantes.

De fato, a característica da **sequela**, entendida como o poder ou a prerrogativa de alguém perseguir um bem onde quer que ele se encontre, independentemente de quem o detenha, somente pode ser viabilizada por força da publicidade que os direitos reais possuem.

Como seria exigir a devolução de um bem se ninguém conhecesse que o reivindicante era o proprietário?

Da mesma forma, do outro lado da moeda, temos a **aderência** (ou inerência), que se refere ao vínculo entre o sujeito e a coisa, não dependendo da participação de qualquer outro sujeito para existir.

Observe-se que não faria qualquer sentido falar de vinculação entre um sujeito e uma coisa, de respeito obrigatório, se tal vínculo fosse secreto.

Nessa linha é a precisa preleção de CARLOS ROBERTO GONÇALVES, que eleva a aderência à condição de princípio:

> "No direito pessoal o vínculo se refere a uma pessoa. Até mesmo quando se visa a alcançar uma coisa que deve ser prestada pelo devedor, o que se encontra em primeiro plano não é a coisa, mas sim o devedor. Se este transferi-la a terceiro, o credor não terá outro recurso senão cobrar do devedor perdas e danos. Não pode reivindicá-la do terceiro que a adquiriu, tendo de se contentar com a indenização a ser reclamada do devedor. No direito real, todavia, a pessoa deste, se existe, é secundária ante a primordial importância

---

[7] ASCENSÃO, José de Oliveira. *A tipicidade dos Direitos Reais*. Lisboa: Petrony, 1968. p. 104-105.

da *res*. É com esta que o vínculo jurídico se apega, de tal sorte que o titular do direito pode perseguir a coisa, onde quer que ela se encontre, seja quem for o devedor.

A aderência do direito real à coisa não é senão a constatação do fato de que o direito real permanece incidindo sobre o bem, ainda que este circule de mão em mão e se transmita a terceiros, pois o aludido direito segue a coisa (*jus persequendi*), em poder de quem quer que ela se encontre. Em consequência, a tutela do direito real é sempre mais enérgica e eficaz que a do direito de crédito.

Tal princípio é encontrado no art. 1.228 do Código Civil, que faculta ao proprietário usar, gozar e dispor da coisa, e reavê-la do poder de quem quer que injustamente a possua ou detenha, bem como nos diversos direitos reais, de acordo com a função desempenhada por cada qual"[8].

Nossa única ressalva às lapidares lições do estimado amigo é a categorização da aderência como princípio, pois se trata, em nosso sentir, apenas de um desdobramento do princípio da publicidade (que resulta também na oponibilidade *erga omnes* do direito real).

5. VEDAÇÃO AO ABUSO DE DIREITO

Se é certo que o Código Civil de 2002 positivou, em seu art. 187[9], o abuso de direito como ato ilícito, o fato é que, tradicionalmente, era no campo dos direitos reais que se tratava mais amiúde dessa matéria.

Com efeito, a teoria do abuso do direito deve sempre homenagear os direitos reais.

Em excelente dissertação de mestrado sobre "o abuso de direito", DANIELA TAVARES ROSA MARCACINI, ao tratar dos precedentes judiciais emblemáticos do abuso de direito no mundo ocidental, aponta:

"Também são claros exemplos de abuso de direito os famosos casos julgados pela Corte de Colmar (datado de 1855) e o de Compaña, que ficou conhecido como caso 'Clement-Bayard' (datado de 1913).

No caso de Colmar havia uma falsa chaminé muito alta construída pelo proprietário sem qualquer utilidade, cujo objetivo era simplesmente fazer sombra à casa do vizinho; este recorreu à justiça para cessar o prejuízo invocando o abuso de direito e o tribunal decidiu que embora o proprietário tivesse o direito absoluto de usar e abusar da coisa, o exercício deste direito, entretanto, como de qualquer outro, deveria ter como limite a satisfação de um interesse sério e legítimo.

No caso Clement-Bayard havia um proprietário rural, vizinho de um hangar onde um fabricante de dirigíveis guardava seus aparelhos, que decidiu construir grandes armaduras de madeira, elevadas como sua casa, e hastes de ferro, a fim de dificultar o acesso aos dirigíveis"[10].

---

[8] GONÇALVES, Carlos Roberto. Op. cit. v. 5. p. 31.

[9] Art. 187. Também comete ato ilícito o titular de um direito que, ao exercê-lo, excede manifestamente os limites impostos pelo seu fim econômico ou social, pela boa-fé ou pelos bons costumes.

[10] MARCACINI, Daniela Tavares Rosa. *O abuso do direito*. 2006. Dissertação (Mestrado em Direito) – Pontifícia Universidade Católica de São Paulo, São Paulo, 2006. p. 19. Disponível em: <https://sapientia.pucsp.br/bitstream/handle/7426/1/DIR%20-%20Daniela%20Tavares%20R%20Marcacini.pdf>, Acesso em: 15 fev. 2018.

É, de fato, no exercício do direito de propriedade que se visualiza com mais frequência a questão do abuso do direito.

Com efeito, a concepção tradicional da propriedade – e que consta do *caput* do art. 1.228, CC/2002 – é de que o "proprietário tem a faculdade de usar, gozar e dispor da coisa, e o direito de reavê-la do poder de quem quer que injustamente a possua ou detenha".

Em verdade, remonta ao Direito Romano a máxima de que os atributos da propriedade consistiriam no *jus utendi, fruendi et abutendi*.

Deve, todavia, ser corretamente compreendida a expressão *jus abutendi*, que tem o sentido de o proprietário poder dispor da coisa e não simplesmente abusar do seu direito, ultrapassando os limites do exercício regular.

Nesse ponto uma importante reflexão deve ser feita.

O § 2.º do art. 1.228 trata, especificamente, do abuso do direito de propriedade, vedando os denominados **atos emulativos**: "são defesos os atos que não trazem ao proprietário qualquer comodidade, ou utilidade, e sejam animados pela intenção de prejudicar outrem".

Ao cotejarmos esta norma (art. 1.228, § 2.º) com a cláusula geral do abuso de direito constante no art. 187, concluímos haver uma diferença marcante entre elas: enquanto a primeira consagra uma **ilicitude subjetiva**, ao exigir o dolo específico para a configuração do abuso da propriedade ("intenção de prejudicar outrem"), a segunda adota uma **ilicitude objetiva**, ao definir o abuso como um desvirtuamento finalístico do direito, independentemente da intenção do sujeito, eis que não menciona os elementos dolo ou culpa[11].

A rigor, o art. 1.228, § 2.º, é, em verdade, desnecessário, escreve DANIEL BOULOS, pois "a simples existência do artigo 187 na estratégica posição por ele ocupada na Parte Geral do Código dispensaria a existência também desta norma"[12].

Para que fique claro, transcrevemos o art. 187:

> "Art. 187. Também comete ato ilícito o titular de um direito que, ao exercê-lo, excede manifestamente os limites impostos pelo seu fim econômico ou social, pela boa-fé ou pelos bons costumes".

E note-se que este artigo consagra uma norma fundamental de nosso sistema:

Discordando do senso comum teórico dos juristas, ressalva o culto EDUARDO JORDÃO: "Em relação ao caso Clement-Bayard, cuja decisão só foi prolatada em 1915, a despeito da expressão referência ao '*abus du droit*' não há como conferir-lhe qualquer primazia, como fazem alguns autores. A esta altura, além de já ter sido tema de inúmeros trabalhos doutrinários, a noção de relatividade dos direitos subjetivos já se encontrava positivada em diversos ordenamentos jurídicos, como é o caso dos códigos civis alemão (1896) e suíço (1904), por exemplo, além de constar, ainda que obliquamente, do art. 160, I, do projeto do Código Civil Brasileiro que viria a ser adotado no ano seguinte" (JORDÃO, Eduardo. *Abuso de direito*. Salvador: JusPodivm, 2006. p. 60-61).

[11] Enunciado n. 37, I Jornada de Direito Civil: Art. 187: A responsabilidade civil decorrente do abuso do direito independe de culpa e fundamenta-se somente no critério objetivo-finalístico.

[12] Este excelente autor ainda lembra que o art. 1.228, § 2.º, do nosso Código é fruto do art. 833 do Código Civil italiano de 1942 (BOULOS, Daniel M. *Abuso do direito no Novo Código Civil*. São Paulo: Método, 2006. p. 270.

"Enunciado n. 414, V Jornada de Direito Civil: A cláusula geral do art. 187 do Código Civil tem fundamento constitucional nos princípios da solidariedade, devido processo legal e proteção da confiança, e aplica-se a todos os ramos do direito".

Constata-se, pois, como dito, um aparente conflito, entre a norma geral do abuso de direito (art. 187) e a norma que trata do abuso do direto de propriedade (art. 1.228, § 2.º), eis que esta última exige o dolo específico para a sua configuração ("intenção de prejudicar outrem") e aquela não.

Ora, se levarmos em conta que a propriedade é, no plano social, o direito mais passível de ser exercido de forma irregular ou abusiva, a solução deste conflito desponta como imperiosa.

Sem dúvida, é um retrocesso – e neste ponto, *data venia*, entendemos que o legislador falhou – pretender-se exigir, para a configuração do abuso do direito de propriedade, a prova da intenção do infrator.

Figure-se o seguinte exemplo.

Seu vizinho, todas as noites, costuma assistir a filmes de guerra, em altíssimo volume. As "sessões privadas de cinema" costumam avançar na madrugada. Após tentar solução amigável, em vão, você ingressa no Juizado Especial Cível da sua cidade, pretendendo medida judicial que impeça o uso anormal da propriedade. A sua pretensão está fundada na teoria do abuso de direito. Ora, é justo e razoável, conforme pretende o art. 1.228, § 2.º, do Código Civil, que você – já castigado pelas noites de insônia – tenha de comprovar que o seu vizinho teve "a intenção de o prejudicar"? Não seria suficiente, pois, a teor da cláusula geral do art. 187, que você demonstrasse, objetivamente, não o dolo específico do infrator, mas sim o desvirtuamento da própria finalidade social do direito por conta do mau uso da propriedade?

Por isso, defendemos que, em caso de abuso da propriedade, a parte final do art. 1.228, § 2.º, no que tange à exigência do dolo específico de prejudicar, deve ser **desconsiderada**, a teor de uma interpretação sistemática amparada na cláusula geral do art. 187 do Código Civil[13].

6. BOA-FÉ OBJETIVA

Como derradeiro tópico de nossa sistematização principiológica no campo dos direitos reais, destacamos o princípio da boa-fé.

Trata-se de um princípio que não é exclusivo da seara das relações reais, nem mesmo do Direito Civil como um todo, mas, sim, emanado da própria Teoria Geral do Direito.

Neste ponto uma importante reflexão merece ser feita: existe diferença entre boa-fé subjetiva e boa-fé objetiva?

Se a boa-fé subjetiva traduz o desconhecimento de um vício, relacionando-se, portanto, ao estado subjetivo ou psicológico do sujeito, a boa-fé objetiva tem natureza de princípio

---

[13] Pensamos estar próximos da linha do Enunciado n. 49 da I Jornada de Direito Civil: "Interpreta-se restritivamente a regra do art. 1.228, § 2.º, do novo Código Civil, em harmonia com o princípio da função social da propriedade e com o disposto no art. 187".

jurídico – delineado em um conceito jurídico indeterminado –, consistente em uma verdadeira regra de comportamento, de fundo ético e exigibilidade jurídica.

A respeito da diferença entre ambas no campo dos contratos, vale conferir os sempre fundamentados posicionamentos da encantadora GISELDA HIRONAKA:

"A mais célebre das cláusulas gerais é exatamente a da boa-fé objetiva nos contratos. Mesmo levando-se em consideração o extenso rol de vantagens e de desvantagens que a presença de cláusulas gerais pode gerar num sistema de direito, provavelmente a cláusula da boa-fé objetiva, nos contratos, seja mais útil que deficiente, uma vez que, por boa-fé, se entende que é um fato (que é psicológico) e uma virtude (que é moral).

Por força desta simbiose – fato e virtude – a boa-fé se apresenta como a conformidade dos atos e das palavras com a vida interior, ao mesmo tempo que se revela como o amor ou o respeito à verdade. Contudo, observe-se, através da lição encantadora de André Comte-Sponville, que a boa-fé não pode valer como certeza, sequer como verdade, já que ela exclui a mentira, não o erro[14].

O homem de boa-fé tanto diz o que acredita, mesmo que esteja enganado, como acredita no que diz. É por isso que a boa-fé é uma fé, no duplo sentido do termo. Vale dizer, é uma crença ao mesmo tempo que é uma fidelidade. É crença fiel, e fidelidade no que se crê. É também o que se chama de sinceridade, ou veracidade, ou franqueza, é o contrário da mentira, da hipocrisia, da duplicidade, em suma, de todas as formas, privadas ou públicas, da má-fé[15].

Esta é a interessante visão da boa-fé pela sua angulação subjetiva; contudo, enquanto princípio informador da validade e eficácia contratual, a principiologia deve orientar-se pelo viés objetivo do conceito de boa-fé, pois visa garantir a estabilidade e a segurança dos negócios jurídicos, tutelando a justa expectativa do contraente que acredita e espera que a outra parte aja em conformidade com o avençado, cumprindo as obrigações assumidas. Trata-se de um parâmetro de caráter genérico, objetivo, em consonância com as tendências do direito contratual contemporâneo, e que significa bem mais que simplesmente a alegação da ausência de má-fé, ou da ausência da intenção de prejudicar, mas que significa, antes, uma verdadeira ostentação de lealdade contratual, comportamento comum ao homem médio, o padrão jurídico *standard*.

Em todas as fases contratuais deve estar presente o princípio vigilante do aperfeiçoamento do contrato, não apenas em seu patamar de existência, senão também em seus planos de validade e de eficácia. Quer dizer: a boa-fé deve se consagrar nas negociações que antecedem a conclusão do negócio, na sua execução, na produção continuada de seus efeitos, na sua conclusão e na sua interpretação. Deve prolongar-se até mesmo para depois de concluído o negócio contratual, se necessário"[16].

Especificamente no campo dos direitos reais, a boa-fé se manifesta de forma ampla, nas suas duas modalidades.

---

[14] COMTE-SPONVILLE, André. *Pequeno tratado das grandes virtudes*. São Paulo: Martins Fontes, 1999, citado por PEREIRA, Régis Fichtner. *A responsabilidade civil pré-contratual*. São Paulo: Renovar, 2001.

[15] Idem, ibidem.

[16] HIRONAKA, Giselda M. F. N. Conferência de encerramento proferida em 21-9-2001, no Seminário Internacional de Direito Civil, promovido pelo NAP – Núcleo Acadêmico de Pesquisa da Faculdade Mineira de Direito da PUCMG. Palestra proferida na Faculdade de Direito da Universidade do Vale do Itajaí – UNIVALI (SC), em 25-10-2002, gentilmente cedida a Pablo Stolze Gagliano.

Com efeito, a boa-fé subjetiva sempre foi fundamental, por exemplo, no campo da disciplina dos efeitos da posse, estando prevista expressamente desde a codificação civil de 1916, e continuou presente no vigente Código Civil, como ocorre na hipótese do possuidor de boa-fé que desconhece o vício que macula a sua posse. Nesse caso, o próprio legislador, em vários dispositivos, cuida de ampará-lo, não o fazendo, outrossim, quanto ao possuidor de má-fé (arts. 1.214 e 1.216 a 1.220 do CC/2002).

Já a boa-fé objetiva é, como visto, uma cláusula fundamental do próprio sistema jurídico-civil, não podendo ser olvidada também na análise das relações jurídicas reais, sob o fundamento de que, nelas, somente se aplicaria a boa-fé subjetiva.

Ledo engano.

Temas como vedação ao comportamento contraditório[17], que decorrem da boa-fé objetiva[18], são fulcrais para a devida hermenêutica dos direitos reais na contemporaneidade[19].

---

[17] **Ementa:** DIREITO ADMINISTRATIVO. DESAPROPRIAÇÃO INDIRETA. INSTALAÇÃO DE CAIXA DE ÁGUA E REDE DE DISTRIBUIÇÃO A PEDIDO DO PROPRIETÁRIO. *VENIRE CONTRA FACTUM PROPRIUM*. Pretensão de proprietário de área urbana de receber indenização pela instalação de caixa de água e pequena rede de distribuição para os moradores locais no seu imóvel. Demonstração pelo Município de que os moradores da localidade eram antes abastecidos pela antiga caixa de água situada fora da propriedade do apelante e que o deslocamento da caixa de água para o interior da propriedade do demandante decorreu de pedido por ele formulado. Mudança que atendeu aos interesses do demandante, pois, à época, necessitava de água para o abastecimento de uma empresa de laticínio situada na sua propriedade. Improcedência do pedido de indenização, pois foi o próprio autor quem postulou a instalação na sua propriedade. Pretensão contrária à boa-fé objetiva (*venire contra factuam proprium*). SENTENÇA DE IMPROCEDÊNCIA MANTIDA. APELAÇÃO DESPROVIDA. (Apelação Cível N. 70017262148, Terceira Câmara Cível, Tribunal de Justiça do RS, rel.: Paulo de Tarso Vieira Sanseverino, julgado em 25-1-2007)

[18] Sobre o tema, confira-se o Capítulo III ("Boa-fé objetiva em matéria contratual") do nosso volume 4 ("Contratos") desta coleção.

[19] Na mesma linha, confira o excelente artigo do talentoso BARROS, Clauber Santos, Os Direitos Reais e a aplicabilidade do *nemo potest venire contra factum proprium*. *Âmbito jurídico*. Disponível em: <http://www.ambito-juridico.com.br/site/index.php?n_link=revista_artigos_leitura&artigo_id=9394>. Acesso em 4 fev. 2018.

Capítulo III
Noções Gerais sobre Posse

Sumário: 1. Conceito e natureza jurídica. 2. Teorias da posse. 3. Teoria adotada pelo Código Civil. 4. Detenção. 5. Posse de direitos (*possessio juris*). 6. Classificação da posse. 6.1. Quanto ao exercício e gozo (posse direta e posse indireta). 6.2. Quanto à existência de vício (posse justa e posse injusta). 6.3. Quanto à legitimidade do título ou ao elemento subjetivo (posse de boa-fé e posse de má-fé). 6.4. Quanto ao tempo (posse nova e posse velha) 6.5. Quanto à proteção (posse *ad interdicta* e posse *ad usucapionem*). 7. Composse.

1. CONCEITO E NATUREZA JURÍDICA

O que é posse?

Trata-se de uma expressão plurissignificativa.

Com efeito, conforme observa MARIA HELENA DINIZ:

"Árdua é a tarefa de definir a 'posse', devido à ambiguidade desse termo. Deveras, o vocábulo 'posse' é, às vezes, empregado em sentido impróprio para designar:

a) A 'propriedade', pois é comum na linguagem popular afirmar-se: 'A possui uma casa'. Nesta frase não se está dizendo que A é possuidor, mas sim proprietário. Convém esclarecer que não é apenas o leigo que, inadvertidamente, emprega o termo nessa acepção, pois a nossa Constituição de 1891, cuja redação é das mais perfeitas, em seu art. 69, § 5.º, prescrevia: 'São cidadãos brasileiros os estrangeiros que possuírem bens imóveis no Brasil'. Isso é assim porque a posse pretende exprimir o conteúdo da propriedade.

b) A 'condição de aquisição do domínio', já que na era romana só se obtinha o domínio com a tradição, que consistia na entrega da posse pelo alienante ao adquirente. No direito brasileiro o alienante só pode transferir o domínio ao adquirente com a transcrição no Registro de Imóveis e além disso não se adquire *res nullius* sem ocupação

c) O 'domínio político', uma vez que no direito internacional público fala-se em possessão de um país. Camões emprega o vocábulo 'posse' nesse sentido, em sua obra *Os Lusíadas*, Canto III, estrofe 103, ao escrever: 'Para vir possuir a nobre Espanha'.

d) O 'exercício de um direito', significado este que está contido em nosso Código Civil no art. 1.547, concernente à posse do estado de casados para os que passavam ou passam como tais aos olhos do mundo.

e) O 'compromisso do funcionário público' de exercer com honra sua função. É nessa acepção de assumir um cargo que em direito administrativo se fala em posse de um funcionário e que a Constituição de 1891 empregava o termo 'empossar', referindo-se ao Presidente da República, no seu art. 44, sendo que na Constituição vigente, no art. 78, figura a expressão 'tomar posse'.

f) O 'poder sobre uma pessoa', pois no direito de família é comum dizer 'posse dos filhos' para designar o poder que o pai tem sobre estes: de tê-los em sua companhia, de reclamá-los de quem os detenha"[1].

Acentuando a riqueza e complexidade do tema, escreve o jurista peruano ENRIQUE VARSI ROSPIGLIOSI:

"La posesión es una riquísima figura jurídica.

De todas y entre todas las instituciones doctrinarias en el mundo jurídico, es la que más controversias ha suscitado. Dice Musto (2007) que, desde su concepto, etimología, origen, elementos constitutivos, naturaleza, fundamentos de protección y hasta sus efectos, todo ha sido materia de discusión entre autores, lo que ha generado una minuciosa lucubración téorica (p. 139)"[2].

No campo dos Direitos Reais, é possível, de forma geral, identificar a posse com um domínio fático da pessoa sobre a coisa.

Existe secular controvérsia doutrinária, todavia, quanto à natureza jurídica da posse[3].

Na linha do pensamento de SAVIGNY, a posse tem uma natureza híbrida.

Seria, ao mesmo tempo, um fato e um direito.

Considerada em si mesma, a posse seria um fato, mas quanto aos efeitos, seria um direito[4].

Por outro lado, IHERING apontava no sentido de que a posse é um direito, um interesse juridicamente protegido[5].

Em nosso sentir, **a posse é uma circunstância fática tutelada pelo Direito**.

Vale dizer, é um fato, do qual derivam efeitos de imensa importância jurídica e social.

No dizer de RIPERT e BOULANGER:

"La posesión es un puro hecho. Consiste en comportarse, con relación a una cosa, como si se fuese titular del derecho. Existe y produce sus efectos sin que se tenga que averiguar si el poseedor tiene o no el derecho de obrar como lo hace"[6].

Outro argumento que reforça a tese que não reconhece à posse a natureza de "direito real" é no sentido de tais direitos, como sabemos, serem caracterizados pela "legalidade" e "tipicidade", vale dizer, todo direito real é sempre regulado e previsto em lei.

E, como se pode notar, a "posse" não é tratada junto aos direitos reais constantes no art. 1225:

---

[1] DINIZ, Maria Helena. *Curso de direito civil brasileiro*: direito das coisas. 32. ed. São Paulo: Saraiva, 2018. v. 4. p. 49-50.

[2] ROSPIGLIOSI, Enrique Varsi. *Tratado de Derechos Reales* – Posesión y Propiedad. Lima: Universidad de Lima, Fondo Editorial, 2018. t. 2. p. 22.

[3] "A posse é, sem dúvida, o instituto mais controvertido de todo o Direito, não apenas do Direito Civil", afirma SÍLVIO VENOSA (*Código Civil Comentado*. São Paulo: Atlas, 2003. v. 12. p. 22).

[4] ALVES, José Carlos Moreira. *Posse*: evolução histórica. 2. ed. Rio de Janeiro: Forense, 1997. v. 1. p. 211.

[5] "Já para IHERING, conceituando-se direito subjetivo como um interesse juridicamente protegido, obtém-se definição que identifica a posse como um interesse legítimo" (FARIAS, Cristiano Chaves de; ROSENVALD, Nelson. *Direitos Reais*. 6. ed. Rio de Janeiro: Lumen Juris, 2009. p. 32).

[6] RIPERT, Georges; BOULANGER, Jean. *Tratado de Derecho Civil, según El Tratado de Planiol*: Los Derechos Reales. Buenos Aires: La Ley, 1987. t. 6. p. 108.

"Art. 1.225. São direitos reais:
I – a propriedade;
II – a superfície;
III – as servidões;
IV – o usufruto;
V – o uso;
VI – a habitação;
VII – o direito do promitente comprador do imóvel;
VIII – o penhor;
IX – a hipoteca;
X – a anticrese.
XI – a concessão de uso especial para fins de moradia;
XII – a concessão de direito real de uso; e
XIII – a laje;
XIV – os direitos oriundos da imissão provisória na posse, quando concedida à União, aos Estados, ao Distrito Federal, aos Municípios ou às suas entidades delegadas e a respectiva cessão e promessa de cessão (Incluído pela Lei n. 14.620, de 2023)".

Tudo isso reforça a linha de pensamento – **embora não coloque fim à controvérsia**[7] – segundo a qual a posse não é um direito real, mas sim uma situação de fato tutelada pelo Direito[8].

2. TEORIAS DA POSSE

Segundo JOSÉ CARLOS MOREIRA ALVES, em clássica obra, "poucas matérias há, em Direito, que tenham dado margem a tantas controvérsias como a posse. Sua bibliografia é amplíssima, e constante a afirmação dos embaraços de seu estudo".

E conclui que, diante dos variados matizes e influências diversas, o estudo da posse no sistema jurídico brasileiro não pode resultar na construção de uma "teoria estritamente lógica, em que se estabeleça, como premissa, concepção unitária de posse, e dela se extraiam consequências inelutáveis"[9].

Inauguramos este tópico com a advertência deste grande jurista, a fim de que se compreenda a complexa tessitura da posse[10] e das suas teorias.

---

[7] Como dissemos, a matéria não é pacífica em doutrina. O Enunciado 492, da V Jornada de Direito Civil, por exemplo, aparentemente enquadra a posse como "direito": "A posse constitui direito autônomo em relação à propriedade e deve expressar o aproveitamento dos bens para o alcance de interesses existenciais, econômicos e sociais merecedores de tutela".

[8] Analisando o sistema alemão, escreve HOWARD FISHER: "A *Besitz* (posse) não é um *dingliches Recht* (direito real) ou *Recht an der Sache* (direito patrimonial/direito *in rem*), mas, meramente, um *tatsächliche Sachherrschaft* (domínio efetivo sobre uma *Sache*)" (*O sistema jurídico alemão e sua terminologia*. Rio de Janeiro: Gen/Forense, 2009. p. 157).

[9] ALVES, José Carlos Moreira. Op. cit. v. 1. p. 1 e 4.

[10] Tamanha a complexidade e a dificuldade de compreensão do fenômeno possessório, que PUCHTA "entreviu a verdade, mas não a discerniu bem, por isso considerou a posse um direito da personali-

Tradicionalmente, temos duas conhecidas teorias[11]:

a) Teoria subjetiva de SAVIGNY;
b) Teoria objetiva de IHERING.

SAVIGNY[12] decompõe a posse em dois elementos: *animus* (intenção de ter a coisa) e *corpus* (o poder material sobre a coisa).

Em outras palavras, possuidor seria aquele que, além ter a intenção de se assenhorar do bem, dispõe do poder material sobre ele.

J. RIBEIRO, em obra publicada em 1918, prelecionava:

"a) theoria subjectiva, para a qual da vontade de possuir para si é que se origina a posse, e quem possue por outro é detentor: para ser possuidor não basta ter a coisa, o exercício de um direito, é preciso também detel-a, *adipiscimur possessionem corpore et animo; neque per se animo, aut per se corpore*; é necessário, pois, a intenção de exercer o direito de propriedade por si (...) o ladrão pode ter a posse da coisa roubada como o próprio proprietário, mas o arrendatário pela theoria de SAVIGNY, ou subjectiva, não possue a coisa, porque não a tem como sua"[13].

Nessa linha, preleciona CAIO MÁRIO DA SILVA PEREIRA, destacando os elementos *corpus* e *animus* na teoria subjetiva:

"Para Savigny, adquire-se a posse quando ao elemento material (*corpus* = poder físico sobre a coisa) se adita o elemento intelectual (*animus* = intenção de tê-la como sua). Reversamente: não se adquire a posse somente pela apreensão física, nem somente com a intenção de dono: *Adipiscimur possessionem corpore et animo; nem per se corpore nec per se animo*. Destarte, quem tem a coisa em seu poder, mas em nome de outrem, não lhe tem a posse civil: é apenas detentor, tem a sua detenção (que ele chama de *posse natural – naturalis possessio*), despida de efeitos jurídicos, e não protegida pelas ações possessórias ou interditos"[14].

É forçoso convir que a teoria de SAVIGNY apresentava certa dificuldade em explicar determinadas situações, a exemplo da posse exercida por quem aluga o seu imóvel (posse indireta), porquanto não estaria exercendo o poder material sobre a coisa (*corpus*).

---

dade" (BEVILÁQUA, Clóvis. *Código Civil dos Estados Unidos do Brasil Comentado*. 4. ed. Rio de Janeiro: Francisco Alves, 1933. p. 9).

[11] Menos expressiva, mas merecedora de nossa atenção, é a teoria de KOHLER, segundo a qual a posse seria compreendida como um instituto voltado à paz social: "KOHLER parte da distinção entre a ordem jurídica e o estado da paz; o direito é movimento e a paz é tranquilidade. Esse estado de paz consiste no respeito à pessoa, ao que se agrupa em torno da pessoa, ou se acha em relação com ela. O instituto da posse pertence a este estado de paz; é um instituto social, que não se regula segundo os princípios fundamentais do direito individualista" (BEVILÁQUA, Clóvis. Op. cit., p. 9).

[12] Ao longo da sua percuciente análise acerca da evolução da posse, MOREIRA ALVES traz dado interessante: "Era esse o estado em que se encontravam, em matéria de posse, a doutrina e a prática europeias, quando, em 1803, aos vinte e quatro anos de idade, publicou Savigny o livro que, por si só, bastaria para imortalizá-lo: *Das Recht des Besitzes*" (op. cit., v. 1, p. 208).

[13] RIBEIRO, J. *Da posse e das acções possessórias*. Rio de Janeiro: Jacintho Ribeiro dos Santos Editor, 1918. p. 7.

[14] PEREIRA, Caio Mário da Silva. *Instituições de Direito Civil*: Direitos Reais. 20. ed. Rio de Janeiro: Gen, 2009. v. 4. p. 14-15.

Na mesma linha, conforme bem observa o grande Professor CAIO MÁRIO DA SILVA PEREIRA, determinadas situações típicas de posse direta não estariam adequadamente compreendidas, como na locação e no comodato, dada a ausência de intenção de ter a coisa como sua (*animus*)[15].

Por outro lado, a própria delimitação conceitual do *animus* apresentou-se como missão árdua, marcada pela heterogeneidade de ideias, como podemos concluir da leitura da doutrina do jurista português RUI ATAÍDE:

> "Para SAVIGNY, tratar-se-ia do *animus domini*, isto é, a intenção de exercer em nome próprio o direito de propriedade. Atendendo contudo a que as legislações admitiam, ao lado da posse em termos de propriedade, a posse por referência a outros direitos reais, a restrição ao *animus domini* revelava-se insustentável, pelo que o subjetivismo posterior generalizou o conceito, sustentando o chamado *animus possidendi*, definido, por uns (num sentido tautológico) como a vontade de ter a coisa para si e, por outros, enquanto intenção do sujeito de exercer o direito real, como sendo o seu titular e que se traduziria na prática dos correspondentes actos materiais. Todavia, dado que a posse, tal como alguns a entendiam, podia também abranger direitos não reais, como a locação, acentuou-se a tendência generalizadora, definindo-se agora o *animus* como a intenção de exercer sobre as coisas um poder no próprio interesse (*animus sibi habendi*)"[16].

E o que IHERING pensava a respeito de tudo isso?

"O ataque de IHERING às concepções dominantes sobre a posse não se fez de um só jato", observa MOREIRA ALVES[17].

Segundo IHERING, a posse, em verdade, deveria ser compreendida em uma perspectiva objetiva.

Possuidor seria aquele que, mesmo sem dispor do poder material sobre o bem, **comporta-se como se fosse o proprietário**, imprimindo-lhe destinação.

Assim, o sujeito que, após um dia de trabalho em sua lavoura, dirige-se à cidade para comprar mais sementes, está exercendo posse sobre a sua plantação, mesmo que não esteja, naquele momento, materialmente exercendo um poder sobre ela.

A teoria de IHERING, nessa linha, explicaria com mais facilidade determinados "estados de posse", como a do locador que, embora não esteja direta e materialmente utilizando o apartamento, atua como possuidor, imprimindo destinação ao bem, ao locá-lo e auferir os respectivos aluguéis.

---

[15] PEREIRA, Caio Mário da Silva. Op. cit. v. 4. p. 15.

[16] ATAÍDE, Rui Paulo Coutinho de Mascarenhas. Sobre a distinção entre posse e detenção. *Revista da Ordem dos Advogados*, Seção "Doutrina", Lisboa, ano 75, n. 1 e 2, jan./jun. 2015, p. 79-120. Disponível em: <https://portal.oa.pt/upl/%7B4513b71a-245e-4bdd-ac4a-8c64a6757bc4%7D.pdf>. Acesso em 10 fev. 2018.

[17] "Começou ele com a divulgação, em 1868, nos 'Jahrbücher für die Dogmatik des heutigen römischen und deutschen Privatrechts', dos 'Beiträge zur Lehre vom Besitz' (Contribuições à Teoria da Posse), publicados, em livro, no ano seguinte, com o título 'Uber den Grund des Besitzschutzes. Eine Revision der Lehre vom Besitz (Sobre o Fundamento da Proteção da Posse. Uma Revisão da Teoria da Posse)" (ALVES, José Carlos Moreira. Op. cit. v. 1. p. 221).

Note-se, portanto, que a abordagem de IHERING é mais dinâmica e objetiva[18].

Lembra o Ministro MOREIRA ALVES:

"Adverte IHERING que a afirmação, de SAVIGNY, de que a apreensão (ou seja, o ato físico, o *corpus*, necessário à aquisição da posse) consistia na possibilidade física de agir imediatamente sobre a coisa e de afastar dela qualquer ação de terceiro, não se coadunava com os textos que a admitiam em hipóteses – como a do javali preso na armadilha colocada pelo caçador (D. 41m 2m 55) – em que essa possibilidade não existiria. Para IHERING, **sendo a posse a exteriorização ou a visibilidade da propriedade**, o critério para a verificação de sua existência é a maneira pela qual o proprietário exerce, de fato, sua propriedade, o que implica dizer que o *corpus* é a relação de fato entre a pessoa e a coisa de acordo com a sua destinação econômica, é o procedimento do possuidor, com referência à coisa possuída, igual ao que teria normalmente o titular do domínio"[19] (grifamos).

Na mesma linha, SILVIO RODRIGUES:

"Não é mister um conhecimento mais profundo para saber se alguém é ou não possuidor. Tal ciência decorre do bom senso. O camponês, que encontra animal capturado por uma armadilha, sabe que o mesmo pertence ao dono desta; desse modo, se o tirar dali, não ignora que pratica furto, posto que o está subtraindo da posse do seu dono; o madeireiro, que lança à correnteza os troncos cortados na montanha para que o rio os conduza à serraria, não tem o poder físico sobre os madeiros, mas conserva a posse, pois assim é que age o proprietário; o transeunte, que vê materiais de construção ao pé da obra, sabe que eles pertencem ao dono desta, embora não se encontrem sob a sua detenção física. Todos esses exemplos, tirados do próprio IHERING, servem para revelar uma circunstância. A de que o possuidor é aquele que age em face da coisa corpórea como se fosse o proprietário, pois a posse nada mais é do que uma exteriorização da propriedade"[20].

GISELDA HIRONAKA e SILMARA CHINELATO, por seu turno, também ensinam:

"Von Ihering, por sua vez, opositor de Savigny, autor da teoria objetiva, considerou que a posse *é a condição do exercício da propriedade*, pois esta sem aquela é *como um cofre sem chave*. Não admitiu Von Ihering, portanto, a distinção que Savigny fez entre *corpus* e *animus*, entendendo que este último está contido naquele, de sorte ser possível que possuidor é aquele que age, em face da coisa corpórea, como se fosse proprietário, pois a posse nada mais é que a exteriorização da propriedade. Portanto, o possuidor é presuntivamente o proprietário"[21].

Seguindo a trilha da teoria objetiva, SALEILLES desenvolveu ideia semelhante, mas com característica peculiar, ao afirmar que a posse derivaria de uma perspectiva de apropriação econômica, e não jurídica:

---

[18] Existe um certo ponto de convergência entre o pensamento de SAVIGNY e as ideias de IHERING, embora as suas linhas de intelecção guardem marcantes diferenças.

[19] ALVES, José Carlos Moreira. Op. cit. v. 1. p. 223.

[20] RODRIGUES, Silvio. *Direito Civil*: Direito das Coisas. 22. ed. São Paulo: Saraiva, 1995. v. 5. p. 18-19.

[21] HIRONAKA, Giselda Maria Fernandes Novaes; CHINELATO, Silmara Juny de Abreu. Propriedade e posse: uma releitura dos ancestrais institutos. *Revista da Faculdade de Direito* da Universidade de São Paulo. Disponível em: <http://www.revistas.usp.br/rfdusp/article/view/67580/70190>. Acesso em: 10 fev. 2018.

"Em artigo, sob o título 'Étude sur les éléments constitutifs de la possession', publicado, parceladamente, no curso de 1893 e de 1894, na *Revue Bourguignone pour l'Enseignement Supérieur de Dijon,* SALEILLES, depois de examinar as concepções de SAVIGNY e de IHERING sobre o *corpus* e o *animus* na posse, se inclinou pela tese deste, introduzindo-lhe, porém, modificações que lhe permitiram criar doutrina própria, e que denominou *teoria da apropriação econômica,* pois, para ele, a posse é relação de apropriação econômica, e não relação de apropriação jurídica. Segundo SALEILLES, o *corpus* – e nesse ponto desenvolveu a ideia de PININSKI que entendia ser a posse, não como pretendera IHERING, a exteriorização do exercício do direito de propriedade, mas, sim, a exteriorização da utilização econômica da coisa – se conceitua como o conjunto de fatos que revelam, entre aquele a quem eles se ligam e a coisa que eles têm por objeto, uma relação durável de apropriação econômica, uma relação de exploração da coisa a serviço do indivíduo"[22].

Por óbvio, a marcha da História alteraria esse quadro tradicional das teorias da posse.

O desenvolvimento da doutrina em torno do princípio da função social influenciaria, profundamente, esse panorama teórico.

Surgiu, assim, posteriormente, a denominada "**teoria sociológica da posse**".

Nessa perspectiva, a posse ultrapassaria as fronteiras do pensamento tradicional individualista das correntes anteriores, para ingressar em um plano constitucional superior voltado à função social.

Vale dizer, a posse se explica e se justifica pela sua própria função social, e não, simplesmente, pelo mero viés do interesse pessoal daquele que a exerce.

Nessa linha funcional, dispõe o Enunciado n. 492 da V Jornada de Direito Civil:

"A posse constitui direito autônomo em relação à propriedade e deve expressar o aproveitamento dos bens para o alcance de interesses existenciais, econômicos e sociais merecedores de tutela".

Referindo-se ao tema, observa FLÁVIO TARTUCE:

"Na verdade, mesmo sendo exteriorização da propriedade, o que também comprova a sua função social, a posse com ela não se confunde. É cediço que determinada pessoa pode ter a posse sem ser proprietária do bem, uma vez que ser proprietário é ter o domínio pleno da coisa. A posse pode significar apenas ter a disposição da coisa, utilizar-se dela ou tirar dela os frutos com fins socioeconômicos.

Sem prejuízo dessa confrontação, como mencionado, tendo a propriedade uma função social reconhecida no Texto Maior, o mesmo deve ser dito quanto à posse. Diante desses argumentos, entendemos ser mais correto afirmar, atualmente, que o nosso Código Civil não adota a tese de Ihering, pura e simplesmente, mas sim a tese da posse-social, como defendem Perozzi, Saleilles e Gil (...) Uma mudança de paradigma inegável atingiu também o Direito das Coisas, razão pela qual o debate entre Ihering e Savigny encontra-se mais do que superado"[23].

---

[22] ALVES, José Carlos Moreira. Op. cit. v. 1. p. 236.
[23] TARTUCE, Flávio. *Direito civil*: Direito das Coisas. 8. ed. Rio de Janeiro: Forense, 2016. v. 4. p. 34-35.

E, nesse contexto, qual teria sido, afinal, o posicionamento adotado em nosso Código Civil?

É o que veremos no próximo tópico.

3. TEORIA ADOTADA PELO CÓDIGO CIVIL

Em nossa visão acadêmica, é correto afirmar que **o Código Civil brasileiro adotou a teoria objetiva de IHERING**[24]**, na perspectiva do princípio constitucional da função social.**

Ora, ao dispor, em seu art. 1.196, que possuidor seria "todo aquele que tem de fato o exercício, pleno ou não, de algum dos poderes inerentes à propriedade", o legislador aproximou-se inequivocamente do pensamento de IHERING, como vimos acima.

Mesmo que o sujeito não seja o proprietário, mas se comporte como tal – por exemplo, plantando, construindo, morando –, poderá ser considerado possuidor.

Sucede que a interpretação desta norma, por óbvio, não poderá ser feita fora do âmbito de incidência do **superior princípio da função social**.

Vale dizer, o exercício, pleno ou não, dos poderes inerentes à propriedade (usar, gozar ou fruir, dispor, reivindicar) somente justifica a tutela e a legitimidade da posse se observada a sua função social.

Defendemos, pois, a ideia de que **a teoria objetiva foi adotada, embora reconstruída na perspectiva do princípio constitucional da função social.**

Finalmente, vale acrescentar que, a despeito de o codificador não haver adotado a teoria de SAVIGNY – como a pedra fundamental do nosso sistema possessório – pode-se sentir, em determinados pontos, a sua influência, como é possível constatar na leitura dos arts. 1.238 e 1.242, que diferenciam as formas extraordinária e ordinária de usucapião, a depender da boa ou da má-fé, ou seja, do *animus* do possuidor.

4. DETENÇÃO

Segundo o famoso antropólogo e civilista RODOLFO SACCO:

"(...) a distinção entre posse e detenção baseia-se na distinção entre propriedade e poder de fato sobre a coisa. Aquele sujeito do poder de fato que quer ser considerado proprietário, que se comporta como se exercesse uma propriedade, é seguramente um possuidor. Aquele sujeito do poder de fato que se comporta como um não proprietário (depositário) é – segundo alguns sistemas – um não possuidor; dir-se-á que é um detentor"[25].

É o que se dá em nosso sistema jurídico.

O detentor não deve ser considerado possuidor, na medida em que é um mero "servidor ou fâmulo da posse".

Nesse sentido, o art. 1.198 do Código Civil:

---

[24] No julgamento do REsp 1.582.176/MG, a eminente relatora Ministra Nancy Andrighi, expressamente afirmou que "O Código Civil de 2002 adotou o conceito de posse de **Ihering** (...)".

[25] SACCO, Rodolfo. *Antropologia jurídica*: contribuição para uma macro-história do direito. São Paulo: Martins Fontes, 2013. p. 339.

"Art. 1.198. Considera-se detentor aquele que, achando-se em relação de dependência para com outro, conserva a posse em nome deste e em cumprimento de ordens ou instruções suas".

É o caso do bibliotecário, do motorista particular ou do caseiro.

Claro está, todavia, que, se deixa de cumprir instruções, passando a atuar com liberdade no exercício de poderes inerentes à propriedade – usando ou fruindo –, poderá converter a sua detenção em posse, conforme já decidiu o Superior Tribunal de Justiça[26].

É digno de nota, ainda, existir entendimento no sentido de que haverá também mera detenção, além da previsão contida no art. 1.198 (referente ao fâmulo da posse), nas hipóteses previstas no art. 1.208 do Código Civil:

"Art. 1.208. Não induzem posse os atos de mera permissão ou tolerância assim como não autorizam a sua aquisição os atos violentos, ou clandestinos, senão depois de cessar a violência ou a clandestinidade".

Se eu permito que o meu vizinho passe a tarde na área da minha piscina, este ato de mera permissão não induz posse, mas simples detenção.

Outras perspectivas da detenção podem ser ainda constatadas, em doutrina[27].

---

[26] DIREITOS REAIS. RECURSO ESPECIAL. REINTEGRAÇÃO DE POSSE. IGREJA. TEMPLO. PASTOR QUE SE DESFILIA DOS QUADROS DE OBREIROS DA RELIGIÃO. TRANSMUDAÇÃO DA DETENÇÃO EM POSSE. LEGITIMIDADE PASSIVA CONFIGURADA. ESBULHO. EXISTÊNCIA DE CONTRATO DE COMODATO. SÚM 7/STJ. USUCAPIÃO EXTRAORDINÁRIA. INOCORRÊNCIA.

1. "Considera-se detentor aquele que, achando-se em relação de dependência para com outro, conserva a posse em nome deste e em cumprimento de ordens ou instruções suas". (Código Civil, art. 1.198)

2. Na hipótese, o réu foi ordenado e designado para atuar na Comunidade Evangélica de Cachoerinha, na condição de pastor da IECLB, e justamente nessa qualidade é que se vinculava ao patrimônio da Igreja; isto é, exercia o controle sobre o imóvel em nome de outrem a quem estava subordinado, caracterizando-se como fâmulo da posse.

3. A partir do momento em que pleiteou o seu desligamento do quadro de pastores, continuando nas dependências do templo, deixando de seguir as ordens do legítimo possuidor, houve a transmudação de sua detenção em posse, justamente em razão da modificação nas circunstâncias de fato que vinculavam a sua pessoa à coisa. Assim, perdendo a condição de detentor e deixando de restituir o bem, exercendo a posse de forma contrária aos ditames do proprietário e possuidor originário, passou a cometer o ilícito possessório do esbulho, sobretudo ao privá-lo do poder de fato sobre o imóvel.

4. Desde quando se desligou da instituição recorrida, rompendo sua subordinação e convertendo a sua detenção em posse, fez-se possível, em tese, a contagem do prazo para fins da usucapião – diante da mudança da natureza jurídica de sua apreensão. Precedente.

5. Compulsando os autos, verifica-se que o recorrente solicitou o seu desligamento do quadro geral de obreiros da IECLB em 15 de julho de 2005, ficando afastada por completo qualquer pretensão de reconhecimento da usucapião extraordinária (CC, art. 1.238), como requerido em seu especial, haja vista a exigência do prazo mínimo de 15 (quinze) anos para tanto.

6. Recurso especial desprovido.

(REsp 1.188.937/RS, rel. Min. LUIS FELIPE SALOMÃO, QUARTA TURMA, julgado em 11-3-2014, DJe 2-4-2014)

[27] Os talentosos amigos CRISTIANO CHAVES DE FARIAS e NELSON ROSENVALD, após observarem que "o detentor seria aquele que perdeu a proteção possessória em decorrência de um óbice

Nessa vereda, por exemplo, se CARMELO invade a minha fazenda, durante os dias em que eu envidei esforços para, mediante o uso legítimo e proporcional da força, defender o meu imóvel, ele somente será considerado **detentor** da parte invadida; mas, uma vez cessada a violência, com a minha retirada, CARMELO passa então a ser considerado efetivo possuidor.

Finalmente, merece referência o fato de haver entendimento no Superior Tribunal de Justiça no sentido de que a ocupação de bens públicos resulta em mera detenção:

"ADMINISTRATIVO E PROCESSUAL CIVIL. AGRAVO INTERNO. REINTEGRAÇÃO DE POSSE. BEM PÚBLICO. OCUPAÇÃO POR PARTICULAR. SIMPLES DETENÇÃO. NATUREZA PRECÁRIA. ESBULHO POSSESSÓRIO. INEXISTÊNCIA DE OFENSA AO ART. 1.022 DO CPC/2015. AUSÊNCIA DE PREQUESTIONAMENTO. INCIDÊNCIA DAS SÚMULAS 7 E 83/STJ.

1. Cuida-se de Agravo Interno oposto ao *decisum* que conheceu do Agravo para conhecer parcialmente do Recurso Especial e, nessa parte, negar-lhe provimento.

2. Na origem, trata-se de inconformismo contra *decisum* que não admitiu o Recurso Especial, sob o fundamento de ausência de ofensa ao art. 1.022 do CPC/2015; inexistência de prequestionamento e incidência das Súmulas 7 e 83/STJ.

3. O Apelo Nobre combatia aresto da Corte *a quo* que manteve a sentença de procedência proferida na Ação proposta pelo Estado de Minas Gerais em desfavor do recorrente, objetivando ser reintegrado na posse do imóvel descrito na inicial, com a determinação de imediata desocupação da área invadida, bem como a retirada de animais e outros pertences, além da vedação de nova turbação ou esbulho no local, em prazo a ser estabelecido, sob pena de multa diária e caracterização de desobediência.

4. Inicialmente, constata-se que não se configura a ofensa ao art. 1.022 do Código de Processo Civil, uma vez que o Tribunal de origem julgou integralmente a lide, ainda que em sentido contrário à pretensão do recorrente. Logo, solucionou a controvérsia em conformidade com o que lhe foi apresentado.

5. No tocante à alegada afronta ao art. 10 do Decreto-Lei 3.365/1941, o Apelo também não reúne condições de prosseguir, por carecer do requisito do prequestionamento. As razões apresentadas pelo recorrente ultrapassam o âmbito do acórdão atacado, no qual não foi debatida a aludida tese, já que foi suscitada somente em Embargos de Declaração, não tendo havido, na instância ordinária, o necessário cotejo da matéria que se pretende alçar à instância superior. A ausência de análise da questão veiculada no Recurso não é suprida com a invocação inaugural da matéria no Aclaratórios, pois, conforme entendimento do STJ, 'a oposição de embargos de declaração, com a finalidade de prequestionar tema não arguido anteriormente, configura indevido pós-questionamento, incidindo, na hipótese, o óbice da Súmula nº 282 do STF' (AgInt no AREsp 774.766/MS, Rel. Ministra Maria Isabel Gallotti, *DJe* de 8.9.2016).

6. Não bastasse isso, constata-se que, para rever a conclusão alcançada pela Turma Julgadora, seria imprescindível o revolvimento dos elementos fático-probatórios carreados aos autos, expediente vedado na via eleita, consoante disposto na Súmula 7/STJ. De fato, a pretensão recursal de que seja reconhecida a ocorrência de usucapião em favor do recor-

---

legal", adotam uma linha abrangente, entendendo que poderá haver detenção nos casos de: "servidores da posse, atos de permissão ou tolerância, prática de atos de violência ou clandestinidade e na atuação em bens públicos de uso comum do povo ou de uso especial" (*Direitos Reais*. 6. ed. Rio de Janeiro: Lumen Juris, 2009. p. 74-82).

rente antes da expedição do Decreto Estadual 18.398/1977, como forma de ilidir a proteção possessória pleiteada pelo ente público, demanda, claramente, a incursão na seara fático-probatória da demanda.

7. Verifica-se, ademais, que o entendimento manifestado no acórdão se encontra em plena conformidade com a jurisprudência do STJ, que já assentou que 'não há como considerar justa a posse dos recorrentes sobre a área, porquanto, em decorrência do § 3.º do art. 183 da CF, que veda a usucapião de bem público, entende o STJ, que, perante o Poder Público, o particular será sempre mero detentor, não havendo que falar em proteção possessória.' (REsp 1.296.964/DF, Rel. Ministro Luis Felipe Salomão, DJe 7.12.2016). No mesmo sentido: REsp 1.457.851/RN, Rel. Ministro Herman Benjamin, Segunda Turma, DJe de 19.12.2016.) 8. Agravo Interno não provido" (STJ, AgInt no AREsp 2.235.232/MG, Rel. Min. Herman Benjamin, 2.ª T., j. 22-5-2023, DJe 5-6-2023) (grifamos)

Se a ocupação do bem público, por sua vez, é irregular ou indevida, o entendimento sumulado aponta no seguinte sentido:

Súmula 619, STJ: A ocupação indevida de bem público configura mera detenção, de natureza precária, insuscetível de retenção ou indenização por acessões e benfeitorias.

Mas toda essa matéria não é simples, merecendo uma reflexão detida e atenta às nuances do caso concreto.

A projeção do princípio constitucional da função social, mesmo nos domínios do Direito Público, talvez justificasse uma ampliação do espectro da posse em face dos bens públicos, em determinadas circunstâncias, a par da vedação ao reconhecimento da usucapião:

"RECURSO ESPECIAL. POSSE. DIREITO CIVIL E PROCESSUAL CIVIL. BEM PÚBLICO DOMINICAL. LITÍGIO ENTRE PARTICULARES. INTERDITO POSSESSÓRIO. POSSIBILIDADE. FUNÇÃO SOCIAL. OCORRÊNCIA.

1. Na ocupação de bem público, duas situações devem ter tratamentos distintos: i) aquela em que o particular invade imóvel público e almeja proteção possessória ou indenização/retenção em face do ente estatal e ii) as contendas possessórias entre particulares no tocante a imóvel situado em terras públicas.

2. A posse deve ser protegida como um fim em si mesma, exercendo o particular o poder fático sobre a res e garantindo sua função social, sendo que o critério para aferir se há posse ou detenção não é o estrutural e sim o funcional. É a afetação do bem a uma finalidade pública que dirá se pode ou não ser objeto de atos possessórios por um particular.

3. A jurisprudência do STJ é sedimentada no sentido de que o particular tem apenas detenção em relação ao Poder Público, não se cogitando de proteção possessória.

4. É possível o manejo de interditos possessórios em litígio entre particulares sobre bem público dominical, pois entre ambos a disputa será relativa à posse.

5. À luz do texto constitucional e da inteligência do novo Código Civil, a função social é base normativa para a solução dos conflitos atinentes à posse, dando-se efetividade ao bem comum, com escopo nos princípios da igualdade e da dignidade da pessoa humana.

6. Nos bens do patrimônio disponível do Estado (dominicais), despojados de destinação pública, permite-se a proteção possessória pelos ocupantes da terra pública que venham a lhe dar função social.

7. A ocupação por particular de um bem público abandonado/desafetado – isto é, sem destinação ao uso público em geral ou a uma atividade administrativa –, confere justamente a função social da qual o bem está carente em sua essência.

8. A exegese que reconhece a posse nos bens dominicais deve ser conciliada com a regra que veda o reconhecimento da usucapião nos bens públicos (STF, Súm 340; CF, arts. 183, § 3.º; e 192; CC, art. 102); um dos efeitos jurídicos da posse – a usucapião – será limitado, devendo ser mantido, no entanto, a possibilidade de invocação dos interditos possessórios pelo particular.

9. Recurso especial não provido".

(REsp 1.296.964/DF, rel. Min. LUIS FELIPE SALOMÃO, QUARTA TURMA, julgado em 18-10-2016, DJe 7-12-2016)

Trata-se, pois, de temática bastante instigante e que merece, especialmente a partir da edição da mencionada Súmula 619, um repensar, por parte da jurisprudência brasileira.

5. POSSE DE DIREITOS (*POSSESSIO JURIS*)

Muito interessante é a questão atinente à posse de direitos pessoais[28], que atraiu, com imensa força, a atenção e o gênio argumentativo de RUI BARBOSA:

"Não há dúvida nenhuma de que, entre os romanos, a noção da posse não transpunha o círculo dos direitos reais. Além do senhorio direto e exclusivo das coisas materiais, reconheciam os grandes jurisconsultos daquela idade as consequências jurídicas da posse a certos elementos destacados da propriedade, certos direitos sobre as coisas, capazes de exercício continuado, como as servidões, e, na opinião de muitos, a enfiteuse e a superfície (...) Além de tais direitos, porém, subordinados ao poder físico e circunscritos às manifestações elementares da propriedade, não ia a posse ou quase posse romana".

Sucede que o Direito Canônico, segundo o monumental jurista, alteraria esta concepção clássica de posse, para admitir a sua projeção no âmbito dos direitos pessoais:

"Desta modificação notável na ideia da posse resultou progressivamente a sua extensão a outros direitos pessoais, cuja proteção possessória a praxe civil, em contato com a canônica, acabou por admitir"[29].

Mas, ao longo do século XX, a tese foi perdendo força.

Segundo CLÓVIS BEVILÁQUA:

"Sobre esta matéria, publicou ASTOLPHO REZENDE um substancioso estudo no Archivo Judiciario, vol. VI, Supplemento, a que deu o título – Posse dos direitos pessoais. É questão, definitivamente, liquidada. O Código Civil não conhece posse de direitos pessoais"[30].

Em verdade, se, em passado mais distante, já houve interesse em se desenvolver a tese da posse dos direitos, para o fim de facilitar a sua própria defesa em Juízo (imagine-se, por exemplo o ajuizamento de um interdito possessório para garantir a posse do direito à

---

[28] Sobre o tema, recomendamos o belíssimo volume XI dos *Comentários ao Código Civil* (arts. 1.196 a 1.276), de autoria de Arruda Alvim, Mônica Couto, Victor Velasquez e Fábio Araújo (Rio de Janeiro: 2008, Gen-Forense).

[29] BARBOSA, Rui. *Posse de direitos pessoais*. EPUB. p. 4-8.

[30] BEVILÁQUA, Clóvis. Op. cit. p. 10.

matrícula em uma universidade), tal não mais se justificaria, dada a existência de meios processuais próprios, inclusive do mandado de segurança[31].

A tendência atual, em nosso sistema, é considerar a posse **em face de bens corpóreos ou materiais** (o carro ou a casa) ou, excepcionalmente, **em face de certos bens incorpóreos ou imateriais** (a energia elétrica), que não se confundem com os direitos pessoais.

Nesse sentido, ARRUDA ALVIM afirma:

"É curial, por isso mesmo, que as energias não são direitos pessoais, mas, igualmente, não são confundíveis com coisas materiais. Na doutrina austríaca há, ao que nos parece isoladamente, quem considere que gás ou eletricidade submetem-se ao regime dos direitos reais. Da mesma forma, entendendo haver posse sobre bens imateriais, tal como no caso genérico das energias, e, tal como especificamente exemplificados a corrente elétrica e o gás, opina o Prof. Franz Gschnitzer (...)"[32].

E, em seguida, o culto Professor da PUCSP afirma que as **energias**, embora não concretas e tangíveis, são suscetíveis de serem percebidas por nossos sentidos,

"(...) ao passo que os chamados direitos pessoais existem, apenas, no mundo normativo e no âmbito de nossa sensibilidade psicológica e racional, *i.e.*, sem a possibilidade de percepção por nossos sentidos (mas a nossa sensibilidade no âmbito psíquico percebe e sente os valores que consigo carregam)"[33].

Nesse contexto, é correto dizer que o sujeito "possui" uma coisa ou um bem imaterial, mas é, simplesmente, "titular" de um direito pessoal (um direito de crédito ou o direito à matrícula em uma universidade, por exemplo).

Todavia, o Direito não é uma ciência exata.

Excepcionalmente, admite-se a posse de um direito pessoal, para efeito de reconhecimento da usucapião[34].

Tal hipótese encontra-se no enunciado da Súmula 193 do Superior Tribunal de Justiça:

"O DIREITO DE USO DE LINHA TELEFÔNICA PODE SER ADQUIRIDO POR USUCAPIÃO"[35].

A usucapião, como se sabe, pressupõe a posse de um bem usucapível.

No caso, considerando-se que, em verdade, adquirimos a propriedade, por usucapião, mediante o exercício de atos possessórios, não dos cabos ou fibras óticas da empresa de

---

[31] GOMES, Orlando. *Direitos Reais*. 19. ed. Atualizada por Luiz Edson Fachin. Rio de Janeiro: Forense, 2008. p. 129.

[32] ALVIM, Arruda; COUTO, Mônica Bonetti. *Comentários ao Código Civil brasileiro*: do Direito das Coisas. Coord. Arruda Alvim, Thereza Alvim e Alexandre Clápis. Rio de Janeiro: Forense, 2009. p. 50-51.

[33] Idem, ibidem.

[34] O grande Professor ARRUDA ALVIM, na obra acima citada, afirma ser uma "**exceção notável**" essa possibilidade de usucapião decorrente da "posse" de um direito pessoal (direito – abstrato – de uso de um número de linha telefônica): "Aliás, a possibilidade da própria usucapião vem reforçar a necessidade da corporeidade daquilo que pode ser objeto de posse (em relação ao que se constitui exceção notável a que foi consagrada tendo em vista o chamado usucapião de linha telefônica)" (Op. cit. p. 51).

[35] Súmula 193, SEGUNDA SEÇÃO, julgado em 25-6-1997, *DJ* 6-8-1997. p. 35.334.

telefonia, mas sim em face do **direito ao nosso próprio número de telefone**, é forçoso convir que a prescrição aquisitiva opera-se em virtude da posse sobre um direito pessoal essencialmente abstrato.

Como bem colocou o Professor Arruda Alvim, acima citado, trata-se de uma situação especialíssima, uma "exceção notável".

Por fim, vale acrescentar que o Anteprojeto de Reforma do Código Civil, elaborado pela Comissão de Juristas do Senado Federal, sugeriu, na redação do art. 1.196 do Código Civil, a ampliação do "espectro" da posse, para também alcançar "bens imateriais no que couber, ressalvado o disposto em legislação especial".

6. CLASSIFICAÇÃO DA POSSE

Diversos são os critérios de classificação da posse.

Apresentaremos aqui aqueles que, em nosso sentir, são os mais relevantes, em face das normas civis em vigor.

a) Quanto ao exercício e gozo:
- Posse direta
- Posse indireta

b) Quanto à existência de vício:
- Posse justa
- Posse injusta

c) Quanto à legitimidade do título (ou o elemento subjetivo):
- Posse de boa-fé
- Posse de má-fé

d) Quanto ao tempo:
- Posse nova
- Posse velha

e) Quanto à proteção:
- Posse *ad interdicta*
- Posse *ad usucapionem*

Por amor à didática e à clareza, sempre respeitando a boa técnica, vamos analisar cada um desses critérios classificatórios, separadamente.

6.1. Quanto ao exercício e gozo (posse direta e posse indireta)

Posse direta é aquela exercida mediante o poder material ou contato direto com a coisa, a exemplo daquela exercida pelo locatário; por outro lado, a posse indireta é aquela exercida por via oblíqua, a exemplo daquela exercida pelo locador, que frui ou goza dos aluguéis, sem que esteja direta e pessoalmente exercendo poder físico ou material sobre o imóvel locado.

No Código Civil:

> "Art. 1.197. A posse direta, de pessoa que tem a coisa em seu poder, temporariamente, em virtude de direito pessoal, ou real, não anula a indireta, de quem aquela foi havida, podendo o possuidor direto defender a sua posse contra o indireto".

Vale observar que a posse direta – que tanto poderá advir de uma relação jurídica pessoal (como se dá na locação) ou real (como se dá no usufruto) – poderá coexistir com a posse indireta, facultando-se a qualquer dos possuidores defender a sua posse entre si ou em face de terceiros.

Confira-se, nesse ponto, julgado do Superior Tribunal de Justiça:

"RECURSO ESPECIAL. CIVIL. LOCAÇÃO. AÇÃO DE DESPEJO AJUIZADA POSTERIORMENTE AO ABANDONO DO IMÓVEL PELA LOCATÁRIA. POSSIBILIDADE. OBJETIVO: EXTINÇÃO DA RELAÇÃO JURÍDICA. RECURSO ESPECIAL CONHECIDO E IMPROVIDO.

1. Celebrado o contrato de locação, opera-se o fenômeno do desdobramento da posse, pela qual o locador mantém para si a posse indireta sobre o imóvel, transferindo ao locatário a posse direta, assim permanecendo até o fim da relação locatícia.

2. Enquanto válido o contrato de locação, o locatário tem o direito de uso, gozo e fruição do imóvel, como decorrência de sua posse direta. Nessa condição, pode o locatário, sem comprometimento de seu direito, dar ao imóvel a destinação que melhor lhe aprouver, não proibida por lei ou pelo contrato, podendo, inclusive, se assim for sua vontade, mantê-lo vazio e fechado.

3. As ações de despejo têm natureza pessoal, objetivando a extinção do contrato de locação, em razão do fim de seu prazo de vigência, por falta de interesse do locador em manter o vínculo porque o locatário inadimpliu qualquer de suas obrigações ou ainda porque é de seu interesse a retomada do imóvel, por uma das causas previstas em lei.

4. Hipótese em que, não existindo nos autos prova de que o contrato de locação foi rescindido, deve prevalecer a presunção de sua validade, sendo vedado à locadora retomar a posse do imóvel por sua livre e espontânea vontade, ainda que a locatária estivesse inadimplente no cumprimento de suas obrigações, sob pena de exercer a autotutela. O remédio jurídico, em tal caso, nos termos do art. 5.º da Lei 8.245/91, é o ajuizamento da necessária ação de despejo.

5. Recurso especial conhecido e improvido". (REsp 588.714/CE, rel. Min. ARNALDO ESTEVES LIMA, QUINTA TURMA, julgado em 9-5-2006, DJ 29-5-2006, p. 286) (grifamos)

Uma vez que a posse direta e a indireta coexistem, temos o fenômeno do **paralelismo ou desdobramento da posse**.

6.2. Quanto à existência de vício (posse justa e posse injusta)

Temos, aqui, um dos mais importantes critérios classificatórios.

Nos termos do art. 1.200, do CC, é **justa** a posse que não for violenta, clandestina ou precária.

Por consequência, será considerada **injusta** quando for violenta, clandestina ou precária.

Para adequada compreensão desta norma, figuremos a seguinte hipótese.

SALOMÃO VIENA, com seus capangas, invadiu o imóvel rural de CARMELO LUIS, no dia 2 de abril de 2016.

Durante três dias, CARMELO, lançando mão de meios legítimos de autodefesa, tentou resistir à invasão.

Infelizmente, no dia 5, cessados os atos de violência, SALOMÃO consolidou o esbulho, expulsando o legítimo possuidor.

A teor do art. 1.208[36], enquanto os atos de violência estavam sendo perpetrados, entre os dias 2 e 5 de abril, durante o esforço defensivo do esbulhado, não haveria posse de SALOMÃO.

Mas, uma vez cessada a violência, SALOMÃO passaria a exercer uma posse injusta, na medida em que derivada de atos de violência.

O mesmo raciocínio seria aplicado se, em vez de ocorrer uma invasão violenta, a ocupação se desse por clandestinidade, caso em que SALOMÃO e os seus capangas adentrassem furtivamente o imóvel, permanecendo ocultos por alguns dias e revelando-se, surpreendentemente, após, impedindo que CARMELO exercesse o seu legítimo direito sobre o bem.

Na mesma linha, a posse de SALOMÃO seria injusta, derivada da clandestinidade.

Por fim, merece especial análise a denominada **posse precária**.

O referido art. 1.200 admite a existência dessa modalidade de posse, considerando-a **injusta**.

Esse aspecto deve ser adequadamente compreendido.

Lembra-nos CLÓVIS BEVILÁQUA que a concessão da posse precária é lícita[37].

Trata-se de uma posse essencialmente transitória, pois o bem possuído deverá ser restituído ao seu proprietário.

É o que se dá, por exemplo, na locação, no depósito, e, em especial, no comodato (empréstimo gratuito de coisa infungível).

É o que se dá no comodato (empréstimo gratuito de coisa infungível).

Um exemplo ilustrará: eu lhe empresto o meu apartamento. Esta posse, licitamente concedida em seu favor, é, tipicamente, precária.

O **vício da precariedade** surge, tornando a **posse precária injusta**, quando, em violação à cláusula de boa-fé objetiva, o titular do direito exige o bem de volta, e o possuidor precário, em nítida e reprovável "quebra de confiança", recusa a sua devolução.

Opera-se, no caso, uma alteração na natureza da posse exercida, até então lícita, por meio do fenômeno da *interversio possessionis* (interversão da posse).

Nesse sentido, confira-se o Enunciado n. 237 da III Jornada de Direito Civil:

> Enunciado n. 237 – Art. 1.203: "É cabível a modificação do título da posse – *interversio possessionis* – na hipótese em que o até então possuidor direto demonstrar ato exterior e inequívoco de oposição ao antigo possuidor indireto, tendo por efeito a caracterização do *animus domini*".

---

[36] Art. 1.208, CC. Não induzem posse os atos de mera permissão ou tolerância assim como não autorizam a sua aquisição os atos violentos, ou clandestinos, senão depois de cessar a violência ou a clandestinidade.

[37] "Posse precária é a que se origina do abuso de confiança, por parte daquele que recebera a coisa para restituir e se recusa a fazê-lo. (...) O vício, naturalmente, não está na precariedade da posse. É perfeitamente lícita a concessão da posse de uma coisa, a título precário, isto é, para ser restituída, quando o proprietário a reclamar. O vício está na recusa da restituição, a que se obrigara o possuidor" (BEVILÁQUA, Clóvis. *Direito das Coisas*. 5. ed. Rio Janeiro: Forense, s/d. v. 1. p. 46).

Em nosso sentir, portanto, a concessão de posse precária é lícita, de maneira que o "vício da precariedade" somente surgiria quando houvesse a quebra da confiança do titular do direito, com a negativa de devolução da coisa[38].

Nesse sentido, confira-se o seguinte acórdão do Superior Tribunal de Justiça:

"CIVIL E PROCESSUAL CIVIL. REINTEGRAÇÃO DE POSSE. ALEGAÇÃO DE OFENSA AO ART. 535, II, DO CÓDIGO DE PROCESSO CIVIL. OMISSÃO NÃO CONFIGURADA. DESCARACTERIZAÇÃO DE COMODATO. REEXAME DE PROVA. VEDAÇÃO. SÚMULA 07 DO SUPERIOR TRIBUNAL DE JUSTIÇA RECUSA NA ENTREGA DO IMÓVEL. POSSE PRECÁRIA. ESBULHO QUE JUSTIFICA AÇÃO POSSESSÓRIA.

I – Não viola o art. 535, II, a decisão nos embargos declaratórios que, embora de maneira sucinta, se reporte ao acórdão recorrido onde a questão suscitada foi apreciada, não estando o julgador obrigado a fazer alusão a todos os argumentos e dispositivos de lei invocados pelas partes, senão a enfrentar as questões de fato e de direito que realmente interesse ao julgamento da lide.

II – Inviável é a descaracterização do comodato reconhecido pelo acordão de origem, por conta da vedação ao reexame de prova constante na Súmula 07 do Superior Tribunal de Justiça.

III – A recusa do comodatário em restituir a coisa após o término do prazo do comodato, mormente quando notificado extrajudicialmente para tanto, implica em esbulho pacífico decorrente da precariedade da posse, podendo o comodante ser reintegrado na mesma através das ações possessórias.

IV – A liberalidade e a autonomia da vontade contratual conferida as partes, respeitados os limites da lei e da função social dos contratos, permite a formação de negócios jurídicos mistos, com formas contratuais típicas e atípicas, como o ajuste de "cláusula *constituti*" em escritura de dação em pagamento com previsão de retrovenda, como condição suspensiva.

V – Recurso Especial não conhecido".

(REsp 302.137/RJ, rel. Min. HONILDO AMARAL DE MELLO CASTRO (DESEMBARGADOR CONVOCADO DO TJ/AP), QUARTA TURMA, julgado em 15-9-2009, *DJe* 5-10-2009) (grifamos)

Parece-nos, sem dúvida, a melhor diretriz sobre a matéria.

6.3. Quanto à legitimidade do título ou ao elemento subjetivo (posse de boa-fé e posse de má-fé)

A distinção entre posse justa e injusta tem caráter objetivo, vale dizer, leva em conta a existência ou não de vício na posse.

Esse critério, todavia, estudado neste tópico, tem natureza subjetiva, ao levar em conta o estado de ânimo do possuidor[39].

---

[38] Note-se que é a partir deste momento que se inicia a contagem do prazo da usucapião da propriedade, pois o possuidor passaria a atuar com **animus domini** (ânimo de proprietário).

[39] Os critérios classificatórios não se confundem. Uma posse pode ser **injusta**, mas de **boa-fé**, como no caso da compra de um bem roubado, sem que se saiba da prática do crime; na mesma linha, poderá ser **justa**, posto de **má-fé**, como na hipótese em que o locatário pretende adquirir o bem por usucapião, na

Trataremos, portanto, da denominada **boa-fé subjetiva**.

Vale dizer, a boa-fé subjetiva consiste em uma situação psicológica, um estado de ânimo ou de espírito do agente, que realiza determinado ato ou vivencia dada situação, em estado de inocência.

Em geral, esse estado subjetivo deriva da ignorância a respeito de determinada circunstância, como ocorre na hipótese do possuidor de boa-fé que desconhece o vício que macula a sua posse.

Nesse caso, o próprio legislador cuida de ampará-lo, não o fazendo, outrossim, quanto ao possuidor de má-fé.

Distingue-se, portanto, da **boa-fé objetiva**, a qual, tendo natureza de cláusula geral, consiste em uma verdadeira regra de comportamento, de fundo ético e exigibilidade jurídica, conforme já tivemos a oportunidade de escrever:

"Antes, porém, de aprofundarmos os contornos deste importantíssimo princípio, faz-se necessário que estabeleçamos uma diagnose diferencial entre a **boa-fé objetiva** e a **boa-fé subjetiva**.

Esta última, de todos conhecida por estar visivelmente presente no Código Civil de 1916, consiste em uma situação psicológica, um estado de ânimo ou de espírito do agente que realiza determinado ato ou vivencia dada situação, sem ter ciência do vício que a inquina.

Em geral, esse estado subjetivo deriva do reconhecimento da ignorância do agente a respeito de determinada circunstância, como ocorre na hipótese do *possuidor de boa-fé* que desconhece o vício que macula a sua posse. (...)

Distingue-se, portanto, da **boa-fé objetiva**, a qual, tendo natureza de princípio jurídico – delineado em um conceito jurídico indeterminado –, consiste em uma verdadeira **regra de comportamento, de fundo ético, e exigibilidade jurídica**"[40].

Ainda a respeito da diferença entre ambas, preleciona GISELDA HIRONAKA:

"A mais célebre das cláusulas gerais é exatamente a da boa-fé objetiva nos contratos. Mesmo levando-se em consideração o extenso rol de vantagens e de desvantagens que a presença de cláusulas gerais pode gerar num sistema de direito, provavelmente a cláusula da boa-fé objetiva, nos contratos, seja mais útil que deficiente, uma vez que, por boa-fé, se entende que é um fato (que é psicológico) e uma virtude (que é moral).

Por força desta simbiose – fato e virtude – a boa-fé se apresenta como a conformidade dos atos e das palavras com a vida interior, ao mesmo tempo que se revela como o amor ou o respeito à verdade. Contudo, observe-se, através da lição encantadora de André Comte-Sponville, que a boa-fé não pode valer como certeza, sequer como verdade, já que ela exclui a mentira, não o erro[41].

---

vigência da locação (TARTUCE, Flávio. *Manual de Direito Civil*. 7. ed. Rio de Janeiro: Forense; São Paulo: Método, 2017. p. 49).

[40] GAGLIANO, Pablo Stolze; PAMPLONA FILHO, Rodolfo. *Novo Curso de Direito Civil*: Contratos. 3. ed. São Paulo: Saraiva, 2020. v. 4. p. 96-97.

[41] COMTE-SPONVILLE. André. *Pequeno tratado das grandes virtudes*. São Paulo: Martins Fontes, 1999 apud PEREIRA, Régis Fichtner. *A responsabilidade civil pré-contratual*. São Paulo: Renovar, 2001.

O homem de boa-fé tanto diz o que acredita, mesmo que esteja enganado, como acredita no que diz. É por isso que a boa-fé é uma fé, no duplo sentido do termo. Vale dizer, é uma crença ao mesmo tempo que é uma fidelidade. É crença fiel, e fidelidade no que se crê. É também o que se chama de sinceridade, ou veracidade, ou franqueza, é o contrário da mentira, da hipocrisia, da duplicidade, em suma, de todas as formas, privadas ou públicas, da má-fé[42].

Esta é a interessante visão da boa-fé pela sua angulação subjetiva; contudo, enquanto princípio informador da validade e eficácia contratual, a principiologia deve orientar-se pelo viés objetivo do conceito de boa-fé, pois visa garantir a estabilidade e a segurança dos negócios jurídicos, tutelando a justa expectativa do contraente que acredita e espera que a outra parte aja em conformidade com o avençado, cumprindo as obrigações assumidas. Trata-se de um parâmetro de caráter genérico, objetivo, em consonância com as tendências do direito contratual contemporâneo, e que significa bem mais que simplesmente a alegação da ausência de má-fé, ou da ausência da intenção de prejudicar, mas que significa, antes, uma verdadeira ostentação de lealdade contratual, comportamento comum ao homem médio, o padrão jurídico *standard*.

Em todas as fases contratuais deve estar presente o princípio vigilante do aperfeiçoamento do contrato, não apenas em seu patamar de existência, senão também em seus planos de validade e de eficácia. Quer dizer: a boa-fé deve se consagrar nas negociações que antecedem a conclusão do negócio, na sua execução, na produção continuada de seus efeitos, na sua conclusão e na sua interpretação. Deve prolongar-se até mesmo para depois de concluído o negócio contratual, se necessário"[43].

Diante de todo o exposto, fica claro que o critério ora analisado leva em conta a **boa-fé subjetiva**, de natureza, como dito, essencialmente, psicológica.

Segundo o art. 1.201, "é de boa-fé a posse, se o possuidor ignora o vício, ou o obstáculo que impede a aquisição da coisa", como se dá, por exemplo, na hipótese em que o sujeito desfruta da posse de uma fazenda que lhe fora transmitida por herança, após a morte do seu tio, ignorando o vício existente no formal de partilha, na medida em que o falecido havia falsificado o registro imobiliário, sem que o herdeiro de nada soubesse.

Note-se que, neste caso, dada a existência de um **justo título** (o formal de partilha), milita, em favor do possuidor, segundo o parágrafo único do mesmo dispositivo, uma presunção relativa de boa-fé:

"Parágrafo único. O possuidor com justo título tem por si a presunção de boa-fé, salvo prova em contrário, ou quando a lei expressamente não admite esta presunção".

Outro exemplo de justo título é a escritura de compra e venda ou de doação, que contenha vício ignorado pelo possuidor.

Sobre o tema, merece referência o Enunciado 303, da IV Jornada de Direito Civil, claramente inspirado pelo princípio da função social:

---

[42] Idem, ibidem.
[43] HIRONAKA, Giselda M. F. N. Conferência de encerramento proferida em 21-9-2001, no Seminário Internacional de Direito Civil, promovido pelo NAP – Núcleo Acadêmico de Pesquisa da Faculdade Mineira de Direito da PUCMG. Palestra proferida na Faculdade de Direito da Universidade do Vale do Itajaí – UNIVALI (SC), em 25-10-2002, gentilmente cedida a Pablo Stolze Gagliano.

"Art. 1.201. Considera-se justo título, para a presunção relativa da boa-fé do possuidor, o justo motivo que lhe autoriza a aquisição derivada da posse, esteja ou não materializado em instrumento público ou particular. Compreensão na perspectiva da função social da posse".

Nessa perspectiva socializante, e até mesmo sob a influência do princípio da boa-fé, um "recibo", documento tão comum, especialmente nas relações negociais travadas entre pessoas mais humildes em nosso país, poderia ser considerado um **justo título** para efeito de firmar a presunção de boa-fé.

Finalmente, sobre o momento em que a posse passa a ser de má-fé, dispõe o art. 1.202:

"Art. 1.202. A posse de boa-fé só perde este caráter no caso e desde o momento em que as circunstâncias façam presumir que o possuidor não ignora que possui indevidamente".

É o que se dá, por exemplo, quando o possuidor, que até então ignorava o vício na sua posse, é **citado** na ação reivindicatória, passando a ter ciência do fato[44].

6.4. Quanto ao tempo (posse nova e posse velha)

Posse nova ou de força nova é a que tem **menos de ano e dia**.

Posse velha ou de força velha é a que tem **mais de ano e dia**.

Essa distinção tem relevância no plano processual, na medida em que, a teor do art. 558 do CPC/2015, caso a posse do terceiro seja nova, poderá o demandante, ao lançar mão do respectivo interdito possessório, na defesa do seu direito, requerer o provimento liminar previsto no art. 562 da Lei Processual.

Uma vez ultrapassado o prazo de ano e dia (posse velha), posto a demanda não perca o caráter possessório, o deferimento da medida liminar com amparo no referido art. 562 não será mais possível, podendo, todavia, o demandante lançar mão da tutela provisória prevista nos arts. 294 a 304 e 311 (I, II e IV) do CPC/2015.

Nessa linha, transcrevemos os arts. 558 e 562 da nossa Lei Processual:

"Art. 558. Regem o procedimento de manutenção e de reintegração de posse as normas da Seção II deste Capítulo quando a ação for proposta dentro de ano e dia da turbação ou do esbulho afirmado na petição inicial.

Parágrafo único. Passado o prazo referido no *caput*, será comum o procedimento, não perdendo, contudo, o caráter possessório.

(...)

Art. 562. Estando a petição inicial devidamente instruída, o juiz deferirá, sem ouvir o réu, a expedição do mandado liminar de manutenção ou de reintegração, caso contrário, determinará que o autor justifique previamente o alegado, citando-se o réu para comparecer à audiência que for designada".

---

[44] A ciência do vício pode ocorrer, até mesmo, antes da citação: "Portanto, nos termos do art. 1.202 (antigo, art. 491), não apenas a citação, como fato objetivo, pode fazer cessar a boa-fé, mas também opera o mesmo efeito qualquer circunstância anterior ao processo que faça presumir a consciência da ilicitude por parte do sujeito" (VENOSA, Silvio. *Direito Civil*: Direitos Reais. 3. ed. São Paulo: Atlas, 2003. p. 77). Tudo dependerá, pois, da análise do caso concreto.

6.5. Quanto à proteção (posse *ad interdicta* e posse *ad usucapionem*)

Posse *ad interdicta* gera direitos de defesa da posse (interditos possessórios), mas não conduz à usucapião, a exemplo da posse do locatário.

Posse *usucapionem*, por sua vez, é a que tem aptidão de resultar na aquisição da propriedade.

Sobre o tema, leia-se o seguinte acórdão do Superior Tribunal de Justiça:

"DIREITO CIVIL E PROCESSUAL CIVIL. ANULAÇÃO DE NEGÓCIO JURÍDICO. COMPRA E VENDA DE IMÓVEL. EXISTÊNCIA DE USUCAPIÃO EM FAVOR DO ADQUIRENTE. OCORRÊNCIA DE ERRO ESSENCIAL. INDUZIMENTO MALICIOSO. DOLO CONFIGURADO. ANULAÇÃO DO NEGÓCIO JURÍDICO.

1. O erro é vício do consentimento no qual há uma falsa percepção da realidade pelo agente, seja no tocante à pessoa, ao objeto ou ao próprio negócio jurídico, sendo que para render ensejo à desconstituição de um ato haverá de ser substancial e real.

2. É essencial o erro que, dada sua magnitude, tem o condão de impedir a celebração da avença, se dele tivesse conhecimento um dos contratantes, desde que relacionado à natureza do negócio, ao objeto principal da declaração de vontade, a qualidades essenciais do objeto ou pessoa.

3. A usucapião é modo originário de aquisição da propriedade em razão da posse prolongada da coisa, preenchidos os demais requisitos legais, sendo que aqui, como visto, não se discute mais sobre o preenchimento desses requisitos para fins de prescrição aquisitiva, sendo matéria preclusa. De fato, preenchidos os requisitos da usucapião, há, de forma automática, o direito à transferência do domínio, não sendo a sentença requisito formal à aquisição da propriedade.

4. <u>No caso dos autos, não parece crível que uma pessoa faria negócio jurídico para fins de adquirir a propriedade de coisa que já é de seu domínio, porquanto o comprador já preenchia os requisitos da usucapião quando, induzido por corretores da imobiliária, ora recorrente e também proprietária, assinou contrato de promessa de compra e venda do imóvel que estava em sua posse *ad usucapionem*.</u>

Portanto, incide o brocardo *nemo plus iuris*, isto é, ninguém pode dispor de mais direitos do que possui.

5. Ademais, verifica-se do cotejo dos autos uma linha tênue entre o dolo e o erro. Isso porque parece ter havido, também, um induzimento malicioso à prática de ato prejudicial ao autor com o propósito de obter uma declaração de vontade que não seria emitida se o declarante não tivesse sido ludibriado – dolo (CC/1916, art. 92).

6. Portanto, ao que se depreende, seja pelo dolo comissivo de efetuar manobras para fins de obtenção de uma declaração de vontade, seja pelo dolo omissivo na ocultação de fato relevante – ocorrência da usucapião –, também por esse motivo, há de se anular o negócio jurídico em comento.

7. Recurso especial não provido".

(REsp 1.163.118/RS, rel. Min. LUIS FELIPE SALOMÃO, QUARTA TURMA, julgado em 20-5-2014, *REPDJe* 5-8-2014, *DJe* 13-6-2014) (grifamos)

Observa-se, em tal classificação da posse, uma certa concessão à teoria subjetiva da posse, uma vez que o *animus* pelo qual se exerce a posse resulta em efeitos distintos.

7. COMPOSSE

A composse traduz a ideia de posse em comum.

Segundo CRISTIANO CHAVES DE FARIAS e NELSON ROSENVALD:

"Em princípio, a condição jurídica do possuidor perante a coisa se assemelha a do proprietário. Ambos se qualificam pela exclusividade, pois podem exercitar os poderes dominiais de uso e fruição da coisa de modo a excluir todas as outras pessoas da concorrência sobre os mesmos poderes.

A composse é uma situação excepcional consistente na posse comum e de mais de uma pessoa sobre a mesma coisa, que se encontra em estado de indivisão (art. 1.199 do CC). Como sugere MARIA HELENA DINIZ, para a configuração da compossessão ou posse comum são necessários dois pressupostos: pluralidade de sujeitos e coisa indivisa ou em estado de indivisão"[45].

Sobre o tema, dispõe o art. 1.199:

"Art. 1.199. Se duas ou mais pessoas possuírem coisa indivisa, poderá cada uma exercer sobre ela atos possessórios, contanto que não excluam os dos outros compossuidores".

A composse poderá ser:

a) **pro diviso**, quando os possuidores, posto tenham direito à posse de todo o bem, delimitam áreas para o seu exercício (ex.: três irmãos, condôminos e compossuidores do mesmo imóvel, resolvem delimitar a área de uso de cada um);

b) **pro indiviso**, quando os possuidores indistintamente exercem, simultaneamente, atos de posse sobre todo o bem.

Exemplo ilustrativo de **composse** é a exercida pelos herdeiros, durante o inventário, em face do acervo:

"DIREITO CIVIL. AÇÃO DE MANUTENÇÃO DE POSSE DE IMÓVEL HERDADO. RECONHECIMENTO DE PATERNIDADE *POST MORTEM* E DO DIREITO SUCESSÓRIO DA HERDEIRA PRETERIDA. PRÁTICA DE ATOS DE AUTODEFESA DA POSSE. TURBAÇÃO CARACTERIZADA. ARTS. ANALISADOS: 488, 1.572 E 1.580 DO CC/1916.

1. Ação de manutenção de posse, distribuída em 21/01/2005, da qual foi extraído o presente recurso especial, concluso ao Gabinete em 24/09/2012.

2. Discute-se a possibilidade de propositura de interditos possessórios entre compossuidores, no particular, entre coerdeiros, e a ocorrência de turbação à posse do bem herdado.

3. Aberta a sucessão, a transmissão do patrimônio faz-se como um todo unitário (condomínio hereditário), e assim permanece, até a partilha, em situação de indivisibilidade (art. 1.580 do CC/16), a que a lei atribui natureza imóvel (art. 44, III, do CC/16), independentemente dos bens que o compõem.

4. Adquirem os sucessores, em consequência, a composse *pro indiviso* do acervo hereditário, que confere a cada um deles a legitimidade para, em relação a terceiros, se valer dos interditos possessórios em defesa da herança como um todo, em favor de todos, ainda que titular de apenas uma fração ideal. De igual modo, entre eles, quando um ou alguns

---

[45] FARIAS, Cristiano Chaves de; ROSENVALD, Nelson. *Direitos Reais*. 6. ed. Rio de Janeiro: Lumen Juris, 2009. p. 71.

compossuidores excluem o outro ou os demais do exercício de sua posse sobre determinada área, admite-se o manejo dos interditos possessórios.

5. Essa imissão *ipso jure* se dá na posse da universalidade e não de um ou outro bem individuado e, por isso, não confere aos coerdeiros o direito à imediata apreensão material dos bens em si que compõem o acervo, o que só ocorrerá com a partilha.

6. No particular, o reconhecimento do direito sucessório da recorrente não lhe autoriza, automaticamente, agir como em desforço imediato contra os recorridos que, até então, exerciam a posse direta e legítima do imóvel.

7. Recurso especial conhecido em parte, e, nessa parte, desprovido".

(REsp 1.244.118/SC, rel. Min. NANCY ANDRIGHI, TERCEIRA TURMA, julgado em 22-10-2013, *DJe* 28-10-2013) (grifamos)

Nota-se, com efeito, que os compossuidores poderão, por certo, se valer das ações possessórias para a defesa dos seus respectivos direitos.

Capítulo IV
Aquisição e Perda da Posse

Sumário: 1. Introdução. 2. Momento de aquisição da posse. 3. Legitimidade para aquisição da posse. 4. Modalidades de perda da posse.

1. INTRODUÇÃO

Após analisarmos as noções gerais da posse, pretendemos, neste capítulo, tecer considerações acerca da sua aquisição e perda.

Trata-se de uma visão propedêutica necessária para a compreensão dos efeitos da posse, bem como da sua proteção jurídica.

É preciso entender, portanto, quais são os momentos de aquisição (e, consequentemente, de perda) da posse, bem como quem está legitimado para adquiri-la e de que forma.

Enfrentemos, pois, esta missão.

2. MOMENTO DE AQUISIÇÃO DA POSSE

Tratando sobre o tema do momento da aquisição da posse, dispõe o art. 1.204, CC/2002:

"Art. 1.204. Adquire-se a posse desde o momento em que se torna possível o exercício, em nome próprio, de qualquer dos poderes inerentes à propriedade".

Trata-se de uma regra há muito assentada.

Vale a pena lembrar o preciso comentário de CLÓVIS BEVILÁQUA, que, mesmo se referindo ao Código de 1916, ainda ilustra, com exatidão, o momento em que se deve considerar a posse adquirida:

"Se a posse é o estado de fato, correspondente ao exercício da propriedade ou de seus desmembramentos, sempre que esta situação se definir, nas relações jurídicas, haverá posse"[1].

Dessa forma, considera-se adquirida a posse quando a realidade demonstrar que o agente passou a exercitar, na prática, qualquer dos poderes de usar, gozar ou fruir, dispor da coisa, ou mesmo reivindicá-la.

Assim, quando BUCK passa a atuar como se proprietário fosse de um determinado bem, promovendo modificações ou percebendo os seus frutos, pode estar configurada a aquisição da posse.

A delimitação desse momento é fundamental para diversos efeitos jurídicos, notadamente para a aquisição do direito de propriedade, na usucapião[2].

---
[1] BEVILÁQUA, Clóvis. *Comentários ao Código Civil dos Estados Unidos do Brasil*. Rio de Janeiro: Ed. Rio, 1975. p. 976.
[2] Sobre o tema da usucapião, confira-se o Capítulo IX ("Usucapião") deste volume.

Observe-se que o reconhecimento da posse, como estado de fato, importa na possibilidade também da sua transmissão, seja *inter vivos*, seja *mortis causa*.

Especialmente quanto a esta segunda possibilidade (transmissibilidade *mortis causa* da posse), dois dispositivos merecem especial referência:

"Art. 1.206. A posse transmite-se aos herdeiros ou legatários do possuidor com os mesmos caracteres.

Art. 1.207. O sucessor universal continua de direito a posse do seu antecessor; e ao sucessor singular é facultado unir sua posse à do antecessor, para os efeitos legais".

Trata-se de dispositivos, como se pode notar, com especial aplicação no âmbito do Direito Sucessório.

Comentando essas regras, reflete SÍLVIO VENOSA:

"Nessas ambas dicções legais, parece que a intenção do legislador foi assimilar o conceito de sucessor universal ao herdeiro. O sucessor universal continua a posse do antecessor. Desse modo, se a posse do autor da herança era viciada, continuará viciada com o herdeiro. Tal situação pode levar a iniquidades. (...) Por outro lado, no tocante ao adquirente singular, este poderá unir sua posse à do antecessor, se lhe for conveniente"[3].

Nesta última hipótese, a exemplo do que se dá com o legatário ou donatário (sucessores singulares), é facultada a possibilidade de união das posses.

Ainda sobre o tema, preleciona FLÁVIO TARTUCE:

"Especializando esse princípio da continuidade, preconiza o art. 1.207 da codificação material que o sucessor universal continua de direito a posse do seu antecessor; e ao sucessor singular é facultado unir sua posse à do antecessor, para os efeitos legais. Assim, como se nota, a lei diferencia dois tipos de sucessão: a universal (nos casos de herança legítima) e a singular (nos casos de compra e venda, doação ou legado). No primeiro caso, a lei preconiza a continuidade; no segundo, a união de posses (acessão)"[4].

Trata-se de uma importante faculdade que poderá influir, sobretudo, na aquisição da propriedade pela usucapião, dada a possibilidade de somas de tempos de posse.

Outro aspecto ainda a se considerar é que não se pode olvidar a regra do art. 1.208, CC/2002, no sentido de que "não induzem posse os atos de mera permissão ou tolerância assim como não autorizam a sua aquisição os atos violentos, ou clandestinos, senão depois de cessar a violência ou a clandestinidade".

Por fim, merece atenção a questão atinente à **amplitude da posse**, pois, na forma do art. 1.209, CC/2002, a "posse do imóvel faz presumir, até prova contrária, a das coisas móveis que nele estiverem".

Assim, se BRUNO passa a agir como se proprietário fosse de uma determinada casa, reconhecendo-se, portanto, a sua posse, passa-se também a presumir que todos os móveis que a guarnecem também estejam sob sua posse.

---

[3] VENOSA, Sílvio. *Código Civil Comentado*. São Paulo: Atlas, 2003. v. 12. p. 78.

[4] TARTUCE, Flávio, *Direito Civil*: Direito das Coisas. 8. ed. Rio de Janeiro: Forense, 2016. v. 4. p. 95.

3. LEGITIMIDADE PARA AQUISIÇÃO DA POSSE

Uma boa pergunta a se fazer é: quem pode adquirir a posse de um bem?

Sobre o tema, dispõe o art. 1.205, CC/2002:

> "Art. 1.205. A posse pode ser adquirida:
>
> I – pela própria pessoa que a pretende ou por seu representante;
>
> II – por terceiro sem mandato, dependendo de ratificação".

Tais hipóteses dispensam maior digressão.

Interessante acrescentar que o Código Civil de 1916, em seu artigo correspondente (art. 494), previa que a posse poderia também ser adquirida pelo **constituto possessório**, "operação jurídica", preleciona BEVILÁQUA, "em virtude da qual aquele que possuía em seu próprio nome passa, em seguida, a possuir em nome de outrem"[5].

A cláusula que disciplina essa operação é denominada de **cláusula *constituti*.**

É o caso de o proprietário de uma casa efetuar a sua venda, permanecendo no imóvel na condição de locatário[6].

O contrário do **constituto possessório** consiste na *traditio brevi manu*, situação em que aquele que possuía em nome alheio passa a possuir em nome próprio. Exemplo: locatário que compra o imóvel e consolida plenamente a posse.

Em nosso sentir, agiu bem o legislador em retirar o **constituto** desse artigo, na medida em que se trata de um mecanismo de alteração na própria natureza da posse, que previamente já havia sido adquirida.

Reflexão interessante diz respeito à possibilidade de a posse ser adquirida por pessoa incapaz.

Não vemos óbice.

Se se trata, a posse, de uma situação de fato, a sua aquisição independe da capacidade de quem, no plano da realidade, exerce os poderes inerentes à propriedade.

Ora, se os direitos decorrentes da posse serão administrados pelo representante do incapaz, segundo o seu melhor interesse, trata-se de um aspecto lógico consequencial que não vai de encontro à sua causa aquisitiva.

Por fim, vale relembrar que a pessoa com deficiência – **a quem, sem dúvida, pode ser reconhecida a legitimidade para possuir** – não é mais considerada civilmente incapaz:

> "A Convenção Internacional sobre os Direitos das Pessoas com Deficiência e o seu Protocolo Facultativo, assinados em Nova York, em 30 de março de 2007, foram ratificados pelo Congresso Nacional por meio do Decreto Legislativo n. 186, de 9 de julho de 2008 – em conformidade com o procedimento previsto no § 3.º do art. 5.º da Constituição da República Federativa do Brasil –, em vigor para o Brasil, no plano jurídico externo, desde 31 de agosto de 2008, e promulgados pelo Decreto n. 6.949, de 25 de agosto de 2009, data de início de sua vigência no plano interno.

---

[5] BEVILÁQUA, Clóvis. Op. cit. p. 976-977.

[6] O Enunciado n. 77 da I Jornada de Direito Civil defendeu o *constituto* como modo de aquisição da posse: "A posse das coisas móveis e imóveis também pode ser transmitida pelo constituto possessório".

Trata-se de uma Convenção dotada de natureza jurídica diferenciada, na medida em que tem **força de Emenda Constitucional**.

Pois bem.

Esta Convenção, em seu artigo 12, item 2, expressamente dispôs:

'Artigo 12

Reconhecimento igual perante a lei

2. Os Estados Partes reconhecerão que **as pessoas com deficiência gozam de capacidade legal em igualdade de condições com as demais pessoas em todos os aspectos da vida**'. (grifei)

Friso: capacidade legal em igualdade de condições.

É de clareza meridiana, portanto, que a nova concepção da 'capacidade', em uma perspectiva inclusiva e não-discriminatória, não é fruto do Estatuto da Pessoa com Deficiência – que atuou apenas em nível legal regulamentar – mas da própria Convenção – inserida no ordenamento pátrio com matiz de norma constitucional.

Vale dizer, foi a própria Convenção de Nova York que estabeleceu o novo paradigma da capacidade, para, nesse novo conceito – rompendo com a antiga dualidade capacidade de direito x de fato – contemplar todas as pessoas, mesmo aquelas que, para atuarem, se valham de um instituto assistencial ou protetivo.

Por isso, é fácil perceber que o novo conceito de capacidade fora moldado, não no simples cadinho da regra civil, mas na poderosa forja da norma constitucional"[7].

Nesse contexto, não há como negar a possibilidade de a pessoa com deficiência estar legitimada para a prática de atos possessórios.

4. MODALIDADES DE PERDA DA POSSE

A posse, como visto, é uma situação de fato.

Assim, parece natural ter em mente que são circunstâncias fáticas que operam a perda da posse.

Sobre o tema, dispõe o vigente Código Civil:

"Art. 1.223. Perde-se a posse quando cessa, embora contra a vontade do possuidor, o poder sobre o bem, ao qual se refere o art. 1.196.

Art. 1.224. Só se considera perdida a posse para quem não presenciou o esbulho, quando, tendo notícia dele, se abstém de retornar a coisa, ou, tentando recuperá-la, é violentamente repelido".

O primeiro dispositivo estabelece que se opera a perda da posse se houver a extinção do exercício, de fato, sobre o bem, dos poderes inerentes à propriedade (usar, gozar ou fruir, dispor, reivindicar), mesmo contra a vontade do possuidor.

Já o segundo prevê a perda da posse, para quem não esteve presente ao tempo da prática do esbulho, quando, ao tomar ciência da perda, nada faz ou, tentando recuperar o bem, é repelido pela força.

---

[7] GAGLIANO, Pablo Stolze. Deficiência não é causa de incapacidade relativa: a brecha autofágica. *Revista Jus Navigandi*, ISSN 1518-4862, Teresina, ano 21, n. 4.794, 16 ago. 2016. Disponível em: <https://jus.com.br/artigos/51407>. Acesso em: 5 fev. 2018.

MARIA HELENA DINIZ, interpretando o regramento legal, enumera diversos **modos de perda da posse**: abandono da coisa, tradição (como se dá na venda de um bem), perda ou destruição da coisa etc.[8].

Sobre o tema, observam CRISTIANO CHAVES DE FARIAS e NELSON ROSENVALD:

"O possuidor conserva a posse enquanto mantém a situação potestativa de ingerência socioeconômica sobre o bem da vida. Se não mais evidenciar essa postura, privando-se do poder correspondente ao exercício da propriedade, perderá a posse. É despicienda a enumeração das modalidades de perda da posse, tarefa somente levada a efeito nas legislações que adotam a teoria subjetiva de Savigny. Neste passo, há uma evolução da matéria, pois diversamente ao art. 520 do Código Civil de 1916 – que descrevia vários modos de perda da posse segundo a cessação do *corpus* ou do *animus* –, o artigo 1.223 do Código Civil de 2002 enfatiza que 'Perde-se a posse quando cessa, embora contra a vontade do possuidor, o poder sobre o bem, ao qual se refere o art. 1.196'.

Em linha de simetria com a nova definição da aquisição da posse como a exteriorização de qualquer dos poderes inerentes à propriedade (art. 1.204, CC), a posse será dada como perdida quando a coisa se coloca em posição diversa da maneira e forma regulares, sob as quais o proprietário habitualmente se serve dela. O possuidor que não mais revela interesse em se servir da coisa, perde a posse, pois deixa de manter a visibilidade e a exterioridade da propriedade. Enfim, é a ausência da diligência ordinária do possuidor perante o bem que fulmina a posse"[9].

A título de arremate, parece-nos que a questão é realmente bem simples: **perde-se a posse quando não é mais possível exercitar qualquer dos poderes inerentes à propriedade.**

---

[8] DINIZ, Maria Helena. *Curso de Direito Civil Brasileiro*: Direito das Coisas. 34. ed. São Paulo: Saraiva, 2020. v. 4. p. 95.

[9] FARIAS, Cristiano Chaves de; ROSENVALD, Nelson. *Curso de Direito Civil*: Direitos Reais. 10. ed. Salvador: Editora JusPodivm, 2014. v. 5, p. 145-146.

Capítulo V
Efeitos da Posse

Sumário: 1. Introdução. 2. Percepção dos frutos e produtos. 3. Responsabilidade pela perda ou deterioração da coisa. 4. Indenização pelas benfeitorias realizadas.

1. INTRODUÇÃO

A posse deflagra um conjunto de efeitos jurídicos.

Destacaremos, aqui, os principais efeitos, na perspectiva do Código Civil.

Registramos, todavia, que a usucapião, além de ser um desses efeitos, também é estudada como forma de aquisição da propriedade, de maneira que deixaremos para fazer a sua análise em momento oportuno.

Vejamos, agora, em tópicos separados, cada um dos efeitos da posse.

2. PERCEPÇÃO DOS FRUTOS E PRODUTOS

Espécie de bens acessórios[1], os frutos podem ser definidos como utilidades que a coisa principal periodicamente produz, cuja percepção não diminui a sua substância (ex.: a soja, a maçã, o bezerro, os juros, o aluguel).

Se a percepção da utilidade causar a destruição total ou parcial da coisa principal, não há que se falar, tecnicamente, em frutos.

Nesse contexto, quanto à natureza, os frutos podem ser classificados da seguinte forma:

a) naturais – são gerados pelo bem principal sem necessidade da intervenção humana direta. Decorrem do desenvolvimento orgânico vegetal (laranja, soja) ou animal (crias de um rebanho);

b) industriais – são decorrentes da atividade industrial humana (bens manufaturados);

c) civis – são utilidades que a coisa frugífera periodicamente produz, viabilizando a percepção de uma renda (juros, aluguel). São também chamados de rendimentos.

Já quanto à ligação com a coisa principal, os frutos podem ser classificados em:

a) colhidos ou percebidos – são os frutos já destacados da coisa principal, mas ainda existentes;

b) pendentes – são aqueles que ainda se encontram ligados à coisa principal, não tendo sido, portanto, destacados;

c) percipiendos – são aqueles que deveriam ter sido colhidos mas não o foram;

---

[1] Sobre o tema dos bens, confira-se o Capítulo VIII ("Bens jurídicos") do volume 1 ("Parte geral") desta coleção.

d) estantes – são os frutos já destacados, que se encontram estocados e armazenados para a venda;

e) consumidos – que não mais existem.

O possuidor de boa-fé tem direito, enquanto ela durar, aos frutos colhidos ou percebidos, a teor do art. 1.214.

Assim, por exemplo, durante o tempo em que imaginou ser o legítimo possuidor da fazenda, ignorando o defeito constante na escritura, o sujeito fará jus a todos os frutos que colheu.

Os frutos pendentes ao tempo em que cessar a boa-fé, por sua vez, nos termos do parágrafo único do mesmo dispositivo, devem ser restituídos, depois de deduzidas as despesas da produção e custeio.

Devem ser também restituídos os frutos colhidos com antecipação, a exemplo daqueles considerados "estantes", acondicionados em um celeiro, por exemplo.

Os frutos naturais e industriais, a teor do art. 1.215, reputam-se colhidos e percebidos, logo que são separados; os civis, a exemplos dos aluguéis, reputam-se percebidos dia por dia[2].

E o que dizer do possuidor de má-fé?

O possuidor de má-fé responde por todos os frutos colhidos e percebidos, bem como pelos que, por culpa sua, deixou de perceber (frutos percipiendos, ou seja, aqueles que deveriam ter sido colhidos e não foram), desde o momento em que se constituiu de má-fé, com direito às despesas da produção e custeio para evitar o enriquecimento sem causa do verdadeiro titular do direito (art. 1.216).

Quanto aos efeitos da posse em face dos produtos, é preciso destacar que, como espécies também de bens acessórios, os produtos são utilidades que a coisa principal gera, cuja percepção ou extração diminui a sua substância (ex.: pedras e metais que se extraem das pedreiras e das minas, respectivamente).

A alterabilidade da substância principal é o ponto distintivo entre os frutos e os produtos.

Nesse ponto, uma importante observação deve ser feita.

Diferentemente dos efeitos jurídicos em relação aos frutos, o Código Civil Brasileiro não cuidou de disciplinar satisfatoriamente os efeitos da posse em relação aos produtos.

Consagrou-se, apenas, a regra geral de que o proprietário do solo (principal) é, salvo preceito jurídico especial de terceiro, senhor dos produtos (acessórios) gerados pela coisa (art. 1.232, CC/2002).

Tal omissão normativa poderia causar o seguinte inconveniente: imagine-se que um sujeito, de boa-fé, haja recebido de seu avô, por testamento, um imóvel em que se encontrava uma pedreira. Cinco anos depois, já tendo sido registrado o formal de partilha, o possuidor é surpreendido por uma ação proposta por terceiro que reivindica, e prova, o seu domínio sobre aquele imóvel. Durante todo esse tempo, o possuidor extraiu e vendeu pedras (produtos). Pergunta-se: considerando que a lei civil apenas garante ao possuidor de boa-fé direito aos frutos colhidos e percebidos, tratando-se de produtos, que solução será adotada,

---

[2] Nessa linha, se o possuidor, que locava o imóvel, esteve de boa-fé até o dia 15, fará jus a 15 dias do aluguel, ou seja, à metade do valor mensal da locação.

diante da regra do art. 1.232 do CC/2002? Por força do silêncio da lei, dever-se-á compelir o possuidor a indenizar o proprietário da coisa?

Entendemos que não.

Obrigar o possuidor de boa-fé a indenizar o proprietário simplesmente porque a lei reconhece a este último direito sobre os acessórios do solo, como regra geral, não dando solução para a hipótese de um possuidor inocente perceber os produtos, é interpretação excessivamente legalista.

Melhor razão assiste a CLÓVIS BEVILÁQUA, que sugere, nesse caso, sejam os produtos considerados como se fossem frutos, seguindo o mesmo regramento legal destes últimos, porque consistiriam em verdadeiras utilidades provenientes de uma riqueza posta em atividade econômica.

Vale transcrever a sua lição: "na expressão frutos, compreendem-se, no caso agora examinado, os produtos, que são utilidades retiradas da coisa, em diminuição da sua quantidade, porque não se reproduzem, periodicamente, como os frutos"[3].

Mas a diferenciação entre frutos e produtos não é despicienda, consoante conclui o mesmo autor: "a distinção, todavia, tem interesse jurídico, porque somente na relação que acaba de ser considerada, o produto se submete aos preceitos estabelecidos para o fruto"[4].

Em conclusão, vale referir que o Código Civil de 2002, dando ênfase à permutabilidade e economicidade dos frutos e produtos, admite sejam esses objeto de negócio jurídico, mesmo que ainda não destacados da coisa principal (art. 95).

3. RESPONSABILIDADE PELA PERDA OU DETERIORAÇÃO DA COISA

"Perda" da coisa consiste em seu total perecimento; por outro lado, a "deterioração" traduz a ideia de estrago ou dano parcial.

O possuidor de boa-fé não responde pela perda ou deterioração da coisa, **a que não der causa** (art. 1.217).

Vale dizer, somente responderá, aquele que atua de boa-fé, se **deu causa** ao evento danoso.

"Dar causa", em nosso sentir, significa atuar com dolo ou culpa, nos termos do art. 186 do Código Civil, que define o ato ilícito.

Imagine-se, por exemplo, a hipótese em que o sujeito, ignorando o vício que macula a sua posse, resolve "queimar" as ervas daninhas do pasto da fazenda, que depois descobre pertencer a outrem, causando danos no imóvel.

O possuidor de má-fé, por seu turno, responde pela perda ou deterioração da coisa, ainda que acidentais, salvo se provar que de igual modo se teriam dado, estando ela na posse do reivindicante (art. 1.218).

Ora, na medida em que responderá pelo dano ainda que acidental, é forçoso convir tratar-se de uma forma de responsabilidade objetiva.

Figuremos um exemplo.

---

[3] BEVILÁQUA, Clóvis. *Direito das Coisas*. 4. ed. Rio de Janeiro: Revista Forense, 1956. p. 82-83.

[4] BEVILÁQUA, Clóvis. *Theoria Geral do Direito Civil*. São Paulo: RED Livros, 1999. p. 250.

Pensemos em um sujeito que possui uma televisão, estando ciente da ilegitimidade de seu direito, pois deveria tê-la devolvido a quem lhe emprestou e não o fez. Caso o aparelho sofra um curto-circuito, o possuidor responderá pelo dano (ainda que acidental), salvo se provar que a pane ocorreria mesmo que o bem já estivesse em poder do reivindicante.

4. INDENIZAÇÃO PELAS BENFEITORIAS REALIZADAS

Pode-se definir benfeitoria como uma obra realizada pelo homem, na estrutura da coisa principal, com o propósito de conservá-la, melhorá-la ou embelezá-la.

Classificam-se as benfeitorias em três modalidades.

Considera-se necessária a benfeitoria realizada para evitar um estrago iminente ou a deterioração da coisa principal (ex.: reparos realizados em uma viga).

Benfeitorias úteis são aquelas empreendidas com o escopo de facilitar a utilização da coisa (ex.: a abertura de uma nova entrada que servirá de garagem para a casa).

E, finalmente, as benfeitorias voluptuárias são aquelas empreendidas para mero deleite ou prazer, sem aumento da utilidade da coisa (a escultura feita nas rochas de um jardim) (art. 96, CC/-2002).Note-se que toda benfeitoria é artificial, decorrendo de uma atividade humana, razão por que não se confunde com os acessórios naturais do solo (art. 97, CC/2002).

A identificação da natureza da benfeitoria não é fácil, em função da circunstância de que os bens não têm uma única utilidade intrínseca e absoluta. Uma piscina, por exemplo, pode ser uma benfeitoria voluptuária (em uma mansão), útil (em uma escola) ou necessária (em uma escola de hidroginástica).

Não se identificam ainda com as acessões industriais ou artificiais (construções e plantações) que têm disciplina própria (arts. 1253 a 1259, CC/2002), e constituem modos de aquisição da propriedade imóvel. A acessão traduz união física com aumento de volume (imagine a construção do segundo andar da casa) e, diferentemente das benfeitorias, podem também ser naturais (aluvião, avulsão, formação de ilhas, álveo abandonado).

Apontando a diagnose diferencial entre ambos os institutos, preleciona CARLOS ROBERTO GONÇALVES:

> "Benfeitorias são obras ou despesas feitas em coisa já existente. As acessões industriais são obras que criam coisas novas e têm regime jurídico diverso, sendo um dos modos de aquisição da propriedade imóvel"[5].

Se a estrutura da casa é aproveitada para abrir uma garagem, realizar-se-á uma benfeitoria. Todavia, se um galpão contíguo é construído para servir de garagem, realiza-se uma acessão artificial (construção). Nesse último caso, houve considerável aumento de volume da coisa principal[6].

Não se consideram benfeitorias, pelo seu valor econômico, a pintura em relação à tela, a escultura em relação à matéria-prima, a escritura e qualquer outro escrito gráfico

---

[5] GONÇALVES, Carlos Roberto. *Direito Civil Brasileiro*: Direito das Coisas. 13. ed. São Paulo: Saraiva, 2018. v. 5. p. 81.

[6] Conforme já se disse, voltaremos ao tema "acessão", quando tratarmos dos modos de aquisição da propriedade imobiliária.

em relação à matéria-prima que os recebe (art. 62, CC/2016). Embora não exista norma semelhante no Código Civil de 2002, entendemos deva a regra ser jurisprudencialmente mantida, pois, em verdade, estar-se-á diante do fenômeno da especificação, que é uma das formas de aquisição de propriedade móvel, disciplinada nos arts.1269 a 1271 do CC/2002.

E como o legislador trata os efeitos jurídicos da posse em relação às benfeitorias?

O possuidor de boa-fé tem direito à indenização das benfeitorias necessárias e úteis, bem como, quanto às voluptuárias, se não lhe forem pagas, a levantá-las, quando o puder sem detrimento da coisa, e poderá exercer o direito de retenção pelo valor das benfeitorias necessárias e úteis (art. 1.219).

Note-se que, quanto às necessárias e úteis, o possuidor terá o direito de reter a coisa, condicionando a sua devolução à indenização correspondente.

Sobre o direito de retenção, MÁRIO MAGALHÃES GOMES, em sua obra *Do direito de retenção no Código Civil brasileiro* (1931), já prelecionava:

> "O possuidor de boa-fé, que realizou benfeitorias, deve estar de posse da coisa benfeitorizada, para usar o direito de retenção. É uma questão gramatical: para reter, é necessário deter.
>
> Quem, possuindo coisa alheia que deve, em tempo certo, restituir, realiza a restituição, deixa de ser possuidor. Se, no momento em que deve ser feita, essa restituição não se realiza, há a retenção, que pode ser justa ou injusta. No primeiro caso, o possuidor tem um direito, que exerce; no segundo, nenhum direito.
>
> Se não há posse, se a coisa não está em poder do benfeitorizante, não pode haver retenção. É o conceito de Dalloz: 'a essência do direito de retenção é justamente o fato de não poder ser exercido senão sobre o objeto de que se tenha posse, porque não se pode reter sem deter'.
>
> (...)
>
> A regra geral é que ninguém pode, por autoridade própria, reter a coisa alheia, sob alegação de que o proprietário é seu devedor. Logo, se não houver conexidade entre o crédito e a coisa, não é possível o direito de retenção por benfeitorias. Deste modo, fica entendido que a retenção se exerce sobre a própria coisa benfeitorizada, e não sobre outra, embora pertencente ao mesmo dono (Borges Carneiro)"[7].

Em nosso sentir, esse *jus retentionis* não tem natureza real, atuando, em verdade, como meio coercitivo para forçar o cumprimento da obrigação.

Há, inclusive, enunciado da I Jornada de Direito Civil reconhecendo que esse direito de retenção seria aplicável, inclusive, em face das acessões – uma construção, por exemplo:

> Enunciado n. 81 – Art. 1.219: "O direito de retenção previsto no art. 1.219 do CC, decorrente da realização de benfeitorias necessárias e úteis, também se aplica às acessões (construções e plantações) nas mesmas circunstâncias".

As benfeitorias voluptuárias, por seu turno, caso o reivindicante não opte por pagar por elas, poderão ser levantadas ou removidas (*jus tollendi*), desde que não se danifique o bem principal. Caso não haja como retirá-las sem fratura ou dano, ficarão onde estão.

---

[7] GOMES, Mário A. Magalhães. *Do direito de retenção no Código Civil brasileiro*. São Paulo: Saraiva e Cia, 1931. p. 22-23.

Ao possuidor de má-fé serão ressarcidas somente as benfeitorias necessárias; não lhe assiste, todavia, o direito de retenção pela importância destas, nem o de levantar as voluptuárias (art. 1.220).

Nessa linha, é forçoso convir que o possuidor de má-fé é firmemente sancionado, pois somente terá direito de ser indenizado pelas benfeitorias necessárias, sem o direito de retenção.

As benfeitorias compensam-se com os danos, e só obrigam ao ressarcimento se ao tempo da evicção – ou seja, da perda do bem principal para o reivindicante – ainda existirem, conforme dicção do art. 1.221.

Finalmente, à luz do art. 1.222, o reivindicante, obrigado a indenizar as benfeitorias ao possuidor de má-fé, tem o direito de optar entre o seu valor atual e o seu custo; ao passo que, caso se trate de possuidor de boa-fé, indenizará pelo valor atual.

Sobre a atualização do valor, pondera CARLOS ROBERTO GONÇALVES:

> "A justificativa assenta-se na máxima equidade que não permite que se enriqueça alguém à custa alheia. Só faria sentido, porém, se os níveis de custo fossem estáveis, dado que o valor atual e o do custo geralmente se equivaleriam, mas não em períodos de inflação elevada e crônica pelos quais passou o país. Daí ter o Supremo Tribunal Federal, na vigência do Código Civil de 1916, mandado aplicar a correção monetária ao preço de custo das benfeitorias, reconhecendo, no caso, a existência de uma dívida de valor"[8].

Por fim, a título de complementação, merece referência a Súmula 335 do STJ:

> Súmula 335, STJ: "Nos contratos de locação, é válida a cláusula de renúncia à indenização das benfeitorias e ao direito de retenção".

Em nosso sentir, não entra em rota de colisão com este norte jurisprudencial o entendimento firmado no Enunciado n. 433 da V Jornada de Direito Civil, que aponta a nulidade da cláusula de renúncia antecipada, quando inserida em contrato por adesão:

> Enunciado n. 433 – art. 424: "A cláusula de renúncia antecipada ao direito de indenização e retenção por benfeitorias necessárias é nula em contrato de locação de imóvel urbano feito nos moldes do contrato de adesão".

A principiologia desta forma de pactuação negocial, na perspectiva da cláusula de boa-fé objetiva, justifica este entendimento, dada a vulnerabilidade do aderente, a teor do art. 424 do Código Civil:

> "Art. 424. Nos contratos de adesão, são nulas as cláusulas que estipulem a renúncia antecipada do aderente a direito resultante da natureza do negócio".

Entendemos que essa regra prevalece, inclusive, em face do que dispõe o art. 35 da Lei n. 8.245 de 1991 (Lei do Inquilinato), que permite aos contratantes estipularem uma eventual disposição contratual de renúncia:

> "Art. 35. <u>Salvo expressa disposição contratual em contrário</u>, as benfeitorias necessárias introduzidas pelo locatário, ainda que não autorizadas pelo locador, bem como as úteis, desde que autorizadas, serão indenizáveis e permitem o exercício do direito de retenção".
> (grifamos)

---

[8] GONÇALVES, Carlos Roberto. *Direito Civil Brasileiro*: Direito das Coisas. 15. ed. São Paulo: Saraiva, 2020. v. 5. p. 212.

Nessa linha, pontifica o talentoso FLAVIO TARTUCE:

"Um argumento contrário ao que está sendo defendido poderia sustentar que uma norma geral constante do Código Civil (art. 424) não pode sobrepor-se a uma norma especial prevista em um macrossistema jurídico próprio, aplicável às relações locatícias que têm como objeto imóveis urbanos (art. 35 da Lei 8.245/1991). Para tanto, poderia ser até invocado o art. 2.036 do CC/2002, que traz a regra pela qual a lei específica em questão continua sendo aplicável às locações de imóvel urbano.

A questão, contudo, não é tão simples assim. Na realidade, o art. 424 do CC/2002 é norma especial, especialíssima, com maior grau de especialidade que o art. 35 da Lei de Locação. Isso porque o comando legal em questão é aplicável aos contratos de locação que assumem a forma de adesão, modalidade especial de contratação dentre desses contratos de locação. Portanto, deverá prevalecer o que consta no Código Civil atual"[9].

No Direito Administrativo, em havendo desapropriação, a teor do art. 26, § 1.º, do Decreto-Lei n. 3.365 de 21 de junho de 1941, afirma o grande CELSO ANTÔNIO BANDEIRA DE MELLO: "as benfeitorias necessárias são sempre indenizáveis, as benfeitorias voluptuárias não o serão nunca e as benfeitorias úteis serão indenizadas desde que hajam sido autorizadas pelo poder competente"[10].

Por fim, vale acrescentar ainda a observação do Professor RODRIGO LEITE:

"O pagamento das benfeitorias segue as seguintes regras: a) antes da declaração expropriatória, indenizam-se todas as benfeitorias realizadas; b) após a declaração serão indenizadas as benfeitorias necessárias e, no caso das benfeitorias úteis, desde que a sua realização tenha sido autorizada pelo expropriante"[11].

---

[9] TARTUCE, Flávio. *Direito Civil*: Direito das Coisas. 7. ed. São Paulo: GEN-Método, 2015. v. 4. p. 58-59.

[10] MELLO, Celso Antônio Bandeira de. *Curso de Direito Administrativo*. 11. ed. São Paulo: Malheiros, 1999. p. 588.

[11] LEITE, Rodrigo. *Desapropriação*. Salvador: Juspodivm, 2018. (Coleção Leis Especiais para Concursos, v. 39) p. 242.

Capítulo VI
Sistema de Proteção Possessória

Sumário: 1. Considerações introdutórias. 2. Compreensão da proteção possessória como um sistema. 2.1. Proteção possessória de direito material. 2.2. Tutela processual da posse.

1. CONSIDERAÇÕES INTRODUTÓRIAS

Depois de compreendermos os efeitos jurídicos da posse, é preciso explicar todo o sistema de proteção possessória.

Saliente-se, desde já, que tal proteção possessória está presente tanto no campo do Direito Material, quanto na disciplina normativa processual.

Mas o que se entende por proteção possessória?

Reflitamos previamente sobre o tema.

2. COMPREENSÃO DA PROTEÇÃO POSSESSÓRIA COMO UM SISTEMA

Por proteção possessória, devem-se entender as previsões normativas de tutela jurídica da posse.

Conforme lembra PAULO LÔBO:

"A proteção possessória se assegura pelos meios que garantam a posse, no estado em que se encontrava, quando foi violada. São, essencialmente, de acordo com suas finalidades: a autodefesa da posse, a reintegração da posse, a manutenção da posse e a segurança contra violência iminente à posse. Os três primeiros têm por fito reação tutelada contra a violação já consumada. O quarto tem escopo de prevenção, para evitar que a violação se realize, despontando como inovação do CC/2002. A imissão de posse, apesar do nome, não protege a posse, mas sim assegura que o titular de direito real, principalmente da propriedade, possa nela ingressar, pois ainda não a teve; diz respeito a exercício de direito e não de situação fática, qualificando-se, assim, no plano processual, como pretensão e ação petitórias. O direito civil assegura a proteção possessória e especifica os meios, mas os modos de assegurá-la são remetidos à legislação processual civil.

A ninguém é dado violar, transformar ou extinguir relações de posse, cujo titular seja outro, ainda que essas relações não sejam de direito, mas sim de fato. Ainda que a posse se realize no mundo dos fatos, os ordenamentos jurídicos que integram o grande sistema romano-germânico estabeleceram normas jurídicas que consideram as ofensas à posse como atos contrários a direito, o que permitiu a consolidação dos modos de proteção possessória. Os atos de turbação e esbulho foram e são considerados ilícitos, por ofenderem a paz social ou, segundo a nomenclatura de Pontes de Miranda, o princípio da conservação do fático. Em contrapartida, é considerada lícita a legítima defesa da posse. A posse é um bem em sim mesmo. Portanto, há ofensa à posse ainda que não haja dano.

A proteção possessória conduz a posse no mundo do direito, compondo-se assim sua juridicização: são elementos do suporte fático concreto a posse e sua ofensa por terceiro. O Código Civil não mais qualifica a posse em posse nova, até um ano e dia, e posse velha, a partir daí, para fins de proteção possessória (art. 1.210). A legislação anterior estabelecia regra, que não mais existe no Código Civil, de apenas admitir a proteção possessória à posse nova 'senão contra os que não tiverem melhor posse'. O conceito de melhor posse recebeu crítica da doutrina e era fator de insegurança e controvérsia. Assim, a posse, independentemente de seu tempo, goza de igual proteção possessória. Suprimiu-se do Código Civil a pretensão de proteção possessória por meio da ação cominatória, remetendo-a à legislação processual, dentro da diretriz de cuidar apenas do direito material. Sobre essa matéria, o CPC/2015 (art. 558) estabelece que, contra a violação da posse que se revela como turbação ou esbulho, as ações respectivas de manutenção ou reintegração devem ser propostas dentro de ano e dia da violação; passado referido prazo, o procedimento será comum, mas sem perder o caráter de possessória"[1].

Assim, compreendidas as formas de proteção possessória como os meios garantidores da posse, para manutenção ou restabelecimento, no caso de violação, podemos destrinchar as diversas modalidades que compõem o sistema.

Isso porque, quando se fala do tema, é necessário distinguir as possibilidades de tutela no Direito Material e no âmbito do Direito Processual.

Vejamos.

2.1. Proteção possessória de direito material

O Código Civil prevê duas formas de autotutela da posse, que deverão ser exercidas com prudência e proporcionalidade: **a legítima defesa e o desforço *incontinenti* ou imediato**.

Sobre tal proteção possessória de Direito Material, estabelece o art. 1.210, CC/2002:

"Art. 1.210. O possuidor tem direito a ser mantido na posse em caso de turbação, restituído no de esbulho, e segurado de violência iminente, se tiver justo receio de ser molestado".

Em caso de turbação (perturbação ou embaraço da sua posse), poderá atuar em legítima defesa, e, em caso de esbulho (privação da posse), poderá empreender *desforço incontinenti*, contanto que o faça logo, observado o princípio da proporcionalidade, a teor do § 1.º do mesmo dispositivo:

"§ 1.º O possuidor turbado, ou esbulhado, poderá manter-se ou restituir-se por sua própria força, contanto que o faça logo; os atos de defesa, ou de desforço, não podem ir além do indispensável à manutenção, ou restituição da posse".

E arremata o § 2.º:

"§ 2.º Não obsta à manutenção ou reintegração na posse a alegação de propriedade, ou de outro direito sobre a coisa".

Vale observar que a reação deverá ser concomitante ou imediatamente posterior à agressão à posse.

---

[1] LÔBO, Paulo. *Direito Civil*: coisas. 2. ed. São Paulo: Saraiva, 2016. p. 84-85.

Como delimitação do marco cronológico da resposta defensiva, o legislador utilizou a expressão "*contanto que o faça logo*", a qual deverá ser interpretada com razoabilidade.

Isso porque tal expressão é muito mais abrangente do que a ideia de resposta imediata, como delimitação temporal, devendo ser entendida como uma manifestação no primeiro momento possível.

Nessa linha, se o sujeito se encontra em outra cidade e, imediatamente após tomar ciência de que o seu imóvel foi invadido, desloca-se para o local do esbulho, ainda poderá praticar atos de desforço, pois, diante das circunstâncias, reagiu com a esperada brevidade.

Por óbvio, a reação deve ser proporcional.

Ou, nas palavras de SILVIO RODRIGUES,

"a reação deve se limitar ao indispensável para o alcance do objetivo colimado; ou melhor, os meios empregados devem ser proporcionais à agressão, pois, caso contrário, haverá excesso culposo. Assim, se o possuidor, reagindo contra a invasão de seu terreno, deita fogo ao prédio ali levantado e o faz algum tempo após, seu ato não pode ser considerado legítimo, não só por inoportuno, como por excessivo"[2].

2.2. Tutela processual da posse

A proteção da posse é matéria que diz respeito, em especial, ao Processo Civil, o que escapa, por óbvio, dos objetivos desta obra.

Com efeito, o Código de Processo Civil de 2015 reservou, para as ações possessórias, todo o Capítulo III do Título III ("Dos Procedimentos Especiais"), organizando em três seções, a saber, "Disposições Gerais" (arts. 554 a 559), "Da Manutenção e da Reintegração de Posse" (arts. 560 a 566) e "Do Interdito Proibitório" (arts. 567 a 568).

Todavia, parece-nos relevante traçar, para o nosso leitor, um panorama geral da tutela processual a respeito do assunto.

Assim, fundamentalmente, temos três demandas possessórias mais frequentes[3]:

a) a ação de reintegração de posse – em caso de esbulho (privação ou perda da posse);

b) a ação de manutenção de posse – em caso de turbação (embaraço ou perturbação da posse);

c) o interdito proibitório – em caso de ameaça à posse.

Tais demandas são caracterizadas pela **fungibilidade,** nos termos do art. 554 do CPC/2015:

---

[2] RODRIGUES, Silvio. *Direito Civil*: Direito das Coisas. 22. ed. São Paulo: Saraiva, 1995. v. 5. p. 53.

[3] Outras ações guardam correlação com o tema, a exemplo dos embargos de terceiro (arts. 674 a 681 do CPC/2015) e da imissão na posse, estudadas no campo do Direito Processual Civil. Quanto à demanda de imissão, o seu ajuizamento se dá quando o autor pretende "entrar na posse" de um determinado bem. Vale dizer, não o estava possuindo no momento anterior à imissão pretendida, a exemplo da situação em que o comprador de uma casa, cumprida a sua obrigação pecuniária, pretende adentrá-la, a despeito da injusta resistência do vendedor. No CPC/2015, a ação de imissão observa o procedimento comum (o Decreto-Lei n. 70/66, em seu art. 37, parágrafo segundo, prevê uma hipótese de procedimento especial para a concessão da imissão na posse nos casos relativos a Sistema Financeiro de Habitação).

"Art. 554. A propositura de uma ação possessória em vez de outra não obstará a que o juiz conheça do pedido e outorgue a proteção legal correspondente àquela cujos pressupostos estejam provados"[4].

Segundo JORGE NUNES e GUILHERME DA NÓBREGA:

"Por outro lado, e ingressando no exame mesmo dos procedimentos possessórios, o art. 560 do novo Código de Processo de 2015 repete a proteção do velho Código de 1973: manutenção no caso de turbação e reintegração no caso de esbulho. A compreensão clara dos dois remédios, fungíveis entre si, é importante, embora, na prática, a fungibilidade decorra exatamente do fato de que nem sempre é possível perceber as zonas de discrímen quando se está diante do caso concreto. Diz-se que ocorre o esbulho (a ofensa, digamos assim, mais pesada) quando o possuidor é afastado do exercício da posse que até então exercia (não esqueçamos que a posse é uma situação ou estado de fato, um poder de fato); a turbação, menos pesada, não subtrai do possuidor a totalidade do exercício da posse, mas impede esse exercício na sua integralidade, diminui, limita o exercício da posse. A terceira e menos grave das ofensas, a ser tratada mais adiante, é a ameaça da posse. Ainda que menos grave, do conjunto de gestos e palavras, o possuidor deve poder perceber que a turbação ou esbulho de sua posse é iminente"[5].

Vale destacar que, na forma do art. 557, CPC/2015[6], enquanto pendente a ação possessória, qualquer das partes (seja autor ou réu) não poderá propor ação de reconhecimento do domínio, exceto se a pretensão for deduzida em face de terceira pessoa, não obstaculizando à manutenção ou à reintegração de posse a alegação de propriedade ou de outro direito sobre a coisa.

Nesse ponto, acrescentamos uma reflexão.

Em nosso pensar, se o sujeito, por exemplo, com indesejável frequência, "entra e sai" do meu imóvel ou circula com as suas cabeças de gado, contra a minha vontade, está **turbando** (perturbando, embaraçando a minha posse); mas, se ingressa e se apodera, exercen-

---

[4] Registre-se que os parágrafos do mencionado dispositivo disciplinam importantes aspectos da formação da relação jurídica processual:

§ 1.º No caso de ação possessória em que figure no polo passivo grande número de pessoas, serão feitas a citação pessoal dos ocupantes que forem encontrados no local e a citação por edital dos demais, determinando-se, ainda, a intimação do Ministério Público e, se envolver pessoas em situação de hipossuficiência econômica, da Defensoria Pública.

§ 2.º Para fim da citação pessoal prevista no § 1.º, o oficial de justiça procurará os ocupantes no local por uma vez, citando-se por edital os que não forem encontrados.

§ 3.º O juiz deverá determinar que se dê ampla publicidade da existência da ação prevista no § 1.º e dos respectivos prazos processuais, podendo, para tanto, valer-se de anúncios em jornal ou rádio locais, da publicação de cartazes na região do conflito e de outros meios.

[5] NUNES, Jorge Amaury Maia; NÓBREGA, Guilherme Pupe. Da manutenção e da reintegração de posse. Migalhas. 23 fev. 2016. Disponível em: <http://www.migalhas.com.br/ProcessoeProcedimento/106,-MI234450,21048-Da+manutencao+e+da+reintegracao+de+posse>. Acesso em: 18 out. 2016.

[6] Art. 557. Na pendência de ação possessória é vedado, tanto ao autor quanto ao réu, propor ação de reconhecimento do domínio, exceto se a pretensão for deduzida em face de terceira pessoa.

Parágrafo único. Não obsta à manutenção ou à reintegração de posse a alegação de propriedade ou de outro direito sobre a coisa.

do posse exclusiva em parte ou em todo o meu imóvel, está **esbulhando** (privando-me do meu legítimo direito).

Outro aspecto interessante, quanto às ações possessórias, diz respeito à possibilidade de **cumulação de pedidos**[7] e ao seu **caráter dúplice** (situação em que o próprio demandado, em sua resposta, alega violação de direito e pugna pela proteção da sua posse).

Nesse diapasão, estabelecem os arts. 555 e 556 do Código de Processo Civil de 2015:

> "Art. 555. É lícito ao autor cumular ao pedido possessório o de:
>
> I – condenação em perdas e danos;
>
> II – indenização dos frutos.
>
> Parágrafo único. Pode o autor requerer, ainda, imposição de medida necessária e adequada para:
>
> I – evitar nova turbação ou esbulho;
>
> II – cumprir-se a tutela provisória ou final.
>
> Art. 556. É lícito ao réu, na contestação, alegando que foi o ofendido em sua posse, demandar a proteção possessória e a indenização pelos prejuízos resultantes da turbação ou do esbulho cometido pelo autor".

Nota-se, com isso, que o legislador pretendeu consagrar um sistema normativo dotado de eficiência e efetividade, visando a recompor, no bojo do mesmo procedimento, o direito daquele que, de fato, teve a sua posse agredida.

Quanto ao pedido de "condenação em perdas e danos", trata-se de uma providência justa, que aproxima a tutela possessória dos princípios e normas da responsabilidade civil.

Consoante INÁCIO DE CARVALHO NETO:

> "Mas, afora a possibilidade de se defender o possuidor com estas ações para evitar ou fazer cessar a ameaça, a turbação ou o esbulho, pode ele também pretender ser indenizado pela ameaça, pela turbação ou pelo esbulho que se efetivaram, já que tais atos configuram atos ilícitos, dando margem, portanto, à obrigação de indenizar"[8].

Nesse contexto, uma importante indagação deve ser feita: **o que se entende por exceção de domínio?**

Sobre o tema, ensina CARLOS ROBERTO GONÇALVES:

> "A doutrina e a legislação têm buscado, ao longo dos anos, a separação entre o possessório e o petitório. A teor dessa concepção, no juízo possessório não adianta alegar o do-

---

[7] Sobre a postulação do autor, estabelece o art. 561 do Código de Processo Civil de 2015: Art. 561. Incumbe ao autor provar:

I – a sua posse;

II – a turbação ou o esbulho praticado pelo réu;

III – a data da turbação ou do esbulho;

IV – a continuação da posse, embora turbada, na ação de manutenção, ou a perda da posse, na ação de reintegração.

[8] CARVALHO NETO, Inácio de. Indenização de atos possessórios. In: RODRIGUES JR., Otávio Luiz; MAMEDE, Gladston; ROCHA, Maria Vital da (coord.). *Responsabilidade Civil contemporânea*: em homenagem a Sílvio de Salvo Venosa. São Paulo: Atlas, 2011. p. 694.

mínio porque só se discute posse. Por outro lado, no juízo petitório a discussão versa sobre o domínio, sendo secundária a questão daquela. Atualmente, o art. 557 do Código de Processo Civil de 2015 tem a seguinte redação: 'Na pendência de ação possessória é vedado, tanto ao autor quanto ao réu, propor ação de reconhecimento do domínio, exceto se a pretensão for deduzida em face de terceira pessoa'. Explicita o legislador, na parte final do dispositivo, que a vedação só prevalece se houver identidade de partes nas duas ações; não, portanto, se a ação de reconhecimento do domínio for intentada em face de terceira pessoa. Com o advento do Código Civil de 2002 ficou evidenciada, de modo irrefragável, a extinção da exceção do domínio em nosso sistema, pois esse diploma não contempla a possibilidade de se arguir a *exceptio proprietatis*, limitando-se a proclamar, no art. 1.210, § 2.º: *'Não obsta à manutenção ou reintegração na posse a alegação de propriedade, ou de outro direito sobre a coisa'*"[9].

O ilustre autor, todavia, acrescenta que, visando a evitar abusos, excepcionalmente a jurisprudência admitia a exceção de domínio, quando a posse fosse disputada com base no próprio título de propriedade ou houvesse dúvida fundada sobre a posse.

Nessa linha, confira-se o seguinte julgado que, embora seja anterior ao CPC/2015, ilustra a hipótese:

"PROCESSO CIVIL. ART. 535, I E II, E 555 DO CPC. CONTRARIEDADE. IMPROCEDÊNCIA DA ARGUIÇÃO. REEXAME DE PROVA. SÚMULA N. 7 DO STJ. REINTEGRAÇÃO DE POSSE. SOBREPOSIÇÃO DE TÍTULOS. DISPUTA DE ÁREA. DISCUSSÃO DA POSSE PELOS LITIGANTES COM BASE NO DOMÍNIO. SÚMULA N. 487 DO STF. QUESTÕES FÁTICO-PROBATÓRIAS. REEXAME. SÚMULA N. 7 DO STJ. DIVERGÊNCIA JURISPRUDENCIAL. SÚMULA N. 83 DO STJ. DECISÃO AGRAVADA MANTIDA.

1. Improcede a arguição de ofensa aos arts. 535, I e II, e 555 do CPC quando o Tribunal *a quo* se pronuncia, de forma motivada e suficiente, sobre os pontos relevantes e necessários ao deslinde do litígio, propiciando completa inteligibilidade do julgamento embargado, com a integração do acórdão proferido nos aclaratórios, e devida prestação jurisdicional.

2. Embora na pendência de processo possessório não se deve intentar ação de reconhecimento do domínio (art. 923 do CPC), constatada a sobreposição de documentos registrais, sob perícia de que os autores têm menos área que prevê seu título de propriedade em confronto com o título apresentado pelos réus, é plenamente cabível a exceção de domínio, se, com base neste, ambos os litigantes discutem a posse.

3. Incidência, no caso, da Súmula n. 487 do STF, assim expressa: 'Será deferida a posse a quem evidentemente tiver o domínio, se com base neste for disputada'.

4. Assentada a orientação do Tribunal *a quo* com base em extenso debate de questões fático-probatórias, circunscritas em matéria pericial acerca da sobreposição de títulos de propriedade, o reexame da causa sob o enfoque da ocorrência de esbulho e atendimento aos requisitos necessários à proteção possessória esbarra no óbice da Súmula n. 7 do STJ.

5. 'Não se conhece do recurso especial pela divergência, quando a orientação do Tribunal se firmou no mesmo sentido da decisão recorrida' – Súmula n. 83 do STJ.

6. Decisão agravada mantida por seus próprios fundamentos.

7. Agravo regimental desprovido".

---

[9] GONÇALVES, Carlos Roberto. *Direito Civil Brasileiro*: Direito das Coisas. 15. ed. São Paulo: Saraiva, 2020. v. 5. p. 142.

(STJ – AgRg no REsp 906.392/MT, rel. Min. JOÃO OTÁVIO DE NORONHA, QUARTA TURMA, julgado em 18-3-2010, *DJe* 26-4-2010) (grifamos)

Ainda na linha de que, em certas situações, a alegação de domínio, quando da discussão sobre a posse, pode ser enfrentada, confira-se o seguinte pronunciamento do STJ:

"PROCESSUAL CIVIL. EMBARGOS DE DIVERGÊNCIA EM RECURSO ESPECIAL. DEMANDA POSSESSÓRIA ENTRE PARTICULARES. POSSIBILIDADE DE DEFESA DA POSSE DE BEM PÚBLICO POR MEIO DE OPOSIÇÃO.

1. Hipótese em que, pendente demanda possessória em que particulares disputam a posse de imóvel, a União apresenta oposição pleiteando a posse do bem em seu favor, aos fundamentos de que a área pertence à União e de que a ocupação de terras públicas não constitui posse.

2. Quadro fático similar àqueles apreciados pelos paradigmas, em que a Terracap postulava em sede de oposição a posse de bens disputados em demanda possessória pendente entre particulares, alegando incidentalmente o domínio como meio de demonstração da posse.

3. Os elementos fático-jurídico nos casos cotejados são similares porque tanto no caso examinado pelo paradigma quanto naquele examinado pelo acórdão embargado de divergência o ente público manifesta oposição em demanda possessória pendente entre particulares, sustentando ter ele (o ente público) direito à posse e alegando domínio apenas incidentalmente, como forma de demonstração da posse.

4. Divergência configurada, uma vez que no acórdão embargado a oposição não foi admitida, ao passo que nos paradigmas se admitiu tal forma de intervenção de terceiro. Embargos de divergência admitidos.

5. O art. 923 do CPC/73 (atual art. 557 do CPC/2015), ao proibir, na pendência de demanda possessória, a propositura de ação de reconhecimento do domínio, apenas pode ser compreendido como uma forma de se manter restrito o objeto da demanda possessória ao exame da posse, não permitindo que se amplie o objeto da possessória para o fim de se obter sentença declaratória a respeito de quem seja o titular do domínio.

6. A vedação constante do art. 923 do CPC/73 (atual art. 557 do CPC/2015), contudo, não alcança a hipótese em que o proprietário alega a titularidade do domínio apenas como fundamento para pleitear a tutela possessória. Conclusão em sentido contrário importaria chancelar eventual fraude processual e negar tutela jurisdicional a direito fundamental.

7. Titularizar o domínio, de qualquer sorte, não induz necessariamente êxito na demanda possessória. Art. 1.210, parágrafo 2.º, do CC/2002. A tutela possessória deverá ser deferida a quem ostente melhor posse, que poderá ser não o proprietário, mas o cessionário, arrendatário, locatário, depositário, etc.

8. A alegação de domínio, embora não garanta por si só a obtenção de tutela possessória, pode ser formulada incidentalmente com o fim de se obter tutela possessória.

9. Embargos de divergência providos, para o fim de admitir a oposição apresentada pela União e determinar o retorno dos autos ao Tribunal de origem, a fim de que aprecie o mérito da oposição".

(EREsp 1.134.446/MT, rel. Min. BENEDITO GONÇALVES, CORTE ESPECIAL, julgado em 21-3-2018, *DJe* 4-4-2018) (grifamos)

Tudo isso a demonstrar que, de fato, o Direito não é uma ciência exata[10]...

Aqui, há um outro ponto que deve ser explicitado.

Na linha do Código Civil de 1916 (arts. 507 e 508)[11], o Código de Processo Civil de 2015 dispensa diferenciada proteção jurídica a depender do tempo de posse.

Com efeito, estabelece o art. 558, CPC/2015:

> "Art. 558. Regem o procedimento de manutenção e de reintegração de posse as normas da Seção II deste Capítulo quando a ação for proposta dentro de ano e dia da turbação ou do esbulho afirmado na petição inicial.
>
> Parágrafo único. Passado o prazo referido no *caput*, será comum o procedimento, não perdendo, contudo, o caráter possessório".

Assim, avançando em nossa análise, constatamos que, se a demanda é de "força nova" (ação ajuizada no prazo de ano e dia), o deferimento liminar tende a ser menos dificultoso:

> "Art. 562. Estando a petição inicial devidamente instruída, o juiz deferirá, sem ouvir o réu, a expedição do mandado liminar de manutenção ou de reintegração, caso contrário, determinará que o autor justifique previamente o alegado, citando-se o réu para comparecer à audiência que for designada[12].

---

[10] O STJ, por sua Terceira Turma, considerou prescrita a pretensão de partilha de bens entre pessoas separadas de fato há mais de 30 anos: "A 3ª turma do STJ considerou prescrito um pedido de partilha de bens entre ex-cônjuges que se separaram de fato há mais de 30 anos. O colegiado ressaltou que, embora não haja previsão legal específica, a separação de fato ocorrida há mais de um ano também é causa de dissolução da sociedade conjugal e, por isso, permite a fluência do prazo prescricional para o pedido de partilha de bens dos ex-cônjuges. A autora afirmou que foi casada com um homem sob o regime da comunhão universal de bens e que os dois estavam separados de fato havia mais de 30 anos, sem nenhuma possibilidade de reconciliação. Segundo a autora da ação, quando discutida a separação, foram divididos alguns bens comuns, porém restava uma propriedade a ser partilhada" (Fonte: Migalhas, disponível em: <https://www.migalhas.com.br/Quentes/17,-MI314952,71043-STJ+Casal+separado+ha+mais+de+30+anos+tem+prescrito+pedido+de>. Acesso em: 17 nov. 2019).

[11] Código Civil de 1916: Art. 507 – Na posse de menos de ano e dia, nenhum possuidor será manutenido, ou reintegrado judicialmente, senão contra os que não tiverem melhor posse.

Parágrafo único – Entende-se melhor a posse que se fundar em justo título; na falta de título, ou sendo os títulos iguais, a mais antiga; se da mesma data, a posse atual. Mas, se todas forem duvidosas, será sequestrada a coisa, enquanto se não apurar a quem toque.

Art. 508 – Se a posse for de mais de ano e dia, o possuidor será mantido sumariamente, até ser convencido pelos meios ordinários.

[12] Sobre a justificação da posse, estabelecem os arts. 563 e 564 do mesmo Código de Processo Civil de 2015:

Art. 563. Considerada suficiente a justificação, o juiz fará logo expedir mandado de manutenção ou de reintegração.

Art. 564. Concedido ou não o mandado liminar de manutenção ou de reintegração, o autor promoverá, nos 5 (cinco) dias subsequentes, a citação do réu para, querendo, contestar a ação no prazo de 15 (quinze) dias.

Parágrafo único. Quando for ordenada a justificação prévia, o prazo para contestar será contado da intimação da decisão que deferir ou não a medida liminar.

Parágrafo único. Contra as pessoas jurídicas de direito público não será deferida a manutenção ou a reintegração liminar sem prévia audiência dos respectivos representantes judiciais."

Saliente-se, porém, a ressalva do art. 559, CPC/2015, em relação à tutela provisória:

"Art. 559. Se o réu provar, em qualquer tempo, que o autor provisoriamente mantido ou reintegrado na posse carece de idoneidade financeira para, no caso de sucumbência, responder por perdas e danos, o juiz designar-lhe--á o prazo de 5 (cinco) dias para requerer caução, real ou fidejussória, sob pena de ser depositada a coisa litigiosa, ressalvada a impossibilidade da parte economicamente hipossuficiente".

Por outro lado, se a ação é de "força velha" (ajuizada após o prazo de ano e dia), afigura-se possível a concessão da tutela prevista no art. 300 do CPC, desde que observados os seus pressupostos:

"Art. 300. A tutela de urgência será concedida quando houver elementos que evidenciem a probabilidade do direito e o perigo de dano ou o risco ao resultado útil do processo.

§ 1.º Para a concessão da tutela de urgência, o juiz pode, conforme o caso, exigir caução real ou fidejussória idônea para ressarcir os danos que a outra parte possa vir a sofrer, podendo a caução ser dispensada se a parte economicamente hipossuficiente não puder oferecê-la.

§ 2.º A tutela de urgência pode ser concedida liminarmente ou após justificação prévia.

§ 3.º A tutela de urgência de natureza antecipada não será concedida quando houver perigo de irreversibilidade dos efeitos da decisão".

Sobre o tema, afirma MISAEL MONTENEGRO FILHO:

"Assim, em termos processuais, não há qualquer obstáculo que impeça a concessão de tutela provisória nas ações possessórias de força velha, desde que os requisitos legais sejam preenchidos, constantes do art. 300 do CPC[13], como tais, a probabilidade do direito e o perigo de dano ou o risco ao resultado útil do processo"[14].

O **interdito proibitório**, por sua vez, poderá ser manejado quando o possuidor direto ou indireto tenha justo receio de ser molestado na posse, caso em que poderá requerer ao juiz que o segure da turbação ou esbulho iminente, mediante mandado proibitório em que se comine ao réu determinada pena pecuniária caso transgrida o preceito (art. 567, CPC/2015[15]).

Aplicam-se-lhe as normas procedimentais da reintegração e da manutenção de posse, na forma do art. 568, CPC/2015[16].

Finalmente, merece referência importante julgado do Superior Tribunal de Justiça em que se determinou, com amparo no princípio da função social da posse e da propriedade, **a conversão de uma ordem reintegratória em perdas e danos**:

---

[13] A tutela provisória aqui referida pelo ilustre autor é a de urgência. Anote-se que, em tese, também será possível a tutela provisória da evidência (art. 311, CPC/2015).

[14] MONTENEGRO FILHO, Misael. *Ações possessórias no Novo CPC*. 3. ed. São Paulo: Gen-Atlas, 2015, p. 130.

[15] "Art. 567. O possuidor direto ou indireto que tenha justo receio de ser molestado na posse poderá requerer ao juiz que o segure da turbação ou esbulho iminente, mediante mandado proibitório em que se comine ao réu determinada pena pecuniária caso transgrida o preceito."

[16] "Art. 568. Aplica-se ao interdito proibitório o disposto na Seção II deste Capítulo."

"RECURSO ESPECIAL. DIREITO CIVIL. VIOLAÇÃO AO ART. 535 DO CPC/1973. NÃO OCORRÊNCIA. AÇÃO DE REINTEGRAÇÃO DE POSSE. REQUISITOS DO ART. 927 DO CPC/1973 E 561 DO NOVO CPC. REALIDADE FÁTICA DO IMÓVEL MODIFICADA. IMÓVEL QUE SE TRANSFORMOU EM BAIRRO URBANO POPULOSO. IMPOSSIBILIDADE DE DESCONSIDERAÇÃO DA NOVA REALIDADE NA SOLUÇÃO DA CONTENDA. FUNÇÃO SOCIAL DA PROPRIEDADE E DA POSSE. DIREITO À MORADIA E MÍNIMO EXISTENCIAL. DIGNIDADE DA PESSOA HUMANA. PONDERAÇÃO DE VALORES. NEGATIVA DA REINTEGRAÇÃO. POSSIBILIDADE DE CONVERSÃO DA PRESTAÇÃO ORIGINÁRIA EM ALTERNATIVA. ART. 461-A DO CPC/1973. RECURSO NÃO PROVIDO.

1. 'Havendo no acórdão declaração expressa quanto aos fatos e fundamentos que embasaram suas conclusões, não há como vislumbrar-se ofensa aos arts. 458 e 535, CPC, por negar-se o colegiado, em embargos declaratórios, a explicitar as razões pelas quais preferiu apoiar-se em certas provas, em detrimento de outras. O princípio do livre convencimento motivado é um dos postulados do nosso sistema processual'. (Resp 50.936/SP, *DJ* 19-9-94).

2. O art. 927 do CPC/1973, reproduzido no art. 561 do novo diploma, previa competir ao autor da ação possessória de reintegração a comprovação dos seguintes requisitos: a posse; a turbação ou esbulho pela parte ré; a data da turbação ou do esbulho e a perda da posse.

3. Ainda que verificados os requisitos dispostos no item antecedente, o julgador, diante do caso concreto, não poderá se furtar da análise de todas as implicações a que estará sujeita a realidade, na subsunção insensível da norma. É que a evolução do direito não permite mais conceber a proteção do direito à propriedade e posse no interesse exclusivo do particular, uma vez que os princípios da dignidade humana e da função social esperam proteção mais efetiva.

4. O Supremo Tribunal Federal orienta que, tendo em vista a impossibilidade de haver antinomia entre normas constitucionais, sem a exclusão de quaisquer dos direitos em causa, deve prevalecer, no caso concreto, o valor que se apresenta consentâneo com uma solução razoável e prudente, expandindo-se o raio de ação do direito prevalente, mantendo-se, contudo, o núcleo essencial do outro. Para esse desiderato, recomenda-se a aplicação de três máximas norteadoras da proporcionalidade: a adequação, a necessidade e a proporcionalidade em sentido estrito.

5. No caso dos autos, o imóvel originalmente reivindicado, na verdade, não existe mais. O bairro hoje, no lugar do terreno antes objeto de comodato, tem vida própria, dotado de infraestrutura urbana, onde serviços são prestados, levando-se à conclusão de que o cumprimento da ordem judicial de reintegração na posse, com satisfação do interesse da empresa de empreendimentos imobiliários, será à custa de graves danos à esfera privada de muitas famílias que há anos construíram suas vidas naquela localidade, fazendo dela uma comunidade, irmanada por idêntica herança cultural e histórica, razão pela qual não é adequada a ordem de reintegração.

6. Recurso especial a que se nega provimento".

(REsp 1.302.736/MG, rel. Min. LUIS FELIPE SALOMÃO, QUARTA TURMA, julgado em 12-4-2016, *DJe* 23-5-2016)

Na mesma linha, prestigiando a função social, interessante julgado do Tribunal de Justiça de São Paulo, que admitiu o pedido "de conversão da ação possessória para ação indenizatória por desapropriação indireta", conforme noticiado pelo site Migalhas:

"A 22.ª Câmara de Direito Privado do TJ/SP, em matéria relatada pelo desembargador Roberto Mac Cracken, converteu ação de reintegração de posse em ação de indenização por desapropriação indireta. A área objeto da demanda está localizada no entorno do aeroporto Leite Lopes, em Ribeirão Preto/SP, e é ocupada por mais de 3 mil pessoas carentes.

Ao negar o pedido de reintegração movido pelos proprietários, o colegiado considerou que a ocupação de área de grandes proporções, desde 2014, por famílias de baixa renda, com escopo de moradia, apresenta colossal custo de reversão e cumpre o papel da função social da propriedade.

Sobre a conversão da ação em desapropriação indireta, os magistrados pontuaram que o fato de a área não cumprir plenamente sua função social, antes da ocupação, também decorreu da inércia do Poder Público, considerando a iniciativa dos autores/proprietários em regularizar o empreendimento imobiliário.

(...)

Sobre o pedido de conversão em desapropriação indireta, o relator salientou que o fato de a área não cumprir plenamente sua função social, antes da ocupação, também decorreu da inércia do Poder Público, considerando a iniciativa dos autores em regularizar o empreendimento imobiliário.

'Assim, em prestígio aos princípios da celeridade e da economia processual, bem como considerando que a ocupação também decorreu da omissão do Estado, de rigor dar provimento ao recurso, acolhendo o pedido alternativo de conversão da ação possessória para ação indenizatória por desapropriação indireta'"[17].

Percebe-se, pois, com clareza, o relevante viés socializante da interpretação empregada na análise da questão possessória.

Sobre tal aspecto, vale mencionar, ainda, a inovadora previsão do art. 565 do Código de Processo Civil de 2015:

> "Art. 565. No litígio coletivo pela posse de imóvel, quando o esbulho ou a turbação afirmado na petição inicial houver ocorrido há mais de ano e dia, o juiz, antes de apreciar o pedido de concessão da medida liminar, deverá designar audiência de mediação, a realizar-se em até 30 (trinta) dias, que observará o disposto nos §§ 2.º e 4.º.
>
> § 1.º Concedida a liminar, se essa não for executada no prazo de 1 (um) ano, a contar da data de distribuição, caberá ao juiz designar audiência de mediação, nos termos dos §§ 2.º a 4.º deste artigo.
>
> § 2.º O Ministério Público será intimado para comparecer à audiência, e a Defensoria Pública será intimada sempre que houver parte beneficiária de gratuidade da justiça.
>
> § 3.º O juiz poderá comparecer à área objeto do litígio quando sua presença se fizer necessária à efetivação da tutela jurisdicional.
>
> § 4.º Os órgãos responsáveis pela política agrária e pela política urbana da União, de Estado ou do Distrito Federal e de Município onde se situe a área objeto do litígio poderão ser intimados para a audiência, a fim de se manifestarem sobre seu interesse no processo e sobre a existência de possibilidade de solução para o conflito possessório.
>
> § 5.º Aplica-se o disposto neste artigo ao litígio sobre propriedade de imóvel".

Comentando este novo dispositivo, escrevem CLÁUDIO OLIVEIRA DE CARVALHO e RAONI RODRIGUES:

---

[17] Disponível em: https://www.migalhas.com.br/quentes/350235/tj-sp-nega-reintegracao-de-posse-em-a-rea-ocupada-por-familias-carentes (referente aos autos do processo n. 1005900-93.2014.8.26.0506, TJSP). Acesso em 12 out. 2021.

"Segundo o artigo 565 do novo CPC, nas ações possessórias de força velha, a liminar só poderá ser concedida após audiência de mediação a ser realizada no prazo de 30 dias. O Ministério Público e a Defensoria Pública serão intimados a comparecer, assim como órgãos responsáveis pela política agrária ou urbana dos três níveis de governo. Por ser uma audiência de mediação, os réus terão espaço obrigatório nelas. Assim, o juiz deverá ouvir as suas versões e conhecer as suas perspectivas antes de conceder a liminar.

A audiência de mediação seria uma grande inovação do novo CPC caso não fosse restrita às ações possessórias de força velha. Possuidores que ocupem imóveis por menos de um ano e dia não poderão se valer desse recurso tão importante para a construção política e social do direito à moradia"[18].

De fato, a norma estabelece que a audiência de mediação deve ser designada em ações de força velha ("quando o esbulho ou a turbação afirmado na petição inicial houver ocorrido há mais de ano e dia").

No entanto, com amparo no art. 139, V, do CPC[19], pensamos ser possível, mesmo quando o esbulho ou turbação houver ocorrido a menos de ano e dia (ações de força nova), o juiz designar audiência de conciliação e/ou mediação, antes da apreciação da liminar.

Por fim, vale lembrar que o Enunciado 67 do Fórum Permanente de Processualistas Civis firmou entendimento no sentido de que audiência prevista neste art. 565 pode ser inclusive de conciliação:

> Enunciado n. 67. (art. 565) "A audiência de mediação referida no art. 565 (e seus parágrafos) deve ser compreendida como a sessão de mediação ou de conciliação, conforme as peculiaridades do caso concreto (Grupo: Procedimentos Especiais)"[20].

---

[18] CARVALHO, Cláudio Oliveira de; RODRIGUES, Raoni. O Novo Código de Processo Civil e as ações possessórias: novas perspectivas para os conflitos fundiários coletivos? *Revista de Direito da Cidade*. v. 7, n. 4. Número Especial. Disponível em: <http://www.e-publicacoes.uerj.br/index.php/rdc/article/viewFile/20912/15356>. Acesso em: 23 fev. 2018.

[19] Art. 139. O juiz dirigirá o processo conforme as disposições deste Código, incumbindo-lhe:
(...)
V – promover, a qualquer tempo, a autocomposição, preferencialmente com auxílio de conciliadores e mediadores judiciais;

[20] "No Brasil, conciliação e mediação são vistos como meios distintos de solução de conflitos. Essa visão decorre, em grande parte, da evolução histórica desses instrumentos entre nós. O Código de Processo Civil (Lei n. 13.105/2015) reafirmou essa diferenciação no artigo 165.
Na conciliação, o terceiro facilitador da conversa interfere de forma mais direta no litígio e pode chegar a sugerir opções de solução para o conflito (art. 165, § 2.º). Já na mediação, o mediador facilita o diálogo entre as pessoas para que elas mesmas proponham soluções (art. 165, § 3.º).
A outra diferenciação está pautada no tipo de conflito. Para conflitos objetivos, mais superficiais, nos quais não existe relacionamento duradouro entre os envolvidos, aconselha-se o uso da conciliação; para conflitos subjetivos, nos quais exista relação entre os envolvidos ou desejo de que tal relacionamento perdure, indica-se a mediação. Muitas vezes, somente durante o procedimento, é identificado o meio mais adequado." Fonte: CONSELHO NACIONAL DE JUSTIÇA. Perguntas frequentes: Qual a diferença entre conciliação e mediação? *Portal do Conselho Nacional de Justiça*. Disponível em: <http://www.cnj.jus.br/programas-e-acoes/conciliacao-e-mediacao-portal-da-conciliacao/perguntas-frequentes/85619-qual-a-diferenca-entre-conciliacao-e-mediacao>. Acesso em: 23 fev. 2018.

Salta aos olhos esta nova perspectiva da posse no Direito Brasileiro, com a cabeça nas mais modernas teorias e com os pés no chão da preocupação com os conflitos coletivos, notadamente no campo possessório.

Feito este panorama sobre a tutela processual da posse, com o destaque das suas principais peculiaridades, sigamos na direção do estudo da propriedade.

Capítulo VII
Noções Gerais sobre Propriedade

Sumário: 1. Introdução. 2. Conceito. 3. Propriedade, domínio e direito à propriedade. 4. Elementos constitutivos (poderes inerentes à propriedade). 5. Características. 6. Extensão. 7. Objeto. 8. Classificação. 8.1. Quanto à extensão do direito do titular (alcance subjetivo). 8.2. Quanto à perpetuidade do domínio (alcance temporal). 8.3. Quanto à localização e destinação da propriedade (alcance finalístico). 9. Algumas palavras sobre a função social da propriedade. 10. Tutela processual da propriedade.

1. INTRODUÇÃO

Neste capítulo, pretendemos estabelecer um amplo panorama para a compreensão das noções gerais sobre a propriedade, entendida como o mais completo direito real, do qual se extraem ou se visualizam, por seus poderes, todos os demais direitos reais.

Mas o que é propriedade?

Nosso conceito será apresentado no próximo tópico.

2. CONCEITO

Nos termos do art. 5.º, XXII, da Constituição Federal, a propriedade é tratada e garantida como um **direito fundamental**.

Logo em seguida, o inciso XXIII dispõe que **"a propriedade atenderá a sua função social"**.

Nessa linha, é forçoso convir que o conceito deste importantíssimo direito real na coisa própria deverá, necessariamente, levar em conta, sempre, o seu aspecto funcional.

Isso porque, nos dias de hoje, a propriedade não é mais considerada um direito ilimitado, como no passado.

Por tais razões, o Código Civil de 2002, ao tratar da propriedade, cuidou de manter uma linha harmônica com a Lei Fundamental, conforme podemos constatar:

"Art. 1.228. O proprietário tem a faculdade de usar, gozar e dispor da coisa, e o direito de reavê-la do poder de quem quer que injustamente a possua ou detenha.

§ 1.º O direito de propriedade deve ser exercido em consonância com as suas finalidades econômicas e sociais e de modo que sejam preservados, de conformidade com o estabelecido em lei especial, a flora, a fauna, as belezas naturais, o equilíbrio ecológico e o patrimônio histórico e artístico, bem como evitada a poluição do ar e das águas".

Em termos conceituais, portanto, o **direito de propriedade consiste no direito real de usar, gozar ou fruir, dispor e reivindicar a coisa, nos limites da sua função social.**

Quando o proprietário reúne todas essas faculdades (ou poderes), diz-se que tem propriedade plena[1].

Note-se, por fim, que o § 2.º do referido art. 1.228 proíbe os denominados **atos emulativos**, ou seja, aqueles que não trazem ao proprietário qualquer comodidade, ou utilidade, e sejam animados pela intenção de prejudicar outrem.

Em outras palavras, esta norma veda o **abuso do direito de propriedade**.

A redação do texto normativo, em nosso sentir, começa bem e terminal mal.

Ao vedar atos, praticados pelo proprietário, que não tragam benefício ou sejam inúteis, agiu bem o legislador.

Mas, ao exigir que, para a configuração desses atos, reste demonstrada a "intenção de prejudicar outrem", falhou.

Além de se tratar de um elemento subjetivo de difícil caracterização, a cláusula geral do abuso de direito, prevista no art. 187, CC/2002[2], dispensa a análise de dolo específico ou culpa, adotando, corretamente, um paradigma de **ilicitude objetiva**, baseado em critério finalístico ou teleológico.

Vale dizer, de acordo com a regra constante na Parte Geral, o abuso de um direito há de se configurar quando houver um desvirtuamento da finalidade do direito exercido, independentemente do dolo ou da culpa do seu titular.

Entendemos que, também para o direito de propriedade, este deve ser o critério utilizado, segundo uma interpretação sistemática de todo o ordenamento jurídico[3].

Sensível a isso, o Anteprojeto de Reforma do Código Civil, elaborado pela Comissão de Juristas do Senado Federal, sugeriu alteração na regra do art. 1.228 para proibir "os atos que não tragam ao proprietário qualquer comodidade ou utilidade, ou que sejam praticados com abuso de direito, nos termos do art. 187 deste Código".

Compreendido o conceito de direito de propriedade, parece-nos relevante traçar algumas notas distintivas da propriedade para o domínio, bem como do direito de propriedade para o direito à propriedade.

É o que veremos no próximo tópico.

3. PROPRIEDADE, DOMÍNIO E DIREITO À PROPRIEDADE

Pesquisando-se cuidadosamente o texto do Código Civil de 2002, é possível se constatar que as palavras "propriedade" e "domínio" são usadas, em diversas passagens, como sinônimas.

A título de exemplo, observe-se que o parágrafo único do art. 39, CC/2002, ao tratar da sucessão definitiva da ausência, estabelece que "se, nos dez anos a que se refere este

---

[1] Art. 1.231, CC/2002: A propriedade presume-se plena e exclusiva, até prova em contrário.

[2] CC/2002: Art. 187. Também comete ato ilícito o titular de um direito que, ao exercê-lo, excede manifestamente os limites impostos pelo seu fim econômico ou social, pela boa-fé ou pelos bons costumes.

[3] Sobre o assunto, confira o que escrevemos a respeito, amigo(a) leitor(a), em nosso Capítulo II, dedicado ao estudo da principiologia.

artigo, o ausente não regressar, e nenhum interessado promover a sucessão definitiva, os bens arrecadados passarão ao domínio do Município ou do Distrito Federal, se localizados nas respectivas circunscrições, incorporando-se ao domínio da União, quando situados em território federal". O termo "domínio" aqui está sendo utilizado visivelmente como sinônimo de titularidade, leia-se, propriedade.

Da mesma forma, na definição de bens públicos, são esses considerados "os bens do domínio nacional pertencentes às pessoas jurídicas de direito público interno; todos os outros são particulares, seja qual for a pessoa a que pertencerem" (art. 98, CC/2002).

Nessa linha de sinonímia com a expressão "propriedade", vê-se que, no contrato de compra e venda, "um dos contratantes se obriga a transferir o domínio de certa coisa, e o outro, a pagar-lhe certo preço em dinheiro" (art. 481, CC/2002). Até mesmo nas cláusulas especiais à compra e venda, há ampla utilização nesse sentido, quando se fala da "retrovenda" (*vide* art. 506[4], CC/2002) e da "venda com reserva de domínio" (confiram-se os arts. 521 a 528[5], CC/2002)[6].

Vários outros exemplos podem ser lembrados[6].

Todavia, em uma visão clássica, as palavras também encontram distinção.

---

[4] Art. 506. Se o comprador se recusar a receber as quantias a que faz jus, o vendedor, para exercer o direito de resgate, as depositará judicialmente.

Parágrafo único. Verificada a insuficiência do depósito judicial, não será o vendedor restituído no domínio da coisa, até e enquanto não for integralmente pago o comprador.

[5] Art. 521. Na venda de coisa móvel, pode o vendedor reservar para si a propriedade, até que o preço esteja integralmente pago.

Art. 522. A cláusula de reserva de domínio será estipulada por escrito e depende de registro no domicílio do comprador para valer contra terceiros.

Art. 523. Não pode ser objeto de venda com reserva de domínio a coisa insuscetível de caracterização perfeita, para estremá-la de outras congêneres. Na dúvida, decide-se a favor do terceiro adquirente de boa-fé.

Art. 524. A transferência de propriedade ao comprador dá-se no momento em que o preço esteja integralmente pago. Todavia, pelos riscos da coisa responde o comprador, a partir de quando lhe foi entregue.

Art. 525. O vendedor somente poderá executar a cláusula de reserva de domínio após constituir o comprador em mora, mediante protesto do título ou interpelação judicial.

Art. 526. Verificada a mora do comprador, poderá o vendedor mover contra ele a competente ação de cobrança das prestações vencidas e vincendas e o mais que lhe for devido; ou poderá recuperar a posse da coisa vendida.

Art. 527. Na segunda hipótese do artigo antecedente, é facultado ao vendedor reter as prestações pagas até o necessário para cobrir a depreciação da coisa, as despesas feitas e o mais que de direito lhe for devido. O excedente será devolvido ao comprador; e o que faltar lhe será cobrado, tudo na forma da lei processual.

Art. 528. Se o vendedor receber o pagamento à vista, ou, posteriormente, mediante financiamento de instituição do mercado de capitais, a esta caberá exercer os direitos e ações decorrentes do contrato, a benefício de qualquer outro. A operação financeira e a respectiva ciência do comprador constarão do registro do contrato.

[6] Vale observar que § 1.º do art. 1.240, CC/2002 refere-se à expressão "título de domínio", na usucapião, no sentido de "propriedade", conforme veremos no Capítulo X ("Usucapião") deste volume, ao qual remetemos o leitor.

Conforme observam os talentosos amigos NELSON ROSENVALD e CRISTIANO CHAVES DE FARIAS:

> "Para aqueles que operam uma distinção entre os dois vocábulos, a palavra propriedade seria mais genérica, referindo-se a todos os direitos suscetíveis de apreciação pecuniária. A propriedade compreenderia o domínio que é um direito de propriedade sobre coisas. Como consequência de sua maior amplitude, seria possível falar de propriedade literária, científica, artística ou industrial para aludir a situações complexas e absolutamente alheias ao domínio"[7].

Em outra visão também abrangente e profunda, observa o Mestre PAULO LÔBO:

> "Há quem distinga propriedade e domínio, pois 'a propriedade contemporânea possui elementos de ordem real e pessoal a conviver em um mesmo instituto' (Aronne, 1999, p. 34). Segundo essa concepção o direito de propriedade contém um elemento interno (domínio, composto dos direitos de usar, gozar e dispor da coisa) e um elemento externo (regime de titularidade, composto pelos deveres do sujeito passivo universal e pelos deveres funcionais do titular em relação à sociedade como um todo e, em especial, a certos particulares). Pontes de Miranda (2012, v. 11, p. 95 e 131) tem a propriedade como gênero, do qual são espécies o domínio e os demais direitos reais, sendo que o domínio é o mais abrangente dos direitos reais, ou "o mais amplo poder que se pode exercer sobre a coisa", cabendo à lei dar o conteúdo da propriedade e do domínio"[8].

Além disso, há de se destacar que, muitas vezes, utiliza-se a expressão "domínio" com um significado de controle físico sobre a coisa[9], não necessariamente como um direito de propriedade.

Feitas todas essas considerações, é importante tomar um partido.

A priori, é possível, sim, fazer a distinção clássica entre as expressões "propriedade" e "domínio", **compreendida a primeira como um direito mais amplo, abrangente de bens materiais e imateriais, que legitima a titularidade do sujeito, ao passo que a segunda,**

---

[7] FARIAS, Cristiano Chaves de; ROSENVALD, Nelson. *Curso de Direito Civil*: Direitos Reais. 10. ed. Salvador: Editora JusPodivm, 2014. v. 5, p. 225.

[8] LÔBO, Paulo. *Direito Civil*: coisas. 2. ed. São Paulo: Saraiva, 2016. p. 94.

[9] "Se a propriedade é observada pela lógica da relação jurídica nela edificada, a seu turno o domínio repousa na situação material de submissão direta e imediata da coisa ao poder do seu titular, mediante o senhorio, pelo exercício das faculdades de uso, gozo e disposição. Esta vasta gama de poderes é aquilo que o direito alemão convenciona como *Gewere*. Quanto à natureza de seu conteúdo, o domínio é um direito real que se exerce através da posse. O proprietário exercita ingerência sobre coisas (domínio) e pede a colaboração de pessoas (propriedade). Somente na propriedade plena é possível observar que o direito de propriedade e todos os poderes do domínio se concentram em uma só pessoa.

A propriedade consiste na titularidade do bem. Já o domínio se refere ao conteúdo interno da propriedade. Um existe em decorrência do outro. Cuida-se de conceitos complementares e comunicantes que precisam ser apartados, pois apenas no momento em que separamos aquilo que está no mundo da 'forma oficial' (propriedade) daquilo que é 'substância efetiva' (domínio), visualizamos que em várias situações o proprietário – detentor da titularidade formal – não será aquele que exerce o domínio (*v.g.*, usucapião antes do registro; promessa de compra e venda após a quitação)." (FARIAS, Cristiano Chaves de; ROSENVALD, Nelson. *Curso de Direito Civil*: Direitos Reais. 10. ed. Salvador: Editora JusPodivm, 2014. v. 5, p. 226-227).

restrita a bens corpóreos, traduz uma perspectiva material de poder, de submissão da coisa.

E, na medida em que o domínio é compreendido no ângulo do próprio conteúdo do direito de propriedade, não pode ser confundido com a mera situação fática da posse, em que não se discute domínio ou sequer propriedade.

Todavia, mesmo admitindo a distinção teórica, há de se convir que ela não é tão relevante na prática, diante da própria legislação positivada, como aqui já demonstrado, podendo, inclusive, gerar confusão.

Por isso, não estranhe o leitor quando a expressão "domínio" for utilizada neste livro (ou em qualquer outra de nossas obras) em um sentido ou em outro, pois isso decorre da própria observação da legislação nacional.

A título de arremate, parece-nos relevante também distinguir o "direito de propriedade" do "direito à propriedade".

Tratando desta distinção, ensina o grande PAULO LÔBO:

"Além do direito de propriedade, há o direito à propriedade ou o direito de acesso à propriedade, com fundamento na Constituição (exemplos, o direito à moradia e o direito à aquisição por usucapião especial de tempo breve) e na legislação infraconstitucional (exemplos: no Código Civil, o art. 1.228, §§ 4.º e 5.º, e na Lei n. 11.977/2009, do Programa Minha Casa, Minha Vida). Para Rodrigo Xavier Leonardo (2004, p. 280), o direito à propriedade detém conteúdo diverso do direito de propriedade, vez que se trata de um direito fundamental de acesso à propriedade, de bens voltados para possibilitar a efetivação dos direitos fundamentais anteriores – previstos no mesmo *caput* do art. 5.º – referentes à vida, à liberdade, à igualdade, à segurança, que não podem ser garantidos sem um mínimo de propriedade que lhes garanta o acesso real ou a manutenção de uma real condição de dignidade.

No plano internacional, o direito à propriedade está enunciado no art. 17 da Declaração Universal dos Direitos Humanos. É notável que a Declaração não aluda ao direito 'de' propriedade, mas 'à' propriedade. Como diz Eduardo Novoa Monreal (1979, p. 134), o fundamental dentro do texto contido na Declaração é propugnar que todo homem deve ter acesso à propriedade, que é mais importante que dar garantia aos atuais titulares, de modo a que a propriedade se difunda coletivamente entre todos os homens, seja ela individual ou coletiva"[10].

Tal distinção se mostra importante justamente para o reconhecimento do "direito à propriedade" como um direito fundamental, podendo o "direito de propriedade" ser suprimido, quando não atender à sua função social.

Esclarecidos esses aspectos, explicitaremos, no próximo tópico, para efeito didático, os elementos constitutivos da propriedade.

4. ELEMENTOS CONSTITUTIVOS (PODERES INERENTES À PROPRIEDADE)

Ao conceituarmos o **direito de propriedade** como o direito real de usar, gozar ou fruir, dispor e reivindicar a coisa, nos limites da sua função social, já apresentamos ao leitor os seus elementos constitutivos, que são justamente os poderes inerentes à propriedade.

---

[10] LÔBO, Paulo. *Direito Civil*: coisas. 5. ed. São Paulo: Saraiva, 2020. v. 4, p. 98-99.

São eles:

a) **Jus utendi**: direito de tirar do bem todos os seus proveitos, sem que haja alteração em sua substância, ou seja, usar a propriedade de todas as formas previstas ou não vedadas em lei;

b) **Jus fruendi**: direito de perceber os frutos e de utilizar os produtos da coisa, ou seja, de fruir ou gozar todos os benefícios lícitos que a propriedade possa proporcionar;

c) **Jus abutendi** ou **disponendi**: direito de dispor da coisa. Por dispor, entenda-se a prerrogativa de transferir o bem, a qualquer título, o que também abarca a possibilidade de consumi-lo. Esclareça-se, de logo, que inexiste um "direito ao abuso", como a expressão *jus abutendi* pode equivocadamente soar na primeira leitura (e consistiria em uma violação ao já explicado princípio da vedação ao abuso de direito[11]), mas, sim, apenas o exercício de um direito de disposição da coisa;

d) **Jus reivindicatio** ou **rei vindicatio**: direito que tem o proprietário de buscar o bem de quem injustamente o detenha.

Observe-se que os poderes ou faculdades aqui mencionados são oponíveis *erga omnes*.

E todos eles são limitados pela principiologia dos direitos reais[12], notadamente a função social, dada a impossibilidade jurídica de se falar em direitos absolutos na contemporaneidade, inclusive da propriedade.

5. CARACTERÍSTICAS

Na busca de enumeração das suas principais características, podemos afirmar que o direito de propriedade é[13]:

a) **complexo**: pois é formado por um conjunto de poderes ou faculdades, sendo o mais completo de todos os direitos reais;

b) **absoluto**: não no sentido de que se possa fazer dele o que bem entender, mas porque a oponibilidade é *erga omnes*, podendo o seu titular desfrutar do bem como lhe aprouver, sujeitando-se às limitações constitucionais e legais;

c) **perpétuo**: não se extingue, simplesmente, pelo não uso, podendo ser transmitido indefinidamente por gerações;

d) **exclusivo**: ressalvadas certas situações, a exemplo do condomínio e da multipropriedade[14], o poder dominial de alguém exclui o de outrem, concomitantemente, sobre a mesma coisa, sendo essa, portanto, a regra geral[15];

e) **elástico**: pode ser distendido ou contraído na formação de outros direitos reais sem perder sua essência.

Esta última característica merece explicação mais detida, para que não remanesça dúvida em nosso amigo leitor.

---

[11] Confira-se o tópico 5 ("Vedação ao abuso de direito") do Capítulo II ("Principiologia dos direitos reais") deste volume.

[12] Confira-se o Capítulo II ("Principiologia dos direitos reais") deste volume.

[13] Cf. GOMES, Orlando. *Direitos Reais*. 21. ed. São Paulo: Gen, 2012.

[14] Confira-se o Capítulo XV ("Condomínio") deste volume.

[15] CC/2002: Art. 1.231. A propriedade presume-se plena e exclusiva, até prova em contrário.

A propriedade é "elástica", porquanto certos poderes ou faculdades que lhe são inerentes poderão ser destacados, para que sejam formados outros direitos, sem que isso implique sua destruição.

Assim, há, na propriedade, uma peculiar elasticidade estrutural, conforme se lhe subtraiam ou reintegrem poderes destacáveis.

Exemplo: mediante ajuste de vontades e o devido registro, podem ser destacadas as faculdades de usar e fruir um imóvel, em favor do usufrutuário, permanecendo o titular com um direito limitado de propriedade (nua-propriedade). Uma vez extinto o usufruto, aquelas faculdades retornam, consolidando o direito pleno de propriedade.

Ainda no âmbito da sua caracterização, merece menção a diferença existente entre **"propriedade resolúvel"** e **"*ad tempus*"**[16].

Nesse sentido, observa ORLANDO GOMES:

"A perpetuidade é um dos caracteres do direito de propriedade. Daí se dizer que a propriedade é irrevogável: '*Semel dominus semper dominus*'. Normalmente, a propriedade tem duração ilimitada. É perpétua. Por exceção, admite-se propriedade *revogável* que se configura quando, no próprio título de sua constituição, por sua própria natureza ou pela vontade do agente ou das partes, se contém *condição resolutiva*. Diz-se, então, que a propriedade é *resolúvel* como acontece, no *fideicomisso*, com a propriedade do fiduciário, e, na retrovenda, com a propriedade do comprador. Não são casos de *propriedade resolúvel* aqueles nos quais a revogação se funda em causa superveniente à aquisição. (RA) Restou aberto (do art. 1.361 a 1.368) capítulo especial no CCB de 2002 para tratar da propriedade fiduciária, hipótese de propriedade resolúvel de coisa móvel infungível que o devedor transfere ao credor com escopo de garantia (RA)"[17].

Assim, **propriedade resolúvel** é aquela que tem, em seu próprio título constitutivo, um elemento que limita potencialmente a sua duração, como uma condição resolutiva[18].

A propriedade fiduciária, por sua vez, foi tratada, pelo Código Civil de 2002, em capítulo próprio, merecendo a nossa atenção oportunamente[19].

Já a propriedade *ad tempus* tem características próprias, embora esteja tratada, em nosso Código, no capítulo dedicado à propriedade resolúvel.

Trata-se de uma modalidade de propriedade que, *a priori*, é constituída para ser definitiva e perpétua. Todavia, por um fato superveniente, ocorre a sua extinção, como é o caso da revogação da doação por ingratidão do donatário[20].

Confira-se, a respeito desse instituto, o art. 1.360, do Código Civil[21].

---

[16] A propriedade fiduciária, dadas as suas características singulares, será abordada no Capítulo VIII.

[17] GOMES, Orlando. *Direitos Reais*. 19. ed. Atualizada por Luiz Edson Fachin. Rio de Janeiro: Forense, 2008. p. 114-115.

[18] Ver o subtópico 8.2 ("Quanto à Perpetuidade do Domínio") deste capítulo.

[19] Vale conferir Capítulo VIII ("Propriedade fiduciária") desta obra.

[20] Para um aprofundamento sobre o tema, confira-se o volume 4 ("Contratos") desta coleção, notadamente o subtópico 12.2 ("Revogação da doação (inexecução do encargo e ingratidão do donatário)") do Capítulo XVIII ("Doação") e bem, assim, a obra *Contrato de doação*, de PABLO STOLZE GAGLIANO, 5. ed. São Paulo: Saraiva, 2021 (no prelo). p. 170 e s.

[21] Art. 1.360. Se a propriedade se resolver por outra causa superveniente, o possuidor, que a tiver adquirido por título anterior à sua resolução, será considerado proprietário perfeito, restando à

6. EXTENSÃO

A propriedade do solo, a teor do art. 1.229, abrange a do espaço aéreo e subsolo correspondentes, em altura e profundidade úteis ao seu exercício, não podendo o proprietário opor-se a atividades que sejam realizadas, por terceiros, a uma altura ou profundidade tais, que não tenha ele interesse legítimo em impedi-las.

Comentando o dispositivo, preleciona MARIA HELENA DINIZ, referindo-se ao proprietário:

"Não pode impedir que um avião passe por sobre sua casa ou a colocação de cabos aéreos de energia elétrica ou, ainda, que perfurem o subsolo para a instalação de condutos subterrâneos de serviço de utilidade pública (CC, art. 1.286) ou de metrô, pois não tem nenhum interesse em impugnar a realização de trabalhos que se efetuem a uma certa altura e a profundidade tal que não acarrete risco para a sua segurança"[22].

Vale destacar uma interessante aplicação do art. 1.229 realizada no seguinte julgado do Superior Tribunal de Justiça:

"DIREITO CIVIL. DIREITO DE PROPRIEDADE DE SUBSOLO.

No caso em que o subsolo de imóvel tenha sido invadido por tirantes (pinos de concreto) provenientes de obra de sustentação do imóvel vizinho, o proprietário do imóvel invadido não terá legítimo interesse para requerer, com base no art. 1.229 do CC, a remoção dos tirantes nem indenização por perdas e danos, desde que fique constatado que a invasão não acarretou prejuízos comprovados a ele, tampouco impossibilitou o perfeito uso, gozo e fruição do seu imóvel. Dispõe o art. 1.229 do CC que a 'propriedade do solo abrange a do espaço aéreo e subsolo correspondentes, em altura e profundidade úteis ao seu exercício, não podendo o proprietário opor-se a atividades que sejam realizadas, por terceiros, a uma altura ou profundidade tais, que não tenha ele interesse legítimo em impedi-las'. Ou seja, o normativo legal, ao regular o direito de propriedade, ampara-se especificamente no critério de utilidade da coisa por seu titular. Por essa razão, o direito à extensão das faculdades do proprietário é exercido contra terceiro tão somente em face de ocorrência de conduta invasora e lesiva que lhe traga dano ou incômodo ou que lhe proíba de utilizar normalmente o bem imóvel, considerando suas características físicas normais. Como se verifica, a pretensão de retirada dos tirantes não está amparada em possíveis prejuízos devidamente comprovados ou mesmo no fato de os tirantes terem impossibilitado, ou estarem impossibilitando, o perfeito uso, gozo ou fruição do imóvel. Também inexistem possíveis obstáculos a futuras obras que venham a ser idealizadas no local, até porque, caso e quando se queira, referidos tirantes podem ser removidos sem nenhum prejuízo para quaisquer dos imóveis vizinhos. De fato, ao proprietário compete a titularidade do imóvel, abrangendo solo, subsolo e o espaço aéreo correspondentes. Entretanto, referida titularidade não é plena, estando satisfeita e completa apenas em relação ao espaço físico sobre o qual emprega efetivo exercício sobre a coisa. Dessa forma, não tem o proprietário do imóvel o legítimo interesse em impedir a utilização do subsolo onde estão localizados

---

pessoa, em cujo benefício houve a resolução, ação contra aquele cuja propriedade se resolveu para haver a própria coisa ou o seu valor.

[22] DINIZ, Maria Helena. *Curso de Direito Civil Brasileiro*: Direito das Coisas. 34. ed. São Paulo: Saraiva, 2020. v. 4. p. 141.

os tirantes que se pretende remover, pois sobre o referido espaço não exerce ou demonstra quaisquer utilidades. Precedente citado: REsp 1.233.852-RS, TERCEIRA TURMA, *DJe* de 1.º-2-2012. REsp 1.256.825-SP, rel. Min. João Otávio de Noronha, julgado em 5-3-2015, *DJe* 16-3-2015".

A propriedade do solo, por sua vez, a teor do art. 1.230, não abrange as jazidas, minas e demais recursos minerais, os potenciais de energia hidráulica, os monumentos arqueológicos e outros bens referidos por leis especiais[23].

O proprietário do solo, todavia, tem o direito de explorar os recursos minerais de emprego imediato na construção civil, desde que não submetidos a transformação industrial, obedecido o disposto em lei especial.

7. OBJETO

Antes de apresentarmos as principais classificações da propriedade, parece-nos relevante tecer considerações acerca de quais bens podem ser objeto do direito de propriedade.

Em geral, o objeto da propriedade é uma coisa especificamente determinada, entendida como um bem corpóreo móvel ou imóvel.

A questão, porém, não é tão simples assim.

Conforme ensinou ORLANDO GOMES:

> "O objeto do direito de propriedade não é definido em termos incontroversos. Tradicionalmente, afirma-se que hão de ser os *bens corpóreos*, mas, contra essa doutrina, que foi pacífica, levantou-se corrente doutrinária que o estende aos *bens incorpóreos*. Seus partidários admitem a existência de *propriedade literária, artística e científica*, que, recaindo nas produções do espírito humano, teria como objeto *bens imateriais*. Outros vão adiante, sustentando que os *direitos* podem ser objeto de propriedade. Recentemente, o conceito de propriedade alarga-se abrangendo certos *valores*, como o fundo de comércio, a clientela, o nome comercial, as patentes de invenção e tantos outros. Fala-se, constantemente, em *propriedade industrial* para significar o direito dos inventores e o que se assegura aos industriais e comerciantes sobre as marcas de fábricas, desenhos e modelos. Chega-se até a admitir a propriedade de *cargos* e *empregos*.
>
> O fenômeno da *propriedade incorpórea* explica-se como reflexo do valor psicológico da ideia de propriedade, mas, embora esses direitos novos tenham semelhança com o de propriedade, porque também são exclusivos e absolutos, com ela não se confundem. A assimilação é tecnicamente falsa. Poderiam enquadrar-se, contudo, numa categoria à parte, que, alhures, denominamos *quase-propriedade*"[24].

Com efeito, temos que, em geral, a propriedade tem por objeto bens corpóreos – ou seja, coisas – embora se admita a propriedade de bens imateriais, a exemplo de valores mobiliários (ações) ou obras do intelecto, posto, nesses últimos casos, não se possa afirmar que estejamos diante de uma concepção tradicional de propriedade.

Afinal, o Direito nunca foi, não é, e jamais será uma ciência exata.

---

[23] Cf. o art. 176 da Constituição Federal.

[24] GOMES, Orlando. *Direitos Reais*. 19. ed. Atualizada por Luiz Edson Fachin. Rio de Janeiro: Forense, 2008. p. 112.

8. CLASSIFICAÇÃO

Toda classificação pode variar de acordo com a visão metodológica do autor que a apresenta.

Pensando especificamente no exercício do direito de propriedade, cogitamos a existência de duas classificações fundamentais, tomando como parâmetro a extensão do direito e a perpetuidade do domínio.

8.1. Quanto à extensão do direito do titular (alcance subjetivo)

Quando todos os elementos constitutivos da propriedade (ou seja, seus poderes inerentes) se acham reunidos na pessoa do titular, tem-se a modalidade que se convencionou chamar de **propriedade plena**.

Todavia, quando ocorre o desmembramento de elementos, passando um ou alguns de seus poderes para o exercício de outrem, fala-se em **propriedade limitada ou restrita**.

É o caso, por exemplo, do chamado "nu-proprietário", no usufruto[25], porquanto se despoja de poderes inerentes ao domínio (usar e fruir), para constituir um direito real na coisa alheia.

8.2. Quanto à perpetuidade do domínio (alcance temporal)

Já aprendemos que uma das características fundamentais da propriedade é o seu caráter perpétuo.

De fato, a propriedade não se extingue pelo não uso, uma vez que o domínio subsiste independentemente de exercício, enquanto não sobrevier causa extintiva legal ou oriunda da própria vontade do titular.

Com efeito, a propriedade é, em essência, perpétua, com duração ilimitada, podendo ser transmitida indefinidamente, por gerações.

Todavia, por exceção, pode-se falar também de uma propriedade resolúvel, entendida como aquela que encontra, no seu próprio título constitutivo, uma razão de sua extinção.

"É resolúvel a propriedade passível de ser extinta ou por força de uma condição (evento acidental, futuro e incerto) ou pelo termo (evento acidental do negócio jurídico futuro e certo) ou, finalmente, pelo surgimento de uma causa superveniente juridicamente apta a pôr fim ao direito de propriedade", segundo o talentoso ROBERTO FIGUEIREDO[26].

É o que se dá no pacto de retrovenda (arts. 1.140 a 1.143, CC/2002[27]), com o domínio do comprador.

Sobre a propriedade resolúvel, destacamos o art. 1.359:

---

[25] Confira-se o Capítulo XX ("Usufruto") deste volume.

[26] FIGUEIREDO, Roberto. Propriedade resolúvel. *CERS*. Disponível em: <https://www.cers.com.br/noticias-e-blogs/noticia/propriedade-resoluvel;jsessionid=HpGloKVJ1dMz1a-ZBCLQs-duiMN2O5e509EimsV1G.cers>. Acesso em: 30 mar. 2018.

[27] Tratando do tema do "Pacto de retrovenda", confira-se o Capítulo XV ("Compra e venda") do volume 4 unificado ("Contratos") desta coleção.

"Art. 1.359. Resolvida a propriedade pelo implemento da condição ou pelo advento do termo, entendem-se também resolvidos os direitos reais concedidos na sua pendência, e o proprietário, em cujo favor se opera a resolução, pode reivindicar a coisa do poder de quem a possua ou detenha".

A título de complementação de pesquisa, merece referência a distinção entre fideicomisso e propriedade resolúvel, feita por PAULO LÔBO:

"A distinção entre fideicomisso e propriedade resolúvel em nosso sistema jurídico se impõe. O fideicomisso estabelece a sucessão no direito de propriedade, mas atribui, desde logo, a propriedade, sem entrega de bens, ao fideicomissário, e propriedade plena ao fiduciário, enquanto na propriedade resolúvel, advindo o termo, ou realizando-se a condição, a propriedade deixa de ser do atual titular para ser de outro, pois o sistema jurídico brasileiro concebeu a superposição de propriedades no tempo. No fideicomisso, o fideicomissário não substitui o fiduciário, porque ambos são herdeiros do *de cujus* ou legatários. O fideicomissário sucede diretamente o *de cujus*, da mesma forma que o fiduciário. São direitos paralelos, justapostos, razão por que não é correta a expressão 'substituição fideicomissária'. No fideicomisso, há o elemento fidúcia, ou confiança em que o fiduciário conservará o bem para ser entregue ao seu destinatário principal. Na propriedade resolúvel, diferentemente, o primeiro titular é substituído pelo segundo titular, que podem, inclusive, ser designados em testamento, 'pelo implemento da condição ou pelo advento do termo' (CC, art. 1.359), ficando resolvidos os direitos ao primeiro concedidos. Não há o elemento fidúcia, pois cada titular, no seu tempo sucessivo, exercerá plenamente seu direito e no seu próprio interesse"[28].

Por fim, vale relembrar, conforme já anotado no tópico 5, que a propriedade *ad tempus* e a fiduciária também traduzem situações especiais, que excepcionam este caráter de perpetuidade da propriedade em geral.

8.3. Quanto à localização e destinação da propriedade (alcance finalístico)

Uma importante classificação da propriedade diz respeito à sua localização e destinação.

Com efeito, a distinção entre **propriedade urbana** e **propriedade rural** não deve ser feita somente com base na localização (se na cidade ou no campo), mas, sim, em função da sua destinação econômica.

De fato, é possível se falar de uma propriedade urbana no interior do País, mesmo que isolada de um centro urbano, se a sua utilização for somente para a habitação e residência, sem destinação rural.

E, por exceção, é possível se falar de uma empresa agrícola instalada em uma enorme fazenda, dentro de área urbana.

E por que destacamos esses aspectos?

Porque a caracterização como área rural ou urbana importará em um tratamento diferenciado, por exemplo, para a usucapião, conforme se verificará em capítulo próprio[29], ou mesmo para incidência de tributos, a saber, IPTU ou ITR:

---

[28] LÔBO, Paulo. *Direito Civil*: coisas. 5. ed. São Paulo: Saraiva, 2020. v. 4, p. 204-205.

[29] Confira-se o Capítulo X ("Usucapião") deste volume.

"A Primeira Turma do Superior Tribunal de Justiça (STJ) julgou recentemente o Recurso Especial n. 1.112.646 – SP (REsp), que versou acerca da incidência de Imposto Territorial Rural (ITR) em imóvel localizado em área urbana, desde que comprovadamente utilizado em exploração extrativa, vegetal, agrícola, pecuária ou agroindustrial. A Turma, que teve como relator o Ministro Herman Benjamim, decidiu, por unanimidade, dar provimento ao recurso.

No caso apresentado, o cerne da questão está em se determinar se o imposto incidente sobre o imóvel é o Territorial Urbano (IPTU) ou o ITR. O Tribunal de Justiça de São Paulo, ao julgar o caso, decidiu que o tributo incidente era o IPTU. Inconformado, o recorrente apresentou o REsp sob análise, alegando que ocorreu ofensa ao art. 15, do **Decreto-Lei n. 57/66**, que submete o imóvel 'que, comprovadamente, seja utilizado em exploração extrativa vegetal, agrícola, pecuária ou agro-industrial' ao pagamento do ITR.

Em seu voto, o Ministro-Relator entendeu que o caso é de conflito de competência, devendo ser dirimido pela legislação complementar, nos termos do art. 146, I, da Constituição Federal. Sendo assim, não basta apenas considerar o disposto no art. 32, § 1.º, do **Código Tributário Nacional**, que adota o critério da localização do imóvel e considera área urbana àquela definida em legislação municipal, pois a questão também deve ser analisada sob a ótica do art. 15, do Decreto-Lei n. 57/66, que acrescentou o critério da destinação dada ao imóvel. Portanto, dada a destinação do imóvel em questão, entendeu o relator que o imposto incidente é o ITR"[30].

Observe-se, inclusive, que até mesmo para a incidência da legislação trabalhista, esta distinção é relevante, para saber se a hipótese é de um trabalhador urbano, regido pela CLT, ou de um trabalhador rural, regido pela Lei n. 5.889/73.

9. ALGUMAS PALAVRAS SOBRE A FUNÇÃO SOCIAL DA PROPRIEDADE

Em um capítulo destinado a expor noções gerais da propriedade, não se poderia deixar de mencionar a função social, embora o desenvolvimento do tema haja sido feito em capítulo próprio[31].

Conforme expusemos no capítulo dedicado à principiologia, a funcionalização dos direitos é uma tendência inexorável da Ciência Jurídica da contemporaneidade.

Todavia, se há um instituto jurídico em que a função social ganha maior destaque, este é o direito de propriedade.

---

[30] Notícia divulgada pelo IRIB – Instituto de Registro Imobiliário do Brasil: <http://www.irib.org.br/noticias/detalhes/segundo-stj-incide-itr-em-imovel-rural-mesmo-quando-localizado-em-area-urbana>. Segue a ementa do Recurso Especial mencionado:
TRIBUTÁRIO. IMÓVEL NA ÁREA URBANA. DESTINAÇÃO RURAL. IPTU. NÃO-INCIDÊNCIA. ART. 15 DO DL 57/1966. RECURSO REPETITIVO. ART. 543-C DO CPC.
1. Não incide IPTU, mas ITR, sobre imóvel localizado na área urbana do Município, desde que comprovadamente utilizado em exploração extrativa, vegetal, agrícola, pecuária ou agroindustrial (art. 15 do DL 57/1966).
2. Recurso Especial provido. Acórdão sujeito ao regime do art. 543-C do CPC e da Resolução 8/2008 do STJ. (STJ, REsp 1.112.646/SP, rel. Min. HERMAN BENJAMIN, PRIMEIRA SEÇÃO, julgado em 26-8-2009, *DJe* 28-8-2009).

[31] Confira-se o Capítulo II ("Principiologia dos Direitos Reais") deste volume.

Com previsão constitucional expressa e específica (art. 5.º, XXIII, CF/88), a ideia de que "**a propriedade atenderá a sua função social**" é uma premissa inarredável do ordenamento jurídico brasileiro.

A respeito escrevem GUSTAVO TEPEDINO e ANDERSON SCHREIBER:

"A garantia da propriedade não tem incidência, portanto, nos casos em que a propriedade não atenda a sua função social, não se conforme aos interesses sociais relevantes cujo atendimento representa o próprio título de atribuição de poderes ao titular do domínio. O efetivo controle desta conformidade somente pode ser feito em concreto, pelo Poder Judiciário, no exame dos conflitos que se estabelecem entre os interesses proprietários e aqueles não-proprietários. Os tribunais brasileiros têm desempenhado seu papel, como se vê das decisões mais recentes. O Superior Tribunal de Justiça, por exemplo, já decidiu que hospitais particulares devem atender à função social representada pelo interesse geral à saúde e ao trabalho, e, portanto, estão compelidos a aceitar o ingresso de médicos e a internação dos respectivos pacientes em suas instalações, ainda que esses médicos sejam estranhos ao seu corpo clínico (...)".

E, em outro ponto de seu excelente artigo, destacam os autores:

"É, hoje, ampla a invocação jurisprudencial da função social da propriedade, quer pelos tribunais estaduais, quer pelos tribunais superiores, e sua aplicação já há muito supera as hipóteses clássicas suscitadas pela doutrina civilista tradicional. A noção encontra-se de tal forma consolidada na experiência brasileira dos últimos anos, que não há dúvidas de que a garantia da propriedade não pode ser vista mais à parte de sua conformação aos interesses sociais. Em outras palavras: não há, no texto constitucional brasileiro, garantia à propriedade, mas tão-somente garantia à propriedade que cumpre a sua função social"[32].

Se, no passado, havia quem se assustasse com tal menção, atribuindo-lhe uma perspectiva de sucumbência ao "medo do perigo vermelho", o fato é que a visão atual da propriedade não pode prescindir da concepção social.

E não é de agora.

Historicamente, já observou ORLANDO GOMES:

"A margem da consolidação da ideia nesses regimes políticos teve o respaldo da doutrina da Igreja no pensamento de Jacques Maritain, na doutrina personalista de Emmanuel Mounier e em encíclicas que precederam à *Mater et Magistra*. Qualquer que tenha sido, no campo dessas influências, o impulso para a cristalização jurídica da ideia de função social, sua sobrevivência e difusão nos regimes pluralistas do pós-guerra explicam a sua força e sua 'finalidade racional'. Essa energia moral da concepção de que a propriedade é uma função social não tem, entretanto, inspiração socialista, como se supõe, por desinformação, particularmente os socialistoides leviano ou contrabandistas de ideias.

Muito pelo contrário. Se não chega a ser uma mentira convencional, é um conceito ancilar do regime capitalista, por isso que, para os socialistas autênticos, a fórmula função social, sobre ser uma concepção sociológica e não um conceito técnico-jurídico, revela profunda hipocrisia, pois 'mais não serve do que para embelezar e esconder a substância da propriedade capitalística'. É que legitima o lucro ao configurar a atividade do produtor

---

[32] TEPEDINO, Gustavo; SCHREIBER, Anderson. A garantia da propriedade no direito brasileiro. *Revista da Faculdade de Direito de Campos*, Campos dos Goytacazes, RJ, v. 6, n. 6, p. 101-119, jun. 2005. Disponível em: <http://bdjur.stj.jus.br/dspace/handle/2011/24705>. Acesso em: 1.º abr. 2018.

de riqueza, do empresário, do capitalista, como exercício de uma profissão no interesse geral. Seu conteúdo essencial permanece intangível, assim como seus componentes estruturais. A propriedade continua privada, isto é, exclusiva e transmissível livremente. Do fato de poder ser desapropriada com maior facilidade e de poder ser nacionalizada com maior desenvoltura não resulta que a sua substância se estaria deteriorando"[33].

Trata-se, portanto, de uma inequívoca característica do sistema constitucional contemporâneo o respeito à função social, como forma de legitimação do próprio direito de propriedade.

10. TUTELA PROCESSUAL DA PROPRIEDADE

Tal qual para a posse, também para a propriedade há uma tutela processual que precisa ser conhecida e compreendida.

E isso é perfeitamente natural, considerando-se que a propriedade é o mais completo direito real, com a possibilidade do exercício de todos os poderes a ela inerentes.

Quando o proprietário for totalmente privado de seu bem, será possível postular-se uma tutela específica, em sede de **ação de reivindicação**, que tem por fundamento justamente o direito de sequela, visando a retomar o bem que se encontra em poder de terceiro.

Para tal postulação, é imprescindível, naturalmente, a comprovação da titularidade do domínio, o que se faz por meio do registro imobiliário correspondente, sendo pressuposto essencial, como deve soar óbvio, a descrição atualizada do bem, com os corretos limites e confrontações, de modo a possibilitar a sua exata localização.

Em um jogo de palavras bastante didático, estar-se-á diante de uma postulação de um proprietário que tem título, mas não tem posse, em face de quem tem a posse, mas não tem título.

Conforme escreve DIEGO OLIVEIRA:

"(...) em síntese, a ação reivindicatória, espécie de ação petitória, com fundamento no *ius possidendi*, é ajuizada pelo proprietário sem posse, contra o possuidor sem propriedade. Liga-se ao direito do proprietário conforme seus limites jurídicos, e não se presta em situações de confusão. Torna-se irrelevante a posse anterior do proprietário pois a ação se funda no *ius possidendi* e não no *ius possessionis*"[34].

Trata-se de uma postulação que não está submetida a prazo[35], pelo caráter de perpetuidade da propriedade, podendo, no entanto, ser suscitada, como matéria de defesa, a

---

[33] GOMES, Orlando. *Direitos Reais*. 19. ed. Atualizada por Luiz Edson Fachin. Rio de Janeiro: Forense, 2008. p. 126-127.

[34] OLIVEIRA, Diego Garcia. Da ação reivindicatória de imóvel. *Conteúdo Jurídico*. 25 jan. 2016. Disponível em: <https://conteudojuridico.com.br/artigo,da-acao-reivindicatoria-de-imovel,55099.html>. Acesso em: 1.º abr. 2018.

[35] "AÇÃO REIVINDICATÓRIA – PRESCRIÇÃO – INOCORRÊNCIA – ALEGAÇÃO DE USUCAPIÃO EM DEFESA – POSSIBILIDADE – REQUISITOS NÃO DEMONSTRADOS – DETENÇÃO – OCUPAÇÃO DA ÁREA REIVINDICADA PELOS RÉUS POR MERA LIBERALIDADE DO TITULAR DO DOMÍNIO. Não se aplica à ação reivindicatória o prazo prescricional previsto pelo art. 205 do Código Civil, haja vista que o direito de propriedade que lastreia a pretensão do autor somente cede no caso de restar configurada a prescrição aquisitiva em favor dos réus. Embora os réus possam alegar

usucapião pelo possuidor, na forma prevista pela Súmula 237 ("O usucapião pode ser arguido em defesa.") do Supremo Tribunal Federal.

Ressalve-se que, se acolhida a usucapião como matéria de defesa na reivindicatória, a sentença de improcedência não é hábil, *de per si*, para operar a alteração do registro, exigindo-se a instauração do procedimento próprio da usucapião.

Mas a tutela processual da propriedade não se limita à ação reivindicatória.

Além disso, também podem ser deduzidas postulações de **natureza declaratória** (para, por exemplo, dissipar dúvidas concernentes ao domínio) ou mesmo **indenizatórias** (por ato ilícito ou mesmo por acontecimento natural, como no caso da avulsão)[36].

Finalmente, por amor à tradição, há, ainda, a denominada **ação publiciana**, que seria uma reivindicatória sem título, vale dizer, seria o procedimento instaurado pelo proprietário desprovido da escritura pública devidamente registrada em seu nome.

Figure-se o exemplo de quem já seja dono, por haver usucapido o terreno, embora não haja, ainda, obtido a sentença declaratória da usucapião e, por conseguinte, o título dominial (cartório) em seu nome.

Em tal caso, em tendo o seu direito violado por terceiro, a par de poder ingressar com medida no juízo possessório – o que seria mais recomendável – poderia optar por ingressar no juízo petitório, intentando uma demanda publiciana (reivindicatória sem título).

---

usucapião como matéria de defesa na ação reivindicatória, caso desejam que sua pretensão seja acolhida, deverão demonstrar os requisitos necessários a configuração do instituto jurídico, quais sejam, tempo estabelecido em lei e a posse com ânimo de domínio. A ocupação de imóvel por liberalidade do titular do direito de propriedade configura-se como mera detenção que não se confunde com o exercício de posse com ânimo de domínio necessária para o reconhecimento de usucapião" (TJMG, Número do processo: 1.0687.04.029707-3/001(1). Rel. Desembargador VIÇOSO RODRIGUES. Data do acórdão: 9-2-2006. Data da publicação: 22-3-2006).

[36] Confira-se o Capítulo XII ("Acessão") deste volume.

Capítulo VIII
Propriedade Fiduciária

Sumário: 1. Introdução. 2. Conceito e distinção necessária (propriedade resolúvel x propriedade *ad tempus*). 3. Alienação fiduciária em garantia. 3.1. Conceito. 3.2. Disciplina codificada. 3.3. Alienação fiduciária e adimplemento substancial. 3.4. Noções fundamentais sobre a alienação fiduciária de bens imóveis.

1. INTRODUÇÃO

Consideramos que o tema "propriedade fiduciária", pela sua importância, deve ser tratado em um capítulo autônomo.

De fato, trazê-lo como um mero item classificatório da propriedade seria muito pouco, dada a relevância pragmática que o instituto tem na sociedade brasileira.

Exposta a razão de termos separado um capítulo autônomo para o tema, podemos iniciar nossas reflexões sobre a visão conceitual de tal modalidade de propriedade.

2. CONCEITO E DISTINÇÃO NECESSÁRIA (PROPRIEDADE RESOLÚVEL X PROPRIEDADE *AD TEMPUS*)

Na busca de uma conceituação sobre propriedade fiduciária, podemos nos socorrer do *caput* art. 1.361 do Código Civil de 2002, que estabelece:

"Art. 1.361. Considera-se fiduciária a propriedade resolúvel de coisa móvel infungível que o devedor, com escopo de garantia, transfere ao credor".

Observe-se, de pronto, que o codificador identificou a propriedade fiduciária como **uma espécie de propriedade resolúvel, dada a sua limitação temporal, em face do implemento de uma condição resolutiva ou o advento de um termo final.**

Nesse ponto, precisamos reiterar e avançar em algumas noções já anunciadas no capítulo anterior[1].

CLÓVIS BEVILÁQUA, em clássica obra, já ensinava:

"A propriedade resolúvel, ou revogável, é a que, no próprio título da sua constituição, encerra o princípio que a tem de extinguir, realizada a condição resolutória, ou advindo o termo extintivo, seja por força de declaração da vontade, seja por força de lei"[2].

Não se confunde a **propriedade resolúvel** (cujo próprio título constitutivo já encerra a causa da sua dissolução) com a denominada **propriedade *ad tempus*,** pois, neste último

---

[1] Confira-se o Capítulo VII ("Noções gerais sobre propriedade") deste volume.
[2] BEVILÁQUA, Clóvis. *Código Civil dos Estados Unidos do Brasil Comentado*. 4. ed. São Paulo: 1933. v. 3. p. 190.

caso, não há uma causa extintiva previamente estipulada, mas sim, a ocorrência de uma circunstância superveniente, não prevista, que opera o fim da propriedade.

A respeito dessa diagnose diferencial, com a costumeira erudição, ORLANDO GOMES ensina:

> "A ordem jurídica admite situações nas quais a propriedade torna-se temporária. Quando sua duração se subordina a uma condição resolutiva, ou termo final, previsto no título constitutivo do direito, diz-se que há *propriedade resolúvel*. Quando não é adquirida para durar certo tempo, mas se apresenta potencialmente temporária, podendo seu titular perdê-la por força de certos acontecimentos, diz-se que há *propriedade ad tempus*.
>
> (...)
>
> Nas duas espécies, a resolução opera-se com a superveniência de fato extintivo do direito, do qual decorre sua transferência para outra pessoa, mas na *propriedade resolúvel*, o evento há de ser uma condição ou um termo, isto é, uma cláusula inserta no negócio jurídico constitutivo do direito de propriedade que subordina voluntariamente a duração desse direito a acontecimento futuro, certo ou incerto.
>
> Na *propriedade ad tempus*, não há condição, nem termo.
>
> A extinção do direito de propriedade verifica-se em virtude de ocorrência não prevista por ato de vontade, mas, que, realizada, impede o titular de conservar o seu direito"[3].

E o ilustre jurista baiano – a par de advertir que, na **propriedade resolúvel**, *o evento que extingue a propriedade acarreta a sua transmissão no estado em que a coisa se encontrava ao ser recebida pelo proprietário temporário*, e, na **propriedade *ad tempus***, *o fato extintivo, que tem eficácia para o futuro, acarreta a transmissão da propriedade no estado em que se encontra (diminuída, aumentada, modificada)* –, dá como exemplo da primeira modalidade a propriedade do fiduciário em substituição fideicomissária (fideicomisso), e, como exemplo da segunda, a revogação da doação por ingratidão do donatário.

De fato, são exemplos bastante elucidativos.

ITABAIANA DE OLIVEIRA, em grandiosa e clássica obra, assim conceituava o *fideicomisso*[4]:

> "A *substituição fideicomissária* é a instituição de herdeiros ou legatários, feita pelo testador, impondo a um deles, o gravado ou fiduciário, a obrigação de, por sua morte, a certo tempo, ou sob certa condição, transmitir a outro, que se qualifica de fideicomissário, a herança ou o legado; por exemplo: instituo por meu herdeiro (ou legatário) Pedro, e, por sua morte, ou findo tal prazo, ou verificada tal condição, seja herdeiro (ou legatário) Paulo"[5].

Da tradicional noção, já se pode concluir que o fideicomisso consiste em uma forma indireta ou derivada de substituição testamentária, que visa a beneficiar, em sequência, mais de um sucessor.

---

[3] GOMES, Orlando. *Direitos Reais*. 19. ed. Atualizada por Luiz Edson Fachin. Rio de Janeiro: Forense, 2008. p. 235-236.

[4] Confira-se o tópico 4 ("Substituição fideicomissária (fideicomisso)") do Capítulo XX ("Substituições") do volume 7 ("Direito das Sucessões") desta coleção.

[5] OLIVEIRA, Arthur Vasco Itabaiana de. *Curso de Direito das Sucessões*. 2. ed. Rio de Janeiro: Andes, 1954. p. 192.

Vale dizer, a teor do art. 1.951, poderá o testador instituir herdeiros ou legatários, estabelecendo que, por ocasião de sua morte, a herança ou o legado se transmita ao fiduciário (1.º substituto), resolvendo-se o direito deste, por sua morte, a certo tempo ou sob certa condição, em favor de outrem, que se qualifica de fideicomissário (2.º substituto)[6].

Ora, nessa linha, fica clara a natureza resolúvel da propriedade do fiduciário.

Quanto à revogação da doação, exemplo de circunstância que caracteriza a propriedade *ad tempus*, trata-se do *exercício de um direito potestativo, por meio do qual o doador, verificando a ocorrência de alguma das situações previstas expressamente em lei, manifesta vontade contrária à liberalidade conferida, tornando sem efeito o contrato celebrado, e despojando, consequentemente, o donatário do bem doado*[7].

Com efeito, não há, nessa hipótese, uma previsão de dissolução futura no próprio ato constitutivo do direito, operando-se a extinção, tão somente, por uma circunstância superveniente.

Posto isso, salientamos que a **propriedade fiduciária** regulada nos arts. 1.361 a 1.368-B do Código Civil é espécie de **propriedade resolúvel** e, essencialmente, decorre da pactuação de um contrato de alienação fiduciária em garantia.

Como observa o amigo FLÁVIO TARTUCE:

> "O Código Civil restringe-se a tratar da propriedade fiduciária de bens móveis, prevendo no seu art. 1.361 que se considera fiduciária a propriedade resolúvel de coisa móvel infungível que o devedor, com escopo de garantia, transfere ao credor. Há ainda tratamento relativo ao tema no Decreto-lei 911/1969.
>
> Por outra via, a Lei 9.514/1997 trata da alienação fiduciária em garantia de bens imóveis, enunciando o seu art. 1.º que 'A alienação fiduciária regulada por esta Lei é o negócio jurídico pelo qual o devedor, ou fiduciante, com o escopo de garantia, contrata a transferência ao credor, ou fiduciário, da propriedade resolúvel de coisa imóvel' (...)"[8].

Como se verifica da mencionada citação, a origem brasileira da propriedade fiduciária é anterior à sua codificação[9].

---

[6] Art. 1.959, CC: São nulos os fideicomissos além do segundo grau.
[7] GAGLIANO, Pablo Stolze. *Contrato de doação*. 5. ed. São Paulo: Saraiva, 2021. p. 171 (no prelo).
[8] TARTUCE, Flávio. *Direito Civil*: Direito das Coisas. 9. ed. Rio de Janeiro: Forense, 2017. v. 4. p. 164.
[9] Aliás, o Direito Romano já distinguia a *fiducia cum amico* da *fiducia cum creditore*: "Foi então que o direito moderno acordou da poeira dos séculos o negócio fiduciário, que o Direito Romano já conhecia nas duas figuras da *fiducia cum amico* e da *fiducia cum creditore* (...) A *fiducia cum amico* não tinha finalidade de garantia. Contrato da confiança (*fiducia*), permitia a uma pessoa acautelar seus bens contra circunstâncias aleatórias (ausência prolongada, viagem, risco de perder na guerra, perdas advenientes de eventos políticos). Efetivava o fiduciante a sua alienação a um amigo, com ressalva de lhe serem restituídos após passado o perigo. Esta modalidade fiduciária degenerou, contudo, na subtração dos bens à garantia genérica dos credores. Na *fiducia cum creditore* (ou *fiducia pignoris causa cum creditore*), o devedor transferia, por venda, bens seus ao credor, com a ressalva de recuperá-los se, dentro em certo tempo, ou sob dada condição, efetuasse o pagamento da dívida" (PEREIRA, Caio Mário da Silva. *Instituições de Direito Civil*: Direitos Reais. 20. ed. Rio de Janeiro: Forense, 2009. v. 4. p. 361-362).

Parece-nos, portanto, relevante tecer algumas considerações acerca da alienação fiduciária em garantia para uma devida compreensão do tema.

3. ALIENAÇÃO FIDUCIÁRIA EM GARANTIA

Respeitando o escopo da nossa obra, mas sem descurar da profundidade, cuidaremos de repassar noções fundamentais a respeito desta vasta temática.

3.1. Conceito

Segundo ARNOLDO WALD, a alienação fiduciária em garantia

"(...) é todo negócio jurídico em que uma das partes (fiduciante) aliena a propriedade de uma coisa móvel ao financiador (fiduciário), até que se extinga o contrato pelo pagamento ou pela inexecução"[10].

Assim, se o indivíduo pretende comprar um carro e não dispõe de todo o valor para pagamento à vista, poderá convencionar a obtenção de um financiamento, junto a uma instituição financeira, que pagará ao fabricante ou revendedor do bem, **passando a deter a sua propriedade fiduciária, em caráter resolúvel**, até que o devedor cumpra a sua obrigação, pagando-lhe o valor financiado.

A alienação fiduciária de bens móveis foi introduzida no Brasil pela Lei n. 4.728 de 14-7-1965 (Lei de Mercado de Capitais), posteriormente alterada pelo Decreto-Lei n. 911 de 1.º-10-1969.

Acrescente-se que desde a edição da Lei n. 9.514, de 20 de novembro de 1997, admite-se também a alienação fiduciária de bens imóveis[11].

Conceitualmente, pois, **trata-se de negócio jurídico bilateral, por meio do qual se realiza a transferência da propriedade de uma coisa ao credor, em caráter resolúvel, com a finalidade de garantir uma determinada obrigação.**

Pode ter por objeto **bem móvel** ou **bem imóvel**.

Três protagonistas atuam na dinâmica negocial:

a) o alienante – aquele que vende a coisa que será objeto da garantia;

b) o devedor fiduciante – aquele que aliena "fiduciariamente" (em confiança) a propriedade resolúvel do bem ao credor, permanecendo com a sua posse direta[12];

---

[10] WALD, Arnoldo. *Obrigações e contratos*. 12. ed. São Paulo: Revista dos Tribunais, 1995. p. 270.

[11] Merecem ainda especial referência as Leis ns. 10.931 de 2004, 11.481 de 2007 e 13.465 de 2017.

O Código Civil, aliás, "dialoga" com outros diplomas:

Art. 1.367. A propriedade fiduciária em garantia de bens móveis ou imóveis sujeita-se às disposições do Capítulo I do Título X do Livro III da Parte Especial deste Código e, no que for específico, à legislação especial pertinente, não se equiparando, para quaisquer efeitos, à propriedade plena de que trata o art. 1.231. (Redação dada pela Lei n. 13.043, de 2014)

Art. 1.368-A. As demais espécies de propriedade fiduciária ou de titularidade fiduciária submetem-se à disciplina específica das respectivas leis especiais, somente se aplicando as disposições deste Código naquilo que não for incompatível com a legislação especial. (Incluído pela Lei n. 10.931, de 2004)

[12] Art. 1.361, § 3.º A propriedade superveniente, adquirida pelo devedor, torna eficaz, desde o arquivamento, a transferência da propriedade fiduciária.

c) o credor fiduciário – a quem se transmite, em garantia, a propriedade resolúvel da coisa.

Caracterizando o negócio, escreve MELHIM CHALHUB:

"A alienação fiduciária é negócio jurídico bilateral, oneroso, formal, comutativo e acessório, que visa a transmissão da propriedade em garantia. *Bilateral* porque encerra uma série de direitos e obrigações tanto para o credor como para o devedor. *Oneroso*, porque ambas as partes visam vantagens ou benefícios, impondo-se encargos recíprocos. *Formal*, porque se exige a observância de requisitos formais, entre eles o registro do contrato no Registro de Títulos e Documentos ou na repartição encarregada do licenciamento de veículos. *Comutativo*, pois as obrigações de ambas as partes guardam relativa equivalência. É, finalmente, *acessório* porque visa a garantia do cumprimento de obrigações contraídas em outro contrato, que pode ser, em geral, de empréstimo, de abertura de crédito ou de compra e venda com pagamento parcelado"[13].

O devedor (fiduciante) permanece como possuidor direto, ao passo que o credor (fiduciário) detém a posse indireta e a propriedade resolúvel da coisa, até o adimplemento da dívida.

3.2. Disciplina codificada

O Código Civil trata da propriedade fiduciária (resolúvel) de **coisa móvel infungível** que o devedor, com escopo de garantia, transfere ao credor (art. 1.361).

Nessa perspectiva, a par de podermos estudar este instituto no âmbito da propriedade (pois, como dito, institui-se uma modalidade temporária de domínio), como ora fazemos, poderíamos, também, enfrentar o tema no âmbito dos direitos de garantia.

Todavia, ainda que se lhes empreste esta última nota característica, MELHIM CHALHUB ressalta que

"A propriedade fiduciária em garantia difere dos direitos reais limitados de garantia, quais sejam o penhor, a anticrese e a hipoteca, porque nestes o titular da garantia tem um direito real na coisa alheia, tendo em vista que o bem dado em garantia, embora vinculado ao cumprimento da obrigação, continua no patrimônio do devedor, enquanto na propriedade fiduciária a garantia incide em coisa própria do credor, já que o devedor lhe transmite a propriedade do bem, embora em caráter resolúvel"[14].

Salientando o fato mencionado pelo ilustre autor, no sentido de que se trata de uma **peculiar garantia em coisa própria**, vale frisar que com a constituição da propriedade fiduciária, dá-se o desdobramento da posse, tornando-se o devedor possuidor direto da coisa (§ 2.º, art. 1.361), cabendo-lhe o direito de consolidar o domínio, em caso de se operar o devido adimplemento da obrigação[15].

---

[13] CHALHOUB, Melhim Namem. *Alienação fiduciária*: negócio fiduciário. 5. ed. Rio de Janeiro: Forense, 2017. p. 180.

[14] CHALHOUB, Melhim Namem. Op. cit. p. 177.

[15] Art. 1.368-B. A alienação fiduciária em garantia de bem móvel ou imóvel confere direito real de aquisição ao fiduciante, seu cessionário ou sucessor. (Incluído pela Lei n. 13.043, de 2014)

Parágrafo único. O credor fiduciário que se tornar proprietário pleno do bem, por efeito de realização da garantia, mediante consolidação da propriedade, adjudicação, dação ou outra forma pela qual

Quanto ao seu aspecto formal, a teor do § 1.º do art. 1.361, constitui-se a propriedade fiduciária com o registro do contrato, celebrado por instrumento público ou particular, que lhe serve de título, no Registro de Títulos e Documentos do domicílio do devedor, ou, em se tratando de veículos, na repartição competente para o licenciamento, fazendo-se a anotação no certificado de registro.

O contrato, que serve de título à propriedade fiduciária, por sua vez, conterá (art. 1.362):

a) o total da dívida, ou sua estimativa;

b) o prazo, ou a época do pagamento;

c) a taxa de juros, se houver;

d) a descrição da coisa objeto da transferência, com os elementos indispensáveis à sua identificação.

Antes de vencida a dívida, nos termos do art. 1.363, o devedor, a suas expensas e risco, pode usar a coisa segundo sua destinação, sendo obrigado, como depositário:

a) a empregar na guarda da coisa a diligência exigida por sua natureza;

b) a entregá-la ao credor, se a dívida não for paga no vencimento.

Nesse ponto, é importante lembrar, em respeito à nossa história recente, que o Supremo Tribunal Federal, na vereda do Pacto de São José da Costa Rica, afastou, em definitivo, a possibilidade de decretação de prisão civil por dívida decorrente do contrato de depósito, o que, por consequência, pôs fim à discussão atinente ao encarceramento do devedor fiduciante em caso de não devolução do bem alienado fiduciariamente[16]:

> "Em conclusão de julgamento, o Tribunal concedeu *habeas corpus* em que se questionava a legitimidade da ordem de prisão, por 60 dias, decretada em desfavor do paciente que, intimado a entregar o bem do qual depositário, não adimplira a obrigação contratual – *v. Informativos* 471, 477 e 498. Entendeu-se que a circunstância de o Brasil haver subscrito o Pacto de São José da Costa Rica, que restringe a prisão civil por dívida ao descumprimento inescusável de prestação alimentícia (art. 7.º, 7), conduz à inexistência de balizas visando à eficácia do que previsto no art. 5.º, LXVII, da CF ('não haverá prisão civil por dívida, salvo a do responsável pelo inadimplemento voluntário e inescusável de obrigação alimentícia e a do depositário infiel;'). Concluiu-se, assim, que, com a introdução do aludido Pacto no ordenamento jurídico nacional, restaram derrogadas as normas estritamente legais definidoras da custódia do depositário infiel. Prevaleceu, no julgamento, por fim, a tese do *status* de supralegalidade da referida Convenção, inicialmente defendida pelo Min. Gilmar Mendes no julgamento do RE 466.343/SP, abaixo relatado. Vencidos, no

---

lhe tenha sido transmitida a propriedade plena, passa a responder pelo pagamento dos tributos sobre a propriedade e a posse, taxas, despesas condominiais e quaisquer outros encargos, tributários ou não, incidentes sobre o bem objeto da garantia, a partir da data em que vier a ser imitido na posse direta do bem. (Incluído pela Lei n. 13.043, de 2014)

[16] Por óbvio, com isso não se quer dizer que não haja consequências, caso o devedor fiduciante, réu em **demanda de busca e apreensão (cf. art. 3.º do Dec.-Lei n. 911/69)**, não efetue a entrega do bem em caso de inadimplemento. Por certo, além da responsabilidade civil daí decorrente, pode, *em tese*, haver, até mesmo, a depender da situação, repercussão criminal (estelionato). O que, todavia, não se admite, por falta de amparo constitucional, é a prisão civil como meio coercitivo para forçar o cumprimento da obrigação.

ponto, os Ministros Celso de Mello, Cezar Peluso, Ellen Gracie e Eros Grau, que a ela davam a qualificação constitucional, perfilhando o entendimento expendido pelo primeiro no voto que proferira nesse recurso. O Min. Marco Aurélio, relativamente a essa questão, se absteve de pronunciamento.

Na linha do entendimento acima fixado, o Tribunal, por maioria, desproveu recurso extraordinário no qual se discutia a constitucionalidade da prisão civil do depositário infiel nos casos de alienação fiduciária em garantia (DL 911/69: 'Art. 4.º Se o bem alienado fiduciariamente não for encontrado ou não se achar na posse do devedor, o credor poderá requerer a conversão do pedido de busca e apreensão, nos mesmos autos, em ação de depósito, na forma prevista no Capítulo II, do Título I, do Livro IV, do Código de Processo Civil.') – v. *Informativos* 304, 449 e 498. Vencidos os Ministros Moreira Alves e Sydney Sanches, que davam provimento ao recurso.

Seguindo a mesma orientação firmada nos casos supra relatados, o Tribunal negou provimento a recurso extraordinário no qual se discutia também a constitucionalidade da prisão civil do depositário infiel nos casos de alienação fiduciária em garantia – v. *Informativos* 449, 450 e 498".

(STF – *Leading case*: RE 349.703, Min. Ilmar Galvão, rel. p/ acórdão Min. Gilmar Mendes; RE 466.343, Min. Cezar Peluso.)

Na forma do art. 1.364, CC/2002, vencida a dívida, e não paga, fica o credor obrigado a vender, judicial ou extrajudicialmente, a coisa a terceiros, a aplicar o preço no pagamento de seu crédito e das despesas de cobrança, e a entregar o saldo, se houver, ao devedor.

Merecem algumas palavras a delicada questão atinente à **mora do devedor fiduciante**.

Lembra MELHIM CHALHUB:

"Na redação original o Decreto-lei 911/1969 previa que, depois de 'despachada a inicial e executada a liminar, o réu será citado para, em três dias, apresentar contestação ou, se já tiver pago 40% (quarenta por cento) do preço financiado, requerer a purgação da mora' (§ 1.º do art. 3.º). Na redação introduzida pela Lei 10.931/2004, entretanto, o Decreto 911/1969 é omisso quanto a citação, dispondo, quanto ao termo inicial do prazo, que, no prazo de 'cinco dias após executada a liminar' (de busca e apreensão), o devedor poderá purgar a mora (§ 2.º do art. 3.º) ou, no prazo de quinze dias, apresentar resposta (§ 3.º do art. 3.º)"[17].

O problema está no seguinte ponto: o entendimento tradicional, alicerçado no Decreto-Lei n. 911/69 e na Súmula 284 do STJ[18], admitia que o devedor purgasse a mora (pagasse o débito em atraso), desde que já houvesse adimplido, ao menos, 40% do preço financiado.

Assim, por exemplo, se financio, com garantia fiduciária, o meu carro, em 30 prestações, pago as 12 primeiras, atraso 3, e o banco ingressa com a busca e apreensão, poderia liberar o veículo pagando, com a devida atualização e encargos, a integralidade da **dívida vencida**. Ou seja, as três prestações em atraso.

---

[17] CHALHOUB, Melhim Namem. Op. cit. p. 221-222.

[18] A purga da mora, nos contratos de alienação fiduciária, só é permitida quando já pagos pelo menos 40% (quarenta por cento) do valor financiado. (STJ, Súmula 284, SEGUNDA SEÇÃO, julgado em 28-4-2004, *DJ* 13-5-2004. p. 201.)

Em nosso sentir, é a solução que melhor resguardaria o próprio princípio da função social do contrato.

Todavia, após a edição da Lei n. 10.931 de 2004, nos contratos firmados sob a sua vigência, firmou-se o entendimento, no Superior Tribunal de Justiça, de que ao devedor caberia **pagar a integralidade da dívida,** inclusive as prestações vincendas, não lhe assistindo mais o direito de purgar a mora adimplindo apenas as prestações em atraso:

"ALIENAÇÃO FIDUCIÁRIA EM GARANTIA. RECURSO ESPECIAL REPRESENTATIVO DE CONTROVÉRSIA. ART. 543-C DO CPC. AÇÃO DE BUSCA E APREENSÃO. DECRETO-LEI N. 911/1969. ALTERAÇÃO INTRODUZIDA PELA LEI N. 10.931/2004. PURGAÇÃO DA MORA. IMPOSSIBILIDADE. NECESSIDADE DE PAGAMENTO DA INTEGRALIDADE DA DÍVIDA NO PRAZO DE 5 DIAS APÓS A EXECUÇÃO DA LIMINAR.

1. Para fins do art. 543-C do Código de Processo Civil: 'Nos contratos firmados na vigência da Lei n. 10.931/2004, compete ao devedor, no prazo de 5 (cinco) dias após a execução da liminar na ação de busca e apreensão, pagar a integralidade da dívida – entendida esta como os valores apresentados e comprovados pelo credor na inicial –, sob pena de consolidação da propriedade do bem móvel objeto de alienação fiduciária'.

2. Recurso especial provido".

(REsp 1.418.593/MS, rel. Min. LUIS FELIPE SALOMÃO, SEGUNDA SEÇÃO, julgado em 14-5-2014, *DJe* 27-5-2014)

Confira-se, também, o *Informativo 540*[19] do STJ:

"DIREITO CIVIL. IMPOSSIBILIDADE DE PURGAÇÃO DA MORA EM CONTRATOS DE ALIENAÇÃO FIDUCIÁRIA FIRMADOS APÓS A VIGÊNCIA DA LEI 10.931/2004. RECURSO REPETITIVO (ART. 543-C DO CPC E RES. 8/2008 – STJ).

Nos contratos firmados na vigência da Lei 10.931/2004, que alterou o art. 3.º, §§ 1.º e 2.º, do Decreto-lei 911/1969, compete ao devedor, no prazo de cinco dias após a execução da liminar na ação de busca e apreensão, pagar a integralidade da dívida – entendida esta como os valores apresentados e comprovados pelo credor na inicial –, sob pena de consolidação da propriedade do bem móvel objeto de alienação fiduciária. De início, convém esclarecer que a Súmula 284 do STJ, anterior à Lei 10.931/2004, orienta que a purgação da mora, nos contratos de alienação fiduciária, só é permitida quando já pagos pelo menos 40% (quarenta por cento) do valor financiado. A referida súmula espelha a redação primitiva do § 1.º do art. 3.º do Decreto-lei 911/1969, que tinha a seguinte redação: 'Despachada a inicial e executada a liminar, o réu será citado para, em três dias, apresentar contestação ou, se já houver pago 40% (quarenta por cento) do preço financiado, requerer a purgação de mora.' Contudo, do cotejo entre a redação originária e a atual – conferida pela Lei 10.931/2004 –, fica límpido que a lei não faculta mais ao devedor a purgação da mora, expressão inclusive suprimida das disposições atuais, não se extraindo do texto legal a interpretação de que é possível o pagamento apenas da dívida vencida. Ademais, a redação vigente do art. 3.º, §§ 1.º e 2.º, do Decreto-lei 911/1969 estabelece que o devedor fiduciante poderá pagar a integralidade da dívida pendente e, se assim o fizer, o bem lhe será restituído livre de ônus, não havendo, portanto, dúvida acerca de se tratar de pagamento de toda a dívida, isto é, de extinção da obrigação. Vale a pena ressaltar que

---

[19] Disponível em: <http://www.stj.jus.br/SCON/SearchBRS?b=INFJ&tipo=informativo&livre=@COD=%270540%27>. Acesso em: 13 out. 2018.

é o legislador quem está devidamente aparelhado para apreciar as limitações necessárias à autonomia privada em face de outros valores e direitos constitucionais. A propósito, a normatização do direito privado desenvolveu-se de forma autônoma em relação à Constituição, tanto em perspectiva histórica quanto em conteúdo, haja vista que o direito privado, em regra, disponibiliza soluções muito mais diferenciadas para conflitos entre os seus sujeitos do que a Constituição poderia fazer. Por isso não se pode presumir a imprevidência do legislador que, sopesando as implicações sociais, jurídicas e econômicas da modificação do ordenamento jurídico, vedou para alienação fiduciária de bem móvel a purgação da mora, sendo, pois, a matéria insuscetível de controle jurisdicional infraconstitucional. Portanto, sob pena de se gerar insegurança jurídica e violar o princípio da tripartição dos poderes, não cabe ao Poder Judiciário, a pretexto de interpretar a Lei 10.931/2004, criar hipótese de purgação da mora não contemplada pela lei. Com efeito, é regra basilar de hermenêutica a prevalência da regra excepcional, quando há confronto entre as regras específicas e as demais do ordenamento jurídico. Assim, como o CDC não regula contratos específicos, em casos de incompatibilidade entre a norma consumerista e a aludida norma específica, deve prevalecer essa última, pois a lei especial traz novo regramento a par dos já existentes. Nessa direção, é evidente que as disposições previstas no CC e no CDC são aplicáveis à relação contratual envolvendo alienação fiduciária de bem móvel, quando houver compatibilidade entre elas. Saliente-se ainda que a alteração operada pela Lei 10.931/2004 não alcança os contratos de alienação fiduciária firmados anteriormente à sua vigência. De mais a mais, o STJ, em diversos precedentes, já afirmou que, após o advento da Lei 10.931/2004, que deu nova redação ao art. 3.º do Decreto-lei 911/1969, não há falar em purgação da mora, haja vista que, sob a nova sistemática, após o decurso do prazo de 5 (cinco) dias contados da execução da liminar, a propriedade do bem fica consolidada em favor do credor fiduciário, devendo o devedor efetuar o pagamento da integralidade do débito remanescente a fim de obter a restituição do bem livre de ônus. Precedentes citados: AgRg no REsp 1.398.434-MG, Quarta Turma, DJe 11-2-2014; e AgRg no REsp 1.151.061-MS, Terceira Turma, DJe 12-4-2013. REsp 1.418.593-MS, Rel. Min. Luis Felipe Salomão, julgado em 14-5-2014".

Na hipótese acima formulada, em que financiei o meu carro em 30 prestações, paguei as 12 primeiras, atrasei 3, uma vez exarada a liminar na *ação de busca e apreensão,* apenas conservarei a posse do bem pagando a totalidade da dívida, ou seja, todas as 18 prestações remanescentes (vencidas e vincendas).

Cautela, pois, ao celebrar contratos dessa natureza...

Ainda sobre a mora, é importante salientar que, na alienação fiduciária, a sua natureza é ***ex re***.

Expliquemos.

Como se sabe, o não cumprimento das obrigações com termo de vencimento certo (dia 23 de junho, por exemplo) constitui de pleno direito em mora o devedor.

Trata-se da chamada **mora *ex re***. Aplica-se, aqui, a regra *dies interpellat pro homine*.

Não havendo termo definido, o credor deverá interpelar o devedor judicial ou extrajudicialmente, para constituí-lo em mora. Cuida-se, neste caso, da **mora *ex persona***[20].

---

[20] No Código Civil: "Art. 397. O inadimplemento da obrigação, positiva e líquida, no seu termo, constitui de pleno direito em mora o devedor. Parágrafo único. Não havendo termo, a mora se constitui mediante interpelação judicial ou extrajudicial".

Em se tratando de alienação fiduciária, o Superior Tribunal de Justiça firmou entendimento no sentido de que a notificação expedida ao devedor é providência dispensável, meramente comprobatória de uma mora já existente, eis que se opera, de pleno direto, com o simples advento do vencimento (**mora *ex re***):

"ARRENDAMENTO MERCANTIL E PROCESSUAL CIVIL. RECURSO ESPECIAL. DECISÃO MONOCRÁTICA DO RELATOR, NA ORIGEM, CONFIRMADA PELO COLEGIADO. OFENSA AO ART. 557 DO CPC/1973. INEXISTÊNCIA. MORA *EX RE*. INADIMPLEMENTO OCORRE NO VENCIMENTO DA PRESTAÇÃO CONTRATUAL. NOTIFICAÇÃO. DECRETO-LEI N. 911/1969. DEMONSTRAÇÃO DA MORA. PODE SER FEITA MEDIANTE PROTESTO, POR CARTA REGISTRADA EXPEDIDA POR INTERMÉDIO DO CARTÓRIO DE TÍTULOS OU DOCUMENTOS, OU POR SIMPLES CARTA REGISTRADA COM AVISO DE RECEBIMENTO. EVOLUÇÃO DO ENTENDIMENTO JURISPRUDENCIAL, PARA SE AMOLDAR ÀS ALTERAÇÕES PROMOVIDAS PELO LEGISLADOR.

1. A mora é causa de descumprimento parcial dos contratos de arrendamento mercantil e verifica-se quando o devedor não efetua pagamento no tempo, ou lugar convencionados. Com efeito, a mora constitui-se *ex re*, isto é, decorre automaticamente do vencimento do prazo para pagamento, motivo pelo qual não cabe qualquer inquirição a respeito do montante ou origem da dívida, para a aferição da configuração da mora.

2. Orienta o enunciado da Súmula 369/STJ que, no contrato de arrendamento mercantil (*leasing*), ainda que haja cláusula resolutiva expressa, é necessária a notificação prévia do arrendatário para constituí-lo em mora. Contudo, cumpre ressaltar que essa notificação é apenas, a exemplo dos contratos garantidos por alienação fiduciária, mera formalidade para a demonstração do esbulho e para propiciar a oportuna purga da mora (antes do ajuizamento da ação de reintegração de posse).

3. Por um lado, a própria redação atual do art. 2.º, § 2.º, do Decreto-Lei n. 911/1969 é expressa a respeito de que a mora decorre do simples vencimento do prazo para pagamento. Por outro lado, conforme a atual redação do mencionado dispositivo, promovida pela Lei n. 13.043/2014, o entendimento até então consagrado pela jurisprudência do STJ, acerca da necessidade de notificação via cartório, foi considerado, por própria opção do legislador, formalidade desnecessária.

4. <u>Consoante a lei vigente, para a comprovação da mora, basta o envio de notificação por carta registrada com aviso de recebimento, não se exigindo que a assinatura constante no referido aviso seja a do próprio destinatário. Com efeito, **como não se trata de ato necessário para a caracterização/constituição da mora – que é *ex re* –**, não há impossibilidade de aplicação da nova solução, concebida pelo próprio legislador, para casos anteriores à vigência da Lei n.13.043/2014.</u>

5. <u>Com efeito, a demonstração da mora em alienação fiduciária ou *leasing* – para ensejar, respectivamente, o ajuizamento de ação de busca e apreensão ou de reintegração de posse – pode ser feita mediante protesto, por carta registrada expedida por intermédio do cartório de títulos ou documentos, ou por simples carta registrada com aviso de recebimento – em nenhuma hipótese, exige-se que a assinatura do aviso de recebimento seja do próprio destinatário.</u>

6. Recurso especial provido".

(REsp 1.292.182/SC, rel. Min. LUIS FELIPE SALOMÃO, QUARTA TURMA, julgado em 29-9-2016, *DJe* 16-11-2016) (grifamos)

Interessante ainda sublinhar que, conforme preceitua o *caput* do art. 1.365, CC/2002, é considerada "nula a cláusula que autoriza o proprietário fiduciário a ficar com a coisa alienada em garantia, se a dívida não for paga no vencimento"[21].

Trata-se, em verdade, da vedação ao pacto comissário, já estudado em capítulo anterior[22].

Segundo CARLOS ROBERTO GONÇALVES:

"A proibição da estipulação de cláusula comissória nos direitos de garantia é tradicional. Sendo o devedor inadimplente, não pode o credor ficar com a coisa dada em garantia, mesmo que seu crédito seja maior. Incumbe-lhe promover as medidas legais para vender, judicial ou extrajudicialmente, a coisa a terceiros, e aplicar o preço no pagamento de seu crédito, entregando o saldo, se houver, ao devedor (CC, art. 1.364), como já foi dito. A nulidade, que é *ipso jure*, atinge somente a cláusula comissória, permanecendo íntegro o restante da avença"[23].

Ressalte-se que se, vendida a coisa, o produto não bastar para o pagamento da dívida e das despesas de cobrança, continuará o devedor obrigado pelo restante (art. 1.366, CC/2002).

Vale destacar que o "terceiro, interessado ou não, que pagar a dívida, se sub-rogará de pleno direito no crédito e na propriedade fiduciária" (art. 1.368, CC/2002).

Nesse ponto, algumas considerações devem ser feitas.

Como sabemos, há duas espécies de "terceiro":

a) o terceiro interessado;

b) o terceiro não interessado.

Por **terceiro interessado**, temos a pessoa que, sem integrar o polo passivo da relação obrigacional-base, encontra-se juridicamente adstrita ao pagamento da dívida, a exemplo do fiador que se obriga ao cumprimento da obrigação caso o devedor direto (afiançado) não o faça.

É também o caso do avalista.

Trata-se, pois, de pessoa em face de quem o inadimplemento obrigacional poderá repercutir.

Note-se que o terceiro interessado poderá, caso o credor se recuse injustamente a receber o pagamento ou dar quitação regular, usar dos meios conducentes à exoneração do devedor, como, por exemplo, a ação de consignação em pagamento. Por isso, não é lícita a recusa do credor que exige receber o pagamento das mãos do próprio devedor.

Se o terceiro interessado pagar, sub-rogar-se-á, não apenas no crédito pago, mas em todos os privilégios e garantias do credor originário, a teor do arts. 326, III, e 349, do CC.

---

[21] O devedor pode, outrossim, com a anuência do credor, dar o seu direito eventual à coisa em pagamento da dívida, após o vencimento desta, a teor do parágrafo único do art. 1.365.

[22] Releia-se o tópico 9 ("Proibição do pacto comissório") do Capítulo XXIV ("Uma visão geral sobre os direitos reais de garantia") deste volume.

[23] GONÇALVES, Carlos Roberto. *Direito Civil Brasileiro*: Direito das Coisas. 15. ed. São Paulo: Saraiva, 2020. v. 5. p. 454.

Assim, se havia uma hipoteca ou um penhor garantindo a dívida primitiva, o terceiro interessado, além de se sub-rogar no crédito, desfrutará da mesma garantia real.

Pode, outrossim, o adimplemento da obrigação ser efetuado por **terceiro não interessado**.

Trata-se de pessoa que não guarda vinculação jurídica com a relação obrigacional-base, por nutrir interesse meramente moral. É o caso do pai, que paga a dívida do filho maior, ou do provecto amigo, que honra o débito do seu compadre. Tais pessoas agem movidas por sentimento de solidariedade familiar ou social, não estando adstritas ao cumprimento da obrigação.

Em casos tais, duas situações podem ocorrer:

a) o terceiro não interessado paga a dívida *em nome e à conta do devedor* (art. 304 do CC/2002) – neste caso, não tem, *a priori*, sequer o direito de cobrar o valor que desembolsou para solver a dívida;

b) o terceiro não interessado paga a dívida *em seu próprio nome* (art. 305 do CC/2002) – neste caso, tem o direito de reaver o que pagou, embora não se sub-rogue nos direitos do credor. De tal forma, se o terceiro não interessado pagar *em seu próprio nome*, poderá cobrar do devedor o que pagou, mas não substituirá o credor em todas as suas prerrogativas. Assim, se havia uma hipoteca garantindo a dívida primitiva, o terceiro não desfrutará da mesma garantia real, restando-lhe, apenas, cobrar o débito pelas vias ordinárias.

Voltemos agora os olhos à propriedade fiduciária.

O art. 1.368 consagra uma peculiaridade.

Quer seja o terceiro interessado (dotado de interesse jurídico no cumprimento da obrigação), quer seja o terceiro não interessado (desprovido de interesse jurídico no cumprimento da obrigação), que pague a dívida, **sub-rogar-se-á de pleno direito <u>não apenas no crédito</u>**, mas também **na própria propriedade fiduciária**.

Sobre a disciplina normativa da propriedade fiduciária em garantia, a Lei n. 13.043, de 2014, estabeleceu, no Código Civil brasileiro, regras específicas que precisam ser mencionadas:

> "Art. 1.367. A propriedade fiduciária em garantia de bens móveis ou imóveis sujeita-se às disposições do Capítulo I do Título X do Livro III da Parte Especial deste Código e, no que for específico, à legislação especial pertinente, não se equiparando, para quaisquer efeitos, à propriedade plena de que trata o art. 1.231.
>
> (...)
>
> Art. 1.368-B. A alienação fiduciária em garantia de bem móvel ou imóvel confere direito real de aquisição ao fiduciante, seu cessionário ou sucessor.
>
> Parágrafo único. O credor fiduciário que se tornar proprietário pleno do bem, por efeito de realização da garantia, mediante consolidação da propriedade, adjudicação, dação ou outra forma pela qual lhe tenha sido transmitida a propriedade plena, passa a responder pelo pagamento dos tributos sobre a propriedade e a posse, taxas, despesas condominiais e quaisquer outros encargos, tributários ou não, incidentes sobre o bem objeto da garantia, a partir da data em que vier a ser imitido na posse direta do bem".

Por fim, registre-se que, conforme preceitua o art. 1.368-A (incluído no Código Civil de 2002 pela Lei n. 10.931, de 2004), as "demais espécies de propriedade fiduciária ou de titularidade fiduciária submetem-se à disciplina específica das respectivas leis especiais, somente se aplicando as disposições deste Código naquilo que não for incompatível com a legislação especial".

3.3. Alienação fiduciária e adimplemento substancial

A **doutrina do adimplemento substancial** sustenta que não se deve considerar resolvida a obrigação quando a atividade do devedor, posto não haja sido perfeita ou atingido plenamente o fim proposto, aproximar-se consideravelmente do seu resultado final.

Imagine o caso de um segurado que parcelou o pagamento do prêmio do seguro em cinco prestações e atrasa apenas um único dia o adimplemento da sua última parcela, ocorrendo o acidente.

De acordo com essa teoria, a seguradora não poderia considerar automaticamente cancelada a apólice e extinto o contrato, na medida em que o segurado, posto não haja cumprido a obrigação de forma perfeita, adimpliu "substancialmente" a obrigação[24]. Em tal caso, a seguradora terá de pagar a indenização devida, sem prejuízo da cobrança da parte ínfima do prêmio que não fora adimplida.

Poderia ainda ser aplicada em outras relações contratuais, com amparo na boa-fé e na função social[25]:

"Trata-se de REsp oriundo de ação de reintegração de posse ajuizada pela ora recorrente em desfavor do ora recorrido por inadimplemento de contrato de arrendamento mercantil (*leasing*). A Turma, ao prosseguir o julgamento, por maioria, entendeu, entre outras questões, que, diante do substancial adimplemento do contrato, ou seja, foram pagas 31 das 36 prestações, mostra-se desproporcional a pretendida reintegração de posse e contraria princípios basilares do Direito Civil, como a função social do contrato e a boa-fé objetiva. Consignou-se que a regra que permite tal reintegração em caso de mora do devedor e consequentemente, a resolução do contrato, no caso, deve sucumbir diante dos aludidos princípios. Observou-se que o meio de realização do crédito pelo qual optou a instituição financeira recorrente não se mostra consentâneo com a extensão do inadimplemento nem com o CC/2002. Ressaltou-se, ainda, que o recorrido pode, certamente, valer-se de meios menos gravosos e proporcionalmente mais adequados à persecução do crédito remanescente, por exemplo, a execução do título. Precedentes citados: REsp 272.739-MG, *DJ* 2-4-2001; REsp 469.577-SC, *DJ* 5-5-2003, e REsp 914.087-RJ, *DJ* 29-10-2007. STJ, REsp 1.051.270-RS, Rel. Min. Luis Felipe Salomão, julgado em 4-8-2011".

A teoria, no entanto, não é aplicada irrestritamente, já havendo, por exemplo, entendimento do Superior Tribunal de Justiça no sentido da não aplicação em caso de inadimplemento de **obrigação alimentar**:

---

[24] Para o início deste tópico, valemo-nos da postagem do Professor Pablo Stolze, intitulada Você sabe o que é "teoria do adimplemento substancial"?, datada de 9 set. 2012, disponível em: <https://www.facebook.com/pablostolze/posts/você-sabe-o-que-é-teoria-do-adimplemento-substanciala-doutrina-do--adimplemento-s/364497743629611/>. Acesso em 12 out. 2018.

[25] Enunciado n. 361 da IV Jornada de Direito Civil: "O adimplemento substancial decorre dos princípios gerais contratuais, de modo a fazer preponderar a função social do contrato e o princípio da boa-fé objetiva, balizando a aplicação do art. 475".

"*HABEAS CORPUS*. DIREITO DE FAMÍLIA. TEORIA DO ADIMPLEMENTO SUBSTANCIAL. NÃO INCIDÊNCIA. DÉBITO ALIMENTAR INCONTROVERSO. SÚMULA N. 309/STJ. PRISÃO CIVIL. LEGITIMIDADE. PAGAMENTO PARCIAL DA DÍVIDA. REVOGAÇÃO DO DECRETO PRISIONAL. NÃO CABIMENTO. IRRELEVÂNCIA DO DÉBITO. EXAME NA VIA ESTREITA DO *WRIT*. IMPOSSIBILIDADE.

1. A Teoria do Adimplemento Substancial, de aplicação estrita no âmbito do direito contratual, somente nas hipóteses em que a parcela inadimplida revela-se de escassa importância, não tem incidência nos vínculos jurídicos familiares, revelando-se inadequada para solver controvérsias relacionadas a obrigações de natureza alimentar.

2. O pagamento parcial da obrigação alimentar não afasta a possibilidade da prisão civil. Precedentes.

3. O sistema jurídico tem mecanismos por meio dos quais o devedor pode justificar o eventual inadimplemento parcial da obrigação (CPC/2015, art. 528) e, outrossim, pleitear a revisão do valor da prestação alimentar (L. 5.478/1968, art. 15; CC/2002, art. 1.699).

4. A ação de *Habeas Corpus* não é a seara adequada para aferir a relevância do débito alimentar parcialmente adimplido, o que só pode ser realizado a partir de uma profunda incursão em elementos de prova, ou ainda demandando dilação probatória, procedimentos incompatíveis com a via estreita do remédio constitucional.

5. Ordem denegada".

(HC 439.973/MG, Rel. Min. LUIS FELIPE SALOMÃO, rel. p/ acórdão Min. ANTONIO CARLOS FERREIRA, QUARTA TURMA, julgado em 16-8-2018, *DJe* 4-9-2018) (grifamos)

Nesse mesmo diapasão, no âmbito da alienação fiduciária, ainda que o devedor fiduciante deixe de adimplir parcela ínfima da obrigação contraída, não poderá invocar a teoria do adimplemento substancial, para evitar a resolução do contrato e a busca e apreensão do bem, porquanto o mesmo Superior Tribunal concluiu pela não incidência:

"AGRAVO INTERNO NO RECURSO ESPECIAL. AÇÃO DE BUSCA E APREENSÃO DE VEÍCULO. DEVEDORA FIDUCIANTE QUE PAGOU 91,66% DO CONTRATO. ADIMPLEMENTO SUBSTANCIAL CONFIGURADO. DESCABIMENTO DA APLICAÇÃO DA TEORIA DO ADIMPLEMENTO SUBSTANCIAL. SÚMULA 83 DESTA CORTE. AGRAVO INTERNO IMPROVIDO.

1. No caso em exame, o entendimento adotado pela Corte de origem encontra-se em desacordo com a mais recente posição desta Corte Superior, que, em julgamento proferido no Recurso Especial 1.622.555/MG (Rel. Min. Marco Buzzi, Rel. p/ acórdão Min. Marco Aurélio Bellizze, *DJe* de 16-3-2017), no âmbito da Segunda Seção, concluiu pela impossibilidade de aplicação da teoria do adimplemento substancial aos contratos firmados com base no Decreto-Lei 911/1969.

2. Agravo interno a que se nega provimento".

(AgInt no REsp 1.711.391/PR, rel. Min. LÁZARO GUIMARÃES (DESEMBARGADOR CONVOCADO DO TRF 5.ª REGIÃO), QUARTA TURMA, julgado em 24-4-2018, *DJe* 2-5-2018) (grifamos)

"RECURSO ESPECIAL. AÇÃO DE BUSCA E APREENSÃO. CONTRATO DE FINANCIAMENTO DE VEÍCULO, COM ALIENAÇÃO FIDUCIÁRIA EM GARANTIA REGIDO PELO DECRETO-LEI 911/69. INCONTROVERSO INADIMPLEMENTO DAS QUATRO ÚLTIMAS PARCELAS (DE UM TOTAL DE 48). EXTINÇÃO DA AÇÃO DE BUSCA E APREEN-

SÃO (OU DETERMINAÇÃO PARA ADITAMENTO DA INICIAL, PARA TRANSMUDÁ-LA EM AÇÃO EXECUTIVA OU DE COBRANÇA), A PRETEXTO DA APLICAÇÃO DA TEORIA DO ADIMPLEMENTO SUBSTANCIAL. DESCABIMENTO. 1. ABSOLUTA INCOMPATIBILIDADE DA CITADA TEORIA COM OS TERMOS DA LEI ESPECIAL DE REGÊNCIA. RECONHECIMENTO. 2. REMANCIPAÇÃO DO BEM AO DEVEDOR CONDICIONADA AO PAGAMENTO DA INTEGRALIDADE DA DÍVIDA, ASSIM COMPREENDIDA COMO OS DÉBITOS VENCIDOS, VINCENDOS E ENCARGOS APRESENTADOS PELO CREDOR, CONFORME ENTENDIMENTO CONSOLIDADO DA SEGUNDA SEÇÃO, SOB O RITO DOS RECURSOS ESPECIAIS REPETITIVOS (REsp n. 1.418.593/MS). 3. INTERESSE DE AGIR EVIDENCIADO, COM A UTILIZAÇÃO DA VIA JUDICIAL ELEITA PELA LEI DE REGÊNCIA COMO SENDO A MAIS IDÔNEA E EFICAZ PARA O PROPÓSITO DE COMPELIR O DEVEDOR A CUMPRIR COM A SUA OBRIGAÇÃO (AGORA, POR ELE REPUTADA ÍNFIMA), SOB PENA DE CONSOLIDAÇÃO DA PROPRIEDADE NAS MÃOS DO CREDOR FIDUCIÁRIO. 4. DESVIRTUAMENTO DA TEORIA DO ADIMPLEMENTO SUBSTANCIAL, CONSIDERADA A SUA FINALIDADE E A BOA-FÉ DOS CONTRATANTES, A ENSEJAR O ENFRAQUECIMENTO DO INSTITUTO DA GARANTIA FIDUCIÁRIA. VERIFICAÇÃO. 5. RECURSO ESPECIAL PROVIDO.

1. A incidência subsidiária do Código Civil, notadamente as normas gerais, em relação à propriedade/titularidade fiduciária sobre bens que não sejam móveis infugíveis, regulada por leis especiais, é excepcional, somente se afigurando possível no caso em que o regramento específico apresentar lacunas e a solução ofertada pela 'lei geral' não se contrapuser às especificidades do instituto regulado pela lei especial (ut Art. 1.368-A, introduzido pela Lei n. 10.931/2004). 1.1 Além de o Decreto-Lei n. 911/1969 não tecer qualquer restrição à utilização da ação de busca e apreensão em razão da extensão da mora ou da proporção do inadimplemento, é expresso em exigir a quitação integral do débito como condição imprescindível para que o bem alienado fiduciariamente seja remancipado. Em seus termos, para que o bem possa ser restituído ao devedor, livre de ônus, não basta que ele quite quase toda a dívida; é insuficiente que pague substancialmente o débito; é necessário, para esse efeito, que quite integralmente a dívida pendente.

2. Afigura-se, pois, de todo incongruente inviabilizar a utilização da ação de busca e apreensão na hipótese em que o inadimplemento revela-se incontroverso desimportando sua extensão, se de pouca monta ou se de expressão considerável, quando a lei especial de regência expressamente condiciona a possibilidade de o bem ficar com o devedor fiduciário ao pagamento da integralidade da dívida pendente. Compreensão diversa desborda, a um só tempo, do diploma legal exclusivamente aplicável à questão em análise (Decreto-Lei n. 911/1969), e, por via transversa, da própria orientação firmada pela Segunda Seção, por ocasião do julgamento do citado Resp n. 1.418.593/MS, representativo da controvérsia, segundo a qual a restituição do bem ao devedor fiduciante é condicionada ao pagamento, no prazo de cinco dias contados da execução da liminar de busca e apreensão, da integralidade da dívida pendente, assim compreendida como as parcelas vencidas e não pagas, as parcelas vincendas e os encargos, segundo os valores apresentados pelo credor fiduciário na inicial.

3. Impor-se ao credor a preterição da ação de busca e apreensão (prevista em lei, segundo a garantia fiduciária a ele conferida) por outra via judicial, evidentemente menos eficaz, denota absoluto descompasso com o sistema processual. Inadequado, pois, extinguir ou obstar a medida de busca e apreensão corretamente ajuizada, para que o credor, sem poder se valer de garantia fiduciária dada (a qual, diante do inadimplemento, conferia-lhe, na verdade, a condição de proprietário do bem), intente ação executiva ou de cobrança, para só então adentrar no patrimônio do devedor, por meio de constrição judicial que

poderá, quem sabe (respeitada o ordem legal), recair sobre esse mesmo bem (naturalmente, se o devedor, até lá, não tiver dele se desfeito).

4. A teoria do adimplemento substancial tem por objetivo precípuo impedir que o credor resolva a relação contratual em razão de inadimplemento de ínfima parcela da obrigação. A via judicial para esse fim é a ação de resolução contratual. Diversamente, o credor fiduciário, quando promove ação de busca e apreensão, de modo algum pretende extinguir a relação contratual. Vale-se da ação de busca e apreensão com o propósito imediato de dar cumprimento aos termos do contrato, na medida em que se utiliza da garantia fiduciária ajustada para compelir o devedor fiduciante a dar cumprimento às obrigações faltantes, assumidas contratualmente (e agora, por ele, reputadas ínfimas). A consolidação da propriedade fiduciária nas mãos do credor apresenta-se como consequência da renitência do devedor fiduciante de honrar seu dever contratual, e não como objetivo imediato da ação. E, note-se que, mesmo nesse caso, a extinção do contrato dá-se pelo cumprimento da obrigação, ainda que de modo compulsório, por meio da garantia fiduciária ajustada. 4.1 É questionável, se não inadequado, supor que a boa-fé contratual estaria ao lado de devedor fiduciante que deixa de pagar uma ou até algumas parcelas por ele reputadas ínfimas mas certamente de expressão considerável, na ótica do credor, que já cumpriu integralmente a sua obrigação, e, instado extra e judicialmente para honrar o seu dever contratual, deixa de fazê-lo, a despeito de ter a mais absoluta ciência dos gravosos consectários legais advindos da propriedade fiduciária. A aplicação da teoria do adimplemento substancial, para obstar a utilização da ação de busca e apreensão, nesse contexto, é um incentivo ao inadimplemento das últimas parcelas contratuais, com o nítido propósito de desestimular o credor – numa avaliação de custo-benefício – de satisfazer seu crédito por outras vias judiciais, menos eficazes, o que, a toda evidência, aparta-se da boa-fé contratual propugnada. 4.2. A propriedade fiduciária, concebida pelo legislador justamente para conferir segurança jurídica às concessões de crédito, essencial ao desenvolvimento da economia nacional, resta comprometida pela aplicação deturpada da teoria do adimplemento substancial.

5. Recurso Especial provido".

(REsp 1.622.555/MG, rel. Min. MARCO BUZZI, rel. p/ acórdão Min. MARCO AURÉLIO BELLIZZE, SEGUNDA SEÇÃO, julgado em 22-2-2017, *DJe* 16-3-2017) (grifamos)

A posição sustentada pela Corte Superior, portanto, visa a resguardar, em *ultima ratio*, a própria segurança do crédito garantido por meio da alienação do bem, ainda que em detrimento da tese do adimplemento substancial.

3.4. Noções fundamentais sobre a alienação fiduciária de bens imóveis

A alienação fiduciária de bem imóvel é o negócio jurídico[26] pelo qual o devedor (fiduciante), com o escopo de garantia, contrata a transferência ao credor (fiduciário) da

---

[26] Lei n. 9.514/97:

Art. 24. O contrato que serve de título ao negócio fiduciário conterá:

I – o valor do principal da dívida;

II – o prazo e as condições de reposição do empréstimo ou do crédito do fiduciário;

III – a taxa de juros e os encargos incidentes;

IV – a cláusula de constituição da propriedade fiduciária, com a descrição do imóvel objeto da alienação fiduciária e a indicação do título e modo de aquisição;

propriedade resolúvel de coisa imóvel, conforme se depreende da leitura do art. 22 da Lei n. 9.514, de 20 de novembro de 1997.

Esta modalidade de alienação poderá ser contratada por pessoa física ou jurídica, não sendo privativa das entidades que operam no Sistema de Financiamento Imobiliário (SFI), podendo ter como objeto, além da propriedade plena[27]:

a) bens enfitêuticos, hipótese em que será exigível o pagamento do laudêmio, se houver a consolidação do domínio útil no fiduciário;

b) o direito de uso especial para fins de moradia;

c) o direito real de uso, desde que suscetível de alienação;

d) a propriedade superficiária.

O estimado civilista FLAVIO TARTUCE anota que

> "Não há qualquer óbice para que o imóvel alienado seja dado mais uma vez em garantia, pela mesma modalidade. Nesse sentido, aliás, enunciado aprovado na *V Jornada de Direito Civil*, com a seguinte redação: 'Estando em curso contrato de alienação fiduciária, é possível a constituição concomitante de nova garantia fiduciária sobre o mesmo bem imóvel, que, entretanto, incidirá sobre a respectiva propriedade superveniente que o fiduciante vier a readquirir, quando do implemento da condição a que estiver subordinada a primeira garantia fiduciária; a nova garantia poderá ser registrada desde a data em que convencionada e será eficaz desde a data do registro, produzindo efeito *ex tunc*' (Enunciado n. 506)"[28].

A propriedade fiduciária de coisa imóvel constitui-se mediante **registro** do contrato que lhe serve de título, no respectivo Registro de Imóveis, operando-se, a partir daí, o desdobramento da posse: **o fiduciante torna-se possuidor direto**, e o **fiduciário converte-se em possuidor indireto da coisa imóvel** (art. 23 da Lei n. 9.514/97 e art. 167, I, 35, da Lei de Registros Públicos).

A obrigação precípua do devedor fiduciante é cumprir com a obrigação garantida, cabendo-lhe, correspectivamente, o direito de reaver, uma vez adimplido o débito[29], a propriedade plena do bem.

V – a cláusula assegurando ao fiduciante, enquanto adimplente, a livre utilização, por sua conta e risco, do imóvel objeto da alienação fiduciária;

VI – a indicação, para efeito de venda em público leilão, do valor do imóvel e dos critérios para a respectiva revisão;

VII – a cláusula dispondo sobre os procedimentos de que trata o art. 27.

Parágrafo único. Caso o valor do imóvel convencionado pelas partes nos termos do inciso VI do *caput* deste artigo seja inferior ao utilizado pelo órgão competente como base de cálculo para a apuração do imposto sobre transmissão *inter vivos*, exigível por força da consolidação da propriedade em nome do credor fiduciário, este último será o valor mínimo para efeito de venda do imóvel no primeiro leilão. (Incluído pela Lei n. 13.465, de 2017)

[27] A teor do art. 22, § 2.º, os direitos de garantia instituídos nas hipóteses de "direito real de uso (suscetível de alienação)" e de "propriedade superficiária" ficam limitados à duração da concessão ou direito de superfície, caso tenham sido transferidos por período determinado.

[28] TARTUCE, Flávio. Op. cit. p. 668.

[29] Lei n. 9.514/97:

Art. 25. Com o pagamento da dívida e seus encargos, resolve-se, nos termos deste artigo, a propriedade fiduciária do imóvel.

E o que se dá em caso de **inadimplemento**[30]?

MELHIM CHALHUB, um dos maiores especialistas brasileiros acerca do tema, preleciona:

"Em caso de falta de pagamento de prestações por parte do devedor-fiduciante, o fiduciário, depois de expirado o prazo de carência, intimá-lo-á para purgar a mora, no prazo de quinze dias, por intermédio do Oficial do competente Registro de Imóveis, adotando-se todos os procedimentos para intimação e purgação junto a esse mesmo Registro de Imóveis.

Tem o fiduciante o direito de purgar a mora, sem qualquer limitação, mas, deixando de efetivar o pagamento no prazo da intimação, considera-se de pleno direito frustrada a condição resolutiva, ensejando a que o fiduciário recolha o imposto de transmissão *inter vivos* e, se enfitêutico o imóvel, o laudêmio, e providencie, no competente Registro de Imóveis, a consolidação da propriedade em seu nome, após o que estará autorizado a requerer, judicialmente, contra o fiduciante ou eventuais ocupantes do imóvel, a reintegração de posse.

É obrigação do fiduciário, depois de vender o imóvel em público leilão, entregar ao fiduciante a quantia que exceder o valor da dívida e encargos"[31].

Nota-se, portanto que, fundamentalmente, **em caso de pagamento da obrigação garantida**, resolve-se a propriedade fiduciária em favor do devedor fiduciante, extinguindo-se o gravame; mas, **se o devedor fiduciante é inadimplente**, uma vez não purgada a mora, o credor fiduciário consolidará a propriedade em seu nome, podendo valer-se, inclusive, da ação de reintegração de posse, para a retomada do bem[32].

E um detalhe deve ser salientado.

O credor fiduciário somente responderá por **dívidas condominiais** incidentes sobre o imóvel se consolidar a propriedade para si, tornando-se o possuidor direto do bem, conforme já decidiu o Superior Tribunal de Justiça:

---

§ 1.º No prazo de trinta dias, a contar da data de liquidação da dívida, o fiduciário fornecerá o respectivo termo de quitação ao fiduciante, sob pena de multa em favor deste, equivalente a meio por cento ao mês, ou fração, sobre o valor do contrato.

§ 2.º À vista do termo de quitação de que trata o parágrafo anterior, o oficial do competente Registro de Imóveis efetuará o cancelamento do registro da propriedade fiduciária.

[30] Na Lei n. 9.514/97, confiram-se, em especial, a respeito dos efeitos do inadimplemento do devedor fiduciante, os arts. 26, 26-A e 27.

[31] CHALHUB, Melhim Namem. Op. cit. p. 261.

[32] Lei n. 9.514/97:

Art. 30. É assegurada ao fiduciário, seu cessionário ou sucessores, inclusive o adquirente do imóvel por força do público leilão de que tratam os §§ 1.º e 2.º do art. 27, a reintegração na posse do imóvel, que será concedida liminarmente, para desocupação em sessenta dias, desde que comprovada, na forma do disposto no art. 26, a consolidação da propriedade em seu nome.

Parágrafo único. Nas operações de financiamento imobiliário, inclusive nas operações do Programa Minha Casa, Minha Vida, instituído pela Lei n. 11.977, de 7 de julho de 2009, com recursos advindos da integralização de cotas no Fundo de Arrendamento Residencial (FAR), uma vez averbada a consolidação da propriedade fiduciária, as ações judiciais que tenham por objeto controvérsias sobre as estipulações contratuais ou os requisitos procedimentais de cobrança e leilão, excetuada a exigência de notificação do devedor fiduciante, serão resolvidas em perdas e danos e não obstarão a reintegração de posse de que trata este artigo. (Incluído pela Lei n. 13.465, de 2017)

"RECURSO ESPECIAL. AÇÃO DE COBRANÇA. CONDOMÍNIO. ALIENAÇÃO FIDUCIÁRIA. IMÓVEL. PAGAMENTO. RESPONSABILIDADE. DESPESAS CONDOMINIAIS. DEVEDOR FIDUCIANTE. POSSE DIRETA. ART. 27, § 8.º, DA LEI N. 9.514/1997.

1. Recurso especial interposto contra acórdão publicado na vigência do Código de Processo Civil de 2015 (Enunciados Administrativos ns. 2 e 3/STJ).

2. Cinge-se a controvérsia a definir se o credor fiduciário, no contrato de alienação fiduciária em garantia de bem imóvel, tem responsabilidade pelo pagamento das despesas condominiais juntamente com o devedor fiduciante.

3. Nos contratos de alienação fiduciária em garantia de bem imóvel, a responsabilidade pelo pagamento das despesas condominiais recai sobre o devedor fiduciante enquanto estiver na posse direta do imóvel.

4. O credor fiduciário somente responde pelas dívidas condominiais incidentes sobre o imóvel se consolidar a propriedade para si, tornando-se o possuidor direto do bem.

5. Com a utilização da garantia, o credor fiduciário receberá o imóvel no estado em que se encontra, até mesmo com os débitos condominiais anteriores, pois são obrigações de caráter *propter rem* (por causa da coisa).

6. Na hipótese, o credor fiduciário não pode responder pelo pagamento das despesas condominiais por não ter a posse direta do imóvel, devendo, em relação a ele, ser julgado improcedente o pedido.

7. Recurso especial provido".

(RECURSO ESPECIAL n. 1.696.038-SP (2017/0138567-2), julgado em 28-8-2018) (grifamos)

Por fim, uma interessante questão convida-nos à reflexão.

O devedor fiduciante, como vimos, aliena, em caráter resolúvel, a propriedade de um imóvel, em favor do credor fiduciário, visando à garantia de uma obrigação contraída.

Perguntamos, pois: **terá direito à proteção legal do bem de família (Lei n. 8.009 de 1990)? Ou seja, poderá invocar a impenhorabilidade deste bem em face de uma eventual execução contra si proposta?**

A resposta nos parece clara.

Por certo, em face de terceiros, a impenhorabilidade legal é passível de ser invocada, não se justificando, todavia, que o devedor pretenda, **em caso de inadimplemento da própria dívida garantida pela alienação fiduciária**, opor a mesma defesa em face do credor, titular da propriedade fiduciária.

Com a palavra, o Superior Tribunal de Justiça:

"RECURSO ESPECIAL. DIREITO PROCESSUAL CIVIL. BEM IMÓVEL. ALIENAÇÃO FIDUCIÁRIA EM GARANTIA. DIREITOS DO DEVEDOR FIDUCIANTE. PENHORA. IMPOSSIBILIDADE. BEM DE FAMÍLIA LEGAL. LEI N. 8.009/1990.

1. Recurso especial interposto contra acórdão publicado na vigência do Código de Processo Civil de 2015 (Enunciados Administrativos ns. 2 e 3/STJ).

2. Cinge-se a controvérsia a definir se os direitos (posse) do devedor fiduciante sobre o imóvel objeto do contrato de alienação fiduciária em garantia podem receber a proteção da impenhorabilidade do bem de família legal (Lei n. 8.009/1990) em execução de título extrajudicial (cheques).

3. Não se admite a penhora do bem alienado fiduciariamente em execução promovida por terceiros contra o devedor fiduciante, haja vista que o patrimônio pertence ao credor

fiduciário, permitindo-se, contudo, a constrição dos direitos decorrentes do contrato de alienação fiduciária. Precedentes.

4. A regra da impenhorabilidade do bem de família legal também abrange o imóvel em fase de aquisição, como aqueles decorrentes da celebração do compromisso de compra e venda ou do financiamento de imóvel para fins de moradia, sob pena de impedir que o devedor (executado) adquira o bem necessário à habitação da entidade familiar.

5. Na hipótese, tratando-se de contrato de alienação fiduciária em garantia, no qual, havendo a quitação integral da dívida, o devedor fiduciante consolidará a propriedade para si, deve prevalecer a regra de impenhorabilidade.

6. Recurso especial provido".

(RECURSO ESPECIAL n. 1.677.079-SP (2017/0026538-5), julgado em 25-9-2018) (grifamos)

Sem dúvida, é a melhor diretriz.

Capítulo IX
Uma Visão Geral sobre as Formas de Aquisição de Propriedade

Sumário: 1. Considerações iniciais. 2. Classificação das formas de aquisição de propriedade em originária e derivada. 3. Modo de aquisição comum da propriedade mobiliária e imobiliária. 4. Modos de aquisição exclusivos da propriedade imobiliária. 5. Modos de aquisição exclusivos da propriedade mobiliária. 6. Propriedade aparente.

1. CONSIDERAÇÕES INICIAIS

Compreendidas as principais noções sobre a propriedade, parece-nos relevante apresentar um panorama das principais formas de sua aquisição.

Essa visão horizontal é importante para compreender que há modalidades que servem tanto para bens móveis quanto para bens imóveis, bem como que há meios exclusivos para cada um dos tipos de coisas que podem ser objeto da propriedade.

Uma advertência prévia, porém, se faz necessária.

Não se deve confundir a aquisição da propriedade com o seu título legitimador.

De fato, não é, por exemplo, a celebração de um contrato de compra e venda que permite, *de per si*, a aquisição da propriedade. Tal negócio jurídico, quando preenchidas as formalidades legais, traduz apenas o "justo título" para a sua aquisição, que somente se dará com o registro, para os bens imóveis, ou a tradição, no caso dos bens móveis.

Trata-se de uma confusão conceitual muito comum para o leigo, mas que não deve se abater sobre o profissional do Direito.

Antes, porém, de traçarmos uma visão panorâmica das formas de aquisição de propriedade, parece-nos relevante fazer a distinção entre as modalidades originária e derivada.

2. CLASSIFICAÇÃO DAS FORMAS DE AQUISIÇÃO DE PROPRIEDADE EM ORIGINÁRIA E DERIVADA

Outro aspecto importante diz respeito à **aquisição originária** ou **derivada** da propriedade.

Na originária, tem-se uma forma de aquisição decorrente de um **fato jurídico *stricto sensu***, como, por exemplo, o decurso do tempo ou fenômenos da natureza.

Trata-se de uma modalidade de aquisição que não comporta ônus ou gravame.

Entre elas, elencam-se a **usucapião**[1], a **aluvião** e a **avulsão**, por exemplo.

---

[1] Ainda que, como veremos no próximo capítulo, a celebração de um negócio jurídico (ou seja, a existência de um "*justo título*") possa afetar o prazo para a usucapião, não há dúvida de que é o

Já a aquisição derivada decorre de um **negócio jurídico**.

Ou seja, é fruto do exercício da autonomia da vontade das partes envolvidas, em que se estabelece a transferência da propriedade, podendo a legislação exigir o cumprimento de determinadas formalidades.

É o caso do **registro** da compra e venda, que permite a transferência da propriedade imóvel, ou mesmo a **tradição** para a aquisição da propriedade móvel.

3. MODO DE AQUISIÇÃO COMUM DA PROPRIEDADE MOBILIÁRIA E IMOBILIÁRIA

Um dos principais meios de aquisição de propriedade é a **usucapião**.

Sua relevância é tamanha, que serve tanto para bens móveis, quanto imóveis.

Se é certo que será objeto de um dos maiores e mais abrangentes capítulos desta obra, ao qual já remetemos o nosso leitor[2], o fato é que, dada a sua importância, parece-nos fundamental tecer algumas palavras sobre o instituto, ainda que o aprofundemos *a posteriori*.

A usucapião é um dos melhores exemplos dos efeitos jurídicos do decurso do tempo para o Direito.

Com efeito, decorrido determinado lapso temporal de posse contínua de certa coisa, a sua eventual conjunção com outros fatores (justo título, boa-fé, coisa usucapível, entre outros) fará surgir, de maneira originária, o direito de propriedade, independentemente de quem sejam seus antigos titulares.

Trata-se de uma das mais disseminadas formas de aquisição de bens, tanto imóveis, quanto móveis.

Mas há outras formas de aquisição de propriedade que são aplicáveis exclusivamente para bens imóveis, e outras para bens móveis.

4. MODOS DE AQUISIÇÃO EXCLUSIVOS DA PROPRIEDADE IMOBILIÁRIA

O modo mais tradicional de aquisição derivada da propriedade imobiliária é o **registro**.

Com o devido registro imobiliário é que se adquire formalmente a propriedade no Brasil.

O tema é de tal importância que também reservamos um capítulo específico para uma abrangente compreensão da matéria[3], mas, neste momento introdutório, é importante enfatizar que os bens imóveis, por essência, é que demandam o registro, motivo pelo qual remetemos o leitor à importante distinção entre bens móveis e imóveis[4].

---

elemento temporal (o decurso do tempo como fato jurídico *stricto sensu*) que prevalece para esta modalidade de aquisição de propriedade.

[2] Confira-se o próximo Capítulo desta obra, a saber, o Capítulo X ("Usucapião").
[3] Confira-se o Capítulo XI ("Registro imobiliário").
[4] Confira-se o Capítulo VIII ("Bens jurídicos") do volume 1 ("Parte geral") desta coleção.

Da mesma forma, a **acessão**, entendida como um aumento natural ou artificial do volume ou extensão do objeto da propriedade (por qualquer umas das formas conhecidas: formação de ilhas; aluvião; avulsão; o abandono de álveo, plantações ou construções de obras), é, segundo o Código Civil, uma modalidade exclusiva de aquisição de propriedade imóvel.

Também pelas suas peculiaridades e abrangência, destinaremos um capítulo específico para a compreensão de todas as especificidades desta modalidade de aquisição de propriedade imobiliária[5].

5. MODOS DE AQUISIÇÃO EXCLUSIVOS DA PROPRIEDADE MOBILIÁRIA

A usucapião não é a única forma de aquisição de propriedade de bem móvel.

Há várias modalidades específicas e exclusivas, que serão explicadas com vagar em momento próprio[6].

A mais comum delas é a **tradição**, que consiste no ato ou efeito de transmitir ou entregar um determinado bem.

Isso, naturalmente, somente pode se dar com bens móveis, porquanto, no caso dos imóveis, o ato de entrega é carregado de simbologia, como se dá na "entrega das chaves de um apartamento".

Mas há outras formas!

Ocupação, **especificação**, **confusão**, **comistão** e **adjunção** são modalidades exclusivas de aquisição de propriedade mobiliária que explicaremos, com vagar, no momento próprio.

Ainda que alguns desses nomes soem pouco comuns, é importante mostrar, neste momento de sistematização da matéria, a existência dessa pluralidade de meios exclusivos para aquisição da propriedade mobiliária.

6. PROPRIEDADE APARENTE

Por que falar em propriedade aparente em um capítulo que tem por objetivo apenas traçar um panorama sobre as principais formas de aquisição de propriedade?

A resposta é simples.

Se estamos apresentando um panorama dos meios pelos quais a propriedade, efetivamente, é transmitida, merecem atenção certas circunstâncias que, posto não resultem de uma aquisição legítima, desembocam em uma aparência de propriedade, geradora de efeitos jurídicos.

Vale dizer, uma circunstância de fato, aliada à aplicação do princípio da boa-fé, poderá fazer surgir a convicção de que existe uma propriedade plena, quando, de fato, o que há é apenas uma tutela da confiança.

Com efeito, a **propriedade aparente** resulta de uma situação de fato em que uma pessoa age, em relação a um bem, como se sua proprietária fosse, gerando, a partir daí, efeitos jurídicos.

---

[5] Confira-se o Capítulo XII ("Acessão").

[6] Confira-se o Capítulo XIII ("Aquisição de propriedade mobiliária").

É fruto da projeção do princípio da boa-fé objetiva na relação jurídica real.

Sobre o tema, discorre NELSON ROSENVALD:

"Todavia, uma situação de fato que manifesta como verdadeira uma situação jurídica inexistente pode gerar efeitos jurídicos em favor de quem confiou no estado de aparência. Essa situação é fruto da conduta de alguém que, mediante erro escusável e incidindo em boa-fé, tomou o fenômeno real como reflexo de uma situação jurídica. Para não haver prejuízo a quem praticou um negócio jurídico de boa-fé, a aparência prevalecerá sobre a realidade. A teoria da aparência aplica-se ao direito de propriedade. Razões sociais e econômicas justificam o reconhecimento da eficácia de atos praticados por pessoa que se apresente como proprietária de um bem sem que o seja de verdade, por aparentar a titularidade do direito subjetivo. Tem em vista a proteção de interesses de terceiros que travaram relações jurídicas com o proprietário aparente. Em algumas situações, no conflito entre o titular aparente e o titular real, sacrifica-se o segundo.

Na propriedade aparente a titularidade é aparente, visto ser proveniente de uma aquisição *a non domino*. Na vasta categoria de aquisições *a non domino* temos modelos jurídicos que exprimem a impossibilidade jurídica da aquisição do direito, quando ele deriva de quem não é o seu titular. Daí a regra do art. 1.268, § 2.º, do Código Civil, '[...] não transfere a propriedade a tradição quando tiver por título um negócio jurídico nulo'. Aplica-se aqui, com toda a intensidade, o princípio *nemo plus iuris*, significando que ninguém pode transferir mais direitos do que possa dispor. Em sentido técnico, a aquisição *a non domino* é aquela feita pelo terceiro adquirente de boa-fé ao titular aparente da propriedade. O adquirente se investe na titularidade do direito real, concedendo-se publicidade e oponibilidade *erga omnes* com o ato do registro. Enquanto não for desconstituída, a situação de aparência produz eficácia como modo aquisitivo, pois a propriedade é imediatamente transferida"[7].

Situação que bem ilustra a hipótese encontra-se no art. 879 do Código Civil, que trata do pagamento indevido:

"Art. 879. Se aquele que indevidamente recebeu um imóvel o tiver alienado em boa-fé, por título oneroso, responde somente pela quantia recebida; mas, se agiu de má-fé, além do valor do imóvel, responde por perdas e danos.

Parágrafo único. Se o imóvel foi alienado por título gratuito, ou se, alienado por título oneroso, o terceiro adquirente agiu de má-fé, cabe ao que pagou por erro o direito de reivindicação".

De acordo com esse dispositivo, especialmente o seu parágrafo único, o adquirente, estando de boa-fé, poderá ter resguardado o seu direito ao imóvel, consolidando, assim, a sua propriedade aparente.

Nessa linha, o citado jurista e dileto amigo NELSON ROSENVALD:

"No pagamento indevido (art. 879, CC), determinada pessoa recebe prestação a que não tem direito. Aquele que efetuou o pagamento é o *solvens*. Em contrapartida, quem recebeu o pagamento será o *accipiens*. Caso o pagamento tenha sido a entrega de bem imóvel e o *accipiens* aliene a coisa onerosamente a terceiro de boa-fé, não será o terceiro adquirente posteriormente sancionado com a perda do bem em face do que pagou por erro, pois a aparência

---

[7] ROSENVALD, Nelson. A propriedade aparente no Código Civil de 2002. *Revista jurídica do Ministério Público*, v. 6. Disponível em: <https://aplicacao.mpmg.mp.br/xmlui/bitstream/handle/123456789/294/propriedade%20aparente_Rosenvald.pdf?sequence=1>. Acesso em: 14 abr. 2018.

do direito adquirido será tutelada pelo sistema. O *solvens* terá de se contentar em obter a devolução da quantia recebida, eventualmente acrescida de perdas e danos, exceto se restar provado que o *accipiens* recebeu o pagamento indevido de má-fé (parágrafo único, art. 879, do CC). Vê-se que o *accipiens* alienou coisa que não lhe pertencia. Assim, se fosse obedecida a regra geral da sequela, o *solvens* poderia reivindicar a coisa do terceiro adquirente. Porém, o legislador quis proteger a estabilidade das relações jurídicas e atendeu ao princípio da aparência, pois o terceiro adquirente em nada colaborou para o erro do *solvens*, não tendo ocorrido, igualmente, má-fé do *accipiens* (VENOSA, 2003, p. 232)"[8]. (grifamos)

Outra hipótese de propriedade aparente pode ser encontrada na disciplina jurídica dos efeitos da sentença de exclusão da herança, mais especificamente no art. 1.817, CC/2002, ao admitir serem "válidas as alienações onerosas de bens hereditários a terceiros de boa-fé, e os atos de administração legalmente praticados pelo herdeiro, antes da sentença de exclusão". Observe-se que, ao assim dispor, aceitou-se a propriedade aparente do herdeiro excluído, em prestígio da boa-fé de terceiros[9].

Em arremate, observe-se a pertinente observação de NELSON ROSENVALD e CRISTIANO CHAVES DE FARIAS:

"Enfim, a aparência jurídica é tutelada pelo princípio da confiança, que no Código Civil é, por excelência, a forma de interpretação dos negócios jurídicos. A diretriz da eticidade se revela, dentre outras maneiras, pela proteção da boa-fé daquele que extraiu um certo significado de uma declaração, que seria o comum dentro do tráfego jurídico. Para que se possa atender a um ideal de segurança dinâmica nas relações negociais, há a necessidade de se preservar os comportamentos honestos e leais dos que se conduzem com diligência e se investem na titularidade formal de bens".

FABIO KONDER COMPARATO ensina que

"(...) a propriedade privada foi concebida, desde a fundação do constitucionalismo moderno, como um direito humano, cuja função consiste em garantir a subsistência e a liberdade individual contra as intrusões do poder público. Sob esse aspecto, reconheceu-se que ao lado do direito de propriedade havia também um direito à propriedade. Destarte, é de se perceber que a tutela da aparência jurídica na propriedade não pode ficar no plano do ilusório, cabendo ao ordenamento aperfeiçoar os meios de prevalência do direito à propriedade, mesmo que isto implique relativização do direito de propriedade"[10].

E, profeticamente, conclui nosso amigo FLÁVIO TARTUCE:

"Em conclusão, o tema da propriedade aparente deve ser estudado e aprofundado pela civilística nacional, eis que o Código traz o primaz da boa-fé. Como a boa-fé pode fazer milagres no campo prático, a valorização da propriedade aparente deve trazer uma mudança substancial do pensamento, com menos apego ao formalismo, buscando-se um Direito Civil mais concreto e efetivo, o que representa expressão do princípio da operabilidade, outro baluarte da codificação de 2002 segundo Miguel Reale"[11].

---

[8] ROSENVALD, Nelson. Op. cit.

[9] Na mesma linha, o parágrafo único do art. 1.827, CC/2002, considera "eficazes as alienações feitas, a título oneroso, pelo herdeiro aparente a terceiro de boa-fé".

[10] FARIAS, Cristiano Chaves de; ROSENVALD, Nelson. *Curso de Direito Civil*: Direitos Reais. 10. ed. Salvador: Editora JusPodivm, 2014. v. 5, p. 467.

[11] TARTUCE, Flávio. *Direito Civil*: Direito das Coisas. 9. ed. Rio de Janeiro: Forense, 2017. v. 4. p. 167.

Cumprida a promessa de fazer uma visão panorâmica das formas de aquisição de propriedade, vejamos cada uma delas minudentemente, começando pela modalidade comum à propriedade imobiliária e mobiliária: a usucapião.

É o tema do próximo capítulo.

Capítulo X
Usucapião

Sumário: 1. Introdução. 2. Conceito e pressupostos. 3. Principais espécies de usucapião. 3.1. Usucapião extraordinária (art. 1.238, CC). 3.2. Usucapião ordinária (art. 1.242, CC). 3.3. Usucapião constitucional (ou especial) rural ou *pro labore* (art. 191, CF; art. 1.239, CC). 3.4. Usucapião constitucional (ou especial) urbana ou *pro misero* (art. 183, CF; art. 1.240, CC; art. 9.º do Estatuto da Cidade). 3.5. Usucapião especial urbana coletiva (art. 10 do Estatuto da Cidade). 3.6. Usucapião rural coletiva (art. 1.228, §§ 4.º e 5.º, do Código Civil). 3.7. Usucapião familiar (art. 1.240-A do Código Civil). 3.8. Usucapião indígena. 3.9. Usucapião administrativa (art. 1.071 do Código de Processo Civil). 3.10. Algumas palavras sobre a usucapião da propriedade superficiária. 3.11. Usucapião e pandemia.

1. INTRODUÇÃO

A análise do fenômeno da prescrição aquisitiva ou da usucapião tem, como ponto de partida, a noção do tempo.

Sobre o tempo, PABLO STOLZE GAGLIANO já teve a oportunidade de escrever:

"O que de fato faz a sua vida ter sentido? A posição social que você alcança? O cargo cobiçado que você tanto almeja? O dinheiro que você acumula?

Sem menoscabar a importância dessas metas materiais de vida, o fato é que, um dia, você compreenderá a verdade cósmica dita pelo profeta RAUL SEIXAS, na música 'Ouro de Tolo':

'Eu que não me sento

No trono de um apartamento

Com a boca escancarada

Cheia de dentes

Esperando a morte chegar...

Porque longe das cercas

Embandeiradas,

Que separam quintais,

No cume calmo

Do meu olho que vê

Assenta a sombra sonora

De um disco voador...'

Esta 'sombra sonora de um disco voador' traduz, na linguagem da crença religiosa, física, poética ou matemática de cada um, este 'algo inexplicável' que une pessoas e vidas, moldam sonhos e firmam projetos, espancando, de uma vez por todas, a falsa ideia de que a vida é um mero conjunto de coincidências.

E, por isso, o nosso tempo tem um profundo significado e um imenso valor, que não podem passar indiferentes ao jurista do século XXI.

Certamente, ao longo de todo o bacharelado, você conheceu diversas figuras jurídicas: o contrato, a família, a propriedade, a posse, a empresa.

E o tempo?

Você saberia dizer qual a sua natureza jurídica?

Para bem respondermos a esta pergunta, é preciso considerar o tempo em uma dupla perspectiva:

a) Dinâmica;

b) Estática.

Na perspectiva mais difundida, 'dinâmica' (ou seja, em movimento), o tempo é um 'fato jurídico em sentido estrito ordinário', ou seja, um acontecimento natural, apto a deflagrar efeitos na órbita do Direito, como já tivemos, inclusive, a oportunidade de escrever:

'Considera-se fato jurídico em sentido estrito todo acontecimento natural, determinante de efeitos na órbita jurídica.

Mas nem todos os acontecimentos alheios à atuação humana merecem este qualificativo.

Uma chuva em alto mar, por exemplo, é fato da natureza estranho para o Direito.

Todavia, se a precipitação ocorre em zona urbana, causando graves prejuízos a uma determinada construção, objeto de um contrato de seguro, deixa de ser um simples fato natural, e passa a ser um fato jurídico, qualificado pelo Direito.

Isso porque determinará a ocorrência de importantes efeitos obrigacionais entre o proprietário e a companhia seguradora, que passou a ser devedora da indenização estipulada simplesmente pelo advento de um fato da natureza.

(...)

Os fatos jurídicos ordinários são fatos da natureza de ocorrência comum, costumeira, cotidiana: o nascimento, a morte, o decurso do tempo'.

Em perspectiva 'estática', o tempo é um valor, um relevante bem, passível de proteção jurídica"[1].

Neste estudo, interessa-nos o tempo em dimensão dinâmica, em movimento, gerador de um específico efeito jurídico: **a aquisição do direito de propriedade, mediante o exercício da posse com o ânimo de ser dono.**

2. CONCEITO E PRESSUPOSTOS

A usucapião[2] é modo originário de aquisição da propriedade, mediante o exercício da posse pacífica e contínua, durante certo período de tempo previsto em lei.

---

[1] GAGLIANO, Pablo Stolze. Responsabilidade civil pela perda do tempo. *Revista Jus Navigandi*, Teresina, ano 18, n. 3.540, 11 mar. 2013. ISSN 1518-4862. Disponível em: <https://jus.com.br/artigos/23925>. Acesso em: 16 abr. 2017.

[2] Embora exista divergência quanto ao gênero da palavra "usucapião" (cf. CALDAS AULETE. *Dicionário Contemporâneo da Língua Portuguesa*. Rio de Janeiro: Delta, 1958. v. 5. p. 5.192), optamos, nesta obra, por utilizar a expressão no feminino, na linha da redação legal. A título de curiosidade, a redação antiga do termo era "usocapião", no gênero masculino, conforme se lê no Código de 1916.

Trata-se de uma forma de prescrição aquisitiva, razão por que "estende-se ao possuidor o disposto quanto ao devedor acerca das causas que obstam, suspendem ou interrompem a prescrição[3]" (art. 1.244).

Os fundamentos da usucapião são a necessidade de segurança jurídica e a função social.

Preleciona SILVIO RODRIGUES:

"O legislador, ainda aqui, se inspira na mesma ideia que o guiou em matéria de prescrição extintiva, ou seja, o interesse de atribuir juridicidade a situações de fato que amadureceram no tempo. Com efeito, através do usucapião, o legislador permite que determinada situação de fato, que, sem ser molestada, se alongou por um intervalo de tempo determinado na lei, se transforme em uma situação de direito.

(...)

O usucapião se fundamenta, como vimos, no propósito de consolidação da propriedade, pois, através dele, se empresta base jurídica a meras situações de fato. Assim, de um lado, estimula o legislador a paz social, e, de outro, diminui para o proprietário o ônus da prova do seu domínio"[4].

Para que se configure, é necessária a conjugação de três pressupostos:

a) posse[5];
b) tempo;
c) *animus domini*.

A posse fala por si: é a pedra fundamental da usucapião.

É assentada, em nosso Direito, a ideia de que a posse deve ser pacífica (não contestada) e contínua.

O raciocínio é simples: se a outra parte contesta a posse do prescribente, coloca em dúvida a prevalência do direito deste último.

Um breve passar de olhos em nossa jurisprudência confirma essa afirmação[6].

Todavia, a Ciência Jurídica não é exata.

O infinito e multifário mosaico da realidade da vida pode impor ao julgador, na realização da Justiça, a busca de uma solução diversa.

Nessa linha, há entendimento no Superior Tribunal de Justiça no sentido de que, para efeito da usucapião, o tempo de posse exercida no curso da demanda – ou seja, já havendo, até mesmo, **resistência ou contestação** ao pleito deduzido – pode ser considerado:

Nesse sentido, confira-se a seção IV ("Do Usocapião"), que abrangia os arts. 550 a 553, do Capítulo II ("Da Propriedade Móvel") e a seção IV ("Do Usocapião"), que abrangia os arts. 618 e 619, do Capítulo III ("Da Aquisição e Perda da Propriedade Móvel") do texto original do Código Civil de 1916 ("**Lei n. 3.071, de 1.º de janeiro de 1916**"), motivo pelo qual será comum ver, em textos mais antigos, anteriores à vigente codificação, a flexão de usucapião no gênero masculino.

[3] Sobre a "prescrição extintiva", confira-se o Capítulo XVIII ("Prescrição e decadência") do volume 1 ("Parte geral") desta coleção.

[4] RODRIGUES, Silvio. *Direito Civil*: Direito das Coisas. 22. ed. São Paulo: Saraiva, 1995. v. 5. p. 103.

[5] Vale lembrar, a teor do art. 1.203, que, salvo prova em contrário, entende-se manter a posse o mesmo caráter com que foi adquirida.

[6] STJ: AgInt no AREsp 605.410/MG, AgInt no AREsp 1.046.478/GO, AgInt no AREsp 216.545/RJ, AgInt no AREsp 1.153.268/CE, REsp 1.349.757/MG, AgInt no AREsp 848.303/MT, dentre outros julgados.

"RECURSO ESPECIAL. DIREITO CIVIL E PROCESSUAL CIVIL. USUCAPIÃO EXTRAORDINÁRIA. PRESCRIÇÃO AQUISITIVA. PRAZO. IMPLEMENTAÇÃO. CURSO DA DEMANDA. POSSIBILIDADE. FATO SUPERVENIENTE. ART. 462 DO CPC/1973. CONTESTAÇÃO. INTERRUPÇÃO DA POSSE. INEXISTÊNCIA. ASSISTENTE SIMPLES. ART. 50 DO CPC/1973.

1. Recurso especial interposto contra acórdão publicado na vigência do Código de Processo Civil de 1973 (Enunciados Administrativos ns. 2 e 3/STJ).

2. Cinge-se a controvérsia a definir se é possível o reconhecimento da usucapião de bem imóvel na hipótese em que o requisito temporal (prazo para usucapir) previsto em lei é implementado no curso da demanda.

3. A decisão deve refletir o estado de fato e de direito no momento de julgar a demanda, desde que guarde pertinência com a causa de pedir e com o pedido. Precedentes.

4. O prazo, na ação de usucapião, pode ser completado no curso do processo, em conformidade com o disposto no art. 462 do CPC/1973 (correspondente ao art. 493 do CPC/2015).

5. A contestação não tem a capacidade de exprimir a resistência do demandado à posse exercida pelo autor, mas apenas a sua discordância com a aquisição do imóvel pela usucapião.

6. A interrupção do prazo da prescrição aquisitiva somente poderia ocorrer na hipótese em que o proprietário do imóvel usucapiendo conseguisse reaver a posse para si. Precedentes.

7. Na hipótese, havendo o transcurso do lapso vintenário na data da prolação da sentença e sendo reconhecido pelo tribunal de origem que estão presentes todos os demais requisitos da usucapião, deve ser julgado procedente o pedido autoral.

8. O assistente simples recebe o processo no estado em que se encontra, não podendo requerer a produção de provas e a reabertura da fase instrutória nesta via recursal (art. 50 do CPC/1973).

Precedente.

9. Recurso especial provido".

(REsp 1.361.226/MG, rel. Min. RICARDO VILLAS BÔAS CUEVA, TERCEIRA TURMA, julgado em 5-6-2018, *DJe* 9-8-2018)

Trata-se, em nossa visão, de um respeitável pronunciamento, mas que deve ser compreendido no contexto da peculiaridade do caso sob julgamento.

Analogamente, apenas a título de ilustração, lembremo-nos de que, segundo entendimento firme em nosso sistema, a fraude contra credores[7] pressupõe que o crédito atingido seja **anterior**[8] ao ato fraudulento praticado pelo devedor insolvente.

---

[7] Arts. 158 a 165, do Código Civil.

[8] PROCESSO CIVIL E CIVIL. RECURSO ESPECIAL. FRAUDE CONTRA CREDORES. ANTERIORIDADE DO CRÉDITO. ART. 106, PARÁGRAFO ÚNICO, CC/16 (ART. 158, § 2.º, CC/02). PROMESSA DE COMPRA E VENDA NÃO REGISTRADA.

1. Da literalidade do art. 106, parágrafo único, do CC/16, extrai-se que a afirmação da ocorrência de fraude contra credores depende, para além da prova de *consilium fraudis* e de *eventus damni*, da anterioridade do crédito em relação ao ato impugnado.

Todavia, diante das peculiaridades do caso concreto, o Superior Tribunal já decidiu na direção do reconhecimento da fraude, mesmo diante de um crédito **posterior** ao ato impugnado:

"PROCESSO CIVIL E CIVIL. RECURSO ESPECIAL. FRAUDE PREORDENADA PARA PREJUDICAR FUTUROS CREDORES. ANTERIORIDADE DO CRÉDITO. ART. 106, PARÁGRAFO ÚNICO, CC/16 (ART. 158, § 2.º, CC/02). TEMPERAMENTO.

1. Da literalidade do art. 106, parágrafo único, do CC/16 extrai-se que a afirmação da ocorrência de fraude contra credores depende, para além da prova de *consilium fraudis* e de *eventus damni*, da anterioridade do crédito em relação ao ato impugnado.

2. Contudo, a interpretação literal do referido dispositivo de lei não se mostra suficiente à frustração da fraude à execução. Não há como negar que a dinâmica da sociedade hodierna, em constante transformação, repercute diretamente no Direito e, por consequência, na vida de todos nós. O intelecto ardiloso, buscando adequar-se a uma sociedade em ebulição, também intenta – criativo como é – inovar nas práticas ilegais e manobras utilizados com o intuito de escusar-se do pagamento ao credor. Um desses expedientes é o desfazimento antecipado de bens, já antevendo, num futuro próximo, o surgimento de dívidas, com vistas a afastar o requisito da anterioridade do crédito, como condição da ação pauliana.

3. <u>Nesse contexto, deve-se aplicar com temperamento a regra do art. 106, parágrafo único, do CC/16. Embora a anterioridade do crédito seja, via de regra, pressuposto de procedência da ação pauliana, ela pode ser excepcionada quando for verificada a fraude predeterminada em detrimento de credores futuros.</u>

4. Dessa forma, tendo restado caracterizado nas instâncias ordinárias o conluio fraudatório e o prejuízo com a prática do ato – ao contrário do que querem fazer crer os recorrentes – e mais, tendo sido comprovado que os atos fraudulentos foram predeterminados para lesarem futuros credores, tenho que se deve reconhecer a fraude contra credores e declarar a ineficácia dos negócios jurídicos (transferências de bens imóveis para as empresas Vespa e Avejota).

5. Recurso especial não provido".

(REsp 1.092.134/SP, rel. Min. NANCY ANDRIGHI, TERCEIRA TURMA, julgado em 5-8-2010, *DJe* 18-11-2010) (grifamos)

Com efeito, temos que determinadas regras gerais ou ideias tradicionalmente assentadas não podem se converter em referenciais imutáveis, sob pena de se coroarem injustiças indesejáveis.

O tempo, por sua vez, é necessário para que a posse se converta em propriedade, consolidando o direito daquele que realiza a função social.

E, a depender da espécie de usucapião, o lapso temporal varia.

---

2. É com o registro da promessa de compra e venda no Cartório de Registro de Imóveis que o direito do promissário comprador alcança terceiros estranhos à relação contratual originária.

3. A promessa de compra e venda não registrada e desacompanhada de qualquer outro elemento que possa evidenciar a alienação do imóvel, não afasta a anterioridade do crédito.

4. Recurso especial não provido.

(STJ, REsp 1.217.593/RS, rel. Min. NANCY ANDRIGHI, TERCEIRA TURMA, julgado em 12-3-2013, *DJe* 18-3-2013) (grifamos)

O *animus domini*, por sua vez, é a intenção de ter a coisa como senhor, como proprietário, ou, como ensina PEDRO NUNES, em clássica obra:

"É a intenção de dono, o ânimo de senhor, a crença de ter como sua a coisa possuída, de ser titular do direito sobre ela. É um dos requisitos do usucapião.

A posse do prescribente deve ser exercida, desde o começo, com o *animus domini*, porque a posse precária ou por qualquer outro título, não leva à prescrição aquisitiva, se não implicar esse requisito. O prazo desta se conta desde a data do início da posse revestida da dita intenção, que se traduz pelo exercício efetivo de atos de domínio"[9].

No STJ, confira-se o seguinte julgado:

"Agravo interno. Agravo em recurso especial. Direito Processual Civil. Cerceamento de defesa. Realização de prova pericial e demais provas suficientes. Direito Civil. Usucapião. *Animus domini*. Posse mansa e pacífica. Requisitos verificados.

1. O ordenamento jurídico permite a aquisição de propriedade por meio do instituto denominado de usucapião, previsto nos artigos 1238 e seguintes, do Código Civil, sendo requisitos para tanto a comprovação do transcurso de determinado lapso temporal, o *animus domini* e a posse mansa e pacífica.

2. Para configuração do *animus domini*, exige-se que o autor detenha efetivamente a posse do bem e não a detenção, devendo ser verificada a condição subjetiva e abstrata que demonstra a intenção de ter a coisa como sua, como no caso".

3. Agravo interno a que se nega provimento" (AgInt no AREsp 2.306.673/SP, rel. Min. MARIA ISABEL GALLOTTI, QUARTA TURMA, julgado em 2-9-2024, *DJe* 4-9-2024).

É possível haver "soma de posses" para efeito de reconhecimento da usucapião.

É a denominada ***accessio possessionis*** (ver art. 1.243, CC[10]).

Sobre o tema, confira-se:

"AÇÃO DE USUCAPIÃO. PERÍODO AQUISITIVO. SOMA DE POSSES. REQUISITOS. AUSÊNCIA DE COMPROVAÇÃO QUANTO À POSSE ANTERIOR. Havendo soma de posses, é dever do prescribente demonstrar que a posse anterior a ser somada possuía os mesmos requisitos que a lei exige e que eles diz ter, quais sejam, posse mansa, pacífica e com ânimo de dono. Preliminar rejeitada, apelação provida" (Apelação Cível n. 70040237299, Décima Nona Câmara Cível, Tribunal de Justiça do RS, rel.: Guinther Spode, Julgado em 14-6-2011).

Não se confunda, todavia, a soma de posses (*accessio possessionis*) com a sucessão da posse (***successio possessionis***).

Sobre a distinção, escreve BENEDITO SILVÉRIO RIBEIRO, em conhecida obra:

"A soma, adição (*adictio*), ou a denominada junção de posses significa que ao possuidor é permitido, para perfazer-se o tempo necessário à usucapião, juntar à sua posse o tempo de posse do seu antecessor.

Se a coisa, para completar o tempo necessário à prescrição aquisitiva, tiver sido possuída por duas ou mais pessoas, bem como se o atual possuidor quiser valer-se do tempo de

---

[9] NUNES, Pedro. *Do usucapião*. Rio de Janeiro: Freitas Bastos, 1953. p. 35.

[10] Art. 1.243. O possuidor pode, para o fim de contar o tempo exigido pelos artigos antecedentes, acrescentar à sua posse a dos seus antecessores (art. 1.207), contanto que todas sejam contínuas, pacíficas e, nos casos do art. 1.242, com justo título e de boa-fé.

permanência na posse do que lhe antecedeu, ocorrerá aquilo que chama acessão da posse (*accessio possessionis*).

Mas deve distinguir-se a posse adquirida a título universal da singular.

No primeiro caso, o herdeiro prossegue na posse do defunto (*successio possessionis*), conforme determina a lei, à qual se obriga, com vícios e qualidades que lhe são inerentes, mesmo que os ignore".

No segundo, a posse do anterior não se liga obrigatoriamente à do sucessor comum ou dito singular (arrematante, comprador, promitente comprador, donatário, cessionário etc.).

Em resumo, enquanto o herdeiro prossegue na posse do *de cujus* (*successio possessionis*), o adquirente de boa-fé prossegue na do alienante (*accessio possessionis*), quando e se lhe aproveitar[11].

Vale acrescentar ainda que nem todo bem é passível de ser usucapido, a exemplo daqueles que representam valores personalíssimos e inestimáveis, como o nome ou a honra.

Em geral, bens com expressão econômica podem ser usucapidos[12], mas há exceções[13].

---

[11] RIBEIRO, Benedito Silvério. *Tratado de usucapião*. 2. ed. São Paulo: Saraiva, 1998. v. 1. p. 706.

[12] USUCAPIÃO. HERDEIRO. POSSE EXCLUSIVA. A Turma deu provimento ao recurso especial para, dentre outras questões, reconhecer a legitimidade dos recorrentes para a propositura, em nome próprio, de ação de usucapião relativamente a imóvel de cujo adquirente um dos autores é herdeiro. Consoante acentuado pelo Min. Relator, a jurisprudência entende pela possibilidade de o condômino usucapir bem sobre o qual exerça a posse exclusiva, desde que haja efetivo *animus domini* e estejam preenchidos os requisitos impostos pela lei, sem oposição dos demais herdeiros. Precedente citado: AgRg no Ag 731.971-MS, *DJe* 20-10-2008. REsp 668.131-PR, rel. Min. Luis Felipe Salomão, julgado em 19-8-2010.

[13] CONSTITUCIONAL. ADMINISTRATIVO. PROCESSUAL CIVIL. AÇÃO CIVIL PÚBLICA. FAIXA DE FRONTEIRA. BEM PERTENCENTE À UNIÃO. NULIDADE DO REGISTRO IMOBILIÁRIO EM NOME DE PARTICULARES. CONFLITO FEDERATIVO. COMPETÊNCIA ORIGINÁRIA DO SUPREMO TRIBUNAL FEDERAL. ACÓRDÃO AMPARADO EM FUNDAMENTAÇÃO EMINENTEMENTE CONSTITUCIONAL. MATÉRIA QUE EXTRAPOLA A ESTREITA VIA DO RECURSO ESPECIAL. LEGITIMIDADE ATIVA *AD CAUSAM* DO MINISTÉRIO PÚBLICO FEDERAL. SÚMULA 329/STJ. IMPRESCRITIBILIDADE DA PRETENSÃO. PRECEDENTES.

1. Ao afastar a existência de conflito federativo apto a ensejar a competência originária do STF para julgar a presente demanda, o Tribunal *a quo* amparou-se em fundamento eminentemente constitucional, escapando sua revisão à competência desta Corte no âmbito do recurso especial.

2. "Nos termos do Enunciado 329 da Súmula do Superior Tribunal de Justiça, 'O Ministério Público tem legitimidade para propor ação civil pública em defesa do patrimônio público', cuja acepção compreende as áreas situadas em faixa de fronteira, pertencentes à União e, de modo indireto, a toda a sociedade, o que revela o interesse difuso da coletividade" (AgRg no REsp 1.174.124/SC, Rel. Ministro Arnaldo Esteves Lima, Primeira Turma, *DJe* 17-8-2012).

3. "Não há prescrição para os bens públicos. Nos termos do art. 183, § 3.º, da Constituição, ações dessa natureza têm caráter imprescritível e não estão sujeitas a usucapião (Súmula 340/STF, art. 200 do DL 9.760/1946 e art. 2.º do CC). Construção feita também com base na imprescritibilidade de atos nulos, de ações destinadas ao ressarcimento do Erário e de ações de declaração de inexistência de relação jurídica – querela *nullitatis insanabilis*" (REsp 1.227.965/SC, Rel. Ministro Herman Benjamin, Segunda Turma, *DJe* 15-6-2011).

4. Agravo regimental a que se nega provimento.

(AgRg no REsp 1.268.965/SC, rel. Min. SÉRGIO KUKINA, PRIMEIRA TURMA, julgado em 24-3-2015, *DJe* 6-4-2015)

Com efeito, a Constituição Federal consagra regra no sentido de que os bens públicos não são passíveis de serem adquiridos por usucapião (art. 183, § 3.º, art. 191).

Há entendimento, inclusive, no Superior Tribunal de Justiça, no sentido de que não é passível de usucapião imóvel de sociedade de economia mista vinculado a serviço público essencial:

"Civil e processual civil. Recurso especial. Ação de usucapião extraordinária. Negativa de prestação jurisdicional. Cerceamento do direito de defesa. Inexistência. Imóvel pertencente à sociedade de economia mista. Bem destinado à prestação de serviço público essencial. Imóvel público. Impossibilidade de usucapião.

(...)

8. Conforme entendimento do STJ, os bens integrantes do acervo patrimonial de sociedade de economia mista ou empresa pública não podem ser objeto de usucapião quando sujeitos à destinação pública.

9. A concepção de 'destinação pública', apta a afastar a possibilidade de usucapião de bens das empresas estatais, tem recebido interpretação abrangente por parte do STJ, de forma a abarcar, inclusive, imóveis momentaneamente inutilizados, mas com demonstrado potencial de afetação a uma finalidade pública.

10. Hipótese em que o Tribunal de origem afastou o reconhecimento da usucapião, de modo a concluir que o imóvel discutido nos autos: i) pertence a sociedade de economia mista com atuação em mercado não concorrencial; ii) está afetado a serviço público essencial (saneamento básico), e; iii) está ocupado irregular e ilicitamente pelos recorrentes.

11. Recurso parcialmente conhecido e, nessa extensão, desprovido" (REsp 2.173.088/DF, rel. Min. NANCY ANDRIGHI, TERCEIRA TURMA, julgado em 8-10-2024, *DJe* 11-10-2024).

Antigo debate, outrossim, diz respeito à possibilidade de as terras devolutas[14], posto integrantes do domínio público[15], poderem ou não ser objeto da prescrição aquisitiva.

TRIBUTÁRIO. IPTU. TLP. POSSE *AD USUCAPIONEM*. O BEM PÚBLICO NÃO PODE SER ADQUIRIDO POR USUCAPIÃO, O QUE AFASTA A INCIDÊNCIA DO IPTU COM BASE NA POSSE. PRECEDENTES.

Nos termos da jurisprudência desta Corte, o cessionário do direito de uso não é o contribuinte do IPTU e da TLP, haja vista que é possuidor por relação de direito pessoal, não exercendo *animus domini*, sendo possuidor do imóvel como simples detentor de coisa alheia.

Agravo regimental improvido.

(AgRg no AREsp 600.366/DF, rel. Min. HUMBERTO MARTINS, SEGUNDA TURMA, julgado em 25-11-2014, *DJe* 5-12-2014)

[14] "Terras devolutas são terras públicas sem destinação pelo Poder Público e que em nenhum momento integraram o patrimônio de um particular, ainda que estejam irregularmente sob sua posse. O termo 'devoluta' relaciona-se ao conceito de terra devolvida ou a ser devolvida ao Estado.

Com a descoberta do Brasil, todo o território passou a integrar o domínio da Coroa Portuguesa. A colonização portuguesa adotou o sistema de concessão de sesmarias para a distribuição de terras, através das capitanias hereditárias: aos colonizadores largas extensões de terra foram trespassadas com a obrigação, a estes de medi-las, demarcá-las e cultivá-las, sob pena de reversão das terras à Coroa.

As terras que não foram trespassadas, assim como as que foram revertidas à Coroa, constituem as terras devolutas. Com a independência do Brasil, passaram a integrar o domínio imobiliário do Estado brasileiro, englobando todas essas terras que não ingressaram no domínio privado por título legítimo ou não receberam destinação pública. Para estabelecer o real domínio da terra, ou seja, se

Sobre as terras devolutas, o já citado Professor BENEDITO SILVÉRIO RIBEIRO preleciona, salientando a sua posição contrária à tese da usucapião:

> "O legislador constitucional, vedando a permissibilidade de usucapião em terras públicas (art. 191, parágrafo único), direcionou o seu intento para o caminho apontado no dispositivo do art. 188: 'A destinação de terras públicas e devolutas será compatibilizada com a política agrícola e com o plano nacional de reforma agrária'.
>
> Muito embora seja possível enxergar distinção entre terras públicas e terras devolutas, pela própria separação dos termos no preceito referido, cabe sinalar, todavia, que houve ali reforço de expressão.
>
> As terras devolutas constituem espécies de terras públicas, detendo estas compreensão abrangente daquelas, que são do patrimônio público, mas não se encontram cadastradas ou individualizadas nem cultivadas ou destinadas a qualquer uso público"[16].

Em nossa visão acadêmica, a usucapião de terras que não cumprem ou desempenham nenhum propósito em prol da coletividade é consectário lógico de um Estado de Direito que tem, no princípio da função social[17], um postulado supremo, ao qual se submete, não apenas o particular, mas qualquer dos entes públicos.

Com efeito, uma vez reconhecida a sua natureza devoluta[18], sustentamos a possibilidade jurídica de reconhecimento da usucapião em favor de quem imprimiu, ao longo do tempo, destinação socioeconômica ao imóvel.

Nessa linha, em nosso sentir, ao conceito de bem público não se subsume a noção de terra devoluta, para o fim de se justificar a vedação à usucapião de imóvel que não atende ao princípio da função social.

Este é o espírito da Constituição.

é particular ou devoluta, o Estado propõe ações judiciais chamadas ações discriminatórias, que são reguladas pela Lei 6383/76." (FERREIRA, Rafael. O que são terras devolutas, *O eco*, ago. 2013. Disponível em: <http://www.oeco.org.br/dicionario-ambiental/27510-o-que-sao-terras-devolutas/>. Acesso em 15 fev. 2018).

[15] CF/88:

Art. 20. São bens da União:

(...)

II – as terras devolutas indispensáveis à defesa das fronteiras, das fortificações e construções militares, das vias federais de comunicação e à preservação ambiental, definidas em lei;

(...)

Art. 26. Incluem-se entre os bens dos Estados:

(...)

IV – as terras devolutas não compreendidas entre as da União.

(...)

Art. 188. A destinação de terras públicas e devolutas será compatibilizada com a política agrícola e com o plano nacional de reforma agrária.

[16] RIBEIRO, Benedito Silvério. Op. cit. p. 517-518.

[17] Cf. o tópico 2 ("Função social") do Capítulo II ("Principiologia dos Direitos Reais") deste volume.

[18] A Lei n. 6.383, de 7 de dezembro de 1976, cuida do processo discriminatório das terras devolutas da União.

Sucede que o norte pretoriano parece adotar posicionamento diverso:

"CONSTITUCIONAL, ADMINISTRATIVO E PROCESSUAL CIVIL. AGRAVOS REGIMENTAIS NO RECURSO EXTRAORDINÁRIO. AÇÃO DISCRIMINATÓRIA. TERRAS DEVOLUTAS. USUCAPIÃO. 1. Conforme a orientação assentada pelo Plenário desta Corte no julgamento do AI 791.292/PE (Rel. Min. Gilmar Mendes, *DJe* de 13-8-2010, Tema 339): (...) o art. 93, IX, da Constituição Federal exige que o acórdão ou decisão sejam fundamentados, ainda que sucintamente, sem determinar, contudo, o exame pormenorizado de cada uma das alegações ou provas, nem que sejam corretos os fundamentos da decisão. O acórdão proferido pelo Primeiro Tribunal de Alçada Civil do Estado de São Paulo encontra-se devidamente fundamentado, expondo de forma clara e profunda os motivos que levaram ao desprovimento das apelações. 2. A análise das questões constitucionais suscitadas pelos agravantes esbarra em precedentes já adotados por esta Corte, de acordo com os quais a invocação concernente à ampla defesa, ao contraditório, aos limites da coisa julgada, ao devido processo legal e ao ato jurídico perfeito supõe, necessariamente, a delibação de matéria infraconstitucional (RE 748.371/MT, Rel. Min. Gilmar Mendes, Tema 660), do mesmo modo quanto ao indeferimento de produção de provas no processo judicial (RE 639.228/RJ, Rel. Min. Cezar Peluso, Tema 424). 3. Infirmar as premissas que orientaram o Tribunal de origem a reconhecer o domínio público das terras objeto da presente discriminatória demandaria indispensável juízo a respeito da legislação infraconstitucional local de regência e reexame dos fatos e provas dos autos, o que é vedado em recurso extraordinário, nos termos das Súmulas 279 e 280 do STF. 4. <u>A dicção normativa do art. 188 da Constituição Federal não enseja o reconhecimento de distinção entre terras públicas e devolutas para fins de aquisição dessas por usucapião.</u> 5. Agravos regimentais improvidos".

(STF – RE 834.535 AgR-segundo, rel. Min. TEORI ZAVASCKI, Segunda Turma, julgado em 15-3-2016, PROCESSO ELETRÔNICO *DJe*-060 DIVULG 1-4-2016 PUBLIC 4-4-2016) (grifamos)

Fica, pois, aqui, para o nosso leitor, o convite à reflexão, acerca desta instigante questão.

3. PRINCIPAIS ESPÉCIES DE USUCAPIÃO

Vencida esta parte introdutória, cuidaremos, agora, de analisar, com atenção, as principais espécies de usucapião.

3.1. Usucapião extraordinária (art. 1.238, CC)

Aquele que, por **quinze** anos, sem interrupção, nem oposição, possuir como seu um imóvel, adquire-lhe a propriedade, independentemente de título e boa-fé, por meio da usucapião extraordinária, a teor do art. 1.238 do Código Civil[19].

---

[19] A respeito do direito intertemporal e da contagem dos prazos mencionados no art. 1.238 e no parágrafo único do art. 1.242, o art. 2.029 do Código Civil estabelece: "Art. 2.029. Até dois anos após a entrada em vigor deste Código, os prazos estabelecidos no parágrafo único do art. 1.238 e no parágrafo único do art. 1.242 serão acrescidos de dois anos, qualquer que seja o tempo transcorrido na vigência do anterior, Lei n. 3.071, de 1.º de janeiro de 1916". O regramento de transição é complementado no dispositivo seguinte:

Em tal caso, o prescribente (possuidor) requererá ao juiz que assim o declare por sentença, a qual servirá de título para o registro no Cartório de Registro de Imóveis.

Como já mencionamos, para que se reconheça a usucapião, é requisito essencial que a posse seja contínua e sem contestação ou oposição.

Tal premissa é aplicável para qualquer forma de usucapião, inclusive a extraordinária:

"AGRAVO REGIMENTAL NO RECURSO ESPECIAL. USUCAPIÃO EXTRAORDINÁRIA. 1. PRECARIEDADE DA POSSE NOTICIADA PELAS INSTÂNCIAS DE ORIGEM. MODIFICAÇÃO DAS CONCLUSÕES ALCANÇADAS. IMPOSSIBILIDADE NA VIA ELEITA. INCIDÊNCIA DA SÚMULA 7/STJ. 2. AGRAVO IMPROVIDO. 1. A usucapião extraordinária, nos termos do art. 1.238 do Código Civil, reclama a posse mansa e pacífica, ininterrupta, exercida com *animus domini*, bem como o decurso do prazo de 15 (quinze) anos. Precedentes. 2. Na espécie, contudo, concluíram as instâncias de origem, após a análise estrita e pormenorizada das provas juntadas ao processo, não estarem preenchidos os requisitos necessários à aquisição originária, noticiando a oposição à posse antes do transcurso do período aquisitivo, bem como a natureza precária da ocupação do imóvel. Para se alterar tal entendimento necessário seria o revolvimento do material probatório dos autos, o que encontra óbice no enunciado n. 7 da Súmula desta Corte. Precedentes. 3. Agravo regimental a que se nega provimento".
(STJ – AgRg no REsp: 1.415.166/SC 2013/0352467-0, rel. Min. MARCO AURÉLIO BELLIZZE, julgado em 21-10-2014, T3 – TERCEIRA TURMA, Data de Publicação: *DJe* 24-10-2014) (grifamos)

Note-se que, para esta forma de prescrição aquisitiva, pouco importa a intenção original do sujeito que exerceu a posse, ou seja, se atuou de boa ou de má-fé.

Escreve SÍLVIO VENOSA:

"O usucapião extraordinário vinha descrito no art. 550 do Código de 1916. No usucapião extraordinário, com lapso de tempo muito maior (originalmente, o Código de 1916 o fixara em 30 anos), basta que ocorra o fato da posse, não se investigando o título ou a boa-fé. Basta a posse mansa, pacífica e ininterrupta. Ocorrendo posse nesses termos, não podemos contestar o direito à prescrição aquisitiva. Na realidade, se por um lado o usucapiente adquire o domínio, aquele que eventualmente o perde sofre punição por sua desídia e negligência em não cuidar do que é seu. Esse aspecto fica mais ressaltado no usucapião extraordinário"[20].

A expressão usucapião **extraordinária** é usada justamente porque não se investiga a boa ou má-fé do possuidor.

É o que defendeu, há anos, NELSON LUIZ PINTO:

"No nosso Direito positivo vigente, não só o justo título como a própria boa-fé são dispensados para o usucapião extraordinário, bastando que a posse seja contínua e incontes-

---

"Art. 2.030. O acréscimo de que trata o artigo antecedente, será feito nos casos a que se refere o § 4.º do art. 1.228". Sobre o tema, confira-se: GAGLIANO, Pablo Stolze. *Comentários ao Código Civil Brasileiro*. Coord. Arruda Alvim e Thereza Alvim. Rio de Janeiro: Forense, 2008. v. 17. p. 589-594.

[20] VENOSA, Sílvio de Salvo. *Código Civil Comentado*: Direito das Coisas. Posse. Direitos Reais. Propriedade. São Paulo: Atlas, 2003. v. 12. p. 240.

tada. Como admitir-se, porém, que alguém sem justo título e de má-fé, apenas com posse contínua e incontestada durante certo tempo, adquira o domínio, perdendo-o o real proprietário? Como justificar-se, moral e eticamente, que a má-fé se sobreponha à inércia? Talvez, justamente para evitar esse choque, é que se designa de usucapião ordinário aquele em que a boa-fé e o justo título devem estar presentes, e de extraordinário aquele em que esses elementos são dispensados, utilizando-se a lei de um artifício, no art. 550, para tentar justificar a dispensa expressa da boa-fé"[21].

O prazo estabelecido neste artigo reduzir-se-á a **dez** anos se o possuidor houver estabelecido no imóvel a sua moradia habitual, ou nele realizado obras ou serviços de caráter produtivo, caracterizando a denominada "posse-trabalho", no dizer do Professor MIGUEL REALE:

"Em virtude do princípio de socialidade, surgiu também um novo conceito de posse, a posse-trabalho, ou posse 'pro labore', em virtude da qual o prazo de usucapião de um imóvel é reduzido, conforme o caso, se os possuidores nele houverem estabelecido a sua morada, ou realizado investimentos de interese social e econômico"[22].

Trata-se de um bom exemplo de um efeito da função social da posse, em que o reconhecimento da circunstância de que o prescribente (possuidor) deu uma destinação considerada relevante ao bem (moradia ou obras/serviços de caráter produtivo) afeta o lapso temporal necessário para a caracterização da usucapião.

Observe-se que a previsão de redução prazal, contida no parágrafo único do art. 1.238, CC/2002, não estabelece que a moradia ou as obras e serviços tenham ocorrido durante os 10 (dez) anos, bastando que o fato da moradia ou das obras ou serviços de caráter produtivo seja demonstrado em juízo, ainda que ocorresse apenas em parte do prazo (a lógica é que aconteça pelo menos na parte final, para demonstrar que a posse atende atualmente à sua função social, mas nada impede que tenha se dado durante o lapso temporal).

3.2. Usucapião ordinária (art. 1.242, CC)

Adquire também a propriedade do imóvel, conforme o art. 1.242, aquele que, contínua e incontestadamente, com justo título e boa-fé, o possuir por **dez anos.**

Trata-se da forma ordinária de prescrição aquisitiva, prevista no Código Civil.

Será de **cinco** anos o prazo, se o imóvel houver sido adquirido, onerosamente, com base no registro constante do respectivo cartório, cancelado posteriormente, desde que os possuidores nele tiverem estabelecido a sua moradia, ou realizado investimentos de interese social e econômico (**posse-trabalho**).

É o caso, por exemplo, de o sujeito comprar um imóvel, ignorando o vício que inquina a sua escritura (justo título).

Comentando o dispositivo, escreve FLÁVIO TARTUCE:

---

[21] PINTO, Nelson Luiz. *Ação de usucapião*. São Paulo: Revista dos Tribunais, 1991. p. 128. O autor se refere ao art. 550 do Código Civil de 1916.

[22] REALE, Miguel. Visão geral do projeto de Código Civil, *Site do Professor Miguel Reale*. Disponível em: <http://www.miguelreale.com.br/artigos/vgpcc.htm>. Acesso em: 19 set. 2016.

"A norma apresenta sério problema. Isso porque traz um requisito ao lado da posse-trabalho, qual seja, a existência de um documento hábil que foi registrado e cancelado posteriormente, caso de um compromisso de compra e venda. Tal requisito gera o que se convencionou chamar usucapião tabular, especialmente entre os juristas da área de registros públicos"[23].

Sobre esta modalidade de **usucapião tabular (ou "de livro")**, merece referência julgado do STJ:

"CIVIL. USUCAPIÃO TABULAR. REQUISITOS. MERO BLOQUEIO DE MATRÍCULA. APRESENTAÇÃO DE CERTIDÃO DO INSS INAUTÊNTICA PELOS VENDEDORES. LONGA INATIVIDADE POR PARTE DO ÓRGÃO. AUSÊNCIA DE TENTATIVAS DE ANULAÇÃO DO ATO OU RECEBIMENTO DO CRÉDITO. DECURSO DE TEMPO. CABIMENTO DA USUCAPIÃO.

1. A usucapião normalmente coloca em confronto particulares que litigam em torno da propriedade de um bem móvel.

2. Na hipótese dos autos, a constatação de que os vendedores do imóvel apresentaram certidão negativa de tributos previdenciários inautêntica levou o juízo da vara de registros públicos, em processo administrativo, a determinar o bloqueio da matrícula do bem.

3. O bloqueio da matrícula não colocou vendedores e compradores em litígio em torno da propriedade de um bem imóvel. Apenas promoveu uma séria restrição ao direito de propriedade dos adquirentes para a proteção do crédito financeiro do INSS.

4. Pelas disposições da Lei de Registros Públicos, o bloqueio da matrícula é ato de natureza provisória, a ser tomado no âmbito de um procedimento maior, no qual se discuta a nulidade do registro público. A lavratura de escritura de compra e venda sem a apresentação de certidão previdenciária é nula, pelas disposições do art. 47 da Lei 8.212/91. Assim, o bloqueio seria razoável no âmbito de uma discussão acerca dessa nulidade.

5. Do ponto de vista prático, o bloqueio produz efeitos em grande parte equivalentes ao do cancelamento da matrícula, uma vez que torna impossível, ao proprietário de imóvel com matrícula bloqueada, tomar qualquer ato inerente a seu direito de propriedade, como o de alienar ou de gravar o bem.

6. Se o INSS ou qualquer outro legitimado não toma a iniciativa de requerer o reconhecimento ou a declaração da nulidade da escritura, o bloqueio da matrícula por si só, não pode prevalecer indefinidamente. Na hipótese em que, mesmo sem tal providência, o bloqueio acaba por permanecer, produzindo efeitos de restrição ao direito de propriedade dos adquirentes do bem, a inatividade do INSS deve produzir alguma consequência jurídica.

7. Num processo de usucapião tradicional, o prazo de prescrição aquisitiva só é interrompido pela atitude do proprietário que torne inequívoca sua intenção de retomar o bem. Se, por uma peculiaridade do direito brasileiro, é possível promover a restrição do direito de propriedade do adquirente para a proteção de um crédito, a prescrição aquisitiva que beneficia esse adquirente somente pode ser interrompida por um ato que inequivocamente indique a intenção do credor de realizar esse crédito.

8. Se, após dez anos a partir do bloqueio da matrícula, o INSS não requer a declaração de nulidade da compra e venda, não executa o crédito previdenciário que mantém perante

---

[23] TARTUCE, Flávio. *Manual de Direito Civil*. 7. ed. Rio de Janeiro: Forense; São Paulo: Método, 2017. p. 932.

o vendedor do imóvel, não requer o reconhecimento de fraude à execução, não penhora o bem controvertido, enfim, não toma providência alguma, é possível reconhecer, ao menos em *status assertionis*, a ocorrência de usucapião tabular, de modo que o indeferimento da petição inicial da ação que a requer é providência exagerada.

9. Recurso especial conhecido e provido, reformando-se a decisão que indeferiu a petição inicial do processo e determinando-se seu prosseguimento, com a citação dos interessados, nos termos da lei".

(REsp 1.133.451/SP, rel. Min. NANCY ANDRIGHI, TERCEIRA TURMA, julgado em 27-3-2012, *DJe* 18-4-2012) (grifamos)

Observe-se que, no caso transcrito, a usucapião tabular foi reconhecida *in status assertionis*, ou seja, praticamente *prima facie* de um recurso especial em face de uma decisão que indeferiu a inicial de um processo para seu reconhecimento.

Registre-se, a propósito, que, na forma da Súmula 237 do Supremo Tribunal Federal[24], admite-se a arguição de usucapião como matéria de defesa, o que não exclui a usucapião tabular, que, no final das contas, é apenas um exemplo prático de hipótese de caracterização de usucapião com justo título.

3.3. Usucapião constitucional (ou especial) rural ou *pro labore* (art. 191, CF; art. 1.239, CC)

As denominações recebidas por este instituto foram inúmeras, como "especial, *pro labore*, rústico, rural, agrário e constitucional"[25].

Segundo o art. 1.239 do Código Civil, aquele que, não sendo proprietário de imóvel rural ou urbano, possua como sua, por **cinco** anos ininterruptos, sem oposição, área de terra em zona rural não superior a cinquenta hectares, tornando-a produtiva por seu trabalho ou de sua família, tendo nela sua moradia, adquirir-lhe-á a propriedade[26].

Trata-se de regra que reproduz o comando constitucional contido no *caput* do art. 191, CF/88[27].

---

[24] "O usucapião pode ser arguido em defesa."

[25] BARRUFFINI, José Carlos Tosetti. *Usucapião constitucional urbano e rural*. São Paulo: Atlas, 1998. p. 143.

[26] Merecem referência dois enunciados da IV Jornada de Direito Civil: "Enunciado 312 – Art. 1.239: Observado o teto constitucional, a fixação da área máxima para fins de usucapião especial rural levará em consideração o módulo rural e a atividade agrária regionalizada. Enunciado 313 – Arts. 1.239 e 1.240: Quando a posse ocorrer sobre área superior aos limites legais, não é possível a aquisição pela via da usucapião especial, ainda que o pedido restrinja a dimensão do que se quer usucapir". Este último, como se pode observar, também se aplica à usucapião especial urbana.

[27] Constituição Federal de 1988:

Art. 191. Aquele que, não sendo proprietário de imóvel rural ou urbano, possua como seu, por cinco anos ininterruptos, sem oposição, área de terra, em zona rural, não superior a cinquenta hectares, tornando-a produtiva por seu trabalho ou de sua família, tendo nela sua moradia, adquirir-lhe-á a propriedade.

Parágrafo único. Os imóveis públicos não serão adquiridos por usucapião.

Na jurisprudência do Superior Tribunal de Justiça:

"RECURSO ESPECIAL. CIVIL. PROCESSUAL CIVIL. USUCAPIÃO ESPECIAL RURAL. REQUISITOS CONFIGURADOS. AQUISIÇÃO DA PROPRIEDADE DA ÁREA USUCAPIENDA. REVALORAÇÃO. PROVAS. VIA ESPECIAL. POSSIBILIDADE. NEGATIVA DE PRESTAÇÃO JURISDICIONAL. AUSÊNCIA DE FUNDAMENTAÇÃO. SÚMULA N. 284/STF. DISSÍDIO JURISPRUDENCIAL. AUSÊNCIA DE DEMONSTRAÇÃO.

1. Os arts. 1.239 do CC/2002 e 191 da CF definem os requisitos legais da usucapião especial rural (ou Constitucional Rural ou *Pro Labore*), quais sejam: (i) posse com *animus domini* pelo prazo de 5 (cinco) anos, sem oposição, (ii) área de terra em zona rural não superior a 50 (cinquenta) hectares, (iii) utilização do imóvel como moradia, tornando-o produtivo pelo trabalho do possuidor ou de sua família, e (iv) não ser o possuidor proprietário de outro imóvel rural ou urbano.

2. Presentes os requisitos legais da usucapião especial rural, impõe-se a declaração da aquisição do domínio da área usucapienda objeto da controvérsia.

3. O Superior Tribunal de Justiça tem entendimento no sentido de que a revaloração das provas e dos fatos expressamente delineados pelas instâncias ordinárias não viola o disposto na Súmula n. 7/STJ.

4. Não há falar em negativa de prestação jurisdicional quando o recurso especial deixa de especificar as supostas omissões ou teses que deveriam ter sido examinadas. Aplicação da Súmula n. 284 do Supremo Tribunal Federal.

5. A divergência jurisprudencial exige comprovação e demonstração, esta, em qualquer caso, com a transcrição dos julgados que configurem o dissídio, a evidenciar a similitude fática entre os casos apontados e a divergência de interpretações, o que não restou evidenciado na espécie.

6. Recurso especial parcialmente conhecido e, nessa parte, provido".

(REsp 1.628.618/MA, rel. Min. RICARDO VILLAS BÔAS CUEVA, TERCEIRA TURMA, julgado em 28-3-2017, *DJe* 4-4-2017)

Note-se que o usucapiente somente poderá ser pessoa física, eis que há referência ao trabalho próprio e à família[28].

Uma importante advertência feita por JOSÉ CARLOS TOSETTI BARRUFFINI salienta que esta modalidade de usucapião não afasta a possibilidade de as formas ordinária e extraordinária de usucapião do Código Civil terem por objeto imóveis rurais:

"A Carta Magna de 1988 fez retornar ao texto constitucional o usucapião rural especial, contrariando o consenso, entre muitos juristas, de que a matéria de usucapião *pro labore* não contém aquelas características que exigem sua localização no texto constitucional. A verdade é que, mesmo falte ao usucapião constitucional austeridade para figurar numa Constituição, o legislador constituinte de 1988 assim não entendeu, fazendo-se presente no texto constitucional. Em princípio, convém ressaltar que o usucapião rural especial não revogou o usucapião de terras rurais do Código Civil. O usucapião ordinário, como o extraordinário, permanecem, desde que haja a posse sem produtividade, ou, com produtividade, mas ausentes outros elementos. Pode acontecer que área rural exceda à prevista

---

[28] Tal característica já estava presente mesmo na legislação anterior, conforme se pode ler na análise feita por NELSON LUIZ PINTO da Lei n. 6.969 de 1981 (cf. *Ação de usucapião*. São Paulo: Revista dos Tribunais, 1991. p. 50).

para a usucapião quinquenal, ou porque a posse não é *pro labore*, ou porque o usucapiente já é proprietário etc. Resta ao usucapiente o direito de usucapir pelo Código Civil"[29].

O procedimento para o reconhecimento desta forma de usucapião estava traçado pela Lei n. 6.969, de 10 de dezembro de 1981.

Essa lei faz menção a procedimento sumaríssimo:

"Art. 5.º Adotar-se-á, na ação de usucapião especial, o procedimento sumaríssimo, assegurada a preferência à sua instrução e julgamento".

Sucede que, dada a extinção desse procedimento, entendemos aplicável o art. 1.049 do CPC/2015:

"Art. 1.049. Sempre que a lei remeter a procedimento previsto na lei processual sem especificá-lo, será observado o procedimento comum previsto neste Código.

Parágrafo único. Na hipótese de a lei remeter ao procedimento sumário, será observado o procedimento comum previsto neste Código, com as modificações previstas na própria lei especial, se houver"[30].

Por fim, vale lembrar que tal modalidade de usucapião se refere a área de terra em zona rural não superior a cinquenta hectares.

O máximo de área usucapível foi, portanto, estabelecido.

Mas há uma área mínima?

Sobre o tema, merece referência o seguinte julgado do STJ:

"RECURSO ESPECIAL. USUCAPIÃO RURAL CONSTITUCIONAL. FUNÇÃO SOCIAL DA PROPRIEDADE RURAL. MÓDULO RURAL. ÁREA MÍNIMA NECESSÁRIA AO APROVEITAMENTO ECONÔMICO DO IMÓVEL. INTERPRETAÇÃO TELEOLÓGICA DA NORMA. CONSTITUIÇÃO FEDERAL. PREVISÃO DE ÁREA MÁXIMA A SER USUCAPIDA. INEXISTÊNCIA DE PREVISÃO LEGAL DE ÁREA MÍNIMA. IMPORTÂNCIA MAIOR AO CUMPRIMENTO DOS FINS A QUE SE DESTINA A NORMA.

1. A propriedade privada e a função social da propriedade estão previstas na Constituição Federal de 1988 dentre os direitos e garantias individuais (art. 5.º, XXIII), sendo pressupostos indispensáveis à promoção da política de desenvolvimento urbano (art. 182, § 2.º) e rural (art. 186, I a IV).

2. No caso da propriedade rural, sua função social é cumprida, nos termos do art. 186 da CF/1988, quando seu aproveitamento for racional e apropriado; quando a utilização dos recursos naturais disponíveis for adequada e o meio ambiente preservado, assim como quando as disposições que regulam as relações de trabalho forem observadas.

3. A usucapião prevista no art. 191 da Constituição (e art. 1.239 do Código Civil), regulamentada pela Lei n. 6.969/1981, é caracterizada pelo elemento posse-trabalho. Serve a essa espécie tão somente a posse marcada pela exploração econômica e racional da terra, que é pressuposto à aquisição do domínio do imóvel rural, tendo em vista a intenção clara do legislador em prestigiar o possuidor que confere função social ao imóvel rural.

---

[29] BARRUFFINI, José Carlos Tosetti. Op. cit. p. 148.

[30] Ressalve-se o disposto no art. 1.046, § 1.º: As disposições da Lei n. 5.869, de 11 de janeiro de 1973, relativas ao procedimento sumário e aos procedimentos especiais que forem revogadas aplicar-se-ão às ações propostas e não sentenciadas até o início da vigência deste Código.

4. O módulo rural previsto no Estatuto da Terra foi pensado a partir da delimitação da área mínima necessária ao aproveitamento econômico do imóvel rural para o sustento familiar, na perspectiva de implementação do princípio constitucional da função social da propriedade, importando sempre, e principalmente, que o imóvel sobre o qual se exerce a posse trabalhada possua área capaz de gerar subsistência e progresso social e econômico do agricultor e sua família, mediante exploração direta e pessoal – com a absorção de toda a força de trabalho, eventualmente com a ajuda de terceiros.

5. Com efeito, a regulamentação da usucapião, por toda legislação que cuida da matéria, sempre delimitou apenas a área máxima passível de ser usucapida, não a área mínima, donde concluem os estudiosos do tema, que mais relevante que a área do imóvel é o requisito que precede a ele, ou seja, o trabalho realizado pelo possuidor e sua família, que torna a terra produtiva e lhe confere função social.

6. Assim, a partir de uma interpretação teleológica da norma, que assegure a tutela do interesse para a qual foi criada, conclui-se que, assentando o legislador, no ordenamento jurídico, o instituto da usucapião rural, prescrevendo um limite máximo de área a ser usucapida, sem ressalva de um tamanho mínimo, estando presentes todos os requisitos exigidos pela legislação de regência, parece evidenciado não haver impedimento à aquisição usucapicional de imóvel que guarde medida inferior ao módulo previsto para a região em que se localize.

7. A premissa aqui assentada vai ao encontro do que foi decidido pelo Plenário do Supremo Tribunal Federal, em conclusão de julgamento realizado em 29.4.2015, que proveu recurso extraordinário, em que se discutia a possibilidade de usucapião de imóvel urbano em município que estabelece lote mínimo para parcelamento do solo, para reconhecer aos recorrentes o domínio sobre o imóvel, dada a implementação da usucapião urbana prevista no art. 183 da CF.

8. Na oportunidade do julgamento acima referido, a Suprema Corte fixou a seguinte tese: Preenchidos os requisitos do art. 183 da CF, o reconhecimento do direito à usucapião especial urbana não pode ser obstado por legislação infraconstitucional que estabeleça módulos urbanos na respectiva área onde situado o imóvel (dimensão do lote) (RE 422.349/RS, rel. Min. Dias Toffoli, 29.4.2015)

9. Recurso especial provido".

(REsp 1.040.296/ES, rel. Min. MARCO BUZZI, rel. p/ acórdão Min. LUIS FELIPE SALOMÃO, QUARTA TURMA, julgado em 2-6-2015, *DJe* 14-8-2015) (grifamos)

Assim, conclui-se que, embora exista um teto constitucional máximo de área usucapível, não há, segundo este entendimento, limite mínimo para o reconhecimento do direito à propriedade por meio da usucapião rural, visão essa que é compartilhada pelos autores desta obra.

3.4. Usucapião constitucional (ou especial) urbana ou *pro misero* (art. 183, CF; art. 1.240, CC; art. 9.º do Estatuto da Cidade)

Esta forma de usucapião, assim como a anterior, tem matriz constitucional.

Com efeito, dispõe o art. 183 da Constituição Federal de 1988:

"Art. 183. Aquele que possuir como sua área urbana de até duzentos e cinquenta metros quadrados[31], por cinco anos, ininterruptamente e sem oposição, utilizando-a para

---

[31] Em se tratando de condomínios, confira-se o Enunciado 314, da IV Jornada de Direito Civil: "Art. 1.240: Para os efeitos do art. 1.240, não se deve computar, para fins de limite de metragem máxima, a extensão compreendida pela fração ideal correspondente à área comum".

sua moradia ou de sua família, adquirir-lhe-á o domínio, desde que não seja proprietário de outro imóvel urbano ou rural.

§ 1.º O título de domínio e a concessão de uso serão conferidos ao homem ou à mulher, ou a ambos, independentemente do estado civil.

§ 2.º Esse direito não será reconhecido ao mesmo possuidor mais de uma vez.

§ 3.º Os imóveis públicos não serão adquiridos por usucapião".

Observe-se que o constituinte falou em área, não em terreno, ou seja, trata-se da modalidade ideal, inclusive, para a usucapião de apartamentos de até duzentos e cinquenta metros quadrados.

Mas a que limite de metragem se refere a previsão?

Sobre o limite da área desta modalidade de usucapião constitucional, a doutrina travou intenso debate.

Discorre CARLOS JOSÉ CORDEIRO:

"Deve-se considerar a metragem de até duzentos e cinquenta metros quadrados de área de terreno onde se tenha, para efeito de objeto de usucapião, uma edificação para moradia de até duzentos e cinquenta metros quadrados de área construída. Tal regra deve ser levada em conta, a fim de que a teleologia da norma do art. 183 da Constituição Federal se coadune com a proteção que visa a dar àqueles que detenham a posse de porções moderadas de áreas urbanas e não a criação de novos magnatas citadinos.

Cabe observar, a respeito do usucapião de apartamentos, que sendo a propriedade horizontal um direito autônomo, cada unidade do condomínio horizontal poderá ser alienada separadamente. Consequentemente, poderá ser usucapida de forma isolada.

Com efeito, entende-se que a área a ser computada, além de se ter em mente a área do terreno, é a da construção do apartamento e não a da fração ideal a ele correspondente, considerando-se que, conforme disserta Rogério Marinho Leite Chaves, '... a fração ideal', largamente empregada nos condomínios horizontais, é simples ficção jurídica, visto que os imóveis localizados em condomínio de apartamentos não ocupam, em verdade, área do solo"[32].

JOSÉ CARLOS DE MORAES SALLES, por sua vez, após afirmar que, nas edições anteriores da sua excelente obra *Usucapião de bens móveis e imóveis*, era adequado o entendimento de que a metragem máxima se referia à área do terreno e não à área construída, passou a defender, posteriormente, a tese de que "a quantidade máxima, tanto da área de terreno como da edificação no mesmo existente, não poderá ultrapassar 250 m^{2}"[33].

É como pensamos: por se tratar de uma previsão constitucional de limitação do direito de propriedade, a interpretação deve ser restritiva, pelo que o limite de 250 metros quadrados deve englobar tanto a área de terreno, como a edificação, para que se possa realmente efetivar a função social da propriedade[34].

---

[32] CORDEIRO, Carlos José. *Usucapião constitucional urbano*: aspectos de direito material. São Paulo: Max Limonad, 2001. p. 134.

[33] SALLES, José Carlos de Moraes. *Usucapião de bens móveis e imóveis*. 6. ed. São Paulo, RT, 2005. p. 292.

[34] Em trabalho específico sobre o tema, defende LUIZ EDUARDO RIBEIRO FREYESLEBEN:

"A *mens legislatoris* foi proteger o sem-teto e sua família, permitindo-lhe a aquisição da terra possuída, em prazo prescricional reduzido, tendo em vista sua acentuada fragilidade econômica. Propugnar

Registre-se que os arts. 1.240 do CC e 9.º do Estatuto da Cidade (Lei n. 10.257/2001)[35] reproduzem a norma constitucional.

O Supremo Tribunal Federal, por sua vez, já proclamou que eventual exigência do Plano Diretor Municipal não impede o reconhecimento desta forma de usucapião:

> "Recurso extraordinário. Repercussão geral. Usucapião especial urbana. Interessados que preenchem todos os requisitos exigidos pelo art. 183 da Constituição Federal. Pedido indeferido com fundamento em exigência supostamente imposta pelo plano diretor do município em que localizado o imóvel. Impossibilidade. A usucapião especial urbana tem raiz constitucional e seu implemento não pode ser obstado com fundamento em norma hierarquicamente inferior ou em interpretação que afaste a eficácia do direito constitucionalmente assegurado. Recurso provido. 1. Módulo mínimo do lote urbano municipal fixado como área de 360 m². Pretensão da parte autora de usucapir porção de 225 m², destacada de um todo maior, dividida em composse. 2. Não é o caso de declaração de inconstitucionalidade de norma municipal. 3. Tese aprovada: preenchidos os requisitos do art. 183 da Constituição Federal, o reconhecimento do direito à usucapião especial urbana não pode ser obstado por legislação infraconstitucional que estabeleça módulos urbanos na respectiva área em que situado o imóvel (dimensão do lote). 4. Recurso extraordinário provido".
>
> (RE 422.349, rel. Min. DIAS TOFFOLI, Tribunal Pleno, julgado em 29-4-2015, ACÓRDÃO ELETRÔNICO REPERCUSSÃO GERAL – MÉRITO DJe-153 DIVULG 4-8-2015 PUBLIC 5-8-2015)

Como vimos, esta forma de usucapião poderá ser muito útil em caso de exercício de posse **ad usucapionem** de apartamento.

Nesse sentido, vale acrescentar que o Enunciado 85 da I Jornada de Direito Civil do Conselho da Justiça Federal reforçou esta ideia:

> Enunciado n. 85 – Art. 1.240: "Para efeitos do art. 1.240, *caput*, do novo Código Civil, entende-se por 'área urbana' o imóvel edificado ou não, inclusive unidades autônomas vinculadas a condomínios edilícios".

Note-se que esta modalidade de usucapião – vale frisar – pressupõe o exercício de posse mansa e pacífica.

Ilustra essa assertiva julgado do STJ que afastou a prescrição aquisitiva tendo em vista a prática de atos de retomada do bem por parte da Caixa Econômica Federal:

---

a usucapibilidade, pela modalidade aqui tratada, de imóvel sobre o qual se eleva construção de grande porte, seria afrontar a louvável finalidade do instituto.

Ademais, a construção ocupa papel de destaque na usucapião *pro morare*, integrando sua essência, já que o imóvel tem de ser destinado à moradia do possuidor ou de sua família. Sem construção, ainda que tosca, não pode falar em moradia e, por consequência, em usucapião especial urbana. Por esse motivo, se nos outros tipos usucapionais a construção pouco importância tem, na usucapião comentada ocupa lugar proeminente pelo que à área construída deve ser dada atenção especial na exegese do art. 183, de modo a considerá-la igualmente abarcada pelo limite de 250 m² trazido pelo dispositivo constitucional" (FREYESLEBEN, Luiz Eduardo Ribeiro. *A usucapião especial urbana*: aspectos doutrinários e jurisprudenciais. 2. ed. Florianópolis: Livraria e Editora Obra Jurídica Ltda., 1998. p. 38).

[35] Observe a peculiaridade do § 3.º do art. 9.º, Estatuto da Cidade: "§ 3.º Para os efeitos deste artigo, o herdeiro legítimo continua, de pleno direito, a posse de seu antecessor, desde que já resida no imóvel por ocasião da abertura da sucessão".

"PROCESSO CIVIL. USUCAPIÃO. POSSE. *ANIMUS DOMINI* NÃO CONFIGURADO. EMBARGOS DE DECLARAÇÃO. OMISSÃO. INEXISTÊNCIA.

1. O Tribunal não está obrigado a pronunciar-se acerca de todos os artigos de lei invocados no recurso especial, desde que decida a matéria suscitada, adotando fundamento suficiente para embasar a manifestação jurisdicional. A omissão que enseja o cabimento dos embargos diz respeito a questões apreciadas, não aos argumentos trazidos no recurso.

2. A mera repetição dos fundamentos da sentença pelo acórdão da apelação, a princípio, não acarreta prestação jurisdicional deficiente, desde que tais fundamentos contenham a análise dos pontos controvertidos submetidos à decisão judicial.

3. <u>Imóveis destinados à população de baixa renda e financiados por meio do Sistema Financeiro de Habitação, gerido pela Caixa Econômica Federal, não estão sujeitos à aquisição originária pela usucapião urbana especial do Estatuto da Cidade se, no período de cinco anos de posse previsto no art. 9.º da Lei n. 10.257/2001, a CEF promovia os atos jurídicos necessários à retomada e refinanciamento.</u>

(...)

5. Recurso especial desprovido".

(REsp 1.221.243/PR, rel. Min. JOÃO OTÁVIO DE NORONHA, TERCEIRA TURMA, julgado em 25-2-2014, *DJe* 10-3-2014) (grifamos)

Quanto ao procedimento, o art. 14 do Estatuto da Cidade estabelece que deve ser observado o rito sumário.

Nessa linha, já decidiu o Superior Tribunal de Justiça:

"RECURSO ESPECIAL. AÇÃO DE USUCAPIÃO ESPECIAL URBANA. LEI N. 10.257/2001. ESTATUTO DA CIDADE. CITAÇÃO DOS CONFINANTES. NECESSIDADE. DISCUSSÃO ANALISADA SOB A ÓTICA DO CPC DE 1973. MANUTENÇÃO DA EXTINÇÃO DO PROCESSO SEM RESOLUÇÃO DO MÉRITO. DESATENDIMENTO À DETERMINAÇÃO DE EMENDA À PETIÇÃO INICIAL. RECURSO NÃO PROVIDO.

1. O art. 14 Lei n. 10.257/2001 determina que a ação de usucapião especial urbana deve observar o rito sumário.

2. Não há incompatibilidade entre o rito sumário com a citação do titular da propriedade e de todos os confinantes e confrontantes do imóvel usucapiendo, admitindo-se, inclusive, a comunicação via edital.

3. Em regra, seja qual for o procedimento a ser adotado na ação de usucapião – ordinário, sumário ou especial –, é de extrema relevância a citação do titular do registro, assim como dos confinantes e confrontantes do imóvel usucapiendo.

4. A questão acerca de a propriedade usucapienda ser um apartamento não foi objeto do recurso especial, tampouco restou debatida nas instâncias ordinárias. Tema não apreciado pelo órgão colegiado.

5. Recurso especial não provido".

(REsp 1.275.559/ES, rel. Min. LUIS FELIPE SALOMÃO, QUARTA TURMA, julgado em 7-6-2016, *DJe* 16-8-2016)

Com o fim do rito sumário, deve ser aplicado, em nosso sentir, o art. 1.049 do CPC/2015, cuja análise fizemos no tópico anterior.

É interessante salientar, em conclusão, na linha da jurisprudência do Supremo Tribunal Federal, que se deve "reconhecer o direito à usucapião especial urbana, independente da limitação de área mínima para registro de imóveis imposta por lei municipal, uma vez preenchidos os requisitos do artigo 183 da Constituição Federal (CF)"[36].

> "Recurso extraordinário. Repercussão geral. Usucapião especial urbana. Interessados que preenchem todos os requisitos exigidos pelo art. 183 da Constituição Federal. Pedido indeferido com fundamento em exigência supostamente imposta pelo plano diretor do município em que localizado o imóvel. Impossibilidade. A usucapião especial urbana tem raiz constitucional e seu implemento não pode ser obstado com fundamento em norma hierarquicamente inferior ou em interpretação que afaste a eficácia do direito constitucionalmente assegurado. Recurso provido. 1. Módulo mínimo do lote urbano municipal fixado como área de 360 m². Pretensão da parte autora de usucapir porção de 225 m², destacada de um todo maior, dividida em composse. 2. Não é o caso de declaração de inconstitucionalidade de norma municipal. 3. Tese aprovada: preenchidos os requisitos do art. 183 da Constituição Federal, o reconhecimento do direito à usucapião especial urbana não pode ser obstado por legislação infraconstitucional que estabeleça módulos urbanos na respectiva área em que situado o imóvel (dimensão do lote). 4. Recurso extraordinário provido".
>
> (RE 422.349/RS, rel. Min. DIAS TOFFOLI, julgado em 29-4-2015)

3.5. Usucapião especial urbana coletiva (art. 10 do Estatuto da Cidade)

O Estatuto da Cidade disciplina uma interessante forma de usucapião, decorrente da posse coletiva em área urbana:

> "Art. 10. Os núcleos urbanos informais existentes sem oposição há mais de cinco anos e cuja área total dividida pelo número de possuidores seja inferior a duzentos e cinquenta metros quadrados por possuidor são suscetíveis de serem usucapidos coletivamente, desde que os possuidores não sejam proprietários de outro imóvel urbano ou rural. (Redação dada pela Lei n. 13.465, de 2017)
>
> § 1.º O possuidor pode, para o fim de contar o prazo exigido por este artigo, acrescentar sua posse à de seu antecessor, contanto que ambas sejam contínuas.
>
> § 2.º A usucapião especial coletiva de imóvel urbano será declarada pelo juiz, mediante sentença, a qual servirá de título para registro no cartório de registro de imóveis.
>
> § 3.º Na sentença, o juiz atribuirá igual fração ideal de terreno a cada possuidor, independentemente da dimensão do terreno que cada um ocupe, salvo hipótese de acordo escrito entre os condôminos, estabelecendo frações ideais diferenciadas.
>
> § 4.º O condomínio especial constituído é indivisível, não sendo passível de extinção, salvo deliberação favorável tomada por, no mínimo, dois terços dos condôminos, no caso de execução de urbanização posterior à constituição do condomínio.
>
> § 5.º As deliberações relativas à administração do condomínio especial serão tomadas por maioria de votos dos condôminos presentes, obrigando também os demais, discordantes ou ausentes".

O dispositivo sob comento não apenas consagra o direito de propriedade derivado da prescrição aquisitiva em favor de "núcleos urbanos informais existentes sem oposição há mais de cinco anos e cuja área total dividida pelo número de possuidores seja inferior a

---

[36] Disponível em: <http://www.stf.jus.br/portal/cms/verNoticiaDetalhe.asp?idConteudo=290510>. Acesso em: 15 abr. 2018.

duzentos e cinquenta metros quadrados por possuidor", mas também prevê a criação, por ato judicial, de um condomínio.

Na linha da redação anterior deste artigo, que fazia menção à "população de baixa renda", pensamos que o instituto sob comento tem, de fato, por meta precípua, contemplar os menos abastados.

Ao menos é assim na letra da lei, e esperamos que, na prática, os menos afortunados – que, efetivamente, imprimam destinação socioeconômica ao imóvel – sejam beneficiados.

Reforça essa linha de entendimento a constatação de a Lei n. 13.465 de 2017, que alterou o art. 10 do Estatuto da Cidade, haver, expressamente, previsto, em seu art. 9.º, que seriam instituídas, nacionalmente, normas gerais e procedimentos aplicáveis à **Regularização Fundiária Urbana (Reurb), a qual abrangeria medidas jurídicas, urbanísticas, ambientais e sociais destinadas à incorporação dos <u>núcleos urbanos informais</u> ao ordenamento territorial urbano e à titulação de seus ocupantes.**

E, embora estejamos diante de um conceito aberto ou indeterminado ("núcleos urbanos informais"), a projeção da norma à nossa realidade conduz-nos à firme conclusão de que tais núcleos, em essência, são compostos por pessoas de baixa renda[37].

Pois bem.

A usucapião especial urbana coletiva recebeu, por parte de MORAES SALLES, duras críticas, na medida em que o ilustre autor entende que a sua consagração incrementaria o grave problema das favelas brasileiras:

> "A meta do Poder Público deveria ser a de eliminar as favelas, possibilitando a seus moradores a transferência para habitações populares condignas, construídas sob o patrocínio da Administração e acessíveis ao bolso de pessoas menos favorecidas.
>
> Ao contrário, entretanto, surge o legislador e dá à luz preceito como o art. 10 do Estatuto da Cidade, que, como dissemos, só irá servir para gerar um problema gravíssimo que é o da perpetuação das favelas"[38]!

De nossa parte, não estamos tão certos de que esse dispositivo resultará no incremento da favelização, processo desencadeado, principalmente, pela falta de políticas públicas efetivas, especialmente no que toca ao uso ordenado do solo e à observância do Plano Diretor municipal.

Observe-se que o autor também aponta a complexidade na aplicação prática desta modalidade de usucapião coletiva – o que de fato deve ocorrer – a exemplo da dificuldade da prova de que centenas ou milhares de pessoas não são proprietárias de outro imóvel

---

[37] Nessa linha, ainda, confira-se, na Lei n. 13.465/2017:

Art. 13. A Reurb compreende duas modalidades:

I – Reurb de Interesse Social (Reurb-S) – regularização fundiária aplicável aos núcleos urbanos informais ocupados predominantemente por população de baixa renda, assim declarados em ato do Poder Executivo municipal; e

II – Reurb de Interesse Específico (Reurb-E) – regularização fundiária aplicável aos núcleos urbanos informais ocupados por população não qualificada na hipótese de que trata o inciso I deste artigo.

[38] SALLES, José Carlos de Moraes. Op. cit. p. 319.

urbano ou rural[39], requisito exigido pelo referido art. 10 para o reconhecimento da prescrição aquisitiva.

Por fim, vale mencionar que esta modalidade de usucapião assemelha-se, posto não se identifique, ao controvertido instituto previsto nos §§ 4.º e 5.º do art. 1.228 do Código Civil, analisado em seguida.

3.6. Usucapião rural coletiva (art. 1.228, §§ 4.º e 5.º, do Código Civil)[40]

Temos, aqui, um dos dispositivos mais controvertidos do Código Civil Brasileiro.

O § 4.º do art. 1.228 do Código Civil dispõe que o proprietário também pode ser privado da coisa se o imóvel reivindicado consistir em extensa área, na posse ininterrupta e de boa-fé, por mais de cinco anos, de considerável número de pessoas, e estas nela houverem realizado, em conjunto ou separadamente, obras e serviços considerados pelo juiz de interesse social e econômico relevante.

Trata-se de instituto jurídico muito peculiar, e que, se analisado com bastante atenção, poderá causar-nos uma desagradável sensação de desconforto, provocada por contundentes indagações.

E tal inquietude ganha fôlego em face dos desencontros doutrinários que se seguiram à entrada em vigor do referido dispositivo.

Seria esta modalidade uma nova forma de "desapropriação"?

Ou teria o codificador criado uma modalidade peculiar de "usucapião especial ou coletivo"?

Se essas são as modalidades mais comuns em que se tenta enquadrar o instituto, é preciso explicitar que não são as únicas.

De fato, há muito mais do que duas direções.

Em verdade, argumentos há, apontando para várias direções!

MARIA HELENA DINIZ, por exemplo, afirmou que a previsão seria uma espécie de "*posse-trabalho*", lecionando:

> "Trata-se, como nos ensina Miguel Reale, de uma inovação substancial do Código Civil, fundada na função social da propriedade, que dá proteção especial à *posse-trabalho*, isto é, à posse traduzida em trabalho criador, quer se concretize na construção de uma morada, quer se manifeste em investimentos de caráter produtivo ou cultural. Essa posse qualificada é enriquecida pelo valor laborativo, pela realização de obras ou serviços produtivos e pela construção de uma residência"[41].

---

[39] Idem.

[40] Tópico elaborado com base em artigo publicado, em abril/maio de 2006, por um dos coautores desta obra: GAGLIANO, Pablo Stolze. Controvérsias constitucionais acerca do usucapião coletivo. *Revista Jus Navigandi*, Teresina, ano 11, n. 1.063, 30 maio 2006. Disponível em: <https://jus.com.br/artigos/8318>. Acesso em: 20 set. 2016, e também em reflexão produzida pelo outro coautor, Rodolfo Pamplona Filho, em pioneiro artigo escrito em parceria com CAMILO DE LÉLIS COLANI BARBOSA (PAMPLONA FILHO, Rodolfo; BARBOSA, Camilo de Lelis Colani. Compreendendo os novos limites à propriedade: uma análise do artigo 1.228 do Código Civil brasileiro. *Revista Trabalhista Direito e Processo*, Rio de Janeiro: Forense, out./nov./dez. 2004, v. 12, p. 3-22).

[41] DINIZ, Maria Helena. *Curso de Direito Civil Brasileiro*: Direito das Coisas. 32. ed. São Paulo: Saraiva, 2018. v. 4. p. 239.

Outra interessante teoria buscou estabelecer a natureza jurídica dessa modalidade de perda da propriedade como o exercício de um direito processual, sendo encampada inicialmente, de forma explícita, por FREDIE DIDIER JÚNIOR e, implicitamente, pelo grande Ministro TEORI ALBINO ZAVASCKI.

Trata-se de teoria que propugna que o instituto, ao contrário do que aparentemente se vislumbra, não seria uma forma originária de perda, pela via judicial, da propriedade, mas sim o exercício de um contradireito, pela via processual, para a produção de efeitos na relação jurídica de direito material.

É o que se infere da seguinte transcrição:

"Todavia, comparações à parte, o que o novo instituto faculta ao juiz não é desapropriar o bem, mas sim converter a prestação devida pelos réus, que de específica (de restituir a coisa vindicada) passa a ser alternativa (de indenizá-la em dinheiro). Nosso sistema processual prevê várias hipóteses dessa natureza, notadamente em se tratando de obrigações de fazer e de obrigações de entregar a coisa.

É de se mencionar, pela similitude com a situação em exame, o caso em que há apossamento de bem particular pelo poder público, sem o devido processo legal de desapropriação (desapropriação nula). Também, nesse caso, nega-se ao proprietário a faculdade de reivindicá-lo – seja por ação reivindicatória, seja por interditos possessórios – convertendo-se a prestação em perdas e danos. É o que estabelece a Lei das Desapropriações (DL n. 3.365/1941), art. 35: 'Os bens expropriados, uma vez incorporados à Fazenda Pública, não podem ser objeto de reivindicação, ainda que fundada em nulidade do processo de desapropriação. Qualquer ação, julgada procedente, resolver-se-á em perdas e danos'. No mesmo sentido: Estatuto da Terra (Lei n. 4.504, de 30.11.64), art. 23 e a LC n. 76, de 06.07.93, art. 21, tratando da desapropriação para fins de reforma agrária. No caso da denominada 'desapropriação judicial', ora em comento, a situação fática valorizada no projeto é também a incorporação do imóvel a uma função social, representada pelas obras e serviços relevantes nele implantados. Solução em tudo semelhante, atribuindo ao juiz a possibilidade de converter prestação específica em alternativa – e cuja constitucionalidade não é posta em questão – é dada pelo novo Código no parágrafo único do art. 1.255, nos casos em que alguém edifica ou planta em terreno alheio. Nesses casos, diz o dispositivo, 'se a construção ou a plantação exceder consideravelmente o valor do terreno, aquele que, de boa-fé, plantou ou edificou adquirirá a propriedade do solo, mediante indenização fixada judicialmente, se não houver acordo'. Como se vê, é situação assemelhada à do referido § 4.º: lá como aqui, converte-se a prestação específica de restituir a coisa em prestação alternativa de repô-la em dinheiro"[42].

De fato, nessa linha, a indenização, mencionada no § 5.º, seria fixada pelo juiz, mas adimplida pelos possuidores, para a aquisição da propriedade do imóvel reivindicado. Assim, não se teria nem uma desapropriação, nem uma usucapião, mas sim uma alienação compulsória do imóvel, transferindo-se a propriedade aos ocupantes.

A concepção de que tal instituto seria um "contradireito" está justamente no fato de que tal aquisição se daria compulsoriamente, sem direito à recusa pelo proprietário, o que é uma característica de um direito potestativo.

---

[42] ZAVASCKI, Teori Albino. A tutela da posse na Constituição e no projeto do Código Civil. In: MARTINS-COSTA, Judith (Org.). *A reconstrução do direito privado*. São Paulo: Revista dos Tribunais, 2002. p. 853-854.

Tal corrente de pensamento, embora muito bem fundamentada, dado o brilhantismo de seus defensores, não encontrou ampla guarida no restante da doutrina especializada.

Com efeito, pelo prisma topográfico, e seguindo um critério de interpretação sistemática, tem-se a nítida impressão de que se consagrou uma nova modalidade expropriatória, uma espécie de "desapropriação judicial".

Isso porque, no parágrafo antecedente[43], o legislador, a teor do art. 5.º, XXIV, da Constituição Federal, regulou, expressamente, as hipóteses de desapropriação por necessidade ou utilidade pública e interesse social, para, em seguida, dispor, no dispositivo sob comento, que o proprietário "também" poderia ser privado da coisa, em função da posse exercida por terceiro, mediante pagamento de indenização (§§ 4.º e 5.º).

Ora, ao utilizar a palavra "também" e fazer referência à indenização a ser paga ao expropriado, transparece que foi acrescentada mais uma modalidade de desapropriação ao rol elencado no parágrafo anterior.

Defendendo a natureza expropriatória do instituto, MONICA AGUIAR, da Universidade Federal da Bahia, em excelente artigo, observa:

> "Essa desapropriação realizada diretamente pelo Poder Judiciário, sem intervenção prévia de outros Poderes é figura nova em nosso sistema positivo... Em um mesmo artigo – § 4.º do art. 1228 – o legislador faz uso de vários conceitos jurídicos indeterminados: considerável, para qualificar o número de pessoas; de interesse social e econômico, para adjetivar as obras e serviços e extensa, para identificar a área. Abre-se, então, um aparente leque de possibilidades para o preenchimento do conteúdo jurídico desses conceitos pelo Magistrado que, conforme relatado, será o artífice dessa desapropriação"[44].

Entretanto, outros autores, também de inegável valor, sustentam tratar-se de modalidade nova de usucapião.

Nesse mesmo diapasão, EDUARDO CAMBI, respeitado jurista, após mencionar que se cuida de usucapião coletivo, pondera que:

> "Trata-se de instituto jurídico novo e autônomo, cuja diferença essencial, em relação aos imóveis urbanos, está no tamanho, por extrapolar os 250 m² (duzentos e cinquenta metros quadrados), previstos no art. 183 da CF, para a usucapião especial. Além disso, o novo Código Civil vai além da Lei n. 10.257/2001, pois estende o instituto aos imóveis rurais, não contemplados no Estatuto da Cidade"[45].

Nessa linha de raciocínio, uma vez que a perda da propriedade se dá pela posse exercida por uma coletividade de pessoas, dentro de um lapso de tempo previsto em lei (5 anos), há de se reconhecer uma efetiva aproximação deste peculiar instituto com a prescrição aquisitiva.

---

[43] Código Civil, art. 1.228, § 3.º: O proprietário pode ser privado da coisa, nos casos de desapropriação, por necessidade ou utilidade pública ou interesse social, bem como no de requisição, em caso de perigo público iminente.

[44] Texto gentilmente cedido pela autora, quando da elaboração do artigo que serviu de base para este tópico, acima citado.

[45] CAMBI, Eduardo. Aspectos inovadores da propriedade no Novo Código Civil. *Revista Trimestral de Direito Civil*. Rio de Janeiro: PADMA, 2000. p. 38.

Ademais, valorizando a posse, chegaríamos à conclusão de que o legislador pretendeu criar, por meio desse instituto, um instrumento de socialização da terra, previsto para aquelas situações em que o descaso do proprietário justificaria a perda do seu imóvel, em favor dos efetivos possuidores da área.

Nota-se, ademais, a utilização de inúmeros conceitos abertos ou indeterminados (como extensa área de terra, boa-fé, interesse social e econômico), que deverão ser devidamente preenchidos pelo magistrado, no caso concreto, com cautela e diligência, a fim de evitar a indesejável insegurança jurídica.

Encarando o instituto como modalidade de usucapião, não se deixaria de atender, também, ao princípio constitucional da função social da posse e da propriedade, compensando aqueles que dão destinação útil ao imóvel, e minimizando-se (ao menos no plano legal) os conflitos possessórios coletivos[46].

Mas, ainda que se cuide de um novo tipo de usucapião, não se pode negar a sua natureza peculiar, eis que há previsão de pagamento em favor do (antigo) proprietário, o que nos levaria a concluir tratar-se de uma "usucapião onerosa".

E, nesse ponto, uma pergunta surge imediatamente: quem arcaria com essa indenização? O Código Civil não é claro:

> "Art. 1.228 § 5.º No caso do parágrafo antecedente, o juiz fixará a justa indenização devida ao proprietário; pago o preço, valerá a sentença como título para o registro do imóvel em nome dos possuidores".

Segundo a Professora MONICA AGUIAR, no mencionado artigo, a indenização deveria ser arcada pela União ou pelo Município, caso se trate de expropriação rural ou urbana:

> "Para os imóveis rurais, não resta dúvida que essa indenização deve ser arcada pela União, quer por força do comando do art. 184 a 186 da Constituição Federal, quer por observância dos critérios estabelecidos pela Lei 8.629 de 25.2.93 com a redação que lhe foi conferida pela Lei 10.279 de 12.09.2001 e Lei complementar 76, de 6.7.1993. Ocorre que o instituto, em que pese não haver qualquer limitação expressa na legislação, foi concebido tendo em vista, especialmente os imóveis localizados em área urbana. Nessa hipótese, inadmissível a aplicação direta dos mencionados dispositivos. Perceba-se, outrossim, que não é exigida, como ocorre com a usucapião, o exercício da posse com *animus domini*. Parece que o ônus será do Município em que localizada a área, haja vista que o comando do plano diretor da cidade é de competência exclusivamente municipal. Há uma corres-

---

[46] A discussão acerca da natureza do instituto, em doutrina, é longa: "Numa terceira linha de entendimento quanto à natureza jurídica do instituto previsto no artigo 1.228, parágrafos 4.º e 5.º, Pablo Rentería, de forma isolada na doutrina, sustenta o cabimento da natureza de acessão invertida social (...) Gustavo Tepedino, mudando de opinião sobre o tema, defende em obra recente que o instituto em análise não seria modalidade de usucapião, nem mesmo modalidade de desapropriação, seria sim, um instituto aplicável como matéria de defesa em ações reivindicatórias, de forma a se substituir a obrigação de restituir a coisa pelo pagamento da respectiva indenização" (ALVES, Fernanda Valeriano. *Questões polêmicas acerca do artigo 1.228, parágrafos 4.º e 5.º do Código Civil de 2002*. (Artigo científico apresentado à Escola da Magistratura do Estado do Rio de Janeiro, como exigência para obtenção do título de Pós-Graduação.) Rio de Janeiro, 2011. Disponível em: <http://www.emerj.tjrj.jus.br/paginas/trabalhos_conclusao/1semestre2011/trabalhos_12011/FernandaValerianoAlves.pdf>. Acesso em: 21 set. 2016).

ponsabilidade na tolerância da ocupação de terrenos com a criação de verdadeiras favelas, nascidas de invasões pelos que não têm moradia"[47].

Em julgado do eminente Ministro GURGEL DE FARIA, o Superior Tribunal de Justiça entendeu que a indenização deveria ser arcada pelo ente público (REsp 1.442.440/AC):

"PROCESSUAL CIVIL E ADMINISTRATIVO. REINTEGRAÇÃO DE POSSE. CASO CONCRETO. IMPOSSIBILIDADE. INVASÃO DO IMÓVEL POR MILHARES DE FAMÍLIAS DE BAIXA RENDA. OMISSÃO DO ESTADO EM FORNECER FORÇA POLICIAL PARA O CUMPRIMENTO DO MANDADO JUDICIAL. APOSSAMENTO ADMINISTRATIVO E OCUPAÇÃO CONSOLIDADA. AÇÃO REINTEGRATÓRIA. CONVERSÃO EM INDENIZATÓRIA. POSTERIOR EXAME COMO DESAPROPRIAÇÃO JUDICIAL. SUPREMACIA DO INTERESSE PÚBLICO E SOCIAL SOBRE O PARTICULAR. INDENIZAÇÃO. RESPONSABILIDADE DO ESTADO E DO MUNICÍPIO. JULGAMENTO *EXTRA PETITA* E *REFORMATIO IN PEJUS*. NÃO OCORRÊNCIA. LEGITIMIDADE *AD CAUSAM*. JUSTO PREÇO. PARÂMETROS PARA A AVALIAÇÃO. SUPRESSÃO DE INSTÂNCIA. CÁLCULO DO VALOR. LIQUIDAÇÃO DE SENTENÇA.

1. O Plenário do STJ decidiu que 'aos recursos interpostos com fundamento no CPC/1973 (relativos a decisões publicadas até 17 de março de 2016) devem ser exigidos os requisitos de admissibilidade na forma nele prevista, com as interpretações dadas até então pela jurisprudência do Superior Tribunal de Justiça' (Enunciado Administrativo n. 2).

2. Hipótese em que a parte autora, a despeito de ter conseguido ordem judicial de reintegração de posse desde 1991, encontra-se privada de suas terras até hoje, ou seja, há mais de 2 (duas) décadas, sem que tenha sido adotada qualquer medida concreta para obstar a constante invasão do seu imóvel, seja por ausência de força policial para o cumprimento do mandado reintegratório, seja em decorrência dos inúmeros incidentes processuais ocorridos nos autos ou em face da constante ocupação coletiva ocorrida na área, por milhares de famílias de baixa renda.

3. Constatada, no caso concreto, a impossibilidade de devolução da posse à proprietária, o Juiz de primeiro grau converteu, de ofício, a ação reintegratória em indenizatória (desapropriação indireta), determinando a emenda da inicial, a fim de promover a citação do Estado e do Município para apresentar contestação e, em consequência, incluí-los no polo passivo da demanda.

4. O Superior Tribunal de Justiça já se manifestou no sentido da possibilidade de conversão da ação possessória em indenizatória, em respeito aos princípios da celeridade e economia processuais, a fim de assegurar ao particular a obtenção de resultado prático correspondente à restituição do bem, quando situação fática consolidada no curso da ação exigir a devida proteção jurisdicional, com fulcro nos arts. 461, § 1.º, do CPC/1973.

5. A conversão operada na espécie não configura julgamento *ultra petita* ou *extra petita*, ainda que não haja pedido explícito nesse sentido, diante da impossibilidade de devolução da posse à autora, sendo descabido o ajuizamento de outra ação quando uma parte do imóvel já foi afetada ao domínio público, mediante apossamento administrativo, sendo a outra restante ocupada de forma precária por inúmeras famílias de baixa renda com a intervenção do Município e do Estado, que implantaram toda a infraestrutura básica no local, tornando-se a área bairros urbanos.

---

[47] AGUIAR, Mônica. Op. cit.

6. Não há se falar em violação ao princípio da congruência, devendo ser aplicada à espécie a teoria da substanciação, segundo a qual apenas os fatos vinculam o julgador, que poderá atribuir-lhes a qualificação jurídica que entender adequada ao acolhimento ou à rejeição do pedido, como fulcro nos brocardos *iura novit curia* e *mihi factum dabo tibi ius* e no art. 462 do CPC/1973.

7. Caso em que, ao tempo do julgamento do primeiro grau, a lide foi analisada à luz do disposto no art. 1.228, §§ 4.º e 5.º, do CC/2002, que trata da desapropriação judicial, chamada também por alguns doutrinadores de desapropriação por posse-trabalho ou de desapropriação judicial indireta, cujo instituto autoriza o magistrado, sem intervenção prévia de outros Poderes, a declarar a perda do imóvel reivindicado pelo particular em favor de considerável número de pessoas que, na posse ininterrupta de extensa área, por mais de cinco anos, houverem realizado obras e serviços de interesse social e econômico relevante.

8. Os conceitos abertos existentes no art. 1.228 do CC/2002 propiciam ao magistrado uma margem considerável de discricionariedade ao analisar os requisitos para a aplicação do referido instituto, de modo que a inversão do julgado, no ponto, demandaria o reexame do conjunto fático-probatório, providência vedada no âmbito do recurso especial, em face do óbice da Súmula 7 do STJ.

9. Não se olvida a existência de julgados desta Corte de Justiça no sentido de que 'inexiste desapossamento por parte do ente público ao realizar obras de infraestrutura em imóvel cuja invasão já se consolidara, pois a simples invasão de propriedade urbana por terceiros, mesmo sem ser repelida pelo Poder Público, não constitui desapropriação indireta' (AgRg no REsp 1.367.002/MG, Rel. Ministro Mauro Campbell Marques, Segunda Turma, julgado em 20/06/2013, *DJe* 28/06/2013).

10. Situação em que tal orientação não se aplica ao caso estudado, pois, diante dos fatos delineados no acórdão recorrido, não há dúvida de que os danos causados à proprietária do imóvel decorreram de atos omissivos e comissivos da administração pública, tendo em conta que deixou de fornecer a força policial necessária para o cumprimento do mandado reintegratório, ainda na fase inicial da invasão, permanecendo omissa quanto ao surgimento de novas habitações irregulares, além de ter realizado obras de infraestrutura no local, com o objetivo de garantir a função social da propriedade, circunstâncias que ocasionaram o desenvolvimento urbano da área e a desapropriação direta de parte do bem.

11. <u>O Município de Rio Branco, juntamente com o Estado do Acre, constituem sujeitos passivos legítimos da indenização prevista no art. 1.228, § 5.º, do CC/2002, visto que os possuidores, por serem hipossuficientes, não podem arcar com o ressarcimento dos prejuízos sofridos pelo proprietário do imóvel (ex vi do Enunciado 308 Conselho da Justiça Federal).</u>

12. Diante da procedência parcial da ação indenizatória contra a Fazenda Pública municipal, tem-se aplicável, além do recurso voluntário, o reexame necessário, razão pela qual não se vislumbra a alegada ofensa aos arts. 475 e 515 do CPC/1973, em face da reinclusão do Estado do Acre no polo passivo da demanda, por constituir a legitimidade *ad causam* matéria de ordem pública, passível de reconhecimento de ofício, diante do efeito translativo.

13. A solução da controvérsia exige que sejam levados em consideração os princípios da proporcionalidade, da razoabilidade e da segurança jurídica, em face das situações jurídicas já consolidadas no tempo, de modo a não piorar uma situação em relação à qual se busca a pacificação social, visto que 'é fato público e notório que a área sob julgamento, atualmente, corresponde a pelo menos quatro bairros dessa cidade (Rio Branco), onde

vivem milhares de famílias, as quais concedem função social às terras em litígio, exercendo seu direito fundamental social à moradia'.

14. Os critérios para a apuração do valor da justa indenização serão analisados na fase de liquidação de sentença, não tendo sido examinados pelo juízo da primeira instância, de modo que não podem ser apreciados pelo Tribunal de origem, tampouco por esta Corte Superior, sob pena de supressão de instância.

15. Recursos especiais parcialmente conhecidos e, nessa extensão, desprovidos".

(REsp 1.442.440/AC, rel. Min. GURGEL DE FARIA, PRIMEIRA TURMA, julgado em 7-12-2017, *DJe* 15-2-2018) (grifamos)

TEORI ZAWASCKI e EDUARDO CAMBI, autores supramencionados, por sua vez, entendem que o pagamento seria feito pelos próprios possuidores, prescribentes da referida área, cada um no âmbito da natureza jurídica que defendem acerca do instituto.

Em outro plano, CARLOS ALBERTO DABUS MALUF, diante da falta de previsibilidade legal, reputa o referido artigo inconstitucional:

> "Tal forma de usucapião aniquila o direito de propriedade previsto na Lei Maior, configurando um verdadeiro confisco, pois, como já dissemos, incentiva a invasão de terras urbanas, subtrai a propriedade do seu titular, sem ter ele direito a qualquer indenização"[48].

De fato, embora não enfrentemos o problema pelo viés exclusivo do proprietário, a impressão que se tem é de que o dispositivo está fadado à ineficácia social.

Atribuir-se a obrigação indenizatória a uma das entidades federativas, sem previsão legal a respeito, afigura-se, em nosso sentir, inviável, mormente em se tratando dos Municípios brasileiros, que já se encontram em situação econômica desesperadora, não havendo, ademais, previsão constitucional específica em face desse novo instituto.

Impor a mesma obrigação aos ocupantes da terra, posição que vem ganhando força na doutrina[49], *data venia*, também não nos pareceria adequado, por uma constatação imediata: em geral os possuidores são desprovidos de recursos financeiros, e não teriam como arcar com esse pagamento.

Assim sendo, concluímos que o referido dispositivo carece de sustentação, estando condenado à ineficácia social por manifesta inviabilidade.

De um lado, prejudica-se o proprietário, por não haverem sido regulados os mecanismos efetivos de pagamento da indenização prevista; de outro, imputando-se o dever ao ocupante da terra – posição que parece ser majoritária –, estar-se-ia impedindo o plano

---

[48] MALUF, Carlos Alberto Dabus. *Novo Código Civil Comentado*. Coord. Ricardo Fiúza. São Paulo: Saraiva, 2002. p. 1099.

[49] "Na situação enfocada do Código Civil, porém, a aquisição se aproxima da desapropriação, pois de acordo com o artigo 1.228, parágrafo 5.º, o juiz fixará a justa indenização devida ao proprietário; pago o preço, a sentença valerá como título para o registro do imóvel em nome dos possuidores. Nesta situação, o Código Civil menciona que a ocupação deve ser de boa-fé, por mais de cinco anos. Haverá, sem dúvida, um procedimento custoso na execução, pois cada possuidor deverá pagar o preço referente à sua fração ideal do terreno, ou outro critério de divisão que se estabelecer na sentença" (VENOSA, Silvio de Salvo. Usucapião coletivo no Novo Código Civil. *Migalhas*, 13 jan. 2003. Disponível em: <http://www.migalhas.com.br/dePeso/16,MI944,31047-Usucapiao+coletivo+no+novo+Codigo+Civil>. Acesso em: 8 maio 2017).

nacional de política agrária e de construção de uma sociedade mais justa, nos termos da nossa Lei Maior.

Diante de tudo isso, notamos que o legislador teve grande fôlego e coragem para iniciar a redação do artigo de lei, mas acabou perdendo-se no final, ignorando aspectos relevantes para a sua plena aplicabilidade.

Melhor seria que, por meio de alteração legislativa, se adotasse uma forma típica de usucapião coletiva, semelhante àquela prevista no art. 10 do Estatuto da Cidade, vista linhas acima, sem referência alguma ao pagamento de indenização, e desde que os requisitos gerais fossem devidamente observados (posse, *animus* e tempo).

3.7. Usucapião familiar (art. 1.240-A do Código Civil)

Nos termos do art. 1.240-A do Código Civil:

> "Aquele que exercer, por 2 (dois) anos ininterruptamente e sem oposição, posse direta, com exclusividade, sobre imóvel urbano de até 250m² (duzentos e cinquenta metros quadrados) cuja propriedade divida com ex-cônjuge ou ex-companheiro que abandonou o lar, utilizando-o para sua moradia ou de sua família, adquirir-lhe-á o domínio integral, desde que não seja proprietário de outro imóvel urbano ou rural".

Trata-se de dispositivo incluído pela Lei n. 12.424 de 2011, consagrador da denominada **usucapião familiar, "pró-família"** ou **por abandono de lar conjugal**, cujo respectivo direito somente poderá ser reconhecido ao possuidor uma única vez.

Nesse contexto, merecem referência as reflexões de JOSÉ FERNANDO SIMÃO:

> "A primeira é que o instituto tem origem no direito à moradia consagrado no art. 6.º da Constituição Federal. Trata-se de norma que protege pessoas, normalmente de baixa renda, que não têm imóvel próprio, seja urbano ou rural. A redação do dispositivo exige praticamente os mesmos requisitos previstos no art. 183 da Constituição para fins da chamada usucapião urbana ou pro moradia. É de se notar, contudo, que prazo é mais exíguo que aqueles de qualquer outra modalidade de usucapião: apenas 2 anos.

> Também em razão do caráter constitucional do instituto, prevê o par. primeiro do art. 1240-A que este direito não será reconhecido ao mesmo possuidor, mais de uma vez. Imagino a seguinte situação concreta. Determinada mulher casada permanece no imóvel comum, residência da família, enquanto seu marido vai voluntariamente embora de casa e constitui nova família em cidade distante. Passados dois anos do abandono, a esposa reúne os requisitos para a usucapião familiar. Sendo proprietária do bem em razão de sentença que declara a usucapião, a esposa vende o bem. Iniciando agora uma união estável surge a mesma situação. O companheiro abandona o imóvel e a companheira dois anos depois promove a ação de usucapião. De acordo com o dispositivo, como esta mulher já usucapiu imóvel se utilizando da usucapião familiar, só poderá usucapir o bem por outra modalidade, seja ela prevista no Código Civil (usucapião extraordinária do art. 1.238) ou pela Constituição (art. 183)"[50].

---

[50] SIMÃO, José Fernando. Usucapião familiar: problema ou solução? *Jornal Carta Forense*, 4 jul. 2011. Disponível em: <http://www.cartaforense.com.br/conteudo/colunas/usucapiao-familiar-problema-ou-solucao/7273>. Acesso em: 9 maio 2017.

Todos os *standards* de família são abrangidos pela norma, inclusive os núcleos homoafetivos[51].

Com acerto, o Enunciado 501 da V Jornada de Direito Civil dispõe que "as expressões 'ex-cônjuge' e 'ex-companheiro', contidas no art. 1.240-A do Código Civil, correspondem à situação fática da separação, independentemente de divórcio".

Como se pode notar, o prazo para se operar a prescrição aquisitiva é reduzido (2 anos)[52], se compararmos com as outras formas de usucapião.

Com efeito, se o abandono do lar não é mais fundamento jurídico para o divórcio – na medida em que este direito é essencialmente potestativo e dispensa causa específica declarada[53] –, por outro lado, poderá resultar no reconhecimento da usucapião em favor do cônjuge ou companheiro que permaneceu no imóvel do casal, exercendo posse mansa, pacífica e com *animus domini*[54].

Comentando o dispositivo, escreve ELPÍDIO DONIZETTI:

"A concretude auxilia na compreensão. Marido e mulher possuem um imóvel de morada (casa ou apartamento na cidade) de até 250 m², pouco importa se adquirido com economia de ambos ou se o condomínio se formou em decorrência de união estável ou do regime de bens do casamento. O marido se engraçou por uma moçoila e foi viver esse novo amor nas ilhas Maldívias, ficando mais de dois anos sem querer saber notícias do mundo, muito menos da ex.

Resultado da aventura: se a mulher continuou a morar na casa e não era proprietária de outro imóvel urbano ou rural, adquire a totalidade do bem por usucapião. Para ver o seu direito reconhecido, basta ingressar na justiça e provar os requisitos legais. O que não vai faltar é testemunha com dor de cotovelos para dizer que o marido era um crápula"[55].

Por óbvio, esta forma de usucapião, por se tratar de modo originário de aquisição da propriedade, prevalece em face do próprio direito decorrente da meação.

---

[51] Enunciado n. 500, V Jornada de Direito Civil: "A modalidade de usucapião prevista no art. 1.240-A do Código Civil pressupõe a propriedade comum do casal e compreende todas as formas de família ou entidades familiares, inclusive homoafetivas".

[52] Enunciado n. 498, V Jornada de Direito Civil: "A fluência do prazo de 2 (dois) anos previsto pelo art. 1.240-A para a nova modalidade de usucapião nele contemplada tem início com a entrada em vigor da Lei n. 12.424/2011".

[53] Sobre o tema, confira-se nosso livro *O divórcio na atualidade* (Ed. Saraiva).

[54] Enunciado n. 499, V Jornada de Direito Civil: "A aquisição da propriedade na modalidade de usucapião prevista no art. 1.240-A do Código Civil só pode ocorrer em virtude de implemento de seus pressupostos anteriormente ao divórcio. O requisito 'abandono do lar' deve ser interpretado de maneira cautelosa, mediante a verificação de que o afastamento do lar conjugal representa descumprimento simultâneo de outros deveres conjugais, tais como assistência material e sustento do lar, onerando desigualmente aquele que se manteve na residência familiar e que se responsabiliza unilateralmente pelas despesas oriundas da manutenção da família e do próprio imóvel, o que justifica a perda da propriedade e a alteração do regime de bens quanto ao imóvel objeto de usucapião". O enunciado tenta preencher o conceito (vago ou indeterminado) de "abandono do lar". Claro está, todavia, que dependerá sobretudo, à luz do **princípio da operabilidade**, das circunstâncias do caso concreto.

[55] DONIZETTI, Elpídio. Usucapião do lar serve de consolo para o abandonado, *Consultor Jurídico*, 20 set. 2011. Disponível em: <http://www.conjur.com.br/2011-set-20/consolo-abandonado-usucapiao--lar-desfeito>. Acesso em: 22 set. 2016.

Questão interessante diz respeito à saída compulsória de um dos cônjuges, em virtude de ordem judicial, a exemplo do que se dá nas medidas de natureza acautelatórias emanadas da Lei Maria da Penha.

Neste caso, é forçoso convir, não se poderá reconhecer a prescrição aquisitiva contra quem foi compelido a se retirar da residência, mesmo que haja dado causa à medida por conta do seu mau comportamento[56].

Na mesma linha de raciocínio, se o abandono resulta de consenso ou ajuste entre os cônjuges ou companheiros, a usucapião não se concretiza:

"(...)

Cuida-se de agravo (art. 544 do CPC/73) interposto por S O de M D, em face de decisão denegatória de seguimento ao recurso especial. O apelo extremo, fundamentado no artigo 105, inciso III, alínea 'a' da Constituição Federal, desafia acórdão proferido pelo Tribunal de Justiça do Distrito Federal e dos Territórios, assim ementado (fls. 230/231, e-STJ):

(...)

4. O reconhecimento da usucapião por abandono do lar, prevista no artigo 1.240-A do Código Civil – usucapião familiar ou pró-família –, ensejando que imóvel comum passe ao domínio exclusivo de um dos cônjuges à margem do regime de bens que norteara-o casamento, tem como premissa o *animus abandonandi* do cônjuge que deixa o imóvel no qual estava estabelecido o lar conjugal, determinando que o consorte que nele permanecera assumisse os encargos gerados pela coisa e pela família, não satisfazendo essa premissa a separação de fato realizada de comum acordo, conquanto tenha resultado na saída do varão do lar conjugal e a permanência da cônjuge virago no imóvel comum.

(...)

1. Atendidos os pressupostos de admissibilidade do agravo. Da análise do recurso especial, constata-se a relevância das razões deduzidas, o que autoriza a reautuação dos autos, nos termos do artigo 253, inciso II, alínea d, do RISTJ, sem prejuízo do ulterior juízo definitivo de admissibilidade acerca do apelo extremo.

2. Do exposto, conheço do agravo para determinar a reautuação dos autos como recurso especial, para melhor exame da controvérsia.

Publique-se. Intimem-se. Brasília (DF), 10 de junho de 2016".

(STJ, Ag em REsp 638.670/DF (2014/0286660-0), rel. Min. MARCO BUZZI, 20-6-2016).

Portanto, o abandono deverá resultar de comportamento voluntário e unilateral, para que se possa configurar esta especial modalidade de usucapião, independentemente da investigação da culpa.

---

[56] É preciso ter em mente que o requisito para esta modalidade de usucapião é, portanto, o **abandono voluntário**. Confira-se o Enunciado 595, da VII Jornada de Direito Civil: "O requisito 'abandono do lar' deve ser interpretado na ótica do instituto da usucapião familiar como abandono voluntário da posse do imóvel somado à ausência da tutela da família, não importando em averiguação da culpa pelo fim do casamento ou união estável. Revogado o Enunciado 499".

Nesse sentido, o grande civilista LUIZ EDSON FACHIN, Ministro do Supremo Tribunal Federal:

> "O segundo ponto a ser superado diz respeito ao emprego do termo 'abandono de lar'. Com efeito, o termo remonta à vetusta e superada hipótese de dissolução culposa do vínculo familiar, e não pode ser interpretado nesse sentido sob pena de inadequação às famílias contemporâneas, uma vez que o vínculo conjugal é vivencialmente (des)constituído. Isso não requer seja o abandono registrado de maneira formal em um cartório ou em uma delegacia, por meio de boletim de ocorrência. Essa complexidade agrava a determinação do *dies a quo* do prazo da usucapião, que deverá ser comprovado de outra forma, com testemunhas, fotografias ou outros dados concretos que caracterizem o abandono. É este um ônus do usucapiente.
>
> Quanto à abrangência do termo 'abandono de lar', verifica-se que não se trata da simples saída do lar, mesmo porque hoje até mesmo o dever de vida comum não se confunde com coabitação, restando relativizado pelo eudemonismo e pela livre construção da personalidade de maneira responsável e correlacional. Abandonar é abdicar, uma expressão de fato ou da *liberdade vivida*"[57].

Com efeito, estamos diante de um instituto que, além de imprimir concretude ao princípio da função social, resguarda o direito constitucional à moradia, preservando a estabilidade de quem permaneceu exercendo atos de posse sobre o imóvel que, até então, serviu de lar para o núcleo afetivo que se desfez.

3.8. Usucapião indígena

O instituto da usucapião indígena é previsto no Estatuto do Índio (Lei n. 6.001 de 1973):

> "Art. 33. O índio, integrado ou não, que ocupe como próprio, por **dez** anos consecutivos, trecho de terra inferior a cinquenta hectares, adquirir-lhe-á a propriedade plena.
>
> Parágrafo único. O disposto neste artigo não se aplica às terras do domínio da União, ocupadas por grupos tribais, às áreas reservadas de que trata esta Lei, nem às terras de propriedade coletiva de grupo tribal".

Comentando o dispositivo, escreve TAUÃ RANGEL:

> "O primeiro dos requisitos materializadores da usucapião indígena atina-se à metragem máxima da área usucapienda que não poderá superar 50 (cinquenta) hectares. Trata-se, pois, de modalidade limitada à área rural, não havendo previsão de tal espécie de usucapião em áreas consideradas urbanas. O segundo, por seu turno, exige que a posse, tal como ocorre com as demais espécies de prescrição aquisitiva, seja exercida de modo manso e pacífico, sem oponibilidade, pelo período de dez (10) anos. Ao lado disso, o terceiro requisito é que a posse seja exercida por indígena, independentemente de ser ele integrado ou não; este último elemento é o aspecto caracterizador do instituto em comento, porquanto não sendo indígena, por óbvio, não poderá valer-se das disposições que os protegem"[58].

---

[57] FACHIN, Luiz Edson. A constitucionalidade da usucapião familiar do artigo 1.240-A do Código Civil brasileiro, *Jornal Carta Forense*, 3 out. 2011. Disponível em: <http://www.cartaforense.com.br/conteudo/artigos/a-constitucionalidade-da-usucapiao-familiar-do-artigo-1240-a-do-codigo-civil-brasileiro/7733>. Acesso em: 9 maio 2017.

[58] RANGEL, Tauã Lima Verdan. Da usucapião indígena: explicitações à modalidade consagrada no Estatuto do Índio (Lei n. 6.001/1973), *Boletim Jurídico*, Uberaba/MG, ano 13, n. 1.237.

Trata-se de modalidade pouco conhecida de usucapião, mas que merece referência.

Certamente, diante das outras modalidades de usucapião, especialmente constitucionais (que consagram prazo menor), essa categoria não terá a aplicação social esperada.

A título de complementação, observamos que se prefere, hoje, a expressão "indígena", em vez de "índio", conforme se pode notar na recente alteração determinada pela Lei n. 13.146 de 2015, realizada no parágrafo único do art. 4.º do Código Civil.

3.9. Usucapião administrativa (art. 1.071 do Código de Processo Civil)

O art. 1.071 do Código de Processo Civil alterou a Lei de Registros Públicos (Lei n. 6.015 de 1973), para fazer constar a disciplina de uma forma extrajudicial ou administrativa de usucapião.

Vale dizer, este instituto escapa da regra geral da **reserva de jurisdição**, na medida em que a prescrição aquisitiva é oficialmente reconhecida por meio de ato de natureza não jurisdicional.

O dispositivo merece transcrição:

"Art. 216-A. Sem prejuízo da via jurisdicional, é admitido o pedido de reconhecimento extrajudicial de usucapião, que será processado diretamente perante o cartório do registro de imóveis da comarca em que estiver situado o imóvel usucapiendo, a requerimento do interessado, representado por advogado, instruído com: (Incluído pela Lei n. 13.105, de 2015)

I – ata notarial lavrada pelo tabelião, atestando o tempo de posse do requerente e de seus antecessores, conforme o caso e suas circunstâncias, aplicando-se o disposto no art. 384 da Lei n. 13.105, de 16 de março de 2015 (Código de Processo Civil); (Redação dada pela Lei n. 13.465, de 2017)

II – planta e memorial descritivo assinado por profissional legalmente habilitado, com prova de anotação de responsabilidade técnica no respectivo conselho de fiscalização profissional, e pelos titulares de direitos registrados ou averbados na matrícula do imóvel usucapiendo ou na matrícula dos imóveis confinantes; (Redação dada pela Lei n. 13.465, de 2017)

III – certidões negativas dos distribuidores da comarca da situação do imóvel e do domicílio do requerente; (Incluído pela Lei n. 13.105, de 2015)

IV – justo título ou quaisquer outros documentos que demonstrem a origem, a continuidade, a natureza e o tempo da posse, tais como o pagamento dos impostos e das taxas que incidirem sobre o imóvel. (Incluído pela Lei n. 13.105, de 2015)

§ 1º O pedido será autuado pelo registrador, prorrogando-se o prazo da prenotação até o acolhimento ou a rejeição do pedido. (Incluído pela Lei n. 13.105, de 2015)

§ 2º Se a planta não contiver a assinatura de qualquer um dos titulares de direitos registrados ou averbados na matrícula do imóvel usucapiendo ou na matrícula dos imóveis confinantes, o titular será notificado pelo registrador competente, pessoalmente ou pelo correio com aviso de recebimento, para manifestar consentimento expresso em quinze dias, interpretado o silêncio como concordância. (Redação dada pela Lei n. 13.465, de 2017)

Disponível em: <http://www.boletimjuridico.com.br/doutrina/texto.asp?id=3972>. Acesso em: 3 maio 2017.

§ 3º O oficial de registro de imóveis dará ciência à União, ao Estado, ao Distrito Federal e ao Município, pessoalmente, por intermédio do oficial de registro de títulos e documentos, ou pelo correio com aviso de recebimento, para que se manifestem, em 15 (quinze) dias, sobre o pedido. (Incluído pela Lei n. 13.105, de 2015)

§ 4º O oficial de registro de imóveis promoverá a publicação de edital em jornal de grande circulação, onde houver, para a ciência de terceiros eventualmente interessados, que poderão se manifestar em 15 (quinze) dias. (Incluído pela Lei n. 13.105, de 2015)

§ 5º Para a elucidação de qualquer ponto de dúvida, poderão ser solicitadas ou realizadas diligências pelo oficial de registro de imóveis. (Incluído pela Lei n. 13.105, de 2015)

§ 6º Transcorrido o prazo de que trata o § 4º deste artigo, sem pendência de diligências na forma do § 5º deste artigo e achando-se em ordem a documentação, o oficial de registro de imóveis registrará a aquisição do imóvel com as descrições apresentadas, sendo permitida a abertura de matrícula, se for o caso. (Redação dada pela Lei n. 13.465, de 2017)

§ 7º Em qualquer caso, é lícito ao interessado suscitar o procedimento de dúvida, nos termos desta Lei. (Incluído pela Lei n. 13.105, de 2015)

§ 8º Ao final das diligências, se a documentação não estiver em ordem, o oficial de registro de imóveis rejeitará o pedido. (Incluído pela Lei n. 13.105, de 2015)

§ 9º A rejeição do pedido extrajudicial não impede o ajuizamento de ação de usucapião. (Incluído pela Lei n. 13.105, de 2015)

§ 10. Em caso de impugnação justificada do pedido de reconhecimento extrajudicial de usucapião, o oficial de registro de imóveis remeterá os autos ao juízo competente da comarca da situação do imóvel, cabendo ao requerente emendar a petição inicial para adequá-la ao procedimento comum, porém, em caso de impugnação injustificada, esta não será admitida pelo registrador, cabendo ao interessado o manejo da suscitação de dúvida nos moldes do art. 198 desta Lei. (Redação dada pela Lei n. 14.382, de 2022)

§ 11. No caso de o imóvel usucapiendo ser unidade autônoma de condomínio edilício, fica dispensado consentimento dos titulares de direitos reais e outros direitos registrados ou averbados na matrícula dos imóveis confinantes e bastará a notificação do síndico para se manifestar na forma do § 2º deste artigo. (Incluído pela Lei n. 13.465, de 2017)

§ 12. Se o imóvel confinante contiver um condomínio edilício, bastará a notificação do síndico para o efeito do § 2º deste artigo, dispensada a notificação de todos os condôminos. (Incluído pela Lei n. 13.465, de 2017)

§ 13. Para efeito do § 2º deste artigo, caso não seja encontrado o notificando ou caso ele esteja em lugar incerto ou não sabido, tal fato será certificado pelo registrador, que deverá promover a sua notificação por edital mediante publicação, por duas vezes, em jornal local de grande circulação, pelo prazo de quinze dias cada um, interpretado o silêncio do notificando como concordância. (Incluído pela Lei n. 13.465, de 2017)

§ 14. Regulamento do órgão jurisdicional competente para a correição das serventias poderá autorizar a publicação do edital em meio eletrônico, caso em que ficará dispensada a publicação em jornais de grande circulação. (Incluído pela Lei n. 13.465, de 2017)

§ 15. No caso de ausência ou insuficiência dos documentos de que trata o inciso IV do *caput* deste artigo, a posse e os demais dados necessários poderão ser comprovados em procedimento de justificação administrativa perante a serventia extrajudicial, que obedecerá, no que couber, ao disposto no § 5º do art. 381 e ao rito previsto nos arts. 382 e 383 da Lei n. 13.105, de 16 março de 2015 (Código de Processo Civil). (Incluído pela Lei n. 13.465, de 2017)"

Comentando o instituto, anota ROBERTO PAULINO DE ALBUQUERQUE JR.:

"O novo Código de Processo Civil (Lei 13.105/15) regula, em seu artigo 1.071, um procedimento administrativo extrajudicial para o usucapião de bens imóveis. O dispositivo não cria o usucapião administrativo, pois o artigo 60 da Lei 11.979/09 – Lei do Programa Minha Casa, Minha Vida – já previa uma figura similar para detentores de título de legitimação de posse. O que há de novo, contudo, é a generalização do procedimento a qualquer suporte fático de usucapião em que haja consenso, ampliando sensivelmente o âmbito de aplicação do instituto.

Com base no artigo 1.071, a Lei de Registros Públicos (Lei 6.015/73) passa a ser acrescida do artigo 216-A, que regula o procedimento do usucapião a ser requerido perante o oficial de registro de imóveis"[59].

E, em outro ponto do texto, o autor destaca:

"Vale ressaltar um ponto importante da regulamentação normativa: se o confinante ou titular de direitos reais não se manifestar, não se presume sua anuência. A solução adotada é oposta à vigente na retificação extrajudicial, em que o silêncio do confinante notificado implica concordância tácita (Lei de Registros Públicos, artigo 213, parágrafo 5.º). Com a cautela legislativa, a segurança jurídica foi privilegiada em detrimento da efetividade. Um estudo estatístico que analise o número de retificações administrativas em comparação com o de contestações judiciais posteriores pode servir para confirmar a solução do novo artigo 216-A, ou para indicar a necessidade de sua reforma posterior.

Prevê o legislador ainda que o registrador poderá realizar diligências *in loco*, para elucidar dúvidas que tenham restado da análise da documentação. Esta faculdade do delegatário deve ser exercida com a necessária cautela, pois ordinariamente o oficial não tem formação técnica em engenharia e a inspeção deve se proceder dentro do que é possível verificar sem essa habilitação específica (neste sentido, CENEVIVA, Walter. *Lei dos registros públicos comentada*. 19. ed. São Paulo: Saraiva, 2009, p. 494).

Se qualquer das partes interessadas apresentar impugnação, o registrador remeterá os autos ao juízo competente, para apreciação. Nesse caso, cabe a emenda da inicial, para ajustá-la às exigências do processo judicial. Se a documentação é insuficiente e o requerente não se conformou com as exigências formuladas, pode requerer a suscitação de dúvida (Lei de Registros Públicos, artigo 198), para que o juiz decida, no âmbito administrativo"[60].

Somos favoráveis a toda e qualquer medida que resulte, sempre que possível, na "desjudicialização" da aplicação do Direito, não apenas por conta da sobrecarga imposta ao Poder Judiciário, mas também, por traduzir um verdadeiro avanço na própria elevação cívica e moral da sociedade a implementação de meios alternativos dessa natureza.

Com efeito, institutos como o divórcio[61] e o inventário[62] extrajudiciais ou administrativos são dignos de aplausos, sem que, com isso, esteja a se vulnerar o princípio da inafastabilidade da jurisdição.

---

[59] ALBUQUERQUE JR., Roberto Paulino. O usucapião extrajudicial no Novo Código de Processo Civil, *Consultor Jurídico*, 18 maio 2015. Disponível em: <http://www.conjur.com.br/2015-mai-18/direito-civil-atual-usucapiao-extrajudicial-codigo-processo-civil>. Acesso em 22 set. 2016.

[60] ALBUQUERQUE JR., Roberto Paulino. Op. cit.

[61] CPC, art. 733.

[62] CPC, art. 610, §§ 1.º e 2.º.

Nessa vereda, destacamos o § 9.º do art. 216-A acima transcrito, que expressamente dispõe não haver óbice ao ajuizamento da ação de usucapião, caso rejeitado o pedido administrativo.

Nesse sentido, julgado do Tribunal de Justiça do Paraná:

"DECISÃO: Acordam os Desembargadores da 18.ª Câmara Cível em Composição Integral do Tribunal de Justiça do Estado do Paraná, por unanimidade de votos, em conhecer e julgar procedente o conflito e declarar a competência do Juízo suscitado, nos termos do voto do Relator. EMENTA: CONFLITO NEGATIVO DE COMPETÊNCIA. AÇÃO DE USUCAPIÃO. COMPETÊNCIA DA VARA CÍVEL. RECONHECIMENTO DA COMPETÊNCIA COM A REMESSA DOS AUTOS AO JUÍZO SUSCITADO. O Código de Processo Civil de 2015 implementou a possibilidade de reconhecimento de aquisição de domínio pela usucapião extrajudicial, definindo a possibilidade de processamento do pedido administrativamente nos casos em que não houverem dúvidas sobre a posse do imóvel, sendo necessária, ainda, a anuência dos confrontantes e regularização da área, situação em que o pedido será processado diretamente perante o cartório do registro de imóveis. Todavia, subsistiu o direito da parte de ingressar em juízo, não alterando a competência de direito material previamente estabelecida". (TJPR – 18.ª C.Cível em Composição Integral – CC – 1605420-5 – Campina Grande do Sul – Rel.: Marcelo Gobbo Dalla Dea – Unânime – Julgado em 29-3-2017) (grifamos)

Em conclusão, embora devamos aguardar o natural aperfeiçoamento do instituto da usucapião extrajudicial nos próximos anos, a sua consagração é, sem dúvida, muito bem-vinda.

3.10. Algumas palavras sobre a usucapião da propriedade superficiária

A título de arremate, parece-nos relevante tecer algumas considerações acerca da possibilidade de utilização da usucapião da propriedade superficiária[63].

Em profundo trabalho sobre o tema, observa PEDRO PONTES DE AZEVÊDO:

"A usucapião da propriedade superficiária é temática que recebe pouco tratamento na doutrina, principalmente se for comparada com outras questões atinentes a este direito real. Algumas das obras sobre o tema sequer analisam esta questão. Entretanto, dentre aqueles autores que a estudam, como se demonstrará, a maior parte reconhece a possibilidade da sua aquisição por meio da usucapião, em conjunto com as suas demais hipóteses de constituição – por negócio jurídico (contrato ou testamento).

É preciso que se faça uma primeira distinção relativa à constituição da superfície por usucapião. Há duas hipóteses fáticas de sua verificação: a) a aquisição do direito de superfície em si, aquele relativo à possibilidade de construir ou plantar em solo alheio; e b) a aquisição da propriedade superficiária, aquela que se dá sobre os bens objeto da acessão, de modo separado da titularidade do imóvel em si. Para os fins aqui pretendidos, será analisada a legalidade da segunda vertente, qual seja, a usucapião da propriedade superficiária, entendida como a propriedade sobre o implante, separada daquela de titularidade do fundieiro. É essa a situação concreta que aqui se pretende demonstrar ser eventualmente passível de usucapião nos bens públicos"[64].

---

[63] Sobre o "direito de superfície", confira-se o Capítulo XVIII desta obra.

[64] AZEVÊDO, Pedro Pontes de. *Usucapião da propriedade possível em terras públicas*: o direito de superfície e à moradia em áreas de exclusão social. Curitiba: Juruá, 2016. p. 160.

Problema não há em se reconhecer a usucapião de direitos reais na coisa alheia, a exemplo da servidão ou do direito de superfície, como aliás, no passado, ocorreu em relação à enfiteuse.

Destacando a superfície, escreve CARLOS ROBERTO GONÇALVES:

"Controverte-se na doutrina sobre a possibilidade da constituição da superfície por usucapião. Em tese, tal possibilidade existe, uma vez comprovados os requisitos deste, observando-se que nada impede a modificação do caráter originário da posse, quando, acompanhando a mudança da vontade, sobrevém igualmente uma nova *causa possessionis*, ocorrendo então a inversão do ânimo da posse. Registre-se que o Código Civil português consigna, no art. 1.528, que 'o direito de superfície pode ser constituído por contrato, testamento ou usucapião, e pode resultar da alienação de obra ou árvores já existentes, separadamente da propriedade do solo'.

A maior dificuldade, que praticamente inviabiliza a sua ocorrência, concerne à usucapião extraordinária, uma vez que, se determinada pessoa exerce a posse de certa edificação com o *animus rem sibi habendi*, desde que satisfeitos os demais requisitos da usucapião adquirirá necessariamente o domínio do trato de terra sobre o qual assenta dita edificação, tornando-se, dessa maneira, proprietário do todo, não se caracterizando logicamente uma propriedade separada, superficiária, mantida sobre o solo de outrem.

Pode, no entanto, dar-se a aquisição do aludido direito pela usucapião ordinária, na hipótese, por exemplo, de sua concessão ter sido feita anteriormente *a non domino*. Nesse caso, o concessionário adquire o direito de superfície contra o senhor do solo, desde que haja conservado a posse na qualidade de superficiário pelo tempo necessário, demonstrando ser portador de boa-fé"[65].

Exemplificando, por sua vez, hipóteses possíveis de usucapião da **propriedade superficiária**, lembra PEDRO PONTES DE AZEVÊDO:

"Como exemplo da usucapião extraordinária, pode-se imaginar uma situação em que a propriedade superficiária foi adquirida de modo irregular, sem justo título, mas acabou sendo exercida pelo superficiário e tolerada pelo proprietário. Nesse caso, como não existe justo título a embasar a relação jurídica, como também não seria exigida a boa-fé, seria necessário implementar apenas o intervalo de tempo previsto em lei. Ou seja, presentes os requisitos para a usucapião, desde que tal situação fática se prolongasse por 15 (quinze) anos, ou por 10 (dez) anos (em caso de moradia ou obras de cunho produtivo), ter-se-ia o reconhecimento da usucapião extraordinária. Nesta hipótese fática, a objeção feita pela doutrina, de que o usucapiente poderia intentar a aquisição da propriedade plena, se mostra incorreta, tendo em vista que não haveria como se comprovar o *animus* de ter para si o domínio, quando em verdade o fundieiro apenas desejava empreender uma relação superficiária.

Como exemplo da usucapião ordinária, por outro lado, tem-se a situação em que o título do proprietário que transaciona com o superficiário não detém validade, por algum motivo desconhecido deste último. Nesta hipótese, presentes o título e a boa-fé, desde que exerça a propriedade superficiária por longo período de tempo – 10 (dez) anos, sem qualquer outro requisito ou 5 (cinco) anos, a depender da existência de registro do con-

---

[65] GONÇALVES, Carlos Roberto. *Direito Civil Brasileiro*: Direito das Coisas. 13. ed. São Paulo: Saraiva, 2018. v. 5, p. 456.

trato e efetivação de moradia ou investimentos de cunho social ou econômico –, o fundieiro teria reconhecida a usucapião superficiária"[66].

Com efeito, de todo o exposto, podemos concluir, acerca da possibilidade de se usucapir, não apenas o direito de superfície em si, mas a própria propriedade superficiária que lhe é correlata.

3.11. Usucapião e pandemia

Merece a nossa atenção, por fim, o tratamento dispensado pela Lei n. 14.010/2020, que instituiu o *regime jurídico emergencial e transitório de Direito Privado*, em virtude da pandemia da Covid-19, no âmbito da usucapião.

Em seu art. 10, dispôs a "Lei da Pandemia":

"Art. 10. Suspendem-se os prazos de aquisição para a propriedade imobiliária ou mobiliária, nas diversas espécies de usucapião, a partir da entrada em vigor desta Lei até 30 de outubro de 2020".

Sobre o tema, escreveram PABLO STOLZE e CARLOS ELIAS DE OLIVEIRA[67]:

"(...) tudo quanto expusemos ao comentarmos o art. 3.º da Lei do RJET – que trata de paralisação do prazo prescricional – também se estende ao artigo sob exame, que cuida da paralisação dos prazos de usucapião.

E não poderia ser diferente. O fundamento dos arts. 3.º e 10 é o mesmo: não se deve fluir contra quem não pode agir (*contra non valentem agere non currit praescriptio*).

Desse modo, entre a data de vigência da Lei do RJET e 30 de outubro de 2020, fica congelada a fluência tanto dos prazos de prescrição e de decadência quanto dos de usucapião.

Isso significa, por exemplo, que, se o sujeito exerça posse mansa e contínua, com justo título e boa-fé (usucapião ordinária – art. 1.242, CC), há 8 anos, tendo em vista a superveniência da pandemia, o prazo de prescrição aquisitiva ficará suspenso, dentro da "janela" da vigência da nova Lei até 30 de outubro de 2020. Com o advento do termo final, o prazo voltará a correr, devendo ser computado o lapso já transcorrido.

Com isso, o proprietário contra o qual corre o prazo estará favorecido, em virtude da paralisação do decurso prazal do possuidor/prescribente.

Em nosso sentir, o legislador deveria ter previsto essa hipótese de suspensão para a aquisição, por usucapião, de todo e qualquer direito real, uma vez que outros direitos podem ser adquiridos por usucapião, a exemplo da servidão, da laje e do direito de superfície.

Além do mais, à semelhança dos comentários que fizemos ao art. 3.º da Lei do RJET, deve-se emprestar interpretação restritiva ao art. 10 para não beneficiar proprietários negligentes, assim entendidos aqueles que iriam se manter inertes mesmo se não tivesse havido pandemia alguma.

Por fim, assim como expusemos nos comentários ao art. 3.º da Lei do RJET, para período anterior à entrada em vigor dessa lei emergencial, é cabível sustentar a paralisação do

---

[66] AZEVÊDO, Pedro Pontes de. Op. cit. p. 165-166.

[67] GAGLIANO, Pablo Stolze; OLIVEIRA, Carlos Eduardo Elias de. Comentários à Lei da Pandemia (Lei n. 14.010, de 10 de junho de 2020 – RJET). Análise detalhada das questões de Direito Civil e Direito Processual Civil. *Revista Jus Navigandi*, ISSN 1518-4862, Teresina, ano 25, n. 6.190, 12 jun. 2020. Disponível em: <https://jus.com.br/artigos/46412>. Acesso em: 16 set. 2020.

prazo de usucapião com base no princípio do 'contra non valentem agere non currit praescriptio' desde 3 de fevereiro de 2020 (data da Portaria GM/MS n. 188/2020), ou, em situação extremamente excepcional de comprovada impossibilidade de reivindicar seus direitos no caso concreto, desde uma data anterior".

Sem dúvida, trata-se de previsão normativa que somente se justificou tendo em vista a excepcionalidade do momento.

Capítulo XI
Registro Imobiliário

Sumário: 1. Introdução. 2. Noções conceituais sobre registro imobiliário. 3. Distinções terminológicas. 4. Principais sistemas de registro de imóveis. 5. Principiologia. 6. Escrituração. 7. Registro Torrens.

1. INTRODUÇÃO

Um dos modos mais importantes de aquisição da propriedade imobiliária ocorre por meio do **registro**.

Esta matéria é estudada no âmbito do Direito Registral e Notarial, especialmente em face das disposições das Leis n. 6.015 de 1973 (Lei de Registros Públicos – LRP) e n. 8.935 de 1994.

O Sistema de Publicidade Registral tem enorme importância para a sociedade contemporânea, pois, por meio dele, os direitos reais imobiliários não apenas se consolidam, mas repercutem em face da esfera jurídica de terceiros.

Embora não seja o objetivo desta obra ingressar na seara do Direito Registral e Notarial, não nos furtaremos de tecer algumas breves e relevantes considerações a respeito do tema, para enriquecer o estudo e aprimorar o conhecimento do(a) nosso(a) amigo(a) leitor(a).

Vamos a elas!

2. NOÇÕES CONCEITUAIS SOBRE REGISTRO IMOBILIÁRIO

Voltando os olhos para o Código Civil, o seu art. 1.245 dispõe que se transfere entre vivos a propriedade mediante **o registro do título translativo no Registro de Imóveis**.

Daí decorre o famoso ditado popular "quem não registra não é dono".

Este ditado contém uma *meia verdade*.

De fato, se o sujeito adquire o apartamento ou a casa, mas não cuida de efetivar o registro do título (o contrato, por ex.) no Cartório de Registro Imobiliário, formalmente ainda não deve ser considerado dono.

Todavia lembre que a propriedade poderá ser adquirida por outros meios, a exemplo da usucapião.

Então, haverá situações em que, mesmo não havendo o registro, o sujeito será proprietário.

Sucede que, no âmbito das relações negociais, de fato, somente o registro do título tem o condão de operar a transferência do domínio[1].

---
[1] Art. 1.246, CC. O registro é eficaz desde o momento em que se apresentar o título ao oficial do registro, e este o prenotar no protocolo.

Isso porque, no Direito Brasileiro, exige-se, além do "título", uma "solenidade": o **registro**, no caso dos bens imóveis, e a **tradição**, no caso dos bens móveis.

Aliás, a teor do § 1.º do mesmo dispositivo, enquanto não se registrar o título translativo, o alienante continua a ser havido como dono do imóvel.

No Superior Tribunal de Justiça, confira-se o seguinte acórdão:

"RECURSO ESPECIAL. CIVIL. AGRAVO DE INSTRUMENTO. EXECUÇÃO. PENHORA. BEM IMÓVEL OBJETO DE CESSÃO DE DIREITO À MEAÇÃO. AUSÊNCIA DE REGISTRO NA FORMA EXIGIDA PELO ART. 1.245 DO CÓDIGO CIVIL. PROPRIEDADE NÃO TRANSFERIDA. POSSIBILIDADE DA CONSTRIÇÃO.

I – Os Embargos de Declaração são corretamente rejeitados se não há omissão, contradição ou obscuridade no acórdão embargado, tendo a lide sido dirimida com a devida e suficiente fundamentação.

II – A transferência da propriedade do bem imóvel entre vivos dá-se mediante o registro do título translativo no Registro de Imóveis, permanecendo o alienante na condição de proprietário do bem enquanto não for efetuado o registro.

III – No caso, muito embora a cessão de direitos tenha sido celebrada em cartório, por meio Escritura Pública de Cessão de Direitos de Meação, trata-se de negócio jurídico de natureza obrigacional e que, portanto, só produz efeito entre as partes que o celebraram, não sendo oponível *erga omnes*, antes de efetuado o registro do título translativo no Registro de Imóveis, de modo que, mantida a penhora, realizada contra aquele em cujo nome transcrito o imóvel.

IV – Recurso Especial conhecido e provido".

(REsp 788.258/RS, rel. Min. SIDNEI BENETI, TERCEIRA TURMA, julgado em 1-12-2009, *DJe* 10-12-2009)

Aspecto importante e digno de nota consiste na **presunção relativa de veracidade do registro**.

Vale dizer, o ato constante no registro admite impugnação (por invalidade) ou, ainda, retificação, conforme se pode concluir da leitura do § 2.º do art. 1.245 e do art. 1.247:

"Art. 1.245, § 2.º. Enquanto não se promover, por meio de ação própria, a decretação de invalidade do registro, e o respectivo cancelamento, o adquirente continua a ser havido como dono do imóvel.

(...)

Art. 1.247. Se o teor do registro não exprimir a verdade, poderá o interessado reclamar que se retifique ou anule.

Parágrafo único. Cancelado o registro, poderá o proprietário reivindicar o imóvel, independentemente da boa-fé ou do título do terceiro adquirente".

Comentando este aspecto, FLÁVIO TARTUCE observa que, após longo debate, optou-se por adotar o **sistema causal**, ou seja, aquele que permite afastar o registro quando a sua causa não for verdadeira (Clóvis do Couto e Silva), diferentemente do **sistema abstrato**, defendido por PONTES DE MIRANDA, pelo qual o registro basta por si mesmo[2].

---

[2] TARTUCE, Flávio. *Manual de Direito Civil*. 7. ed. Rio de Janeiro: Forense; São Paulo: Método, 2017. p. 949. Excepcionando tal premissa, como exceção que confirma a regra, há a figura do Registro Torrens, que abordaremos no último tópico deste capítulo (confira-se o tópico 7 – "Registro Torrens" – deste capítulo).

Sem pretender escapar do escopo desta obra, salientamos que a percepção da "fé pública registral" tem experimentado um salutar processo de reflexão no sentido do seu fortalecimento jurídico.

"O atual sistema registral brasileiro", escrevem ALEXIS SIQUEIRA e JEAN MALLMANN:

> "é um sistema de fé pública, cuja segurança jurídica, dadas as peculiaridades e observado que estamos em plena evolução registral, tem natureza híbrida de polos trocados, que resguardam quaisquer das partes da relação jurídico-negocial, a depender do caso concreto e da ação realizada por estas, motivo pelo qual podemos dizer que o sistema brasileiro espelha uma segurança jurídica 'estático-dinâmica'".

E arrematam:

> "A ratificação da concentração dos atos na matrícula por força de Lei n. 14.382/2022 veio notadamente a robustecer a segurança jurídica do sistema registral imobiliário brasileiro, especialmente pela valorização legal imposta ao registro predial, cujos dados imobiliários devem ser suficientes para viabilizar qualquer negócio jurídico"[3].

3. DISTINÇÕES TERMINOLÓGICAS

Uma questão muito importante, em matéria registral, é a devida compreensão dos termos utilizados nesta área.

Isso porque a expressão "registro" é plurissignificativa, podendo, de pronto, referir-se a dois institutos diretamente relacionados.

De fato, "registro" pode ser tanto, *lato sensu*, o ofício público onde se busca efetivar a constituição e publicidade do direito, quanto, em sentido restrito, o ato formal/cadastral correspondente.

Fazendo um panorama histórico da disciplina legislativa sobre o tema, aponta MARCELO GUIMARÃES RODRIGUES:

> "A Lei 6.015, de 1973, rompendo com a tradição e pouco de útil acrescentando nesse movimento, alerta que 'na designação genérica de registro, consideram-se englobadas a inscrição e a transcrição a que se referem as leis civis' (art. 168). A 'transcrição', no sistema jurídico anterior, tinha sentido semelhante ao de 'inscrição', como modo de aquisição da propriedade (transmissão ou aquisição). Atualmente, possui unicamente o significado de cópia integral do documento, *verbo ad verbum*, tal como permanece empregado nos arts. 127, 142, 177 e 178 da Lei dos Registros Públicos.
>
> Não mencionou a Lei 6.015, no referido art. 168, a averbação, mas em outros artigos, dispersos em seu texto, reconheceu que o ato da averbação foi alcançado pela designação genérica de registro (= registro em sentido amplo): arts. 193, 212 a 214, 252 a 254, conforme autoriza sua interpretação sistemática. Da mesma forma sucede na lei civil (arts. 1.246 e 1.247, CC/02).
>
> Além da própria Lei dos Registros Públicos (arts. 189, 255, 261, 277), outras leis esparsas, a exemplo da Lei de Parcelamento do Solo Urbano e o Código de Processo Civil, prosseguem desatendendo o intuito de padronização da nomenclatura registral imobi-

---

[3] SIQUEIRA, Alexis Mendonça Cavichini Teixeira de; MALLMANN, Jean Karlo Woicie Choski. *Presunção absoluta e os sistemas de registro de imóveis*. Rio de Janeiro: COP Editora, 2022, p. 147-148.

liária. Nesse aspecto, a Lei 6.015, de 1973 pretendeu obstinadamente unificar os antigos – e já incorporados aos usos e costumes do direito pátrio – termos 'inscrição' e 'transcrição', mas desviando-se inexplicavelmente do primeiro deles, de todo condizente com o sistema, aceito e preconizado mundialmente, optando por um terceiro, denominado 'registro', indutor de confusão ante a abrangência e ambiguidade dos diferentes significados que pode assumir. Dependendo da colocação, pode indicar desde a função da serventia até o ato de direito formal praticado, neste aspecto apresentando, em acréscimo, dupla conotação: registro em sentido amplo, englobando a averbação, ou em sentido estrito. A par disto, destacou a lei outra modalidade de assento específico, qual seja, a matrícula, cuja expressão seria ressuscitar a 'inscrição', exceto se cogitada a possibilidade, de resto, igualmente incoerente, de ser desprovida de qualquer significado jurídico, pois nenhum texto legal assegura a aquisição da propriedade imobiliária pela 'matrícula'"[4].

Posto isso, cuidemos de diferenciar três expressões muito utilizadas, e, por vezes, confundidas: **matrícula, registro e averbação.**

A **matrícula**, em linguagem figurada, é "o número de batismo" do imóvel, em outras palavras, a matrícula é efetuada por ocasião do primeiro registro a ser lançado na vigência da Lei de Registros Públicos (art. 228).

Como observa LUIZ EGON RICHTER:

"A atual Lei dos Registros Públicos alterou a lógica do sistema registral imobiliário ao adotar a matrícula, privilegiando o fólio real em detrimento do fólio pessoal (transcrição). Neste sentido a matrícula passou a ser o núcleo do Registro de Imóveis – sem afetar, entretanto, a essência do ato registral –, pois é a partir desta que agora ocorre a constituição, desconstituição e declaração dos direitos"[5].

Observa CARLOS ROBERTO GONÇALVES:

"Se parte de um imóvel for alienada, caracterizando um desmembramento, constituirá ela um novo imóvel, que deverá, então, ser matriculado, recebendo número próprio. Pode dar-se, também, o fenômeno inverso, que é a fusão, ou seja, a unificação de matrículas de imóveis pertencentes ao mesmo titular do direito real. Admite-se, com efeito, a fusão

---

[4] RODRIGUES, Marcelo Guimarães. *Tratado de registros públicos e direito notarial*. 2. ed. São Paulo: Atlas, 2016. p. 223.

[5] RICHTER, Luiz Egon. Fragmentos teóricos da base matricial do imóvel no registro de imóveis. *Registro de Imóveis de Lajeado*. Disponível em: <http://www.regimo.com.br/doutrina/13>. Acesso em: 21 fev. 2018.
E continua, no mesmo artigo:
"Diante dos conceitos e análise apresentados, podemos trabalhar com a ideia de que a matrícula é um ato jurídico *lato senso*, que necessariamente não cria, modifica ou extingue direitos, mas, por outro lado, fixa o atributo de dominialidade, à medida que o domínio é o seu suporte e serve de base para o lançamento de atos e fatos que dizem respeito, tanto ao bem imóvel, como aos direitos inscritos e os sujeitos titulares ou não de direitos que nela figuram, estabelecendo uma nítida distinção entre a inscrição e o fólio real que é o suporte da inscrição.
A matrícula apresenta uma complexidade de elementos extrínsecos ou formais e intrínsecos e substanciais. Os primeiros dizem respeito aos requisitos de formalização, enquanto os últimos dizem respeito à substância da matrícula".

de dois ou mais imóveis contíguos, pertencentes ao mesmo proprietário, em uma só matrícula, de novo número, encerrando-se as primitivas (LRP, Art. 234)"[6].

A título de ilustração, demonstrando que o número de matrícula marca ou caracteriza a própria individualidade do imóvel, lembremo-nos de que, no âmbito das normas do *bem de família*, há entendimento sumulado pelo Superior Tribunal de Justiça no sentido de se admitir a penhora da garagem que tenha número de matrícula próprio:

"A vaga de garagem que possui matrícula própria no registro de imóveis não constitui bem de família para efeito de penhora".
(STJ, Súmula 449, CORTE ESPECIAL, julgado em 2-6-2010, *DJe* 21-6-2010)

A cada nova alienação, por sua vez, haverá um novo número de **registro**, mantendo-se a matrícula[7].

Por fim, **averbação**[8] é "qualquer anotação feita à margem de um registro, para indicar as alterações ocorridas no imóvel, seja quanto à sua situação física (edificação de uma casa, mudança de nome de rua), seja quanto à situação jurídica do seu proprietário (mudança de solteiro para casado, p. ex.)"[9].

Na Lei de Registros Públicos, o art. 246 dispõe:

"Art. 246. Além dos casos expressamente indicados no inciso II do *caput* do art. 167 desta Lei, serão averbadas na matrícula as sub-rogações e outras ocorrências que, por qualquer modo, alterem o registro ou repercutam nos direitos relativos ao imóvel. (Redação dada pela Lei n. 14.382, de 2022)"

Teçamos, agora, algumas considerações sobre os principais sistemas de registro de imóveis, para compreender o sentido e a inspiração do Direito Brasileiro.

4. PRINCIPAIS SISTEMAS DE REGISTRO DE IMÓVEIS

O ato formal do registro imobiliário não é uma exclusividade brasileira.

Ao contrário, na maior parte dos sistemas ocidentais, trata-se de um aspecto cultural tradicional para a publicidade de direitos.

---

[6] GONÇALVES, Carlos Roberto. *Direito Civil Brasileiro*: Direito das Coisas. 13. ed. São Paulo: Saraiva, 2018. v. 5. p. 308.

[7] "O termo matrícula se refere à primeira inscrição do imóvel no vigente sistema jurídico-registral. Constitui o ato inaugural do fólio real, base sobre a qual todos os demais assentos subsequentes serão lançados. Seus requisitos estão previstos no art. 176 da Lei 6.015, de 1973" (RODRIGUES, Marcelo Guimarães. *Tratado de registros públicos e direito notarial*. 2. ed. São Paulo: Atlas, 2016. p. 224).

[8] "A averbação é sempre acessória e complementar ao registro em sentido estrito, pois se presta a consignar ocorrências que, por qualquer modo, o alterem (art. 246, LRP). Nesse espectro se incluem, por exemplo, cessões, sub-rogações, baixas, extinções, desmembramentos, união, demolição, transferências, extinção da matrícula (união de imóvel a outro, exaurimento da área por alienações parciais), cancelamentos (total ou parcial), assim como qualquer outra alteração ou novação de contrato ou da obrigação hipotecária (prorrogação, alteração da taxa de juros etc.)" (RODRIGUES, Marcelo Guimarães. *Tratado de registros públicos e direito notarial*. 2. ed. São Paulo: Atlas, 2016. p. 223).

[9] GONÇALVES, Carlos Roberto. Op. cit. p. 309.

O estudo dos sistemas francês e alemão, por exemplo, é importante para compreender, de forma mais clara, a importância do registro de imóveis na sociedade.

Fazendo um perfil histórico do sistema francês, ensina LUIZ GUILHERME LOUREIRO:

"A história do direito registral inicia-se na França com o edito de 21 de março de 1673, denominado 'Colbert', que instaura um registro fundado na inoponibilidade dos títulos de propriedade não inscritos. Em 1771, durante o reinado de Luís XV, é criado um corpo técnico especializado para levar os registros aos *conservateurs des hipoteques*. Em 27 de junho de 1795 é estabelecida a inscrição obrigatória de todas as hipotecas voluntárias, cuja eficácia é determinada pela data do registro. A inscrição da hipoteca, ao contrário do registro de outros direitos reais imobiliários, vai além do princípio da oponibilidade e tem natureza constitutiva da garantia real e determina o seu grau de prioridade.

A Lei de 11 de Brumário do ano VII (1.º de novembro de 1798) obrigou também a transcrição de todos os atos translativos da propriedade, nos registros do ofício do conservador de hipotecas da circunscrição onde está situado o imóvel. Tal registro, no entanto, não constitui a propriedade, de forma que a sua obrigatoriedade é para fins de oponibilidade em face de terceiros de boa-fé. No caso de dupla venda do imóvel, o conflito entre os compradores é resolvido pela prioridade do registro: aquele que primeiro inscreve o título respectivo adquire plenamente a propriedade.

O modelo francês prevê, destarte, dois sistemas distintos de publicidade: um registro de inscrições para as hipotecas e privilégios e um registro de transcrições para os contratos em que se formalizam as transmissões da propriedade. Tal sistema não garantia, porém, que o vendedor ou hipotecante era o verdadeiro proprietário nem a individuação e consistência material do imóvel. Além do mais, muitos atos jurídicos transmissivos ficavam excluídos do registro, tais como os atos *mortis causa* e os considerados declarativos (partições, divisões da coisa comum ou transações). Isso dificultava a necessária investigação do trato sucessivo dos titulares e limitava a publicidade registral, pois somente existiam índices de pessoas, e não de imóveis (fólio real).

Diante de tais limitações, foram feitas reformas no sistema registral francês. Em 1935 foi publicado um Decreto-lei (de 30 de novembro de 1935), que criava um Registro universal ao qual tivessem acesso todos os títulos de propriedade sobre imóveis (*v.g.*, transmissões *causa mortis* e atos declarativos), facilitando a observância do trato sucessivo. Por sua vez, o Decreto-lei de 4 de janeiro de 1955 estabeleceu uma normativa destinada à identificação do imóvel, mediante a coordenação entre o registro de propriedade e o cadastro de imóveis, por meio da notificação recíproca pelos dois serviços de todas as modificações jurídicas e materiais sofridas pelos imóveis. O Decreto-lei manteve o sistema cronológico pessoal, mas instaurou também um sistema de publicidade real, mediante fichas ordenadas por parcelas. Foram criados, ainda, índices ou fichas de imóveis que permitem conhecer o histórico jurídico de cada gleba ou prédio"[10].

---

[10] LOUREIRO, Luiz Guilherme. *Registros públicos*: teoria e prática. 8. ed. Salvador: Editora JusPodivm, 2017. p. 503.

E continua:

"Em 1992, foi criada por lei uma nova figura denominada *sûreté judiciaire conservatoire*, facilitando o registro de créditos executados judicialmente (lei de 9 de julho). Mais recentemente, foi editado o decreto de 29 de maio de 2000, que visa introduzir sistemas informáticos, racionalizar a organização contábil e telemática do Registro, assim como facilitar a consulta das informações nele contidas" (LOUREIRO, Luiz Guilherme. Op. cit. p. 503).

Já o estudo do Sistema Germânico é fascinante, por ele prestigiar e adotar um sistema de fé pública que se assemelha a um modo de aquisição originária do bem.

Como destaca MARCELO GUIMARÃES RODRIGUES:

> "Diferentemente, no modelo alemão vigora o princípio da fé pública, conferindo ao registro efeito saneador de todo e qualquer vício, dele emergindo presunção absoluta de validade. É o que se convenciona de acordo jurídico-real abstrato, em que o título que instrumentaliza o negócio jurídico-causal, a partir do instante do registro, desse se desprende definitivamente, sepultando os vícios que porventura possa transportar. Das partes interessadas na aquisição do direito real pede-se apenas o consentimento à inscrição. Cuida-se de uma ficção jurídica, encetada em modelo instrumental. Na prática, o adquirente sempre faz a aquisição regular pelo verdadeiro proprietário e a segurança é recíproca, pois o Estado alemão é objetiva e civilmente responsável caso inexista correspondência entre a verdadeira situação e aquela registrada"[11].

No Brasil, como já se deve ter percebido, adota-se um sistema misto, também chamado de **Sistema Eclético** (ou **Sistema Romano**), em que se atribui caráter obrigatório ao registro, com efeito constitutivo da propriedade imobiliária, sem se desapegar do título que eventualmente tenha lhe originado[12].

Em outras palavras, o Sistema Brasileiro pressupõe, para a aquisição da propriedade, além do **título constitutivo** (em geral, o contrato)**,** a conjugação de uma **solenidade** (registro, no caso dos bens imóveis[13]).

5. PRINCIPIOLOGIA

Como deixamos claro em capítulo anterior[14], consideramos de alta relevância uma visão principiológica do sistema normativo.

Mesmo não sendo este livro destinado a aprofundar reflexões sobre o chamado "Direito Registrário", parece-nos importante apresentar um rápido panorama da principiologia deste importante e pujante ramo jurídico.

Pesquisando sobre o tema, verificamos que o *site* oficial do Tribunal de Justiça do Estado de Sergipe apresenta um interessante quadro esquemático contendo os princípios fundamentais do Registro Imobiliário.

Destacamos o seguinte trecho:

> "PUBLICIDADE. Através da publicidade, o imóvel, suas características, os direitos reais que nele incidirem, bem como o nome do proprietário serão de conhecimento de todos,

---

[11] RODRIGUES, Marcelo Guimarães. Op. cit. p. 212-213.

[12] "Nesse aspecto, o sistema brasileiro de registro imobiliário, que segue o modelo alemão, diferencia-se da sua matriz: o registro também tem natureza constitutiva do direito real imobiliário (nos atos entre vivos), mas a inscrição do título não purga seus eventuais vícios, de forma que o princípio da fé pública registral não tem entre nós a mesma força ou amplitude verificada no sistema alemão ou outros dele derivados, como o sistema espanhol (cujo registro, porém, em geral não tem natureza constitutiva)." (LOUREIRO, Luiz Guilherme. *Registros públicos*: teoria e prática. 8. ed. Salvador: Editora JusPodivm, 2017. p. 505)

[13] "Tradição", no caso dos bens móveis.

[14] Confira-se o Capítulo II ("Principiologia dos Direitos Reais") deste volume.

pois qualquer pessoa pode requerer uma certidão no ofício imobiliário. Visa a proteção dos interesses de terceiros, dando a estes a segurança de que as informações constantes dos registros públicos correspondem à realidade presente quanto às pessoas interessadas e ao bem a que se refere. Assim, este princípio torna público todos os atos relativos a imóveis, sejam de constituição, transferência ou modificação dos direitos reais, indicando a situação física e jurídica do imóvel, tornando ditos direitos oponíveis contra terceiros, conferindo ao titular o direito de reaver o imóvel de quem injustamente o detenha ou possua.

LEGALIDADE. Tem como objetivo impedir que sejam registrados títulos inválidos, ineficazes ou imperfeitos. Quando um título é apresentado para ser registrado, este é examinado à luz da legislação em vigor ou da época de sua firmação e, havendo exigência a ser cumprida, o oficial as indicará por escrito, conforme preceitua o artigo 198 da Lei Federal n. 6.015/73. Então, a validade do registro de um título diz respeito à validade do negócio jurídico causal. Nulo o negócio, nulo será o registro. Anulado o negócio, anulado será o registro.

ESPECIALIDADE. Consiste na determinação precisa do conteúdo do direito, que se procura assegurar, e da individualidade do imóvel que dele é objeto. A Lei Federal n. 6.015, de 31 de dezembro de 1973, em seus artigos 225 e 176, § 1.º, inciso II, item 3, esmerou-se no sentido de individualizar cada imóvel, tornando-o inconfundível com qualquer outro, exigindo a plena e perfeita identificação deste nos títulos apresentados, devendo haver correspondência exata entre o imóvel objeto do título e o imóvel constante do álbum imobiliário para que o registro seja levado a efeito.

CONTINUIDADE. Somente será viável o registro de título contendo informações perfeitamente coincidentes com aquelas constantes da respectiva matrícula sobre as pessoas e bem nela mencionados. Identifica-se a obediência a este princípio nos artigos 195, 222 e 237 da Lei Federal n. 6.015/73, determinando o imprescindível encadeamento entre assentos pertinentes a um dado imóvel e as pessoas neles constantes, formando uma continuidade ininterrupta das titularidades jurídicas de um imóvel. Baseado neste princípio, não poderá vender ou gravar de ônus, quem não figurar como proprietário no registro imobiliário (...)"[15].

Outros princípios podem ainda ser destacados, como o da *territorialidade*, o da *prioridade* e o da *instância*.

De acordo com o postulado da *territorialidade*, embora a escritura pública que documenta o ato negocial constitutivo possa ser lavrada em qualquer local, **o registro deverá ser feito no Registro Público da situação do imóvel** (art. 169, LRP).

A *prioridade*, por seu turno, traduz a regra de que a ordem jurídica tutelará quem registrou o imóvel em primeiro lugar.

Nesse sentido, confiram-se os arts. 191 e 192, da LRP:

"Art. 191. Prevalecerão, para efeito de prioridade de registro, quando apresentados no mesmo dia, os títulos prenotados no Protocolo sob número de ordem mais baixo, protelando-se o registro dos apresentados posteriormente, pelo prazo correspondente a, pelo menos, um dia útil.

---

[15] Para a leitura completa do texto e análise dos demais princípios, confira-se o *link*: <http://www.tjse.jus.br/portal/servicos/judiciais/cartorios/principios-norteadores-dos-registros-publicos>. Acesso em: 24 set. 2016.

Art. 192. O disposto nos arts. 190 e 191 não se aplica às escrituras públicas, da mesma data e apresentadas no mesmo dia, que determinem, taxativamente, a hora da sua lavratura, prevalecendo, para efeito de prioridade, a que foi lavrada em primeiro lugar".

Quanto ao princípio da *instância,* consubstancia a regra geral de que não pode o Oficial proceder com a efetivação de registro público *ex officio*[16], mas "somente a requerimento do interessado, ainda que verbal. Sem solicitação ou instância da parte ou da autoridade, o registrador não pratica os atos do seu ofício", escreve CARLOS ROBERTO GONÇALVES[17].

Traçado esse panorama principiológico, façamos algumas considerações acerca da escrituração.

6. ESCRITURAÇÃO

Inicialmente, a teor do art. 172 da LRP, vale salientar que, no Registro de Imóveis serão feitos o registro e a averbação dos títulos ou atos constitutivos, declaratórios, translativos e extintos de direitos reais sobre imóveis reconhecidos em lei, *inter vivos* ou *mortis causa*, quer para sua constituição, transferência e extinção, quer para sua validade em relação a terceiros, quer para a sua disponibilidade.

O art. 173 da LRP, por sua vez, estabelece, peremptoriamente, que haverá no Registro de Imóveis os seguintes **livros**:

a) Livro n. 1 – Protocolo;

b) Livro n. 2 – Registro Geral;

c) Livro n. 3 – Registro Auxiliar;

d) Livro n. 4 – Indicador Real;

e) Livro n. 5 – Indicador Pessoal.

Poderá haver ainda o Livro de Cadastro de Aquisição de Imóvel Rural por Estrangeiro. Como observa LUIZ GUILHERME LOUREIRO:

"Atualmente, os livros são em formato papel, mas a Lei 11.977/2009 obriga as unidades de serviços de registros de imóveis (entre outros serviços registrais) a manter também livros em formato eletrônico (art. 40). Regulamento a ser instituído deverá disciplinar os meios, etapas e prazos máximos para a efetivação dos livros eletrônicos de registros imobiliários (art. 45)"[18].

E não temos a menor sombra de dúvida de que a tendência será a eliminação dos livros físicos para concentração nos meios virtuais, seja por uma questão ecológica (na economia dos insumos para a confecção dos livros), seja simplesmente por uma questão de organização e espaço físico.

---

[16] LRP, art. 13: Salvo as anotações e as averbações obrigatórias, os atos do **registro** serão praticados: I – por ordem judicial; II – a requerimento verbal ou escrito dos interessados; III – a requerimento do Ministério Público, quando a lei autorizar. (grifamos)

[17] GONÇALVES, Carlos Roberto. *Direito Civil Brasileiro*: Direito das Coisas. 13. ed. São Paulo: Saraiva, 2018. v. 5. p. 307.

[18] LOUREIRO, Luiz Guilherme. *Registros públicos*: teoria e prática. 8. ed. Salvador: Editora JusPodivm, 2017. p. 610.

Para encerrar este capítulo, enfrentemos no próximo e derradeiro tópico a interessante questão do Registro Torrens.

7. REGISTRO TORRENS

O registro imobiliário, em regra, no sistema brasileiro, firma, como visto, uma presunção relativa de veracidade (art. 1.245, § 2.º, CC).

Escapa desta regra de presunção relativa o denominado **Registro Torrens,** disciplinado nos arts. 277 a 288 da Lei de Registros Públicos, uma vez que, observado o devido procedimento legal para a sua formalização, firmará uma **presunção absoluta** em favor do proprietário.

Nesse sentido, destaque-se a diretriz do Enunciado n. 503 da V Jornada de Direito Civil:

"É relativa a presunção de propriedade decorrente do registro imobiliário, ressalvado o sistema Torrens".

Sobre o Sistema Torrens, preleciona EDUARDO SOUZA:

"O sistema foi idealizado pelo irlandês Robert Richard Torrens, que lhe deu o nome. É adotado na Austrália e em algumas partes dos E.U.A. (os sistemas registrais norte-americanos variam de acordo com a legislação de cada estado). Foi introduzido no Brasil em 1890 por influência de Rui Barbosa (Decreto 451-B, regulamentado pelo Decreto 955-A), e compreendia inicialmente imóveis urbanos e rurais. A legislação atual o regula nos arts. 277 a 288 da Lei 6.015, restringindo-o aos imóveis rurais. Os imóveis urbanos submetidos ao sistema na legislação anterior assim o permanecem. Atualmente o registro Torrens tem pouquíssimo uso no Brasil, pelo desconhecimento, pelos custos e sistemática complexa – há notícia de uso no Rio Grande do Sul, Goiás, Mato Grosso e Pará. (...) Para a submissão de um imóvel rural ao sistema Torrens, exige-se requerimento instruído com prova do domínio do requerente; prova de atos que modifiquem ou limitem a propriedade; memorial com encargos do imóvel, nome dos ocupantes, confrontantes e quaisquer interessados; planta com memorial (georreferenciada); publicação de edital; oitiva do Ministério Público e decisão judicial (processo expurgativo). Há, como se vê, todo um procedimento que permite conferir à publicidade presunção absoluta. Coexistem no sistema registral brasileiro a presunção relativa, que é a regra, e a presunção absoluta, decorrente do registro Torrens e referente, na legislação vigente, apenas a imóveis rurais submetidos ao sistema"[19].

Trata-se, portanto, de sistema que, embora resulte em segurança jurídica para o proprietário, é de pouca aplicação prática, talvez pela rigidez das condições exigidas para a sua formalização.

Explicando o sistema, ensina LUIZ GUILHERME LOUREIRO:

"O Registro realiza uma análise pormenorizada dos títulos correspondentes a essa propriedade, assim como da configuração física do imóvel. Em outras palavras, faz-se uma análise jurídica e topográfica do imóvel em questão. Não havendo nenhuma objeção, tam-

---

[19] SOUZA, Eduardo Pacheco Ribeiro de. Georreferenciamento e Registro Torrens. *Instituto de Registro Imobiliário do Brasil.* Disponível em: <http://www.irib.org.br/boletins/detalhes/1615>. Acesso em: 24 set. 2016.

pouco a oposição formulada por terceiros após publicação do edital do pedido do registro Torrens, procede-se à matrícula do imóvel que consiste na emissão de dois certificados idênticos e únicos que detalham topograficamente a área do imóvel e indicam as cargas reais que suportam. Um dos certificados é encadernado no registro ordenado por imóveis, onde é aberto um fólio registral numerado, e o outro é entregue ao proprietário. O título de propriedade assim emitido torna inatacável o direito de propriedade do titular, e qualquer direito de terceiro (propriedade, hipoteca, encargos e ônus reais) se extingue quando não tenha sido incorporado ao título.

O sistema Torrens é completado com a indenização do eventual titular material extrarregistral que venha a sofrer prejuízo pela matrícula fraudulenta ou errônea da propriedade, o que configura uma espécie de seguro de títulos. A existência de um único título de propriedade assegura e facilita o tráfico imobiliário. E, quando se deseja, por exemplo, vender ou hipotecar o imóvel, basta enviar o contrato causal (compra e venda, hipoteca etc.) com título (certificado que fica em poder do proprietário) ao Registro, que qualifica os documentos, e, não encontrando vícios, anula o anterior e emite um novo título, no qual é incorporada a nova propriedade ou garantia real imobiliária.

Em cada transferência se entende que o domínio volta ao Estado e que é este quem o transfere ao novo adquirente, de forma que, em geral, não é possível a usucapião *contra tabulas*. Logo, a inscrição é constitutiva e convalidante, uma vez que purga o título de qualquer nulidade, diante da presunção legal de que há forma originária de aquisição de propriedade (diretamente do Estado). Nada impede, como vimos acima, que os ônus e encargos reais existentes sejam incorporados ao título, quando for o caso"[20].

A questão da usucapião comporta reflexão.

A presunção gerada pelo Torrens não resulta, em nosso sentir, na impossibilidade jurídica de um terceiro usucapir o imóvel, porquanto a usucapião é modo originário de aquisição da propriedade, que independe da verificação da regularidade ou natureza do título legitimador do direito do proprietário, conforme, inclusive, já decidiu o Superior Tribunal de Justiça:

"RECURSO ESPECIAL. AÇÃO DE USUCAPIÃO. AQUISIÇÃO DA PROPRIEDADE. MODO ORIGINÁRIO. REGISTRO TORRENS. REQUISITOS. POSSE. ÂNIMO DE DONO. REEXAME DE CLÁUSULAS CONTRATUAIS E DE PROVAS. INVIABILIDADE. SÚMULAS N. 5 E N. 7/STJ.

1. <u>A usucapião é modo originário de aquisição da propriedade que independe de verificação acerca da idoneidade do título registrado e não envolve transferência de domínio.</u>

2. <u>A matrícula do imóvel rural no Registro Torrens, por si só, não inviabiliza a ação de usucapião, motivo pelo qual não prospera a alegação de impossibilidade jurídica do pedido.</u>

3. A reforma do julgado – para afastar a posse com ânimo de dono – demandaria interpretação de cláusulas contratuais e reexame do contexto fático-probatório, procedimentos vedados na estreita via do recurso especial, a teor das Súmulas n. 5 e n. 7/STJ.

4. Recurso especial parcialmente conhecido e, nessa parte, não provido".

(REsp 1.542.820/RS, rel. Min. RICARDO VILLAS BÔAS CUEVA, TERCEIRA TURMA, julgado em 20-2-2018, *DJe* 1-3-2018) (grifamos)

Sem dúvida, essa é a melhor diretriz, e que vai ao encontro do próprio princípio da função social da posse.

---

[20] LOUREIRO, Luiz Guilherme. Op. cit. p. 507-508.

Capítulo XII
Acessão

Sumário: 1. Conceito. 2. Distinção entre acessão e benfeitoria. 3. Acessão natural: formação de ilhas. 4. Acessão natural: aluvião. 5. Acessão natural: avulsão. 6. Acessão natural: álveo abandonado. 7. Acessão artificial: construções e plantações.

1. CONCEITO

A acessão é meio pelo qual se adquire propriedade imobiliária.

Implica aumento de volume da coisa principal, mediante união física.

Na conceituação do inesquecível CLÓVIS BEVILÁQUA:

"Acessão é o modo originário de adquirir, em virtude do qual fica pertencendo ao proprietário tudo quanto se une ou se incorpora ao seu bem"[1].

O aumento de volume de uma coisa em virtude de sua própria força interna (**acessão discreta**) – a exemplo do crescimento de um fruto –, não é, rigorosamente, o instituto sobre o qual nos debruçamos, estudado no âmbito das regras aquisitivas da propriedade (**acessão contínua**).

Sobre o tema, preleciona ORLANDO GOMES:

"Na acepção restrita, por conseguinte, acessão é o aumento do volume ou do valor do objeto da propriedade, devido a forças externas. Numa palavra, é a acessão contínua, pela qual a uma coisa se une ou se incorpora a outra por ação humana ou causa natural. O proprietário da coisa principal adquire a propriedade da acessória, que se lhe uniu ou incorporou. Há, enfim, como nota Barassi, uma alteração quantitativa ou qualitativa da coisa. A acessão discreta, isto é, o aumento da coisa de dentro para fora, não é acessão propriamente dita. Suas consequências se acham subordinadas, por entendimento pacífico, ao princípio *accessorium cedit principali*"[2].

Neste capítulo, cuidaremos de modalidades de acessão de imóvel a imóvel (aluvião, avulsão, formação de ilhas), bem como de móvel a imóvel (construções e plantações), ao passo que trataremos oportunamente da união de móvel a móvel (confusão, comistão, adjunção).

Fixado o nosso objeto de análise, observamos que o art. 1.248 dispõe que a acessão poderá se dar:

---

[1] BEVILÁQUA, Clóvis. *Código Civil dos Estados Unidos do Brasil Comentado*. 4. ed. Rio de Janeiro: Francisco Alves, 1933. p. 74.
[2] GOMES, Orlando. *Direitos Reais*. 19. ed. Atualizada por Luiz Edson Fachin. Rio de Janeiro: Forense, 2008. p. 235-236.

a) por formação de ilhas;
b) por aluvião;
c) por avulsão;
d) por abandono de álveo;
e) por plantações e construções.

As quatro primeiras modalidades (alíneas *a* a *d*) traduzem formas naturais de acessão[3].

A última delas (alínea *e*) consiste em acessão artificial.

Antes, porém, de estudá-las, uma importante distinção deve ser feita.

2. DISTINÇÃO ENTRE ACESSÃO E BENFEITORIA

Não é incomum haver confusão entre as duas expressões.

Mas, por amor à boa técnica, precisamos diferenciá-las.

Benfeitoria é bem acessório, tratado na Parte Geral do Código Civil.

Ademais, sempre é artificial – ou seja, efetuada pelo homem –, e é realizada na própria estrutura da coisa principal, sem que haja, necessariamente, aumento do seu volume.

A acessão, por sua vez, poderá ser natural ou artificial, e, além disso, implica, por natureza, aumento de volume da coisa, razão por que é regulada, na Parte Especial do Código Civil, como modo de aquisição de propriedade imobiliária (arts. 1.248 a 1.259).

Nessa linha, uma reforma da parede de uma casa é, sem dúvida, uma benfeitoria, ao passo que a construção de mais um andar (ou um brasileiríssimo "puxadinho") é uma acessão (artificial).

Sobre o tema, escrevemos em nosso volume dedicado ao estudo da Parte Geral:

"Pode-se definir a benfeitoria como sendo a obra realizada pelo homem, na estrutura da coisa principal, com o propósito de conservá-la, melhorá-la ou embelezá-la.

Consideram-se necessárias as benfeitorias realizadas para evitar um estrago iminente ou a deterioração da coisa principal (ex.: reparos realizados em uma viga). Úteis, aquelas empreendidas com o escopo de facilitar a utilização da coisa (ex.: a abertura de uma nova entrada que servirá de garagem para a casa). E, finalmente, voluptuárias, quando empreendidas para mero deleite ou prazer, sem aumento da utilidade da coisa (a decoração de um jardim).

(...)

A identificação da natureza da benfeitoria não é fácil, em função da circunstância de que os bens não têm uma única utilidade intrínseca e absoluta. Uma piscina, por exemplo, pode ser uma benfeitoria voluptuária (em uma mansão), útil (em uma escola) ou necessária (em uma escola de hidroginástica).

(...)

Se a estrutura da casa é aproveitada para abrir uma garagem, realiza-se uma benfeitoria. Todavia, se um galpão contíguo é construído para servir de garagem, realiza-se uma

---

[3] A título de complementação de pesquisa, no antigo Código de Águas, Decreto n. 24.643, de 10 de julho de 1934, ver arts. 16 a 28.

acessão artificial. Nesse último caso, houve considerável aumento de volume da coisa principal"[4].

Em conclusão, confira-se o seguinte ilustrativo e bem fundamentado julgado do Superior Tribunal de Justiça:

"REINTEGRAÇÃO DE POSSE. DIREITO CIVIL. RECURSO ESPECIAL. POSSUIDORA DE MÁ-FÉ. DIREITO À INDENIZAÇÃO. DISTINÇÃO ENTRE BENFEITORIA NECESSÁRIA E ACESSÕES. ALEGADA ACESSÃO ARTIFICIAL. MATÉRIA FÁTICO-PROBATÓRIA. SÚMULA 7/STJ.

1. As benfeitorias são obras ou despesas realizadas no bem, com o propósito de conservação, melhoramento ou embelezamento, tendo intrinsecamente caráter de acessoriedade, incorporando-se ao patrimônio do proprietário.

2. O Código Civil (art. 1.220), baseado no princípio da vedação do enriquecimento sem causa, conferiu ao possuidor de má-fé o direito de se ressarcir das benfeitorias necessárias, não fazendo jus, contudo, ao direito de retenção.

3. Diferentemente, as acessões artificiais são modos de aquisição originária da propriedade imóvel, consistentes em obras com a formação de coisas novas que se aderem à propriedade preexistente (*superficies solo cedit*), aumentando-a qualitativa ou quantitativamente.

4. Conforme estabelece o art. 1.255 do CC, na acessões, o possuidor que tiver semeado, plantado ou edificado em terreno alheio só terá direito à indenização se tiver agido de boa-fé.

5. Sobreleva notar a distinção das benfeitorias para com as acessões, sendo que 'aquelas têm cunho complementar. Estas são coisas novas, como as plantações e as construções' (GOMES, Orlando. *Direitos reais*. 20. ed. Atualizada por Luiz Edson Fachin. Rio de Janeiro: Forense, 2010, p. 81).

6. Na trilha dos fatos articulados, afastar a natureza de benfeitoria necessária para configurá-la como acessão artificial, isentando a autora do dever de indenizar a possuidora de má-fé, demandaria o reexame do contexto fático-probatório dos autos, o que encontra óbice na Súmula n. 07 do STJ.

7. Recurso especial a que se nega provimento".

(REsp 1.109.406/SE, rel. Min. LUIS FELIPE SALOMÃO, QUARTA TURMA, julgado em 21-5-2013, *DJe* 17-6-2013)

Posto isso, passemos ao estudo das modalidades de acessão previstas no art. 1.248 do Código Civil, modos originários de aquisição da propriedade imobiliária.

3. ACESSÃO NATURAL: FORMAÇÃO DE ILHAS

O surgimento de uma ilha implicará, naturalmente, aumento da propriedade dos proprietários ribeirinhos fronteiros, nos termos do art. 1.249, observadas as regras seguintes:

a) as que se formarem no meio do rio consideram-se acréscimos sobrevindos aos terrenos ribeirinhos fronteiros de ambas as margens, na proporção de suas testadas, até a linha que dividir o álveo em duas partes iguais;

---

[4] GAGLIANO, Pablo Stolze; PAMPLONA FILHO, Rodolfo. *Novo Curso de Direito Civil*: Parte Geral. 20. ed. São Paulo: Saraiva, 2018. v. 1. p. 350-351.

b) as que se formarem entre a referida linha e uma das margens consideram-se acréscimos aos terrenos ribeirinhos fronteiros desse mesmo lado;

c) as que se formarem pelo desdobramento de um novo braço do rio continuam a pertencer aos proprietários dos terrenos à custa dos quais se constituíram.

A previsão contida no Código Civil diz respeito às ilhas que se formam em correntes "comuns ou particulares".

Exemplificando, pense-se na situação de um imóvel particular, através do qual corre um rio. Surgindo, por um fenômeno natural, uma ilha neste rio, esta pertencerá ao proprietário do terreno, se o rio estiver literalmente dentro dos limites de uma única propriedade. Correndo o rio entre duas propriedades com titulares distintos, dividir-se-á a propriedade da ilha, tomando como parâmetro uma linha imaginária que divida o rio ao meio (o que estiver de cada lado será incorporado ao patrimônio do titular da "testada" correspondente). A ilha que se formar entre a linha e uma das margens será exclusivamente do seu proprietário correspondente e, por fim, a que resultar do desdobramento de um novo braço continua a pertencer ao proprietário que sofreu a mudança de curso da água da qual resultou a ilha.

Por fim, é importante pontuar que determinadas ilhas desafiam a proteção do Direito Constitucional e Administrativo, na medida em que ingressam no âmbito do domínio público:

> "PROCESSUAL CIVIL. ADMINISTRATIVO. AÇÃO DE OPOSIÇÃO. CONTROVÉRSIA SOBRE PROPRIEDADE DE IMÓVEL SITUADO EM ILHA COSTEIRA E JÁ INCORPORADO AO PATRIMÔNIO DO MUNICÍPIO. APELAÇÃO E REMESSA OFICIAL IMPROVIDAS.
>
> 1. Segundo a Constituição Federal, para ser considerados bens da União, as ilhas fluviais e lacustres nas zonas limítrofes com outros países, as praias marítimas, bem como as ilhas oceânicas e as costeiras não devem ser a sede de Municípios ou estar sob o domínio dos Estados (arts. 20, IV e 26, II, **CF**).
>
> 2. Assim, independentemente da questão de ser terreno da marinha, o fato de São Luís ser a capital do Estado do Maranhão já exclui o domínio da União Federal sobre a área.
>
> 3. Apelação e remessa oficial não providas".

(TRF-1 – APELAÇÃO CIVEL AC 8498 MA 2000.37.00.008498-6, rel. Juiz Federal Márcio Barbosa Maia, Data de Julgamento: 2-4-2013, 4.ª Turma Suplementar, Data de Publicação: e-DJF1 p. 59 de 22-4-2013)

4. ACESSÃO NATURAL: ALUVIÃO

A aluvião consiste no aumento lento e paulatino da margem do terreno, mediante acúmulo natural de detritos e sedimentos.

É fenômeno operado pelas forças da natureza, conforme preleção de SÍLVIO VENOSA:

> A aluvião tratada na lei é sempre decorrente de forças naturais. Não é considerada aluvião o acréscimo decorrente de atividade humana. Nem sempre, contudo, a situação se mostrará clara, requerendo exame técnico-pericial para apuração de eventual indenização[5].

No Código Civil de 2002:

> "Art. 1.250. Os acréscimos formados, sucessiva e imperceptivelmente, por depósitos e aterros naturais ao longo das margens das correntes, ou pelo desvio das águas destas, pertencem aos donos dos terrenos marginais, sem indenização.

---

[5] VENOSA, Sílvio de Salvo. *Direitos Reais*. 3. ed. São Paulo: Atlas, 2003. p. 182.

Parágrafo único. O terreno aluvial, que se formar em frente de prédios de proprietários diferentes, dividir-se-á entre eles, na proporção da testada de cada um sobre a antiga margem".

Esta é a forma convencional de aluvião (**aluvião própria**).

Mas há ainda a denominada **aluvião imprópria**, que se dá mediante a retração das águas, a exemplo do rio que perde volume de água, resultando em aumento da margem da fazenda que o tangencia.

Embora a doutrina, tradicionalmente, entenda que esta modalidade imprópria não pode se operar em face de águas dormentes[6], como no caso de um lago ou uma lagoa[7], MARIA HELENA DINIZ, com precisão, observa que, em certas situações, tal acréscimo aluvial pode ocorrer:

---

[6] GOMES, Orlando. Op. cit. p. 154.

[7] "**Qual a diferença entre um lago e uma lagoa?** A primeira diferença está no tamanho. Ambos são definidos como uma extensão de água cercada por terra mas os lagos são maiores. O problema é que não existem dimensões mínimas ou máximas para cada um deles, o que pode gerar confusões. Existe outra diferença relacionada à origem de sua formação. 'Os lagos geralmente são resultados de transformações em larga escala do relevo terrestre', afirma o geógrafo Mário de Biasi, da Universidade de São Paulo (USP). A maioria dos lagos atuais nasceu durante as glaciações do período Pleistoceno (entre 1,6 milhão e 10 mil anos atrás), quando boa parte da Terra ficava coberta de gelo. O lento deslocamento das geleiras abria grandes depressões no solo, onde a água se acumulava. Isso explica a alta concentração de lagos no hemisfério norte (zona bastante afetada pela glaciação), como os Grandes Lagos, na fronteira entre os Estados Unidos e o Canadá. Outra possibilidade é a elevação de montanhas, como a cordilheira dos Andes, que deu origem ao lago Titicaca, na fronteira entre Peru e Bolívia. Já as lagoas costumam ser resultado de fenômenos localizados. 'Um desmoronamento ou mesmo um único castor podem formar uma lagoa', diz Mário. Como não existem limites precisos para diferenciar um do outro, os termos geram confusão e, no final, a escolha do nome depende mais do uso popular. Um bom exemplo é a lagoa dos Patos, no Rio Grande do Sul – apesar de ser a maior do Brasil, ela não é chamada de lago" (REDAÇÃO MUNDO ESTRANHO. Qual é a diferença entre um lago e uma lagoa? *Revista Mundo Estranho*. 4 jul. 2018. Disponível em: <http://mundoestranho.abril.com.br/geografia/qual-e-a-diferenca-entre-um-lago-e-uma-lagoa/>. Acesso em: 4 jun. 2017).

"Não se considerava como terreno aluvial o solo descoberto pela retração de águas dormentes (aluvião imprópria), como lagos e tanques; por isso o art. 539 do revogado Código Civil estatuía que os donos dos terrenos confinantes não os adquiriam, como não perdiam os que as águas invadissem. Isto era assim porque com o recuo das águas não havia acréscimo paulatino ou lento, formado por depósito de materiais arrastados pelas correntes, contrariando assim a definição de acessão. <u>Entretanto, se o lago ou lagoa fosse pertencente ao domínio particular, claro estaria que o proprietário marginal adquiriria as terras oriundas da retração das águas</u>"[8]. (grifamos)

Concordamos com essa linha de raciocínio.

5. ACESSÃO NATURAL: AVULSÃO

Enquanto a aluvião se processa lentamente, a avulsão é repentina.

Quando, por força natural violenta, uma porção de terra se destacar de um imóvel e se juntar a outro, o dono deste adquirirá a propriedade do acréscimo, se indenizar o dono do primeiro ou, sem indenização, se, em um ano, ninguém houver reclamado (art. 1.251).

É o caso de uma enchente que "destaca" bruscamente parte de um imóvel rural, agregando-a, com a força das águas, a outra propriedade.

Vale salientar que o dono do prédio prejudicado terá o prazo decadencial de um ano para exercer o direito potestativo de reivindicar a parte perdida.

Neste caso, o dono do imóvel beneficiado poderá optar por indenizar, ou, recusando-se ao pagamento de indenização, deverá aquiescer a que se remova a parte acrescida, o que nem sempre, na prática, será fácil de realizar.

De fato, se o dono do prédio (imóvel) que experimentou o acréscimo recusa-se a indenizar, aquiescendo com a remoção, esta poderá se afigurar dificultosa ou economicamente inviável. Por outro lado, não poderá criar embaraços para esta remoção, devendo, inclusive, em nosso sentir, permitir o acesso ao local em que a terra cedeu.

---

[8] DINIZ, Maria Helena. *Curso de Direito Civil Brasileiro*: Direito das Coisas. 32. ed. São Paulo: Saraiva, 2018. p. 169-170.

Consequências

Situação não aventada em lei diz respeito à avulsão que culmina por prejudicar ou desvalorizar o terreno que experimentou o acréscimo. Em tal caso, não haveria, por certo, como se responsabilizar o dono do terreno decrescido, na medida em que o destacamento abrupto resultou de evento natural, alheio à sua vontade.

Na mesma vereda, o insuperável magistério de CLÓVIS BEVILÁQUA:

"O proprietário das terras, que sofreram a avulsão, nenhuma indenização deve ao proprietário do prédio, onde a porção do terreno foi ter (...) É a lição de AUBRY et RAU, que se funda na justa consideração de que o desprendimento de terras é um acontecimento de força maior, e de que o direito de reclamar a parte arrancada pela força das águas é manifestação do direito da propriedade"[9].

E o que ocorrerá se o terreno destacado não aderir ao novo imóvel?

Responde-nos a clássica doutrina de ALMACHIO DINIZ:

"Poderá suceder que a avulsão seja de uma coisa cuja aderência natural à ribanceira em que foi esbarrar, não seja possível. Neste caso, manda a lei que se aplique a regra sobre as coisas perdidas, procurando-se o dono, que, não aparecendo, passará a ser a Fazenda Pública"[10].

Trata-se de uma solução pouco usual, mas adequada, dadas as circunstâncias do caso.

6. ACESSÃO NATURAL: ÁLVEO ABANDONADO

A compreensão desta modalidade de acesso natural dispensa longa digressão.

O álveo abandonado, em linguagem clara e objetiva, consiste no leito seco do rio.

Com efeito, à luz do art. 1.252, o álveo abandonado de corrente pertence aos proprietários ribeirinhos das duas margens, sem que tenham indenização os donos dos terrenos por onde as águas abrirem novo curso, entendendo-se que os imóveis marginais se estendem até o meio do álveo.

---

[9] BEVILÁQUA, Clóvis. *Código Civil dos Estados Unidos do Brasil Comentado*. 4. ed. Rio de Janeiro: Francisco Alves, 1933. p. 81.

[10] DINIZ, Almachio. *Direito das Cousas segundo o Código Civil de 1916*. Rio de Janeiro: Livraria Francisco Alves, 1916. p. 107.

Comentando o instituto, o citado jurista ALMACHIO DINIZ faz interessante observação, em face do Código de 1916:

> "Há quem pense que o álveo dos rios, desde que seja abandonado, pertence aos proprietários dos prédios marginais, não por acessão, mas pelos mesmos títulos porque lhe pertencem as margens. O nosso Código foi de parecer contrário e incluiu a aquisição das terras do álveo abandonado entre as aquisições por acessão"[11].

Trata-se de lição ainda atual, à luz da norma do Código de 2002.

Observe-se ainda que o art. 1.252 menciona a possibilidade de as águas abrirem novo curso.

Neste caso, não há que se falar de qualquer indenização aos titulares dos terrenos por onde correr a nova passagem de água, os quais, potencialmente, passam a ter o mesmo direito ao "álveo abandonado", caso este novo curso também venha a secar no futuro.

7. ACESSÃO ARTIFICIAL: CONSTRUÇÕES E PLANTAÇÕES

Toda construção ou plantação existente em um terreno presume-se feita pelo proprietário e à sua custa, até que se prove o contrário (art. 1.253).

Trata-se, como visto, de uma presunção relativa, pois as circunstâncias podem conduzir a solução diversa.

Uma importante observação, quanto às construções, aqui deve ser feita.

Note-se que se trata de um modo artificial de aumento de **propriedade**, ou seja, ao ser feita uma construção, o imóvel originário experimenta acréscimo.

Pois bem.

Uma construção simplesmente projetada ou sobreposta no prédio torna-se parte dele, por união física, aumentando-o.

Nada impede, outrossim, que, posteriormente, esta construção seja objeto de um novo direito real, a ser estudado em momento oportuno[12], nesta obra, denominado "direito de laje".

---

[11] DINIZ, Almachio. Op. cit. p. 108-109.

[12] Confira-se o Capítulo XXX ("Direito de laje") deste volume.

Apenas a título ilustrativo, pois cuidaremos do tema em breve, transcrevemos trecho de artigo do coautor PABLO STOLZE GAGLIANO, quando da edição das primeiras normas sobre o instituto:

> "A Medida Provisória n. 759, de 22 de dezembro de 2016[13], ao dispor sobre a regularização fundiária rural e urbana, a liquidação de créditos concedidos aos assentados da reforma agrária e, ainda, sobre a regularização fundiária no âmbito da Amazônia Legal, consagrou um novo direito real, cujo alcance social é demasiadamente expressivo.
>
> Trata-se do **direito real de laje.**
>
> (...)
>
> E, embora a nova regulamentação não resolva a delicada questão social atinente ao crescimento urbano desordenado – que exige, não apenas promessas ou leis, mas sérias políticas públicas –, ao menos retirou do 'limbo da invisibilidade' uma situação social tão comum nas cidades brasileiras.
>
> Imaginemos, a título meramente ilustrativo, o sujeito que constrói um segundo andar em sua casa, conferindo-lhe acesso independente, e, em seguida, transfere o direito sobre o mesmo, mediante pagamento, para um terceiro, que passa a morar, com a sua família, nesta unidade autônoma.
>
> Não se tratando, em verdade, de transferência de 'propriedade' – que abrangeria, obviamente, o solo –, este terceiro passa a exercer direito apenas sobre a extensão da construção original, ou seja, sobre a laje.
>
> Trata-se, portanto, de um direito real sobre coisa alheia – com amplitude considerável, mas que com a propriedade não se confunde –, limitado à unidade imobiliária autônoma erigida sobre a construção original, de propriedade de outrem.
>
> Melhor seria, em nosso sentir, que se utilizasse a expressão 'direito sobre a laje', como empregado no Enunciado 18, da I Jornada dos Juízes das Varas de Família da Comarca de Salvador:
>
> *Enunciado n. 18 – Nos termos do regime de bens aplicável*, admite-se, em nível obrigacional, a comunicabilidade do direito sobre a construção realizada no curso do casamento ou da união estável – acessão artificial socialmente conhecida como 'direito sobre a laje' –, *subordinando-se, todavia, a eficácia real da partilha ao regular registro no Cartório de Imóveis, a cargo das próprias partes, mediante recolhimento das taxas ou emolumentos e tributos devidos*[14].
>
> Note-se que, na hipótese do enunciado, não se discute direito real de terceiro sobre a laje, mas sim, a disciplina própria do direito à meação sobre a extensão construída do imóvel, segundo o regime de bens aplicável.
>
> O instituto de que estamos aqui a tratar, como vimos, tem natureza diversa (real) e diz respeito à esfera jurídica de terceiro que, com exclusividade, imprime, em perspectiva constitucional, destinação socioeconômica sobre a unidade imobiliária autônoma sobreposta"[15].

---

[13] Posteriormente, foi editada a Lei n. 13.465 de 2017.

[14] Fonte: <http://www5.tjba.jus.br/images/pdf/enunciados_ordem_numerica.pdf>. Acesso em: 4 jan. 2017.

[15] GAGLIANO, Pablo Stolze. Direito real de laje: primeiras impressões. *Revista Jus Navigandi*, ISSN 1518-4862, Teresina, ano 22, n. 4.936, 5 jan. 2017. Disponível em: <https://jus.com.br/artigos/54931>. Acesso em: 10 jun. 2017.

Feitas tais considerações, retornemos ao regramento do Código Civil, referente à aquisição da propriedade pelas construções ou plantações (**modalidades de acessão artificial**).

Aquele que semeia, planta ou edifica em terreno próprio com sementes, plantas ou materiais alheios adquire a propriedade destes; mas fica obrigado a pagar-lhes o valor, além de responder por perdas e danos, se agiu de má-fé (art. 1.254).

O pagamento das perdas e danos tem, além do natural aspecto compensatório, um viés também punitivo, pois visa a sancionar a má-fé.

E o que dizer se a plantação ou construção for em terreno alheio?

Nesse caso, a teor do art. 1.255, aquele que semeia, planta ou edifica em terreno alheio perde, em proveito do proprietário, as sementes, plantas e construções; se procedeu de boa-fé, terá direito a indenização.

Até então, nesses artigos iniciais, o codificador consagrou a clássica regra da ***vis atrativa*** do solo, ou seja, o dono do solo se torna dono da acessão.

Sucede que o Código de 2002 inovou, ao admitir a denominada **acessão inversa ou invertida**, ou seja, a possibilidade de o dono da construção ou plantação tornar-se dono do solo.

Sobre o tema, ensina a querida Professora MARIA HELENA DINIZ:

"O trabalho de quem construiu e plantou, na convicção de que edificava e lavrava em terreno próprio, deve, se valorizou o solo, prevalecer sobre o interesse do proprietário inerte. Ter-se-ia uma acessão invertida, em que se consideram a construção e a plantação como principal, descaracterizando o princípio de que o acessório segue o principal. Todavia, há quem ache, como Paulo Nader, que: 'Importante inovação foi trazida pelo parágrafo único do art. 1.255 do Código Civil, ao admitir a principalidade na plantação e construção, desde que 'exceda consideravelmente o valor do terreno', estando de boa-fé quem plantou ou edificou, garantido ao proprietário do imóvel o direito à indenização. Na hipótese, quem adquire a propriedade plena é quem plantou ou construiu com recursos próprios. Observa-se que o dispositivo legal não abriu exceção ao princípio *accessorium cedit principali*, apenas interpretou o que, na espécie, deve ser considerado principal"[16].

Em nosso sentir, quer se considere afastado ou não o **princípio da gravitação jurídica** (segundo o qual o acessório segue o principal), o fato é que o legislador optou por considerar mais relevante o resultado econômico da ação humana realizada do que o valor do solo em si.

Nessa linha, o parágrafo único do art. 1.255:

"Se a construção ou a plantação exceder consideravelmente o valor do terreno, aquele que, de boa-fé, plantou ou edificou, adquirirá a propriedade do solo, mediante pagamento da indenização fixada judicialmente, se não houver acordo".

Note a expressão que encerra um conceito aberto ou indeterminado: "exceder consideravelmente".

Assim, caberá ao juiz, à luz do princípio da operabilidade – um dos princípios norteadores do Código Civil (juntamente com o da sociabilidade e o da eticidade) – preencher

---

[16] DINIZ, Maria Helena. *Curso de Direito Civil Brasileiro*: Direito das Coisas. 29. ed. São Paulo: Saraiva, 2014. v. 4. p. 175.

o intencional "vazio normativo", segundo as características e circunstâncias do caso concreto.

Sobre o princípio da operabilidade, recordemos da lição do insuperável filósofo MIGUEL REALE:

"O terceiro princípio que norteou a feitura deste nosso Projeto – e vamos nos limitar a apenas três, não por um vício de amar o trino, mas porque não há tempo para tratar de outros, que estão de certa maneira implícitos nos que estou analisando – o terceiro princípio é o 'princípio da operabilidade'. Ou seja, toda vez que tivemos de examinar uma norma jurídica, e havia divergência de caráter teórico sobre a natureza dessa norma ou sobre a convivência de ser enunciada de uma forma ou de outra, pensamos no ensinamento de Jhering, que diz que é da essência do Direito a sua realizabilidade: o Direito é feito para ser executado; Direito que não se executa – já dizia Jhering na sua imaginação criadora – é como chama que não aquece, luz que não ilumina, O Direito é feito para ser realizado; é para ser operado. Porque, no fundo, o que é que nós somos – nós advogados? Somos operadores do direito: operamos o Código e as leis, para fazer uma petição inicial, e levamos o resultado de nossa operação ao juiz, que verifica a legitimidade, a certeza, a procedência ou não da nossa operação – o juiz também é um operador do Direito; e a sentença é uma renovação da operação do advogado, segundo o critério de quem julga. Então, é indispensável que a norma tenha operabilidade, a fim de evitar uma série de equívocos e de dificuldades, que hoje entravam a vida do Código Civil"[17].

Vale acrescentar ainda que não se afigura possível defender-se a acessão invertida com o propósito de adquirir bem público, como, inclusive, observou o Superior Tribunal de Justiça, em acórdão da lavra do eminente Min. HERMAN BENJAMIN:

"ADMINISTRATIVO. OCUPAÇÃO DE ÁREA PÚBLICA POR PARTICULARES. CONSTRUÇÃO. BENFEITORIAS. INDENIZAÇÃO. IMPOSSIBILIDADE.

1. Hipótese em que o Tribunal de Justiça reconheceu que a área ocupada pelos recorridos é pública e não comporta posse, mas apenas mera detenção. No entanto, o acórdão equiparou o detentor a possuidor de boa-fé, para fins de indenização pelas benfeitorias.

2. O legislador brasileiro, ao adotar a Teoria Objetiva de Ihering, definiu a posse como o exercício de algum dos poderes inerentes à propriedade (art. 1.196 do CC).

3. O art. 1.219 do CC reconheceu o direito à indenização pelas benfeitorias úteis e necessárias, no caso do possuidor de boa-fé, além do direito de retenção. O correlato direito à indenização pelas construções é previsto no art. 1.255 do CC.

4. O particular jamais exerce poderes de propriedade (art. 1.196 do CC) sobre imóvel público, impassível de usucapião (art. 183, § 3.º, da CF). Não poderá, portanto, ser considerado possuidor dessas áreas, senão mero detentor.

5. Essa impossibilidade, por si só, afasta a viabilidade de indenização por acessões ou benfeitorias, pois não prescindem da posse de boa-fé (arts. 1.219 e 1.255 do CC). Precedentes do STJ.

6. Os demais institutos civilistas que regem a matéria ratificam sua inaplicabilidade aos imóveis públicos.

---

[17] REALE, Miguel. Visão geral do projeto de Código Civil. *Site do Professor Miguel Reale*. Disponível em: <http://www.miguelreale.com.br>. Acesso em: 11 jun. 2017.

7. A indenização por benfeitorias prevista no art. 1.219 do CC implica direito à retenção do imóvel, até que o valor seja pago pelo proprietário. Inadmissível que um particular retenha imóvel público, sob qualquer fundamento, pois seria reconhecer, por via transversa, a posse privada do bem coletivo, o que está em desarmonia com o Princípio da Indisponibilidade do Patrimônio Público.

8. **O art. 1.255 do CC, que prevê a indenização por construções, dispõe, em seu parágrafo único, que o possuidor poderá adquirir a propriedade do imóvel se 'a construção ou a plantação exceder consideravelmente o valor do terreno'. O dispositivo deixa cristalina a inaplicabilidade do instituto aos bens da coletividade, já que o Direito Público não se coaduna com prerrogativas de aquisição por particulares, exceto quando atendidos os requisitos legais (desafetação, licitação etc.).**

9. Finalmente, a indenização por benfeitorias ou acessões, ainda que fosse admitida no caso de áreas públicas, pressupõe vantagem, advinda dessas intervenções, para o proprietário (no caso, o Distrito Federal). Não é o que ocorre em caso de ocupação de áreas públicas.

10. Como regra, esses imóveis são construídos ao arrepio da legislação ambiental e urbanística, o que impõe ao Poder Público o dever de demolição ou, no mínimo, regularização. Seria incoerente impor à Administração a obrigação de indenizar por imóveis irregularmente construídos que, além de não terem utilidade para o Poder Público, ensejarão dispêndio de recursos do Erário para sua demolição.

11. Entender de modo diverso é atribuir à detenção efeitos próprios da posse, o que enfraquece a dominialidade pública, destrói as premissas básicas do Princípio da Boa-Fé Objetiva, estimula invasões e construções ilegais e legitima, com a garantia de indenização, a apropriação privada do espaço público.

12. Recurso Especial provido".

(REsp 945.055/DF, rel. Min. HERMAN BENJAMIN, SEGUNDA TURMA, julgado em 2-6-2009, *DJe* 20-8-2009) (grifamos)

Em seguida, o art. 1.256 dispõe que, se de ambas as partes houve má-fé, adquirirá o proprietário as sementes, plantas e construções, devendo ressarcir o valor das acessões, presumindo-se a má-fé no proprietário, na forma do parágrafo único do mesmo dispositivo, quando o trabalho de construção, ou lavoura, se fez em sua presença e sem impugnação sua.

E se as sementes, plantas ou materiais não pertencerem a quem de boa-fé os empregou em solo alheio?

A matéria é disciplinada pelo art. 1.257, que preceitua, *in verbis*:

"Art. 1.257. O disposto no artigo antecedente aplica-se ao caso de não pertencerem as sementes, plantas ou materiais a quem de boa-fé os empregou em solo alheio.

Parágrafo único. O proprietário das sementes, plantas ou materiais poderá cobrar do proprietário do solo a indenização devida, quando não puder havê-la do plantador ou construtor".

Especial cuidado merece a situação em que a construção **invade parcialmente** o solo alheio:

"Art. 1.258. Se a construção, feita parcialmente em solo próprio, invade solo alheio **em proporção não superior à vigésima parte deste**, adquire o construtor de boa-fé a propriedade da parte do solo invadido, se o valor da construção exceder o dessa parte, e responde por indenização que represente, também, o valor da área perdida e a desvalorização da área remanescente".

Note-se que, de acordo com esta norma (*caput*, art. 1.258), a boa-fé do construtor é pressuposto para se operar a aquisição da propriedade da parte do solo invadida.

Nessa linha, julgado do Tribunal de Justiça de Santa Catarina:

"APELAÇÃO CÍVEL. AÇÃO DE REINTEGRAÇÃO DE POSSE C/C DEMOLITÓRIA. SENTENÇA DE PARCIAL PROCEDÊNCIA. ART. 1.258 DO CÓDIGO CIVIL. CONVERSÃO EM PERDAS E DANOS. CONDENAÇÃO AO PAGAMENTO DE INDENIZAÇÃO CORRESPONDENTE À ÁREA PERDIDA E À DESVALORIZAÇÃO DA ÁREA REMANESCENTE. RECURSO DA AUTORA REITERANDO OS PEDIDOS INICIAIS. PROVA PERICIAL QUE ATESTA A INVASÃO DO LOTE DA AUTORA. INEXISTÊNCIA DE BOA-FÉ DO RÉU PARA JUSTIFICAR A INCIDÊNCIA DO ART. 1.258 DO CC. DEMANDADO ADVERTIDO PELOS FISCAIS DA PREFEITURA DE INVASÃO DO TERRENO VIZINHO PARA EDIFICAR MURO. REITERAÇÃO DA CONDUTA, INVADINDO O IMÓVEL PARA CONSTRUIR FOSSA SÉPTICA.

Necessária, à aplicação do art. 1.258 do Código Civil, além da extensão pequena da área invadida, a boa-fé por parte do construtor. Esta conduta desaparece daquele que, advertido pelos fiscais da prefeitura de que invadiu terreno limítrofe, reitera na conduta e realiza outra obra no lote invadido. REQUISITOS DA REINTEGRAÇÃO DE POSSE PREENCHIDOS. ACOLHIMENTO DA PRETENSÃO REINTEGRATÓRIA E DEMOLITÓRIA ÀS EXPENSAS DO RECORRIDO. OBRAS DE PEQUENO PORTE. SENTENÇA REFORMADA. RECURSO PROVIDO".

(TJSC – AC 0003802-72.2008.8.24.0069 Sombrio 0003802-72.2008.8.24.0069, Órgão Julgador: Segunda Câmara de Direito Civil, julgado em 26-10-2017, rel. João Batista Góes Ulysséa)

Surpreendente, porém, é a previsão constante no parágrafo único do mesmo art. 1.258:

"Parágrafo único. Pagando em décuplo as perdas e danos previstos neste artigo, **o construtor de má-fé** adquire a propriedade da parte do solo que invadiu, se em proporção à vigésima parte deste e o valor da construção exceder consideravelmente o dessa parte e não se puder demolir a porção invasora sem grave prejuízo para a construção". (grifamos)

Vemos com certa preocupação esta norma.

Ao admitir que o construtor mal-intencionado adquira a propriedade da área invadida, mesmo pagando o décuplo das perdas e danos, abre-se espaço para abusos do poder econômico no âmbito de uma nociva especulação imobiliária.

Aliás, não iria de encontro ao princípio da eticidade admitir-se o reconhecimento de direito derivado da má-fé?

É apenas uma reflexão.

Trata-se efetivamente de uma situação que deve ser considerada excepcionalíssima no sistema brasileiro.

Talvez por isso, em uma tentativa de minimizar os possíveis efeitos danosos desta norma, quando mal aplicada, o Enunciado n. 318 da IV Jornada de Direito Civil fixou a seguinte diretriz:

Enunciado n. 318 – Art. 1.258. "O direito à aquisição da propriedade do solo em favor do construtor de má-fé (art. 1.258, parágrafo único) somente é viável quando, além dos requisitos explícitos previstos em lei, houver necessidade de proteger terceiros de boa-fé".

É o caso, por exemplo, de o reconhecimento da propriedade do construtor favorecer os adquirentes, de boa-fé, das unidades imobiliárias do empreendimento erguido no solo de terceiro.

Por fim, estabelece o art. 1.259 que, se o construtor estiver de boa-fé, e a invasão do solo alheio **exceder a vigésima parte deste**, adquire a propriedade da parte do solo invadida, e responde por perdas e danos que abranjam o valor que a invasão acrescer à construção, mais o da área perdida e o da desvalorização da área remanescente; por outro lado, se estiver de má-fé, é obrigado a demolir o que nela construiu, pagando as perdas e danos apurados, que serão devidos em dobro.

Capítulo XIII
Aquisição da Propriedade Mobiliária

Sumário: 1. Introdução. 2. Modalidades. 2.1. Usucapião. 2.2. Ocupação. 2.3. Achado de tesouro. 2.4. Tradição. 2.5. Especificação. 2.6. Confusão, comistão e adjunção.

1. INTRODUÇÃO

Embora as formas de aquisição da propriedade móvel não desfrutem da mesma importância dispensada aos imóveis, elas também merecem a nossa atenção.

E, por isso, serão tratadas neste capítulo específico.

2. MODALIDADES

O Código Civil de 2002 reserva o Capítulo III do Título III ("Da Propriedade") para tratar "Da Aquisição da Propriedade Móvel", disciplinando a matéria do art. 1.260 ao art. 1.274.

Disciplina a codificação civil as seguintes modalidades de aquisição de propriedade mobiliária:

a) Usucapião;
b) Ocupação;
c) Achado de Tesouro;
d) Tradição;
e) Especificação;
f) Confusão;
g) Comissão;
h) Adjunção.

Observe-se, de logo, que a usucapião é uma forma de aquisição de propriedade comum para bens imóveis e móveis, enquanto todos os demais são modalidades específicas da propriedade mobiliária.

Vejamos cada uma dessas modalidades.

2.1. Usucapião

Na perspectiva do princípio constitucional da função social, o Código Civil admite as formas ordinária e extraordinária de usucapião de bens móveis[1].

---

[1] Art. 1.262, CC: Aplica-se à usucapião das coisas móveis o disposto nos arts. 1.243 e 1.244.

Aquele que possuir coisa móvel como sua, contínua e incontestadamente durante três anos, com justo título e boa-fé, adquirir-lhe-á a propriedade (art. 1.260).

Trata-se da forma ordinária de usucapião, como se dá na situação em que o sujeito adquire um veículo, mas ignora um vício existente no ato de transferência, devidamente documentado.

Poderá usucapir o automóvel em três anos, tendo justo título e boa-fé.

Ainda há, outrossim, a forma extraordinária de usucapião da propriedade mobiliária, caso em que o justo título ou a boa-fé não importam.

Se a posse da coisa móvel se prolongar por cinco anos, produzirá usucapião, independentemente de título ou boa-fé, conforme previsão contida no art. 1.261.

Nesse contexto, em tese, mesmo um bem roubado ou furtado pode ser usucapido, porquanto a usucapião extraordinária dispensa o elemento subjetivo ou psicológico da boa-fé[2].

O tema comporta alguma discussão, como alerta o amigo FLAVIO TARTUCE:

"Questão polêmica se refere à usucapião de veículo furtado, havendo acórdãos do Superior Tribunal de Justiça pela sua impossibilidade em caso envolvendo a usucapião ordinária: 'Recurso especial – Usucapião ordinário de bem móvel – Aquisição originária – Automóvel furtado. Não se adquire por usucapião ordinário veículo furtado. Recurso especial não conhecido' (STJ, Resp 247.345/MG, 3.ª Turma, Rel. Min. Nancy Andrighi, j. 04.12.2001, *DJ* 25.03.2002, p. 272). Entretanto, há quem defenda pela admissão da usucapião extraordinária, uma vez que cessa a violência no momento posterior à prática do ilícito, tendo início a partir daí a contagem do prazo legal (FARIAS, Cristiano Chaves de; ROSENVALD, Nelson. *Direitos reais...*, 2006, p. 344)"[3].

Embora possa soar estranho, por exemplo, admitir-se a usucapião de um bem roubado, pelo próprio agente do ato ilícito, o fato é que, de acordo com o sistema em vigor, trata-se de uma forma extraordinária de aquisição, em que, cessada a violência, a utilização da coisa móvel como sua, de forma contínua e sem contestação, permite uma aparência de propriedade, que, observando o decurso do prazo legal correspondente, faz operar os efeitos da prescrição aquisitiva.

Algumas considerações, nesse ponto, todavia, ainda devem ser feitas.

Segundo DILVANIR JOSÉ DA COSTA:

"No Direito brasileiro, segundo o já citado prof. Raul Chaves e Lenine Nequete, e a partir do pressuposto de que os interesses tutelados pelo Direito Penal devem prevalecer sobre aqueles mais privatísticos do Direito Civil, há que igualmente se entender que: a) enquanto não prescrita a ação penal não pode o criminoso, ainda que revista a sua posse os requisitos *ad usucapionem*, invocar a prescrição aquisitiva; b) prescrita, todavia, a ação penal, assiste ao criminoso aquele direito, computando-se a posse desde o seu início; c) ajuizada

---

[2] Cf. CHAVES, Raul. *A usucapião e o crime*. São Paulo: Saraiva, 1981. No STJ, confira-se o REsp 1.637.370-RJ: "É possível a usucapião de bem móvel proveniente de crime após cessada a clandestinidade ou a violência" (Rel. Min. Marco Aurélio Bellizze, Terceira Turma, por maioria, julgado em 10-9-2019, *DJe* 13-9-2019).

[3] TARTUCE, Flávio. *Direito Civil*: Direito das Coisas. 10. ed. Rio de Janeiro: Forense, 2017. v. 4. p. 248.

a ação penal, mas declarada extinta a pena na sentença irrecorrida, a posse até então decorrida fica inutilizada, aplicando-se o art. 74 do CPP, isto é, a restituição da *res furtiva* ao lesado, com perdas e danos; d) absolvido o acusado, toda a posse decorrida antes da ação penal, como a entre esta e a sentença, será aproveitada para a contagem *ad usucapionem*, não se podendo considerar interrompida por via de processo onde não se concluiu pela condenação.

No concernente ao terceiro adquirente, exatamente a hipótese dos autos, também lapidar a conclusão de Lenine Nequete nesse aspecto: '... quanto ao terceiro que adquiriu do criminoso a coisa, das duas uma: ou a aquisição se operou com justo título e boa fé e, nesta hipótese, *tollitur quaestio*; ou, pelo contrário, o adquirente sabia ou tinha razões para suspeitar da origem criminosa da mesma e, então, terá ele incorrido igualmente em delito (de receptação, dolosa ou culposa), situação na qual colherão a seu respeito todas as observações expendidas supra' (idem, ibidem, p. 182)"[4].

Concordamos com a linha de entendimento acima mencionada, no sentido de que, enquanto pendente o prazo para se deduzir a prescrição punitiva em Juízo, não se pode reconhecer a usucapião, porquanto a *res* ainda pode ser enquadrada como "produto de crime".

Mas, uma vez operada a prescrição penal – ou extinta a ação penal por outra causa – a posse, que já estava sendo exercida, poderá ser considerada para efeito de reconhecimento da usucapião extraordinária, que, como sabemos, dispensa o justo título e a boa-fé.

Analisando a situação em panorama mais profundo, podemos concluir que, de certa maneira, ao se admitir que o criminoso, em certas situações, possa usucapir, operou-se, em verdade, uma certa preponderância do princípio da função social – eis que se parte da premissa de que o sujeito está exercendo poderes de proprietário em face do bem – em detrimento do princípio da boa-fé.

Nesse contexto, vale acrescentar que tramita no Congresso Nacional o Projeto de Lei n. 7.385 de 2010[5], de autoria do Deputado Carlos Bezerra, que pretende alterar o Código Civil, para, expressamente, impedir a usucapião de coisa obtida por meio de crime.

De acordo com a proposta, o Código Civil seria modificado, para que passassem a constar as seguintes regras:

"Art. 2.º A Lei n. 10.406, de 10 de janeiro de 2002, passa a vigorar acrescida do seguinte Art. 1.244-A:

'Art. 1.244-A. É vedada a usucapião àquele que obteve a coisa como resultado de ato criminoso.'

Art. 3.º Acrescenta-se ao Art. 1.261, da Lei n. 10.406, de 10 de janeiro de 2002 – Código Civil, parágrafo único com a seguinte redação:

'Art. 1.261 ....

---

[4] COSTA, Dilvanir José da. Usucapião: doutrina e jurisprudência. *Revista de Informação Legislativa*. Brasília, ano 36, n. 143, jul./set. 1999. Disponível em: <http://www2.senado.leg.br/bdsf/bitstream/handle/id/524/r143-25.PDF>. Acesso em: 17 maio 2018.

[5] Recomendamos ao nosso estimado leitor que acompanhe esta tramitação pelo *site* oficial da Câmara dos Deputados.

Parágrafo único. Se a pessoa tem a posse da coisa como resultado de ato criminoso, é vedada a usucapião. (NR)'".

Em sua justificativa, afirma o parlamentar:

"Acreditamos que há em nosso sistema jurídico uma incoerência, que deve ser eliminada da legislação. Trata-se da possibilidade da pessoa que obteve a posse de um bem móvel por ser autor de um crime poder requerer usucapião extraordinário do mesmo. Reza o Art. 1261 do Código Civil:

'Art. 1.261. Se a posse da coisa móvel se prolongar por cinco anos, produzirá usucapião, independentemente de título ou boa-fé.'

Eis, a propósito, a lição de Pontes de Miranda, acerca do tema no Direito Romano:

A *res furtiva*, que era espécie de *res vitiosa*, não podia ser usucapida. Não, assim, hoje em dia. O ladrão pode usucapir; o terceiro usucape, de boa ou de má fé, a coisa furtada" ('Tratado de Direito Privado', Borsoi, Rio, 1956, v. XV, parágr. 1.697, n. 2, p. 111).

Ora, cremos que a coerência do sistema seria bem melhor preservada se adotássemos, novamente, a regra do Direito Romano. Isto porque cremos que a possibilidade de o ladrão usucapir acaba militando contra o princípio da legalidade e o Estado de Direito. É uma regra que ofende os princípios mais básicos do sistema jurídico nacional e deve ser revista.

Quando o legislador tratou de usucapião extraordinária, o que fez foi dar uma solução a situações de fato que fossem consolidadas pelo decurso de tempo sem oposição. Certamente não era intenção da lei premiar o criminoso. Somente a interpretação doutrinária assim entendeu, então, impõe-se que haja disposição expressa no Código Civil de que aquele que obtém a posse de coisa – móvel ou imóvel – por crime, jamais terá essa posse consolidada e nem terá direito a usucapir.

Cremos que essa modificação é muito importante, na medida em que preserva, melhor que a lei atual, a legalidade e a moralidade, estabelecendo que o ato criminoso jamais se convalida. Se a lei estabelece o perdimento de bens obtidos com o crime, não seria o simples decurso do prazo que deveria modificar essa disposição"[6].

De fato, embora o sistema atual permita a usucapião da coisa obtida por meio de crime, esta solução nunca nos agradou, na medida em que a causa da apreensão material do bem é de tamanha gravidade que violou norma jurídico-penal.

E se assim o é – imagine-se o cometimento de um roubo qualificado ou uma extorsão –, não se poderia reconhecer na usucapião uma tal "força depurativa" que legitimasse situações dessa natureza.

Por isso, em nossa visão acadêmica, uma eventual alteração do Código Civil para impedir o reconhecimento da prescrição aquisitiva em favor de quem cometeu crime é medida salutar.

Em outras palavras, se podemos falar, no caso, em aparente "choque de princípios", que prevaleça o respeito à boa-fé nas relações sociais.

---

[6] Fonte: <http://www.camara.gov.br/proposicoesWeb/prop_mostrarintegra?codteor=772884&filename=-Tramitacao-PL+7385/2010>. Acesso em: 18 maio 2018.

2.2. Ocupação

Também adquirirá a propriedade mobiliária aquele que se assenhorear de coisa sem dono, não sendo essa ocupação defesa por lei, conforme preceitua o art. 1.263, CC/2002.

Em outras palavras, denomina-se "ocupação" o ato de assenhoramento de um bem móvel sem dono (*res nullius*) ou coisa abandonada (*res derelictae*).

Trata-se de um ato jurídico em sentido estrito ou não negocial, uma vez que o efeito jurídico decorrente do simples comportamento de se apoderar do bem (a aquisição da propriedade) deriva automaticamente da lei[7].

Por óbvio, não se poderá pretender adquirir a propriedade de uma coisa perdida (*res desperdicta*), pois, neste caso, uma vez que o seu dono ainda a procura, ainda há um liame entre si e a coisa.

Quanto à coisa perdida, dispõem os arts. 1.233 a 1.237 do Código Civil:

"Da Descoberta

Art. 1.233. Quem quer que ache coisa alheia perdida há de restituí-la ao dono ou legítimo possuidor.

Parágrafo único. Não o conhecendo, o descobridor fará por encontrá-lo, e, se não o encontrar, entregará a coisa achada à autoridade competente.

Art. 1.234. Aquele que restituir a coisa achada, nos termos do artigo antecedente, terá direito a uma recompensa não inferior a cinco por cento do seu valor, e à indenização pelas despesas que houver feito com a conservação e transporte da coisa, se o dono não preferir abandoná-la.

Parágrafo único. Na determinação do montante da recompensa, considerar-se-á o esforço desenvolvido pelo descobridor para encontrar o dono, ou o legítimo possuidor, as possibilidades que teria este de encontrar a coisa e a situação econômica de ambos.

Art. 1.235. O descobridor responde pelos prejuízos causados ao proprietário ou possuidor legítimo, quando tiver procedido com dolo.

Art. 1.236. A autoridade competente dará conhecimento da descoberta através da imprensa e outros meios de informação, somente expedindo editais se o seu valor os comportar.

Art. 1.237. Decorridos sessenta dias da divulgação da notícia pela imprensa, ou do edital, não se apresentando quem comprove a propriedade sobre a coisa, será esta vendida em hasta pública e, deduzidas do preço as despesas, mais a recompensa do descobridor, pertencerá o remanescente ao Município em cuja circunscrição se deparou o objeto perdido.

Parágrafo único. Sendo de diminuto valor, poderá o Município abandonar a coisa em favor de quem a achou".

Portanto, aquele que acha coisa perdida tem o dever legal – derivado da própria cláusula geral de boa-fé objetiva – de efetuar a sua devolução, fazendo jus a uma recompensa, denominada **achádego**.

---

[7] Poderá, todavia, ter natureza, em nosso sentir, de um "ato-fato", a exemplo do que se dá quando esse apoderamento decorre da atuação de uma criança. Sobre tais classificações, confira-se o volume 1 ("Parte geral") desta coleção.

Assim, tratando-se de coisa perdida, é forçoso convir não ser adequado o ditado popular "achado não é roubado".

De fato, ainda que não se deva tipificar o fato como roubo, crime de apropriação de coisa achada, em tese, será (art. 169, II, Código Penal[8]).

2.3. Achado de tesouro

O achado de um tesouro também pode determinar a aquisição da propriedade mobiliária[9].

Trata-se da algo difícil de ocorrer em nossas vidas.

Mas não é impossível.

E, se ocorrer, qual é o tratamento jurídico dado pelo legislador?

Confiram-se, inicialmente, os arts. 1.264 e 1.265 do Código Civil de 2002:

> "Art. 1.264. O depósito antigo de coisas preciosas, oculto e de cujo dono não haja memória, será dividido por igual entre o proprietário do prédio e o que achar o tesouro casualmente.
>
> Art. 1.265. O tesouro pertencerá por inteiro ao proprietário do prédio, se for achado por ele, ou em pesquisa que ordenou, ou por terceiro não autorizado".

O que é importante deixar claro é que "tesouro", para efeito da codificação civil, não se limita à imagem que nos vem à mente, referente a filmes e histórias de piratas.

Tesouro, para o fim de aquisição de propriedade, é todo "depósito antigo de coisas preciosas, oculto e de cujo dono não haja memória".

Assim, se BRUNO descobre algo assim descrito, escondido em um terreno ou casa que tenha adquirido, passará a ser o proprietário do bem encontrado. Se quem encontrou não foi ele (proprietário do prédio), mas, sim, BUCK, que visitava o local, será dividido em partes iguais. Se, por acaso, BRUNO tivesse contratado BUCK para procurar o tesouro

---

[8] Código Penal:

"Apropriação de coisa havida por erro, caso fortuito ou força da natureza

Art. 169 – Apropriar-se alguém de coisa alheia vinda ao seu poder por erro, caso fortuito ou força da natureza:

Pena – detenção, de um mês a um ano, ou multa.

Parágrafo único – Na mesma pena incorre:

Apropriação de tesouro

I – quem acha tesouro em prédio alheio e se apropria, no todo ou em parte, da quota a que tem direito o proprietário do prédio;

Apropriação de coisa achada

II – quem acha coisa alheia perdida e dela se apropria, total ou parcialmente, deixando de restituí-la ao dono ou legítimo possuidor ou de entregá-la à autoridade competente, dentro no prazo de quinze dias." (grifamos)

[9] Quanto à natureza jurídica do ato, vejam-se os comentários feitos acerca do ato jurídico em sentido estrito no volume 1 ("Parte geral") desta coleção.

(ou BUCK tivesse encontrado sem ter permissão para entrar no local), o tesouro pertenceria inteiramente a BRUNO.

Comentando a codificação anterior, assevera CLÓVIS BEVILÁQUA:

"O Código não considera tesouro o depósito que se encontra em um móvel, porque o móvel não oferece condições para a vetustidade do tesouro. Pela transmissão da propriedade do móvel se poderá conhecer a quem pertencem as coisas preciosas nele encontradas (...) Em doutrina, porém, não repugna que o tesouro se oculte em coisa móvel"[10].

A despeito de se tratar de situação rara e peculiar, não descartamos a possibilidade de o tesouro se ocultar em um bem móvel, como mencionado acima (pedras antigas e preciosas encontradas em uma antiga vitrola).

Em tal caso, a despeito de o Código não tratar, especificamente, de tal situação, devem ser aplicadas, no que couberem, por analogia, as normas dos arts. 1.264 e 1.266.

Por fim, vale destacar que o art. 1.266 preceitua que, "achando-se em terreno aforado, o tesouro será dividido por igual entre o descobridor e o enfiteuta, ou será deste por inteiro quando ele mesmo seja o descobridor".

A referência feita pelo texto legal é à "enfiteuse", direito real na coisa alheia que não foi mais disciplinado na vigente codificação, remanescendo, todavia, aquelas enfiteuses já existentes, na forma do art. 2.038, CC/2002[11].

2.4. Tradição

No Direito Brasileiro, a aquisição da propriedade não deriva apenas do título, exigindo-se, ainda, uma solenidade.

Por tal razão, se o sujeito assina o instrumento contratual de compra e venda para a aquisição de um veículo à vista, por exemplo, ele somente será considerado proprietário quando a tradição do bem se operar[12].

Isso porque, no caso dos bens móveis, a solenidade exigida é a tradição (transferência ou entrega da coisa ao adquirente); ao passo que, conforme já vimos em capítulo anterior[13], no caso dos bens imóveis, é o registro.

A tradição poderá ser:

---

[10] BEVILÁQUA, Clóvis. *Código Civil dos Estados Unidos do Brasil Comentado*. 4. ed. Rio de Janeiro: Francisco Alves, 1933. p. 1080.

[11] Código Civil de 2002:

Art. 2.038: Fica proibida a constituição de enfiteuses e subenfiteuses, subordinando-se as existentes, até sua extinção, às disposições do Código Civil anterior, Lei n. 3.071, de 1.º de janeiro de 1916, e leis posteriores.

§ 1.º Nos aforamentos a que se refere este artigo é defeso:

I – cobrar laudêmio ou prestação análoga nas transmissões de bem aforado, sobre o valor das construções ou plantações;

II – constituir subenfiteuse.

§ 2.º A enfiteuse dos terrenos de marinha e acrescidos regula-se por lei especial.

[12] Art. 1.267, CC. A propriedade das coisas não se transfere pelos negócios jurídicos antes da tradição.

[13] Releia-se o Capítulo XI ("Registro imobiliário") deste volume.

a) real – quando a coisa é efetivamente entregue ao adquirente, como se dá no exemplo da compra de uma camisa no *shopping center*;

b) ficta – aqui não há uma transferência efetiva, mas apenas fictícia, como se dá no constituto possessório, situação em que o sujeito já possuía a coisa[14];

c) simbólica – quando a transferência do bem se opera por meio de um símbolo ou sinal, a exemplo da "entrega das chaves" do apartamento (fala-se, aqui, em *traditio longa manu*).

Nesse ponto, vale lembrar a preleção de ARNOLDO WALD:

"A tradição, para ser válida, exige agentes capazes, transferência do bem e justa causa. Conhecemos diversas formas de tradição, entre as quais podemos citar a *traditio longa manu*, a *traditio brevi manu* e o constituto possessório. Há *traditio longa manu* quando a entrega é simbólica (das chaves do imóvel, por exemplo). A *traditio brevi manu* ocorre quando o agente já possuía o bem alienado, mas a título que não fosse o de proprietário (por exemplo, como locatário ou depositário). O constituto possessório é o inverso da *traditio brevi manu*. Há essa espécie de tradição quando é o alienante que conserva a coisa, não mais como proprietário, mas por um outro título qualquer (locatário, comodatário)"[15].

Note-se que, na *traditio brevi manu*, o adquirente já estava na posse da coisa, por ocasião do negócio jurídico, a teor do que prevê a parte final do parágrafo único do art. 1.267.

Na mesma linha, e com fundamento no mesmo dispositivo, também haverá tradição ficta quando o transmitente "cede ao adquirente o direito à restituição da coisa, que se encontra em poder de terceiro". Vale dizer, JOÃO pode operar a tradição fictícia da casa vendida a PEDRO, o qual está ciente de que a mesma está sob a posse direta de CARMELO, a quem caberá cumprir o dever de restituição.

Outro importante aspecto diz respeito à vedação da **alienação a non domino**.

Sobre este tipo indesejável de alienação, confira-se julgado do Superior Tribunal de Justiça, da lavra do eminente Min. Luiz Felipe Salomão, em que há referência a uma venda desta natureza:

"RECURSOS ESPECIAIS. LEILÃO DE IMÓVEL RURAL ANTERIORMENTE DESAPROPRIADO. ART. 535 DO CPC. VENDA *A NON DOMINO*. INEFICÁCIA DO NEGÓCIO. AÇÃO *EX EMPTO*. IRREGULARIDADE DAS DIMENSÕES DO IMÓVEL. LUCROS CESSANTES. NECESSIDADE DE COMPROVAÇÃO. DISSÍDIO JURISPRUDENCIAL.

1. Não há violação ao artigo 535, II do CPC, quando embora rejeitados os embargos de declaração, a matéria em exame foi devidamente enfrentada pelo Tribunal de origem, que emitiu pronunciamento de forma fundamentada, ainda que em sentido contrário à pretensão da recorrente.

2. <u>A venda a *non domino* é aquela realizada por quem não é o proprietário da coisa e que, portanto, não tem legitimação para o negócio jurídico. Soma-se a essa condição, o fato de</u>

---

[14] Parágrafo único, art. 1.267, CC: Subentende-se a tradição quando o transmitente continua a possuir pelo constituto possessório; quando cede ao adquirente o direito à restituição da coisa, que se encontra em poder de terceiro; ou quando o adquirente já está na posse da coisa, por ocasião do negócio jurídico.

[15] WALD, Arnoldo. *Curso de Direito Civil Brasileiro*: Direito das Coisas. 11. ed. São Paulo: Saraiva, 2002. p. 160-161.

que o negócio se realiza sob uma conjuntura aparentemente perfeita, instrumentalmente hábil a iludir qualquer pessoa.

3. A *actio ex empto* tem como escopo garantir ao comprador de determinado bem imóvel a efetiva entrega por parte do vendedor do que se convencionou em contrato no tocante à quantidade ou limitações do imóvel vendido, não valendo para os casos em que há impossibilidade total do apossamento da área para gozo e fruição, por vício na titularidade da propriedade.

4. A jurisprudência do Superior Tribunal de Justiça firmou-se no sentido de que, para a concessão de indenização por perdas e danos com base em lucros cessantes, faz-se necessária a comprovação dos prejuízos sofridos pela parte.

5. A demonstração da divergência jurisprudencial não se satisfaz com a simples transcrição de ementas, mas com o confronto entre trechos do acórdão recorrido e das decisões apontadas como divergentes, mencionando-se as circunstâncias que identifiquem ou assemelhem os casos confrontados, providência não verificada nas razões recursais.

6. Recursos especiais não providos".

(REsp 1.473.437/GO, rel. Min. LUIS FELIPE SALOMÃO, QUARTA TURMA, julgado em 7-6-2016, *DJe* 28-6-2016) (grifamos)

O Código expressamente prevê a impossibilidade de a tradição operar a transferência da propriedade, **se a alienação for feita por quem não seja o dono.**

Mas a regra comporta exceção:

"Art. 1.268. Feita por quem não seja proprietário, a tradição não aliena a propriedade, exceto se a coisa, oferecida ao público, em leilão ou estabelecimento comercial, for transferida em circunstâncias tais que, ao adquirente de boa-fé, como a qualquer pessoa, o alienante se afigurar dono.

§ 1.º Se o adquirente estiver de boa-fé e o alienante adquirir depois a propriedade, considera-se realizada a transferência desde o momento em que ocorreu a tradição.

§ 2.º Não transfere a propriedade a tradição, quando tiver por título um negócio jurídico nulo".

Este artigo contempla, com amparo na teoria da aparência, a cláusula geral de boa-fé objetiva.

Note-se que a validade da alienação, neste caso, pressupõe, além da boa-fé do adquirente, a posterior aquisição da propriedade por parte daquele que se apresentava como dono da coisa.

Caso não seja, posteriormente, adquirida a propriedade – para efeito de legitimar a alienação realizada – pensamos que a coisa deverá retornar ao seu real titular, fazendo jus, o adquirente prejudicado, às respectivas perdas e danos.

Por fim, acrescentamos que, em nossa visão acadêmica, ***alienação a non domino*** conduz à nulidade absoluta do negócio jurídico, por impossibilidade jurídica do objeto[16] (art. 166, II, CC).

---

[16] STJ: PROCESSUAL CIVIL – AÇÃO DECLARATÓRIA DE TÍTULO DE PROPRIEDADE TRANSFERIDO *A NON DOMINO* – ASSISTÊNCIA SIMPLES – CESSIONÁRIO DE CRÉDITO DECORRENTE DE AÇÃO EXPROPRIATÓRIA – AUSÊNCIA DE INTERESSE JURÍDICO.

Não há que se falar em inexistência do negócio, pois o objeto há; todavia, é juridicamente impossível operar-se a sua transmissão, dada a ausência de legitimidade dominial do transmitente, o que resulta em sua nulidade absoluta, a teor do mencionado art. 166, II, CC.

2.5. Especificação

A especificação é modo de aquisição da propriedade mobiliária por meio da transformação da matéria-prima em obra final.

Em geral, tem natureza de ato jurídico em sentido estrito, ou seja, consiste em um comportamento humano voluntário e consciente, cujo efeito jurídico está previamente determinado em lei (a aquisição da propriedade)[17].

Imagine, a título de exemplo, que SONIA, artesã premiada, utiliza, sem perceber, a argila da colega MÁRCIA, para realizar uma obra.

Nesse contexto, dispõe o Código Civil:

> "Art. 1.269. Aquele que, trabalhando em matéria-prima em parte alheia, obtiver espécie nova, desta será proprietário, se não se puder restituir à forma anterior.
>
> Art. 1.270. Se toda a matéria for alheia, e não se puder reduzir à forma precedente, será do especificador de boa-fé a espécie nova.
>
> § 1.º Sendo praticável a redução, ou quando impraticável, se a espécie nova se obteve de má-fé, pertencerá ao dono da matéria-prima.
>
> § 2.º Em qualquer caso, inclusive o da pintura em relação à tela, da escultura, escritura e outro qualquer trabalho gráfico em relação à matéria-prima, a espécie nova será do especificador, se o seu valor exceder consideravelmente o da matéria-prima.
>
> Art. 1.271. Aos prejudicados, nas hipóteses dos arts. 1.269 e 1.270, se ressarcirá o dano que sofrerem, menos ao especificador de má-fé, no caso do § 1.º do artigo antecedente, quando irredutível a especificação".

Note-se que, como regra geral, a lei contempla o especificador, estabelecendo um critério de compensação para o dono da matéria-prima.

De certa forma há, aí, em nosso pensar, um certo grau de influência da posse-trabalho em favor daquele que, de boa-fé, realiza o serviço artístico.

---

1. A ação declaratória de nulidade de título transferido *a non domino* detém natureza real, uma vez que se busca invalidar o próprio título de propriedade.

2. O interesse jurídico a ser demonstrado na assistência simples, disciplinada pelo art. 50 do CPC, nesse tipo de ação, deve corresponder a algum direito real sobre o imóvel.

3. Se a parte recorrida detém apenas direito obrigacional oponível contra a pessoa originariamente demandada, descabe admiti-la na condição de assistente.

4. Recurso especial provido.

(REsp 1.204.256/PR, rel. Min. DIVA MALERBI (DESEMBARGADORA CONVOCADA TRF 3.ª REGIÃO), SEGUNDA TURMA, julgado em 13-11-2012, *DJe* 23-11-2012)

[17] Mais uma vez, mantendo a coerência lógica do nosso raciocínio, registramos que poderá ter a natureza de um ato-fato, quando o comportamento for desprovido do aspecto volitivo intencional em face do resultado projetado, a exemplo da especificação realizada por uma criança em tenra idade.

Naturalmente, essa forma de aquisição de propriedade somente se materializa quando não for possível restituir à forma anterior.

2.6. Confusão, comistão e adjunção

Finalmente, temos três modos pouco comuns de aquisição da propriedade mobiliária, agrupados pelo codificador na mesma disciplina jurídica, por terem, em si, a característica comum de serem formas de reunião física de bens.

Antes de iniciarmos a sua análise, registramos que a referência feita pelo codificador à palavra "comissão" é equivocada, resultando de erro material, uma vez que a terminologia correta é "comistão".

De fato, como ensina o dicionarista AURÉLIO BUARQUE DE HOLANDA FERREIRA:

"Comistão. [Do lat. *commistione*.] S. f. 1. Antiq. Mistura de coisas secas. [Sin. antiq.: comistura.] 2. Jur. Uma das maneiras de aquisição de propriedade móvel, por acessão da coisa misturada"[18].

Outra observação importante diz respeito à diferença existente entre a "confusão" aqui tratada – modo de aquisição de bens móveis – com a "confusão" estudada no Direito das Obrigações (art. 381, CC/2002[19]).

Quanto a esta última, ocorre quando as qualidades de credor e devedor são reunidas em uma mesma pessoa, extinguindo-se, consequentemente, a relação jurídica obrigacional.

Trata-se de uma situação em que os sujeitos se confundem, seja *causa mortis* (ex.: quando um sujeito é devedor de um parente e, por força do falecimento deste, adquire, por sucessão, a sua herança) ou por ato *inter vivos* (ex.: se o indivíduo subscreve um título de crédito, obrigando-se a pagar o valor descrito no documento, e a cártula, após circular, chega às suas próprias mãos, por endosso).

Já a "confusão" prevista nos arts. 1.272 a 1.274 do CC se refere à aquisição da propriedade móvel de coisas líquidas que se misturam.

Pois bem.

Traçadas essas importantes premissas, vamos, agora, compreender as figuras.

Confusão é a mistura de líquidos (água e vinho, por exemplo).

Comistão é a mistura de sólidos (areia e sal mineral, por exemplo).

Adjunção é a justaposição de uma coisa à outra (uma peça de metal fundida é acoplada a uma placa de cobre, por exemplo).

Como se pode facilmente constatar, a reunião dessas três modalidades distintas em uma única disciplina se justifica justamente pela característica da reunião física das coisas, tal qual na acessão imobiliária.

Em tais casos, pertencendo as coisas originalmente a proprietários distintos, quais devem ser as consequências jurídicas de tais reuniões?

---

[18] FERREIRA, Aurélio Buarque de Holanda. *Novo Dicionário Aurélio da Língua Portuguesa*. 2. ed. Rio de Janeiro: Editora Nova Fronteira, 1986. p. 437-438.

[19] "Art. 381. Extingue-se a obrigação, desde que na mesma pessoa se confundam as qualidades de credor e devedor".

Vejamos o que preceituam os arts. 1.272 a 1.274 do Código Civil de 2002:

"Art. 1.272. As coisas pertencentes a diversos donos, confundidas, misturadas ou adjuntadas sem o consentimento deles, continuam a pertencer-lhes, sendo possível separá-las sem deterioração.

§ 1.º Não sendo possível a separação das coisas, ou exigindo dispêndio excessivo, subsiste indiviso o todo, cabendo a cada um dos donos quinhão proporcional ao valor da coisa com que entrou para a mistura ou agregado.

§ 2.º Se uma das coisas puder considerar-se principal, o dono sê-lo-á do todo, indenizando os outros.

Art. 1.273. Se a confusão, comissão ou adjunção se operou de má-fé, à outra parte caberá escolher entre adquirir a propriedade do todo, pagando o que não for seu, abatida a indenização que lhe for devida, ou renunciar ao que lhe pertencer, caso em que será indenizado.

Art. 1.274. Se da união de matérias de natureza diversa se formar espécie nova, à confusão, comissão ou adjunção aplicam-se as normas dos arts. 1.272 e 1.273".

Note-se, mais uma vez, que o legislador utiliza como parâmetro para a definição de direitos a boa ou a má-fé do agente, na perspectiva do princípio maior da eticidade.

Comentando o art. 1.274, escreve SÍLVIO VENOSA:

"Se com a mesclagem resultar espécie nova, aplicar-se-iam os princípios da especificação, no sistema do Código de 1916 (art. 617). O atual Código altera essa solução e determina, no art. 1.274, que nesse caso se aplicarão as normas da confusão, comistão ou adjunção, aqui expostas, arts. 1.272 e 1.273. O presente Código entende mais justa a solução de manter em condomínio a coisa nova obtida de boa-fé, e, no caso de má-fé, atribuir à parte de boa-fé o direito de escolher entre adquirir a propriedade, pagando o que não for seu, abatida a indenização devida, ou renunciar ao que lhe pertencer, optando pela indenização"[20].

Pensamos ser mais adequada a solução do Código Civil de 2002, porquanto o legislador buscou, no próprio sistema normativo da confusão, comistão e adjunção, uma solução justa e razoável.

---

[20] VENOSA, Sílvio. *Código Civil Comentado*: Direito das Coisas. Posse. Direitos Reais. Propriedade. São Paulo: Atlas, 2003. v. 12. p. 311.

Capítulo XIV
Uma Visão Geral sobre as Formas de Perda de Propriedade

Sumário: 1. Considerações iniciais. 2. Algumas palavras sobre o rol codificado de modalidades de perda da propriedade. 3. Alienação. 4. Renúncia. 5. Abandono. 6. Perecimento da coisa. 7. Desapropriação. 8. Usucapião. 9. Confisco. 10. Outras modalidades.

1. CONSIDERAÇÕES INICIAIS

Da mesma forma que procedido com a aquisição da propriedade imóvel e móvel, o codificador considerou conveniente abrir um capítulo ("Capítulo IV"), no "Título III" ("Da Propriedade"), destinado a disciplinar a "Perda da Propriedade".

Observe-se que, ao contrário das formas de aquisição de propriedade, entendeu o legislador que era despiciendo separar as formas de perda de propriedade móvel das formas de perda de propriedade imóvel, já que as modalidades são aplicáveis a ambas.

Teçamos, portanto, algumas considerações acerca do rol codificado.

2. ALGUMAS PALAVRAS SOBRE O ROL CODIFICADO DE MODALIDADES DE PERDA DA PROPRIEDADE

Sobre a perda da propriedade móvel ou imóvel, dispõe o Código Civil de 2002:

"Art. 1.275. Além das causas consideradas neste Código, perde-se a propriedade:

I – por alienação;

II – pela renúncia;

III – por abandono;

IV – por perecimento da coisa;

V – por desapropriação.

Parágrafo único. Nos casos dos incisos I e II, os efeitos da perda da propriedade imóvel serão subordinados ao registro do título transmissivo ou do ato renunciativo no Registro de Imóveis".

A expressão *"além das causas consideradas neste Código"* não pode ser ignorada, na medida em que indica se tratar de rol não exaustivo.

A usucapião, por exemplo, embora não esteja prevista neste dispositivo, também opera a perda da propriedade por parte de quem sofre a ação da posse **ad usucapionem**.

Da mesma forma, também o confisco traduz uma modalidade própria de perda e merece ser lembrada neste capítulo, sem prejuízo da convicção de que, pelo fato de o rol não ser taxativo, nada impede que pensemos em outras formas de extinção da relação jurídica de propriedade.

3. ALIENAÇÃO

Uma das formas mais comuns de realizar a transferência de propriedade é pela **alienação**.

Traduz a transferência da titularidade da propriedade, a exemplo do que se dá como efeito da tradição decorrente da **compra e venda**. O vendedor, por óbvio, perde a sua propriedade em favor do adquirente.

É importante lembrar que a alienação não se opera apenas em caráter oneroso, mas também gratuitamente, como no caso da **doação**[1].

Observe-se, porém, que, tratando-se da alienação de um imóvel, os efeitos da perda da propriedade serão subordinados ao registro do título transmissivo no Registro de Imóveis, na forma do já transcrito parágrafo único do art. 1.275, CC/2002.

4. RENÚNCIA

Uma outra modalidade de perda de propriedade é a sua **renúncia**.

Consiste em um ato formal de abdicação da coisa, como ocorre no ato renunciativo de um imóvel, lavrado e registrado em cartório.

Os seus efeitos também estão subordinados à formalização do ato jurídico no Registro de Imóveis, a teor do mencionado art. 1.275.

A renúncia da propriedade, por sua vez, pode ser confundida, na prática, com a figura do abandono, mas há uma diferença essencial, porquanto este último independente de formalidade e, até mesmo, de registro.

Compreendamos melhor o **abandono** no próximo tópico.

5. ABANDONO

O art. 1.275, III, do Código Civil de 2002 elenca também o **abandono** como uma forma de perda de propriedade.

Conforme já antecipamos no tópico anterior, o **abandono** é informal, ou seja, consiste na mera "deixação material da coisa", independentemente de escrituração ou registro cartorário, diferentemente da **renúncia** ao bem.

Sobre esta diagnose diferencial, acentuando a natureza não negocial do abandono, escreveu PABLO STOLZE GAGLIANO[2]:

---

[1] Para um aprofundamento sobre o tema, confiram-se o volume 4 ("Contratos") desta coleção, Capítulo XVIII ("Doação"), e, bem assim, a obra *Contrato de doação*. 5. ed. São Paulo: Saraiva, 2021 (no prelo), de Pablo Stolze Gagliano.

[2] GAGLIANO, Pablo Stolze. *Código Civil Comentado*. Coord. Álvaro Villaça Azevedo. São Paulo: Ed. Atlas, 2004. v. 13. p. 77-78.

"Segundo boa doutrina, o 'abandono' é um ato material de abdicação da coisa, não direcionado a nenhum beneficiário. Vale dizer, quando alguém se despoja da propriedade de um bem, simplesmente afastando-o do seu patrimônio, sem operar transferência para o patrimônio de quem quer que seja, considera-se que está abandonando-o.

Quanto à sua natureza jurídica, o abandono, em nosso sentir, é um ato jurídico em sentido estrito, ou seja, uma *simples manifestação de vontade, sem conteúdo negocial, que determina a produção de efeitos legalmente previstos*.

(...)

Salientando a natureza *negocial* da renúncia, ORLANDO GOMES preleciona: '*Negócio unilateral é o que se forma com a declaração de vontade de uma só parte, com o testamento, **a renúncia**, a procuração e a despedida de um empregado*'[3]. (grifamos)

E caso a renúncia tenha por objeto **bens ou direitos imobiliários**, deverão ser observadas as solenidades legais, como a forma pública do ato de disposição e, eventualmente, a necessidade de outorga uxória"[4].

A coisa abandonada, por sua vez, é conhecida pela expressão latina *res derelictae*, sendo distinta da coisa perdida, uma vez que, neste último caso, ainda continua a pertencer ao seu titular[5].

O abandono pode ser tanto de coisas móveis (um bocal de caneta, por exemplo), como também de imóveis.

Sobre estes últimos, estabelece o art. 1.276 do vigente Código Civil:

"Art. 1.276. O imóvel urbano que o proprietário abandonar, com a intenção de não mais o conservar em seu patrimônio, e que se não encontrar na posse de outrem, poderá ser arrecadado, como bem vago, e passar, três anos depois, à propriedade do Município ou à do Distrito Federal, se se achar nas respectivas circunscrições[6].

§ 1.º O imóvel situado na zona rural, abandonado nas mesmas circunstâncias, poderá ser arrecadado, como bem vago, e passar, três anos depois, à propriedade da União, onde quer que ele se localize.

§ 2.º Presumir-se-á de modo absoluto a intenção a que se refere este artigo, quando, cessados os atos de posse, deixar o proprietário de satisfazer os ônus fiscais".

Passível de justas críticas é o § 2.º acima mencionado, porquanto uma presunção absoluta do *animus abandonandi* poderia configurar indevido e inconstitucional confisco.

---

[3] GOMES, Orlando. *Introdução ao Direito Civil*. 10. ed. Rio de Janeiro: Forense, 1993. p. 317.

[4] Neste último caso, poder-se-ia falar em "renúncia translativa" (cf. o nosso *Novo Curso de Direito Civil*: parte geral. 20. ed. 2018. v. 1. p. 341-342).

[5] Sobre o tema, confira-se o tópico 6 ("Coisas fora do comércio") do Capítulo VIII ("Bens jurídicos") do volume 1 ("Parte geral") desta coleção.

[6] Enunciado n. 242, III Jornada de Direito Civil: "Art. 1.276: A aplicação do art. 1.276 depende do devido processo legal, em que seja assegurado ao interessado demonstrar a não-cessação da posse" (confira-se, também, o Enunciado n. 316, da IV JDC). Vale acrescentar ainda que, por óbvio, "eventual ação judicial de abandono de imóvel, caso procedente, impede o sucesso de demanda petitória" (IV Jornada de Direito Civil – Enunciado n. 316).

Nesse sentido, com absoluta propriedade, preceitua o Enunciado n. 243, da III Jornada de Direito Civil:

> Enunciado n. 243 – Art. 1.276: "A presunção de que trata o § 2.º do art. 1.276 não pode ser interpretada de modo a contrariar a norma-princípio do art. 150, IV, da Constituição da República"[7].

Trata-se de posicionamento que se harmoniza, sem dúvida, com o Texto Constitucional.

Em conclusão, vale mencionar a polêmica em torno do Enunciado n. 565, da VI Jornada de Direito Civil, que tem o seguinte teor:

> "Não ocorre a perda da propriedade por abandono de resíduos sólidos, que são considerados bens socioambientais, nos termos da Lei n. 12.305/2012".

Com a sua aprovação, pretendeu-se impedir o descarte irresponsável de resíduos sólidos com impacto ambiental, os quais devem ser direcionados a estabelecimentos ou aterros adequados.

Como bem observa FLÁVIO TARTUCE, "o enunciado é polêmico por proibir o abandono irregular de tais bens, forçando o proprietário a permanecer com eles. Por outra via, trata-se de importante aplicação do princípio da função socioambiental da propriedade, que merece a atenção de todos os estudiosos do Direito Privado"[8].

Concordamos com o teor do enunciado, na medida em que a propriedade deve ser exercida nos limites dos valores socialmente relevantes, dentre os quais se incluem, sem dúvida, a proteção ao meio ambiente.

6. PERECIMENTO DA COISA

O **perecimento** também opera o fim da propriedade, na medida em que consiste na destruição do próprio bem, como na situação em que uma peça de ferro é completamente arruinada pela força da maresia.

A doutrina tradicional costumava ilustrar as hipóteses de perecimento, relacionando-o a eventos naturais, como "a propriedade das terras invadidas pelo mar"[9] ou a hipótese em que uma ilha "é engolida pelo oceano"[10].

Em nosso sentir, a extinção da coisa não se dá somente pela sua destruição acidental ou proposital (seja por fato da natureza ou ato humano, respectivamente), mas, também, pelo próprio consumo do bem, como na ingestão de alimentos ou desgaste de roupas e utensílios domésticos.

---

[7] Constituição Federal de 1988:

"Art. 150. Sem prejuízo de outras garantias asseguradas ao contribuinte, é vedado à União, aos Estados, ao Distrito Federal e aos Municípios:

(...)

IV – utilizar tributo com efeito de confisco;"

[8] TARTUCE, Flávio. *Direito Civil*: Direito das Coisas. 7. ed. São Paulo: Gen-Método. v. 4. p. 246.

[9] DINIZ, Almachio, *Direito das cousas segundo o Código Civil de 1916*. Rio de Janeiro: Livraria Francisco Alves, 1916. p. 138.

[10] RODRIGUES, Silvio. *Direito Civil*: Direito das Coisas. 22. ed. São Paulo: Saraiva, 1995. v. 5. p. 171.

Assim, bens consumíveis estão sujeitos naturalmente a esta modalidade de perda da propriedade; já quanto aos inconsumíveis, o seu desgaste opera-se mais lentamente, ao longo do tempo.

Sobre o tema, já escrevemos em volume anterior desta obra:

"Nesse ponto, cumpre transcrever a lúcida observação feita por TORRENTE, citado pelo Professor BARROS MONTEIRO: 'os termos consumível e inconsumível devem ser entendidos, não no sentido vulgar, mas no econômico. Com efeito, do ponto de vista físico, nada existe no mundo que não se altere, não se deteriore, ou não se consuma com o uso. A utilização mais ou menos prolongada acaba por consumir tudo quanto existe na terra. Entretanto, na linguagem jurídica, consumível é apenas a que se destrói com o primeiro uso; não é, porém, juridicamente consumível a roupa, que lentamente se desgasta com o uso ordinário'[11].

Bens destinados à alienação, como um aparelho celular vendido em uma loja especializada, adquirem, por força de lei, a natureza de consumíveis. Por outro lado, nada impede seja considerado inconsumível, pela vontade das partes, um determinado bem naturalmente consumível: uma garrafa rara de licor, apenas exposta à apreciação pública.

Costuma a doutrina lembrar que certos direitos não podem recair sobre bens consumíveis, como o direito real de usufruto. Se tal ocorrer, surge a figura do chamado usufruto impróprio ou quase-usufruto.

Impende notar que o Código Civil de 1916, bem como o Novo Código Civil, diferentemente do Código de Defesa do Consumidor, consagraram tal classificação (arts. 51, CC-16 e 86, NCC), sem fazer referência às espécies de bens duráveis e não duráveis.

Na Lei de Proteção ao Consumidor (Lei n. 8078/90), a característica da durabilidade é indispensável para que se possa definir o prazo decadencial para o ajuizamento de ações referentes a vícios no produto ou serviço (Responsabilidade pelo Vício no Produto ou Serviço).

Nesse sentido, o art. 26 do CDC dispõe: 'O direito de reclamar pelos vícios aparentes ou de fácil constatação caduca em: I – trinta dias, tratando-se de fornecimento de serviço e de produto **não duráveis**; II – noventa dias, tratando-se de fornecimento de serviço e de produto **duráveis**'" (grifamos)[12].

Consumível ou inconsumível, durável ou não durável, todos os bens estão sujeitos ao perecimento, que leva à extinção da propriedade.

7. DESAPROPRIAÇÃO

A **desapropriação,** tema estudado no âmbito do Direito Administrativo, também resultará na extinção da propriedade[13].

Trata-se de uma modalidade de perda da propriedade de iniciativa do Poder Público, que, mediante prévio procedimento e justa indenização, por necessidade, utilidade pública ou por interesse social, expropria um bem de seu titular original.

---

[11] MONTEIRO, Washington de Barros. *Curso de Direito Civil*: parte geral. 37. ed. São Paulo: Saraiva, 2000. v. 1. p. 154.

[12] GAGLIANO, Pablo Stolze; PAMPLONA FILHO, Rodolfo. *Novo Curso de Direito Civil*: parte geral. 20. ed. São Paulo: Saraiva, 2018. v. 1. p. 344.

[13] Cf. art. 1.228, § 3.º, do Código Civil.

Trata-se de forma de extinção da propriedade prevista no texto constitucional.

Com efeito, preceitua o inciso XXIV do art. 5.º da Constituição Federal de 1988:

"XXIV – a lei estabelecerá o procedimento para desapropriação por necessidade ou utilidade pública, ou por interesse social, mediante justa e prévia indenização em dinheiro, ressalvados os casos previstos nesta Constituição;"

A ordem constitucional traz previsões específicas de desapropriação.

Com efeito, estabelecem os arts. 182, 184 e 185, CF/88:

"Art. 182. A política de desenvolvimento urbano, executada pelo Poder Público municipal, conforme diretrizes gerais fixadas em lei, tem por objetivo ordenar o pleno desenvolvimento das funções sociais da cidade e garantir o bem-estar de seus habitantes.

§ 1.º O plano diretor, aprovado pela Câmara Municipal, obrigatório para cidades com mais de vinte mil habitantes, é o instrumento básico da política de desenvolvimento e de expansão urbana.

§ 2.º A propriedade urbana cumpre sua função social quando atende às exigências fundamentais de ordenação da cidade expressas no plano diretor.

§ 3.º As desapropriações de imóveis urbanos serão feitas com prévia e justa indenização em dinheiro.

§ 4.º É facultado ao Poder Público municipal, mediante lei específica para área incluída no plano diretor, exigir, nos termos da lei federal, do proprietário do solo urbano não edificado, subutilizado ou não utilizado, que promova seu adequado aproveitamento, sob pena, sucessivamente, de:

I – parcelamento ou edificação compulsórios;

II – imposto sobre a propriedade predial e territorial urbana progressivo no tempo;

III – desapropriação com pagamento mediante títulos da dívida pública de emissão previamente aprovada pelo Senado Federal, com prazo de resgate de até dez anos, em parcelas anuais, iguais e sucessivas, assegurados o valor real da indenização e os juros legais.

(...)

Art. 184. Compete à União desapropriar por interesse social, para fins de reforma agrária, o imóvel rural que não esteja cumprindo sua função social, mediante prévia e justa indenização em títulos da dívida agrária, com cláusula de preservação do valor real, resgatáveis no prazo de até vinte anos, a partir do segundo ano de sua emissão, e cuja utilização será definida em lei.

§ 1.º As benfeitorias úteis e necessárias serão indenizadas em dinheiro.

§ 2.º O decreto que declarar o imóvel como de interesse social, para fins de reforma agrária, autoriza a União a propor a ação de desapropriação.

§ 3.º Cabe à lei complementar estabelecer procedimento contraditório especial, de rito sumário, para o processo judicial de desapropriação.

§ 4.º O orçamento fixará anualmente o volume total de títulos da dívida agrária, assim como o montante de recursos para atender ao programa de reforma agrária no exercício.

§ 5.º São isentas de impostos federais, estaduais e municipais as operações de transferência de imóveis desapropriados para fins de reforma agrária.

Art. 185. São insuscetíveis de desapropriação para fins de reforma agrária:

I – a pequena e média propriedade rural, assim definida em lei, desde que seu proprietário não possua outra;

II – a propriedade produtiva.

Parágrafo único. A lei garantirá tratamento especial à propriedade produtiva e fixará normas para o cumprimento dos requisitos relativos a sua função social".

É preciso compreender que, por se tratar de uma situação em que o Estado retira o direito de propriedade do cidadão, o manejo da desapropriação deve ser feito sempre com cuidado de ourives, para evitar abuso do poder expropriante.

Talvez por isso mesmo é que, na forma do art. 22, II, CF/88, a legislação sobre o tema seja de competência privativa da União.

8. USUCAPIÃO

Embora já tenhamos tratado longamente sobre o tema da usucapião em capítulo anterior[14], é importante aqui salientar o caráter extintivo da propriedade de que também se reveste o instituto.

De fato, considerando-se a usucapião uma forma de prescrição aquisitiva, olvida-se, comumente, que há dois lados da mesma moeda, uma vez que, para alguém usucapir a propriedade, seu antigo titular terá de perdê-la.

Com efeito, na medida em que a propriedade é adquirida por alguém, outrem estará perdendo-a, seja de bem móvel ou imóvel.

9. CONFISCO

Se a **desapropriação** é uma modalidade de perda da propriedade em que o Poder Público, mediante prévio procedimento e justa indenização, por necessidade, utilidade pública ou por interesse social, retira um bem do patrimônio de seu titular original, o **confisco** segue a mesma linha, porém sem qualquer compensação.

Trata-se de situação absolutamente excepcional no sistema.

Se há vedação, dentro das limitações constitucionais do Estado, de utilizar tributo com efeito de confisco (conforme consta do já lembrado art. 150, IV, CF/88), o fato é que a própria Constituição admite o confisco em situações outras de extrema gravidade.

É a previsão do art. 243 da Constituição, com a redação dada pela Emenda Constitucional n. 81, de 5 de junho de 2014:

"Art. 243. As propriedades rurais e urbanas de qualquer região do País onde forem localizadas culturas ilegais de plantas psicotrópicas ou a exploração de trabalho escravo na forma da lei serão expropriadas e destinadas à reforma agrária e a programas de habitação popular, sem qualquer indenização ao proprietário e sem prejuízo de outras sanções previstas em lei, observado, no que couber, o disposto no art. 5.º.

Parágrafo único. Todo e qualquer bem de valor econômico apreendido em decorrência do tráfico ilícito de entorpecentes e drogas afins e da exploração de trabalho

---

[14] Confira-se o Capítulo X ("Usucapião") deste volume.

escravo será confiscado e reverterá a fundo especial com destinação específica, na forma da lei".

Evidentemente, é uma situação em que o mau uso da propriedade – diríamos mais: péssimo uso –, em gritante violação da função social, com flagrante repercussão para a coletividade, acaba justificando a medida extrema.

Nessa vereda, o Supremo Tribunal Federal, julgando o Recurso Extraordinário n. 638.491/PR, rel. Min. LUIZ FUX, legitimou o confisco como instrumento no combate ao crime de tráfico ilícito de entorpecentes, fixando a seguinte tese:

> "É possível o confisco de todo e qualquer bem de valor econômico apreendido em decorrência do tráfico de drogas, sem a necessidade de se perquirir a habitualidade, reiteração do uso do bem para tal finalidade, a sua modificação para dificultar a descoberta do local do acondicionamento da droga ou qualquer outro requisito além daqueles previstos expressamente no art. 243, parágrafo único, da Constituição Federal".

10. OUTRAS MODALIDADES

A casuística sobre modalidades de perda da propriedade pode ser considerada inesgotável, pois tudo dependerá da criatividade humana no lidar com as relações jurídicas.

Sobre outras modalidades, lembra ORLANDO GOMES:

"Têm o mesmo caráter de transmissão forçada a *arrematação* e a *adjudicação*. Quando um bem é penhorado e levado à hasta pública, seu proprietário o perde se alguém o adquire, pela arrematação, ou se o próprio exequente o incorpora ao seu patrimônio, por adjudicação. Nos dois casos, o ato judicial determina a transmissão coativa do bem. O direito do proprietário é assim extinto contra sua vontade.

Quando a propriedade é *resolúvel*, o direito extingue-se com o *implemento da condição resolutiva*, transmitindo-se a outrem. A transferência não é voluntária, mas ocorre como efeito imediato da cláusula que subordinara a duração do direito a evento futuro e incerto. O proprietário sob condição resolutiva perde a propriedade tanto que ela se verifique. A perda não deriva, portanto, de ato de sua vontade.

As *leis penais* estabelecem a perda da propriedade de certos bens como se verifica em relação de artigos de consumo falsificados, bem como os contrabandeados.

As requisições em tempo de guerra também constituem causa de perda da propriedade, independentemente da vontade do proprietário.

Por fim, se inclui entre os modos involuntários de perda da propriedade, embora alguns o enquadrem como voluntários, a *exceptio rei venditae et traditae*. Se é certo, como ensina Lafayette, com apoio em Maynz, que o efeito dessa *exceção* é fazer que o domínio se extinga na pessoa do reivindicante e se consolide na pessoa do réu, adquirente de boa-fé, a transmissão da propriedade não pode ser considerada ato voluntário do proprietário que reivindica.

Em todos esses casos verifica-se apenas a perda *atual* para o proprietário, não se produzindo a extinção completa do domínio, como se dá quando perece a coisa. Nesta última hipótese, a extinção é *absoluta*; nas outras, quer se cumpra por ato voluntário do dono da coisa, quer por fato independente de sua vontade, a extinção se diz *relativa*, porque o direito de propriedade nasce para outrem sobre a mesma coisa, salvo no caso de *abandono*"[15].

Tudo isso é aqui mencionado para reiterar a afirmação de que o rol codificado não pode ser considerado taxativo.

---

[15] GOMES, Orlando. *Direitos Reais*. 19. ed. Atualizada por Luiz Edson Fachin. Rio de Janeiro: Forense, 2008. p. 212-213.

Capítulo XV
Direitos de Vizinhança

Sumário: 1. Conceito e natureza jurídica. 2. Uso anormal da propriedade (arts. 1.277 a 1.281). 3. Árvores limítrofes (arts. 1.282 a 1.284). 4. Passagem forçada (arts. 1.285). 5. Passagem de cabos e tubulações (arts. 1.286 e 1.287). 6. Das águas (arts. 1.288 e 1.296). 7. Dos limites entre prédios e do direito de tapagem (arts. 1.297 e 1.298). 8. Direito de construir (arts. 1.299 e 1.313).

1. CONCEITO E NATUREZA JURÍDICA

Viver em sociedade exige, por óbvio, a observância de certas regras.

Segundo o insuperável EDUARDO ESPÍNOLA:

"Os homens são por natureza levados a viver em sociedade; só assim podem prover aos meios idôneos para a satisfação de suas necessidades (CHIRONI e ABELLO; CAPITANT etc.). Em qualquer agrupamento humano, porém, estão em jogo, de um lado, os interesses de cada indivíduo, de outro, os da comunidade. O direito, como diz HOLDER, tem sua base na dupla relação que existe entre os homens: a vida em comum que os liga e a individualidade que os separa"[1].

Nesse contexto, os **direitos de vizinhança** traduzem um conjunto de normas e princípios que disciplina a convivência pacífica e harmoniosa entre vizinhos, visando a permitir o equilíbrio entre o individual e o coletivo.

Em essência, quanto à sua natureza, consistem em poderes positivos e negativos (ações ou omissões) legalmente impostos aos proprietários e possuidores que compartilham a mesma vizinhança, na perspectiva do princípio da função social.

Preleciona ORLANDO GOMES:

"A vizinhança é um fato que, em Direito, possui significado mais largo do que na linguagem comum. Consideram-se prédios vizinhos os que podem sofrer repercussão de atos propagados de prédios próximos ou que com estes possam ter vínculos jurídicos. São direitos de vizinhança os que a lei estatui por força desse fato"[2].

Assim, é preciso deixar claro, de já, que **vizinho**, sob prisma jurídico, não é somente quem está localizado imediatamente acima, abaixo ou ao lado (ou seja, de forma contígua), mas todos aqueles próximos que podem sofrer efeitos pelo exercício do direito de propriedade.

---

[1] ESPÍNOLA, Eduardo. *Sistema do Direito Civil brasileiro*. Rio de Janeiro: Ed. Rio, 1977. p. 27.

[2] GOMES, Orlando. *Direitos Reais*. 19. ed. Atualizada por Luiz Edson Fachin. Rio de Janeiro: Forense, 2008. p. 187.

Não se confundem os direitos de vizinhança com a **servidão** (direito real na coisa alheia), objeto de capítulo específico desta obra[3], nem com as limitações públicas ou o poder de polícia emanados do Direito Administrativo (a exemplo das restrições impostas pelo Plano Diretor do Município[4]).

"Os direitos de vizinhança", lembra CARLOS ROBERTO GONÇALVES, "são obrigações *propter rem*, porque vinculam os confinantes, acompanhando a coisa"[5].

Os direitos de vizinhança encontram justificativa no próprio princípio da função social e na vedação ao abuso de direito[6], tendo importante reflexo em nossa jurisprudência, conforme se observa na leitura deste Noticiário do STJ:

---

[3] Confira-se o Capítulo XIX ("Servidão") deste volume.

[4] Vale lembrar que o estabelecimento de uma política urbana é uma determinação constitucional, conforme se pode verificar dos arts. 182 e 183, CF/88:

"Art. 182. A política de desenvolvimento urbano, executada pelo Poder Público municipal, conforme diretrizes gerais fixadas em lei, tem por objetivo ordenar o pleno desenvolvimento das funções sociais da cidade e garantir o bem-estar de seus habitantes.

§ 1.º O plano diretor, aprovado pela Câmara Municipal, obrigatório para cidades com mais de vinte mil habitantes, é o instrumento básico da política de desenvolvimento e de expansão urbana.

§ 2.º A propriedade urbana cumpre sua função social quando atende às exigências fundamentais de ordenação da cidade expressas no plano diretor.

§ 3.º As desapropriações de imóveis urbanos serão feitas com prévia e justa indenização em dinheiro.

§ 4.º É facultado ao Poder Público municipal, mediante lei específica para área incluída no plano diretor, exigir, nos termos da lei federal, do proprietário do solo urbano não edificado, subutilizado ou não utilizado, que promova seu adequado aproveitamento, sob pena, sucessivamente, de:

I – parcelamento ou edificação compulsórios;

II – imposto sobre a propriedade predial e territorial urbana progressivo no tempo;

III – desapropriação com pagamento mediante títulos da dívida pública de emissão previamente aprovada pelo Senado Federal, com prazo de resgate de até dez anos, em parcelas anuais, iguais e sucessivas, assegurados o valor real da indenização e os juros legais.

Art. 183. Aquele que possuir como sua área urbana de até duzentos e cinquenta metros quadrados, por cinco anos, ininterruptamente e sem oposição, utilizando-a para sua moradia ou de sua família, adquirir-lhe-á o domínio, desde que não seja proprietário de outro imóvel urbano ou rural.

§ 1.º O título de domínio e a concessão de uso serão conferidos ao homem ou à mulher, ou a ambos, independentemente do estado civil.

§ 2.º Esse direito não será reconhecido ao mesmo possuidor mais de uma vez.

§ 3.º Os imóveis públicos não serão adquiridos por usucapião."

Tais dispositivos foram regulamentados pela Lei n. 10.257, de 10-7-2001, conhecida como "Estatuto da Cidade", que, dentre outras diretrizes, estabelece o "Plano Diretor" como "o instrumento básico da política de desenvolvimento e expansão urbana" (art. 40).

[5] GONÇALVES, Carlos Roberto. *Direito Civil Brasileiro*: Direito das Coisas. 13. ed. São Paulo: Saraiva, 2018. v. 5. p. 349.

[6] Fonte: <http://www.stj.jus.br/sites/STJ/default/pt_BR/Comunicação/Últimas-not%C3%ADcias/STJ--aplica-normas-do-direito-de-vizinhança-para-satisfação-de-interesses-de-proprietários-em-conflito>. Acesso em: 4 out. 2016.

> "STJ aplica normas do direito de vizinhança para satisfação de interesses de proprietários em conflito – Noticiário Especial STJ (17.02.2013)
>
> Quem nunca foi incomodado por algum vizinho? É bastante comum que a relação entre pessoas que moram em propriedades próximas (não necessariamente contíguas) passe por momentos conflitantes. Isso porque, muitas vezes, a satisfação do direito de um morador pode provocar restrições e até mesmo violação dos direitos do seu vizinho. Para o ministro Sidnei Beneti, da Terceira Turma do Superior Tribunal de Justiça (STJ), 'a casa é, em princípio, lugar de sossego e descanso, se o seu dono assim o desejar'. Apesar disso, interferências sempre haverá. Algumas dessas interferências precisam ser toleradas para que o convívio entre vizinhos não vire uma guerra. Entretanto, nem todos têm a noção de que, para viver bem em comunidade, é necessário agir pensando no coletivo. De acordo com a ministra Nancy Andrighi, também da Terceira Turma, 'nosso ordenamento coíbe o abuso de direito, ou seja, o desvio no exercício do direito, de modo a causar dano a outrem'"[7].

De fato, como bem destaca o noticiário do STJ, para que haja harmonia no âmbito da convivência social, faz-se necessário agir respeitando a esfera existencial do outro.

Nesse contexto, atuam as normas dos direitos de vizinhança, estabelecendo direitos e obrigações de observância socialmente necessária, na perspectiva do princípio da função social.

Por emanarem diretamente da lei, os direitos de vizinhança independem de necessário reconhecimento convencional e registro imobiliário, como bem observa o inesquecível Prof. CAIO MÁRIO DA SILVA PEREIRA:

> "Certo é que independem de reconhecimento convencional. Dispensam a inscrição no registro imobiliário, ainda no caso de constarem de documento emanado dos interessados ou de pronunciamento judicial. Provêm da lei, e vigoram em nome e com fundamento no interesse da convivência social"[8].

Passaremos, pois, cuidadosamente, em revista, as principais regras dos direitos de vizinhança.

2. USO ANORMAL DA PROPRIEDADE (ARTS. 1.277 A 1.281)

O proprietário ou o possuidor de um prédio tem o direito de fazer cessar as interferências prejudiciais à segurança, ao sossego e à saúde dos que o habitam, provocadas pela utilização de propriedade vizinha, nos termos do art. 1.277[9].

---

[7] O mesmo Tribunal, em noticiário de 20-10-2019 ("*Relações de vizinhança: a palavra do STJ quando os problemas moram ao lado*") traz outras interessantes decisões em torno do tema. Fonte: <http://www.stj.jus.br/sites/portalp/Paginas/Comunicacao/Noticias/Relacoes-de-vizinhanca-a-palavra-do-STJ--quando-os-problemas-moram-ao-lado.aspx>. Acesso em: 20 out. 2019.

[8] PEREIRA, Caio Mário da Silva. *Instituições de Direito Civil*: Direitos Reais. 20. ed. Rio de Janeiro: Forense, 2009. v. 4. p. 180.

[9] Art. 1.278, CC/2002: "O direito a que se refere o artigo antecedente não prevalece quando as interferências forem justificadas por interesse público, caso em que o proprietário ou o possuidor, causador delas, pagará ao vizinho indenização cabal". É o caso, por exemplo, de o proprietário ser notificado pela Prefeitura, para realizar uma determinada obra ou construção, que, de alguma forma,

Note-se que esta obrigação não é imposta apenas ao titular da propriedade, mas também a quem exerce apenas a posse, a exemplo do locatário ou do comodatário.

Além disso, vale salientar que as regras dos direitos de vizinhança são aplicáveis, não apenas em caso de contiguidade entre os prédios (imóveis), mas também de proximidade, como anota SÍLVIO VENOSA:

> "É importante perceber, de plano, que os chamados direitos de vizinhança são direitos de convivência decorrentes da proximidade ou interferência entre prédios, não necessariamente da contiguidade"[10].

Proíbem-se as interferências, conforme o parágrafo único do referido art. 1.277, considerando-se a natureza da utilização, a localização do prédio, atendidas as normas que distribuem as edificações em zonas[11], e os limites ordinários de tolerância dos moradores da vizinhança[12].

Ou seja, devem-se levar em conta critérios objetivos aliados à finalidade social, e não, necessariamente, a precedência do direito de um proprietário ou possuidor em face do outro, como pretendia a **teoria da pré-ocupação**.

Vale dizer, se um clube, em uma zona predominantemente residencial, costuma realizar festas barulhentas, que se prolongam pela madrugada, o proprietário do imóvel vizinho

---

causará dano ao vizinho. Neste caso, deverá cumprir a determinação estatal, indenizando, por consequência, o prejudicado.

[10] VENOSA, Sílvio de Salvo. *Direitos Reais*. 3. ed. São Paulo: Atlas, 2003. p. 338.

[11] No Estatuto da Cidade (Lei n. 10.257 de 2001), confira-se o art. 39: "A propriedade urbana cumpre sua função social quando atende às exigências fundamentais de ordenação da cidade expressas no plano diretor, assegurando o atendimento das necessidades dos cidadãos quanto à qualidade de vida, à justiça social e ao desenvolvimento das atividades econômicas, respeitadas as diretrizes previstas no art. 2.º desta Lei".

[12] Ainda no Estatuto da Cidade, também merecem referência as normas que tratam do **Estudo de Impacto de Vizinhança**:

"Art. 36. Lei municipal definirá os empreendimentos e atividades privados ou públicos em área urbana que dependerão de elaboração de estudo prévio de impacto de vizinhança (EIV) para obter as licenças ou autorizações de construção, ampliação ou funcionamento a cargo do Poder Público municipal.

Art. 37. O EIV será executado de forma a contemplar os efeitos positivos e negativos do empreendimento ou atividade quanto à qualidade de vida da população residente na área e suas proximidades, incluindo a análise, no mínimo, das seguintes questões:

I – adensamento populacional;

II – equipamentos urbanos e comunitários;

III – uso e ocupação do solo;

IV – valorização imobiliária;

V – geração de tráfego e demanda por transporte público;

VI – ventilação e iluminação;

VII – paisagem urbana e patrimônio natural e cultural.

Parágrafo único. Dar-se-á publicidade aos documentos integrantes do EIV, que ficarão disponíveis para consulta, no órgão competente do Poder Público municipal, por qualquer interessado.

Art. 38. A elaboração do EIV não substitui a elaboração e a aprovação de estudo prévio de impacto ambiental (EIA), requeridas nos termos da legislação ambiental".

– que pode ser um hospital, a título de exemplo – poderá exigir que o uso nocivo do direito cesse, mesmo que a construção do clube seja anterior à do hospital.

Sobre o tema, observa CARLOS ROBERTO GONÇALVES:

"(...) em princípio não teria razão para reclamar quem construísse nas proximidades de estabelecimentos barulhentos ou perigosos. É o que sustenta a teoria da pré-ocupação. Por ela, aquele que primeiramente se instala em determinado local acaba, de certo modo, estabelecendo a sua destinação. Tal teoria não pode, entretanto, ser aceita em todos os casos e sem reservas"[13].

Na mesma linha, ARNOLDO WALD:

"Foi a doutrina do século XIX que elaborou a teoria do uso normal, atendendo às necessidades da época. Mas ocorre, muitas vezes, que um uso anormal, digamos, um uso industrial, é socialmente necessário, embora possa causar prejuízos aos vizinhos. Nessa hipótese, recorreu-se, no passado, à teoria da pré-ocupação. Quem se estabelece num bairro industrial aceita implicitamente as condições de vida do bairro em questão e não pode posteriormente queixar-se dos prejuízos sofridos em virtude dos trabalhos normais das fábricas vizinhas. Essa tese encontra-se superada no direito contemporâneo"[14].

Observe-se que a previsão legal se refere a uso anormal (entendido como utilização nociva) da propriedade, e não somente a uso abusivo.

Sobre o tema, observa ORLANDO GOMES:

"O conceito de *uso nocivo da propriedade* determina-se relativamente, mas não se condiciona à intenção do ato praticado pelo proprietário. O propósito de prejudicar, ou incomodar, pode não existir e haver mau uso da propriedade. Importa, pois, distinguir, com Josserand, os *atos abusivos* dos *atos excessivos*, embora uns e outros se compreendam no conceito de *mau uso da propriedade*. Os atos *abusivos* são os que o proprietário pratica no exercício culposo do seu direito, frustrando-lhe a destinação econômica e social, e dos quais advém prejuízo ao vizinho. Os *atos excessivos*, os que realiza com finalidade legítima, mas que causam dano anormal. Assim, a anormalidade em tema de relações de vizinhança não diz respeito apenas ao exercício do direito de propriedade, mas, também, às consequências do uso, ao prejuízo ou ao incômodo que o proprietário possa causar ao vizinho.

A especificação completa dos atos abusivos e excessivos é impossível de fazer-se, mas uma enumeração exemplificativa não será desinteressante. São hipóteses mais frequentes do uso nocivo da propriedade: a poluição das águas, exalações, gases, vapores, fumaça, pós, odores, ruídos, trepidações, criação de perigo. A ameaça de ruína de um prédio é considerada igualmente como desvio do exercício do direito de propriedade, se o desmoronamento é perigoso para os vizinhos"[15].

Observe-se, ainda, que, mesmo que as interferências devam ser toleradas por força de decisão judicial, terá o vizinho o direito de exigir a sua redução, ou eliminação, quando estas forem possíveis, na forma do art. 1.279, CC/2002.

---

[13] GONÇALVES, Carlos Roberto. Op. cit. p. 353.

[14] WALD, Arnoldo. *Curso de Direito Civil Brasileiro*: Direito das Coisas. 11. ed. São Paulo: Saraiva, 2002. p. 174.

[15] GOMES, Orlando. *Direitos Reais*. 19. ed. Atualizada por Luiz Edson Fachin. Rio de Janeiro: Forense, 2008. p. 224.

Vale acrescentar que o proprietário ou possuidor prejudicado poderá intentar demanda individual, na Vara Cível ou Juizado Especial, a depender do caso.

No entanto, se o uso nocivo atinge um grupo ou um número indeterminado de pessoas, poderá ser ajuizada demanda coletiva, pelo próprio Ministério Público.

Claro está que a legitimidade ou não do uso da propriedade demandará o cuidadoso estudo do caso concreto, pois, a despeito de a teoria da pré-ocupação estar superada, a avaliação do grau de tolerância e da necessidade de supressão da conduta que se considera nociva não poderá se dar abstratamente.

Leiam-se, por exemplo, esses interessantes julgados do TJRS, que bem ilustram a delicada complexidade da matéria:

> "APELAÇÃO CÍVEL. DIREITOS DE VIZINHANÇA. PRETENSÕES INDENIZATÓRIAS. NÃO CARACTERIZAÇÃO DE USO ANORMAL DA PROPRIEDADE, COM INCÔMODO ANORMAL. IMPROCEDÊNCIA MANTIDA. As relações de vizinhança trazem ínsitas à sua essência um limite de tolerância, uma margem de incômodo imposta a quem vive em sociedade. Contudo, o abuso do direito de propriedade, causando danos aos vizinhos, configura, em tese, violação a direito de vizinhança que importa em uso normal da propriedade, causador de dano anormal, e, portanto, a consequência por ventura existente é a reparação indenizatória. Solução extraída das regras constantes dos artigos 1.277 e 1.278 do Código Civil. No caso dos autos, o conjunto fático-probatório revela que os incômodos alegados pela autora são normais às peculiaridades da localização do imóvel, em uma das ruas com mais bares da cidade, ou não foram verificados. Manutenção do julgamento de improcedência dos pedidos indenizatórios formulados em ambas as demandas. RECURSO DESPROVIDO À UNANIMIDADE". (Apelação Cível n. 70069044451, Décima Sétima Câmara Cível, Tribunal de Justiça do RS, rel. Liege Puricelli Pires, julgado em 16-6-2016)

> "APELAÇÃO CÍVEL. DIREITOS DE VIZINHANÇA. PRETENSÃO DE OBRIGAÇÃO DE FAZER C/C INDENIZAÇÃO POR DANOS MORAIS. PÁTIO COM UMIDADE, MAU CHEIRO E INSETOS. USO ANORMAL DA PROPRIEDADE. ARTIGO 1.277 DO CÓDIGO CIVIL. DANO MORAL NÃO CONFIGURADO. Comprovado o uso anormal da propriedade pela ré, que vem utilizando seu pátio como depósito de materiais que ocasiona, sem dúvidas, interferências prejudiciais ao sossego e à saúde, pela extrema umidade, mau cheiro e presença de insetos, deve ser obrigada a proceder na limpeza do local. Aplicação do artigo 1.277 do Código Civil e artigo 38 do Código de Limpeza Urbana do Município. Não verificação de violação a direito de personalidade do autor, devendo ser mantido o desacolhimento do pedido indenizatório por danos morais. Sentença reformada em parte. APELO PARCIALMENTE PROVIDO. UNÂNIME". (Apelação Cível n. 70072441041, Décima Sétima Câmara Cível, Tribunal de Justiça do RS, rel. Liege Puricelli Pires, Julgado em 23-3-2017)

Interessante, ainda, é a previsão do art. 1.280 do Código Civil:

> "Art. 1.280. O proprietário ou o possuidor tem direito a exigir do dono do prédio vizinho a demolição, ou a reparação deste, quando ameace ruína, bem como que lhe preste caução pelo dano iminente".

Este dispositivo consagra a antiga **ação de dano infecto**, em favor do proprietário ou do possuidor.

Sobre esta ação, discorre BEVILÁQUA:

"Este direito traduz-se pela ação de dano infecto, na qual se pede que o vizinho dê caução do dano iminente, *cautio damni infecti*, ou pela responsabilidade do autor do dano, se este se realiza"[16].

Acrescenta, ainda, o mesmo autor, que o proprietário pode manejar a ação ainda que não habite o imóvel.

Nessa mesma linha, dispõe o art. 1.281 que "o proprietário ou o possuidor de um prédio, em que alguém tenha direito de fazer obras, pode, no caso de dano iminente, exigir do autor delas as necessárias garantias contra o prejuízo eventual".

Finalmente, confira-se o seguinte julgado do STJ, que faz menção a possível dano infecto proveniente de instalação de uma estação de rádio:

"AGRAVO REGIMENTAL. RECURSO ESPECIAL. PROCESSUAL CIVIL. AÇÃO DE DANO INFECTO. INSTALAÇÃO DE ESTAÇÃO RADIO BASE (ERB). EXIGÊNCIAS AMBIENTAIS E DE POSTURA URBANA. ACÓRDÃO FUNDAMENTADO NA LEGISLAÇÃO LOCAL. CONFLITO COM LEI FEDERAL E COM A CONSTITUIÇÃO. MATÉRIA DA COMPETÊNCIA DO STF.

1. Controvérsia acerca do dano infecto decorrente de estação radio base (ERB) em relação aos imóveis vizinhos.

2. Existência de lei municipal disciplinando a matéria.

3. Competência do Supremo Tribunal Federal para analisar o conflito da lei municipal com a legislação federal.

4. AGRAVO REGIMENTAL DESPROVIDO".

(AgRg no REsp 1.377.898/MG, rel. Min. PAULO DE TARSO SANSEVERINO, TERCEIRA TURMA, julgado em 28-4-2015, *DJe* 7-5-2015)

Conclui-se, portanto, que, a despeito de se tratar de um instituto clássico, o dano infecto se presta a solucionar conflitos de convivência típicos da modernidade.

Por fim, ainda tratando do uso da propriedade, uma importante referência deve ser feita aos animais.

Criar um animal, em uma casa ou apartamento, é, em nosso pensar, um direito que, exercido com prudência, não pode ser negado ao proprietário ou possuidor.

Desde que não haja risco a direitos de terceiros, uma eventual regra proibitiva, constante em regimento ou convenção condominial, por si só, não se sustenta.

Para além do próprio direito de propriedade, a convivência com os nossos (queridos) animais concretiza a plenitude da dignidade humana em todos os níveis.

Nesse ponto, transcrevemos preleção de JONES FIGUEIREDO ALVES:

"De tal conduto, é certo que o condomínio pode estabelecer regras limitativas do direito de vizinhança, conforme autoriza a Lei 4.591/64. Entretanto, a disposição interna do condomínio que proíbe a criação de animais deve ser avaliada no seu verdadeiro alcance finalístico. Interpreta-se, pois, que a proibição condominial não se refere a animal de grande ou médio porte, mas os de grande ou médio porte que violem o sossego, a salu-

---

[16] BEVILÁQUA, Clóvis. *Comentários ao Código Civil dos Estados Unidos do Brasil*. Rio de Janeiro: Ed. Rio, 1975. p. 1037.

bridade e a segurança dos condôminos. Caberia a indagação: Se o animal fosse pequeno e feroz e causasse risco à segurança, saúde e sossego, seria permitida a sua manutenção?

Demais disso, uma nova compreensão acerca da proteção jurídica e dos direitos dos animais, avoca estudo recente do jurista português José Luis Bonifácio Ramos, intitulado *O animal como* tertium genus?, onde ele defende que o animal não pode continuar sendo identificado simplesmente como coisa.

Certamente, como pensou Recansens Siches, citado por Giselda Hironaka em suas magistrais aulas, os sintomas dos fatos não se submetem, sempre, à lógica tradicional, porque nada obstante '*no se hallaría manera de convertir a um oso en un perro*', a interpretação do conteúdo de um preceito jurídico deverá representar um sentimento palpitante de realidade que o determinou"[17].

De fato, devemos sempre interpretar, com prudência, a aridez do Direito com doce sensibilidade.

3. ÁRVORES LIMÍTROFES (ARTS. 1.282 A 1.284)

A questão atinente ao direito dos vizinhos quanto às árvores é antiga, conforme se pode notar na leitura da clássica obra, datada de 1916, de ALMACHIO DINIZ:

"Por direito antigo, as árvores pertencem ao dono do prédio onde têm os seus troncos, mas as que estiverem na extrema dos dois prédios pertence a ambos (COELHO DA ROCHA). O direito moderno sustentou a doutrina pondo em comum aos donos dos prédios confinantes as árvores cujos troncos estiverem na linha divisória. Não afirmou o condomínio; disse apenas que se presume a sua propriedade em comum"[18].

A árvore, cujo tronco estiver na linha divisória, presume-se pertencer em comum aos donos dos prédios confinantes, nos termos do art. 1.282.

Por outro lado, as raízes e os ramos de árvore que ultrapassarem a estrema do prédio poderão ser cortados, até o plano vertical divisório, pelo proprietário do terreno invadido (art. 1.283). Vale dizer, se o ramo da árvore do vizinho ultrapassar o limite da cerca divisória, invadindo o meu terreno, eu terei o direito de fazer a poda.

Trata-se de um direito potestativo, pois, desprovido de conteúdo prestacional, que interfere na esfera jurídica de outrem, sem que este nada possa fazer.

SILVIO RODRIGUES, comentando o Código de 1916, já ensinava:

"Onde o legislador brasileiro se mostrou progressista foi no abandonar a orientação dos projetos primitivo e revisto, que condicionavam o exercício do direito de cortar galhos e raízes invasoras à prova de prejuízo do prédio invadido. No sistema vigente, aquela prerrogativa cabe ao proprietário do prédio invadido, quer a invasão o prejudiquem, quer não lhe traga qualquer dano"[19].

---

[17] ALVES, Jones Figueiredo. Animal só pode ser proibido em condomínio se for perigoso. *Consultor Jurídico*. 23 nov. 2012. Disponível em: <http://www.conjur.com.br/2012-nov-23/jones-alves-animal-proibido-condominio-for-perigoso>. Acesso em: 23 jul. 2017.

[18] DINIZ, Almachio. *Direito das cousas segundo o Código Civil de 1916*. Rio de Janeiro: Livraria Francisco Alves, 1916. p. 121-122.

[19] RODRIGUES, Silvio. *Direito Civil*: Direito das Coisas. 22. ed. São Paulo: Saraiva, 1995. v. 5. p. 130.

Trata-se, em nosso sentir, de lição ainda atual.

É forçoso convir que, caso a poda resulte em despesa, poderá o proprietário do terreno invadido, que a realizou, cobrar o devido ressarcimento em face do dono da árvore, facultando-lhe, ainda, alternativamente, exigir que o próprio vizinho realize o corte do ramo invasor:

"COMPETÊNCIA DO JUIZADO ESPECIAL. INEXISTÊNCIA DE COMPLEXIDADE DA PROVA. DESNECESSIDADE DE PERÍCIA. PRELIMINAR REJEITADA. DIREITO DE VIZINHANÇA. PODA DE RAMO DE ÁRVORE. ART. 1.283 DO CÓDIGO CIVIL. RECURSO CONHECIDO E IMPROVIDO. SENTENÇA MANTIDA.

1. A complexidade a que alude o art. 3.º da Lei 9.099/95 não diz respeito à matéria em si, mas sim à prova necessária à instrução e julgamento do feito. A prova documental acostada aos autos é suficiente para a análise do pedido autoral. Preliminar de incompetência do Juizado Especial rejeitada.

2. O caso em exame envolve direito de vizinhança, em que o demandante objetiva o corte dos galhos das árvores que avançam sobre sua residência. O direito de cortar ramos de árvores, nos limites do plano vertical divisório entre os imóveis, encontra respaldo no art. 1.283 do Código Civil e independe de prova do prejuízo. Escorreita, pois, a sentença que condenou o réu a podar as árvores que estão invadindo a propriedade do requerente.

3. Recurso conhecido e improvido. Sentença mantida por seus próprios fundamentos.

4. Fica o recorrente condenado ao pagamento das custas processuais, devendo-se observar o disposto no artigo 12 da Lei 1.060/50. Sem condenação em honorários advocatícios, pois não foram apresentadas contrarrazões.

5. A súmula de julgamento servirá de acórdão, conforme regra do art. 46 da Lei n. 9.099/95".
(TJ-DF – Apelação Cível do Juizado Especial: ACJ 20140510007369 DF 0000736-46.2014.8.07.0005)

Por fim, os frutos caídos de árvore do terreno vizinho pertencem ao dono do solo onde caíram, se este for de propriedade particular, conforme previsão contida no art. 1.284.

Aqui está uma das poucas exceções à regra de que o acessório segue o principal (princípio da gravitação jurídica)[20].

Por óbvio, esta última hipótese não se confunde com a prática de se utilizar, dolosamente, varas ou apetrechos com rede para subtrair frutos de árvores pendentes ou caídas no terreno vizinho.

Assim, se BUCK utiliza uma vara com rede para alcançar a mangueira do seu vizinho BRUNO, a fim de que as mangas caiam em seu terreno, comete ato ilícito. Se essas mangas, porém, caem naturalmente em seu imóvel, passam a pertencer-lhe, na forma da mencionada previsão do Código Civil.

4. PASSAGEM FORÇADA (ART. 1.285)

Para a adequada compreensão deste instituto, faz-se necessário traçar, inicialmente, uma importante diagnose diferencial.

---

[20] TARTUCE, Flávio. *Manual de Direito Civil*. 7. ed. Rio de Janeiro: Forense; São Paulo: Método, 2017. p. 970.

Passagem forçada, diferentemente do que o senso comum pode sugerir, não se confunde com servidão.

A primeira, ora estudada, é direito de vizinhança, emanado diretamente da lei, com necessário pagamento de indenização; a segunda, é direito real na coisa alheia, sem caráter obrigatório e com pagamento facultativo de verba compensatória[21].

Os institutos podem até ter origens comuns, mas têm natureza diversa, conforme apontou o Superior Tribunal de Justiça no seguinte julgado:

"RECURSO ESPECIAL. AÇÃO POSSESSÓRIA. INTERDITO PROIBITÓRIO. PASSAGEM FORÇADA. SERVIDÃO DE PASSAGEM. DISTINÇÕES E SEMELHANÇAS. NÃO CARACTERIZAÇÃO NO CASO. SERVIDÃO NÃO SE PRESUME E DEVE SER INTERPRETADA RESTRITIVAMENTE.

1. Apesar de apresentarem naturezas jurídicas distintas, tanto a passagem forçada, regulada pelos direitos de vizinhança, quanto a servidão de passagem, direito real, originam-se em razão da necessidade/utilidade de trânsito, de acesso.

2. Não identificada, no caso dos autos, hipótese de passagem forçada ou servidão de passagem, inviável a proteção possessória pleiteada com base no alegado direito.

3. A servidão, por constituir forma de limitação do direito de propriedade, não se presume, devendo ser interpretada restritivamente.

4. Recurso especial provido".

(REsp 316.045/SP, rel. Min. RICARDO VILLAS BÔAS CUEVA, TERCEIRA TURMA, julgado em 23-10-2012, *DJe* 29-10-2012)

Discorrendo, no sistema codificado anterior, sobre a diferença entre passagem forçada e servidão, PONTES DE MIRANDA prelecionava:

"A passagem forçada, de que se fala nos arts. 559-562 do Código Civil, não é a servidão de passagem, mas limitação ao conteúdo do direito de propriedade. É o caminho necessário, que não mais consiste em direito à constituição ou estabelecimento de servidão. O elemento germânico, que se introduziu, fez do direito ao caminho forçado (que não limitava, no direito sacral romano, o conteúdo do direito de propriedade) verdadeira limitação ao conteúdo mesmo do direito de propriedade"[22].

E o inigualável jurista, em outro ponto de sua obra, acrescenta que a passagem forçada dispensa o registro:

"O direito à passagem forçada não precisa de registo[23]: se pode ser registado, discutiu-se muito na doutrina. O. Warneyer (Kommentar, II, 130), negou-o, simplesmente; também M. Wolff (Sachenrecht, 172). Se foi registado, entende-se que acabou por se ter concedido servidão, que lhe fez às vezes"[24].

Nos termos do art. 1.285 do Código Civil de 2002, o dono do imóvel que não tiver acesso a via pública, nascente ou porto, pode, mediante pagamento de indenização cabal, constranger o vizinho a lhe dar passagem forçada, cujo rumo será judicialmente fixado, se necessário.

---

[21] Confira-se, a propósito, o Capítulo XIX ("Servidão") deste volume.

[22] MIRANDA, Pontes de. *Tratado de Direito Predial*. 2. ed. Rio de Janeiro: José Konfino, 1953. p. 189.

[23] O autor emprega a expressão "registo" como sinônima de "registro".

[24] MIRANDA, Pontes de. Op. cit., p. 192.

Esta noção de "encravamento", em nosso sentir, deve ser compreendida com cautela e equilíbrio, na perspectiva do princípio da função social.

Nessa linha, estabelece o Enunciado n. 88, da I Jornada de Direito Civil:

> Enunciado n. 88: Art. 1.285: "O direito de passagem forçada, previsto no art. 1.285 do CC, também é garantido nos casos em que o acesso à via pública for insuficiente ou inadequado, consideradas, inclusive, as necessidades de exploração econômica".

Segundo MARIA HELENA DINIZ:

> "Esse direito à passagem forçada funda-se no princípio da solidariedade social que preside as relações de vizinhança e no fato de ter a propriedade uma função econômico-social que interessa à coletividade. Logo, é preciso proporcionar ao prédio encravado uma via de acesso, pois do contrário ele se tornaria improdutivo, já que seu dono ficaria impossibilitado de lhe dar utilização econômica"[25].

Nessa linha, ressaltamos que a passagem deve se fundar em uma matriz de **necessidade**, e não, simplesmente, de comodidade ou conveniência.

Por essa senda, confiram-se os seguintes acórdãos do Tribunal de Justiça do Rio Grande do Sul:

> "APELAÇÃO CÍVEL. PASSAGEM FORÇADA. IMÓVEL ENCRAVADO. Nos termos do art. 1.285, do Código Civil, a passagem forçada é o instituto que visa assegurar o acesso à via pública àquele que tem prédio tido como encravado. O instituto da passagem forçada diz respeito à necessidade, e não à comodidade. Não sendo esse o caso dos autos, deve ser mantida a sentença de improcedência. NEGARAM PROVIMENTO À APELAÇÃO. UNÂNIME". (Apelação Cível n. 70071018618, Vigésima Câmara Cível, Tribunal de Justiça do RS, rel.: Walda Maria Melo Pierro, julgado em 29-3-2017)

> "DIREITOS DE VIZINHANÇA. APELAÇÃO CÍVEL. IMÓVEL ENCRAVADO NÃO CARACTERIZADO. ARTIGO 1.285 DO CC. PASSAGEM FORÇADA NÃO RECONHECIDA. IMPROCEDÊNCIA DO PEDIDO MANTIDA. Considerando que o direito à passagem pretendida pelo demandante tem unicamente caráter de comodidade e conveniência, na medida em que, além de não se tratar de imóvel encravado, existem outras formas de acesso, inviável o deferimento da pretensão ao reconhecimento da passagem pelo imóvel dos réus. Assim, inexistindo fundamentos hábeis ao acolhimento da pretensão deduzida na inicial, corolário lógico é a manutenção da sentença que julgou improcedente o pedido. Apelação desprovida". (Apelação Cível n. 70066633462, Décima Nona Câmara Cível, Tribunal de Justiça do RS, rel.: Voltaire de Lima Moraes, julgado em 28-4-2016)

Neste ponto, uma pergunta se impõe: caso os terrenos vizinhos pertençam a titulares distintos, qual dos proprietários deverá suportar a passagem?

Responde-nos o § 1.º do mesmo dispositivo: "sofrerá o constrangimento o vizinho cujo imóvel mais natural e facilmente se prestar à passagem".

Da mesma forma, se ocorrer alienação parcial do prédio, de modo que uma das partes perca o acesso a via pública, nascente ou porto, o proprietário da outra deve tolerar a passagem (§ 2.º). Traduzindo: se o meu imóvel ficou "preso" ou "encravado" – sem acesso à

---

[25] DINIZ, Maria Helena. *Curso de Direito Civil brasileiro*: direito das coisas. 29. ed. São Paulo: Saraiva, 2014. p. 334.

via pública, fonte ou porto – após eu haver alienado parte dele, o próprio adquirente – para quem efetuei a venda – suportará a passagem[26].

Uma observação final.

O Código Civil de 1916, em seu art. 561, previa:

"Art. 561. O proprietário que, por culpa sua, perder o direito de trânsito pelos prédios contíguos, poderá exigir nova comunicação com a via pública, pagando o dobro do valor da primeira indenização".

Comentando o dispositivo, escreve SÍLVIO VENOSA[27]:

"Se, por conduta culposa do titular do terreno encravado este 'perder o direito de trânsito (...), poderá exigir nova comunicação com a via pública, pagando o dobro do valor da primeira indenização' (art. 561 do Código de 1916). O titular do direito de passagem deixa destruir ponte, por exemplo, por falta de conservação. A lei estabeleceu, na verdade, uma pena para a desídia do proprietário que deixou de cuidar do objeto do seu direito".

Já o Código Civil de 2002 não contém regra semelhante.

O que fazer diante de uma situação como essa?

Parece-nos que o legislador preferiu, propositalmente, nessa linha, não adotar um parâmetro objetivo para punir o proprietário desidioso, de maneira que, ausente esta previsão específica, outra solução não há, de fato, senão aplicar as regras gerais da Responsabilidade Civil[28].

5. PASSAGEM DE CABOS E TUBULAÇÕES (ARTS. 1.286 E 1.287)

O conjunto de normas referentes aos direitos de vizinhança pretende alcançar o máximo de situações e circunstâncias, razão por que também regula a passagem de cabos e tubulações.

Vale salientar que o proprietário que suporte a passagem faz jus à indenização, não apenas quanto à área utilizada, mas também em virtude da desvalorização da área que remanesce:

"Art. 1.286. Mediante recebimento de indenização que atenda, também, à desvalorização da área remanescente, o proprietário é obrigado a tolerar a passagem, através de seu imóvel, de cabos, tubulações e outros condutos subterrâneos de serviços de utilidade pública, em proveito de proprietários vizinhos, quando de outro modo for impossível ou excessivamente onerosa.

Parágrafo único. O proprietário prejudicado pode exigir que a instalação seja feita de modo menos gravoso ao prédio onerado, bem como, depois, seja removida, à sua custa, para outro local do imóvel".

---

[26] § 3.º Aplica-se o disposto no parágrafo antecedente ainda quando, antes da alienação, existia passagem através de imóvel vizinho, não estando o proprietário deste constrangido, depois, a dar uma outra.

[27] VENOSA, Sílvio de Salvo. *Código Civil Comentado*: Direito das Coisas. Posse. Direitos Reais. Propriedade. São Paulo: Atlas, 2003. v. 12. p. 360.

[28] Sobre o tema, confira-se, na nossa coleção, o volume 3, inteiramente dedicado ao estudo da "Responsabilidade civil".

Tais cabos e tubos, como mencionado, devem ser de "utilidade pública", na perspectiva da função social, a exemplo de tubulações de água e cabeamento de energia elétrica ou transmissão de dados.

"Se as instalações oferecerem grave risco", a teor do art. 1.287, "será facultado ao proprietário do prédio onerado exigir a realização de obras de segurança".

A expressão "grave risco" traduz um conceito aberto ou indeterminado, que deverá ser preenchido segundo as características do caso concreto e à luz do princípio da operabilidade.

Na jurisprudência do Tribunal do Rio Grande do Sul, confira-se:

"APELAÇÃO CÍVEL. DIREITO DE VIZINHANÇA. PASSAGEM DE CABOS E TUBULAÇÕES ATRAVÉS DE UM IMÓVEL PARA ATINGIR OUTRO. POSSIBILIDADE. EXEGESE DO ART. 1.286 DO CC. Verificado que o prédio localizado nos fundos de imóvel utilizado em condomínio pró-diviso não possui saída para a via pública, impõe-se permitir que os cabos e tubulações necessários à execução de rede de água e de energia elétrica sejam instalados nesse imóvel a partir do terreno vizinho. Exegese do art. 1.286 do CC. APELO PROVIDO. UNÂNIME". (Apelação Cível n. 70066868365, Vigésima Câmara Cível, Tribunal de Justiça do RS, rel.: Dilso Domingos Pereira, julgado em 11-11-2015)

Note-se o caráter coercitivo do direito de vizinhança ora analisado, em face da expressão utilizada no julgado: "impõe-se permitir", reforçando o inegável aspecto funcional do instituto.

6. DAS ÁGUAS (ARTS. 1.288 E 1.296)

CRISTIANO CHAVES DE FARIAS e NELSON ROSENVALD observam que:

"(...) o tópico relativo às águas era, então, tratado basicamente pelos arts. 69, 70, 90, 92, 103, 105, 117 do Decreto n. 24.643/34 (Código de Águas). Por não exaurir o estudo da matéria, o Código Civil apenas revoga a lei especial naquilo que contra ela se insurge. De fato, a normativa que se inicia no art. 1.288 do Código Civil tem em vista apenas abordar a questão das águas no que concerne aos conflitos de vizinhança, nada mais. Assim, tudo que diga respeito ao controle das águas pelo Poder Público mantém a sua eficácia no Código das Águas. As duas normas vivem agora em regime de coabitação, aplicando-se o regime de cada qual no que for pertinente"[29].

No âmbito do Direito Público, além do mencionado Código de Águas, merece também menção a Lei n. 9.433, de 8 de janeiro de 1997 (que institui a Política Nacional de Recursos Hídricos[30]).

---

[29] FARIAS, Cristiano Chaves de; ROSENVALD, Nelson. *Direitos Reais*. 6. ed. Rio de Janeiro: Lumen Juris, 2009. p. 456.

[30] Art. 1.º, Lei n. 9.433/97:

A Política Nacional de Recursos Hídricos baseia-se nos seguintes fundamentos:

I – a água é um bem de domínio público;

II – a água é um recurso natural limitado, dotado de valor econômico;

III – em situações de escassez, o uso prioritário dos recursos hídricos é o consumo humano e a dessedentação de animais;

Com efeito, os arts. 1.288 e 1.296 cuidam, fundamentalmente, do escoamento das águas[31].

O dono ou o possuidor do prédio inferior é obrigado a receber as águas que correm naturalmente do superior, não podendo realizar obras que embaracem o seu fluxo; porém a condição natural e anterior do prédio inferior não pode ser agravada por obras feitas pelo dono ou possuidor do prédio superior (art. 1.288)[32].

Trata-se de uma regra de grande importância para a boa convivência entre os vizinhos, especialmente quando as moradias são edificadas em locais geograficamente acidentados ou em áreas mais elevadas.

Como se pode notar, o escoamento das águas deve se dar respeitando o seu fluxo natural, sendo vedada a realização de obras que agravem a situação do prédio inferior.

Por outro lado, quando as águas, artificialmente levadas ao prédio superior (por aquedutos, por exemplo), ou aí colhidas (águas pluviais captadas, por exemplo), correrem dele para o inferior, poderá o dono deste reclamar que se desviem, ou se lhe indenize o prejuízo que sofrer, nos termos do art. 1.289.

Da indenização fixada será deduzido o valor do eventual benefício obtido, conforme estabelece o parágrafo único do mesmo dispositivo.

Outra importante regra está prevista no art. 1.290:

"O proprietário de nascente, ou do solo onde caem águas pluviais, satisfeitas as necessidades de seu consumo, não pode impedir, ou desviar o curso natural das águas remanescentes pelos prédios inferiores".

Este dispositivo, em verdade, veda o abuso do direito de propriedade, na medida em que não se afiguraria justo que o proprietário, satisfeitas as suas necessidades de consumo, atuasse para obstar o compartilhamento de tão precioso bem que a Natureza nos proporciona[33].

Em nosso sentir, esta proibição também se aplica ao possuidor, na perspectiva do princípio da função social.

IV – a gestão dos recursos hídricos deve sempre proporcionar o uso múltiplo das águas;

V – a bacia hidrográfica é a unidade territorial para implementação da Política Nacional de Recursos Hídricos e atuação do Sistema Nacional de Gerenciamento de Recursos Hídricos;

VI – a gestão dos recursos hídricos deve ser descentralizada e contar com a participação do Poder Público, dos usuários e das comunidades.

[31] "Assim como ocorre com as árvores, as águas constituem partes integrantes do Bem Ambiental (art. 225 da CF/1988) e, sendo assim, merecem ampla proteção, para atender à função socioambiental da propriedade" (TARTUCE, Flávio. Op. cit. p. 975-976).

[32] "Aplica-se ainda o art. 1.288 do Código Civil às águas escolatícias, tidas como aquelas que escorrem de um prédio ao outro embaixo da terra" (FARIAS, Cristiano Chaves de; ROSENVALD, Nelson, Op. cit. p. 456).

[33] Na mesma vereda, o art. 1.291 dispõe que "o possuidor do imóvel superior não poderá poluir as águas indispensáveis às primeiras necessidades da vida dos possuidores dos imóveis inferiores; as demais, que poluir, deverá recuperar, ressarcindo os danos que estes sofrerem, se não for possível a recuperação ou o desvio do curso artificial das águas". Por óbvio, esta norma merece crítica, ao utilizar a expressão "as demais, que poluir", porquanto não se afiguraria possível, em um Estado Democrático de Direito, um permissivo desta natureza, sob pena de manifesta inconstitucionalidade ou, no mínimo, de uma lamentável insensibilidade ambiental.

Outras normas ainda merecem referência:

"Art. 1.292. O proprietário tem direito de construir barragens, açudes, ou outras obras para represamento de água em seu prédio; se as águas represadas invadirem prédio alheio, será o seu proprietário indenizado pelo dano sofrido, deduzido o valor do benefício obtido.

Art. 1.293. É permitido a quem quer que seja, mediante prévia indenização aos proprietários prejudicados, construir canais, através de prédios alheios, para receber as águas a que tenha direito, indispensáveis às primeiras necessidades da vida, e, desde que não cause prejuízo considerável à agricultura e à indústria, bem como para o escoamento de águas supérfluas ou acumuladas, ou a drenagem de terrenos.

§ 1.º Ao proprietário prejudicado, em tal caso, também assiste direito a ressarcimento pelos danos que de futuro lhe advenham da infiltração ou irrupção das águas, bem como da deterioração das obras destinadas a canalizá-las.

§ 2.º O proprietário prejudicado poderá exigir que seja subterrânea a canalização que atravessa áreas edificadas, pátios, hortas, jardins ou quintais.

§ 3.º O aqueduto será construído de maneira que cause o menor prejuízo aos proprietários dos imóveis vizinhos, e a expensas do seu dono, a quem incumbem também as despesas de conservação".

O Código pretende, conforme se pode constatar da leitura desses dispositivos, conciliar o direito ao uso das águas, em uma perspectiva socioeconômica, e o direito à justa compensação devida aos proprietários eventualmente prejudicados.

Na jurisprudência:

"APELAÇÃO CÍVEL. POSSE. BENS IMÓVEIS. AÇÃO DE REINTEGRAÇÃO DE POSSE. SERVIDÃO DE PASSAGEM. AQUEDUTO. A instalação de aqueduto da forma menos gravosa, possibilitando ao possuidor o direito de canalizar águas em terreno de outrem, deve observar o dever de indenizar previamente aquele que for prejudicado por danos decorrentes da construção. – Circunstâncias dos autos em que não houve qualquer indenização prévia ao proprietário do imóvel serviente, e se impõe a manutenção da sentença. RECURSO DESPROVIDO". (Apelação Cível n. 70067124511, Décima Oitava Câmara Cível, Tribunal de Justiça do RS, Relator: João Moreno Pomar, Julgado em 10-3-2016)

Da leitura do julgado, podemos concluir que um aqueduto – entendido como um canal para condução de água, por efeito da gravidade – pode estar vinculado a uma servidão de passagem, a depender das circunstâncias.

O aqueduto, vale acrescentar, não impedirá que os proprietários cerquem os imóveis e construam sobre ele, sem prejuízo para a sua segurança e conservação; os proprietários dos imóveis poderão usar das águas do aqueduto para as primeiras necessidades da vida (art. 1.295)[34], aplicando-se ao direito de aqueduto as mesmas regras da passagem de cabos e tubulações, na forma do art. 1.294, CC/2002.

---

[34] Art. 1.296, CC: Havendo no aqueduto águas supérfluas, outros poderão canalizá-las, para os fins previstos no art. 1.293, mediante pagamento de indenização aos proprietários prejudicados e ao dono do aqueduto, de importância equivalente às despesas que então seriam necessárias para a condução das águas até o ponto de derivação. Parágrafo único. Têm preferência os proprietários dos imóveis atravessados pelo aqueduto.

Por fim, transcrevemos julgado do Superior Tribunal de Justiça que, de um lado, bem ilustra este caráter "bifronte" – público e privado – da "água" e, de outro, dispõe acerca do direito de se construir aqueduto, observado o justo ressarcimento ao proprietário prejudicado:

"RECURSO ESPECIAL. DIREITO PROCESSUAL CIVIL E CIVIL. EMBARGOS DE DECLARAÇÃO. OMISSÃO, CONTRADIÇÃO OU OBSCURIDADE. NÃO OCORRÊNCIA. DIREITO ÀS ÁGUAS. ART. 1.293 DO CC/02. DIREITO DE VIZINHANÇA. PROPRIEDADE. FUNÇÃO SOCIAL. RESTRIÇÕES INTERNAS. PASSAGEM DE ÁGUAS. OBRIGATORIEDADE. REQUISITOS. ÁGUA. BEM DE DOMÍNIO PÚBLICO. USO MÚLTIPLO. ART. 1.º, I E IV, DA LEI 9.433/05. PRÉVIA INDENIZAÇÃO. DESPROVIMENTO.

1. Ação ajuizada em 12/11/2009. Recurso especial interposto em 10/02/2015. Conclusão ao gabinete em 25/08/2016.

2. Trata-se de afirmar se i) ocorreu negativa de prestação jurisdicional; e ii) o proprietário de um imóvel tem o direito de transportar a água proveniente de outro imóvel através do prédio vizinho, e qual a natureza desse eventual direito.

3. Ausentes os vícios do art. 535 do CPC, rejeitam-se os embargos de declaração.

4. O direito de propriedade, de acordo com o constitucionalismo moderno, deve atender a sua função social, não consistindo mais, como anteriormente, em um direito absoluto e ilimitado, já que a relação de domínio, agora, possui uma configuração complexa – em tensão com outros direitos igualmente consagrados no ordenamento jurídico.

5. Os direitos de vizinhança são manifestação da função social da propriedade, caracterizando limitações legais ao próprio exercício desse direito, com viés notadamente recíproco e comunitário. O que caracteriza um determinado direito como de vizinhança é a sua imprescindibilidade ao exercício do direito de propriedade em sua função social.

6. <u>O direito à água é um direito de vizinhança, um direito ao aproveitamento de uma riqueza natural pelos proprietários de imóveis que sejam ou não abastecidos pelo citado recurso hídrico, haja vista que, de acordo com a previsão do art. 1.º, I e IV, da Lei 9.433/97, a água é um bem de domínio público, e sua gestão deve sempre proporcionar o uso múltiplo das águas</u>.

7. <u>Se não existem outros meios de passagem de água, o vizinho tem o direito de construir aqueduto no terreno alheio independentemente do consentimento de seu vizinho; trata-se de imposição legal que atende ao interesse social e na qual só se especifica uma indenização para evitar que seja sacrificada a propriedade individual</u>.

8. Recurso especial desprovido".

(REsp 1.616.038/RS, rel. Min. NANCY ANDRIGHI, TERCEIRA TURMA, julgado em 27-9-2016, *DJe* 7-10-2016) (grifamos)

Sem dúvida, a água é um bem jurídico valiosíssimo, merecedor de indispensável tutela e que exige, mormente nesse início de século, em que vivemos os efeitos nocivos do aquecimento global, maior cuidado e atenção, por parte de todos nós, seus supremos beneficiários.

7. DOS LIMITES ENTRE PRÉDIOS E DO DIREITO DE TAPAGEM (ARTS. 1.297 E 1.298)

A Seção VI do Capítulo V, que trata dos "Direitos de Vizinhança", se refere aos "Limites entre Prédios" e ao "Direito de Tapagem", em dois artigos (arts. 1.297 e 1.298).

Esses dois dispositivos, fundamentalmente, consagram o direito de demarcar, limitar e, consequentemente, proteger, a propriedade.

Nesse ponto, invocamos as palavras de RODOLFO SACCO:

"No que se refere à propriedade imobiliária, a proibição de se intrometer no espaço sobrestante tem como ponto de referência direto mais um espaço, um lugar, do que uma coisa"[35].

Com efeito, o estabelecimento de limites visa, em *ultima ratio*, à proteção do espaço da propriedade privada.

Segundo PONTES DE MIRANDA:

"(...) cada proprietário tem, segundo o princípio da utilização de todo o espaço ocupado pelo terreno, o direito de cercá-lo, murá-lo, escolhendo para isso os materiais que entenda. Naturalmente, tais construções divisórias, desde as paredes e cercas vivas, têm de ser dentro do seu terreno até a linha do limite"[36].

Nos termos do art. 1.297, CC/2002:

"Art. 1.297. O proprietário tem direito a cercar, murar, valar ou tapar de qualquer modo o seu prédio, urbano ou rural, e pode constranger o seu confinante a proceder com ele à demarcação entre os dois prédios, a aviventar rumos apagados e a renovar marcos destruídos ou arruinados, repartindo-se proporcionalmente entre os interessados as respectivas despesas".

Os seus parágrafos pormenorizam outras regras:

"§ 1.º Os intervalos, muros, cercas e os tapumes divisórios, tais como sebes vivas, cercas de arame ou de madeira, valas ou banquetas, presumem-se, até prova em contrário, pertencer a ambos os proprietários confinantes, sendo estes obrigados, de conformidade com os costumes da localidade, a concorrer, em partes iguais, para as despesas de sua construção e conservação.

§ 2.º As sebes vivas, as árvores, ou plantas quaisquer, que servem de marco divisório, só podem ser cortadas, ou arrancadas, de comum acordo entre proprietários.

§ 3.º A construção de tapumes especiais para impedir a passagem de animais de pequeno porte, ou para outro fim, pode ser exigida de quem provocou a necessidade deles, pelo proprietário, que não está obrigado a concorrer para as despesas".

Confira-se, a respeito do tema, o seguinte julgado do Tribunal de Justiça do Paraná, que, tratando das normas de direito de vizinhança aqui analisadas, indica a necessidade de os proprietários vizinhos repartirem a despesa do muro divisório:

"DIREITO DE VIZINHANÇA CONSTRUÇÃO DE MURO DIVISÓRIO DIREITO DE TAPAGEM – PRETENSÃO À MEAÇÃO DAS DESPESAS AUSÊNCIA DE COMPROVAÇÃO DO AJUSTE IRRELEVÂNCIA PRESUNÇÃO LEGAL *IURIS TANTUM* DE CONDOMÍNIO ART. 1.297, § 1.º, CC VALOR NÃO IMPUGNADO DE MODO ESPECÍFICO NÃO DE-

---

[35] SACCO, Rodolfo. *Antropologia Jurídica*: contribuição para uma macro-história do direito. São Paulo: Martins Fontes, 2013. p. 320.

[36] MIRANDA, Pontes de. Op. cit. p. 317.

MONSTRAÇÃO DE FATOS EXTINTIVOS, MODIFICATIVOS OU IMPEDITIVOS DO DIREITO DO AUTOR ART. 333, II, CPC – SENTENÇA MANTIDA.

1. O direito de o titular obrigar o vizinho a contribuir com parte das despesas para a construção do tapume não está subordinado a prévio ajuste entre as partes ou, em sua falta, a sentença judicial.

2. O próprio réu admitiu em seu depoimento pessoal que ajudou a retirar a cerca para a construção do muro, daí se inferindo que a construção se deu na divisa, e não no terreno do autor. Outrossim, a testemunha por ele mesmo arrolada afirmou que construiu o muro metade na propriedade do autor, e metade na propriedade do réu.

3. Tendo em vista que a construção e o custeio do muro pelo autor são fatos admitidos pelo réu, cabia a ele trazer aos autos outros elementos objetivos como orçamentos –, para demonstrar o excesso que alegou, fornecendo subsídios para o seu arbitramento, o que não fez. Descumpriu, assim, o ônus que lhe competia a teor do art. 333, II, do Código de Processo Civil, de demonstrar fatos extintivos, modificativos ou impeditivos do direito do autor.

4. Recurso improvido".

(TJ-SP – APL: 0000781-35.2012.8.26.0185 SP 0000781-35.2012.8.26.0185, rel.: Artur Marques, Data de Julgamento: 23-9-2013, 35.ª Câmara de Direito Privado, Data de Publicação: 23-9-2013)

Em sequência, dispõe o art. 1.298 que, "sendo confusos, os limites, em falta de outro meio, se determinarão de conformidade com a posse justa; e, não se achando ela provada, o terreno contestado se dividirá por partes iguais entre os prédios, ou, não sendo possível a divisão cômoda, se adjudicará a um deles, mediante indenização ao outro".

Trata-se de uma regra supletiva e ainda eventualmente necessária, em um país como o nosso, de dimensões continentais, embora o desenvolvimento da tecnologia do georreferenciamento, nos últimos anos, tenha contribuído para aperfeiçoar as técnicas de demarcação.

Finalmente, no plano processual, vale a pena conferir os arts. 574 a 587 do CPC/2015, que disciplinam a demanda demarcatória[37].

8. DIREITO DE CONSTRUIR (ARTS. 1.299 A 1.313)

Encerrando o capítulo dedicado aos "Direitos de Vizinhança", o codificador tratou de um importante aspecto das relações entre vizinhos: o direito de construir.

Em regra geral, o proprietário poderá levantar em seu terreno as construções que lhe aprouver, ressalvado o direito dos vizinhos e os regulamentos administrativos (art. 1.299).

Note-se, pois, que se trata de um direito que encontra naturais limitações no legítimo interesse dos proprietários vizinhos e nas normas administrativas, sempre na perspectiva do superior princípio constitucional da função social.

Nesse diapasão, o proprietário construirá de maneira que o seu prédio não despeje águas, diretamente, sobre o prédio vizinho, dispõe o art. 1.300, a exemplo do que se dá

---

[37] Destacamos o art. 574: "Na petição inicial, instruída com os títulos da propriedade, designar-se-á o imóvel pela situação e pela denominação, descrever-se-ão os limites por constituir, aviventar ou renovar e nomear-se-ão todos os confinantes da linha demarcanda".

quando o fluxo da "calha" de um telhado, destinada ao escoamento da água da chuva, desemboca em terreno alheio.

Fala-se, quanto a esse fluxo pluvial que se derrama pelo telhado, em "estilicídio".

Confira-se, nesse ponto, o Código Civil de Portugal:

> "Artigo 1.365.º – (Estilicídio)
>
> O proprietário deve edificar de modo que a beira do telhado ou outra cobertura não goteje sobre o prédio vizinho deixando um intervalo mínimo de cinco decímetros entre o prédio e a beira, se de outro modo não puder evitá-lo.
>
> Constituída por qualquer título a servidão de estilicídio, o proprietário do prédio serviente não pode levantar edifício ou construção que impeça o escoamento das águas, devendo realizar as obras necessárias para que o escoamento se faça sobre o seu prédio, sem prejuízo para o prédio dominante'.

Merece especial atenção também o art. 1.301 do Código Civil brasileiro de 2002:

> "Art. 1.301. É defeso abrir janelas, ou fazer eirado[38], terraço ou varanda, a menos de metro e meio do terreno vizinho[39].
>
> § 1.º As janelas cuja visão não incida sobre a linha divisória, bem como as perpendiculares, não poderão ser abertas a menos de setenta e cinco centímetros.
>
> § 2.º As disposições deste artigo não abrangem as aberturas para luz ou ventilação, não maiores de dez centímetros de largura sobre vinte de comprimento e construídas a mais de dois metros de altura de cada piso".

Visando a resguardar direitos personalíssimos (intimidade e vida privada), o Código estabelece uma distância mínima para a abertura de janelas, eirados, terraços ou varandas: **1,5 m do terreno vizinho.**

Proíbem-se, portanto, construções dessa natureza a menos de metro e meio.

Por outro lado, em caso de janelas que não sejam dispostas frontalmente em face do terreno vizinho, ou seja, que permitam, não uma visão direta, mas oblíqua – a exemplo daquelas construídas perpendicularmente ao solo, no telhado da casa –, a distância mínima é menor, a teor do referido § 1.º: **setenta e cinco centímetros**.

Sinceramente, reputamos ser essa distância muito curta, mas submetemo-nos à opção expressa do legislador.

Dada a expressa previsão legal, em se tratando de janelas com visão indireta, pensamos que a Súmula 414 do STF, com cujo enunciado concordamos, restou, infelizmente, prejudicada:

> Súmula 414, STF. "Não se distingue a visão direta da oblíqua na proibição de abrir janela, ou fazer terraço, eirado, ou varanda, a menos de metro e meio do prédio de outrem".

---

[38] O "eirado" é um espaço aberto ou descoberto, na parte superior da casa, como um terraço ou cobertura.

[39] Na zona rural, a proibição legal é mais rigorosa: "Art. 1.303. Na zona rural, não será permitido levantar edificações a menos de três metros do terreno vizinho".

Tais proibições, conforme prevê o § 2.º do mesmo dispositivo, não abrangem as aberturas para luz ou ventilação, não maiores de dez centímetros de largura sobre vinte de comprimento e construídas a mais de dois metros de altura de cada piso.

Ou seja, as aberturas para luz e ventilação – a exemplo dos "basculantes" e "cobogós" – respeitada a dimensão de 10 x 20 cm, acima mencionada, poderão ser feitas aquém da distância mínima legal.

Por óbvio, o mesmo raciocínio deve se aplicar às portas e às paredes construídas com vidro translúcido, pois, neste caso, a privacidade alheia é preservada:

> Súmula 120, STF. "Parede de tijolos de vidro translúcido pode ser levantada a menos de metro e meio do prédio vizinho, não importando servidão sobre ele".

Confira-se também este interessante acórdão do Tribunal de Justiça do Ceará:

"AGRAVO REGIMENTAL. DECISÃO MONOCRÁTICA EM RECURSO DE APELAÇÃO. DIREITO DE VIZINHANÇA. AÇÃO DEMOLITÓRIA COM PEDIDO DE INDENIZAÇÃO POR DANO MORAL. SENTENÇA DE PARCIAL PROCEDÊNCIA DO PEDIDO AUTORAL, MANTIDA. CONSTRUÇÃO IRREGULAR DE MURO DIVISÓRIO A MENOS DE UM METRO E MEIO DO IMÓVEL DO VIZINHO COM O ESTANQUE DE QUATRO JANELAS DA SUA RESIDÊNCIA E A OBSTRUÇÃO DO FLUXO REGULAR DAS ÁGUAS PLUVIAIS, PROVOCANDO ALAGAMENTOS E INFILTRAÇÕES. VEDAÇÃO. ABERTURAS PARA VENTILAÇÃO E ILUMINAÇÃO. COLOCAÇÃO DE TIJOLOS DE VIDRO TRANSLÚCIDO. POSSIBILIDADE. ENUNCIADO 120 DO STF (PAREDE DE TIJOLOS DE VIDRO TRANSLÚCIDO PODE SER LEVANTADA A MENOS DE METRO E MEIO DO PRÉDIO VIZINHO, NÃO IMPORTANDO SERVIDÃO SOBRE ELE). DEVER DO RECORRENTE DE PROCEDER ÀS ALTERAÇÕES DE MODO A SANAR AS IRREGULARIDADES E POSSIBILITAR O ESCOAMENTO DAS ÁGUAS DAS CHUVAS, BEM COMO, DE INDENIZAR PELOS DANOS CAUSADOS AO RECORRIDO, NA FORMA IMPOSTA PELA SENTENÇA. RESPONSABILIDADE OBJETIVA, INCIDÊNCIA DOS ARTIGOS 1.299 A 1.301 DO CÓDIGO CIVIL. RECURSO CONHECIDO E IMPROVIDO. (...) 3 O Juízo de Planície, baseado no conjunto probatório carreado aos autos, especialmente, no Laudo da Inspeção Judicial realizada por dois Oficiais de Justiça (fl. 59), julgou parcialmente procedente o pleito autoral/recorrido, condenando o apelante, a substituir os tijolos comuns da edificação por tijolos de vidro translúcido ou equivalente, na área das janelas do recorrido; adotar procedimentos para proceder ao escoamento das águas pluviais, tudo, sob pena da multa diária de R$ 100,00 (cem reais), bem como, à indenização por dano moral, no importe de R$ 4.000,00 (quatro mil reais). 4 O recorrente interpôs o Recurso de Apelação, o qual foi julgado monocraticamente pelo relator que me antecedeu, mantendo incólume a sentença recorrida, decorrendo o Regimental, ora em apreço. 5 De acordo com o artigo 1.301 do Código Civil, 'é defeso abrir janelas ou fazer eirado, terraço ou varanda, a menos de metro e meio do terreno vizinho.' Nesse caso, permite-se, como alternativa, a colocação de parede de vidros translúcidos que impeçam a visão direta e a invasão de privacidade do terreno vizinho, em observância ao disposto no Enunciado n. 120 do Supremo Tribunal Federal (Parede de tijolos de vidro translúcido pode ser levantada a menos de metro e meio do prédio vizinho, não importando servidão sobre ele). (...) 9 Recurso conhecido e improvido ACÓRDÃO Acordam os Desembargadores integrantes da Quinta Câmara Cível do Tribunal de Justiça do Estado do Ceará, por unanimidade, em conhecer do recurso para negar-lhe provimento, mantendo inalterada a decisão recorrida, tudo de conformidade com o voto da e. Relatora".

(TJ-CE – AGV: 0001749-68.2011.8.06.0149 CE 0001749-68.2011.8.06.0149, rel.: MARIA DE FÁTIMA DE MELO LOUREIRO, 5.ª Câmara Cível, Data de Publicação: 12-8-2015)

E o que fazer em caso de construções (como, por exemplo, janelas, sacadas, eirados, terraços ou varandas) que desrespeitem a distância mínima legal?

"Art. 1.302. O proprietário pode, no lapso de ano e dia após a conclusão da obra, exigir que se desfaça janela, sacada, terraço ou goteira sobre o seu prédio; escoado o prazo, não poderá, por sua vez, edificar sem atender ao disposto no artigo antecedente, nem impedir, ou dificultar, o escoamento das águas da goteira, com prejuízo para o prédio vizinho.

Parágrafo único. Em se tratando de vãos, ou aberturas para luz, seja qual for a quantidade, altura e disposição, o vizinho poderá, a todo tempo, levantar a sua edificação, ou contramuro, ainda que lhes vede a claridade".

Na vigência do CPC/73, enquanto a obra irregular estava sendo realizada, o proprietário prejudicado poderia embargá-la, mediante **ação de nunciação de obra nova** (arts. 934 a 940, CPC/73); mas, uma vez concluída a obra, deveria ajuizar **ação demolitória**, cujo prazo, a teor do art. 1.302 do Código Civil, era de ano e dia após a conclusão da obra.

O Código de Processo Civil de 2015 não regulou mais a demanda de nunciação de obra nova, de forma que o pedido de embargo, que não mais poderá se dar extrajudicialmente, tramitará segundo as regras do procedimento comum.

Permanece, na mesma linha, a possibilidade de se pleitear a demolição da obra irregular, desde que seja observado o prazo de "ano e dia após a conclusão da obra", observando-se, também, as normas do procedimento comum.

Uma vez ultrapassado o prazo, o proprietário não poderá mais exigir o desfazimento e, se pretender construir, deverá respeitar a distância mínima prevista em lei.

Confira-se, a propósito, este acórdão do Tribunal de Justiça do Rio Grande do Sul:

"APELAÇÃO CÍVEL. DIREITO DE VIZINHANÇA. AÇÃO DEMOLITÓRIA. ABERTURA DE JANELA. CONSTRUÇÃO DE MURO. SENTENÇA REFORMADA. Cediço que, nos termos do art. 128, inciso I, da LC 132/2009, são prerrogativas dos membros da Defensoria Pública do Estado, dentre outras que a Lei local estabelecer, receber, inclusive quando necessário, mediante entrega dos autos com vista, intimação pessoal em qualquer processo e grau de jurisdição ou instância administrativa, contando-se-lhes em dobro todos os prazos. Entretanto, se da decisão restou a Defensoria pessoalmente intimada, conquanto posteriormente à intimação pessoal do réu, inexiste nulidade. Ademais, nos termos do art. 249, do CPC, quando puder decidir do mérito a favor da parte a quem aproveite a declaração da nulidade, o juiz não a pronunciará nem mandará repetir o ato, ou suprir-lhe a falta. Desta forma, se o exame do pedido, em seu mérito, favorece o réu, que seria o beneficiário da nulidade, esta não deve ser declarada, devendo ser rejeitada preliminar em tal sentido. É defeso abrir janelas, ou fazer eirado, terraço ou varanda, a menos de metro e meio do terreno vizinho, consoante art. 1.301, do CC (antigo art. 573, do CC anterior). Entretanto, dispõe o art. 1.302, do CC (corresponde ao art. 576, do CC anterior), que o proprietário pode, no lapso de ano e dia após a conclusão da obra, exigir que se desfaça janela, sacada, terraço ou goteira sobre o seu prédio; escoado o prazo, não poderá, por sua vez, edificar sem atender ao disposto no artigo antecedente. Sem embargo, o parágrafo único do mesmo artigo, estabelece que, em se tratando de vãos, ou aberturas para luz, seja qual for a quantidade, altura e disposição, o vizinho poderá, a todo tempo, levantar a sua edificação, ou contramuro, ainda que lhes vede a claridade. Assim, mesmo tendo o autor construído janela a menos de metro e meio, sem reclamação do réu em ano e dia, possível a este último levantar contramuro, até o limite de seu terreno. REJEITARAM A PRELIMINAR E, NO MÉRITO, DERAM PROVIMENTO AO APELO. UNÂNIME". (Apelação Cível n. 70048992416, Décima Nona Câmara Cível, Tribunal de Justiça do RS, rel.: Elaine Maria Canto da Fonseca, Julgado em 29-4-2014) (grifamos)

Sobre o tema, um antigo julgado do STJ merece, pela sua peculiaridade, menção:

"DIREITO DE VIZINHANÇA. Terraço. Ação demolitória.

Contra a construção do terraço a menos de metro e meio do terreno vizinho (art. 573 do CC), cabia ação de nunciação de obra nova até o momento de sua conclusão, entendendo-se como tal aquela a que faltem apenas trabalhos secundários.

Uma vez concluída a obra (faltava apenas a pintura), cabível a ação demolitória, com prazo decadencial de ano e dia (art. 576 do CCivil), que se iniciou a partir da conclusão e não se interrompeu com a notificação administrativa.

Recurso conhecido e provido".

(REsp 311.507/AL, rel. Min. RUY ROSADO DE AGUIAR, QUARTA TURMA, julgado em 11-9-2001, *DJ* 5-11-2001, p. 118)[40].

De fato, concordamos que, faltando apenas a pintura ou detalhes de acabamento, a obra deve ser considerada concluída.

O Código Civil em vigor cuida, ainda, nos arts. 1.304 a 1.307, do **direito de travejamento ou madeiramento (parede-meia)**.

Com razão, CARLOS ROBERTO GONÇALVES observa:

"O Código Civil trata das questões referentes a paredes divisórias nos arts. 1.304 a 1.307. A denominada 'parede-meia' é hoje de reduzida importância.

Paredes divisórias são as que integram a estrutura do edifício, na linha de divisa. Distinguem-se dos muros divisórios, que são regidos pelas disposições concernentes aos tapumes. Muro é elemento de vedação, enquanto parede é elemento de sustentação e vedação"[41].

De fato, não são regras de frequente aplicação.

Mas é importante que existam, pois visam a dirimir conflitos possessórios localizados envolvendo vizinhos.

Confiram-se, portanto, as seguintes regras[42]:

---

[40] Embora as referências sejam feitas ao CC/2016, o julgado, da lavra do notável Min. Ruy Rosado de Aguiar, merece referência, pois trata, com acerto, do início do prazo decadencial para o exercício do direito de exigir o desfazimento da obra.

[41] GONÇALVES, Carlos Roberto. Op. cit. p. 376.

[42] Segundo doutrina, este direito de travejamento também é conhecido como "servidão de meter trave" (*de tigni immittendi*). Cf. MONTEIRO, Washington de Barros apud GONÇALVES, Carlos Roberto. Op. cit., p. 377. Na jurisprudência, também se encontra o uso da expressão: "APELAÇÃO CÍVEL n. 292.495-8 – 02.02.2000 SANTOS DUMONT EMENTA: CIVIL E PROCESSO CIVIL – SENTENÇA: NULIDADE POR AUSÊNCIA DE FUNDAMENTAÇÃO – PERITO EM AÇÃO CAUTELAR: SUA AUDIÊNCIA COMO TESTEMUNHA NO PROCESSO PRINCIPAL – MURO DIVISÓRIO – PAREDE-MEIA – CONCEITUAÇÃO COMO SERVIDÃO LEGAL DE "TIGNI IMMITTENDI" – INTELIGÊNCIA DO ART. 579 DO C. CIVIL – DANOS MORAIS PELOS INCÔMODOS CAUSADOS

"Art. 1.304. Nas cidades, vilas e povoados cuja edificação estiver adstrita a alinhamento, o dono de um terreno pode nele edificar, madeirando na parede divisória do prédio contíguo, se ela suportar a nova construção; mas terá de embolsar ao vizinho metade do valor da parede e do chão correspondentes.

Art. 1.305. O confinante, que primeiro construir, pode assentar a parede divisória até meia espessura no terreno contíguo, sem perder por isso o direito a haver meio valor dela se o vizinho a travejar, caso em que o primeiro fixará a largura e a profundidade do alicerce.

Parágrafo único. Se a parede divisória pertencer a um dos vizinhos, e não tiver capacidade para ser travejada pelo outro, não poderá este fazer-lhe alicerce ao pé sem prestar caução àquele, pelo risco a que expõe a construção anterior.

<u>Art. 1.306. O condômino da parede-meia pode utilizá-la até ao meio da espessura, não pondo em risco a segurança ou a separação dos dois prédios</u>, e avisando previamente o outro condômino das obras que ali tenciona fazer; não pode sem consentimento do outro, fazer, na parede-meia, armários, ou obras semelhantes, correspondendo a outras, da mesma natureza, já feitas do lado oposto.

Art. 1.307. Qualquer dos confinantes pode altear a parede divisória, se necessário reconstruindo-a, para suportar o alteamento; arcará com todas as despesas, inclusive de conservação, ou com metade, se o vizinho adquirir meação também na parte aumentada".

Em sequência, o legislador estabelece expressas vedações, para permitir o adequado uso da parede-meia ou de outras construções no imóvel vizinho (arts. 1.308 a 1.311):

a) Não é lícito encostar à parede divisória chaminés, fogões, fornos ou quaisquer aparelhos ou depósitos suscetíveis de produzir infiltrações ou interferências prejudiciais ao vizinho, ressalvadas as chaminés ordinárias e os fogões de cozinha – neste último caso, por óbvio, os aparelhos, mesmo permitidos, não poderão, obviamente, por conta de utilização indevida, resultar em prejuízo ao vizinho, sob pena de responsabilidade;

b) São proibidas construções capazes de poluir, ou inutilizar, para uso ordinário, a água do poço, ou nascente alheia, a elas preexistentes – esta disposição ganha maior força, por conta do inegável valor jurídico que tem a água, na perspectiva da função social;

c) Não é permitido fazer escavações ou quaisquer obras que tirem ao poço ou à nascente de outrem a água indispensável às suas necessidades normais – pela mesma razão acima mencionada, o caráter essencial da água justifica a proibição;

d) Não é permitida a execução de qualquer obra ou serviço suscetível de provocar desmoronamento ou deslocação de terra, ou que comprometa a segurança do prédio vizinho, senão após haverem sido feitas as obras acautelatórias – além disso, nesse contexto, é necessária a devida anuência do Poder Público, mediante a concessão de alvará de construção, para a realização da obra pretendida[43].

Por fim, observe-se que o legislador estabeleceu também uma regra colaborativa (art. 1.313), ao estabelecer que o proprietário ou ocupante do imóvel é obrigado a tolerar que o vizinho entre no prédio, mediante prévio aviso, para:

PELA DEMORA DA DEMANDA: INEXISTÊNCIA. (...) TJ-MG 2.0000.00.292495-8/0001 MG 2.0000.00.292495-8/000(1), rel.: WANDER MAROTTA, Data de Julgamento: 2-2-2000, Data de Publicação: 4-3-2000".

[43] O proprietário do prédio vizinho tem direito a ressarcimento pelos prejuízos que sofrer, não obstante haverem sido realizadas as obras acautelatórias (art. 1.311, parágrafo único).

"I – dele temporariamente usar, quando indispensável à reparação, construção, reconstrução ou limpeza de sua casa ou do muro divisório;

II – apoderar-se de coisas suas, inclusive animais que aí se encontrem casualmente"[44].

É digno de nota que o dever de informação emanado da boa-fé objetiva projeta-se na relação jurídica, ao determinar que o proprietário ou ocupante seja previamente avisado acerca da entrada em seu imóvel.

Ao mencionar "ocupante", o legislador abarcou não apenas o titular da propriedade, mas também o possuidor, ou, até mesmo, em nosso sentir, o detentor (a exemplo de um caseiro, pois é justo que, antes de exercer o direito de adentrar o imóvel alheio, não estando presente o seu titular, aquele que atua em seu nome seja comunicado).

Por óbvio, ao utilizar o conceito aberto ou indeterminado "prévio aviso", o legislador, com amparo no princípio da operabilidade[45], concedeu um espaço de razoabilidade interpretativa, para que, segundo as circunstâncias do caso, o proprietário ou ocupante disponha de um tempo mínimo adequado entre o comunicado e o efetivo ingresso do terceiro em seu imóvel.

---

[44] § 1.º O disposto neste artigo aplica-se aos casos de limpeza ou reparação de esgotos, goteiras, aparelhos higiênicos, poços e nascentes e ao aparo de cerca viva. § 2.º Na hipótese do inciso II, uma vez entregues as coisas buscadas pelo vizinho, poderá ser impedida a sua entrada no imóvel. § 3.º Se do exercício do direito assegurado neste artigo provier dano, terá o prejudicado direito a ressarcimento (art. 1.313).

[45] Lembremo-nos da lição do Prof. MIGUEL REALE: "O terceiro princípio que norteou a feitura deste nosso Projeto – e vamos nos limitar a apenas três, não por um vício de amar o trino, mas porque não há tempo para tratar de outros, que estão de certa maneira implícitos nos que estou analisando – o terceiro princípio é o 'princípio da operabilidade'. Ou seja, toda vez que tivemos de examinar uma norma jurídica, e havia divergência de caráter teórico sobre a natureza dessa norma ou sobre a convivência de ser enunciada de uma forma ou de outra, pensamos no ensinamento de Jhering, que diz que é da essência do Direito a sua realizabilidade: o Direito é feito para ser executado; Direito que não se executa – já dizia Jhering na sua imaginação criadora – é como chama que não aquece, luz que não ilumina, O Direito é feito para ser realizado; é para ser operado. Porque, no fundo, o que é que nós somos – nós advogados? Somos operadores do direito: operamos o Código e as leis, para fazer uma petição inicial, e levamos o resultado de nossa operação ao juiz, que verifica a legitimidade, a certeza, a procedência ou não da nossa operação – o juiz também é um operador do Direito; e a sentença é uma renovação da operação do advogado, segundo o critério de quem julga. Então, é indispensável que a norma tenha operabilidade, a fim de evitar uma série de equívocos e de dificuldades, que hoje entravam a vida do Código Civil" (REALE, Miguel. Visão geral do projeto de Código Civil. Site do Professor Miguel Reale. Disponível em: <http://www.miguelreale.com.br/artigos/vgpcc.htm>. Acesso em 8 out. 2016.

Capítulo XVI
Condomínio

Sumário: 1. Noções introdutórias. 2. Condomínio voluntário. 2.1. Administração do condomínio. 2.2. Direitos e deveres dos condôminos. 3. Condomínio necessário. 4. Condomínio edilício. 4.1. Conceito e estrutura jurídica. 4.2. Direitos e deveres dos condôminos. 4.3. Administração do condomínio. 4.4. Extinção do condomínio. 5. Algumas palavras sobre o condômino antissocial. 6. Condomínio de lotes. 7. Multipropriedade ou *time sharing*. 8. Fundos de investimento. 9. Condomínio edilício e pandemia.

1. NOÇÕES INTRODUTÓRIAS

O Código Civil dedica dezenas de artigos ao tratamento jurídico do condomínio.

Em seu Capítulo VI ("Condomínio Geral"), trata do "Condomínio Voluntário" e do "Condomínio Necessário" e, no Capítulo VII, cuida do "Condomínio Edilício".

Seguiremos esta sequência, apresentando os principais pontos, em nosso sentir, para a adequada compreensão do tema.

2. CONDOMÍNIO VOLUNTÁRIO

Segundo MARIA HELENA DINIZ, no condomínio:

"(...) concede-se a cada consorte uma quota ideal qualitativamente igual da coisa e não uma parcela material desta; por conseguinte, todos os condôminos têm direitos qualitativamente iguais sobre a totalidade do bem, sofrendo limitação na proporção quantitativa em que concorrem com os outros companheiros na titularidade sobre o conjunto"[1].

Em outras palavras, o condomínio é uma forma de propriedade conjunta ou copropriedade.

Nessa perspectiva, o condomínio relativiza o caráter essencialmente exclusivo do direito real de propriedade, em linha semelhante ao que se dá na situação jurídica da composse.

A modalidade voluntária de condomínio resulta da própria vontade das partes, mediante a pactuação de um ato jurídico negocial, como manifestação da autonomia privada (**condomínio convencional**).

Pode, ainda, se constituir circunstancialmente ou por determinação legal, como lembra FLÁVIO TARTUCE, ao mencionar a existência do **condomínio incidental** (ex.: duas pessoas recebem um bem por herança) e do **condomínio necessário ou forçado** (a exemplo do que se dá, no âmbito dos direitos de vizinhança, com paredes, muros, cercas e valas – art. 1.327, CC)[2].

---

[1] DINIZ, Maria Helena. *Curso de Direito Civil Brasileiro*: Direito das Coisas. 29. ed. São Paulo: Saraiva, 2014. v. 4. p. 249.

[2] TARTUCE, Flávio. *Manual de Direito Civil*. 7. ed. Rio de Janeiro: Forense; São Paulo: Método, 2017. p. 988. O mesmo ilustre autor lembra outras formas de classificação: "Quanto ao objeto ou conteúdo:

Observe-se que, nessas hipóteses, não se está tecnicamente diante de um condomínio estabelecido pela manifestação da vontade dos seus titulares, mas, sim, de uma modalidade forçada de condomínio, por força de situações fáticas ou legais.

Pela sua importância social, prestigiando também a autonomia da vontade, focaremos, nos próximos subtópicos, o condomínio voluntário ou convencional[3], iniciando pelo tema da sua administração.

2.1. Administração do condomínio

A administração do condomínio voluntário é regulada pelos arts. 1.323 a 1.326 do Código Civil de 2002:

"Art. 1.323. Deliberando a maioria sobre a administração da coisa comum, escolherá o administrador, que poderá ser estranho ao condomínio; resolvendo alugá-la, preferir-se-á, em condições iguais, o condômino ao que não o é.

Art. 1.324. O condômino que administrar sem oposição dos outros presume-se representante comum.

Art. 1.325. A maioria será calculada pelo valor dos quinhões.

§ 1.º As deliberações serão obrigatórias, sendo tomadas por maioria absoluta.

§ 2.º Não sendo possível alcançar maioria absoluta, decidirá o juiz, a requerimento de qualquer condômino, ouvidos os outros.

§ 3.º Havendo dúvida quanto ao valor do quinhão, será este avaliado judicialmente.

Art. 1.326. Os frutos da coisa comum, não havendo em contrário estipulação ou disposição de última vontade, serão partilhados na proporção dos quinhões".

São regras autoexplicativas, mas que merecem reflexão.

É digno de nota que o exercício ostensivo e continuado de atos de gerenciamento, sem oposição, poderá resultar no reconhecimento da condição de "representante comum" ao condômino encarregado (art. 1.324).

Opera-se, aqui, situação com alguns traços caraterísticos da gestão de negócios (arts. 861 a 875 do CC), pois o representante comum atua, supostamente, no interesse dos demais.

Uma reflexão interessante que pode ser feita é no sentido de se interpretar esta "ausência de oposição" dos demais condôminos, em face daquele que assume a administração do bem, como uma manifestação **presumida** de vontade derivada do silêncio.

---

a) condomínio universal – compreende a totalidade do bem, inclusive os acessórios (...) b) condomínio particular – compreende determinadas coisas (...); Quanto à forma ou divisão: a) condomínio *pro diviso* – aquele em que é possível determinar, no plano corpóreo e fático, qual o direito de propriedade de cada comunheiro. Há, portanto, uma fração real atribuível a cada condômino. Ex.: parte autônoma em um condomínio edilício. b) condomínio *pro indiviso* – não é possível determinar de modo corpóreo qual o direito de cada um dos condôminos que têm uma fração ideal. Ex.: parte comum no condomínio edilício".

[3] O Código Civil de 2002 não regulou o antigo "**compáscuo**" (comunhão de pastos), previsto no art. 646 do Código de 1916: "Trata-se de uma comunhão de pastagens (...) Levava-se em conta a ideia de que vizinhos podem apascentar seu gado nos terrenos confinantes ou próximos" (VENOSA, Sílvio de Salvo. *Direitos Reais*. 3. ed. São Paulo: Atlas, 2003. p. 285).

Note-se que, se, diante de atos de administração, praticados pelo condômino a quem não se outorgaram expressos poderes de gestão, corresponderem condutas de implícita aceitação – como, por exemplo, o acatamento de partilha de despesas ordenadas e gerenciadas pelo administrador –, estaremos diante de uma aceitação não meramente presumida, mas, sim, **tácita** da condição assumida pelo condômino-gestor.

E um detalhe: na hipótese prevista no referido art. 1.324, somente um condômino, e não um terceiro, poderá assumir a administração por aquiescência presumida ou tácita dos demais coproprietários.

Outro aspecto relevante é no sentido de que a expressão econômica dos quinhões é o critério legal utilizado para se determinar o quórum de maioria, bem como para dividir os frutos da coisa comum, não havendo estipulação em sentido contrário, seja por ato *inter vivos* ou *mortis causa*.

Mas quais são os principais direitos e deveres dos condôminos?

É o tema que enfrentaremos no próximo subtópico.

2.2. Direitos e deveres dos condôminos

A codificação civil brasileira elenca, em seus arts. 1.314 a 1.322, uma série de **direitos e deveres** dos condôminos.

Assim, por exemplo, cada condômino pode usar da coisa conforme sua destinação, sobre ela exercer todos os direitos compatíveis com a indivisão, reivindicá-la de terceiro, defender a sua posse e alhear a respectiva parte ideal, ou gravá-la.

Note-se que tais poderes são imanentes ao próprio direito de propriedade[4].

Da mesma forma, nenhum dos condôminos pode alterar a destinação da coisa comum, nem dar posse, uso ou gozo dela a estranhos, sem o consenso dos outros. Ora, se se trata de uma propriedade conjunta, a regra se justifica para que a vontade de um não prevaleça arbitrariamente sobre as dos outros.

O condômino é obrigado, na proporção de sua parte, a concorrer para as despesas de conservação ou divisão da coisa e a suportar os ônus a que estiver sujeita, presumindo-se iguais as partes ideais dos condôminos. Nessa linha, admite-se que uma "associação", pessoa jurídica de direito privado sem fins lucrativos, seja criada para administrar a coisa comum[5].

---

[4] Confira-se novamente o Capítulo VII ("Noções gerais sobre propriedade"), notadamente o tópico 4 ("Elementos constitutivos (poderes inerentes à propriedade)"), deste volume.

[5] Ação de cobrança. Legitimidade ativa. Associação. Despesas de condomínio voluntário. Inscrição indevida. Dano moral. 1 – No condomínio voluntário, a associação criada pela maioria dos condôminos para administrar a coisa comum (CC, art. 1.323) tem legitimidade para cobrar as despesas condominiais respectivas. 2 Não sendo, no entanto, administradora do condomínio, e extinta por deliberação dos associados em assembleia geral extraordinária, não pode ela exigir desses o pagamento das despesas condominiais e cobrá-las em juízo. 3 Não há dano moral se a inscrição do nome em cadastro de inadimplentes, embora feita por quem não tinha legitimidade para tanto, fora com base em débito existente. 3 – Apelação provida em parte. (TJ-DF – APC: 20140710244500, rel. JAIR SOARES, Data de Julgamento: 4-11-2015, 6.ª Turma Cível, Data de Publicação: Publicado no *DJE*: 10-11-2015, p. 325).

Sobre as associações, vale a pena relembrar:

"As associações são entidades de direito privado, formadas pela união de indivíduos com o propósito de realizarem fins não econômicos.

O Código Civil de 2002, em seu art. 53, expressamente dispõe que:

'Art. 53. Constituem-se as associações pela união de pessoas que se organizem para fins não econômicos'.

O traço peculiar às associações civis, portanto, é justamente a sua finalidade não econômica – podendo ser educacional, lúdica, profissional religiosa etc. Resulta, conforme se anotou, da união de pessoas, geralmente em grande número (os associados), e na forma estabelecida em seu ato constitutivo, denominado estatuto.

Note-se que, pelo fato de não perseguir escopo lucrativo, a associação não está impedida de gerar renda que sirva para a mantença de suas atividades e pagamento do seu quadro funcional. Pelo contrário, o que se deve observar é que, em uma associação, os seus membros não pretendem partilhar lucros ou dividendos, como ocorre entre os sócios nas sociedades civis e mercantis. A receita gerada deve ser revertida em benefício da própria associação visando à melhoria de sua atividade. Por isso, o ato constitutivo da associação (estatuto) não deve impor, entre os próprios associados, direitos e obrigações recíprocos, como aconteceria se se tratasse de um contrato social, firmado entre sócios (art. 53, parágrafo único, do CC/2002)"[6].

Portanto, vale frisar, admite-se a constituição de uma associação para administrar o bem, objeto do condomínio.

Na forma do *caput* do art. 1.316, CC/2002, pode o condômino eximir-se do pagamento das despesas e dívidas, renunciando à parte ideal.

Em tal hipótese, uma vez operada a renúncia (que, como vimos, é forma de extinção da propriedade), o codificador consagrou, ainda, duas regras supletivas nos parágrafos do mencionado dispositivo:

"§ 1.º. Se os demais condôminos assumem as despesas e as dívidas, a renúncia lhes aproveita, adquirindo a parte ideal de quem renunciou, na proporção dos pagamentos que fizerem.

§ 2.º. Se não há condômino que faça os pagamentos, a coisa comum será dividida".

É digno de nota que a partilha da quota do renunciante não se dá em virtude do quinhão do interessado, mas segundo a proporção do **pagamento efetivado para cobrir despesas e dívidas** daquele que abdica da sua fração.

Caso nenhum dos coproprietários efetue a cobertura dos débitos, a coisa comum será rateada por igual.

Quando uma dívida houver sido contraída por todos os condôminos, sem se discriminar a parte de cada um na obrigação, nem se estipular solidariedade, entende-se que cada qual se obrigou proporcionalmente ao seu quinhão na coisa comum.

Trata-se de uma regra que segue a linha geral do nosso ordenamento jurídico de que as obrigações são, em regra, fracionárias, mantendo-se a diretriz da norma fundamental constante no art. 265 do Código Civil, segundo a qual a solidariedade não se presume.

---

[6] GAGLIANO, Pablo Stolze; PAMPLONA FILHO, Rodolfo. *Novo Curso de Direito Civil*: Parte Geral. 20. ed. São Paulo: Saraiva, 2018. v. 1. p. 272-273.

Sobre a solidariedade passiva, já observamos que:

"Existe solidariedade passiva quando, em determinada obrigação, concorre uma pluralidade de devedores, cada um deles obrigado ao pagamento de toda a dívida.

Vale lembrar o exemplo *supra* apresentado: A, B e C são devedores de D. Nos termos do contrato, os devedores encontram-se coobrigados solidariamente (solidariedade passiva) a pagar ao credor a quantia de R$ 300.000,00. Assim, o credor poderá exigir de qualquer dos três devedores *toda a soma devida*, e não apenas um terço de cada um. Nada impede, outrossim, que o credor demande dois dos devedores, ou, até mesmo, todos os três, conjuntamente, cobrando-lhes toda a soma devida ou parte dela. Note, entretanto, que o devedor que pagou toda a dívida terá ação regressiva contra os demais coobrigados, para haver a quota-parte de cada um.

Nesse sentido, para a boa fixação da matéria, transcreveremos, *in verbis*, o art. 275, parágrafo único, do Código de 2002:

'Art. 275. O credor tem direito a exigir e receber de um ou de alguns dos devedores, parcial ou totalmente, a dívida comum; se o pagamento tiver sido parcial, todos os demais devedores continuam obrigados solidariamente pelo resto.

Parágrafo único. Não importará renúncia da solidariedade a propositura de ação pelo credor contra um ou alguns dos devedores'.

O que caracteriza essa modalidade de obrigação solidária é exatamente o fato de qualquer dos devedores estar obrigado ao pagamento de *toda a dívida*.

Entretanto, cumpre-nos lembrar que, se a solidariedade não houver sido prevista – por lei ou pela própria vontade das partes (art. 265 do CC/2002) –, a obrigação não poderá ser considerada, por presunção, solidária. Neste caso, se o objeto da obrigação o permitir, será considerada fracionária – é o caso do dinheiro, em que, não pactuada a solidariedade, cada devedor responderá por uma fração da dívida (1/3), segundo o exemplo dado"[7,8].

As dívidas contraídas por um dos condôminos em proveito da comunhão, e durante ela, obrigam o contratante; mas este terá ação regressiva contra os demais, o que visa a evitar o enriquecimento sem causa dos demais condôminos ou comunheiros[9].

Cada condômino responde aos outros pelos frutos que percebeu da coisa e pelo dano que lhe causou.

Nessa linha, a regra atual visa a evitar que um dos condôminos se beneficie ou se prejudique às custas dos demais.

Ressalve-se, porém, especialmente no caso da percepção dos frutos, que poderá ser ajustado, com amparo no princípio da autonomia privada, que haja condômino com mais direitos do que outros.

---

[7] Daí a extrema importância do profissional do Direito na elaboração de contratos ou outras fontes de obrigações em que haja uma pluralidade de sujeitos no polo passivo. Se o credor não exigir a inclusão da previsão de solidariedade passiva, provavelmente terá sérios problemas em uma eventual execução da avença realizada.

[8] GAGLIANO, Pablo Stolze; PAMPLONA FILHO. *Manual de Direito Civil*. 2. ed. São Paulo: Saraiva. 2018. p. 280-281.

[9] Sobre o tema, confira-se o volume 2 ("Obrigações"), notadamente o Capítulo XXVIII ("Enriquecimento sem causa e pagamento indevido"), desta coleção.

Uma importante norma de controle do sistema é estabelecida no *caput* do art. 1.320, CC/2002, ao dispor que, a todo tempo, será lícito ao condômino exigir a divisão da coisa comum, respondendo o quinhão de cada um pela sua parte nas despesas da divisão[10].

Tal diretriz foi disciplinada pelo codificador com três importantes regras nos parágrafos do referido dispositivo:

"§ 1.º Podem os condôminos acordar que fique indivisa a coisa comum por prazo não maior de cinco anos, suscetível de prorrogação ulterior;

§ 2.º Não poderá exceder de cinco anos a indivisão estabelecida pelo doador ou pelo testador;

§ 3.º A requerimento de qualquer interessado e se graves razões o aconselharem, pode o juiz determinar a divisão da coisa comum antes do prazo".

Observe-se que o regramento processual da ação de divisão, para obrigar os demais consortes a "estremar os quinhões", encontra-se nos arts. 569 a 573 e 588 a 598 do CPC/2015. Destaque-se, na disciplina processual, a possibilidade de a divisão poder ser feita por escritura pública.

Anota, sobre o tema, GISELE LEITE:

"Na ação de divisão e demarcação de terras particulares se registram poucas mudanças. E, em atenção às tendências de simplificação, celeridade e valorização do consenso (desjudicialização), o legislador infraconstitucional destacou que a demarcação e a divisão de terras particulares poderão ser realizadas por escritura pública desde que entre pessoas maiores, capazes e concordes (...)"[11].

Finalmente, o art. 1.322, tratando de condomínio de coisa indivisível, estabelece:

"Art. 1.322. Quando a coisa for indivisível, e os consortes não quiserem adjudicá-la a um só, indenizando os outros, será vendida e repartido o apurado, preferindo-se, na venda, em condições iguais de oferta, o condômino ao estranho, e entre os condôminos aquele que tiver na coisa benfeitorias mais valiosas, e, não as havendo, o de quinhão maior.

Parágrafo único. Se nenhum dos condôminos tem benfeitorias na coisa comum e participam todos do condomínio em partes iguais, realizar-se-á licitação entre estranhos e, antes de adjudicada a coisa àquele que ofereceu maior lanço, proceder-se-á à licitação entre os condôminos, a fim de que a coisa seja adjudicada a quem afinal oferecer melhor lanço, preferindo, em condições iguais, o condômino ao estranho".

Vale observar que este dispositivo está conectado à previsão constante no art. 504 do Código Civil.

"Art. 504. Não pode um condômino em coisa indivisível vender a sua parte a estranhos, se outro consorte a quiser, tanto por tanto. O condômino, a quem não se der conhecimento da venda, poderá, depositando o preço, haver para si a parte vendida a estranhos, se o requerer no prazo de cento e oitenta dias, sob pena de decadência.

---

[10] CC/2002: Art. 1.321. Aplicam-se à divisão do condomínio, no que couber, as regras de partilha de herança (arts. 2.013 a 2.022).

[11] LEITE, Gisele. Os procedimentos especiais em face do CPC/2015. *Jusbrasil*. 16 mar. 2016. Disponível em: <http://giseleleite2.jusbrasil.com.br/artigos/315054766/os-procedimentos-especiais-em-face--do-cpc-2015>. Acesso em: 9 out. 2016.

Parágrafo único. Sendo muitos os condôminos, preferirá o que tiver benfeitorias de maior valor e, na falta de benfeitorias, o de quinhão maior. Se as partes forem iguais, haverão a parte vendida os comproprietários, que a quiserem, depositando previamente o preço".

Trata-se de norma referente apenas ao *condomínio de coisa indivisível*, condicionante da faculdade de alienação, por determinar ao condômino/alienante a necessidade de conferir ao seu consorte *direito de preferência* em face da fração alienada, ou seja, o direito de prevalecer o seu interesse em adquirir o bem, se sua proposta estiver em iguais condições às dos demais interessados.

Por definição, o condomínio traduz a coexistência de vários proprietários que detêm direito real sobre a mesma coisa, havendo entre si a divisão ideal segundo suas respectivas frações.

Note-se que esse direito de preferência – que tem eficácia real – deverá ser exercido pelo condômino interessado em pé de igualdade com os terceiros que pretendam adquirir a referida quota.

Como não houve especificação do modo pelo qual se deva dar ciência aos demais consortes, entendemos que tal comunicação poderá se operar por meio de notificação judicial ou extrajudicial, assinando-se prazo de manifestação, sob pena de o silêncio do notificado ser interpretado como recusa.

Vale observar, outrossim, que a violação deste direito de preferência, diferentemente do que se opera com a cláusula especial do contrato de compra e venda (arts. 513/520), **gera eficácia real** (e, consequentemente, oponibilidade *erga omnes*), na mesma linha dos arts. 27 e 34 da Lei n. 8.245, de 18-10-1991 (Lei do Inquilinato)[12], consoante se pode observar na

---

[12] Lei n. 8.245, de 18-10-1991: "Art. 27. No caso de venda, promessa de venda, cessão ou promessa de cessão de direitos ou dação em pagamento, o locatário tem preferência para adquirir o imóvel locado, em igualdade de condições com terceiros, devendo o locador dar-lhe conhecimento do negócio mediante notificação judicial, extrajudicial ou outro meio de ciência inequívoca.

Parágrafo único. A comunicação deverá conter todas as condições do negócio e, em especial, o preço, a forma de pagamento, a existência de ônus reais, bem como o local e horário em que pode ser examinada a documentação pertinente.

Art. 28. O direito de preferência do locatário caducará se não manifestada, de maneira inequívoca, sua aceitação integral à proposta, no prazo de trinta dias.

Art. 29. Ocorrendo aceitação da proposta, pelo locatário, a posterior desistência do negócio pelo locador acarreta, a este, responsabilidade pelos prejuízos ocasionados, inclusive lucros cessantes.

Art. 30. Estando o imóvel sublocado em sua totalidade, caberá a preferência ao sublocatário e, em seguida, ao locatário. Se forem vários os sublocatários, a preferência caberá a todos, em comum, ou a qualquer deles, se um só for o interessado.

Parágrafo único. Havendo pluralidade de pretendentes, caberá a preferência ao locatário mais antigo, e, se da mesma data, ao mais idoso.

Art. 31. Em se tratando de alienação de mais de uma unidade imobiliária, o direito de preferência incidirá sobre a totalidade dos bens objeto da alienação.

Art. 32. O direito de preferência não alcança os casos de perda da propriedade ou venda por decisão judicial, permuta, doação, integralização de capital, cisão, fusão e incorporação.

Parágrafo único. Nos contratos firmados a partir de 1.º de outubro de 2001, o direito de preferência de que trata este artigo não alcançará também os casos de constituição da propriedade fiduciária e

segunda parte do *caput* do dispositivo supra transcrito ("o condômino, a quem não se der conhecimento da venda, poderá, depositando o preço, haver para si a parte vendida a estranhos, se o requerer no prazo de cento e oitenta dias, sob pena de decadência").

Trata-se de um preceito bastante adequado, dada a peculiaridade da indivisibilidade da coisa, tendo o propósito de evitar o ingresso, na comunhão, de pessoas estranhas, o que pode gerar constrangimentos evitáveis com o simples exercício do direito de preferência.

Sobre esse direito de preferência, confira-se o seguinte julgado do Superior Tribunal de Justiça:

"DIREITO CIVIL. CONDOMÍNIO. ART. 504 DO CÓDIGO CIVIL. DIREITO DE PREFERÊNCIA DOS DEMAIS CONDÔMINOS NA VENDA DE COISA INDIVISÍVEL. IMÓVEL EM ESTADO DE INDIVISÃO, MAS PASSÍVEL DE DIVISÃO. MANUTENÇÃO DO ENTENDIMENTO EXARADO PELA SEGUNDA SEÇÃO TOMADO À LUZ DO ART. 1.139 DO CÓDIGO CIVIL DE 1916.

1. O condômino que desejar alhear a fração ideal de bem em estado de indivisão, seja ele divisível ou indivisível, deverá dar preferência ao comunheiro da sua aquisição. Interpretação do art. 504 do CC/2002 em consonância com o precedente da Segunda Seção do STJ (REsp n. 489.860/SP, rel. Ministra Nancy Andrighi), exarado ainda sob a égide do CC/1916.

2. De fato, a comparação do art. 504 do CC/2002 com o antigo art. 1.139 do CC/1916 permite esclarecer que a única alteração substancial foi a relativa ao prazo decadencial, que – de seis meses – passou a ser de cento e oitenta dias e, como sabido, a contagem em meses e em dias ocorre de forma diversa; sendo que o STJ, como Corte responsável pela uniformização da interpretação da lei federal, um vez definida tese sobre determinada matéria, deve prestigiá-la, mantendo sua coesão.

3. Ademais, ao conceder o direito de preferência aos demais condôminos, pretendeu o legislador conciliar os objetivos particulares do vendedor com o intuito da comunidade de coproprietários. Certamente, a função social recomenda ser mais cômodo manter a propriedade entre os titulares originários, evitando desentendimento com a entrada de um estranho no grupo.

4. Deve-se levar em conta, ainda, o sistema jurídico como um todo, notadamente o parágrafo único do art. 1.314 do CC/2002, que veda ao condômino, sem prévia aquiescência dos outros, dar posse, uso ou gozo da propriedade a estranhos (que são um *minus* em relação à transferência de propriedade), somado ao art. 504 do mesmo diploma, que

---

de perda da propriedade ou venda por quaisquer formas de realização de garantia, inclusive mediante leilão extrajudicial, devendo essa condição constar expressamente em cláusula contratual específica, destacando-se das demais por sua apresentação gráfica. [*Incluído pela Lei n. 10.931, de 2004*]

Art. 33. O locatário preterido no seu direito de preferência poderá reclamar do alienante as perdas e danos ou, depositando o preço e demais despesas do ato de transferência, haver para si o imóvel locado, se o requerer no prazo de seis meses, a contar do registro do ato no cartório de imóveis, desde que o contrato de locação esteja averbado pelo menos trinta dias antes da alienação junto à matrícula do imóvel.

Parágrafo único. A averbação far-se-á à vista de qualquer das vias do contrato de locação desde que subscrito também por duas testemunhas.

Art. 34. Havendo condomínio no imóvel, a preferência do condômino terá prioridade sobre a do locatário".

proíbe que o condômino em coisa indivisível venda a sua parte a estranhos, se outro consorte a quiser, tanto por tanto.

5. Não se pode olvidar que, muitas vezes, na prática, mostra-se extremamente difícil a prova da indivisibilidade. Precedente: REsp 9.934/SP, Rel. Ministro Sálvio de Figueiredo Teixeira, Quarta Turma.

6. Na hipótese, como o próprio acórdão reconhece que o imóvel *sub judice* se encontra em estado de indivisão, apesar de ser ele divisível, há de se reconhecer o direito de preferência do condômino que pretenda adquirir o quinhão do comunheiro, uma vez preenchidos os demais requisitos legais.

7. Recurso especial provido".

(STJ, RECURSO ESPECIAL N. 1.207.129 – MG (2010/0146409-9), rel.: Min. LUIS FELIPE SALOMÃO, Data do Julgamento: 16-6-2015)

Sistematizando a norma insculpida no já transcrito art. 1.322, podemos afirmar que, caso concorra mais de um condômino interessado, as seguintes regras deverão ser observadas:

a) preferirá o que tiver benfeitorias de maior valor;

b) na falta de benfeitorias, o condômino de quinhão maior;

c) se as partes forem iguais, terão direito à parte vendida os comproprietários, que a quiserem, depositando previamente o preço.

Parece-nos a melhor diretriz para evitar maiores conflitos entre os titulares do bem em condomínio.

3. CONDOMÍNIO NECESSÁRIO

No item anterior, estudamos uma forma de condomínio que resulta de um ajuste de vontades, à luz da autonomia privada das próprias partes.

Sucede que ainda há uma especial forma de copropriedade, decorrente não da manifestação volitiva dos envolvidos, mas da própria lei: o **condomínio necessário** (arts. 1.327 a 1.330, CC/2002).

Trata-se de uma modalidade forçada ou compulsória de compartilhamento da propriedade, que tem por objeto a meação de paredes, cercas, muros e valas, aos quais, por força do art. 1.327, se aplicam as normas dos arts. 1.297 e 1.298 (disciplinadoras dos limites entre prédios e do direito de tapagem) e dos arts. 1.304 a 1.307 (referentes ao direito de construir) do Código Civil de 2002[13].

Nessa linha, estabelece o art. 1.328, CC/2002:

"Art. 1.328. O proprietário que tiver direito a delimitar um imóvel com paredes, cercas, muros, valas ou valados, tê-lo-á igualmente a adquirir meação na parede, muro, valado ou cerca do vizinho, embolsando-lhe metade do que atualmente valer a obra e o terreno por ela ocupado (art. 1.297)".

Para evitar o prolongamento de um eventual litígio, não convindo os dois no preço da obra, será este arbitrado por peritos, a expensas de ambos os confinantes (art. 1.329).

Claro que propugnar por uma solução arbitral é algo que pode ser recomendado, mas não deve ser encarado como uma única via obrigatória de solução, sob pena de se violar o

---

[13] Para rememorar a matéria, confira-se o Capítulo XX ("Direitos de vizinhança") deste volume.

princípio da inafastabilidade da jurisdição, previsto no art. 5.º, XXXV ("a lei não excluirá da apreciação do Poder Judiciário lesão ou ameaça a direito"), da Constituição Federal de 1988.

Dispõe, ainda, o art. 1.330 que, qualquer que seja o valor da meação, enquanto aquele que pretender a divisão não o pagar ou depositar, nenhum uso poderá fazer na parede, muro, vala, cerca ou qualquer outra obra divisória.

Complementa, ainda, MARIA HELENA DINIZ, afirmando que:

"(...) com base nos arts. 1.307 e 1.314, tem-se entendido que o condômino de muro divisório pode alteá-lo como quiser, sem anuência do outro consorte ou até contra a vontade deste, mesmo se for necessário reconstruí-lo para suportar o alheamento, arcando com todas as despesas, inclusive de conservação. Arcará com metade das despesas, se o vizinho vier a adquirir a meação também na parte aumentada"[14].

Finalmente, especial situação de **condomínio necessário** opera-se em face da herança[15], enquanto não ultimada a partilha, uma vez que os herdeiros são considerados, por força de lei, titulares de uma fração ideal do monte-mor.

Sobre o tema, já decidiu o Superior Tribunal de Justiça:

"DIREITO CIVIL E PROCESSUAL CIVIL. RECURSO ESPECIAL. OMISSÃO, CONTRADIÇÃO OU OBSCURIDADE. INEXISTÊNCIA. COBRANÇA DE DÍVIDA DIVISÍVEL DO AUTOR DA HERANÇA. EXECUÇÃO MANEJADA APÓS A PARTILHA. ULTIMADA A PARTILHA, CADA HERDEIRO RESPONDE PELAS DÍVIDAS DO FALECIDO NA PROPORÇÃO DA PARTE QUE LHE COUBE NA HERANÇA, E NÃO NECESSARIAMENTE NO LIMITE DE SEU QUINHÃO HEREDITÁRIO. ADOÇÃO DE CONDUTA CONTRADITÓRIA PELA PARTE. INADMISSIBILIDADE.

1. Com a abertura da sucessão, há a formação de um condomínio necessário, que somente é dissolvido com a partilha, estabelecendo o quinhão hereditário de cada beneficiário, no tocante ao acervo transmitido.

2. A herança é constituída pelo acervo patrimonial e dívidas (obrigações) deixadas por seu autor. Aos credores do autor da herança, é facultada, antes da partilha dos bens transmitidos, a habilitação de seus créditos no juízo do inventário ou o ajuizamento de ação em face do espólio.

3. Ultimada a partilha, o acervo outrora indiviso, constituído pelos bens que pertenciam ao *de cujus*, transmitidos com o seu falecimento, estará discriminado e especificado, de modo que só caberá ação em face dos beneficiários da herança, que, em todo caso, responderão até o limite de seus quinhões.

4. A teor do art. 1.997, *caput*, do CC c/c o art. 597 do CPC [correspondente ao art. 796 do novo CPC], feita a partilha, cada herdeiro responde pelas dívidas do falecido dentro das forças da herança e na proporção da parte que lhe coube, e não necessariamente no limite de seu quinhão hereditário. Dessarte, após a partilha, não há cogitar em solidariedade entre os herdeiros de dívidas divisíveis, por isso caberá ao credor executar os her-

---

[14] DINIZ, Maria Helena. Op. cit. p. 265.

[15] CC/2002:

Art. 1.791. A herança defere-se como um todo unitário, ainda que vários sejam os herdeiros.

Parágrafo único. Até a partilha, o direito dos coerdeiros, quanto à propriedade e posse da herança, será indivisível, e regular-se-á pelas normas relativas ao condomínio.

deiros *pro rata*, observando a proporção da parte que coube (quinhão), no tocante ao acervo partilhado.

5. Recurso especial não provido".

(STJ, REsp 1.367.942/SP, rel. Min. LUIS FELIPE SALOMÃO, QUARTA TURMA, julgado em 21-5-2015, *DJe* 11-6-2015) (grifamos)

E é interessante salientar que este condomínio necessário, entre os herdeiros, até que se ultime a partilha, opera-se imediatamente com a morte do sucedido, por força do princípio da *saisine:*

> "Falecendo o autor da herança, forma-se, em abstrato, uma massa patrimonial cuja titularidade, do ponto de vista ideal, por força do Princípio da *Saisine*, passa aos herdeiros, ainda que não se conheça quem eles sejam (e nem mesmo eles saibam que são os sucessores).
>
> Assim, preceitua o art. 1.791 do CC/2002:
>
> 'Art. 1.791. A herança defere-se como um todo unitário, ainda que vários sejam os herdeiros.
>
> Parágrafo único. Até a partilha, o direito dos coerdeiros, quanto à propriedade e posse da herança, será indivisível, e regular-se-á pelas normas relativas ao condomínio'.
>
> Dessa forma, com a abertura da sucessão, tem-se a transferência automática da titularidade da massa patrimonial, na expressão codificada, 'como um todo unitário', independentemente da manifestação de aceitação (ou eventual renúncia) desse(s) novo(s) titular(es)"[16].

Feitas tais considerações, passemos à modalidade socialmente mais relevante de condomínio.

4. CONDOMÍNIO EDILÍCIO

O fenômeno da urbanização, com o crescimento das cidades e edificações que "arranham os céus" no lugar das antigas moradas exclusivas de uma única família, tem feito proliferar a figura do condomínio edilício.

Nos próximos subtópicos, traçaremos um panorama com uma visão fundamental e abrangente do tema.

4.1. Conceito e estrutura jurídica

De maneira didática, CAMILO COLANI apresenta o conceito de condomínio edilício (condomínio em edificações ou condomínio horizontal), cuidando de diferenciá-lo do condomínio comum:

> "É comum serem confundidos os institutos do condomínio geral e do condomínio edilício. Pode-se dizer, de maneira simples, que um (condomínio edilício) é espécie do outro (condomínio geral). Condomínio geral se caracteriza pelo fato de existirem, simultaneamente, dois (ou mais) direitos de propriedade incidindo sobre um mesmo bem, móvel ou imóvel. Como forma de ilustração, basta dar o seguinte exemplo: 2 irmãos, não tendo dinheiro para

---

[16] GAGLIANO, Pablo Stolze; PAMPLONA FILHO, Rodolfo. *Novo Curso de Direito Civil*: Direito das Sucessões. 5. ed. São Paulo: Saraiva, 2018. v. 7. p. 89-90.

comprar 2 veículos (um para cada), se cotizam e adquirem um só para ambos. Ou seja, ambos são condôminos do carro; e não, como muitos pensam, sócios de um carro. Condomínio não é sociedade, condôminos não são sócios. O primeiro instituto (condomínio) é próprio dos direitos reais (previsto nos artigos 1.314 a 1.330 do Código Civil; já o segundo (sociedade) é típico do direito empresarial (ver arts. 981 e segs. do Código Civil). O condomínio edilício, por sua vez, refere-se exclusivamente aos imóveis onde coexistem partes comuns e partes exclusivas, por exemplo: num edifício residencial, o apartamento é propriedade exclusiva e partes como elevadores, piscinas, portaria etc., são partes comuns, sendo que cada condômino é dono de seu apartamento mais uma fração ideal nas partes comuns"[17].

Nessa linha, dispõe o Código Civil[18]:

"Art. 1.331. Pode haver, em edificações, partes que são propriedade exclusiva, e partes que são propriedade comum dos condôminos.

§ 1.º As partes suscetíveis de utilização independente, tais como apartamentos, escritórios, salas, lojas e sobrelojas, com as respectivas frações ideais no solo e nas outras partes comuns, sujeitam-se a propriedade exclusiva, podendo ser alienadas e gravadas livremente por seus proprietários, exceto os abrigos para veículos, que não poderão ser alienados ou alugados a pessoas estranhas ao condomínio, salvo autorização expressa na convenção de condomínio.

§ 2.º O solo, a estrutura do prédio, o telhado, a rede geral de distribuição de água, esgoto, gás e eletricidade, a calefação e refrigeração centrais, e as demais partes comuns, inclusive o acesso ao logradouro público, são utilizados em comum pelos condôminos, não podendo ser alienados separadamente, ou divididos.

§ 3.º A cada unidade imobiliária caberá, como parte inseparável, uma fração ideal no solo e nas outras partes comuns, que será identificada em forma decimal ou ordinária no instrumento de instituição do condomínio.

§ 4.º Nenhuma unidade imobiliária pode ser privada do acesso ao logradouro público.

§ 5.º O terraço de cobertura é parte comum[19], salvo disposição contrária da escritura de constituição do condomínio".

É forçoso convir, portanto, que o condomínio edilício é instituto socialmente bastante difundido no Brasil, por conta dos inúmeros edifícios de apartamentos existentes.

---

[17] COLANI, Camilo. Condomínio geral e condomínio edilício. *Jusbrasil*. 10 ago. 2015. Disponível em: <http://camilocolani.jusbrasil.com.br/artigos/218041919/condominio-geral-e-condominio-edilicio>. Acesso em: 12 out. 2016.

[18] Merece referência a Lei n. 4.591 de 1964, que disciplinou o "condomínio em edificações e as incorporações imobiliárias". Como sabemos, o Código Civil abarcou o tratamento jurídico desses condomínios, de maneira que o interesse maior neste diploma toca às incorporações. No dizer de SÍLVIO VENOSA: "O novo Código Civil passa a disciplinar integralmente o condomínio edilício, revogando essa matéria na Lei n. 4.591/64, a qual trata também das incorporações, cujos dispositivos continuarão em vigor" (O condomínio edilício no Novo Código Civil. *Migalhas*. 6 jan. 2003. Disponível em: <http://www.migalhas.com.br/dePeso/16,MI912,101048-O+condominio+edilicio+no+novo+Codigo+Civil>. Acesso em: 12 out. 2016).

[19] Sobre o "terraço da cobertura", o art. 1.344, CC/2002, estabelece que ao "proprietário do terraço de cobertura incumbem as despesas da sua conservação, de modo que não haja danos às unidades imobiliárias inferiores". Pensamos que, nesse caso, a responsabilidade é do seu titular, quando haja sido reconhecida, no ato de constituição do condomínio, propriedade exclusiva sobre esta parte da edificação.

Em nosso sentir, tem natureza de **ente despersonificado**, embora haja polêmica em torno do tema.

Se cotejarmos os arts. 44 e 45 do Código, constataremos que a sua natureza é própria e peculiar, não sendo viável colocá-lo no mesmo plano de uma sociedade ou de uma associação, típicas pessoas jurídicas de Direito Privado.

A existência de Projeto de Lei – que não vingou (PL 80/2011) – para lhe conferir personalidade reforça a tese de que se trata de um ente despersonificado.

Mas a matéria, como dito, é polêmica, conforme se observa na leitura do Enunciado n. 246 da III Jornada de Direito Civil[20].

Reforçando o nosso posicionamento, colacionamos julgado do STJ que reafirma a natureza despersonificada do condomínio, apenas considerado pessoa jurídica, por ficção, para efeitos tributários:

"TRIBUTÁRIO. CONDOMÍNIOS EDILÍCIOS. PERSONALIDADE JURÍDICA PARA FINS DE ADESÃO À PROGRAMA DE PARCELAMENTO. REFIS. POSSIBILIDADE. 1. Cinge-se a controvérsia em saber se condomínio edilício é considerado pessoa jurídica para fins de adesão ao REFIS. 2. Consoante o art. 11 da Instrução Normativa RFB 568/2005, os condomínios estão obrigados a inscrever-se no CNPJ. A seu turno, a Instrução Normativa RFB 971, de 13 de novembro de 2009, prevê, em seu art. 3.º, § 4.º, III, que os condomínios são considerados empresas – para fins de cumprimento de obrigações previdenciárias. 3. Se os condomínios são considerados pessoas jurídicas para fins tributários, não há como negar-lhes o direito de aderir ao programa de parcelamento instituído pela Receita Federal. 4. Embora o Código Civil de 2002 não atribua ao condomínio a forma de pessoa jurídica, a jurisprudência do STJ tem-lhe imputado referida personalidade jurídica, para fins tributários. Essa conclusão encontra apoio em ambas as Turmas de Direito Público: REsp 411.832/RS, rel. Min. Francisco Falcão, Primeira Turma, julgado em 18-10-2005, *DJ* 19-12-2005; REsp 1.064.455/SP, rel. Min. Castro Meira, Segunda Turma, julgado em 19-8-2008, *DJe* 11-9-2008. Recurso especial improvido". (REsp 1.256.912/AL, rel. Min. HUMBERTO MARTINS, SEGUNDA TURMA, julgado em 7-2-2012, *DJe* 132-2012).

E como se dá a sua criação?

Segundo o art. 1.332, CC/2002, *institui-se o condomínio edilício, por ato entre vivos ou testamento, registrado no Cartório de Registro de Imóveis, devendo constar daquele ato, além do disposto em lei especial*:

a) discriminação e individualização das unidades de propriedade exclusiva, estremadas uma das outras e das partes comuns;

b) a determinação da fração ideal atribuída a cada unidade, relativamente ao terreno e partes comuns;

c) o fim a que as unidades se destinam.

Neste ponto, surge uma importante figura jurídica: a **convenção do condomínio**.

---

[20] Enunciado n. 246, III JDC: Fica alterado o Enunciado n. 90, com supressão da parte final: "nas relações jurídicas inerentes às atividades de seu peculiar interesse". Prevalece o texto: "Deve ser reconhecida personalidade jurídica ao condomínio edilício".

"No que concerne à convenção de condomínio", observa FLÁVIO TARTUCE, "essa constitui o estatuto coletivo que regula o interesse das partes, havendo um típico negócio jurídico decorrente do exercício da autonomia privada"[21].

Cuida-se, pois, de **um ato normativo estruturante de grande relevância**[22].

E, aqui, é importante passar em revista dois dispositivos do Código:

"Art. 1.333. A convenção que constitui o condomínio edilício deve ser subscrita pelos titulares de, no mínimo, dois terços das frações ideais e torna-se, desde logo, obrigatória para os titulares de direito sobre as unidades, ou para quantos sobre elas tenham posse ou detenção.

Parágrafo único. Para ser oponível contra terceiros, a convenção do condomínio deverá ser registrada no Cartório de Registro de Imóveis.

Art. 1.334. Além das cláusulas referidas no art. 1.332 e das que os interessados houverem por bem estipular, a convenção determinará:

I – a quota proporcional e o modo de pagamento das contribuições dos condôminos para atender às despesas ordinárias e extraordinárias do condomínio;

II – sua forma de administração;

III – a competência das assembleias, forma de sua convocação e *quorum* exigido para as deliberações;

IV – as sanções a que estão sujeitos os condôminos, ou possuidores;

V – o regimento interno.

§ 1.º A convenção poderá ser feita por escritura pública ou por instrumento particular.

§ 2.º São equiparados aos proprietários, para os fins deste artigo, salvo disposição em contrário, os promitentes compradores e os cessionários de direitos relativos às unidades autônomas".

No que toca à eficácia em face de terceiros (oponibilidade *erga omnes*), o parágrafo único do art. 1.333 exige o registro no Cartório de Imóveis. Todavia, para que a convenção produza efeitos jurídicos entre os próprios condôminos, é dispensável o registro, de acordo com o entendimento sumulado do STJ:

"Súmula 260. A convenção de condomínio aprovada, ainda que sem registro, é eficaz para regular as relações entre os condôminos".

Como a convenção é um negócio jurídico plurilateral, decorrente da manifestação de vontade dos próprios condôminos, produz efeitos automaticamente *inter partes*, sendo, o registro, uma formalidade necessária para a produção de efeitos perante terceiros.

E aqui merece transcrição a lição de SÍLVIO VENOSA, quando traça a distinção necessária entre a **"convenção"** e o **"regimento"** do condomínio:

"A convenção do condomínio funciona como regra fundamental da vida condominial. Um dos problemas que mais afetam a vida em comunhão é o comportamento anormal

---

[21] TARTUCE, Flávio. Op. cit. p. 996.

[22] Observe o quórum para alteração de uma convenção: "Art. 1.351. Depende da aprovação de 2/3 (dois terços) dos votos dos condôminos a alteração da convenção; a mudança da destinação do edifício, ou da unidade imobiliária, depende da aprovação pela unanimidade dos condôminos".

ou inconveniente do condômino ou possuidor da unidade autônoma. Tendo em vista o rumo que as questões condominiais têm tomado, bem como o sistema de penalidades trazido pelo novo código, é importante que na convenção sejam estabelecidas as sanções a que estarão sujeitos os transgressores das regras condominiais, bem como o procedimento para sua imposição, este, mais apropriadamente, constante do regulamento. Há um micro-universo em um condomínio, que toma o vulto de uma aglomeração urbana. Tudo o que não é essencial à constituição e funcionamento do condomínio, mas de cunho circunstancial e mutável, deve ser relegado para o regimento (ou regulamento) interno. Por isso, é conveniente que esse regimento seja estabelecido à parte, e não juntamente com a convenção. O regimento está para a convenção como o regulamento administrativo está para a lei. Deve completar a convenção, regulamentá-la, sem com ela conflitar. Ocorrendo conflito, deve prevalecer a convenção.

Ao regulamento é conveniente que se releguem normas disciplinadoras de uso e funcionamento do edifício. Lembre-se de que o regulamento também é fruto de deliberação coletiva, sendo igualmente ato normativo"[23].

Nesse contexto, é fácil concluir que, no condomínio edilício, os seus partícipes têm direitos e deveres que deverão ser devidamente observados para a boa e harmônica convivência social.

Segundo CAIO MÁRIO DA SILVA PEREIRA:

"A cada apartamento ou unidade autônoma deve corresponder uma fração ideal no condomínio sobre o terreno e partes comuns do edifício. Isto é fundamental no regime da propriedade horizontal, já que resulta esta da fusão indissociável da propriedade exclusiva do apartamento com o condomínio daquelas coisas. Entretanto, não fica aí o interesse nesta apuração. É de lei que cada um dos comunheiros deve concorrer nas despesas de condomínio; deve participar no rateio do prêmio do seguro; deve contribuir com sua quota-parte no orçamento das repartições do prédio; e, em caso de desapropriação do edifício ou de sua destruição por incêndio ou outro risco segurado, compartilhará do *quantum* em que a coisa fica sub-rogada (...)"[24].

Finalizando este tópico, indagamos **se é possível a constituição de um condomínio edilício com apenas um titular da propriedade**.

Responde-nos MARCO AURÉLIO BEZERRA DE MELO[25]:

"No âmbito da lógica, a negativa se impõe, pois a figura jurídica do condomínio edilício pressupõe a existência de uma pluralidade de titulares das unidades autônomas (...). Atento a essa polêmica e enfrentando dificuldades no exercício do seu mister de assessor jurídico de várias empresas de incorporação imobiliária, o ilustre causídico Dr. Melhim Namem Chalhub teve ocasião de encaminhar na V Jornada de Direito Civil do CJF/STJ proposta de enunciado que acabou aprovada com o número 504, vazada nos seguintes termos:

---

[23] VENOSA, Sílvio. O condomínio edilício no Novo Código Civil. *Migalhas*. 6 jan. 2003. Disponível em: <http://www.migalhas.com.br/dePeso/16,MI912,101048-O+condominio+edilicio+no+novo+Codigo+Civil>. Acesso em: 12 out. 2016.

[24] PEREIRA, Caio Mário. *Condomínio e incorporações*. 12. ed. Rio de Janeiro: Forense, 2016. p. 69.

[25] MELO, Marco Aurélio Bezerra de. Questões polêmicas sobre o condomínio edilício. In: SALOMÃO, Luiz Felipe e TARTUCE, Flávio (Coord.). *Direito Civil*: diálogos entre a doutrina e a jurisprudência. São Paulo: Atlas, 2018. p. 567-568.

'A escritura declaratória de instituição e convenção firmada pelo titular único de edificação composta por unidades autônomas é título hábil para registro da propriedade horizontal no competente registro de imóveis, nos termos dos arts. 1.332 a 1.334 do Código Civil'".

De fato, como bem anotado pelo Professor BEZERRA DE MELO, razões jurídico-econômicas justificam o reconhecimento dessa peculiar situação fática.

Passemos, pois, em revista, no próximo subtópico, os principais direitos e deveres dos condôminos no condomínio edilício.

4.2. Direitos e deveres dos condôminos

Viver em sociedade não é fácil.

O exercício da nossa liberdade pressupõe, naturalmente, limites.

O mesmo se dá, com matizes até mais intensos, no âmbito das relações condominiais.

Por isso, é de grande importância compreendermos os direitos e deveres conferidos por lei a cada condômino.

Nesse diapasão, a teor do art. 1.335, CC/2002, são **direitos** do condômino:

a) usar, fruir e livremente dispor das suas unidades[26];

b) usar das partes comuns, conforme a sua destinação, e contanto que não exclua a utilização dos demais compossuidores;

c) votar nas deliberações da assembleia e delas participar, estando quite.

Como dito, é indiscutível que tais direitos – posto emanem da própria autonomia privada projetada no direito de propriedade – são limitados, devendo respeitar a esfera jurídica do outro coproprietário e, por óbvio, em perspectiva mais ampla, o preponderante interesse social.

Nessa última perspectiva, por exemplo, não pode o condômino, sob pena de desvirtuar a finalidade da sua propriedade, exercer a faculdade de uso do imóvel violando normas ambientais.

E um interessante aspecto deve também ser salientado.

Segundo CAIO MÁRIO DA SILVA PEREIRA,

> "A laje de cobertura do último pavimento é o teto do edifício, da mesma forma que o muro lateral não é uma parede do apartamento, mas do próprio prédio, e, como tal, constitui e deve constituir sempre uma parte comum a todos os consortes. Não é possível dissociar o último andar do conjunto do prédio, pois este constitui um todo uno e indivisível. Não pode haver prédio sem teto, que, portanto, serve ao edifício inteiro, e não ao pavimento que lhe está imediatamente sotoposto"[27].

---

[26] Sobre a convivência com os animais domésticos, pensamos que se trata de um direito plenamente exercitável, desde que não haja risco à segurança e à saúde de terceiros. Nessa linha, merece referência o Enunciado n. 566 da VI Jornada de Direito Civil, que conduz a uma interpretação razoável de eventual cláusula convencional proibitiva: "A cláusula convencional que restringe a permanência de animais em unidades autônomas residenciais deve ser valorada à luz dos parâmetros legais de sossego, insalubridade e periculosidade". Nessa linha, justifica-se, por exemplo, a proibição de um animal selvagem perigoso em um apartamento.

[27] PEREIRA, Caio Mário da Silva. Op. cit. p. 123.

E o que dizer dos **deveres** impostos aos coproprietários?

Conforme o art. 1.336, CC/2002, são deveres do condômino:

a) contribuir para as despesas do condomínio na proporção das suas frações ideais, salvo disposição em contrário na convenção;

b) não realizar obras que comprometam a segurança da edificação;

c) não alterar a forma e a cor da fachada, das partes e esquadrias externas;

d) dar às suas partes a mesma destinação que tem a edificação, e não as utilizar de maneira prejudicial ao sossego, salubridade e segurança dos possuidores, ou aos bons costumes.

Sobre a alteração de fachada, assunto sempre delicado em assembleias condominiais, já decidiu o Superior Tribunal de Justiça:

"RECURSO ESPECIAL. CIVIL. CONDOMÍNIO EDILÍCIO. ALTERAÇÃO DE FACHADA. ESQUADRIAS EXTERNAS. COR DIVERSA DA ORIGINAL. ART. 1.336, III, DO CÓDIGO CIVIL. ART. 10 DA LEI N. 4.591/1964. VIOLAÇÃO CARACTERIZADA. ANUÊNCIA DA INTEGRALIDADE DOS CONDÔMINOS. REQUISITO NÃO CUMPRIDO. DESFAZIMENTO DA OBRA.

1. Cuida-se de ação ajuizada contra condômino para desfazimento de obra que alterou a fachada de edifício residencial, modificando as cores originais das esquadrias (de preto para branco).

2. A instância ordinária admitiu a modificação da fachada pelo fato de ser pouco perceptível a partir da vista da rua e por não acarretar prejuízo direto no valor dos demais imóveis do condomínio.

3. Os arts. 1.336, III, do Código Civil e 10 da Lei n. 4.591/1964 traçam critérios objetivos bastante claros a respeito de alterações na fachada de condomínios edilícios, os quais devem ser observados por todos os condôminos indistintamente.

4. É possível a modificação de fachada desde que autorizada pela unanimidade dos condôminos (art. 10, § 2.º, da Lei n. 4.591/1946). Requisito não cumprido na hipótese.

5. Fachada não é somente aquilo que pode ser visualizado do térreo, mas compreende todas as faces de um imóvel: frontal ou principal (voltada para rua), laterais e posterior.

6. Admitir que apenas as alterações visíveis do térreo possam caracterizar alteração da fachada, passível de desfazimento, poderia firmar o entendimento de que, em arranha-céus, os moradores dos andares superiores, quase que invisíveis da rua, não estariam sujeitos ao regramento em análise.

7. A mudança na cor original das esquadrias externas, fora do padrão arquitetônico do edifício e não autorizada pela unanimidade dos condôminos, caracteriza alteração de fachada, passível de desfazimento, por ofensa aos arts. 1.336, III, do Código Civil e 10 da Lei n. 4.591/1964.

8. Recurso especial provido".

(STJ, REsp 1.483.733/RJ, rel. Min. RICARDO VILLAS BÔAS CUEVA, TERCEIRA TURMA, julgado em 25-8-2015, *DJe* 1.º-9-2015)

O Superior Tribunal de Justiça, em outro julgado, decidiu que, fixada a finalidade residencial de um condomínio, não pode o condômino utilizar o imóvel para "hospedagem de terceiro", mediante aplicativo ou plataforma digital, como o Airbnb:

"Para o colegiado, o sistema de reserva de imóveis pela plataforma digital é caracterizado como uma espécie de contrato atípico de hospedagem – distinto da locação por temporada e da hospedagem oferecida por empreendimentos hoteleiros, que possuem regulamentações específicas.

Segundo a turma, havendo previsão expressa de destinação residencial das unidades do condomínio, será impossível a sua utilização para a atividade de hospedagem remunerada"[28].

A contribuição de cada condômino deve observar a proporção das suas frações ideais[29].

Vale destacar que, não pagando o condômino a sua contribuição, ficará sujeito, na forma do § 1.º do mencionado art. 1.336 do CC/2002, "à correção monetária e aos juros moratórios convencionados ou, não sendo previstos, aos juros estabelecidos no art. 406 deste Código, bem como à multa de até 2% (dois por cento) sobre o débito".

O § 2.º do art. 1.336, CC/2002, por sua vez, estabelece multa para situações diversas do inadimplemento:

"§ 2.º O condômino, que não cumprir qualquer dos deveres estabelecidos nos incisos II a IV, pagará a multa prevista no ato constitutivo ou na convenção, não podendo ela ser superior a cinco vezes o valor de suas contribuições mensais, independentemente das perdas e danos que se apurarem; não havendo disposição expressa, caberá à assembleia geral, por dois terços no mínimo dos condôminos restantes, deliberar sobre a cobrança da multa".

Ainda no âmbito das contribuições econômicas devidas ao condomínio, admitem-se eventuais descontos por pagamentos antecipados, uma vez que estes últimos se caracterizam como um benefício aos que adimplem suas obrigações com assiduidade e pontualidade[30].

---

[28] Fonte: <https://www.stj.jus.br/sites/portalp/Paginas/Comunicacao/Noticias/20042021-Condominios--residenciais-podem-impedir-uso-de-imoveis-para-locacao-pelo-Airbnb—decide-Quarta-Turma.aspx>. Acesso em 2 out. 2021. Sobre o tema, cf. o item 6, do Capítulo XIX "Locação de Coisas" do volume 4 desta coleção.

[29] Esclarecendo polêmica sobre o tema, vale a pena ler interessante artigo disponibilizado no Jusbrasil (publicado por Alem e Rocha): <https://alemerochaadv.jusbrasil.com.br/noticias/464872277/rateio-de-taxas-condominiais-por-fracao-ideal?ref=topic_feed>. Acesso em: 7 mar. 2018.

[30] "CIVIL E PROCESSO CIVIL. AÇÃO DE COBRANÇA. TAXAS CONDOMINIAIS. APROVAÇÃO EM CONVENÇÃO DE CONDOMÍNIO. SUJEIÇÃO DO CONDÔMINO AOS VALORES ESTIPULADOS. TAXAS EXTRAS DEVIDAMENTE ESTABELECIDAS. LOTE LOCALIZADO EM ÁREA DE PROTEÇÃO AMBIENTAL. MULTA. DESCONTO DE PONTUALIDADE. 1. As alegações dos Apelantes no sentido de que não podem usufruir de forma plena dos terrenos, por estarem localizada em área de proteção ambiental são inócuas para retirar a legalidade da cobrança das cotas condominiais. Ademais, qualquer discussão alusiva a eventual responsabilidade do condomínio na diminuição da área de um dos lotes, não cabe nos autos de cobrança, de rito sumário, em que se objetiva o recebimento das taxas de outro lote dos Réus. 2. Evidenciado que a incidência das taxas condominiais e taxas extras possuem esteio tanto na Convenção do Condomínio quanto nas deliberações regularmente aprovadas em assembleias pelos condôminos, a unidade autônoma está sujeita ao cumprimento das obrigações estipuladas internamente, em razão do *pacta sunt servanda* e da permissão contida no artigo 12 da Lei 4.591/64. Súmula 260 do STJ. 3. <u>A cobrança da multa, além de se encontrar em conformidade com o estabelecido em convenção condominial, não se confunde com o desconto de pontualidade, eis que este não representa uma punição aos inadimplentes, mas sim um estímulo e uma benesse aos que pagam em dia</u>. 4. Recurso não provido" (TJ-DF, 4.ª Turma Cível, Apelação Cível APC 20110110910115 (TJ-DF), rel.: Cruz Macedo, Data de Julgamento: 24-2-2016, Data de Publicação: 30-3-2016). (grifamos)

Complementando esse plexo de direitos e deveres, confiram-se, ainda, os arts. 1.338 a 1.340, do Código Civil:

> "Art. 1.338. Resolvendo o condômino alugar área no abrigo para veículos, preferir-se-á, em condições iguais, qualquer dos condôminos a estranhos, e, entre todos, os possuidores.
>
> Art. 1.339. Os direitos de cada condômino às partes comuns são inseparáveis de sua propriedade exclusiva; são também inseparáveis das frações ideais correspondentes as unidades imobiliárias, com as suas partes acessórias.
>
> § 1.º Nos casos deste artigo é proibido alienar ou gravar os bens em separado.
>
> § 2.º É permitido ao condômino alienar parte acessória de sua unidade imobiliária a outro condômino, só podendo fazê-lo a terceiro se essa faculdade constar do ato constitutivo do condomínio, e se a ela não se opuser a respectiva assembleia geral.
>
> Art. 1.340. As despesas relativas a partes comuns de uso exclusivo de um condômino, ou de alguns deles, incumbem a quem delas se serve".

Aspecto digno de nota é no sentido de que, embora, em primeiro plano, o condomínio responda por suas dívidas, eventualmente a responsabilidade poderá recair sobre os próprios condôminos, segundo já entendeu o STJ:

> "RECURSO ESPECIAL. PROCESSUAL CIVIL. EXECUÇÃO CONTRA CONDOMÍNIO EDILÍCIO. REDIRECIONAMENTO CONTRA OS CONDÔMINOS. POSSIBILIDADE EM TESE. DOUTRINA. PRECEDENTE. CASO CONCRETO. PENHORA DE CRÉDITOS. OPÇÃO PELA MEDIDA MENOS GRAVOSA.
>
> 1. Controvérsia acerca da possibilidade de redirecionamento contra os condôminos de uma execução ajuizada por credor do condomínio horizontal.
>
> 2. Distinção entre condomínio horizontal e pessoa jurídica. Voto divergente no tópico de um dos integrantes da Terceira Turma.
>
> 3. Desnecessidade de aplicação da teoria da desconsideração da personalidade jurídica aos condomínios.
>
> 4. Possibilidade de redirecionamento da execução em relação aos condôminos após esgotadas as tentativas de constrição de bens do condomínio, em respeito ao princípio da menor onerosidade para o devedor.
>
> 5. Hipótese em que houve penhora de créditos, mas não se esgotaram as possibilidades de realização desses créditos em favor do exequente.
>
> 6. Redirecionamento da execução descabido no caso concreto.
>
> 7. RECURSO ESPECIAL DESPROVIDO".
>
> (REsp 1.486.478/PR, rel. Min. PAULO DE TARSO SANSEVERINO, TERCEIRA TURMA, julgado em 5-4-2016, *DJe* 28-4-2016)

Por fim, salientamos a importância da obrigação econômica que cada condômino tem em face do condomínio.

Observe-se que o pagamento da **taxa condominial** – que tem natureza jurídica de **obrigação *propter rem***[31] – é de grande relevância, pois visa a garantir a continuidade da própria relação condominial[32].

---

[31] Sobre o tema, confira-se o volume 2 ("Obrigações") desta coleção.

[32] "Art. 1.345. O adquirente de unidade responde pelos débitos do alienante, em relação ao condomínio, inclusive multas e juros moratórios."

Sobre o prazo para se formular pretensão de cobrança de taxa de condomínio, decidiu o STJ, no REsp repetitivo 1.483.930/DF, ser de 5 anos:

"RECURSO ESPECIAL REPRESENTATIVO DE CONTROVÉRSIA. DIREITO CIVIL. COBRANÇA DE TAXAS CONDOMINIAIS. DÍVIDAS LÍQUIDAS, PREVIAMENTE ESTABELECIDAS EM DELIBERAÇÕES DE ASSEMBLEIAS GERAIS, CONSTANTES DAS RESPECTIVAS ATAS. PRAZO PRESCRICIONAL. O ART. 206, § 5.º, I, DO CÓDIGO CIVIL DE 2002, AO DISPOR QUE PRESCREVE EM 5 (CINCO) ANOS A PRETENSÃO DE COBRANÇA DE DÍVIDAS LÍQUIDAS CONSTANTES DE INSTRUMENTO PÚBLICO OU PARTICULAR, É O QUE DEVE SER APLICADO AO CASO.

1. A tese a ser firmada, para efeito do art. 1.036 do CPC/2015 (art. 543-C do CPC/1973), é a seguinte: Na vigência do Código Civil de 2002, é quinquenal o prazo prescricional para que o Condomínio geral ou edilício (vertical ou horizontal) exerça a pretensão de cobrança de taxa condominial ordinária ou extraordinária, constante em instrumento público ou particular, a contar do dia seguinte ao vencimento da prestação.

2. No caso concreto, recurso especial provido".

(STJ, REsp 1.483.930/DF, rel. Min. LUIS FELIPE SALOMÃO, SEGUNDA SEÇÃO, julgado em 23-11-2016, *DJe* 1-2-2017)

Por tudo isso, o seu inadimplemento poderá resultar na penhora do imóvel residencial, não se afigurando possível invocar a proteção do bem de família, conforme já assentado na jurisprudência do Superior Tribunal de Justiça:

"AÇÃO RESCISÓRIA. CIVIL E PROCESSUAL CIVIL. ALEGAÇÃO DA EXISTÊNCIA DE ERRO DE FATO E VIOLAÇÃO MANIFESTA A NORMA JURÍDICA. ARTS. 966, V E VIII, DO CPC/2015. AÇÃO DE COBRANÇA. COTAS CONDOMINIAIS. EMBARGOS DE TERCEIRO OPOSTOS PELA COMPANHEIRA E MEEIRA. REGULAR INTIMAÇÃO DA PENHORA. FATO EXISTENTE. ALEGAÇÃO DE BEM DE FAMÍLIA. IMPENHORABILIDADE. EXCEÇÃO PREVISTA NO ART. 3.º, IV, DA LEI 8.009/90. OBRIGAÇÕES "PROPTER REM". LITISCONSÓRCIO PASSIVO NECESSÁRIO. INEXISTÊNCIA. DÍVIDA SOLIDÁRIA. DECISÃO RESCINDENDA EM DISSONÂNCIA COM A JURISPRUDÊNCIA DO STJ. RESCISÃO DO JULGADO. PEDIDO RESCISÓRIO PROCEDENTE.

1. Pedido desconstitutivo de decisão desta Corte que, reformando acórdão do Tribunal de Justiça do Estado de São Paulo, conheceu do agravo para dar provimento ao recurso especial, reconhecendo como 'bem de família a parte da meeira objeto de constrição e, por conseguinte, a impenhorabilidade do imóvel em sua totalidade'.

2. No âmbito de ação rescisória, o erro de fato se configura quando o julgado que se pretende rescindir admita fato inexistente ou quando considerar inexistente fato efetivamente ocorrido, sendo indispensável, em ambos os casos, que o fato não represente ponto controvertido sobre o qual o juiz deveria ter se pronunciado.

3. Configuração do erro de fato consistente na afirmação da inexistência de intimação da embargante-meeira da penhora da metade ideal de imóvel de sua propriedade.

4. Cabimento da ação rescisória fundada em violação manifesta a norma jurídica na hipótese em que a decisão rescindenda está em desarmonia com a jurisprudência pacífica do Superior Tribunal de Justiça.

5. <u>A jurisprudência do STJ firmou o entendimento de que é possível a penhora de bem de família quando a dívida é oriunda de cobrança de taxas e despesas condominiais.</u>

6. 'Com relação à legitimidade passiva, observa-se que, em se tratando de obrigação 'propter rem', o pagamento de taxas condominiais deve ser exigido de quem consta na matrí-

cula do imóvel como seu proprietário' (AgRg no REsp 1.510.419/PR, rel. Min. MOURA RIBEIRO, TERCEIRA TURMA, julgado em 1-12-2016, DJe 19-12-2016).

7. 'Os cônjuges, coproprietários de imóvel, respondem solidariamente pelas despesas de condomínio, mas esta responsabilidade não implica litisconsórcio necessário em razão da natureza pessoal da ação de cobrança de cotas condominiais' (AgRg no AREsp 213.060/RJ, rel. Min. SIDNEI BENETI, TERCEIRA TURMA, julgado em 16-10-2012, DJe 6-11-2012).

8. DEMANDA RESCISÓRIA JULGADA PROCEDENTE PARA, EM JUÍZO RESCINDENDO, DESCONSTITUIR A DECISÃO PROFERIDA NO AGRAVO EM RECURSO ESPECIAL N. 490.442/SP E, EM JUÍZO RESCISÓRIO, CONHECER DO AGRAVO PARA NEGAR PROVIMENTO AO RECURSO ESPECIAL".

(STJ, AR 5.931/SP, rel. Min. PAULO DE TARSO SANSEVERINO, SEGUNDA SEÇÃO, julgado em 9-5-2018, DJe 21-6-2018) (grifamos)

"RECURSO ESPECIAL. AÇÃO DE INDENIZAÇÃO. RESPONSABILIDADE DO CONDOMÍNIO POR DANOS A TERCEIRO. OBRIGAÇÃO DO CONDÔMINO PELAS DESPESAS CONDOMINIAIS, NA MEDIDA DE SUA COTA-PARTE. FATO ANTERIOR À CONSTITUIÇÃO DA PROPRIEDADE. DÍVIDA *PROPTER REM*. PENHORABILIDADE DO BEM DE FAMÍLIA. POSSIBILIDADE. LEI N. 8.009/1990, ART. 3.º, IV.

1. Constitui obrigação de todo condômino concorrer para as despesas condominiais, na proporção de sua cota-parte, dada a natureza de comunidade singular do condomínio, centro de interesses comuns, que se sobrepõe ao interesse individual.

2. As despesas condominiais, inclusive as decorrentes de decisões judiciais, são obrigações *propter rem* e, por isso, será responsável pelo seu pagamento, na proporção de sua fração ideal, aquele que detém a qualidade de proprietário da unidade imobiliária ou seja titular de um dos aspectos da propriedade (posse, gozo, fruição), desde que tenha estabelecido relação jurídica direta com o condomínio, ainda que a dívida seja anterior à aquisição do imóvel.

3. Portanto, uma vez ajuizada a execução em face do condomínio, se inexistente patrimônio próprio para satisfação do crédito, podem os condôminos ser chamados a responder pela dívida, na proporção de sua fração ideal.

4. <u>O bem residencial da família é penhorável para atender às despesas comuns de condomínio, que gozam de prevalência sobre interesses individuais de um condômino, nos termos da ressalva inserta na Lei n. 8.009/1990 (art. 3.º, IV).</u>

5. Recurso especial não provido".

(STJ, REsp 1.473.484/RS, rel. Min. LUIS FELIPE SALOMÃO, QUARTA TURMA, julgado em 21-6-2018, DJe 23-8-2018) (grifamos)

Trata-se de diretriz já assentada em nossa jurisprudência.

4.3. Administração do condomínio

A administração do condomínio ficará a cargo do **síndico**, que poderá não ser condômino, escolhido pela **assembleia**, que é a sua instância máxima.

Segundo CAIO MÁRIO DA SILVA PEREIRA:

"A Assembleia Geral é o órgão deliberativo dos condôminos, e pode ser Ordinária ou Extraordinária. Suas deliberações têm força obrigatória para os condôminos, até sua anulação judicial ou por deliberação tomada em outra Assembleia"[33].

---

[33] PEREIRA, Caio Mário da Silva. Op. cit. p. 148.

O mandato do síndico não poderá ser superior a dois anos, sem prejuízo, porém, de sucessivas reeleições[34].

As atribuições básicas do síndico estão previstas no art. 1.348, CC/2002, nos seguintes termos:

a) convocar a assembleia dos condôminos;

b) representar, ativa e passivamente, o condomínio, praticando, em juízo ou fora dele, os atos necessários à defesa dos interesses comuns;

c) dar imediato conhecimento à assembleia da existência de procedimento judicial ou administrativo, de interesse do condomínio;

d) cumprir e fazer cumprir a convenção, o regimento interno e as determinações da assembleia;

e) diligenciar a conservação e a guarda das partes comuns e zelar pela prestação dos serviços que interessem aos possuidores;

f) elaborar o orçamento da receita e da despesa relativa a cada ano;

g) cobrar dos condôminos as suas contribuições, bem como impor e cobrar as multas devidas;

h) prestar contas à assembleia, anualmente e quando exigidas;

i) realizar o seguro da edificação.

Poderá a assembleia, ainda, investir outra pessoa, em lugar do síndico, em poderes de representação, a teor do § 1.º, o que fica a depender da conveniência e interesse do condomínio.

Nessa mesma vereda, o próprio síndico pode transferir a outrem, total ou parcialmente, os poderes de representação ou as funções administrativas, mediante aprovação da assembleia, salvo disposição em contrário da convenção (§ 2.º).

Ressalte-se, porém, que, por mais atribuições que tenha o síndico, este jamais poderá se sobrepor à vontade da assembleia, que, como instância máxima, terá poderes, inclusive, para destituir o administrador.

Nessa linha, estabelece o art. 1.349, CC/2002:

> "Art. 1.349. A assembleia, especialmente convocada para o fim estabelecido no § 2.º do artigo antecedente, poderá, pelo voto da maioria absoluta de seus membros, destituir o síndico que praticar irregularidades, não prestar contas, ou não administrar convenientemente o condomínio".

Assim como se dá, portanto, com as associações, observamos que a assembleia de condôminos tem uma imensa importância e força jurídica na dinâmica condominial.

Nesse diapasão, destacamos alguns dispositivos legais que reforçam a relevante atuação da assembleia:

> "Art. 1.350. Convocará o síndico, anualmente, reunião da assembléia dos condôminos, na forma prevista na convenção, a fim de aprovar o orçamento das despesas, as contribuições dos condôminos e a prestação de contas, e eventualmente eleger-lhe o substituto e alterar o regimento interno.

---

[34] CC/2002: "Art. 1.347. A assembleia escolherá um síndico, que poderá não ser condômino, para administrar o condomínio, por prazo não superior a dois anos, o qual poderá renovar-se".

§ 1.º Se o síndico não convocar a assembléia, um quarto dos condôminos poderá fazê-lo.

§ 2.º Se a assembléia não se reunir, o juiz decidirá, a requerimento de qualquer condômino.

Art. 1.351. Depende da aprovação de 2/3 (dois terços) dos votos dos condôminos a alteração da convenção, bem como a mudança da destinação do edifício ou da unidade imobiliária. (Redação dada pela Lei n. 14.405, de 2022)

Art. 1.352. Salvo quando exigido quorum especial, as deliberações da assembléia serão tomadas, em primeira convocação, por maioria de votos dos condôminos presentes que representem pelo menos metade das frações ideais.

Parágrafo único. Os votos serão proporcionais às frações ideais no solo e nas outras partes comuns pertencentes a cada condômino, salvo disposição diversa da convenção de constituição do condomínio.

Art. 1.353. Em segunda convocação, a assembléia poderá deliberar por maioria dos votos dos presentes, salvo quando exigido quorum especial.

§ 1.º Quando a deliberação exigir quórum especial previsto em lei ou em convenção e ele não for atingido, a assembleia poderá, por decisão da maioria dos presentes, autorizar o presidente a converter a reunião em sessão permanente, desde que cumulativamente: (Incluído pela Lei n. 14.309, de 2022)

I – sejam indicadas a data e a hora da sessão em seguimento, que não poderá ultrapassar 60 (sessenta) dias, e identificadas as deliberações pretendidas, em razão do quórum especial não atingido; (Incluído pela Lei n. 14.309, de 2022)

II – fiquem expressamente convocados os presentes e sejam obrigatoriamente convocadas as unidades ausentes, na forma prevista em convenção; (Incluído pela Lei n. 14.309, de 2022)

III – seja lavrada ata parcial, relativa ao segmento presencial da reunião da assembleia, da qual deverão constar as transcrições circunstanciadas de todos os argumentos até então apresentados relativos à ordem do dia, que deverá ser remetida aos condôminos ausentes; (Incluído pela Lei n. 14.309, de 2022)

IV – seja dada continuidade às deliberações no dia e na hora designados, e seja a ata correspondente lavrada em seguimento à que estava parcialmente redigida, com a consolidação de todas as deliberações. (Incluído pela Lei n. 14.309, de 2022)

§ 2.º Os votos consignados na primeira sessão ficarão registrados, sem que haja necessidade de comparecimento dos condôminos para sua confirmação, os quais poderão, se estiverem presentes no encontro seguinte, requerer a alteração do seu voto até o desfecho da deliberação pretendida. (Incluído pela Lei n. 14.309, de 2022)

§ 3.º A sessão permanente poderá ser prorrogada tantas vezes quantas necessárias, desde que a assembleia seja concluída no prazo total de 90 (noventa) dias, contado da data de sua abertura inicial. (Incluído pela Lei n. 14.309, de 2022)

Art. 1.354. A assembléia não poderá deliberar se todos os condôminos não forem convocados para a reunião.

Art. 1.355. Assembléias extraordinárias poderão ser convocadas pelo síndico ou por um quarto dos condôminos".

O art. 1.351, supra mencionado, cuja redação fora alterada pela Lei n. 14.405, de 2002, admite a mudança da convenção ou da própria destinação do edifício ou da unidade imobiliária, sem a necessidade de haver aprovação unânime, bastando os votos de 2/3 dos condôminos. Trata-se de uma mudança que pode ter grande efeito prático.

Merece especial menção ainda o art. 1.354-A, inserido pela Lei n. 14.309, de 2022, que consolidou, no âmbito condominial, a possibilidade de realização de **assembleia eletrônica**, modalidade assemblear que se difundiu durante a pandemia da Covid-19.

Sem dúvida, trata-se de um necessário diálogo entre a tecnologia e as relações condominiais:

> "Art. 1.354-A. A convocação, a realização e a deliberação de quaisquer modalidades de assembleia poderão dar-se de forma eletrônica, desde que: (Incluído pela Lei n. 14.309, de 2022)
>
> I – tal possibilidade não seja vedada na convenção de condomínio;
>
> II – sejam preservados aos condôminos os direitos de voz, de debate e de voto.
>
> § 1.º Do instrumento de convocação deverá constar que a assembleia será realizada por meio eletrônico, bem como as instruções sobre acesso, manifestação e forma de coleta de votos dos condôminos
>
> § 2.º A administração do condomínio não poderá ser responsabilizada por problemas decorrentes dos equipamentos de informática ou da conexão à internet dos condôminos ou de seus representantes nem por quaisquer outras situações que não estejam sob o seu controle.
>
> § 3.º Somente após a somatória de todos os votos e a sua divulgação será lavrada a respectiva ata, também eletrônica, e encerrada a assembleia geral.
>
> § 4.º A assembleia eletrônica deverá obedecer aos preceitos de instalação, de funcionamento e de encerramento previstos no edital de convocação e poderá ser realizada de forma híbrida, com a presença física e virtual de condôminos concomitantemente no mesmo ato.
>
> § 5.º Normas complementares relativas às assembleias eletrônicas poderão ser previstas no regimento interno do condomínio e definidas mediante aprovação da maioria simples dos presentes em assembleia convocada para essa finalidade.
>
> § 6.º Os documentos pertinentes à ordem do dia poderão ser disponibilizados de forma física ou eletrônica aos participantes".

Por fim, vale destacar que, como previsto pelo art. 1.356, CC/2002, "poderá haver no condomínio um conselho fiscal, composto de três membros, eleitos pela assembleia, por prazo não superior a dois anos, ao qual compete dar parecer sobre as contas do síndico".

Trata-se de um órgão que se reveste de inegável importância, especialmente em condomínios maiores, dada a sua atuação fiscalizatória em face das despesas e gastos realizados pelo síndico.

Delicado aspecto diz respeito às obras realizadas no condomínio, cuja realização depende (art. 1.341)[35]:

a) se voluptuárias, de voto de dois terços dos condôminos;

---

[35] § 1.º As obras ou reparações necessárias podem ser realizadas, independentemente de autorização, pelo síndico, ou, em caso de omissão ou impedimento deste, por qualquer condômino.

§ 2.º Se as obras ou reparos necessários forem urgentes e importarem em despesas excessivas, determinada sua realização, o síndico ou o condômino que tomou a iniciativa delas dará ciência à assembleia, que deverá ser convocada imediatamente.

b) se úteis, de voto da maioria dos condôminos.

O legislador ainda acrescenta que "a realização de obras, em partes comuns, em acréscimo às já existentes, a fim de lhes facilitar ou aumentar a utilização, depende da aprovação de dois terços dos votos dos condôminos, não sendo permitidas construções, nas partes comuns, suscetíveis de prejudicar a utilização, por qualquer dos condôminos, das partes próprias, ou comuns" (art. 1.342).

Merece destaque o dispositivo seguinte, pois faz expressa menção à "construção" que, como já vimos, tem natureza jurídica, não de benfeitoria, mas de **acessão artificial**:

> "Art. 1.343. A construção de outro pavimento, ou, no solo comum, de outro edifício, destinado a conter novas unidades imobiliárias, depende da aprovação da unanimidade dos condôminos".

É forçoso convir, portanto, que, em caso de acessões desta natureza, afigura-se imprescindível a anuência de todos os interessados, porquanto a construção altera a própria dimensão ou o volume da coisa principal, não se configurando como uma mera benfeitoria.

As benfeitorias, conforme já anotamos,

> "(...) não se identificam ainda com as acessões industriais ou artificiais (construções e plantações) que têm disciplina própria (arts. 1.253 a 1.259, CC-02), e constituem modos de aquisição da propriedade imóvel. A acessão traduz união física com aumento de volume e, diferentemente das benfeitorias, podem também ser naturais (aluvião, avulsão, formação de ilhas, álveo abandonado).
>
> Apontando a diagnose diferencial entre ambos os institutos, preleciona CARLOS ROBERTO GONÇALVES:
>
> 'Benfeitorias são obras ou despesas feitas em coisa já existente. As acessões industriais são obras que criam coisas novas e têm regime jurídico diverso, sendo um dos modos de aquisição da propriedade imóvel'[36].
>
> Se a estrutura da casa é aproveitada para abrir uma garagem, realizar-se-á uma benfeitoria. Todavia, se um galpão contíguo é construído para servir de garagem, realiza-se uma acessão artificial. Nesse último caso, houve considerável aumento de volume da coisa principal"[37].

Em arremate, destacamos a importante previsão constante no art. 1.346, CC/2002[38], no sentido de ser obrigatório o seguro de toda a edificação contra o risco de incêndio ou destruição, total ou parcial.

Trata-se de uma elogiável providência de cautela.

---

§ 3.º Não sendo urgentes, as obras ou reparos necessários, que importarem em despesas excessivas, somente poderão ser efetuadas após autorização da assembleia, especialmente convocada pelo síndico, ou, em caso de omissão ou impedimento deste, por qualquer dos condôminos.

§ 4.º O condômino que realizar obras ou reparos necessários será reembolsado das despesas que efetuar, não tendo direito à restituição das que fizer com obras ou reparos de outra natureza, embora de interesse comum.

[36] GONÇALVES, Carlos Roberto. *Direito Civil Brasileiro*: Direito das Coisas. 13. ed. São Paulo: Saraiva, 2018. v. 5. p. 81.

[37] GAGLIANO, Pablo Stolze; PAMPLONA FILHO, Rodolfo. *Novo Curso de Direito Civil*: Parte Geral. Op. cit. p. 350-351.

[38] "Art. 1.346. É obrigatório o seguro de toda a edificação contra o risco de incêndio ou destruição, total ou parcial."

4.4. Extinção do condomínio

Finalmente, o codificador encerra a disciplina do condomínio edilício tratando da sua extinção:

"Art. 1.357. Se a edificação for total ou consideravelmente destruída, ou ameace ruína, os condôminos deliberarão em assembleia sobre a reconstrução, ou venda, por votos que representem metade mais uma das frações ideais.

§ 1.º Deliberada a reconstrução, poderá o condômino eximir-se do pagamento das despesas respectivas, alienando os seus direitos a outros condôminos, mediante avaliação judicial.

§ 2.º Realizada a venda, em que se preferirá, em condições iguais de oferta, o condômino ao estranho, será repartido o apurado entre os condôminos, proporcionalmente ao valor das suas unidades imobiliárias.

Art. 1.358. Se ocorrer desapropriação, a indenização será repartida na proporção a que se refere o § 2.º do artigo antecedente".

Sobre o tema, escreveu SÍLVIO VENOSA:

"Assim como em toda realidade fática, o condomínio horizontal pode extinguir-se, embora seja criado sem prazo determinado.

Segundo a lei condominial anterior, apontam-se como causas principais de extinção a desapropriação do edifício, o perecimento do objeto e a alienação de todas as unidades a um só titular"[39].

As atuais regras em vigor, transcritas acima, posto sem muita aplicação prática, são necessárias, na medida em que solucionam graves questões que podem eventualmente surgir, especialmente no caso de destruição total ou parcial da edificação condominial.

5. ALGUMAS PALAVRAS SOBRE O CONDÔMINO ANTISSOCIAL

Importante ainda acrescentar que o Código Civil previu a imposição de multa – que comportará aumento gradual, em caso de reincidência – para o **condômino com comportamento antissocial**.

Não se trata de cláusula penal ou pena convencional.

Tem natureza de sanção, com caráter essencialmente punitivo e pedagógico, sem prejuízo das eventuais perdas e danos que venham a ser apuradas em favor do condomínio e/ou do condômino prejudicado.

Dispõe o Código Civil:

"Art. 1337. O condômino, ou possuidor, que não cumpre reiteradamente com os seus deveres perante o condomínio poderá, por deliberação de três quartos dos condôminos restantes, ser constrangido a pagar multa correspondente até ao quíntuplo do valor atribuído à contribuição para as despesas condominiais, conforme a gravidade das faltas e a reiteração, independentemente das perdas e danos que se apurem.

Parágrafo único. O condômino ou possuidor que, por seu reiterado comportamento antissocial, gerar incompatibilidade de convivência com os demais condôminos ou pos-

---

[39] VENOSA, Sílvio. *Código Civil Comentado*: Direito das Coisas. Posse. Direitos Reais. Propriedade. São Paulo: Atlas, 2003. v. 12. p. 499.

suidores, poderá ser constrangido a pagar multa correspondente ao décuplo do valor atribuído à contribuição para as despesas condominiais, até ulterior deliberação da assembleia'.

A parte final deste dispositivo "até ulterior deliberação da assembleia" tem rendido intensas reflexões.

Isso porque há entendimento no sentido de que a referida "assembleia posterior" – em caso de a multa, já aplicada em seu patamar máximo, não alcançar o efeito desejado em face do transgressor reincidente – poderia deliberar a propositura de uma **ação judicial de expulsão**.

Com efeito, **em situações graves, excepcionais e justificadas, há respeitável posicionamento, em doutrina, que sustenta a possibilidade de exclusão do condômino antissocial, à luz do princípio da função social da propriedade**.

Nesse sentido, o Enunciado n. 508, da V Jornada de Direito Civil:

> Enunciado n. 508, V Jornada de Direito Civil. "Verificando-se que a sanção pecuniária mostrou-se ineficaz, a garantia fundamental da função social da propriedade (arts. 5.º, XXIII, da CRFB e 1.228, § 1.º, do CC) e a vedação ao abuso do direito (arts. 187 e 1.228, § 2.º, do CC) justificam a exclusão do condômino antissocial, desde que a ulterior assembleia prevista na parte final do parágrafo único do art. 1.337 do Código Civil delibere a propositura de ação judicial com esse fim, asseguradas todas as garantias inerentes ao devido processo legal".

De fato, há situações de extrema gravidade, em que a sanção pecuniária poderá não surtir o efeito esperado, justificando-se, como última medida, a expulsão daquele que tem transformado a vida dos demais vizinhos em um calvário.

Confira-se a seguinte decisão do Tribunal de Justiça do Paraná:

"APELAÇÃO CÍVEL N. 957.743-1 DA 22.ª VARA CÍVEL DO FORO CENTRAL DA COMARCA DA REGIÃO METROPOLITANA DE CURITIBA. APELAÇÃO CÍVEL. CONDOMÍNIO EDILÍCIO VERTICAL. PRELIMINAR. INTEMPESTIVIDADE. INOCORRÊNCIA. APELO INTERPOSTO ANTES DA DECISÃO DOS EMBARGOS. RATIFICAÇÃO. DESNECESSIDADE. EXCLUSÃO DE CONDÔMINO NOCIVO. LIMITAÇÃO DO DIREITO DE USO/HABITAÇÃO, TÃO-SOMENTE. POSSIBILIDADE, APÓS ESGOTADA A VIA ADMINISTRATIVA. REALIZADA. OPORTUNIZAÇÃO *QUORUM* MÍNIMO RESPEITADO (3/4 DOS CONDÔMINOS). MULTA REFERENTE AO DÉCUPLO DO VALOR DO CONDOMÍNIO. MEDIDA INSUFICIENTE. CONDUTA ANTISSOCIAL CONTUMAZ REITERADA. GRAVES INDÍCIOS DE CRIMES CONTRA A LIBERDADE SEXUAL, REDUÇÃO À CONDIÇÃO ANÁLOGA A DE ESCRAVO. CONDÔMINO QUE ALICIAVA CANDIDATAS A EMPREGO DE DOMÉSTICAS COM SALÁRIOS ACIMA DO MERCADO, MANTENDO-AS PRESAS E INCOMUNICÁVEIS NA UNIDADE CONDOMINIAL. ALTA ROTATIVIDADE DE FUNCIONÁRIAS QUE, INVARIAVELMENTE SAIAM DO EMPREGO NOTICIANDO MAUS TRATOS, AGRESSÕES FÍSICAS E VERBAIS, ALÉM DE ASSEDIOS SEXUAIS ENTRE OUTRAS ACUSAÇÕES. RETENÇÃO DE DOCUMENTOS. ESCÂNDALOS REITERADOS DENTRO E FORA DO CONDOMÍNIO. PRÁTICAS QUE EVOLUIRAM PARA INVESTIDA EM MORADORA MENOR DO CONDOMÍNIO, CONDUTA ANTISSOCIAL INADMISSÍVEL QUE IMPÕE PROVIMENTO JURISDICIONAL EFETIVO. CABIMENTO. CLÁUSULA GERAL. FUNÇÃO SOCIAL DA PROPRIEDADE. MITIGAÇÃO DO DIREITO DE USO/HABITAÇÃO. DANO MORAL. NÃO CONHECI-

MENTO. MATÉRIA NÃO DEDUZIDA E TAMPOUCO APRECIADA. HONORÁRIOS SUCUMBENCIAIS FIXADOS EM R$ 6.000,00 (SEIS MIL REAIS). MANTENÇA. 3 PECULIARIDADES DO CASO CONCRETO. SENTENÇA MANTIDA. RECURSO DESPROVIDO".

Por óbvio, o condômino não será "expropriado" de sua unidade residencial particular.

Não é isso.

O que se busca é uma ordem judicial condenatória impositiva de uma **obrigação negativa ou de não fazer**, qual seja, **"não morar" naquele ambiente condominial**.

Poderá, assim, o condômino expulso, alugar, emprestar, enfim, ceder o seu apartamento, mas não residir.

Não vislumbramos, nisso, violação constitucional, pois, assim como o direito de propriedade é albergado, a própria Lei Fundamental consagra a sua inafastável **função social**.

Interessante mencionar, nesse ponto, a sugestão de disciplina normativa dada no Anteprojeto de Reforma do Código Civil, com destaque para a possibilidade de "readmissão" do condômino antissocial:

> "Art. 1.337. O condômino, o possuidor ou o morador que não cumprem reiteradamente seus deveres perante o condomínio poderá, por deliberação de dois terços dos condôminos presentes na assembleia, vir a ser constrangido a pagar multa correspondente a até cinco vezes o valor atribuído à contribuição para as despesas condominiais, conforme a gravidade e reiteração das faltas, independentemente das perdas e danos que se apurem.
>
> § 1.º O condômino ou possuidor que, por seu reiterado comportamento antissocial, gerarem incompatibilidade de convivência com os demais condôminos ou possuidores, poderá ser constrangido a pagar multa correspondente a dez vezes o valor atribuído à contribuição para as despesas condominiais, sem prejuízo das perdas e danos.
>
> § 2.º As multas previstas neste dispositivo também se aplicam ao condômino que seja devedor contumaz.
>
> § 3.º Verificando-se que a sanção pecuniária se mostrou ineficaz, ulterior assembleia poderá deliberar, por 2/3 dos condôminos presentes, pela exclusão do condômino antissocial, a ser efetivada mediante decisão judicial, que proíba o seu acesso à unidade autônoma e às dependências do condomínio.
>
> § 4.º Cessada a causa que deu ensejo à exclusão do condômino antissocial, poderá este requerer seja readmitido, mediante o mesmo quórum de condôminos previsto no parágrafo anterior.
>
> § 5.º As sanções previstas neste artigo serão fixadas, levando-se em consideração a gravidade das faltas cometidas e a sua reiteração, devendo ser garantido ao condômino o direito à ampla defesa perante a assembleia.
>
> § 6.º Se os atos antissociais forem praticados por um dos membros da família do proprietário ou do titular de outro direito real do imóvel ou se praticado por apenas um dos moradores da unidade, somente sobre este recairá a sanção de proibição de acesso à unidade".

"O princípio da socialidade, que não se confunde com 'socialismo', significa a prevalência dos valores coletivos sobre os individuais, mas sempre observando a pessoa humana e sua dignidade como valor fundante do ordenamento", lembra MARIO LUIZ DELGADO, que, logo em seguida, conclui:

"E dentro dessa nova concepção, a que chamo de 'novo antropocentrismo', entendo amparada no ordenamento jurídico vigente a possibilidade de exclusão do condômino antissocial[40]".

Eis a perspectiva do moderno Direito Civil Constitucional.

6. CONDOMÍNIO DE LOTES

A Lei n. 13.465/2017 acrescentou ao Código Civil o art. 1.358-A, que passou a disciplinar o denominado "Condomínio de Lotes" ou "Condomínio Deitado", o qual tem por objeto lotes ou terrenos, aptos à edificação, em vez de casas ou apartamentos.

O dispositivo tem a seguinte redação:

"Art. 1.358-A. Pode haver, em terrenos, partes designadas de lotes que são propriedade exclusiva e partes que são propriedade comum dos condôminos.(Incluído pela Lei n. 13.465, de 2017)

§ 1.º A fração ideal de cada condômino poderá ser proporcional à área do solo de cada unidade autônoma, ao respectivo potencial construtivo ou a outros critérios indicados no ato de instituição. (Incluído pela Lei n. 13.465, de 2017)

§ 2.º Aplica-se, no que couber, ao condomínio de lotes: (Redação dada pela Lei n. 14.382, de 2022)

I – o disposto sobre condomínio edilício neste Capítulo, respeitada a legislação urbanística; e (Incluído pela Lei n. 14.382, de 2022)

II – o regime jurídico das incorporações imobiliárias de que trata o Capítulo I do Título II da Lei n. 4.591, de 16 de dezembro de 1964, equiparando-se o empreendedor ao incorporador quanto aos aspectos civis e registrários. (Incluído pela Lei n. 14.382, de 2022)

§ 3.º Para fins de incorporação imobiliária, a implantação de toda a infraestrutura ficará a cargo do empreendedor". (Incluído pela Lei n. 13.465, de 2017)

MARCO AURÉLIO BEZERRA DE MELO, estudioso do tema, após observar que parte da doutrina já sustentava a viabilidade dessa espécie de condomínio, com fundamento no art. 3.º do Decreto-Lei n. 271/67, salientou que, após a inserção deste artigo no Código Civil, afastou-se de uma vez por todas qualquer dúvida acerca da viabilidade da incorporação imobiliária destinada à venda de lotes no âmbito de um condomínio:

"Por essa visada, já seria possível a instituição de um condomínio horizontal que não teria por fim reconhecer como unidade autônoma um apartamento, sala, casa, isto é, uma edificação, mas sim um lote de terreno *apto à edificação*, isto é, dotado de infraestrutura básica para tanto, segundo os ditames da lei 4.591/64 no que tange à incorporação imobiliária e da lei 6.766/79 que disciplina a divisão do solo urbano, além, à toda evidência, da observância das normas edilícias da localidade em atenção à competência constitucional delegada aos municípios (art. 30, VIII e 182, CF).

A despeito da clareza, da existência de inúmeras leis municipais admitindo essa figura e até mesmo de recente pronunciamento do Supremo Tribunal Federal que reconheceu, com fundamento nos artigos 30, VIII e 182, da Constituição Federal, validade a lei do Distrito

---

[40] DELGADO, Mario Luiz. O condomínio edilício na jurisprudência do STJ: estado atual da arte. In: SALOMÃO, Luís Felipe; TARTUCE, Flávio (Coordenadores). *Direito Civil*: Diálogos entre a doutrina e a jurisprudência. São Paulo: Atlas, 2003. p. 546-547.

Federal que ordenava o espaço urbano e previa, dentre outras regras, a possibilidade do reconhecimento do condomínio de lotes, o fato é que outras decisões estaduais e registradores pelo país afora entendiam pela impossibilidade dessa figura jurídica, trazendo insegurança jurídica aos incorporadores e adquirentes de lotes no condomínio a ser instalado.

Na linha de raciocínio crítica ao *condomínio de lotes de terrenos urbanos*, é sempre bom lembrar a lição do professor José Afonso da Silva que em brado de repúdio a essa figura, sustenta a sua inexistência segundo a ordem jurídica vigente, sendo, continua o autor, uma forma distorcida e deformada de especulação imobiliária, na qual o incorporador se vê livre do cumprimento das limitações, ônus e obrigações impostas pelo Direito Urbanístico constantes principalmente na lei 6.766/79, inegavelmente mais rigorosa do que a lei 4.591/64. Não há como negar a pertinência das reflexões apresentadas pelo eminente constitucionalista. Entretanto, parece-nos que a forma como o instituto foi positivado pela lei 13.465/17 extirpa essa preocupação.

Isso porque, a aludida legislação alterou o Código Civil no capítulo que trata do Condomínio Edilício, instituindo o artigo 1.358-A, mas também fez alterações importantes na lei 6.766/79 que trata do parcelamento do solo urbano, sem embargo da submissão à lei 4.591/64 e ao próprio Código de Proteção e Defesa do Consumidor.

Vejamos.

Por meio do Código Civil foi sepultada de uma vez por todas qualquer dúvida acerca da viabilidade da incorporação imobiliária destinada a venda de lotes no âmbito de um condomínio que se submeterá às regras e princípios previstos no Código Civil (art. 1.331 a 1.358-A, CC) e, no que couber, à lei 4.591/64 que já impõe ao incorporador uma série de deveres prévios a serem observados para a aprovação e registro no cartório imobiliário do memorial de incorporação e a possibilidade de comercialização dos lotes de terrenos urbanos (*v.g.* arts. 31 e 32)"[41].

Vemos com bons olhos o novo regramento, especialmente porque o parágrafo segundo do referido art. 1.358-A projeta sobre si as regras atinentes ao próprio condomínio edilício, respeitada a legislação urbanística, o que, de certa forma, confere um padrão normativo de segurança[42].

---

[41] MELO, Marco Aurélio Bezerra de. Condomínio de lotes e a Lei 13.465/2017: breve apreciação. *GEN Jurídico*. 15. ago. 2017. Disponível em: <http://genjuridico.com.br/2017/08/15/condominio-de-lotes-e-lei-1346517-breve-apreciacao/>. Acesso em: 16. ago. 2017.

[42] Posto o tratamento jurídico geral do "loteamento" não seja o objeto de nossa análise neste capítulo, a título de complementação, noticiamos ao nosso leitor que a Lei n. 14.620/2023 estabeleceu que o loteamento também pode se submeter ao regime de afetação. Salientamos, nesse ponto, o art. 18-A, inserido na Lei n. 6.766/79: "Art. 18-A. A critério do loteador, o loteamento poderá ser submetido ao regime da afetação, pelo qual o terreno e a infraestrutura, bem como os demais bens e direitos a ele vinculados, manter-se-ão apartados do patrimônio do loteador e constituirão patrimônio de afetação, destinado à consecução do loteamento correspondente e à entrega dos lotes urbanizados aos respectivos adquirentes. § 1.º O patrimônio de afetação não se comunica com os demais bens, direitos e obrigações do patrimônio geral do loteador ou de outros patrimônios de afetação por ele constituídos e só responde por dívidas e obrigações vinculadas ao loteamento respectivo e à entrega dos lotes urbanizados aos respectivos adquirentes. § 2.º O loteador responde pelos prejuízos que causar ao patrimônio de afetação. § 3.º Os bens e direitos integrantes do loteamento somente poderão ser objeto de garantia real em operação de crédito cujo produto seja integralmente destinado à implementação da infraestrutura correspondente e à entrega dos lotes urbanizados aos respec-

7. MULTIPROPRIEDADE OU *TIME SHARING*

Reputamos importante destacar, em tópico separado, este instituto jurídico, por conta das suas especificidades.

Na lição de MARIA HELENA DINIZ, com referência ao insuperável Professor GUSTAVO TEPEDINO:

> "O sistema *time sharing* ou multi propriedade imobiliária é uma espécie condominial relativa aos locais de lazer, pela qual há um aproveitamento econômico de bem imóvel (casa, chalé, apartamento), repartido, como ensina GUSTAVO TEPEDINO, em unidades fixas de tempo, assegurando a cada cotitular o seu uso exclusivo e perpétuo durante certo período anual (mensal, quinzenal ou semanal). Possibilita o uso de imóvel (casa, apartamento, *flat*, chalé) em certos períodos ou temporadas, variando o preço conforme o tempo de sua utilização e temporada (baixa, média ou alta). Trata-se de uma multipropriedade periódica, muito útil para desenvolvimento de turismo em hotéis, clubes e em navios"[43].

A teor do art. 1.358-C do Código Civil, incluído pela Lei n. 13.777, de 20 de dezembro de 2018, a "multipropriedade é o regime de condomínio em que cada um dos proprietários de um mesmo imóvel é titular de uma fração de tempo, à qual corresponde a faculdade de uso e gozo, com exclusividade, da totalidade do imóvel, a ser exercida pelos proprietários de forma alternada".

E o seu parágrafo único acrescenta que "a multipropriedade não se extinguirá automaticamente se todas as frações de tempo forem do mesmo multiproprietário".

Tem-se, portanto, **o exercício temporal fracionado, posto exclusivo, do direito de propriedade sobre o bem**, o que incentiva a economia – pois permite a pessoas de classes menos abastadas a realização de investimento com menor custo – e o turismo – porquanto tem especial aplicação em empreendimentos como *flats* e hotéis[44].

Tem natureza real e derivada do condomínio, conforme observa AFONSO REZENDE:

> "A vantagem é puramente econômica, permitindo ao adquirente usufruir de um imóvel para seu descanso de cada ano, sem suportar gastos astronômicos, bem como isentar-se

---

tivos adquirentes. § 4.º No caso de cessão, plena ou fiduciária, de direitos creditórios oriundos da comercialização dos lotes componentes do loteamento, o produto da cessão também passará a integrar o patrimônio de afetação. § 5.º Os recursos financeiros integrantes do patrimônio de afetação serão administrados pelo loteador. § 6.º Nos loteamentos objeto de financiamento, a comercialização dos lotes deverá contar com a anuência ou a ciência da instituição financiadora, conforme vier a ser estabelecido no contrato de financiamento. § 7.º A contratação de financiamento e a constituição de garantias, inclusive mediante transmissão, para o credor, da propriedade fiduciária sobre os lotes integrantes do loteamento, bem como a cessão, plena ou fiduciária, de direitos creditórios decorrentes da comercialização desses lotes, não implicam a transferência para o credor de nenhuma das obrigações ou responsabilidades do cedente loteador, permanecendo este como único responsável pelas obrigações e pelos deveres que lhe são imputáveis". Trata-se de uma providência importante no âmbito da construção civil e do mercado imobiliário.

[43] DINIZ, Maria Helena. Op. cit. p. 267. A mesma autora reconhece quatro tipos de **multipropriedade**: a) acionária ou societária; b) do direito real de habitação periódica; c) imobiliária ou de complexo de lazer; d) hoteleira (p. 267-268).

[44] Sobre a instituição da multipropriedade, que pode se dar por ato entre vivos ou testamento, registrado no competente cartório de registro de imóveis (devendo constar daquele ato a duração dos períodos correspondentes a cada fração de tempo), confiram-se os arts. 1.358-F a 1.358-H da Lei n. 13.777/2018.

do possível 'sofrimento' e mesmo desagrado das reservas de hotéis ou mesmo possibilidade de nada encontrar para o merecido repouso, enfim, com dificuldades para um alojamento cômodo e saudável. A outra vantagem do sistema é que este tipo de copropriedade também está localizado em cidades praianas, montanhas, estâncias hidrominerais ou termais, vindo, assim, cumprir parcialmente o preceito constitucional quanto à função social da propriedade, pois se utiliza de maneira completa de um bem, satisfazendo o interesse de uma multiplicidade de sujeitos"[45].

A ausência de uma regulamentação específica por muito tempo gerou profundos debates acerca do reconhecimento do instituto.

Mas, em nosso sentir, não se podia negar a vigência do instituto, aplicando-se-lhe, no que coubesse, as regras do condomínio edilício[46].

Com a consagração, porém, no Direito Positivo, do instituto da **multipropriedade por meio da Lei n. 13.777, de 20 de dezembro de 2018**, reconheceu-se, finalmente, de forma inequívoca, tal direito real em nosso sistema.

Quanto ao objeto da multipropriedade, dispõe o art. 1.358-D da referida Lei n. 13.777:

a) é indivisível, não se sujeitando a ação de divisão ou de extinção de condomínio;

b) inclui as instalações, os equipamentos e o mobiliário destinados a seu uso e gozo.

De fato, como existe o exercício alternado de faculdades reais ínsitas ao direito de propriedade sobre a mesma coisa, em prol de titulares diversos, em caráter exclusivo, não teria sentido forçar a divisibilidade, sob pena de se desconfigurar a própria natureza do instituto.

Vale lembrar, ainda, que mesmo um condomínio edilício poderá adotar o regime de multipropriedade em parte ou na totalidade de suas unidades autônomas, a teor dos arts. 1.358-O a 1.358-U.

E o que dizer sobre a fração de tempo para o exercício do direito?

Sobre a fração de tempo que toca ao multiproprietário (art. 1.358-I), vale lembrar que:

a) cada fração é indivisível;

b) o período correspondente a cada fração de tempo será de, no mínimo, 7 (sete) dias, seguidos ou intercalados, e poderá ser: fixo e determinado, no mesmo período de cada ano; flutuante, caso em que a determinação do período será realizada de forma periódica, mediante

---

[45] REZENDE, Afonso Celso F. Multipropriedade imobiliária. *Escritório Online*. 2 out. 1999. Disponível em: <http://www.escritorioonline.com/webnews/noticia.php?id_noticia=1308&>. Acesso em: 12 out. 2016.

[46] Nas palavras de NELSON KOJRANSKI, "cotejando-se a instituição de um condomínio edilício 'puro' com o da multipropriedade, é inegável, a meu ver, que a legislação daquele abrange esta, não havendo motivo para a recusa" (*Condomínio edilício*: aspectos jurídicos relevantes. 2. ed. São Paulo: Malheiros, 2015. p. 64. Na mesma linha, o talentoso ROBERTO FIGUEIREDO: "Tendo em vista a lacuna legislativa sobre o tema no Brasil, a doutrina, por analogia, propugna a aplicação das regras relacionadas ao condomínio, na forma do Enunciado n. 89 do Conselho da Justiça Federal; cita-se: 'o disposto nos arts. 1.331 a 1.358 do novo Código Civil aplica-se, no que couber, aos condomínios assemelhados, tais como loteamentos fechados, multipropriedade imobiliária e clubes de campo'" (FIGUEIREDO, Roberto. O *time sharing* ou a multipropriedade imobiliária. *CERS*. 29 out. 2015. Disponível em: <https://www.cers.com.br/noticias-e-blogs/noticia/o-time-sharing-ou-a-multipropriedade-imobiliaria;jsessionid=ek4wKnNQLUjAaga0uIpcSdy4.sp-tucson--prod-10>. Acesso em: 12 out. 2016).

procedimento objetivo que respeite, em relação a todos os multiproprietários, o princípio da isonomia, devendo ser previamente divulgado; ou misto, combinando os sistemas fixo e flutuante.

Todos os multiproprietários terão direito a uma mesma quantidade mínima de dias seguidos durante o ano, podendo haver a aquisição de frações maiores que a mínima, com o correspondente direito ao uso por períodos também maiores (§ 2.º do art. 1.358-E).

A despeito das suas peculiaridades, aplicam-se-lhe, no que couberem, as regras do condomínio e do próprio Código de Defesa do Consumidor[47].

São direitos do multiproprietário, além daqueles previstos no instrumento de instituição e na convenção de condomínio em multipropriedade (art. 1.358-I):

a) usar e gozar, durante o período correspondente à sua fração de tempo, do imóvel e de suas instalações, equipamentos e mobiliário;

b) ceder a fração de tempo em locação ou comodato;

c) alienar a fração de tempo, por ato entre vivos ou por causa de morte, a título oneroso ou gratuito, ou onerá-la, devendo a alienação e a qualificação do sucessor, ou a oneração, ser informadas ao administrador;

d) participar e votar, pessoalmente ou por intermédio de representante ou procurador, desde que esteja quite com as obrigações condominiais, em: d.1) assembleia geral do condomínio em multipropriedade, e o voto do multiproprietário corresponderá à quota de sua fração de tempo no imóvel; d.2) assembleia geral do condomínio edilício, quando for o caso, e o voto do multiproprietário corresponderá à quota de sua fração de tempo em relação à quota de poder político atribuído à unidade autônoma na respectiva convenção de condomínio edilício.

São obrigações do multiproprietário, além daquelas previstas no instrumento de instituição e na convenção de condomínio em multipropriedade (art. 1.358-J):

a) pagar a contribuição condominial do condomínio em multipropriedade e, quando for o caso, do condomínio edilício, ainda que renuncie ao uso e gozo, total ou parcial, do imóvel, das áreas comuns ou das respectivas instalações, equipamentos e mobiliário;

b) responder por danos causados ao imóvel, às instalações, aos equipamentos e ao mobiliário por si, por qualquer de seus acompanhantes, convidados ou prepostos ou por pessoas por ele autorizadas;

c) comunicar imediatamente ao administrador os defeitos, avarias e vícios no imóvel dos quais tiver ciência durante a utilização;

---

[47] Nas palavras de NELSON KOJRANSKI, "cotejando-se a instituição de um condomínio edilício 'puro' com o da multipropriedade, é inegável, a meu ver, que a legislação daquele abrange esta, não havendo motivo para a recusa" (*Condomínio edilício*: aspectos jurídicos relevantes. 2. ed. São Paulo: Malheiros, 2015, p. 64). Na mesma linha, o talentoso ROBERTO FIGUEIREDO, antes da aprovação da Lei n. 13.777/2018, prelecionava: "Tendo em vista a lacuna legislativa sobre o tema no Brasil, a doutrina, por analogia, propugna a aplicação das regras relacionadas ao condomínio, na forma do Enunciado 89 do Conselho da Justiça Federal; cita-se: 'o disposto nos arts. 1.331 a 1.358 do novo Código Civil aplica-se, no que couber, aos condomínios assemelhados, tais como loteamentos fechados, multipropriedade imobiliária e clubes de campo'" (FIGUEIREDO, Roberto. O *time sharing* ou a multipropriedade imobiliária. *CERS*. Disponível em: <https://www.cers.com.br/noticias-e-blogs/noticia/o-time-sharing-ou-amultipropriedade-imobiliaria;jsessionid=ek4wKnNQLUjAaga0uIpcSdy4.sp-tucson-prod-10>. Acesso em: 12 out. 2016). Sobre o tema, atualmente, cf. art. 1.358-B da Lei n. 13.777/2018.

d) não modificar, alterar ou substituir o mobiliário, os equipamentos e as instalações do imóvel;

e) manter o imóvel em estado de conservação e limpeza condizente com os fins a que se destina e com a natureza da respectiva construção;

f) usar o imóvel, bem como suas instalações, equipamentos e mobiliário, conforme seu destino e natureza;

g) usar o imóvel exclusivamente durante o período correspondente à sua fração de tempo;

h) desocupar o imóvel, impreterivelmente, até o dia e hora fixados no instrumento de instituição ou na convenção de condomínio em multipropriedade, sob pena de multa diária, conforme convencionado no instrumento pertinente;

i) permitir a realização de obras ou reparos urgentes.

E como se deve dar o pagamento do IPTU e de despesas individuais (como luz, água e gás)?

A despeito do veto aos §§ 3.º a 5.º do art. 1.358-J, concordamos com o Prof. GUSTAVO TEPEDINO, no sentido de que não se justificaria a imposição de uma responsabilidade solidária entre todos os multiproprietários[48]:

> "Pois bem: por se tratar de unidade autônoma, o IPTU há de ser individualizado e cobrado de cada multiproprietário, assim como as despesas de luz, gás e água próprias da respectiva unidade, sendo repartidas por cada multiproprietário as taxas condominiais que, como obrigações *propter rem*, oneram o patrimônio pessoal de cada titular. Essa questão se torna relevante na medida em que o presidente da República vetou dispositivos (parágrafos 3.º, 4.º e 5.º do artigo 1.358-J do Código Civil) em cuja dicção se lia: parágrafo 3.º: 'Os multiproprietários responderão, na proporção de sua fração de tempo, pelo pagamento dos tributos, contribuições condominiais e outros encargos que incidam sobre o imóvel'; e parágrafo 4º: 'Cada multiproprietário de uma fração de tempo responde individualmente pelo custeio das obrigações, não havendo solidariedade entre os diversos multiproprietários'. Tal veto, contudo, não altera a autonomia das matrículas, devendo ser afastada, portanto, qualquer interpretação que pretendesse atribuir ao conjunto dos multiproprietários de um mesmo apartamento a responsabilidade solidária das referidas despesas individuais".

Acompanhemos, nesse ponto, a dinâmica jurisprudencial.

O mesmo jurista, profundo conhecedor da matéria, observa, ainda, haver sido consagrada uma modalidade peculiar de **anticrese legal**, pois, a teor do art. 1.358-S, em caso de inadimplência das taxas condominiais, admitiu-se a "adjudicação ao condomínio edilício da fração de tempo correspondente", em caráter temporário, "até a quitação integral da dívida", proibindo-se ao multiproprietário utilizar o imóvel enquanto persistir a sua mora. E conclui: "Tal providência, bastante drástica, terá que ser regulada na convenção, assegurando-se o amplo direito de defesa de cada titular, podendo o condomínio inserir a respectiva unidade no *pool* hoteleiro, desde que haja previsão, nos termos da convenção, de tal destinação econômica"[49].

---

[48] TEPEDINO, Gustavo. *A Multipropriedade e a Retomada do Mercado Imobiliário*, texto publicado em 30 de janeiro de 2019. Disponível em: <https://www.conjur.com.br/2019-jan-30/tepedino-multipropriedade-retomada-mercado-imobiliario>. Acesso em: 4 abr. 2019.

[49] TEPEDINO, Gustavo. *A Multipropriedade e a Retomada do Mercado Imobiliário*, cit.

Por fim, vale acrescentar que a administração do imóvel e de suas instalações, equipamentos e mobiliário, objeto da multipropriedade, será de responsabilidade da pessoa indicada no instrumento de instituição ou na convenção de condomínio em multipropriedade, ou, na falta de indicação, de pessoa escolhida em assembleia geral dos condôminos[50].

É digno de nota que a legislação em vigor apenas tratou da multipropriedade imobiliária, recomendando-se, por segurança jurídica, que nova normatização cuide dos bens móveis, como destaca o talentoso CARLOS EDUARDO ELIAS DE OLIVEIRA:

> "Não há lei indicando a natureza jurídica da multipropriedade sobre bens móveis. Parece-nos inviável admitir o condomínio em multipropriedade para eles, seja pela inaplicabilidade, por analogia, dos arts. 1.358-B ao 1.358-U do CC, seja porque o princípio da taxatividade dos direitos reais é um obstáculo jurídico diante da inexistência de previsão legal de um direito real de propriedade 'temporal' sobre móveis. Recorde-se que o precedente do STJ que apontara uma natureza real da multipropriedade tratava de uma penhora de imóvel objeto de contrato de *time sharing* não registrado no Cartório de Imóveis e, provavelmente, não resistiria diante de outro caso concreto envolvendo conflito entre dois adquirentes de boa-fé, conforme já expusemos mais acima. Ademais, ao se admitir a natureza de direito real para a *time sharing* sobre móveis sem lei prévia regulamentadora, teremos grande insegurança jurídica, pois adquirentes de bens móveis estariam sob o risco de perderem, por evicção, parcialmente a coisa em favor de terceiros desconhecidos que tivessem ocultos contratos de *time sharing* com o alienante.
>
> Assim, a multipropriedade sobre móveis tem de operacionalizar-se por meio de contratos atípicos que envolvem elementos de locação (ex.: uma empresa gestora se obriga a, em determinado período do ano, assegurar a fruição do bem pelo multiproprietário em troca de uma remuneração) ou por meio de um condomínio tradicional com um acordo entre os condôminos acerca do uso do bem. O problema é que esses arranjos são frágeis juridicamente: o primeiro (o da locação) pelo risco de a empresa – enquanto titular do direito real de propriedade – vender a coisa a terceiros, que não serão obrigados a respeitar o contrato; e o segundo (o do condomínio tradicional) pelo fato de a maioria censitária ter o poder de alterar as regras de uso da coisa e, assim, oscilar o período de uso de cada condômino.
>
> O legislador não pode prorrogar por mais tempo a triste orfandade normativa da multipropriedade sobre móveis: é preciso regulamentar logo a matéria"[51].

Com a disciplina positivada da multipropriedade, findando a acesa discussão acerca da sua própria natureza real – já assentada –, o que desafiava, até então, a nossa jurisprudência[52], firmou-se o caminho para o reconhecimento de um direito real, que poderá, se

---

[50] Cf. arts. 1.358-M e 1.358-N da Lei n. 13.777/2018.

[51] OLIVEIRA, Carlos Eduardo Elias de. *Análise Detalhada da Multipropriedade no Brasil após a Lei n. 13.777/2018: Pontos Polêmicos e Aspectos de Registros Públicos*. Disponível em: <https://www12.senado.leg.br/publicacoes/estudos-legislativos/tipos-de-estudos/textos-para-discussao/td255>. Acesso em: 27 jun. 2019.

[52] Importante mencionar, aqui, acórdão do STJ, anterior à Lei n. 13.777/2018, que, corajosamente, afirmou a natureza real da multipropriedade, diante da ausência, à época, de normatização legal específica: "PROCESSUAL CIVIL E CIVIL. RECURSO ESPECIAL. EMBARGOS DE TERCEIRO. MULTIPROPRIEDADE IMOBILIÁRIA (*TIME-SHARING*). NATUREZA JURÍDICA DE DIREITO

bem aplicado, alcançar interessantes objetivos voltados ao bem-estar social, valor este tão caro nos tempos modernos.

8. FUNDOS DE INVESTIMENTO

Uma das novidades da "Declaração de Direitos da Liberdade Econômica" (Lei n. 13.874/2019) foi a apresentação de uma disciplina codificada dos Fundos de Investimento, que passaram a ser tratados em Capítulo próprio, nos arts. 1.368-C a 1.368-F, *in verbis*:

"Capítulo X – DO FUNDO DE INVESTIMENTO

Art. 1.368-C. O fundo de investimento é uma comunhão de recursos, constituído sob a forma de condomínio de natureza especial, destinado à aplicação em ativos financeiros, bens e direitos de qualquer natureza.

§ 1.º Não se aplicam ao fundo de investimento as disposições constantes dos arts. 1.314 ao 1.358-A deste Código.

§ 2.º Competirá à Comissão de Valores Mobiliários disciplinar o disposto no *caput* deste artigo.

§ 3.º O registro dos regulamentos dos fundos de investimentos na Comissão de Valores Mobiliários é condição suficiente para garantir a sua publicidade e a oponibilidade de efeitos em relação a terceiros.

Art. 1.368-D. O regulamento do fundo de investimento poderá, observado o disposto na regulamentação a que se refere o § 2.º do art. 1.368-C desta Lei, estabelecer:

REAL. UNIDADES FIXAS DE TEMPO. USO EXCLUSIVO E PERPÉTUO DURANTE CERTO PERÍODO ANUAL. PARTE IDEAL DO MULTIPROPRIETÁRIO. PENHORA. INSUBSISTÊNCIA. RECURSO ESPECIAL CONHECIDO E PROVIDO. 1. O sistema *time-sharing* ou multipropriedade imobiliária, conforme ensina Gustavo Tepedino, é uma espécie de condomínio relativo a locais de lazer no qual se divide o aproveitamento econômico de bem imóvel (casa, chalé, apartamento) entre os cotitulares em unidades fixas de tempo, assegurando-se a cada um o uso exclusivo e perpétuo durante certo período do ano. 2. Extremamente acobertada por princípios que encerram os direitos reais, a multipropriedade imobiliária, nada obstante ter feição obrigacional aferida por muitos, detém forte liame com o instituto da propriedade, se não for sua própria expressão, como já vem proclamando a doutrina contemporânea, inclusive num contexto de não se reprimir a autonomia da vontade nem a liberdade contratual diante da preponderância da tipicidade dos direitos reais e do sistema de *numerus clausus*. 3. No contexto do Código Civil de 2002, não há óbice a se dotar o instituto da multipropriedade imobiliária de caráter real, especialmente sob a ótica da taxatividade e imutabilidade dos direitos reais inscritos no art. 1.225. 4. O vigente diploma, seguindo os ditames do estatuto civil anterior, não traz nenhuma vedação nem faz referência à inviabilidade de consagrar novos direitos reais. Além disso, com os atributos dos direitos reais se harmoniza o novel instituto, que, circunscrito a um vínculo jurídico de aproveitamento econômico e de imediata aderência ao imóvel, detém as faculdades de uso, gozo e disposição sobre fração ideal do bem, ainda que objeto de compartilhamento pelos multiproprietários de espaço e turnos fixos de tempo. 5. *A multipropriedade imobiliária, mesmo não efetivamente codificada, possui natureza jurídica de direito real, harmonizando-se, portanto, com os institutos constantes do rol previsto no art. 1.225 do Código Civil*; e o multiproprietário, no caso de penhora do imóvel objeto de compartilhamento espaço-temporal (*time-sharing*), tem, nos embargos de terceiro, o instrumento judicial protetivo de sua fração ideal do bem objeto de constrição. 6. É insubsistente a penhora sobre a integralidade do imóvel submetido ao regime de multipropriedade na hipótese em que a parte embargante é titular de fração ideal por conta de cessão de direitos em que figurou como cessionária. 7. Recurso especial conhecido e provido" (REsp 1.546.165/SP, Rel. Min. Ricardo Villas Bôas Cueva, rel. p/ Acórdão Ministro João Otávio de Noronha, 3ª Turma, julgado em 26-4-2016, *DJe* 6-9-2016) (grifamos).

I – a limitação da responsabilidade de cada investidor ao valor de suas cotas;

II – a limitação da responsabilidade, bem como parâmetros de sua aferição, dos prestadores de serviços do fundo de investimento, perante o condomínio e entre si, ao cumprimento dos deveres particulares de cada um, sem solidariedade; e

III – classes de cotas com direitos e obrigações distintos, com possibilidade de constituir patrimônio segregado para cada classe.

§ 1.º A adoção da responsabilidade limitada por fundo de investimento constituído sem a limitação de responsabilidade somente abrangerá fatos ocorridos após a respectiva mudança em seu regulamento.

§ 2.º A avaliação de responsabilidade dos prestadores de serviço deverá levar sempre em consideração os riscos inerentes às aplicações nos mercados de atuação do fundo de investimento e a natureza de obrigação de meio de seus serviços.

§ 3.º O patrimônio segregado referido no inciso III do *caput* deste artigo só responderá por obrigações vinculadas à classe respectiva, nos termos do regulamento.

Art. 1.368-E. Os fundos de investimento respondem diretamente pelas obrigações legais e contratuais por eles assumidas, e os prestadores de serviço não respondem por essas obrigações, mas respondem pelos prejuízos que causarem quando procederem com dolo ou má-fé.

§ 1.º Se o fundo de investimento com limitação de responsabilidade não possuir patrimônio suficiente para responder por suas dívidas, aplicam-se as regras de insolvência previstas nos arts. 955 a 965 deste Código.

§ 2.º A insolvência pode ser requerida judicialmente por credores, por deliberação própria dos cotistas do fundo de investimento, nos termos de seu regulamento, ou pela Comissão de Valores Mobiliários.

Art. 1.368-F. O fundo de investimento constituído por lei específica e regulamentado pela Comissão de Valores Mobiliários deverá, no que couber, seguir as disposições deste Capítulo".

O art. 1.368-C é *norma explicativa*, pois cuida de definir o próprio instituto disciplinado nos dispositivos seguintes do mesmo Capítulo X.

Nessa linha, *o fundo de investimento é uma comunhão de recursos, constituído sob a forma de condomínio de natureza especial, destinado* à *aplicação em ativos financeiros, bens e direitos de qualquer natureza.*

Deflui da dicção do texto normativo a natureza condominial do fundo.

Comentando acerca da inclusão dos fundos de investimento no Código Civil (originalmente pela MP 881/2019 e, após, por meio da Lei n. 13.874/2019), ensina MARCO AURÉLIO BEZERRA DE MELO que o objetivo do legislador foi "incrementar essa operação econômica que apresenta importantes reflexos jurídicos, possibilitando a existência de investidores com responsabilidade limitada à sua respectiva quota de participação"[53].

A sua natureza especial afasta a aplicação das normas constantes nos arts. 1.314 a 1.358-A do Código Civil. Assim, as regras do condomínio em geral, do condomínio edilício e do condomínio de lotes não se lhe aplicam (§ 1.º do art. 1.368-C).

O §§ 2.º e 3.º do art. 1.368-C, por sua vez, trazem regras importantes:

---

[53] MELO, Marco Aurélio Bezerra de. Apreciação Preliminar dos Fundos de Investimento na MP 881/19. Disponível em: <http://genjuridico.com.br/2019/05/03/apreciacao-preliminar-dos-fundos-de-investimento-na-mp-881-19/>. Acesso em: 24 set. 2019.

a) competirá à Comissão de Valores Mobiliários disciplinar o fundo de investimento;

b) o registro dos regulamentos dos fundos de investimentos na Comissão de Valores Mobiliários – CVM é condição suficiente para garantir a sua publicidade e a oponibilidade de efeitos em relação a terceiros.

Note-se, pois, que o registro na CVM dispensaria outro registro cartorário com o propósito de imprimir oponibilidade *erga omnes* ao fundo.

A título de complementação de pesquisa, lembramos que a Comissão de Valores Mobiliários – CVM é

> "(...) uma entidade autárquica, em regime especial, vinculada ao Ministério da Fazenda, criada pela Lei n. 6.385, de 07 de dezembro de 1976, com a finalidade de disciplinar, fiscalizar e desenvolver o mercado de valores mobiliários. A autarquia, com sede na cidade do Rio de Janeiro, é administrada por um Presidente e quatro Diretores nomeados pelo Presidente da República. O Presidente e a Diretoria constituem o Colegiado, que define políticas e estabelece práticas a serem implantadas e desenvolvidas pelo corpo de Superintendentes, a instância executiva da CVM"[54].

Importância foi dada ao *regulamento* do fundo de investimento, na medida em que poderá, observada a disciplina normativa da CVM, a teor do art. 1.368-D[55] do Código Civil, estabelecer:

a) a limitação da responsabilidade de cada investidor ao valor de suas cotas;

b) a limitação da responsabilidade, bem como parâmetros de sua aferição, dos prestadores de serviços do fundo de investimento, perante o condomínio e entre si, ao cumprimento dos deveres particulares de cada um, sem solidariedade; e

c) classes de cotas com direitos e obrigações distintos, com possibilidade de constituir patrimônio segregado para cada classe.

Sobre o tema, debruçando-se sobre a MP 881/2019 (que se converteria, com alterações, na Lei n. 13.874/2019), observou LEONARDO COTTA PEREIRA:

> "A medida provisória 881, editada em 30 de abril de 2019, conseguiu expor, de forma salutar, um movimento de reflexão no que tange à responsabilização fiduciária nas estruturas dos Fundos de Investimento, a qual vem sendo sustentada pelo mercado financeiro com afinco ao longo dos últimos anos, em busca de uma regulação mais equânime e, consequentemente, um ambiente de investimentos menos inóspito"[56].

---

[54] Disponível em: <https://www.investidor.gov.br/menu/Menu_Investidor/a_cvm/ACVM.html>. Acesso em: 11 out. 2019.

[55] O referido art. 1.368-D, em seus parágrafos, dispõe:

"§ 1.º A adoção da responsabilidade limitada por fundo de investimento constituído sem a limitação de responsabilidade somente abrangerá fatos ocorridos após a respectiva mudança em seu regulamento.

§ 2.º A avaliação de responsabilidade dos prestadores de serviço deverá levar sempre em consideração os riscos inerentes às aplicações nos mercados de atuação do fundo de investimento e a natureza de obrigação de meio de seus serviços.

§ 3.º O patrimônio segregado referido no inciso III do *caput* deste artigo só responderá por obrigações vinculadas à classe respectiva, nos termos do regulamento".

[56] PEREIRA, Leonardo Cotta. *MP 881/19: Individualização de Responsabilidade Fiduciária em Fundos de Investimento*. Disponível em: <https://www.migalhas.com.br/dePeso/16,MI303784,91041-M-

De fato, a questão atinente à responsabilidade envolvendo os fundos é complexa. O legislador, aliás, avançou, estabelecendo, no art. 1.368-E[57], que

> "Os fundos de investimento respondem diretamente pelas obrigações legais e contratuais por eles assumidas, e os prestadores de serviço não respondem por essas obrigações, mas respondem pelos prejuízos que causarem quando procederem com dolo ou má-fé".

Afastou-se, pois, a responsabilidade objetiva e, bem assim, a própria responsabilidade subjetiva por mera culpa dos prestadores de serviços.

Destacamos, neste ponto, observação feita por MARCO AURÉLIO MELO, em pesquisa já citada:

> "Importa trazer à consideração que em caso emblemático no qual se discutiu a responsabilidade civil da administradora de fundos do Banco Marka em razão da perda decorrente da desvalorização do real no ano de 1999, a Quarta Turma do Superior Tribunal de Justiça deu provimento ao recurso especial em favor da instituição financeira, decidindo que descabia o pleito indenizatório por dano material ou moral em favor de investidor em fundos derivativos, tendo em vista que tais investimentos envolvem altos riscos e atraem investidores que são classificados no mercado financeiro como experientes e de perfil agressivo. A despeito de reconhecer a configuração da relação consumerista no caso, a decisão considerou que não há defeito do serviço na atividade exercida quando há o insucesso não culposo, pois tal obrigação é considerada como de meio e não de resultado no sentido da esperada lucratividade do investidor, à qual não se vincula contratualmente o fornecedor (STJ, Quarta Turma, REsp n. 799.241 – RJ, Rel. Min. Raul Araújo, julg. em 14/08/2012)"[58].

Por fim, o Código, com a redação dada pela Lei n. 13.874/2019, em seu art. 1.368-F, dispõe que o fundo, criado por *lei específica* e regulamentado pela CVM, submeter-se-á, no que couber, às suas normas codificadas (dos arts. 1.368-C a 1.368-E).

9. CONDOMÍNIO EDILÍCIO E PANDEMIA

A denominada "Lei da Pandemia" (Lei n. 14.010/2020) consagrou dispositivos com impacto no âmbito das relações condominiais (condomínios edilícios):

> "Art. 12. A assembleia condominial, inclusive para os fins dos arts. 1.349 e 1.350 do Código Civil, e a respectiva votação poderão ocorrer, em caráter emergencial, até 30 de outubro de 2020, por meios virtuais, caso em que a manifestação de vontade de cada condômino será equiparada, para todos os efeitos jurídicos, à sua assinatura presencial.
>
> Parágrafo único. Não sendo possível a realização de assembleia condominial na forma prevista no *caput*, os mandatos de síndico vencidos a partir de 20 de março de 2020 ficam prorrogados até 30 de outubro de 2020.

P+88119+individualizacao+de+responsabilidade+fiduciaria+em+fundos+de>. Acesso em: 25 set. 2019.

[57] Confiram-se os parágrafos do art. 1.368-E:

"§ 1.º Se o fundo de investimento com limitação de responsabilidade não possuir patrimônio suficiente para responder por suas dívidas, aplicam-se as regras de insolvência previstas nos arts. 955 a 965 deste Código.

§ 2.º A insolvência pode ser requerida judicialmente por credores, por deliberação própria dos cotistas do fundo de investimento, nos termos de seu regulamento, ou pela Comissão de Valores Mobiliários".

[58] MELO, Marco Aurélio Bezerra de. *Apreciação Preliminar dos Fundos de Investimento na MP 881/19*, cit.

Art. 13. É obrigatória, sob pena de destituição do síndico, a prestação de contas regular de seus atos de administração".

Refletindo sobre tais dispositivos, escreveram STOLZE e ELIAS[59]:

"Assim, o síndico deverá, unilateralmente, escolher um meio de virtual para a realização das assembleias e para a coleta dos votos, admitido, porém, que a assembleia determine mudanças nesses procedimentos.

(...)

Os síndicos, salvo disposição contrária na convenção, têm mandato de 2 anos, renováveis por igual período (art. 1.347, CC).

Expirado o prazo do mandato sem que nova assembleia seja feita para nomeação de outro síndico ou para a recondução do atual, a doutrina majoritária admite que haja uma prorrogação tácita. Entretanto, na prática, isso se torna pouco operacional, pois, por exemplo, as instituições financeiras costumam bloquear o acesso do síndico à conta bancária do condomínio após o fim do prazo do mandato.

Nesse período de coronavírus, o síndico deverá convocar assembleia virtual para deliberar sobre a nomeação de novo síndico se o prazo do seu mandato estiver para expirar. Caso tal não seja viável, o art. 12, parágrafo único, da Lei do RJET admite a prorrogação automática do mandato para 30 de outubro de 2020. Entendemos que, para efeito de comprovação perante terceiros (como os bancos), basta declaração do síndico de que não foi viável realizar a assembleia virtual antes da expiração do prazo do mandato.

O art. 13 da Lei do RJET incorreu em redundância, talvez pelo receio de abusos que possam ser cometidos por síndicos em virtude da excepcionalidade do período pandêmico.

Já é dever do síndico prestar à assembleia contas regularmente de seus atos de modo anual e sempre que for exigido (art. 1.348, VIII).

Se não for viável a realização da assembleia, nem mesmo a virtual, o síndico deverá, logo que possível, convocar a assembleia para prestar contas.

A punição pela falta da prestação de contas é a sua destituição, seja por força do art. 13 da Lei do RJET, seja porque o art. 1.349 do CC já previa essa destituição".

A adoção do meio virtual de realização de assembleias condominiais, por suas largas vantagens, mormente sob o prisma da segurança, é prática que deve se prorrogar para além do período pandêmico, em nosso sentir.

---

[59] GAGLIANO, Pablo Stolze; OLIVEIRA, Carlos Eduardo Elias de. Comentários à Lei da Pandemia (Lei n. 14.010, de 10 de junho de 2020 – RJET). Análise detalhada das questões de Direito Civil e Direito Processual Civil. *Revista Jus Navigandi*, ISSN 1518-4862, Teresina, ano 25, n. 6.190, 12 jun. 2020. Disponível em: <https://jus.com.br/artigos/46412>. Acesso em: 16 set. 2020.

Capítulo XVII
Noções Gerais sobre Direitos Reais na Coisa Alheia

Sumário: 1. Introdução. 2. Noções conceituais. 3. Classificação. 4. Constituição e extinção.

1. INTRODUÇÃO

Chegamos à parte final de nosso livro.

Como assim?

É que, em diversos currículos dos cursos de graduação em Direito, a matéria "Direitos Reais" é comumente dividida em duas partes.

Na primeira, proporciona-se uma visão ampla sobre a disciplina normativa dos direitos reais, com ênfase no estudo da posse e da propriedade, de forma a possibilitar o conhecimento de todos os efeitos jurídicos destes institutos.

Foi o que fizemos até agora.

A partir deste momento, passaremos a apresentar a você, amigo leitor, a segunda parte do estudo dos direitos reais, destinada à compreensão dos **direitos reais na coisa alheia**, tema que, muitas vezes, é reservado para disciplinas optativas na graduação.

Daí a enorme relevância de se estudar, de forma profunda, porém abrangente, cada uma das modalidades positivadas de direitos reais na coisa alheia, pois, com isso, garantir-se-á uma completa visão do sistema.

Antes, porém, de conceituarmos cada um deles separadamente e desenvolver os seus aspectos mais importantes e fundamentais, parece-nos importante tecer algumas rápidas considerações conceituais e classificatórias.

É o que faremos nos próximos tópicos.

2. NOÇÕES CONCEITUAIS

A definição de **direitos reais na coisa alheia** parece instintiva.

De fato, sendo a **propriedade**, essencialmente, o direito real na coisa própria, a conceituação dos direitos reais na coisa alheia pode ser feita por exclusão.

Ou seja, todos os demais direitos reais, que não a propriedade, podem estar abrangidos nessa conceituação, lembrando sempre que a **posse**, por sua vez, é, em nosso sentir, somente o domínio fático de uma coisa por um sujeito, sendo, portanto, uma situação de fato que gera efeitos jurídicos.

Assim, compreendemos **direitos reais na coisa alheia** como o conjunto de relações jurídicas reais cujo objeto não é a coisa própria, mas, sim, um bem de propriedade de outrem.

Levando sempre em consideração que os direitos reais são regidos pelo **princípio da tipicidade**[1], uma vez que devem estar previamente delineados e regulados por lei, parece-nos fácil enumerar os direitos reais na coisa alheia, pelo menos os que estão codificados.

Sobre este "caráter tipicamente legal" dos nossos direitos reais, escreveu o Ministro FRANCISCO CLÁUDIO DE ALMEIDA SANTOS:

> "Também nós teríamos uma preferência por um sistema de enumeração claramente aberta dos direitos reais, mas, por um lado, reconhecemos ser da tradição da doutrina brasileira o entendimento de que a vontade particular não é autônoma para a criação de novas figuras de direitos reais. Assim se manifestava CLOVIS BEVILAQUA, nos seus comentários ao Código Civil de 1916 (art. 674) e no seu 'Direito das Coisas', e assim se pronunciou ORLANDO GOMES na memória justificativa de seu anteprojeto. E, por outro lado, também admitimos não serem tão rápidas as mutações sociais nas necessidades reais, a justificar uma enumeração aberta. Acreditamos que as figuras arroladas e interpretadas com menos rigidez, salvo algumas exceções, são suficientes para atender a todas as exigências da economia moderna"[2].

Com efeito, estabelece o já conhecido art. 1.225 do Código Civil:

> "Art. 1.225. São direitos reais:
>
> I – a propriedade;
>
> II – a superfície;
>
> III – as servidões;
>
> IV – o usufruto;
>
> V – o uso;
>
> VI – a habitação;
>
> VII – o direito do promitente comprador do imóvel;
>
> VIII – o penhor;
>
> IX – a hipoteca;
>
> X – a anticrese.
>
> XI – a concessão de uso especial para fins de moradia;
>
> XII – a concessão de direito real de uso;
>
> XIII – a laje;
>
> XIV – os direitos oriundos da imissão provisória na posse, quando concedida à União, aos Estados, ao Distrito Federal, aos Municípios ou às suas entidades delegadas e a respectiva cessão e promessa de cessão (Incluído pela Lei n. 14.620, de 2023)".

Se a propriedade é o direito real na coisa própria (*jus in re propria*), todos os demais ali elencados serão considerados **direitos reais na coisa alheia** (*jura in re aliena*).

---

[1] Confira-se o Capítulo II ("Principiologia dos Direitos Reais") deste volume.

[2] SANTOS, Francisco Cláudio de Almeida. *Breves considerações sobre o Direito das Coisas no Novo Código Civil*. Disponível em: <https://bdjur.stj.jus.br/jspui/bitstream/2011/16985/Breves_Considereações_Direito.pdf>. Acesso em: 29 abr. 2018.

Tal modalidade também é conhecida pela expressão "direitos reais limitados", motivo pelo qual também poderemos utilizá-la ao longo desta obra.

Em verdade, embora o sistema lhes confira autonomia, inclusive classificatória, é forçoso convir que tais direitos reais na coisa alheia têm a sua matriz na propriedade.

Nessa linha, o grande RICARDO ARONNE:

"A propriedade resulta definida pelos poderes que imanta, conforme a retórica realista. Importa a propriedade, consoante o aforismo do *caput* do art. 1.228 do CCB, nos poderes de usar, fruir e dispor do bem, dentro de abstratos limites negativos que a lei impõe.

Definida a propriedade e conduzida à condição de núcleo da disciplina do direito das coisas, decorreram consequências jurídicas desta opção política. Exemplo se alcança nos direitos reais sobre coisas alheias. Caracterizados como elementos decorrentes da propriedade (identificada ao domínio, pelo nada neutro discurso da dogmática oitocentista), se identificaram às titularidades. Daí o art. 1.225 do Código, denominar titularidades como direitos reais. Até o final do século XX, alguns pressupostos aqui erigidos, não seriam mais discutidos com efetividade"[3].

Antes de fazermos a classificação desses direitos reais na coisa alheia, registramos que o Código Civil de 2002 extinguiu duas modalidades existentes no texto codificado anterior, quais sejam, a "enfiteuse" e as "rendas constituídas sobre imóveis".

De acordo com PAULO LÔBO:

"O CC/2002 excluiu a enfiteuse ou aforamento, exceto para situações já constituídas entre particulares, até suas extinções, em virtude da faculdade de resgate conferida ao titular do domínio útil contra o titular do domínio direto, pagando a este o percentual do laudêmio. O art. 2.038 é incisivo: 'Fica proibida a constituição de enfiteuses e subenfiteuses', desde o início da vigência do Código. As remanescentes continuam regidas pelas regras sobreviventes do CC/1916, que passaram a ter função de normas transitórias. O laudêmio (percentual pago ao titular do domínio direto pela alienação do domínio útil ou pelo resgate), devido ao titular do domínio direto, não poderá incidir sobre o valor da construção ou da plantação, mas apenas sobre o valor da terra nua; antes, era sobre o preço da alienação ou o valor da propriedade plena. Permanece a enfiteuse, exclusivamente, para os terrenos de marinha e acrescidos de marinha, cujo titular do domínio direto é a União, regida por legislação de direito público específica.

A enfiteuse sempre foi objeto de reação negativa da maioria dos autores, por ser um instituto tipicamente medieval, segundo a cultura da época de superposição de titularidades, para remuneração do senhorio feudal parasitário, que reservava para si o domínio direto perpétuo da coisa. De acordo com San Tiago Dantas (1979, p. 104) os glosadores medievais manipularam conceitualmente o sentido da *vindicatio utilis* e da *vindicatio direta*, para construir a ideia de domínio útil e domínio direto, em conformidade com a estrutura do feudalismo, incompatível com o verdadeiro conceito romano de domínio. Na literatura jurídica brasileira, há quem propugne pela revitalização da enfiteuse (Aronne, 2001, p. 246), enxergando na contraprestação do foreiro para o senhorio a funcionalização do bem e não o foro, ou seja, as muitas terras em mãos de poucos poderiam ser funcionalizadas por essa via, cumprindo-se o dever de função social da propriedade.

---

[3] ARONNE, Ricardo. Os Direitos Reais na constitucionalização do Direito Civil. *Direito & Justiça*. Porto Alegre, v. 39, n. 2, p. 180, jul./dez. 2013.

Outro direito real limitado extinto pelo CC/2002 foi o das rendas constituídas sobre imóveis. Já tinha desaparecido da prática social e jurídica. Consistia no gravame que recaía sobre o titular do imóvel em pagar ao credor renda durante determinado tempo. A espécie era mais adequada ao direito das obrigações, como estabelece o Código Civil português ('consignações de rendimentos'), e não ao direito das coisas"[4].

Justamente por não ser mais objeto de disciplina jurídica vigente, optamos por não abrir capítulos para esses dois superados direitos reais na coisa alheia[5], embora, no capítulo dedicado ao direito real de superfície[6], haja considerações acerca da enfiteuse.

3. CLASSIFICAÇÃO

Os direitos reais na coisa alheia (*jura in re aliena*) ou direitos reais limitados, por sua vez, também sofrem subdivisões.

São considerados **direitos de gozo ou fruição** os direitos reais de **superfície, servidão, usufruto, uso, habitação, concessão de uso especial para moradia, concessão de direito real de uso e direito de laje.**

Por direitos de gozo ou fruição, entendemos aqueles direitos reais limitados ao exercício dos poderes específicos inerentes à propriedade.

Já o **penhor**, a **anticrese** e a **hipoteca** são considerados **direitos de garantia**, por servirem para assegurar uma determinada relação obrigacional.

Vale destacar que, em tal classificação, pode ser inserida, também, a alienação fiduciária em garantia, que é regulada em legislação especial (destacamos a Lei n. 4.728/65, o Dec.-Lei n. 911/69, bem como as Leis n. 9.514/97 e 10.931/2004).

Por fim, a **promessa de compra e venda** é considerada um **direito à coisa**, que não se confunde com o direito de propriedade, conforme verificaremos em momento próprio[7].

Por fim, conforme já expusemos em capítulo anterior[8], há quem ainda classifique os direitos reais na coisa alheia em direitos **subjetivamente pessoais** ou **subjetivamente reais**, na medida em que adiram ao sujeito individual e especificamente considerado (ex: usufruto) ou ao eventual titular do bem gravado com o direito real na coisa alheia (ex: servidão).

4. CONSTITUIÇÃO E EXTINÇÃO

A título de arremate do tópico, é preciso explicar que os direitos reais limitados constituem-se da mesma forma que o direito real da coisa própria (a propriedade).

Assim, tem-se por imperativo reconhecer a multicausalidade de fatos constitutivos dos direitos reais na coisa alheia.

---

[4] LÔBO, Paulo. *Direito Civil*: coisas. 2. ed. São Paulo: Saraiva, 2016. p. 262-263.

[5] A renda constituída sobre imóvel é considerada um **ônus real**, ou seja, uma obrigação que limita "o uso e gozo da propriedade" (cf. GONÇALVES, Carlos Roberto. *Direito Civil brasileiro*: teoria geral das obrigações. 9. ed. São Paulo; Saraiva, 2012. p. 30).

[6] Confira-se o Capítulo XVIII ("Direito de superfície") deste volume.

[7] Confira-se o Capítulo XXIII ("Direito do promitente comprador de imóvel") deste volume.

[8] Confira-se o Capítulo I ("Noções introdutórias sobre Direitos Reais") deste volume, mais especificamente o tópico 6 ("Classificação dos direitos reais").

Nesse sentido, a lição de PAULO LÔBO:

"Os direitos reais adquirem-se de vários modos: por força de lei ou em virtude de negócios jurídicos contratuais, testamentos, usucapião, sucessão legítima, divisão ou partilha e, até mesmo, de execução forçada. Alguns direitos reais limitados existem em razão do titular, não podendo ser transmitidos por sucessão hereditária, como o usufruto vitalício. A aquisição de origem negocial dos direitos reais limitados sobre imóveis configura-se com o registro imobiliário e bem assim sua extinção, mediante averbação do cancelamento do registro (Lei n. 6.015/73, art. 167, II, 2). Como a Lei de Registros Públicos universalizou o sistema de matrícula única para cada imóvel, tanto a aquisição quanto a extinção dos direitos reais limitados dão-se por averbação nela. A aquisição por sucessão hereditária ou por usucapião dos direitos reais limitados, assim das coisas móveis como de imóveis, opera-se por força de lei, não tendo o registro público natureza constitutiva"[9].

Na medida em que formos analisando cada um dos direitos reais limitados, apontaremos, quando necessário, as peculiaridades de sua constituição.

No que tange à sua extinção, notamos a existência de causas comuns, a exemplo da desapropriação, da cessão do termo de duração (quando se tratar de direito limitado temporário), do abandono ou da renúncia, bem como situações específicas, como "quando tiver cessado, para o prédio dominante, a utilidade ou a comodidade, que determinou a constituição da servidão" (art. 1.388, II), bem como pelo não uso da servidão "durante dez anos contínuos" (art. 1.389, III), ou, ainda, no caso do usufruto, "pela extinção da pessoa jurídica, em favor de quem o usufruto foi constituído, ou, se ela perdurar, pelo decurso de trinta anos da data em que se começou a exercer" (art. 1.410, III), "pela cessação do motivo de que se origina" (art. 1.410, IV) ou "por culpa do usufrutuário, quando aliena, deteriora, ou deixa arruinar os bens, não lhes acudindo com os reparos de conservação, ou quando, no usufruto de títulos de crédito, não dá às importâncias recebidas a aplicação prevista no parágrafo único do art. 1.395" (art. 1.410, VII).

Por óbvio, não pretendemos esgotar, aqui, as causas extintivas, que serão objeto de análise em momento oportuno, quando estudarmos cada um dos direitos reais na coisa alheia.

Feitas tais considerações, passemos à missão de compreender os direitos reais na coisa alheia, em espécie, começando com o "direito de superfície", que é o objeto do próximo capítulo.

---

[9] LÔBO, Paulo. Op. cit. p. 262-263.

Capítulo XVIII
Direito de Superfície

Sumário: 1. Conceito e partes. 2. Constituição. 3. Características. 4. Transmissibilidade do direito de superfície. 5. O direito de superfície e os enunciados das Jornadas de Direito Civil. 6. Extinção do direito de superfície.

1. CONCEITO E PARTES

O direito de superfície substituiu a antiga enfiteuse[1].

Sobre a enfiteuse, ensinava ORLANDO GOMES:

"A enfiteuse é o direito real limitado que confere a alguém, perpetuamente, os poderes inerentes ao domínio, com a obrigação de pagar ao dono da coisa uma renda anual. Denomina-se também *emprazamento, aforamento ou prazos,* sendo mais conhecida, entre nós, pela penúltima designação.

Na enfiteuse, quem tem o domínio do imóvel aforado se chama senhorio direto; quem possui imediatamente, enfiteuta ou foreiro. Costuma-se dizer que o senhorio é o titular do domínio eminente ou direto e o foreiro do domínio útil, em alusão ao processo de fragmentação da propriedade realizado no direito medieval.

(...)

A enfiteuse é direito real imobiliário. Recai exclusivamente em terreno.

(...)

Elemento essencial à caracterização da enfiteuse é, por fim, a obrigação do foreiro de pagar a renda anual chamada *cânon, foro ou pensão*"[2].

---

[1] **Código Civil de 1916**: Art. 678. Dá-se a enfiteuse, aforamento, ou emprazamento, quando por ato entre vivos, ou de última vontade, o proprietário atribui a outrem o domínio útil do imóvel, pagando a pessoa, que o adquire, e assim se constitui enfiteuta, ao senhorio direto uma pensão, ou foro, anual, certo e invariável. **Código Civil de 2002**: Art. 2.038, CC. Fica proibida a constituição de enfiteuses e subenfiteuses, subordinando-se as existentes, até sua extinção, às disposições do Código Civil anterior, Lei n. 3.071, de 1.º de janeiro de 1916, e leis posteriores. § 1.º Nos aforamentos a que se refere este artigo é defeso: I – cobrar laudêmio ou prestação análoga nas transmissões de bem aforado, sobre o valor das construções ou plantações; II – constituir subenfiteuse. § 2.º A enfiteuse dos terrenos de marinha e acrescidos regula-se por lei especial.

[2] GOMES, Orlando. *Direitos Reais*. 19. ed. Atualizada por Luiz Edson Fachin. Rio de Janeiro: Forense, 2008. p. 263-264. Outro conceito importante no estudo da antiga enfiteuse é o "laudêmio", obrigação pecuniária que cabia ao enfiteuta quando da cessão onerosa do seu direito a terceiro, caso o senhorio não exercesse o seu direito de preferência. No Código Civil de 1916, confira-se o art. 686: "Sempre que se realizar a transferência do domínio útil, por venda ou dação em pagamento, o se-

Superada a antiga enfiteuse, o codificador de 2002 consagrou o **direito de superfície: o proprietário pode conceder a outrem o direito de construir ou de plantar em seu terreno, por tempo determinado, mediante escritura pública devidamente registrada no Cartório de Registro de Imóveis, segundo o** *caput* **do art. 1.369, CC/2002.**

Figuram como partes, na relação real emanada da superfície:

a) o proprietário ou fundieiro – aquele que cede o uso do imóvel, experimentando a limitação da superfície;

b) o superficiário – o titular do direito de superfície, que recebe o imóvel do fundieiro para construir ou plantar.

Registre-se, porém, que o instituto não era inédito no Direito Brasileiro, uma vez que o Estatuto da Cidade (Lei n. 10.257, de 10 de julho de 2001) já trazia previsão do "direito de superfície"[3] em seus arts. 21 a 24, tendo a peculiaridade de admitir a previsão de estabelecimento por tempo indeterminado.

Sobre a revogação das normas do Estatuto da Cidade pelo Código Civil, escreve o talentoso RODRIGO MAZZEI:

"A situação de dúvida (*houve revogação tácita?*) decorre em parte da palidez do artigo 2.045 do Código Civil que, desprezando o disposto no artigo 9.º da Lei Complementar n. 95, de 26 de fevereiro de 1998, indica apenas como revogadas expressamente as Leis 3.071/1916 (Código Civil primitivo) e a Parte Primeira da Lei 566/1850 (Código Comercial). O vácuo deixado permite discussões não apenas quanto aos artigos 21 a 24 do Estatuto da Cidade, que tratam do direito de superfície, mas também quanto a outras normas.

A matéria é polêmica e criou forte divergência doutrinária. Ao ilustrar tal assertiva, as opiniões de peso (abaixo transcritas) foram confrontadas na I Jornada de Direito Civil, promovida pelo Centro de Estudos Judiciários do Conselho da Justiça Federal, no período de 11 a 13 de setembro de 2002, culminando com a edição do Enunciado 93 (*por maioria de apenas um voto*). Confira-se:

> **Enunciado n. 93** – As normas previstas no Código civil sobre direito de superfície não revogam as relativas a direito de superfície constante do Estatuto da Cidade (Lei. 10.257/2001), por ser instrumento de política de desenvolvimento urbano.

---

nhorio direto, que não usar da opção, terá direito de receber do alienante o laudêmio, que será de dois e meio por cento sobre o preço da alienação, se outro não tiver fixado no título de aforamento". Sobre o laudêmio referente a enfiteuses existentes em terrenos da União, dispõe o art. 27 da Lei n. 13.240, de 30 de dezembro de 2015: "Art. 27. O Decreto-Lei n. 2.398, de 21 de dezembro de 1987, passa a vigorar com as seguintes alterações: (...) Art. 3.º. A transferência onerosa, entre vivos, do domínio útil e da inscrição de ocupação de terreno da União ou cessão de direito a eles relativos dependerá do prévio recolhimento do laudêmio, em quantia correspondente a 5% (cinco por cento) do valor atualizado do domínio pleno do terreno, excluídas as benfeitorias".

[3] Art. 21 do Estatuto da Cidade (Lei n. 10.257, de 10 de julho de 2001:

"Art. 21. O proprietário urbano poderá conceder a outrem o direito de superfície do seu terreno, por tempo determinado ou indeterminado, mediante escritura pública registrada no cartório de registro de imóveis".

Posição vencedora	Posição divergente da conclusão enunciada
'Não serão derrogadas ou ab-rogadas as normas relativas ao direito de superfície constantes do Estatuto da Cidade com a vigência das normas inseridas no referido Código referentes ao mesmo direito, as quais entrarão em vigor em 11 de janeiro de 2003, pois se cuida de institutos com vocações diversas, destinados a regular situações jurídicas diferenciadas' (Enunciado proposto por Ricardo Pereira Lira).	'O direito de superfície, regulado pelos arts. 21 a 24 da Lei 10.257, de 10 de julho de 2001, Estatuto da Cidade, passará a ser disciplinado pelo novo Código Civil, no momento de sua entrada em vigor' (Enunciado proposto por Sônia Regina M. M. A. Mury).

Nada obstante a posição extratizada na proposta vencedora, exame da doutrina indica que a matéria ainda não é pacífica, dividindo-se os estudiosos basicamente em duas correntes. A primeira de convivência dos dois diplomas, por se tratarem de diplomas distintos, sendo um de caráter geral e o outro de caráter especial, de forma que o posterior (Código Civil) não revogaria o anterior (Estatuto da Cidade). A segunda, afirmando que o Código Civil cuidou totalmente da matéria ocupando, por tal postura, o espaço da lei anterior (Estatuto da Cidade)"[4].

Em nosso pensar, as normas do Código Civil, de fato, não revogaram as do Estatuto da Cidade, que serão aplicadas, preferencialmente, quando a superfície estiver inserida no âmbito da política de desenvolvimento urbano.

Posto isso, voltemos a atenção, em especial, ao nosso Código.

Este direito real de superfície, na forma prevista pelo Código Civil, não autoriza obra no subsolo, salvo se for inerente ao objeto da concessão, na forma do parágrafo único do referido art. 1.369[5].

Refletindo ainda sobre a superfície, vale transcrever interessante questionamento que ÉLCIO REZENDE apresenta:

"Ao ler o primeiro artigo que trata do direito de superfície no Código Civil, constatamos que a principal obrigação do superficiário é 'construir ou plantar' no terreno do conce-

---

[4] MAZZEI, Rodrigo. *Direito de superfície*. Salvador: Ed. JusPodivm, 2013. Cf. capítulo 7, itens 7.15 e 7.16. O mesmo autor defende uma "interpretação sistêmica", indicando que se trata de tema controvertido na doutrina: "O que estamos a afirmar, na realidade, é que existe um *mega microssistema* que norteia a função social da propriedade. O direito de superfície é um dos instrumentos presentes neste conjunto de normas, sendo regulado por dois corpos legislativos que estão dentro do grupo de leis intercomunicantes e interdisciplinares que protegem a função social da propriedade. Tal conclusão significa concluir que ambos os diplomas podem se comunicar, alimentando-se reciprocamente de normas para alcançar o mesmo fim: *prestígio à função social da propriedade*".

[5] Tratando-se de bem utilizado para finalidade urbanística, em regência pelo Estatuto da Cidade, poderá a autonomia da vontade admitir o uso do subsolo, na forma estabelecida em contrato, como prevê o § 1.º do art. 21 do Estatuto da Cidade.

dente. Isto posto, surge uma questão: é possível constituir uma superfície incidente em um imóvel já construído? A resposta me parece positiva"[6]. (grifamos)

Trata-se do denominado **direito de superfície por cisão,** tema debatido e polêmico em doutrina, tendo sido objeto do Enunciado n. 250 da III Jornada de Direito Civil:

> Enunciado n. 250 – Art. 1.369: "Admite-se a constituição do direito de superfície por cisão".

Em nosso sentir, é possível a figura da cisão, na medida em que o superficiário poderá realizar obras e explorar o prédio, imprimindo-lhe destinação econômica.

Todavia, com a regulamentação legal do direito real de laje[7], objeto de estudo em capítulo próprio, arriscamos afirmar que a utilidade da superfície por cisão perdeu a sua força.

2. CONSTITUIÇÃO

O direito de superfície pode ser constituído por pessoa física ou jurídica, e, até mesmo, por pessoa jurídica de direito público interno (regendo-se pelo Código Civil, no que não for diversamente disciplinado em lei especial, conforme prevê o art. 1.377).

Aliás, quanto a sua constituição, regra geral opera-se por meio de contrato, formalizado por meio de escritura pública devidamente registrada no Cartório de Registro de Imóveis, segundo o referido *caput* do art. 1.369, CC/2002.

Mas, nesse ponto, um interessante questionamento se impõe: **o direito de superfície pode ser constituído por usucapião?**

Com a palavra o culto Professor RICARDO CÉSAR PEREIRA LIRA:

"A terceira forma de constituição do direito de superfície, que aliás está expressamente prevista no Código Português de 1966 que disciplina longa e exaustivamente o Direito de Superfície, foi outro ponto que discuti imensamente naquele tempo com o Prof. Caio Mário, pois eu tinha sobre essa matéria um determinado ponto de vista a propósito do qual continuo raciocinando e pensando, que é a questão da possibilidade da constituição de um direito de superfície por usucapião. Na tese que desenvolvi, quando fiz a titularidade na Universidade do Estado do Rio de Janeiro, o princípio que dominou o meu raciocínio naquele momento era o de que se eu tivesse a posse de uma determinada construção sobre o solo de outrem e que essa posse fosse uma posse com *animus domini*, com ânimo de tornar-me dono daquela propriedade, construção, edificação, é evidente que como efeitos da posse *ad usucapionem* sobre aquela coisa construída, esses efeitos necessariamente haveriam de se desdobrar também sobre o trato de terra no qual estava assentada aquela construção.

Então, quando houvesse o usucapião, este seria global, abrangendo o dito bem superficiário e também o trato de terra sobre o qual esse bem assenta ou assentaria. Sendo assim, não haveria direito de superfície, pois eu teria uma edificação, que adquiri como efeito do usucapião, mas também adquiri o trato de terra sobre o qual assenta esse usucapião. Então não haveria uma distinção entre a propriedade e um bem superficiário e a propriedade do trato de terra sobre o qual esse bem estaria assentado. O Prof. Caio Mário entendeu que há a

---

[6] REZENDE, Élcio Nacur. *Direito de superfície.* Belo Horizonte: Del Rey, 2010. p. 64-65.
[7] Lei n. 13.465, de 11 de julho de 2017 (art. 55).

possibilidade de um determinado indivíduo imaginar que, na realidade, exista um direito de superfície e o titular da propriedade dessa construção fique pagando o cânon superficiário e de alguma forma reconheça o domínio do titular daquele trato de terra sobre o qual assenta aquela construção.

Entendo que isso talvez seja possível, mas de acordo com aquilo que normalmente acontece no comércio jurídico, na mercância jurídica, no sentido das relações jurídicas que se processam entre as pessoas e os entes que podem ser equiparados às pessoas, essa hipótese é muito rara, mas, de toda forma, talvez se possa admitir a possibilidade, que não será muito frequente, da aquisição da superfície por usucapião, que está prevista expressamente no Código Português"[8].

Em nosso sentir, não há dúvida de que, não apenas o direito de superfície, mas a própria propriedade superficiária, podem – a depender do *animus* aliado ao decurso do tempo e à posse – ser adquiridos por usucapião, à luz do princípio da função social[9].

3. CARACTERÍSTICAS

Algumas características do direito de superfície devem ser destacadas[10]:

a) o direito real de superfície concede ao seu titular o direito de construir ou plantar em terreno alheio, sem descaracterizar ou prejudicar a substância da coisa principal;

b) é pactuado em caráter **temporário**[11], diferentemente, pois, da enfiteuse, que era perpétua;

c) a sua constituição somente se dará por escritura pública, devidamente registrada no Cartório de Registro de Imóveis;

d) não se admite a realização de obra no subsolo, ressalvada a hipótese de haver previsão contratual expressa neste sentido.

A concessão da superfície será gratuita ou onerosa; se onerosa, estipularão as partes se o pagamento será feito de uma só vez, ou parceladamente, a teor o art. 1.370, CC/2002[12].

RODRIGO MAZZEI, respeitado especialista no tema, ressalta que, se a concessão da superfície for onerosa, quer seja sob a égide do Código Civil ou do Estatuto da Cidade, o pagamento devido ao proprietário poderá se dar parceladamente, com base na autonomia da vontade das partes:

---

[8] LIRA, Ricardo César Pereira. O Novo Código Civil, Estatuto da Cidade, direito de superfície. *Anais do "EMERJ Debate o Novo Código Civil"*, 11 out. 2002. Disponível em: <https://bdjur.stj.jus.br/jspui/bitstream/2011/54301/novo_codigo_civil_lira.pdf>. Acesso em: 22 abr. 2018.

[9] Sobre a *usucapião da propriedade superficiária*, confira-se o item 3.10 do Capítulo X deste volume.

[10] GAGLIANO, Pablo Stolze. *Código Civil Comentado*: arts. 1.369 a 1.418. São Paulo: Atlas, 2004. v. 13. p. 22 (recomendamos ao(à) nosso(a) amigo(a) leitor(a) esta coleção de comentários ao CC, coordenada pelo grande Professor Álvaro Villaça Azevedo).

[11] Ressalve-se a possibilidade de estabelecimento de direito de superfície por tempo indeterminado, quando for hipótese de regência pelo Estatuto da Cidade ("Lei n. 10.257, de 10 de julho de 2001"), o que se justifica pela finalidade da norma, uma vez que, na forma do *caput* do seu art. 2.º, a "política urbana tem por objetivo ordenar o pleno desenvolvimento das funções sociais da cidade e da propriedade urbana".

[12] Cf. também o § 2.º do art. 21 do Estatuto da Cidade.

"Quando a concessão for onerosa, o superficiário deverá pagar ao concedente prestação que é chamada de *cânon* ou *solariam*, tendo as partes ampla liberdade para a fixação desta. Tanto assim que o art. 1.370, *in fine*, do Código Civil prevê a possibilidade de pagamento de uma só vez ou de forma parcelada, questão não tratada no art. 21, § 2.º da Lei Estatutária.

Sem qualquer prejuízo da omissão que se verifica na Lei 10.257/01, a parte final do artigo 1.370 do Código Civil também se aplica nas concessões firmadas com base no Estatuto da Cidade, eis que a autonomia da vontade está presente em toda a pactuação superficiária.

No caso de pagamento parcelado, parece ser relevante a indicação do preço global da concessão. Com efeito, só se parcela valor previamente constituído e representado por um preço, sob pena de caracterizar outra forma de pagamento diferente do preço parcelado, passível de desvirtuar a própria concessão.

Quando falamos em preço global da concessão, não estamos descartando a possibilidade de preço estimativo, até porque, dentro da pretensão de usar o direito de superfície como vetor facilitador para atingir a função social da propriedade, não vemos óbice em que o preço (ou parte do mesmo) seja pago através de participação do proprietário nos frutos (naturais ou civis) que o superficiário colha a partir da implantação do direito de superfície"[13].

Ainda sobre a caracterização do instituto, preleciona o coautor PABLO STOLZE GAGLIANO, ao comentar o Código Civil:

"Por meio desse direito real, o proprietário do solo confere a outrem (superficiário), gratuita ou onerosamente, a prerrogativa de realizar obras e explorar o imóvel, devolvendo-o, com os seus acréscimos, ao final do prazo pactuado. Sendo temporário, portanto, é útil às duas partes. Advertimos, entretanto, que, dado o vulto das plantações ou construções realizadas, talvez seja interessante ao superficiário propor o estabelecimento de um prazo mais ou menos longo, a fim de que possa cobrir os custos do seu investimento. Quanto à forma, observe-se que a lei, expressamente, exige a instituição por meio de escritura pública, devidamente registrada no Cartório de Registro Imobiliário. Não basta, pois, a inscrição no Cartório de Notas. A escritura pode até ser lavrada neste último, mas o seu registro há que ser feito, invariavelmente, no Cartório Imobiliário. Somente a partir daí, o direito real estará devidamente constituído. Sua utilidade, em nosso entendimento, vai além da seara do Direito Privado"[14].

Sem dúvida, o direito de superfície tem inegável (e imanente) valor econômico, podendo ser objeto de penhora.

O egrégio Tribunal de Justiça do Estado de São Paulo, vale mencionar, entendeu, no julgamento do Agravo de Instrumento n. 2202786-43.2016.8.26.00, que a superfície careceria de liquidez:

"AGRAVO DE INSTRUMENTO – Ação de execução de título extrajudicial – Oferecimento à penhora de direito de superfície sobre terreno – Recusa pelas exequentes – Penhora *online* concretizada e integralmente frutífera – Manutenção da decisão hostilizada – Bem oferecido à penhora que não garante o montante da execução e é de difícil alienação –

---

[13] MAZZEI, Rodrigo Reis. *O direito de superfície no ordenamento jurídico brasileiro*. 2007. Dissertação (Mestrado em Direito) – PUCSP. Disponível em: <http://www.dominiopublico.gov.br/download/teste/arqs/cp040916.pdf>.

[14] GAGLIANO, Pablo Stolze. *Código Civil Comentado*: arts. 1.369 a 1.418. São Paulo: Atlas, 2004. v. 13. p. 23-24.

Direito de superfície é bem intangível e sem liquidez – Impossibilidade de substituição da penhora de dinheiro, cuja liquidez é inata – O princípio da menor onerosidade do devedor não pode ser analisado isoladamente, devendo guardar consonância com a efetividade da execução – Recusa justificável do direito de superfície pelas exequentes – Recurso desprovido" (TJ-SP – Agravo de Instrumento: AI 2202786-43.2016.8.26.0000 – julgado em 26-1-2017).

Sem dúvida, a liquidez e a certeza da penhora efetivada em dinheiro são manifestas, dispensando longa digressão.

Mas, ausente, em tese, valor monetário suficiente, nada impede que a penhora recaia sobre o próprio bem objeto do direito real do proprietário ou fundieiro ou do superficiário, a depender de quem figure como sujeito passivo na relação obrigacional.

Nessa linha, confiram-se os arts. 790 e 799 do Código de Processo Civil:

"Art. 791. Se a execução tiver por objeto obrigação de que seja sujeito passivo <u>o proprietário de terreno submetido ao regime do direito de superfície, ou o superficiário, responderá pela dívida, exclusivamente, o direito real do qual é titular o executado, recaindo a penhora ou outros atos de constrição exclusivamente sobre o terreno, no primeiro caso, ou sobre a construção ou a plantação, no segundo caso.</u>

§ 1.º Os atos de constrição a que se refere o *caput* serão averbados separadamente na matrícula do imóvel, com a identificação do executado, do valor do crédito e do objeto sobre o qual recai o gravame, devendo o oficial destacar o bem que responde pela dívida, se o terreno, a construção ou a plantação, de modo a assegurar a publicidade da responsabilidade patrimonial de cada um deles pelas dívidas e pelas obrigações que a eles estão vinculadas.

§ 2.º Aplica-se, no que couber, o disposto neste artigo à enfiteuse, à concessão de uso especial para fins de moradia e à concessão de direito real de uso".

"Art. 799. Incumbe ainda ao exequente:

(...)

V – requerer a <u>intimação do superficiário</u>, enfiteuta ou concessionário, em caso de direito de superfície, enfiteuse, concessão de uso especial para fins de moradia ou concessão de direito real de uso, <u>quando a penhora recair sobre imóvel submetido ao regime do direito de superfície</u>, enfiteuse ou concessão;

VI – requerer a <u>intimação do proprietário de terreno com regime de direito de superfície</u>, enfiteuse, concessão de uso especial para fins de moradia ou concessão de direito real de uso, <u>quando a penhora recair sobre direitos do superficiário</u>, do enfiteuta ou do concessionário;" (grifamos)

Todo esse panorama normativo reforça, como dito acima, o inegável valor econômico agregado à relação real emanada do direito de superfície.

4. TRANSMISSIBILIDADE DO DIREITO DE SUPERFÍCIE

A respeito da sua transmissibilidade, dispõe o art. 1.372, CC/2002, que "o direito de superfície pode transferir-se a terceiros e, por morte do superficiário, aos seus herdeiros"[15], não podendo "ser estipulado pelo concedente, a nenhum título, qualquer pagamento pela transferência", na forma do seu parágrafo único.

---

[15] No mesmo sentido, o § 4.º do art. 21 do Estatuto da Cidade ("§ 4.º O direito de superfície pode ser transferido a terceiros, obedecidos os termos do contrato respectivo.").

Há entendimento, na jurisprudência, no sentido de que a transmissibilidade do direito pressupõe a sua constituição regular:

> "PROCESSO CIVIL. AGRAVO DE INSTRUMENTO. AÇÃO DE INVENTÁRIO E PARTILHA. DIREITO DE SUPERFÍCIE. TRANSMISSIBILIDADE. CÓDIGO CIVIL E ESTATUTO DA CIDADE (ART. 21). COMPROVAÇÃO. ESCRITURA PÚBLICA. 1. AGRAVO DE INSTRUMENTO TIRADO CONTRA INTERLOCUTÓRIA PROFERIDA EM SEDE DE INVENTÁRIO E PARTILHA, QUE DETERMINOU A EXCLUSÃO DE BEM DENOMINADO CHÁCARA MENINO JESUS 123, SETOR P NORTE – CEILÂNDIA/DF, DIANTE DA INFORMAÇÃO, PRESTADA PELA TERRACAP, QUANTO À IMPOSSIBILIDADE DA ESCRITURAÇÃO DO IMÓVEL EM NOME DO ESPÓLIO DE ODILON ALVES, HAJA VISTA NÃO TER SIDO FIRMADO CONTRATO DE CONCESSÃO DE USO JUNTO À EXTINTA FUNDAÇÃO ZOOBOTÂNICA DO DISTRITO FEDERAL. 2. DESTARTE, UMA DAS PRINCIPAIS MARCAS DO DIREITO DE SUPERFÍCIE É SUA TRANSMISSIBILIDADE, POR ATO *INTER VIVOS*, ONEROSO OU GRATUITO, OU *CAUSA MORTIS*. 2.1 TODAVIA, APESAR DE O DIREITO DE SUPERFÍCIE, ENTENDIDO COMO SENDO DIREITO REAL DE TER CONSTRUÇÃO OU PLANTAÇÃO EM SOLO ALHEIO, SER PASSÍVEL DE TRANSMISSÃO AOS HERDEIROS, POR MORTE DO SUPERFICIÁRIO (ART. 1.372 DO CCB), A FORMA LEGAL DE INSTITUIÇÃO DO REFERIDO INSTITUTO É POR MEIO DE ESCRITURA PÚBLICA (ARTS. 21 DO ESTATUTO DA CIDADE E 1.369 DO CC/2002). 2.2 NO MESMO SENTIDO, O ART. 21, DA LEI 10.257/2001 (ESTATUTO DA CIDADE), PRESCREVE QUE 'O PROPRIETÁRIO URBANO PODERÁ CONCEDER A OUTREM O DIREITO DE SUPERFÍCIE DO SEU TERRENO, POR TEMPO DETERMINADO OU INDETERMINADO, MEDIANTE ESCRITURA PÚBLICA REGISTRADA NO CARTÓRIO DE REGISTRO DE IMÓVEIS'. 3. INVIÁVEL COGITAR-SE DE TRANSMISSIBILIDADE, AOS HERDEIROS, DE DIREITO DE SUPERFÍCIE NÃO INSTITUÍDO REGULARMENTE POR MEIO DE INSTRUMENTO PÚBLICO, EM RAZÃO DE O IMÓVEL SER OBJETO DE PARCELAMENTO IRREGULAR. 4. AGRAVO IMPROVIDO".
> (TJ-DF – AGI: 20130020274956 DF 0028438-16.2013.8.07.0000, rel. JOÃO EGMONT, Data de Julgamento: 23-4-2014, 5.ª Turma Cível, Data de Publicação: Publicado no *DJe*: 29-4-2014. p. 152)

Concordamos com essa linha de entendimento.

A transmissibilidade do direito real pressupõe a sua constituição lícita, sob pena de se amparar indesejável antijuridicidade.

Observe-se que admitir a possibilidade de transmissão de um direito de superfície que não foi constituído regularmente gerará potencialmente uma "bola de neve" de arguições de nulidade, pois, dentre outros eventuais efeitos, o "superficiário responderá pelos encargos e tributos que incidirem sobre o imóvel", na forma do art. 1.371 (e também do § 3.º do art. 21 do Estatuto da Cidade[16]). Uma nulidade de raiz na constituição muito provavelmente implicaria infinitas discussões sobre a responsabilidade de tais ônus sobre o bem.

---

[16] "§ 3.º O superficiário responderá integralmente pelos encargos e tributos que incidirem sobre a propriedade superficiária, arcando, ainda, proporcionalmente à sua parcela de ocupação efetiva, com os encargos e tributos sobre a área objeto da concessão do direito de superfície, salvo disposição em contrário do contrato respectivo."

5. O DIREITO DE SUPERFÍCIE E OS ENUNCIADOS DAS JORNADAS DE DIREITO CIVIL

Como é de conhecimento público, o Conselho da Justiça Federal promove, periodicamente, "Jornadas de Direito Civil", que editam enunciados, consistentes em postulados de doutrina, que permitem refletir sobre diversos institutos jurídicos.

Alguns desses enunciados das Jornadas de Direito Civil, a respeito do direito real de superfície, merecem a nossa especial atenção:

> I JDC. Enunciado n. 93 – Art. 1.369: "As normas previstas no Código Civil sobre direito de superfície não revogam as relativas a direito de superfície constantes do Estatuto da Cidade (Lei n. 10.257/2001) por ser instrumento de política de desenvolvimento urbano".

Sobre este aparente conflito de normas, escrevemos acima, no item 1 deste capítulo.

De fato, os sistemas – do Código Civil e do Estatuto da Cidade – coexistem.

De acordo com entendimento deste enunciado, superou-se a corrente segundo a qual as normas do Código Civil teriam revogado o Estatuto.

Sobre o tema, conclui PEDRO PONTES DE AZEVÊDO:

> "Desta forma, o critério para se determinar em que casos deve ser aplicada a regulamentação codificada e em quais caberá a aplicação das regras estatutárias é orientado pela situação do imóvel. Em se tratando de concessão de superfície com objetivo de promoção da função social da cidade, de sua urbanização e sustentabilidade, serão aplicadas as normas do Ecid. Por outro lado, em se tratando de relação privada, ainda que se esteja diante de imóvel urbano, incidirão as normas do Código Civil de 2002. Aliás, o próprio CC/2002, em seu art. 1.377, determina a subsidiariedade das suas normas quando se tratar de superfície concedida por Pessoa Jurídica de Direito Público Interno.
>
> Isto posto, tem-se que embora o instituto da superfície seja tratado por dois diplomas legais diferentes, que se sucederam no tempo, ambos convivem harmonicamente, devendo-se apenas observar o caso concreto para determinar qual dele regerá a sua concessão"[17].

Aliás, a interpretação harmônica das regras do Código Civil e do Estatuto da Cidade deve ter, no princípio constitucional da função social, o seu centro de gravidade, como bem observa o citado RODRIGO MAZZEI:

> "Assim, embora na missão interpretativa se possa utilizar de material de origens variadas, inclusive, originário do direito externo, *as aplicações que envolvem o direito de superfície se submetem ao microssistema da função social da propriedade*, que está sob o abrigo da Carta Constitucional de 1988.
>
> O Código Civil de 2002 detém papel relevante como diploma que compõe este conjunto de normas, pois, através de sua *função participativa*, claramente fixada no particular através do artigo 1.228, § 1.º, despeja em qualquer legislação os comandos constitucionais que, no âmbito privado, estão representados por uma trinca de princípios (*socialidade, eticidade e operabilidade*). Mais ainda, através da cláusula geral restritiva do parágrafo único do artigo 2.035 do Código Civil, permite a correção de qualquer convenção que esteja afastada do fim social da propriedade e/ou do contrato, repelindo aquilo que está contrário ao discurso funcional"[18].

---

[17] AZEVÊDO, Pedro Pontes de. *Usucapião da propriedade possível em terras públicas*: o direito de superfície e à moradia em áreas de exclusão social. Curitiba: Juruá, 2016. p. 129.

[18] MAZZEI, Rodrigo. *Direito de superfície*. Salvador: Ed. JusPodivm, 2013. p. 373-374.

De fato, a despeito da polêmica doutrinária em torno da prevalência ou não das normas codificadas, não se pode defender, qualquer que seja a linha hermenêutica sustentada, conclusão que se afaste do superior princípio da função social.

I JDC. Enunciado n. 94 – Art. 1.371: "As partes têm plena liberdade para deliberar, no contrato respectivo, sobre o rateio dos encargos e tributos que incidirão sobre a área objeto da concessão do direito de superfície".

Trata-se de deliberação com efeitos *inter partes*, e que tem por fundamento a cláusula geral da autonomia privada.

III JDC. Enunciado n. 249 – Art. 1.369: "A propriedade superficiária pode ser autonomamente objeto de direitos reais de gozo e garantia, cujo prazo não exceda a duração da concessão da superfície, não se lhe aplicando o art. 1.474"[19].

A restrição ao art. 1.474 diz respeito, em nosso sentir, ao fato de não poder a hipoteca do imóvel, objeto da propriedade, atingir o direito real do superficiário.

VI JDC. Enunciado n. 568 – "O direito de superfície abrange o direito de utilizar o solo, o subsolo ou o espaço aéreo relativo ao terreno, na forma estabelecida no contrato, admitindo-se o direito de sobrelevação, atendida a legislação urbanística".

O referido Enunciado é visivelmente inspirado na previsão do § 1.º do art. 21 do Estatuto da Cidade, que preceitua que o "direito de superfície abrange o direito de utilizar o solo, o subsolo ou o espaço aéreo relativo ao terreno, na forma estabelecida no contrato respectivo, atendida a legislação urbanística".

Além disso, registramos nosso entendimento de que a admissibilidade do "direito de sobrelevação" abriu espaço, em nosso sentir, para o reconhecimento do próprio direito sobre a laje, antes mesmo de sua regulamentação específica pelo Código Civil.

Imaginemos, a título meramente ilustrativo, o sujeito que constrói um segundo andar em sua casa, o direito sobre o qual transfere, em seguida, mediante pagamento, para um terceiro, que passa a morar, com a sua família, nessa unidade autônoma.

Não se tratando, em verdade, de transferência de "propriedade" – que abrangeria, obviamente, o solo –, esse terceiro passa a exercer direito apenas sobre a extensão da construção original, ou seja, sobre a laje.

O direito de superfície poderia, dada a sua natureza, traduzir essa situação tão comum no Brasil.

Mas, como veremos oportunamente, a despeito de haver respeitável corrente doutrinária em contrário[20], o legislador optou por conferir autonomia ao direito de laje[21].

---

[19] Código Civil de 2002:

Art. 1.474. A hipoteca abrange todas as acessões, melhoramentos ou construções do imóvel. Subsistem os ônus reais constituídos e registrados, anteriormente à hipoteca, sobre o mesmo imóvel.

[20] "O que caracteriza o direito de superfície e distingue o seu tipo dos demais direitos reais é a possibilidade de constituir um direito tendo por objeto construção ou plantação, separadamente do direito de propriedade sobre o solo.

Em sentido mais técnico, há superfície quando se suspende os efeitos da acessão sobre uma construção ou plantação a ser realizada ou já existente. O implante que, por força da acessão, seria incorporado ao solo, passa a ser objeto de um direito real autônomo, o direito real de superfície.

6. EXTINÇÃO DO DIREITO DE SUPERFÍCIE

Por fim, destacamos algumas situações que podem resultar na extinção da superfície:

A modalidade natural de extinção é o **decurso do prazo**. Ou seja, alcançado o termo final da superfície temporária, opera-se a sua extinção[22].

Todavia, também o **descumprimento das obrigações assumidas pelo superficiário** opera efeito extintivo do direito de superfície. Trata-se de situação de inadimplemento obrigacional que resulta na extinção do próprio direito real, o que é objeto, inclusive, de previsão expressa no inciso II do art. 23 do Estatuto da Cidade[23].

Da mesma forma, o **desvirtuamento finalístico** enseja a extinção do direito de superfície. Ou seja, se o superficiário der destinação diversa ao bem, a exemplo de iniciar uma plantação de eucalipto, posto o título do seu direito previsse lavoura diversa, resolver-se-á antecipadamente o direito de superfície, na forma do art. 1.374, CC/2002[24].

Outra modalidade extintiva é a **consolidação**, caso em que a propriedade se funde ou se consolida com o próprio direito de superfície, valendo destacar que o superficiário e o proprietário terão sempre direito de preferência, em igualdade de condições[25].

Vê-se que, a partir dessa definição de direito de superfície, sequer seria necessário prever expressamente a possibilidade de sua constituição para a construção no espaço aéreo ou para o destacamento de pavimentos superiores já construídos. Da mesma forma, é desnecessária a menção expressa à possibilidade de superfície constituída sobre construções no subsolo. Se é possível construir no espaço aéreo ou no subsolo e essas construções sofrem, de ordinário, os efeitos da acessão, pode-se tê-las como objeto do direito real de superfície.

Do próprio tipo da superfície deriva a possibilidade de sobrelevação, portanto.

(...)

Se o que se queria era ressaltar a possibilidade do direito de superfície por sobrelevação, bastava para tanto inserir um artigo no título V do livro do direito das coisas. Para acrescentar à disciplina do direito de superfície a possibilidade de abertura de matrícula separada para a propriedade superficiária e a desnecessidade de atribuição de fração ideal do terreno, outros dois artigos bastariam" (ALBUQUERQUE JR., Roberto Paulino de. O direito de laje não é um novo direito real, mas um direito de superfície. *Consultor Jurídico*. 2 jan. 2017. Disponível em: <http://www.conjur.com.br/2017-jan-02/direito-laje-nao-direito-real-direito-superficie>. Acesso em: 4 jan. 2017).

[21] Confira-se, a propósito, o Capítulo XXX ("Direito de laje") deste volume.

[22] O Estatuto da Cidade é expresso em tal previsão de extinção do direito de superfície, no inciso I do seu art. 23.

[23] "Art. 23. Extingue-se o direito de superfície:

I – pelo advento do termo;

II – pelo descumprimento das obrigações contratuais assumidas pelo superficiário."

[24] "Art. 1.374. Antes do termo final, resolver-se-á a concessão se o superficiário der ao terreno destinação diversa daquela para que foi concedida."

No mesmo sentido, é o § 1.º do art. 24 do Estatuto da Cidade:

"§ 1.º Antes do termo final do contrato, extinguir-se-á o direito de superfície se o superficiário der ao terreno destinação diversa daquela para a qual for concedida."

[25] Art. 1.373. Em caso de alienação do imóvel ou do direito de superfície, o superficiário ou o proprietário tem direito de preferência, em igualdade de condições.

No mesmo sentido, é o art. 22 do Estatuto da Cidade:

Pode ocorrer também a **renúncia do superficiário**, pois é óbvio que o ato normal de renúncia opera a extinção do próprio direito.

Registrando-se a importância da autonomia da vontade para o estabelecimento do direito de superfície, parece-nos lógico apontar que este também pode ser extinto pela via do **distrato**, que nada mais é do que uma resilição bilateral[26]. Ora, se foi a autonomia da vontade que estabeleceu a relação real de superfície, é lógico que essa mesma autonomia poderá desfazê-la, celebrando um novo negócio jurídico que estabeleça o fim do vínculo, com o seu posterior registro.

Outra forma de extinção do direito de superfície é o **falecimento do superficiário sem herdeiros**.

Registre-se que o direito de superfície, como mencionamos linhas acima, ao tratarmos do art. 1.372, transmite-se *mortis causa*[27].

Segundo a Professora MARIA HELENA DINIZ:

"(...) havendo herdeiros legítimos ou testamentários, a eles será transmitido o direito de superfície, não havendo, portanto, interrupção do uso socioeconômico do bem"[28].

Mas e se não houver herdeiros?

Nesse caso, o proprietário consolidaria novamente o seu pleno direito.

Obviamente, a **destruição ou perecimento do imóvel objeto da superfície** enseja a sua extinção. Assim, caso o terreno sobre o qual se assenta o direito real seja destruído ou amplamente danificado – por exemplo, em virtude de uma calamidade, como um terremoto ou fortíssima enchente – a superfície se extingue por impossibilidade superveniente.

Por fim, no caso de extinção do direito de superfície em consequência de **desapropriação**, a indenização cabe ao proprietário e ao superficiário, no valor correspondente ao direito real de cada um (art. 1.376, CC/2002).

Sobre tal circunstância, já escreveu o coautor PABLO STOLZE GAGLIANO:

"A intelecção que daí extraímos é no sentido de que, paga a indenização, o superficiário fará jus a valor proporcional ao benefício que iria auferir durante o tempo de concessão, se o fundieiro não houvesse sido expropriado. Neste cálculo, que deve ser feito por perito, contabilizar-se-á a expectativa de receita que experimentaria durante a vigência do contrato, ficando de fora o valor das construções e plantações realizadas, na forma do artigo anterior, se não houver estipulação autorizando o pagamento de indenização pelas mesmas. Nada impede, em nosso sentir, que o próprio contrato de concessão da superfície já estabeleça, *a priori*, o percentual devido ao superficiário em

---

"Art. 22. Em caso de alienação do terreno, ou do direito de superfície, o superficiário e o proprietário, respectivamente, terão direito de preferência, em igualdade de condições à oferta de terceiros."

[26] Sobre o tema do Distrato, confira-se o volume 4 ("Contratos") desta coleção, notadamente o Capítulo XI ("Extinção do contrato").

[27] Observe-se, ainda, o § 5.º do art. 21 do Estatuto da Cidade ("§ 5.º Por morte do superficiário, os seus direitos transmitem-se a seus herdeiros").

[28] A querida Professora MARIA HELENA DINIZ, em sua obra já citada, p. 533, enumera, detalhadamente, as formas de extinção, acrescentando ainda o *não atendimento da função social*, bem como o *não uso do direito de construir ou plantar dentro do prazo avençado*.

caso de desapropriação. Como se trata de regulação de aspectos meramente patrimoniais, adstrito ao campo da autonomia privada, não reputamos inválida cláusula nesse sentido. Note-se, outrossim, que o fato de o superficiário ter direito à parte da indenização não significa que a ação expropriatória seja proposta contra ele, eis que, a parte passiva, no caso, é o próprio fundieiro. Caso o superficiário desconfie de que o fundieiro irá desviar o pagamento, ocultando o valor para não repassar a parcela correspondente ao seu direito, poderá adotar medidas acautelatórias, na forma da legislação processual civil"[29].

Ainda no que toca à extinção em virtude de desapropriação, confira-se o Enunciado n. 322 da IV Jornada de Direito Civil:

> Enunciado n. 322 – Art. 1.376. "O momento da desapropriação e as condições da concessão superficiária serão considerados para fins da divisão do montante indenizatório (art. 1.376), constituindo-se litisconsórcio passivo necessário simples entre proprietário e superficiário".

Em nosso sentir, ao considerar que "o momento da desapropriação e as condições da concessão" interferem na divisão do montante, o enunciado seguiu uma linha muito próxima ao que já defendia o coautor PABLO STOLZE GAGLIANO, quando menciona que "o superficiário fará jus a valor proporcional ao benefício que iria auferir durante o tempo de concessão".

De fato, essa linha de entendimento aparenta ser a mais razoável para que se evite indesejável enriquecimento sem causa.

Consumada a extinção da superfície, volta o proprietário a ter a propriedade plena do terreno, construção ou plantação, na forma do art. 1.375, CC/2002[30], devendo tal fato ser averbado no Registro de Imóveis, a teor do art. 167, II, 20, da Lei n. 6.015 de 1973 (Lei de Registros Públicos) e do § 2.º do art. 24 do Estatuto da Cidade[31].

Sobre o tema, preleciona EDUARDO SARMENTO FILHO:

> "Há sistemas registrais, como o alemão e o suíço, que adotam a solução de considerar o direito de superfície quase que um imóvel distinto, abrindo-se matrícula para essa nova forma de propriedade.
>
> Ao término do contrato esse matrícula autônoma seria encerrada, voltando-se a utilizar aquela originalmente aberta.
>
> Apesar de advogar essa ideia, Frederico Viegas[30], reconhece que, diante da legislação em vigor, não se pode imaginar um fólio registral autônomo para o direito de superfície.
>
> Como direito real que é, a superfície será constituída pelo registro na matrícula do imóvel que irá abrigar esse novo direito.

---

[29] GAGLIANO, Pablo Stolze. Op. cit., p. 54-55.

[30] "Art. 1.375. Extinta a concessão, o proprietário passará a ter a propriedade plena sobre o terreno, construção ou plantação, independentemente de indenização, se as partes não houverem estipulado o contrário".

No mesmo sentido, é o *caput* do art. 24 do Estatuto da Cidade:

"Art. 24. Extinto o direito de superfície, o proprietário recuperará o pleno domínio do terreno, bem como das acessões e benfeitorias introduzidas no imóvel, independentemente de indenização, se as partes não houverem estipulado o contrário no respectivo contrato".

[31] "§ 2.º A extinção do direito de superfície será averbada no cartório de registro de imóveis."

Por outro lado, no momento da extinção do direito, bastará fazer uma averbação dando conta desse fato, como se verifica da simples leitura dos artigos 1.369 do Código Civil, artigo 24, 2.º, EC, 167, I, 39 e 167, II, 20, da LRP"[32]. (grifamos)

Como todo direito real, portanto, a superfície repercute – tanto ao se constituir como ao se extinguir – no plano do Sistema Registrário Brasileiro.

---

[32] SARMENTO FILHO, Eduardo Sócrates Castanheira. O direito de superfície na legislação brasileira. *Instituto de Registro Imobiliário do Brasil*. Disponível em: <http://www.irib.org.br/obras/o-direito-de-superficie-na-legislacao-brasileira>. Acesso em: 22 abr. 2018.

Capítulo XIX
Servidão

Sumário: 1. Introdução. 2. Conceito e conteúdo. 3. Classificação e proteção possessória. 4. Institutos correlatos. 5. Constituição. 6. Exercício do direito real de servidão. 7. Extinção.

1. INTRODUÇÃO

Neste capítulo, abordaremos um dos direitos reais na coisa alheia de maior incidência na prática das relações jurídicas de direito material: a servidão.

Mas em que consiste esse instituto?

É o que responderemos no próximo tópico.

2. CONCEITO E CONTEÚDO

O termo servidão tem origem na palavra latina *servitudo*, de *servus*, reportando-nos a um sentido de subserviência, de submissão[1].

O Direito Romano já cuidava das servidões:

"'Las servidumbres', escrevem RIPERT e BOULANGER, 'eran consideradas por los juris-consultos romanos como *jura in re aliena*. Pero fue necesario un progreso jurídico para hacerlas aparecer como derechos específicos. El derecho de las XII Tablas el titular de la servidumbre es considerado todavía como siendo poseedor de la cosa corpórea, el camino, el agua (GIFFARD, *Précis de Droit Romain*, t. I, núm. 692; MONIER, *Manuel de Droit Romain*, 3. ed., I, núm. 312)'[2].

'A servidão no direito romano', acrescenta o erudito ASTOLPHO REZENDE, 'era um direito sobre a coisa alheia, constituído em proveito de uma pessoa ou de um prédio, e segundo o qual se podia usar ou gozar da coisa de outrem, ou exercer sobre ela certos direitos de disposição, ou impedir que o proprietário exercesse alguns de seus direitos de propriedade. Por isso os romanos dividiam as servidões em servidões prediais e servidores pessoais. Entre essas última compreendiam-se o uso, a habitação e o usufruto. *Servitutes aut personarum sunt, ut usus et ususfructus; aut rerum, ut servitutes rusticorum praediorum et urbanorum*, dizia o Digesto, L.VIII, tit. I. 1. (...) Mas a nossa lei só conhece as servidões prediais'[3].

---

[1] TALAVERA, Glauber Moreno. A função social como paradigma dos direitos reais limitados de gozo ou fruição sobre coisa alheia. In: VIANA, Rui Geraldo Camargo; NERY, Rosa Maria de Andrade (Coordenadores). *Temas atuais de Direito Civil*. São Paulo: Revista dos Tribunais, 2000. p. 296.

[2] RIPERT, Georges; BOULANGER, Jean. *Tratado de Derecho Civil*. Los Derechos Reales. Buenos Aires: La Ley, 1987. t. 6. p. 532.

[3] REZENDE, Astolpho. *A posse e sua proteção*. São Paulo: Saraiva, 1937. v. 2. p. 641 e 642.

Ao longo da história da humanidade, é forçoso convir, a noção comum de "servidão" correspondia a uma relação de submissão de seres humanos a outros, em função de sua casta ou grupo social, em um estado de sujeição que os divida entre servos e senhores.

Nessa linha de raciocínio de uma relação em que um serve ao outro, podemos localizar o conceito jurídico do direito real de servidão, que nada tem a ver com a subjugação do ser humano.

Trata-se de uma **relação jurídica que envolve dois prédios (entendida a expressão como dois imóveis, edificados ou não), pertencentes a donos distintos, em que um serve ao outro, para valorizá-lo ou torná-lo mais útil.**

No Código Civil, confira-se o art. 1.378:

> "Art. 1.378. A servidão proporciona utilidade para o prédio dominante, e grava o prédio serviente, que pertence a diverso dono, e constitui-se mediante declaração expressa dos proprietários, ou por testamento, e subsequente registro no Cartório de Registro de Imóveis".

O conteúdo da servidão é bastante amplo, razão por que há diversas modalidades, como a servidão de passagem, a servidão de aqueduto, a servidão de não construir etc.

Nessa linha, analisando o Direito Português, preleciona DIAS PEREIRA:

> "O conteúdo da servidão pode ser qualquer utilidade susceptível de ser gozada através do prédio dominante, mesmo que não aumentem o seu valor.
>
> A lei portuguesa, ao contrário de outras, é muito ampla na sua formulação.
>
> Tratou-se de uma opção clara de Pires de Lima, autor do anteprojecto da matéria das servidões. 'O carácter atípico desta figura é hoje admitido em todos os países (...) os códigos modernos regulam-nas (as servidões) genericamente, e tudo o que seja limitar, por conceitos ou especificações, o seu conteúdo, pode trazer consequências não desejadas em relação a uma ou outra possível figura'.
>
> O limite está na nota da predialidade: a utilidade proporcionada pela servidão deve ser gozada pelo seu titular através do prédio dominante. Traça-se aqui a importante fronteira entre as servidões prediais e as servidões pessoais ou irregulares, que corresponde à fronteira entre os direitos reais e os direitos obrigacionais"[4].

Uma primeira característica, nesse contexto, da servidão, é a **predialidade**, pois vincula prédios vizinhos (*praedia debent esse vicina*), ainda que não sejam contíguos.

Além disso, tais prédios **devem pertencer a proprietários distintos**, porquanto não haveria sentido em se reconhecer um direito real em coisa alheia, se toda a coisa é própria.

É caracterizada, ainda, por **acompanhar a coisa**, em caso de transferência a terceiro, sendo, também, como regra, **indivisível**:

> "Art. 1.386. As servidões prediais são indivisíveis, e subsistem, no caso de divisão dos imóveis, em benefício de cada uma das porções do prédio dominante, e continuam a gravar cada uma das do prédio serviente, salvo se, por natureza, ou destino, só se aplicarem a certa parte de um ou de outro".

---

[4] PEREIRA, André Gonçalo Dias. Servidões prediais e obrigações *propter rem*. In: *Congresso Comemorativo dos 35 anos do Código Civil (Direitos Reais)*, 28 e 29 nov. 2003, Faculdade de Direito de Coimbra. Disponível em: <https://estudogeral.sib.uc.pt/bitstream/10316/2799/1/Servidões%20e%20Obrigações%20Propter%20rem%20-%20Congresso%20Reais.pdf>. Acesso em: 2 jul. 2018.

Ademais, por sua saliente eficácia limitativa da propriedade, **a servidão não se presume**, interpretando-se **restritivamente**, aspecto que já era reconhecido em obra de DIDIMO AGAPITO DA VEIGA JUNIOR, datada de 1887:

> "A servidão não se presume: antes sendo amplíssimo o exercicio ao direito de propriedade, em favor da plena liberdade desta é que milita a presumpção. D'ahi duas consequencias de alta importancia: a) A servidão deve ser constituida e provada de modo explicito; b) a sua interpretação é sempre *stricti juris*. (L. 9. Cod. de servit. et agua; Accarias, n. 264; Mackeldey, § 309, n. 5; B. Carneiro, § 74, ns. 26 e 28; Molitor, n. 6 e 7; Cod. Argentino, nota de Sarsfield, ao art. 2.º, do Tit. 12 do Liv. 3.º; Coelho da Rocha, § 588, n. 1 e 2; Zacharias, § 339 &.)
>
> Da presumpção de liberdade reconhecida em favor do exercicio da propriedade resulta, como corollario, não só que o proprietario tem a mais plena disposição de seu dominio, como que assiste-lhe o direito de impedir que terceiro perturbe esse exercicio ou pratique actos que importem o exercicio de direitos dominicaes. *In suo hactenus facere licet, quatenus nihil in alienuni committat*"[5]. (sic)

Trata-se, portanto, de um direito real que vincula, em plano primário, bens imóveis, e, em plano secundário, os seus titulares, razão por que, mesmo que haja a alienação de um dos prédios, a servidão, por regra geral, o acompanha.

Para a adequada compreensão deste importante direito real, PABLO STOLZE exemplifica:

> "Trata-se de um direito real peculiar, na medida em que grava um imóvel em proveito de outro, independentemente de quem seja o seu proprietário. Vale dizer, diferentemente do que ocorre com o usufruto, que é direcionado a determinado beneficiário, a servidão favorecerá a todo e qualquer adquirente do prédio dominante. Exemplo: CLEONICE e ANTONIA SIRLENE celebraram contrato, devidamente registrado no Cartório de Imóveis, por meio do qual o imóvel da primeira (serviente) suportaria uma servidão de passagem, em benefício do prédio da segunda (dominante). Pois bem. Caso SIRLENE aliene o seu imóvel a SINVAL, o gravame no prédio serviente passará a favorecer o novo dono, e assim subsequentemente em todas as outras alienações, até que o ônus seja cancelado.
>
> No dizer do nosso insuperável mestre ORLANDO GOMES, 'O encargo pode consistir na obrigação de o possuidor do prédio serviente de tolerar que o possuidor do prédio dominante o utilize para certo fim, ou na obrigação de não praticar determinado ato de utilização do seu bem (*in patiendo* e *in non faciendo*)'. Nesse diapasão, os seguintes elementos podem ser extraídos do conceito do direito de servidão: 1. um ônus ou gravame incidente sobre um prédio serviente; 2. um benefício experimentado pelo prédio dominante, por força do referido gravame; 3. a titularidade diversa dos referidos prédios (pertencentes a donos distintos); 4. a necessidade do registro no Cartório de Imóveis para a sua constituição"[6].

3. CLASSIFICAÇÃO E PROTEÇÃO POSSESSÓRIA

As servidões, no que diz respeito ao seu modo de efetivação, poderão ser:

a) **positivas** – caracterizam-se pela circunstância de conferirem ao seu titular (dono do prédio dominante) o direito de realizar um fato ou praticar determinada conduta, como se dá na servidão de passagem.

---

[5] VEIGA JR., Didimo Agapito da. *As servidões reaes*. Rio de Janeiro: B.L. Garnier, 1887. p. 21.

[6] GAGLIANO, Pablo Stolze. *Código Civil Comentado*: arts. 1.369 a 1.418. São Paulo: Atlas, 2004. v. 13. p. 58.

b) **negativas** – o titular do prédio serviente obriga-se a uma abstenção, em favor do prédio dominante, a exemplo da obrigação de não construir acima de determinada altura (*altius non tollendi*).

Quanto à natureza do imóvel gravado, temos servidões:

a) **rústicas** – são as servidões incidentes em imóveis localizados fora do perímetro urbano.

b) **urbanas** – são as servidões incidentes em prédios edificados, nos limites da cidade[7].

Observamos, aqui, uma certa dissensão doutrinária, na medida em que alguns autores reputam despicienda a localização do imóvel dentro ou fora do perímetro urbano – para que se fale em servidão urbana ou rural – por ser mais relevante a circunstância de o imóvel estar edificado ou não[8].

Mas, ainda que se adote uma linha de doutrina ou outra, é forçoso convir que se trata, segundo CLÓVIS BEVILÁQUA, de categorias de menor interesse:

"Pondo de lado certas categorias destituídas de interesse, como as urbanas, as rústicas, as positivas e as negativas, é de utilidade distinguir as servidões contínuas das descontínuas e as aparentes das não aparentes"[9].

Quanto à necessidade ou não de atuação humana, podem ser:

a) **contínuas** – são as servidões que independem de uma atuação ou conduta humana direta, a exemplo de uma servidão de aqueduto. Note-se que, mesmo que a água não esteja escoando em dado momento, ou escoe em intervalos, ainda assim teremos uma servidão contínua, pois a estrutura existente permanece independente da conduta humana para existir.

b) **descontínuas** – são as servidões que, para o seu funcionamento, exigem uma "ação humana sequencial, como, por exemplo, a de trânsito; a de tirar água de prédio alheio, que se realiza pela circunstância de ir alguém à fonte, rio, poço ou lago para trazê-la; a de extração de minerais; a de pastagem[10].

Quanto à sua manifestação exterior, temos, ainda, as servidões:

a) **aparentes** – são aquelas visíveis, passíveis de constatação por sinais exteriores, como uma servidão de passagem de cabos ou de aqueduto.

b) **não aparentes** – não são visíveis, ou seja, trata-se de servidões que não se manifestam por sinais exteriores, como uma servidão de não edificar ou de trânsito em determinado local, sem nenhum tipo de marco, trilha ou indicação.

Lembra SÍLVIO VENOSA que tais classificações combinam-se entre si, de maneira que

"A servidão pode ser *contínua e aparente*, como a de aqueduto; *contínua e não aparente*, como a de não abrir janela ou porta; *descontínua e aparente*, como a de caminho mar-

---

[7] DINIZ, Maria Helena. *Curso de Direito Civil Brasileiro*: Direito das Coisas. 34. ed. São Paulo: Saraiva, 2020. v. 4. p. 436.

[8] TARTUCE, Flávio. *Direito Civil*: Direito das Coisas. 7. ed. São Paulo: Gen-Método, 2015. v. 4. p. 348.

[9] BEVILÁQUA, Clóvis. *Código Civil dos Estados Unidos do Brasil Comentado*. 4. ed. Rio de Janeiro: Francisco Alves, 1933. p. 258.

[10] DINIZ, Maria Helena. Op. cit. p. 473.

cado no solo, e *descontínua e não aparente*, como a de caminho sem qualquer marca visível"[11].

A importância de tais categorias, aliás, não é apenas teórica, mas tem reflexos práticos.

A encontro de tal afirmação, vale lembrar que somente as **servidões contínuas e aparentes** podem ser usucapidas:

> "Art. 1.379. O exercício incontestado e contínuo de uma servidão aparente, por dez anos, nos termos do art. 1.242, autoriza o interessado a registrá-la em seu nome no Registro de Imóveis, valendo-lhe como título a sentença que julgar consumado a usucapião.
>
> Parágrafo único. Se o possuidor não tiver título, o prazo da usucapião será de vinte anos".

Portanto, pode-se usucapir uma servidão de aqueduto (contínua e aparente), mas não uma *servidão de passagem em local sem marcação alguma da trilha* ou de não construir, pois, para que a prescrição se opere é necessária conjugação dos dois caracteres: a continuidade e a aparência.

A usucapião da servidão de trânsito ou passagem merece ainda algumas considerações.

Primeiramente, vale ressaltar que a usucapião não é meio exclusivo de aquisição da propriedade, porquanto outros direitos reais podem ser também consolidados por meio da sua atuação, a exemplo do direito real de servidão ora estudado.

Mas não se pode usucapir toda e qualquer forma de servidão.

Na medida em que a prescrição aquisitiva pressupõe uma posse ostensiva, notória, resta inviabilizada, por consequência lógica, a usucapião de servidões não aparentes, como uma servidão de não construir.

O Supremo Tribunal Federal, a esse respeito, editou importante enunciado sumulado, referente às servidões de trânsito, que merece aqui referência:

> **Súmula 415.** "Servidão de trânsito não titulada, mas tornada permanente, sobretudo pela natureza das obras realizadas, considera-se aparente, conferindo direito à proteção possessória".

Note-se que, ainda que haja uma "descontinuidade" na servidão, como se dá na de trânsito, por pressupor uma ação humana repetitiva (o ato de passar), as obras que tornem a passagem "permanente" resultam por suprir o requisito da continuidade da posse para efeito de reconhecimento da usucapião.

Os prazos para a consumação da prescrição aquisitiva da servidão estão previstos no art. 1.379:

> "Art. 1.379. O exercício incontestado e contínuo de uma servidão aparente, por dez anos, nos termos do art. 1.242, autoriza o interessado a registrá-la em seu nome no Registro de Imóveis, valendo-lhe como título a sentença que julgar consumado a usucapião.
>
> Parágrafo único. Se o possuidor não tiver título, o prazo da usucapião será de vinte anos".

---

[11] VENOSA, Sílvio de Salvo. *Direitos Reais*. 3. ed. São Paulo: Atlas, 2003. p. 406.

Note-se que o *caput*, ao remeter o intérprete ao art. 1.242, admite uma modalidade **ordinária de usucapião**, amparada no justo título e boa-fé do prescribente, o que resulta na exigência de um prazo menor (10 anos).

Por outro lado, caso o prescribente não disponha de título, teremos uma modalidade **extraordinária de usucapião**, para a qual se exige o absurdo e injustificável prazo de 20 anos.

O legislador não andou bem ao exigir prazo tão extenso.

Se, para a aquisição, mediante usucapião, do direito real supremo, que é a propriedade, o prazo vintenário não é mais exigido, o que dizer da pretensão real voltada a um direito real limitado, como a servidão? Por que tão dilatado lapso?

Nesse ponto, como dito, poderia o legislador haver adotado prazo menor, o que mais se harmonizaria, aliás, com o próprio princípio da função social da posse.

Ainda no âmbito da tutela processual da servidão, duas importantes ações merecem ser destacadas, a saber:

a) **ação confessória**;

b) **ação negatória**.

A ação confessória visa ao reconhecimento do direito real de servidão, ou seja, é, em essência, uma ação declaratória em favor do titular do direito.

A ação negatória, por sua vez, também de natureza declaratória, é manejada por quem pretende o reconhecimento judicial da inexistência de uma servidão.

Ou seja, enquanto a primeira tem por objeto um **fato positivo**, a segunda tem por objeto um **fato negativo**.

E, por óbvio, a existência de tais instrumentos processuais não impede o uso dos interditos possessórios.

Sobre o tema, escreve SÍLVIO VENOSA:

"O titular do direito de servidão defende sua existência em juízo por meio da *ação confessória*, denominação do direito justinianeu da antiga *vindicatio servitutis* (...) Embora essa ação confessória tenha vasto âmbito, podendo ser promovida contra qualquer pessoa que se insurja contra a servidão, remédio mais pronto e eficaz são as *ações possessórias*, ajuizáveis contra quem quer que turbe, ameace ou impeça o exercício da servidão; enfim, quando já ocorre lesão ao exercício do direito.

(...)

De outro lado, o proprietário de qualquer prédio tem a *ação negatória*, igualmente de procedimento ordinário e de natureza petitória, contra quem se arvore em tentar provar a existência de servidão que o autor repute inexistente. Seu objetivo precípuo é provar que sua propriedade está livre e desembaraçada de qualquer servidão, quando um vizinho pretende defender sua existência"[12].

Não há previsão de procedimento especial no CPC/2015 para o processamento desses tipos de pedido.

Portanto, ambos (pedido confessório ou negatório) estão sujeitos ao **procedimento comum**, regulado pelos arts. 318 e s. do Código de Processo Civil.

---

[12] VENOSA, Sílvio. Op. cit. p. 420.

4. INSTITUTOS CORRELATOS

Diferencia-se a servidão do **usufruto**, pela circunstância de que, neste último, estabelece-se o direito real em benefício de determinada pessoa.

Já a servidão é direcionada especificamente ao bem, independentemente de quem seja o seu titular, desde que, naturalmente, seja diverso do proprietário do outro prédio.

Outro ponto de distinção relevante diz respeito ao fato de que estamos a estudar a servidão regulada pelo Código Civil, e não a **servidão administrativa** – ônus imposto ao particular para a realização de um serviço, obra ou para assegurar interesse público –, a exemplo do ônus imposto a uma propriedade particular para a passagem de cabos de alta tensão.

Também têm natureza diversa da servidão ora estudada as denominadas **limitações administrativas,** comandos gerais, ditados pelo interesse da coletividade, pelos quais se impõem ao proprietário obrigações positivas ou negativas, a exemplo do limite imposto para edificações na cidade.

Sobre o tema, ensina LUIS MANUEL FONSECA PIRES:

"Tratar de limitações administrativas à liberdade e à propriedade significa, portanto, referir-se às intervenções do Estado que compõem a conformação jurídica da liberdade e da propriedade, inicialmente em decorrência da atividade legislativa – limitação administrativa em sentido amplo –, e em ato contínuo por sua concreção no exercício da função administrativa – limitação administrativa à propriedade em sentido estrito (no caso das limitações à propriedade com a fiscalização das edificações, emissão de licenças para construir, reformar, demolir, funcionar etc.)"[13].

Não se deve confundir, também, a servidão de passagem (modalidade bastante comum de servidão), que tem natureza de direito real na coisa alheia, com **a passagem forçada** (art. 1.285)[14], que tem natureza de **direito de vizinhança** e pressupõe a existência de um prédio encravado.

A primeira é direito real na coisa alheia, sem caráter obrigatório e com pagamento facultativo de verba compensatória; a segunda é direito de vizinhança, emanado diretamente da lei, com necessário pagamento de indenização.

Embora possam ter a mesma finalidade, são institutos distintos.

Nesse sentido, confira-se o seguinte acórdão do Superior Tribunal de Justiça:

"RECURSO ESPECIAL. AÇÃO POSSESSÓRIA. INTERDITO PROIBITÓRIO. PASSAGEM FORÇADA. SERVIDÃO DE PASSAGEM. DISTINÇÕES E SEMELHANÇAS. NÃO CARACTERIZAÇÃO NO CASO. SERVIDÃO NÃO SE PRESUME E DEVE SER INTERPRETADA RESTRITIVAMENTE.

1. Apesar de apresentarem naturezas jurídicas distintas, tanto a passagem forçada, regulada pelos direitos de vizinhança, quanto a servidão de passagem, direito real, originam-se em razão da necessidade/utilidade de trânsito, de acesso.

---

[13] PIRES, Luis Manuel Fonseca. Limitações administrativas à liberdade e à propriedade e sacrifícios de direitos. *Enciclopédia Jurídica da PUCSP.* Tomo Direito Administrativo e Constitucional, Edição 1, abr. 2017. Disponível em: <https://enciclopediajuridica.pucsp.br/verbete/112/edicao-1/limitacoes-administrativas-a-liberdade-e-a-propriedade-e-sacrificios-de-direitos>. Acesso em: 29 jul. 2018.

[14] Confira-se o tópico 8 ("Direito de construir (arts. 1.297 e 1.298)"), do Capítulo XV ("Direitos de vizinhança") desta obra.

2. Não identificada, no caso dos autos, hipótese de passagem forçada ou servidão de passagem, inviável a proteção possessória pleiteada com base no alegado direito.

3. A servidão, por constituir forma de limitação do direito de propriedade, não se presume, devendo ser interpretada restritivamente.

4. Recurso especial provido".

(STJ – Resp 316.045/SP, rel. Min. RICARDO VILLAS BÔAS CUEVA, TERCEIRA TURMA, julgado em 23-10-2012, *DJe* 29-10-2012)

Compreendidas tais diferenças, conheçamos as formas de constituição de uma servidão.

5. CONSTITUIÇÃO

Em sua clássica obra, ASTOLPHO REZENDE, invocando o pensamento de LAFAYETTE, indica que, em um primeiro plano de análise, a servidão pode derivar da própria **lei** ou da **vontade das partes**:

"A sua primeira e grande divisão é em servidões legais e servidões convencionais. Como diz LAFAYETTE, há certas servidões que resultam inelutavelmente da situação dos prédios, como a de receber as águas que naturalmente correm do prédio superior. Estas servidões denominam-se *naturais*. Outras há que, suposto se não possam considerar efeitos necessários da natureza, são todavia indispensáveis para o conveniente aproveitamento das riquezas e utilidades do prédio. A lei as cria e estabelece como providências de interesse comum. Essas servidões formam a classe das servidões legais, nas quais se costumam incluir as naturais, constituindo ambas uma só classe. O característico das servidões legais está visto: elas são ônus impostos pela lei a um prédio em favor de outro, sem necessidade do consentimento do dono do serviente. A servidão legal ou deriva imediatamente da lei, ou carece, para ser realmente constituída, de certas diligências que deve praticar o senhor do prédio dominante"[15].

Essas outrora denominadas "servidões legais", como a *servidão natural de escoamento das águas, servidão de trânsito de prédio encravado e servidão de meter trave*[16], são, na atualidade, tratadas não como servidões, mas como **direitos de vizinhança**[17].

Nessa linha, temos que o modo ordinário de constituição, calcado na autonomia privada, opera-se por meio da celebração de um negócio jurídico (**contrato**) entre os proprietários, com o consequente registro no Cartório correspondente.

Nada impede, na mesma linha, que a servidão derive de ato negocial de disposição de última vontade (**testamento**).

O Código Civil, no já citado art. 1.378, admite essas duas formas de constituição do direito real de servidão:

"Art. 1.378. A servidão proporciona utilidade para o prédio dominante, e grava o prédio serviente, que pertence a diverso dono, e constitui-se mediante declaração expres-

---

[15] REZENDE, Astolpho. Op. cit. p. 642-643.
[16] Idem, p. 643.
[17] Cf. arts. 1.277 a 1.313 do Código Civil.

sa dos proprietários, ou por testamento, e subsequente registro no Cartório de Registro de Imóveis".

Vale frisar, ainda, conforme vimos linha acima, que a servidão também poderá derivar de **usucapião**, desde que aparente, ou seja, ostensiva ou visível, segundo entendimento consolidado na jurisprudência do Supremo Tribunal Federal, a saber, na já transcrita Súmula 415[18].

Nesse diapasão, confira-se também o seguinte acórdão do Tribunal de Justiça do Rio Grande do Sul:

"APELAÇÃO CÍVEL. USUCAPIÃO (BENS IMÓVEIS). AÇÃO DE USUCAPIÃO. PRETENSÃO COM LASTRO NO ART. 1.379 DO CÓDIGO CIVIL. REQUISITOS AUSENTES. INEXISTÊNCIA DE SERVIDÃO APARENTE. AUSÊNCIA DE OBRAS VISÍVEIS E PERMANENTES, REALIZADAS NO PRÉDIO SERVIENTE PARA O EXERCÍCIO DO DIREITO DE PASSAGEM. SERVIDÃO NÃO APARENTE NÃO AUTORIZA A AQUISIÇÃO DA PROPRIEDADE POR USUCAPIÃO. NEGARAM PROVIMENTO. UNÂNIME". (Apelação Cível n. 70053527966, Décima Oitava Câmara Cível, Tribunal de Justiça do RS, rel. Pedro Celso Dal Pra, julgado em 25-4-2013).

Por fim, é importante relembrar que o Código Civil de 2002 expressamente consagra a possibilidade de usucapião da servidão, a teor do seu art. 1.379, estabelecendo que o exercício incontestado e contínuo de uma servidão aparente, por dez anos, nos termos do art. 1.242, autoriza o interessado a registrá-la em seu nome no Registro de Imóveis, valendo-lhe como título a sentença que julgar consumada a usucapião, acrescentando que, se o possuidor não tiver título, o prazo da usucapião será vintenário[19].

6. EXERCÍCIO DO DIREITO REAL DE SERVIDÃO

A teor do art. 1.380, o *dono de uma servidão pode fazer todas as obras necessárias à sua conservação e uso, e, se a servidão pertencer a mais de um prédio, serão as despesas rateadas entre os respectivos donos*. Vale dizer, imaginando--se, por exemplo, uma servidão de trânsito, o seu titular poderá realizar a marcação do caminho, e, se houver mais de um beneficiário, as despesas devem ser divididas[20].

Interessante é a disposição do art. 1.382, no sentido de que, *caso a obrigação de realizar as obras incumba ao dono do prédio serviente, este poderá exonerar-se, abandonando, total ou parcialmente, a propriedade ao dono do dominante.*

O raciocínio é simples.

---

[18] Súmula. 415, STF: Servidão de trânsito não titulada, mas tornada permanente, sobretudo pela natureza das obras realizadas, considera-se aparente, conferindo direito à proteção possessória.

[19] A despeito de a norma legal estabelecer esse prazo de 20 anos, o Enunciado 251 da III Jornada de Direito Civil, por sua vez, aponta em sentido diverso: "O prazo máximo para o usucapião extraordinário de servidões deve ser de 15 anos, em conformidade com o sistema geral de usucapião previsto no Código Civil".

[20] As obras a que se refere o art. 1.380 devem ser feitas pelo dono do prédio dominante, se o contrário não dispuser expressamente o título (em geral, o contrato), a teor do art. 1.381.

Se, por exemplo, em virtude do contrato constitutivo de servidão, couber ao dono do prédio que suporta o aqueduto realizar obras necessárias, ele pode, simplesmente, abandonar a propriedade da parte do imóvel em que se assenta a servidão em favor do titular do prédio dominante.

E, *se o proprietário do prédio dominante se recusar a receber a propriedade do serviente, ou parte dela, caber-lhe-á custear as obras* que não foram realizadas.

Acrescente-se, ainda, que *o dono do imóvel serviente não poderá embaraçar de modo algum o exercício legítimo da servidão* (art. 1.383), sob pena de ter contra si manejado interdito possessório.

Outro ponto digno de nota diz respeito à possibilidade de **remoção da servidão**.

Neste sentido, confira-se o art. 1.384 do vigente Código Civil brasileiro:

"Art. 1.384. A servidão pode ser removida, de um local para outro, pelo dono do prédio serviente e à sua custa, se em nada diminuir as vantagens do prédio dominante, ou pelo dono deste e à sua custa, se houver considerável incremento da utilidade e não prejudicar o prédio serviente".

Note-se que a **mobilidade da servidão** é expressamente admitida, desde que não haja prejuízo a uma parte ou à outra.

Tomemos a hipótese de uma servidão de aqueduto.

O dono do prédio serviente comunica que moverá a estrutura de canalização de água, de um local para outro, à sua custa, desde que não haja desvantagem ao dono do prédio dominante; na mesma linha, caso este último resolva realizar a mudança, também à sua expensa, terá de restar demonstrado considerável incremento da utilidade e ausência de prejuízo ao prédio serviente.

Outro aspecto marcante, quanto ao exercício da servidão, é a extensão limitada no aproveitamento do direito, porquanto é, em essência, restrito às necessidades do prédio dominante.

Confira-se o art. 1.385, CC/2002:

"Art. 1.385. Restringir-se-á o exercício da servidão às necessidades do prédio dominante, evitando-se, quanto possível, agravar o encargo ao prédio serviente".

Nessa linha, *se constituída para certo fim, a servidão não se pode ampliar a outro* (§ 1.º), ou seja, uma servidão de aqueduto, por exemplo, não pode ser ampliada para passagem de cabos ou fibra ótica.

Nas servidões de trânsito, conforme o § 2.º do mesmo artigo, *a de maior inclui a de menor ônus* (por exemplo, uma servidão para passagem de carros admite trânsito de bicicletas), *e a menor exclui a mais onerosa* (levando-se em conta o mesmo exemplo, o inverso não se admite). Observe-se que não se trata de ampliação de finalidade, vedada segundo a regra anterior, mas da admissibilidade do exercício menos oneroso do direito, respeitado o fim para que fora constituído.

Na perspectiva do **princípio da função social**, *se as necessidades da cultura, ou da indústria, do prédio dominante impuserem à servidão maior largueza, o dono do serviente é obrigado a sofrê-la; mas tem direito a ser indenizado pelo excesso* (§ 3.º).

Sobre o tema, escreve PABLO STOLZE GAGLIANO:

"Em seu parágrafo terceiro, o art. 1.385 admite a possibilidade de o dono do dominante, *sem desvirtuar a finalidade da servidão,* poder alargá-la, por superiores razões de cunho socioeconômico, visando incrementar e suprir as necessidades da sua cultura ou indústria.

Note-se que o Código anterior apenas referia necessidades da cultura, havendo o novo diploma ampliado a hipótese de alargamento da servidão também para atender à indústria.

Em nosso sentir, o direito conferido ao dono do dominante neste dispositivo deve ser entendido em seus justos termos. Não se quer, com ele, admitir a alteração do **fim** a que a servidão fora constituída, mas, apenas, um **dilatamento** do seu espaço físico de exercício, por contingências de ordem econômica.

Assim, imagine que o incremento da produção de soja na minha fazenda houvesse ditado a necessidade de se ampliarem as linhas de irrigação que passam na propriedade serviente.

Em tal caso, o seu dono deverá suportar a necessária ampliação, assistindo-lhe, todavia, o direito de ser indenizado"[21].

Trata-se de uma hipótese de responsabilidade civil (do dono do prédio dominante) pela prática de um **ato lícito** (alargamento da servidão), tema sobre o qual já tivemos oportunidade de escrever:

"Sem ignorarmos que a antijuridicidade, como regra geral, acompanha a ação humana desencadeadora da responsabilidade, entendemos que a imposição do dever de indenizar poderá existir mesmo quando o sujeito atua licitamente. Em outras palavras: poderá haver responsabilidade civil sem necessariamente haver antijuridicidade, ainda que excepcionalmente, por força de norma legal.

Por isso não se pode dizer que a ilicitude acompanha necessariamente a ação humana danosa ensejadora da responsabilização.

Para ilustrar o que dizemos, tomemos o exemplo que apresentamos no volume I de nossa obra:

'Ainda no campo dos Direitos Reais, também ocorre a obrigação de indenizar em decorrência de um ato lícito na hipótese prevista no art. 1.313 do CC/2002 (similar, posto não idêntica, à prevista no art. 587 do CC/1916): 'Art. 1.313. O proprietário ou ocupante do imóvel é obrigado a tolerar que o vizinho entre no prédio, mediante prévio aviso, para: I – dele temporariamente usar, quando indispensável à reparação, construção, reconstrução ou limpeza de sua casa ou do muro divisório; II – apoderar-se de coisas suas, inclusive animais que aí se encontrem casualmente. § 1.º O disposto neste artigo aplica-se aos casos de limpeza ou reparação de esgotos, goteiras, aparelhos higiênicos, poços e nascentes e ao aparo de cerca viva. § 2.º Na hipótese do inciso II, uma vez entregues as coisas buscadas pelo vizinho, poderá ser impedida a sua entrada no imóvel. § 3.º Se do exercício do direito assegurado neste artigo provier dano, terá o prejudicado direito a ressarcimento. Excepcionalmente, portanto, a responsabilidade civil poderá decorrer de um comportamento humano admitido pelo direito"[22].

---

[21] GAGLIANO, Pablo Stolze. *Código Civil Comentado*: arts. 1.369 a 1.418. São Paulo: Ed. Atlas, 2004, v. 13. p. 88.

[22] GAGLIANO, Pablo Stolze; PAMPLONA FILHO, Rodolfo. *Novo Curso de Direito Civil*. 22. ed. São Paulo: Saraiva, 2020. v. 1, p. 530.

Da mesma forma, no caso da passagem forçada, o dono do prédio encravado sem acesso à via pública, nascente ou porto, tem o direito de constranger o vizinho a lhe dar passagem, mediante o pagamento de indenização cabal (art. 1.285, CC/2002).

Nesse caso, verifica-se que o vizinho constrangido poderá responsabilizar civilmente o beneficiário do caminho, exigindo a indenização cabível, mediante o ajuizamento de ação ordinária, se não houver solução amigável.

Ao encontro dessas ideias, MARTINHO GARCEZ NETO assevera poder haver 'dano reparável sem ilicitude (von THUR, WINDSCHEID, DEMOGUE, CHIRONI, ROSSEL e MENTHA). Exemplos de responsabilidade pelos danos resultantes de ato lícito são: por motivo de interesse público – a indenização devida por expropriação; por motivo de interesse privado – o ato praticado em estado de necessidade'[23].

Note-se, pois, à vista de tais exemplos, que o dever de reparar o dano causado, nesses casos, decorre de uma *atuação lícita do infrator*, que age amparado pelo direito"[24].

Tal é o que se dá na hipótese vertente, porquanto o dono do prédio dominante deverá indenizar o titular do serviente pela prática de um ato permitido pelo ordenamento jurídico.

Nesse contexto, não devemos olvidar a caraterística da **indivisibilidade** da servidão:

"Art. 1.386. As servidões prediais são indivisíveis, e subsistem, no caso de divisão dos imóveis, em benefício de cada uma das porções do prédio dominante, e continuam a gravar cada uma das do prédio serviente, salvo se, por natureza, ou destino, só se aplicarem a certa parte de um ou de outro".

Comentando a norma, PABLO STOLZE observa:

"O presente artigo trata de uma característica peculiar da servidão, oriunda do sistema codificado anterior: a sua *indivisibilidade*.

A servidão não comporta divisão, ainda que o imóvel sobre o qual incida seja fracionado. Assim, se uma servidão de trânsito beneficia o imóvel A, e este é desmembrado em duas glebas (A' e A"), o gravame passará a beneficiar ambas, ressalvada a hipótese de, por sua natureza ou pela destinação do título, apenas favorecer a uma delas.

O mesmo raciocínio se aplica se o desmembramento for do prédio serviente.

Observa-se, portanto, que a servidão predial é una, não comportando, assim, divisão, por expressa determinação legal"[25].

Tal exemplificação ilustra, com clareza, a situação versada.

7. EXTINÇÃO

O codificador inicia a disciplina dessa matéria estabelecendo que, *salvo nas desapropriações, a servidão, uma vez registrada, só se extingue, em face de terceiros, quando cancelada* (art. 1.387).

---

[23] GARCEZ NETO, Martinho. *Responsabilidade Civil no Direito Comparado*. Rio de Janeiro: Renovar, 2000. p. 142.

[24] GAGLIANO, Pablo Stolze; PAMPLONA FILHO, Rodolfo. *Novo Curso de Direito Civil*: Responsabilidade Civil. 18. ed. São Paulo: Saraiva, 2020. v. 3. p. 64.

[25] GAGLIANO, Pablo Stolze. Op. cit. p. 91.

A regra geral, sem dúvida, é no sentido de que a extinção de um direito real somente alcançará a terceiros, em uma perspectiva *erga omnes*, a partir do cancelamento do seu respectivo registro[26].

Sucede que, dado o caráter cogente e o acentuado interesse público ou social envolvido, a desapropriação, observado, por óbvio, o seu trâmite regular, dispensa o cancelamento do registro da servidão para que seja alcançada a esfera jurídica de terceiros.

Vale salientar, nessa linha, que, *caso o prédio dominante esteja hipotecado, e a servidão se mencionar no título hipotecário, será também preciso, para a cancelar, o consentimento do credor* (parágrafo único, art. 1.387).

"Isso porque, em tese", observa SÍLVIO VENOSA, "com a extinção da servidão, diminui o valor do imóvel e, consequentemente, da garantia"[27].

Além da extinção derivada do próprio **ajuste de vontades,** firmado entre os donos dos prédios dominante e serviente, com amparo no postulado da autonomia privada, outras formas de desfazimento do direto real podem ocorrer.

A teor do art. 1.388, *o dono do prédio serviente tem direito, pelos meios judiciais, ao cancelamento do registro, embora o dono do prédio dominante lho impugne,* em caso de:

a) **renúncia** – ou seja, o titular do direito pode emitir declaração formal de vontade, a ser levada a registro, **renunciando ao direito real de servidão constituído em seu favor.** "Embora a lei não tenha expressamente referido a hipótese de **abandono**", afirma PABLO STOLZE GAGLIANO, "se tal ocorrer, considerando-se que *a liberação do gravame aliviará a propriedade serviente* e *o abandono da servidão demonstra desrespeito à sua função social,* concluímos que, embora **renúncia** e **abandono** tecnicamente não se confundam, também poderá o dono do prédio serviente obter em juízo o cancelamento do registro. Aliás, como se sabe, *onde há a mesma razão, deve haver o mesmo direito...*"[28].

b) **cessação da utilidade ou da comodidade da servidão** – extingue-se a servidão, caso a sua finalidade útil ou conveniência não mais existam. Tome-se, por exemplo, a situação em que uma servidão para passagem de cabos é constituída, mas, em razão da construção de novas e mais modernas vias de transmissão, disponíveis ao titular da servidão, o ônus imposto ao serviente não mais se justifique. Outros exemplos são dados por GAGLIANO: "Assim, em uma servidão de trânsito para o escoamento de cereal, caso o prédio dominante deixe de dedicar-se à atividade agrícola, passando a sediar um parque fabril, a passagem torna-se dispensável por não mais representar utilidade ao dominante, razão por que pode o ônus real ser cancelado. Na mesma linha, imagine uma servidão para a passagem de linhas de irrigação. Caso o governo haja construído uma represa próxima, que abasteça diretamente todas as fazendas da região, a servidão deixa de ter finalidade útil, podendo ser cancelada"[29]. É importante, por fim, acrescentar que a inutilidade da servidão deve estar

---

[26] "Qualquer que seja o fato extintivo, a servidão só deixa de existir quando cancelada. O cancelamento é exigido a fim de que a extinção valha contra terceiros, não sendo, pois, modo de extinção propriamente dito" (GOMES, Orlando. *Direitos Reais*. 19. ed. Atualizada por Luiz Edson Fachin. Rio de Janeiro: Forense, 2008. p. 290).

[27] VENOSA, Sílvio de Salvo. *Direitos Reais*. 3. ed. São Paulo: Atlas, 2003. p. 420.

[28] GAGLIANO, Pablo Stolze. Op. cit., p. 97.

[29] Idem, p. 98.

suficientemente demonstrada: "Ementa: APELAÇÃO CÍVEL. AÇÃO DE EXTINÇÃO DE SERVIDÃO DE TRÂNSITO. SÚMULA 415 DO STF. IMPROCEDÊNCIA. HIPÓTESE NÃO CONTEMPLADA NOS ARTS. 1.388 E 1.389 DO CC. Constatado que a via questionada pelos autores vem sendo utilizada há muito pelos réus, confere-lhes a Súmula 415 do STF proteção possessória, aos efeitos de permitir que a servidão de trânsito permaneça sendo usada sem qualquer alteração de trajeto. <u>Pedido de extinção da servidão que não encontra amparo nas hipóteses dos arts. 1.388 e 1.389 do CC, sobretudo porque comprovado que a necessidade do uso da via permanece intacta</u>. Pleito do apelante, formulado em caráter cumulativo, que se mostra absolutamente incompatível com os demais pedidos existentes nos autos, impedindo a sua apreciação, como decorre do disposto no art. 327, § 1.º, I, do CPC. APELO DESPROVIDO. UNÂNIME" (Apelação Cível n. 70072401953, Vigésima Câmara Cível, Tribunal de Justiça do RS, rel.: Dilso Domingos Pereira, julgado em 29-3-2017). (grifamos)

c) **resgate da servidão** – pode o dono do prédio serviente firmar negócio jurídico com o titular do prédio dominante, visando a "resgatar" a servidão, livrando-se, assim, do ônus imposto ao seu imóvel. A cláusula de resgate pode vir prevista no próprio ato constitutivo da servidão[30]. Em nosso sentir, mesmo que não seja prevista no ato constitutivo do direito, ainda assim haverá resgate se, como dito, por ajuste posterior, o dono do prédio serviente consolidar a sua propriedade.

Também se extingue o direito real de servidão, à luz do art. 1.389 (ficando ao dono do prédio serviente a faculdade de fazê-la cancelar, mediante a prova da extinção), nas seguintes hipóteses:

a) **pela confusão real** – ou seja, reunião dos dois prédios no domínio da mesma pessoa. Imagine-se, por exemplo, que o dono do prédio serviente, em virtude de herança, adquira a propriedade do imóvel dominante.

b) **pela supressão das respectivas obras por efeito de contrato, ou de outro título expresso** – por imperativo lógico, a supressão de obras relevantes para a própria dinâmica funcional da servidão poderá resultar em sua inutilidade e, por conseguinte, em sua extinção. É o caso de a estrutura utilizada para o funcionamento do aqueduto haver sido retirada, resultando em prejuízo à sua própria finalidade.

c) **pelo não uso, durante dez anos contínuos** – trata-se de interessante causa extintiva, pois leva em conta o princípio da função social da posse projetado no direito de servidão. A não utilização de uma servidão, continuadamente, por dez anos, justifica a sua extinção. Figure a hipótese de uma servidão de passagem não estar sendo utilizada há mais de uma década. E se se tratar de uma servidão negativa (não fazer)? Respondem FARIAS e ROSENVALD, citando o grande CAIO MÁRIO, "...na servidão negativa, em que se exige uma omissão do titular (*v.g.*, servidão de luz), o não uso se constata com a conduta comissiva do titular do prédio serviente, que culmina por praticar o ato cuja abstenção havia sido objeto de convenção (*v.g.*, impede a passagem de luz)"[31].

---

[30] FARIAS, Cristiano Chaves de; ROSENVALD, Nelson. *Direitos Reais*. 6. ed. Rio de Janeiro: Lumen Juris, 2009. p. 549.

[31] Idem, ibidem, p. 550.

Em conclusão, concordamos com a linha doutrinária segundo a qual, posto não seja comum, a servidão pode ser constituída sob **termo** (a servidão terá eficácia até que determinado acontecimento futuro e certo ocorra, por exemplo: uma determinada data) ou **condição** (a servidão terá eficácia até que determinado acontecimento futuro e *incerto* ocorra, por exemplo: o fim da estiagem)[32].

---

[32] VENOSA, Sílvio, ob. cit., p. 420.

Capítulo XX
Usufruto

Sumário: 1. Conceito. 2. Classificação. 2.1. Quanto à origem. 2.1.1. Usufruto voluntário ou convencional. 2.1.2. Usufruto legal. 2.1.3. Usufruto constitucional. 2.2. Quanto ao objeto. 2.3. Quanto ao alcance ou extensão. 2.4. Quanto à duração. 3. Objeto e cessibilidade. 4. Direitos e deveres do usufrutuário. 4.1. Direitos do usufrutuário (arts. 1.394 a 1.399, CC). 4.2. Deveres do usufrutuário (arts. 1.400 a 1.409, CC). 5. Usufruto vidual. 6. Usufruto e partilha em vida. 7. Usufruto e fideicomisso. 8. Extinção do usufruto. 8.1. Renúncia ou morte do usufrutuário. 8.2. Termo final. 8.3. Extinção da pessoa jurídica, em favor de quem o usufruto foi constituído, ou, se ela perdurar, pelo decurso de trinta anos da data em que se começou a exercer. 8.4. Cessação do motivo do qual se origina o usufruto. 8.5. Destruição da coisa. 8.6. Consolidação. 8.7. Culpa do usufrutuário. 8.8. Pelo não uso ou não fruição da coisa.

1. CONCEITO

Ao estudar este instituto, CLÓVIS BEVILÁQUA faz um interessante enquadramento, ao afirmar que, ao lado do uso e da habitação, o usufruto traduz uma "servidão pessoal":

> "O usufruto, o uso e a habitação são as servidões pessoais, que o Código Civil regula. Dizem-se servidões pessoais porque são direitos de uso e gozo, estabelecidos em benefício de determinada pessoa. Ligadas a alguém, as servidões pessoais não se alienam, como não se transmitem hereditariamente".

E avança, conceituando:

> "Usufruto é o direito real, conferido a uma pessoa, durante certo tempo, que a autoriza a retirar da coisa alheia os frutos e utilidades que ela produz"[1].

Com efeito, o direito real de usufruto pode recair em um ou mais bens, móveis ou imóveis[2], em um patrimônio inteiro, ou em parte deste, abrangendo-lhe, no todo ou em parte, os frutos e utilidades (art. 1.390).

De um lado, temos o titular do bem, que se despoja das faculdades reais de uso e gozo, tornando a sua propriedade limitada (nu-proprietário); de outro, o beneficiário

---

[1] BEVILÁQUA, Clóvis. *Código Civil dos Estados Unidos do Brasil Comentado*. Rio de Janeiro: Francisco Alves, 1933. v. 3. p. 278.

[2] Art. 1.392, CC. Salvo disposição em contrário, o usufruto estende-se aos acessórios da coisa e seus acrescidos.

§ 1.º Se, entre os acessórios e os acrescidos, houver coisas consumíveis, terá o usufrutuário o dever de restituir, findo o usufruto, as que ainda houver e, das outras, o equivalente em gênero, qualidade e quantidade, ou, não sendo possível, o seu valor, estimado ao tempo da restituição.

§ 2.º Se há no prédio em que recai o usufruto florestas ou os recursos minerais a que se refere o art. 1.230, devem o dono e o usufrutuário prefixar-lhe a extensão do gozo e a maneira de exploração.

(usufrutuário), que poderá exercer a defesa do seu direito inclusive em face de quem o constituiu:

> "RECURSO ESPECIAL. AÇÃO PETITÓRIA. AÇÃO REIVINDICATÓRIA. USUFRUTO. DIREITO REAL LIMITADO. USUFRUTUÁRIO. LEGITIMIDADE E INTERESSE.
>
> 1. Cuida-se que ação denominada 'petitória-reivindicatória' proposta por usufrutuário, na qual busca garantir o seu direito de usufruto vitalício sobre o imóvel.
>
> 2. Cinge-se a controvérsia a definir se o usufrutuário tem legitimidade/interesse para propor ação petitória/reivindicatória para fazer prevalecer o seu direito de usufruto sobre o bem.
>
> 3. O usufrutuário – na condição de possuidor direto do bem – pode valer-se das ações possessórias contra o possuidor indireto (nu-proprietário) e – na condição de titular de um direito real limitado (usufruto) – também tem legitimidade/interesse para a propositura de ações de caráter petitório, tal como a reivindicatória, contra o nu-proprietário ou contra terceiros.
>
> 4. Recurso especial provido".
>
> (STJ – Resp 1.202.843/PR, rel. Ministro RICARDO VILLAS BÔAS CUEVA, TERCEIRA TURMA, julgado em 21-10-2014, DJe 28-10-2014)

PABLO STOLZE GAGLIANO, nos Comentários ao Código Civil, discorre sobre o instituto:

> "O direito real de usufruto poderá se constituir das seguintes formas: a) por negócio jurídico gratuito ou oneroso; b) por testamento; c) por usucapião; d) por força de lei. Na primeira hipótese, temos um contrato, firmado entre duas partes, visando à constituição do usufruto. Em tal hipótese, qual seria a forma a ser adotada pelos contraentes? Tratando-se de constituição de usufruto sobre bem imóvel, caso o valor do mesmo exceda trinta vezes o maior salário mínimo vigente no país, a escritura pública é essencial para a validade do ato (...) Se o usufruto incidir sobre bem móvel, entretanto, tal solenidade é dispensável. Este modo de constituição, sem dúvida, é o mais comum, e tanto pode se operar a título gratuito como também em caráter oneroso. No primeiro caso, o nu-proprietário beneficia o usufrutuário, conferindo-lhe a faculdade real de desfrutar de algo que lhe pertence, independentemente de contraprestação. É o caso do filho que institui o usufruto em prol de seu velho pai, até o fim de seus dias. Neste caso, o seu genitor gozará gratuitamente do direito concedido. Em outra hipótese, poderia um sujeito conferir o usufruto, por contrato, em benefício de outrem, mediante o pagamento de um preço. Aqui, estaríamos diante de uma forma onerosa de constituição. Também por testamento se constitui o usufruto (...) Nada impede, outrossim, que se constitua o usufruto por meio do usucapião (...) Finalmente, o usufruto pode derivar da própria lei, a exemplo do usufruto resultante do direito de família. Nesse sentido, o art. 1.689 do Código Civil dispõe que: 'Art. 1.689. O pai e a mãe, enquanto no exercício do poder familiar: I – são usufrutuários dos bens dos filhos'"[3].

---

§ 3.º Se o usufruto recai sobre universalidade ou quota-parte de bens, o usufrutuário tem direito à parte do tesouro achado por outrem, e ao preço pago pelo vizinho do prédio usufruído, para obter meação em parede, cerca, muro, vala ou valado.

[3] GAGLIANO, Pablo Stolze. *Código Civil Comentado*: arts. 1.369 a 1.418. São Paulo: Ed. Atlas, 2004. v. 13. p. 122-125.

Vale lembrar que o usufruto de imóveis, quando não resulte de usucapião, constituir-se-á mediante registro no Cartório de Registro de Imóveis (art. 1.391), o que se coaduna com a regra geral dos direitos reais.

Por fim, acrescentamos que, cessado o usufruto, a propriedade readquire a sua plenitude, a sua "dimensão original", no dizer de ENRIQUE VARSI ROSPIGLIOSI:

"Al cesar el derecho real de disfrute sobre la propiedad, esta (re)adquiere su dimensión original, su plenitud, el dominio completo – *alodialidad* –; pasa a ser, nuevamente, una propiedad plena con todos sus atributos, dejando de ser nuda propiedad. Esto se relaciona con la característica de elasticidad de la propiedad. Se contrae con el usufructo y se expande al cese. Por el usufructo, la propiedad decrece y crece"[4].

2. CLASSIFICAÇÃO

Os critérios de classificação do usufruto podem, naturalmente, variar na doutrina.

Isso porque toda classificação é fruto da concepção metodológica de cada autor, com base em elementos fáticos ou teóricos.

Assim, elencaremos, aqui, algumas das principais classificações.

Vamos a elas.

2.1. Quanto à origem

Quanto a sua origem, o usufruto poderá se apresentar em três modalidades, a saber: a) voluntário ou convencional; b) legal; ou c) constitucional.

Compreendamos cada uma dessas formas.

2.1.1. Usufruto voluntário ou convencional

Trata-se da modalidade mais comum, por emanar da autonomia privada, ou seja, da livre manifestação da vontade.

Sem dúvida, o título constitutivo mais frequente do usufruto é o contrato.

Figuremos, por amor à didática, o exemplo mais comum: JOÃO, proprietário de um terreno, constitui, em favor de PEDRO, mediante contrato, usufruto sobre o imóvel.

Na mesma linha, não há óbice a que seja constituído por testamento, especialmente por se admitir o "legado de usufruto" (art. 1.921, CC).

Por fim, ainda no plano convencional, merece atenção também a hipótese, frequente no âmbito do planejamento sucessório, em que o transferente da propriedade, mediante contrato, reserva para si o direito real de usufruto.

Sobre o tema, vale relembrar a preleção de HENRIQUE LONGO:

"É comum, em planejamentos sucessórios em que os pais desejem fazer doação de participações societárias para seus filhos, porém sem perder o controle da empresa e tampouco a percepção de seus rendimentos, procederem à transferência da nua-propriedade das participações para os filhos, mantendo para si o usufruto e salvaguardando o

---

[4] ROSPIGLIOSI, Enrique Varsi. *Tratado de Derechos Reales* – Derechos Reales de Goce. Lima: Universidad de Lima, Fondo Editorial, 2019. t. 3. p. 26.

poder político (direito de voto) e o poder econômico (recebimento de dividendos e juros sobre o capital)"[5].

Trata-se de uma prática comum para facilitar o planejamento sucessório, notadamente quando há uma pluralidade de herdeiros, cada um com suas aptidões e características pessoais[6].

2.1.2. Usufruto legal

Reconhecido o usufruto voluntário como a modalidade mais corriqueira, é preciso destacar que ela não é a única.

Com efeito, pode o usufruto decorrer diretamente de previsão legal, sem necessidade de manifestação da vontade.

Um bom exemplo é o usufruto dos pais sobre os bens dos filhos menores (art. 1.689, I, CC).

Sobre o tema, escreve, com precisão, FLÁVIO TARTUCE:

"É aquele que decorre da lei e não da vontade das partes, sendo desnecessário o seu registro no Registro de Imóveis. Como exemplos, podem ser citados o usufruto dos pais sobre os bens dos filhos menores (art. 1.689, I, CC), o usufruto a favor do cônjuge, que estiver na posse dos bens particulares do outro (art. 1.652, I, do CC)"[7].

De certa forma, o usufruto resultante da usucapião poderia ser entendido também como um exemplo de usufruto legal, uma vez que decorre do enquadramento no *standard* jurídico correspondente, e não necessariamente da manifestação da vontade dos envolvidos.

Todavia, de fato, parece-nos que o usufruto derivado da usucapião deve ser entendido como de natureza híbrida, como preconizado por respeitáveis autores[8], porquanto, a par de haver o elemento convencional ou volitivo traduzido no *animus*, pressupõe a configuração do pressuposto temporal exigido por lei.

2.1.3. Usufruto constitucional

Aqui, temos uma peculiar situação, que, dada a menção no texto constitucional, merece um tratamento diferenciado.

O usufruto mencionado no art. 231, § 2.º, da Constituição Federal[9], em favor dos indígenas, em nosso sentir, dada a superior natureza da norma que o institui, é melhor enquadrado como uma especial forma de **usufruto constitucional**.

---

[5] LONGO, Henrique José. Sucessão familiar e planejamento tributário II. In: *Estratégias societárias, planejamento tributário e sucessório*. Petrópolis/RJ: Editora Sermograf, 2004. p. 213.

[6] Sobre o tema, confira o Capítulo XXII ("Planejamento sucessório") do volume 7 ("Direito das sucessões") desta coleção, bem como o episódio sobre o tema do *Papeando com Pamplona* com Rodrigo Mazzei. Disponível em: <https://www.youtube.com/watch?v=Gg9KiSGKlPE&index=4&list=PLRz8jhdmNsMS1PqSs5Lnj21Oa-Z65q2UG>.

[7] TARTUCE, Flávio. *Direito Civil*: Direito das Coisas. 7. ed. São Paulo: Gen-Método, 2015. v. 4. p. 362.

[8] DINIZ, Maria Helena apud TARTUCE, Flávio. *Direito Civil*: Direito das Coisas. 7. ed. São Paulo: Gen-Método, 2015. v. 4. p. 363.

[9] CF, art. 231, § 2.º. As terras tradicionalmente ocupadas pelos índios destinam-se a sua posse permanente, cabendo-lhes o usufruto exclusivo das riquezas do solo, dos rios e dos lagos nelas existentes.

Ao encontro desta nossa linha de pensamento, destacamos trecho da ementa do acordão proferido pelo Supremo Tribunal Federal, no âmbito da Ação Popular n. 3.388/RR, em que se discutiu a demarcação da terra indígena Raposa Serra do Sol:

"AÇÃO POPULAR. DEMARCAÇÃO DA TERRA INDÍGENA RAPOSA SERRA DO SOL. INEXISTÊNCIA DE VÍCIOS NO PROCESSO ADMINISTRATIVO--DEMARCATÓRIO. OBSERVÂNCIA DOS ARTS. 231 E 232 DA CONSTITUIÇÃO FEDERAL, BEM COMO DA LEI N. 6.001/73 E SEUS DECRETOS REGULAMENTARES. CONSTITUCIONALIDADE E LEGALIDADE DA PORTARIA N. 534/2005, DO MINISTRO DA JUSTIÇA, ASSIM COMO DO DECRETO PRESIDENCIAL HOMOLOGATÓRIO. RECONHECIMENTO DA CONDIÇÃO INDÍGENA DA ÁREA DEMARCADA, EM SUA TOTALIDADE. MODELO CONTÍNUO DE DEMARCAÇÃO. CONSTITUCIONALIDADE. REVELAÇÃO DO REGIME CONSTITUCIONAL DE DEMARCAÇÃO DAS TERRAS INDÍGENAS. A CONSTITUIÇÃO FEDERAL COMO ESTATUTO JURÍDICO DA CAUSA INDÍGENA. A DEMARCAÇÃO DAS TERRAS INDÍGENAS COMO CAPÍTULO AVANÇADO DO CONSTITUCIONALISMO FRATERNAL. INCLUSÃO COMUNITÁRIA PELA VIA DA IDENTIDADE ÉTNICA. VOTO DO RELATOR QUE FAZ AGREGAR AOS RESPECTIVOS FUNDAMENTOS SALVAGUARDAS INSTITUCIONAIS DITADAS PELA SUPERLATIVA IMPORTÂNCIA HISTÓRICO-CULTURAL DA CAUSA. SALVAGUARDAS AMPLIADAS A PARTIR DE VOTO-VISTA DO MINISTRO MENEZES DIREITO E DESLOCADAS PARA A PARTE DISPOSITIVA DA DECISÃO (...) 11.3. O marco da concreta abrangência fundiária e da finalidade prática da ocupação tradicional. Áreas indígenas são demarcadas para servir concretamente de habitação permanente dos índios de uma determinada etnia, de par com as terras utilizadas para suas atividades produtivas, mais as 'imprescindíveis à preservação dos recursos ambientais necessários a seu bem-estar' e ainda aquelas que se revelarem 'necessárias à reprodução física e cultural' de cada qual das comunidades étnico-indígenas, 'segundo seus usos, costumes e tradições' (usos, costumes e tradições deles, indígenas, e não usos, costumes e tradições dos não--índios). Terra indígena, no imaginário coletivo aborígine, não é um simples objeto de direito, mas ganha a dimensão de verdadeiro ente ou ser que resume em si toda ancestralidade, toda coetaneidade e toda posteridade de uma etnia. Donde a proibição constitucional de se remover os índios das terras por eles tradicionalmente ocupadas, assim como o reconhecimento do direito a uma posse permanente e usufruto exclusivo, de parelha com a regra de que todas essas terras 'são inalienáveis e indisponíveis, e os direitos sobre elas, imprescritíveis' (§ 4º do art. 231 da Constituição Federal). O que termina por fazer desse tipo tradicional de posse um heterodoxo instituto de Direito Constitucional, e não uma ortodoxa figura de Direito Civil. Donde a clara intelecção de que OS ARTIGOS 231 E 232 DA CONSTITUIÇÃO FEDERAL CONSTITUEM UM COMPLETO ESTATUTO JURÍDICO DA CAUSA INDÍGENA. (...)" (grifamos).

É forçoso convir, pois, nesse contexto, que o usufruto conferido aos indígenas pelo art. 231, § 2.º, da Constituição Federal tem, em verdade, matiz eminentemente supra legal ou constitucional.

Uma última observação deve ser feita.

O denominado "usufruto judicial", decorrente de ato emanado do Juízo, estava previsto nos arts. 716 a 724 do Código de Processo Civil de 1973.

Com a entrada em vigor do CPC/2015, esse regramento foi superado, por meio da disciplina da "Penhora de Frutos e Rendimentos de Coisa Móvel ou Imóvel" (arts. 867 a 869):

"Art. 867. O juiz pode ordenar a penhora de frutos e rendimentos de coisa móvel ou imóvel quando a considerar mais eficiente para o recebimento do crédito e menos gravosa ao executado.

Art. 868. Ordenada a penhora de frutos e rendimentos, o juiz nomeará administrador-depositário, que será investido de todos os poderes que concernem à administração do bem e à fruição de seus frutos e utilidades, perdendo o executado o direito de gozo do bem, até que o exequente seja pago do principal, dos juros, das custas e dos honorários advocatícios.

§ 1.º A medida terá eficácia em relação a terceiros a partir da publicação da decisão que a conceda ou de sua averbação no ofício imobiliário, em caso de imóveis.

§ 2.º O exequente providenciará a averbação no ofício imobiliário mediante a apresentação de certidão de inteiro teor do ato, independentemente de mandado judicial.

Art. 869. O juiz poderá nomear administrador-depositário o exequente ou o executado, ouvida a parte contrária, e, não havendo acordo, nomeará profissional qualificado para o desempenho da função.

§ 1.º O administrador submeterá à aprovação judicial a forma de administração e a de prestar contas periodicamente.

§ 2.º Havendo discordância entre as partes ou entre essas e o administrador, o juiz decidirá a melhor forma de administração do bem.

§ 3.º Se o imóvel estiver arrendado, o inquilino pagará o aluguel diretamente ao exequente, salvo se houver administrador.

§ 4.º O exequente ou o administrador poderá celebrar locação do móvel ou do imóvel, ouvido o executado.

§ 5.º As quantias recebidas pelo administrador serão entregues ao exequente, a fim de serem imputadas ao pagamento da dívida.

§ 6.º O exequente dará ao executado, por termo nos autos, quitação das quantias recebidas".

Imagine-se, por exemplo, a penhora de aluguéis oriundos da locação de um galpão industrial.

Em tal caso, o credor irá "se pagar" ao longo do tempo, mediante a percepção deste fruto civil, objeto da penhora, desde que, como expressamente mencionado no art. 867, esta medida constritiva, a par de eficiente para a satisfação do crédito, afigure-se menos gravosa ao executado.

Por tais razões, não elencamos o "usufruto judicial" como uma modalidade classificatória vigente.

2.2. Quanto ao objeto

Quanto ao seu objeto, o usufruto poderá ser **próprio** ou **impróprio**.

Por **usufruto próprio**, entenda-se aquele que tem por objeto bens infungíveis e inconsumíveis, a exemplo do usufruto de uma casa de praia.

Já o **usufruto impróprio** tem por objeto bens consumíveis, a exemplo do usufruto de um capital aplicado ou de títulos de crédito, sendo conhecido, também, por meio da expressão "quase usufruto".

Nesse ponto, alinhamo-nos a CAIO MÁRIO DA SILVA PEREIRA, que ensina, a respeito do usufruto impróprio:

"Recaindo o usufruto em coisas que se consomem pelo uso – *primo uso consummuntur* – pode desde logo delas dispor o usufrutuário, obrigado, entretanto, findo o usufruto, a restituir em gênero, qualidade e quantidade. (...) no usufruto regular ou próprio, ocorre a utilização e fruição de coisa alheia, e no impróprio, o usufrutuário adquire a sua propriedade, sem o que não poderia consumi-la ou aliená-la devolvendo coisa da mesma espécie. Isto leva à sustentação de não ser verdadeiro usufruto, sendo aquisição da coisa, com o encargo de realizar a sua restituição. Devido, entretanto, à proximidade de situação fática, a analogia de normação jurídica justifica haver o legislador incluído a sua disciplina na dogmática do usufruto, que é então qualificado em doutrina como *impróprio ou quase-usufruto*[10]".

Ainda sobre esta última categoria, teceremos outras considerações em tópico futuro[11].

2.3. Quanto ao alcance ou extensão

Quanto ao seu alcance ou extensão, o usufruto poderá ser **universal** ou **particular/singular**.

Usufruto universal é o que recai sobre uma universalidade de bens, a exemplo daquele que incide sobre o patrimônio[12] ou um "estabelecimento empresarial, o fundo de comércio, ou sobre a parte alíquota desses bens (CC, arts. 1.390 e 1.392, § 3.º, 1.ª parte)"[13].

Em nosso sentir, mesmo que incida sobre fração de um patrimônio, o usufruto não perde o seu caráter universal.

Por outro lado, entende-se por **usufruto particular ou singular** o usufruto que recai sobre bens certos, individualizados, determinados, a exemplo de um apartamento ou uma casa.

2.4. Quanto à duração

Por fim, **quanto à sua duração**, o usufruto poderá ser **temporário** ou **vitalício**.

A regra geral é a de que o direito real de usufruto seja, em essência, limitado no tempo. Por isso, se há termo final, fala-se em usufruto **temporário**.

Todavia, por exceção, será **vitalício**, se o usufruto se estender até a morte do usufrutuário (art. 1.410, I, CC).

Observe-se, porém, que tal modalidade não poderá se perpetuar, para além da morte do usufrutuário.

Por isso, não há mais, em nosso sistema, espaço para o "usufruto sucessivo", que era aquele transferido a terceiro após a morte do usufrutuário.

Nada impede, todavia, a teor do art. 1.411[14], que haja "**usufruto simultâneo ou conjunto**", como lembra a querida Professora MARIA HELENA DINIZ, "que é o instituído

---

[10] PEREIRA, Caio Mário da Silva. *Instituições de Direito Civil*: Direitos Reais. 20. ed. Rio de Janeiro: Forense, 2009. v. 4. p. 255.

[11] Confira-se o tópico 3 ("Objeto e cessibilidade") deste capítulo.

[12] Art. 1.405, CC. Se o usufruto recair num patrimônio, ou parte deste, será o usufrutuário obrigado aos juros da dívida que onerar o patrimônio ou a parte dele.

[13] DINIZ, Maria Helena. *Curso de Direito Civil Brasileiro*: Direito das Coisas. 34. ed. São Paulo: Saraiva, 2020. v. 4. p. 497.

[14] Art. 1.411, CC. Constituído o usufruto em favor de duas ou mais pessoas, extinguir-se-á a parte em relação a cada uma das que falecerem, salvo se, por estipulação expressa, o quinhão desses couber ao sobrevivente.

para beneficiar várias pessoas, extinguindo-se, gradativamente, em relação a cada uma das que falecerem"[15].

3. OBJETO E CESSIBILIDADE

Ao conceituarmos este importante direito real na coisa alheia, em tópico anterior, já mencionamos que poderá incidir em um ou mais bens, móveis ou imóveis, em um patrimônio inteiro, ou parte deste, abrangendo-lhe, no todo ou em parte, os frutos e utilidades.

Caso tenha por objeto bens consumíveis, é denominado, como vimos linhas antes, **usufruto impróprio ou quase usufruto** (ex.: usufruto incidente sobre valores pecuniários aplicados).

Finalmente, merece atenção a disposição constante no art. 1.393, segundo a qual "não se pode transferir o usufruto por alienação; mas o seu exercício pode ceder-se por título gratuito ou oneroso".

A alienação opera a transferência voluntária de um determinado bem da vida, como se dá na venda ou doação.

Com precisão o legislador estabelece não ser viável a "alienação" do direito de usufruto em si, mas, apenas, "a cessão do seu exercício".

Interessante exemplo é dado por PABLO STOLZE GAGLIANO, em obra aqui já citada:

"Ou seja, não pode o usufrutuário, em caráter gratuito ou oneroso, pretender transferir o seu direito a um terceiro, que passaria a figurar como novo usufrutuário. Tal não é possível, pois atenta contra a própria essência deste direito, que detém nítido caráter alimentar e matiz personalíssimo. Nada impede, todavia, que o usufrutuário, sem despojar-se do seu direito, possa ceder, a título gratuito ou oneroso, o seu exercício. Figure-se o seguinte exemplo. BOMFIM constituiu em benefício do seu sobrinho GERALDO o usufruto de uma fazenda, para que perceba seus frutos, até que conclua os seus estudos na Faculdade de Artes Plásticas. Nada impede, pois, desde que não haja proibição no título constitutivo do direito, que GERALDO, demonstrando pouca aptidão no trato com a atividade rural, arrende o bem a um terceiro, que lhe pagará uma renda mensal, suficiente para o custeio dos seus estudos. Com isso, GERALDO permanece como usufrutuário, desfrutando das utilidades da fazenda, sem desvirtuar a finalidade para que fora o direito constituído"[16].

Nessa linha, toda interpretação sobre o objeto e a cessibilidade do exercício do usufruto deve ser feita restritivamente, pelo caráter alimentar e pessoal do direito real estudado.

4. DIREITOS E DEVERES DO USUFRUTUÁRIO

Conforme mencionado anteriormente, os sujeitos atuantes na relação real derivada do usufruto são o **usufrutuário** e o **nu-proprietário**.

"O usufruto pressupõe normalmente", observa BEVILÁQUA, "a existência simultânea de dois sujeitos do direito: o usufrutuário, a quem é conferida a faculdade do uso e gozo da coisa, e o nu-proprietário, a quem a coisa pertence"[17].

---

[15] DINIZ, Maria Helena. Op. cit. p. 499.

[16] GAGLIANO, Pablo Stolze. *Código Civil Comentado*: arts. 1.369 a 1.418. São Paulo: Atlas, 2004. v. 13. p. 134.

[17] BEVILÁQUA, Clóvis. Op. cit. p. 278.

Vamos passar em revista, nesse ponto, alguns importantes direitos e deveres do usufrutuário, "protagonista" na relação real ora estudada[18]:

4.1. Direitos do usufrutuário (arts. 1.394 a 1.399, CC)

Os principais direitos do usufrutuário estão previstos expressamente nos arts. 1.394 a 1.399 do Código Civil brasileiro.

Assim, o direito fundamental do usufrutuário é ter direito à posse, uso, administração e percepção dos frutos[19].

Por isso, quando o usufruto recai em títulos de crédito, o usufrutuário tem direito a perceber os frutos e a cobrar as respectivas dívidas. Cobradas as dívidas, o usufrutuário aplicará, de imediato, a importância em títulos da mesma natureza, ou em títulos da dívida pública federal, com cláusula de atualização monetária segundo índices oficiais regularmente estabelecidos, tudo na forma do art. 1.395, CC.

Na mesma linha, salvo direito adquirido por outrem, o usufrutuário faz seus os frutos naturais, pendentes ao começar o usufruto, sem encargo de pagar as despesas de produção. Os frutos naturais, pendentes ao tempo em que cessa o usufruto, pertencem ao dono, também sem compensação das despesas (art. 1.396).

As crias dos animais, a teor do art. 1.397, pertencem ao usufrutuário, deduzidas quantas bastem para inteirar as cabeças de gado existentes ao começar o usufruto.

Os frutos civis, vencidos na data inicial do usufruto, pertencem ao proprietário, e ao usufrutuário os vencidos na data em que cessa o usufruto (art. 1.398).

O usufrutuário pode usufruir em pessoa, ou mediante arrendamento, o prédio, mas não mudar-lhe a destinação econômica, sem expressa autorização do proprietário (art. 1.399), tendo em vista a natureza do direito real ora analisado.

4.2. Deveres do usufrutuário (arts. 1.400 a 1.409, CC)

Da mesma forma que os direitos, os principais deveres do usufrutuário estão elencados expressamente no texto positivado do Código Civil.

Tratando-se de um direito real na coisa alheia, o usufrutuário, antes de assumir o usufruto, inventariará, à sua custa, os bens que receber, determinando o estado em que se acham, e dará caução, fidejussória ou real, se lha exigir o dono, de velar-lhes pela conservação e entregá-los findo o usufruto (art. 1.400).

Destaque-se que não é obrigado à caução o doador que se reservar o usufruto da coisa doada (esta última situação é bastante comum, como, por exemplo, na situação do pai que doa o imóvel ao filho, permanecendo como usufrutuário).

O usufrutuário que não quiser ou não puder dar caução suficiente perderá o direito de administrar o usufruto; e, neste caso, os bens serão administrados pelo proprietário, que ficará obrigado, mediante caução, a entregar ao usufrutuário o rendimento deles, deduzidas as despesas de administração, entre as quais se incluirá a quantia fixada pelo juiz como remuneração do administrador, como previsto no art. 1.401, CC.

---

[18] Cf. arts. 1.394 a 1.409, CC.

[19] Sobre o tema dos frutos como bens acessórios da coisa principal, confira-se o Capítulo VIII ("Bens jurídicos") do volume 1 ("Parte geral") desta coleção, notadamente o subtópico 4.2 ("Dos bens reciprocamente considerados (arts. 92 a 97 do CC/2002)").

Saliente-se que o usufrutuário não é obrigado a pagar as deteriorações resultantes do exercício regular do usufruto, à luz do art. 1.402.

Na forma do art. 1.403, CC, incumbem ao usufrutuário: as despesas ordinárias de conservação dos bens no estado em que os recebeu, bem como as prestações e os tributos devidos pela posse ou rendimento da coisa usufruída[20].

Todavia, se o usufruto recair num patrimônio, ou parte deste, será o usufrutuário obrigado aos juros da dívida que onerar o patrimônio ou a parte dele (art. 1.405).

Registre-se também que o usufrutuário é obrigado a dar ciência ao dono de qualquer lesão produzida contra a posse da coisa, ou os direitos deste (art. 1.406).

Vale acrescentar que a nua-propriedade (a propriedade limitada daquele que suporta o direito de usufruto de outrem) poderá ser objeto de penhora, sem que o usufruto seja prejudicado, segundo já entendeu o Superior Tribunal de Justiça:

> "AGRAVO REGIMENTAL. AGRAVO EM RECURSO ESPECIAL. EMBARGOS DE TERCEIRO. NEGATIVA DE PRESTAÇÃO JURISDICIONAL. AUSÊNCIA. ARTS. 649, I, DO CPC E 1.191 DO CC/02. PREQUESTIONAMENTO. FALTA. IMÓVEL GRAVADO COM USUFRUTO. PENHORA DA NUA-PROPRIEDADE. POSSIBILIDADE. SÚMULA 83/STJ. AGRAVO NÃO PROVIDO.
>
> 1. De acordo com a jurisprudência do Superior Tribunal de Justiça não há ofensa ao art. 535 do CPC, quando o Tribunal de origem se manifesta, de modo suficiente, sobre todas as questões levadas a julgamento, não sendo possível atribuir qualquer vício ao acórdão somente porque decidira em sentido contrário à pretensão do recorrente.
>
> 2. A ausência de decisão acerca dos dispositivos legais indicados como violados, apesar de opostos embargos de declaração, impede o conhecimento do recurso especial.
>
> 3. A nua-propriedade pode ser objeto de penhora e alienação em hasta pública, ficando ressalvado o direito real de usufruto, inclusive após a arrematação ou a adjudicação, até que haja sua extinção. Precedentes.
>
> 4. A harmonia de entendimento entre o acórdão recorrido e a jurisprudência desta Corte Superior atrai a aplicação do enunciado sumular n. 83/STJ, que abrange os recursos especiais interpostos com base em ambas as alíneas (*a* e *c*) do art. 105, III, da CF/88.
>
> 5. Agravo regimental a que se nega provimento".
>
> (AgRg no AREsp 544.094/RS, rel. Min. MARIA ISABEL GALLOTTI, QUARTA TURMA, julgado em 21-5-2015, *DJe* 29-5-2015)

A jurisprudência do Superior Tribunal de Justiça também nos traz exemplo de aplicação do instituto estudado no âmbito de relações internacionais:

> "CONFLITO NEGATIVO DE COMPETÊNCIA. JUSTIÇA FEDERAL E JUSTIÇA ESTADUAL. PORTO DE PARANAGUÁ. TERMINAL PORTUÁRIO. CESSÃO DE ESPAÇO POR

---

[20] Art. 1.404. Incumbem ao dono (nu-proprietário) as reparações extraordinárias e as que não forem de custo módico; mas o usufrutuário lhe pagará os juros do capital despendido com as que forem necessárias à conservação, ou aumentarem o rendimento da coisa usufruída.

§ 1.º Não se consideram módicas as despesas superiores a dois terços do líquido rendimento em um ano.

§ 2.º Se o dono não fizer as reparações a que está obrigado, e que são indispensáveis à conservação da coisa, o usufrutuário pode realizá-las, cobrando daquele a importância despendida.

AGÊNCIA OFICIAL DE FOMENTO ÀS EXPORTAÇÕES DO PARAGUAI PARA ENTIDADE DAQUELE PAÍS, MEDIANTE USUFRUTO ONEROSO. INTERDITO POSSESSÓRIO. PEDIDO E CAUSA DE PEDIR QUE NÃO SE CORRELACIONAM COM DISPOSIÇÕES DE ACORDO INTERNACIONAL ENTRE BRASIL E PARAGUAI. COMPETÊNCIA DA JUSTIÇA ESTADUAL.

1. A lide discute contrato de usufruto oneroso de terminal portuário brasileiro, em zona franca de exportações paraguaias no Porto de Paranaguá, firmado entre agência oficial de fomento de exportações do Paraguai e entidade daquele país, estando o pedido e a causa de pedir afetos às normas de direito civil brasileiro.

2. A causa de pedir relaciona-se com a 'escritura pública de instituição de usufruto lavrada no Livro 124, folhas 178/181 do 21.º Tabelionato de Notas de Curitiba-PR', nem sequer tangenciando disposições contidas em tratado ou acordo internacional entre o Brasil e Estado estrangeiro ou organismo internacional, de maneira a atrair a competência da Justiça Federal, prevista no art. 109, III, da Constituição Federal.

3. Estando o pedido e a causa de pedir relacionados, exclusivamente, às normas de direito real de usufruto, previstas no Código Civil Brasileiro, e não no acordo realizado entre o Brasil e o Paraguai, em 1957, conhece-se do conflito para declarar competente a Justiça Comum Estadual".

(CC 121.252/PR, rel. Min. RAUL ARAÚJO, SEGUNDA SEÇÃO, julgado em 12-6-2013, DJe 17-6-2013)

O dever fundamental do usufrutuário está ligado, naturalmente, à conservação do bem objeto do usufruto, tanto que, na forma do *caput* do art. 1.407, CC, se "a coisa estiver segurada, incumbe ao usufrutuário pagar, durante o usufruto, as contribuições do seguro"[21].

5. USUFRUTO VIDUAL

O usufruto vidual[22] foi consagrado pela Lei n. 4.121, de 1962 (Estatuto da Mulher Casada), mediante alteração do art. 1.611 do Código de 1916, que passou a ter a seguinte redação:

> "§ 1.º O cônjuge viúvo se o regime de bens do casamento não era o da comunhão universal, terá direito, enquanto durar a viuvez, ao usufruto da quarta parte dos bens do cônjuge falecido, se houver filho deste ou do casal, e à metade se não houver filhos embora sobrevivam ascendentes do *de cujus*".

---

[21] Destaquem-se os §§ 1.º e 2.º do mencionado art. 1.407:
"§ 1.º Se o usufrutuário fizer o seguro, ao proprietário caberá o direito dele resultante contra o segurador.
§ 2.º Em qualquer hipótese, o direito do usufrutuário fica sub-rogado no valor da indenização do seguro".
Observe-se, ainda, na forma dos arts. 1.408/1.409, CC/2002, que, "se um edifício sujeito a usufruto for destruído sem culpa do proprietário, não será este obrigado a reconstruí-lo, nem o usufruto se restabelecerá, se o proprietário reconstruir à sua custa o prédio; mas se a indenização do seguro for aplicada à reconstrução do prédio, restabelecer-se-á o usufruto", bem como que "também fica sub-rogada no ônus do usufruto, em lugar do prédio, a indenização paga, se ele for desapropriado, ou a importância do dano, ressarcido pelo terceiro responsável no caso de danificação ou perda".

[22] "**Vidual**. [Do lat. *viduale*.] Adj. 2 g. Referente à viuvez ou a pessoa viúva" (FERREIRA, Aurélio Buarque de Holanda. *Novo Dicionário Aurélio da Língua Portuguesa*. 2. ed. Rio de Janeiro: Nova Fronteira, 1986. p. 1776).

Tratava-se, pois, de usufruto concedido ao cônjuge sobrevivente (que houvesse sido casado sob regime que não fosse o de comunhão universal), enquanto durasse a sua viuvez, incidente sobre 25% dos bens do falecido, se houvesse prole comum ou exclusiva, ou sobre 50% da herança, se não houvesse filhos, ainda que existissem ascendentes[23].

A par de se fundamentar na relação matrimonial que unia o cônjuge ao falecido, tratava-se, em essência, de um direito real na coisa alheia, que deveria, pois, observar as suas pertinentes prescrições legais, conforme o decidido pelo STJ:

"CIVIL E COMERCIAL. RECURSO ESPECIAL. SOCIEDADE ANÔNIMA. AÇÕES. USUFRUTO VIDUAL. EXTENSÃO. DIREITO DE VOTO.

1. Os embargos declaratórios têm como objetivo sanar eventual obscuridade, contradição ou omissão existente na decisão recorrida.

Inexiste ofensa ao art. 535 do CPC quando o Tribunal de origem pronuncia-se de forma clara e precisa sobre a questão posta nos autos, assentando-se em fundamentos suficientes para embasar a decisão, como ocorrido na espécie.

2. O instituto do usufruto vidual tem como finalidade precípua a proteção ao cônjuge supérstite.

3. Não obstante suas finalidades específicas e sua origem legal (direito de família), em contraposição ao usufruto convencional, o usufruto vidual é direito real e deve observar a disciplina geral do instituto, tratada nos arts. 713 e seguintes do CC/16, bem como as demais disposições legais que a ele fazem referência.

4. O nu-proprietário permanece acionista, inobstante o usufruto, e sofre os efeitos das decisões tomadas nas assembleias em que o direito de voto é exercido.

5. Ao usufrutuário também compete a administração das ações e a fiscalização das atividades da empresa, mas essas atividades podem ser exercidas sem que obrigatoriamente exista o direito de voto, até porque o direito de voto sequer está inserido no rol de direitos essenciais do acionista, tratados no art. 109 da Lei 6.404/76.

6. O art. 114 da Lei 6.404/76 não faz nenhuma distinção entre o usufruto de origem legal e aquele de origem convencional quando exige o consenso entre as partes (nu-proprietário e usufrutuário) para o exercício do direito de voto.

7. Recurso especial desprovido" (REsp 1.169.202/SP, rel. Min. Nancy Andrighi, 3.ª Turma, j. 20-9-2011, *DJe*, 27-9-2011).

Por incidir em uma fração da herança, concluía-se facilmente tratar-se de instituto de aplicação tormentosa.

Mormente nas situações em que não houvesse bom e cordial relacionamento entre a viúva (ou viúvo) e os demais herdeiros, a apuração dos bens que seriam objeto desse direito real não se afigurava como tarefa fácil[24].

---

[23] STJ: "AGRAVO REGIMENTAL. CIVIL. USUFRUTO VIDUAL. – O usufruto vidual independe da situação financeira do cônjuge sobrevivente. – O fato de o viúvo ser beneficiário de testamento do cônjuge falecido, não elide o usufruto vidual" (AgRg no REsp 844.953/MG, rel. Min. Humberto Gomes de Barros, 3.ª Turma, j. 11-12-2007, *DJ*, 19-12-2007, p. 1223).

[24] As dificuldades na aplicação do instituto eram muitas. Por vezes, os bens componentes do acervo haviam sido alienados, caso em que se deveria apurar a indenização devida à viúva, pelo usufruto não gozado, conforme decidiu o STJ: "AGRAVO REGIMENTAL. RECURSO ESPECIAL. CIVIL. SUCESSÃO. USUFRUTO VIDUAL. PARTILHA DE BENS. INOCORRÊNCIA DE TRANSAÇÃO

Em atitude louvável, o codificador de 2002 *extinguiu o usufruto vidual* – certamente por levar em conta a dificuldade de sua aplicação e, também, a ampliação do âmbito de tutela do cônjuge sobrevivente –, mantendo, apenas, o direito real de habitação, tema este último que trataremos com mais vagar em outro capítulo desta obra[25].

Nesse sentido, preleciona, com habitual precisão, ROLF MADALENO:

"Não é preciso muito esforço para detectar a fileira de problemas causados pela concessão judicial indistinta do usufruto vidual. Começa que bloqueia a livre disposição dos bens herdados, que ficam presos pelo usufruto que se estende sobre a generalidade dos bens deixados de herança.

Sempre foi muito discutido o caráter alimentar do usufruto vidual, permitindo sua dispensa quando o viúvo recebesse bens considerados suficientes para garantir a sua subsistência pessoal.

Discutiu-se a possibilidade de concentração do usufruto num único ou em bens certos, previamente definidos, de modo a não causar o usual embaraço dos herdeiros que veem seus bens hereditários vitaliciamente vinculados ao cônjuge credor do usufruto vidual.

E, principalmente, discutiu-se a completa irracionalidade de estender o usufruto vidual a bens que não tivessem a sua aquisição ligada ao casamento ou à união estável, gerando imensuráveis prejuízos e incontáveis injustiças, criadas de breve relações de concubinato de poucas luas e poucos bens, mas que conferiam à companheira viúva o usufruto sobre toda a herança do falecido, incidindo sobre bens que não foram adquiridos na constância da união. Têm sido causados constrangimentos para os descendentes que devem, por lei, garantir o usufruto para o cônjuge ou concubino sobrevivente, muito embora os bens tivessem sido adquiridos antes da união, talvez pela primeira esposa do sucedido e talvez genitora dos herdeiros descendentes, constrangidos a garantirem o usufruto da segunda mulher de seu pai.

Para tranquilidade dos operadores do direito sucessório, o novo Código Civil, acertadamente, mantém apenas o direito real de habitação e extirpa o usufruto vidual que se compensa com a inclusão do supérstite na ordem necessária de vocação hereditária"[26].

SOBRE O DIREITO DE FRUIR DA ESPOSA SOBREVIVA. COISA JULGADA. INOCORRÊNCIA. RECURSO DESPROVIDO.

1. 'O usufruto vidual [art. 1.611, § 1.º, do CC/1916] é instituto de direito sucessório, independente da situação financeira do cônjuge sobrevivente, e não se restringe à sucessão legítima. Os únicos requisitos são o regime do casamento diferente da comunhão universal e o estado de viuvez' (REsp 648.072/RJ, rel. Min. Ari Pargendler, *DJ* 23-4-2007).

2. O reconhecimento do direito de fruição da viúva não é obstado se, apesar de existir partilha, o usufruto vidual não foi nela transacionado, ou se não ocorreu eventual compensação por esse direito, ou, ainda, se não existiu sua renúncia (que não pode ser presumida). Isso porque usufruto vidual e domínio são institutos diversos, sendo um temporário e o outro de caráter definitivo, o que torna desnecessária a prévia rescisão ou anulação da partilha, já que não se alterará a propriedade dos bens partilhados.

3. <u>Se impossível se tornar o usufruto da esposa sobreviva pela alienação dos bens inventariados, deverá ela ser indenizada.</u>

4. Agravo regimental a que se nega provimento" (AgRg no REsp 472.465/SP, rel. Min. Vasco Della Giustina (Desembargador Convocado do TJRS), 3.ª Turma, j. 8-6-2010, *DJe*, 24-6-2010) (grifamos).

[25] Confira-se o Capítulo XXII ("Habitação") deste volume.

[26] MADALENO, Rolf. O novo direito sucessório brasileiro. Disponível em: <http://www.rolfmadaleno.com.br/web/artigo/o-novo-direito-sucessorio-brasileiro>. Acesso em: 14 set. 2012.

Parece-nos realmente que a solução proposta pelo codificador de 2002 foi a mais adequada.

6. USUFRUTO E PARTILHA EM VIDA

Nada impede que, em vida, o sujeito efetive a doação de seus bens – operando a denominada "partilha em vida" –, mantendo em seu próprio favor, ou não, a reserva do usufruto sobre esses bens.

E o que se entende por "partilha em vida"[27]?

Diferentemente do que ocorre no contrato de compra e venda, a doação feita de ascendente a descendente não exige consentimento dos outros herdeiros necessários.

O Código Civil de 2002 estabelece que:

> "Art. 496. É anulável a venda de ascendente a descendente, salvo se os outros descendentes e o cônjuge do alienante expressamente houverem consentido.
>
> Parágrafo único. Em ambos os casos, dispensa-se o consentimento do cônjuge se o regime de bens for o da separação obrigatória".

Observe-se, de logo, a referência feita ao cônjuge do alienante, o qual, quando não casado no regime da separação obrigatória de bens, também deverá anuir na venda.

Tal circunstância se justifica pelo fato de o Código de 2002 haver erigido o cônjuge à condição de herdeiro necessário.

É de mencionar ainda que a expressão "em ambos os casos" decorreu de um erro na condução do projeto do Código Civil, consoante vem registrado no Enunciado n. 177 da III Jornada de Direito Civil, realizada entre 1.º e 3 de dezembro de 2004.

De fato, por erro de tramitação, que retirou a segunda hipótese de anulação de venda entre parentes (venda de descendente para ascendente), deve ser desconsiderada a expressão "em ambos os casos", no parágrafo único do art. 496.

Ressalte-se, ainda, que o Código Civil de 2002, dirimindo qualquer controvérsia, é claro ao dizer que a compra e venda de ascendente a descendente (não apenas do pai ao filho, mas também do avô ao neto etc.) é anulável, e não simplesmente nula.

Tecidas essas breves considerações, podemos concluir que a restrição negocial sob comento não se aplica às doações, já que, em se tratando de norma restritiva do direito de propriedade do alienante (art. 496), não poderá ser analisada de forma extensiva, nada impedindo que se possa eventualmente impugnar o ato, com fulcro em outros defeitos do negócio, previstos em lei.

Assim, o doador poderá, independentemente de anuência expressa dos demais herdeiros, alienar gratuitamente bens do seu patrimônio, podendo, inclusive, e desde que reserve uma renda mínima para a sua sobrevivência digna, efetuar a denominada "partilha em vida", referida no art. 2.018 do vigente Código Civil:

---

[27] Serviu de base a este ponto da nossa análise a obra *Contrato de doação*, de Pablo Stolze Gagliano (5. ed. São Paulo: Saraiva, 2021), em que se pode conferir, além de eventuais referências bibliográficas, outros aspectos de aprofundamento pertinentes a esta importante figura negocial (cf. item 6.5, capítulo 6).

"Art. 2.018. É válida a partilha feita por ascendente, por ato entre vivos ou de última vontade, contanto que não prejudique a legítima dos herdeiros necessários".

Referimo-nos à denominada partilha-doação, realizada por ato entre vivos, e não à partilha-testamento, figuras bem diferenciadas pelo espirituoso jurista ZENO VELOSO:

"A partilha pode ser feita pelo próprio ascendente, por ato entre vivos ou de última vontade, daí chamar-se partilha-doação – *divisio parentum inter liberos* – e partilha-testamento – *testamentum parentum inter liberos*. Por esse meio, o ascendente distribui os bens entre os herdeiros necessários, preenchendo o quinhão deles. Exerce faculdade que é corolário do direito de propriedade. Quando realizada por ato entre vivos, a partilha deve obedecer aos requisitos de forma e de fundo das doações. A divisão entre os herdeiros tem efeito imediato, antecipando o que eles iriam receber somente com o passamento do ascendente"[28].

Tal partilha deve ser feita com cautela, pois, caso o ato de disposição ultrapasse a metade disponível, poderá resultar na invalidade mencionada linhas acima.

Em nosso sentir, o valor dos bens deverá ser aferido no momento da doação, e não quando da morte do doador[29]. Na realidade fática, contudo, alguns problemas poderão surgir, a exemplo da insegurança gerada para as partes, especialmente o donatário, por não ter certeza se o bem recebido violou a legítima.

E, de fato, essa preocupação só será definitivamente afastada no inventário, após terem sido realizadas a colação e a conferência dos bens doados.

Um especial cuidado, porém, pode ter o doador: **fazer constar do instrumento da doação a advertência de que o referido bem está saindo de sua parte disponível da herança**.

Essa providência, a despeito de não evitar a colação para eventual reposição da legítima, poderá impedir que o bem transferido seja computado na parte conferida aos herdeiros legitimários.

---

[28] VELOSO, Zeno. *Comentários ao Código Civil*: Parte especial – Do direito das sucessões, da sucessão testamentária, do inventário e da partilha (arts. 1.857 a 2.027). São Paulo: Saraiva, 2003. v. 21. p. 437.

[29] STJ: RECURSO ESPECIAL. SUCESSÃO. BENS À COLAÇÃO. VALOR DOS BENS DOADOS. APLICAÇÃO DA LEI VIGENTE À ÉPOCA DA ABERTURA DA SUCESSÃO. APLICAÇÃO DA REGRA DO ART. 2.004 DO CC/2002. VALOR ATRIBUÍDO NO ATO DE LIBERALIDADE COM CORREÇÃO MONETÁRIA ATÉ A DATA DA SUCESSÃO. RECURSO ESPECIAL IMPROVIDO.

1. Tendo sido aberta a sucessão na vigência do Código Civil de 2002, deve-se observar o critério estabelecido no art. 2.004 do referido diploma, que modificou o art. 1.014, parágrafo único, do Código de Processo Civil de 1973, pois a contradição presente nos diplomas legais, quanto ao valor dos bens doados a serem trazidos à colação, deve ser solucionada com observância do princípio de direito intertemporal *tempus regit actum*.

2. O valor de colação dos bens deverá ser aquele atribuído ao tempo da liberalidade, corrigido monetariamente até a data da abertura da sucessão.

3. Existindo divergência quanto ao valor atribuído aos bens no ato de liberalidade, poderá o julgador determinar a avaliação por perícia técnica para aferir o valor que efetivamente possuíam à época da doação.

4. Recurso especial não provido.

(REsp 1.166.568/SP, rel. Min. LÁZARO GUIMARÃES (DESEMBARGADOR CONVOCADO DO TRF 5.ª REGIÃO), QUARTA TURMA, julgado em 12-12-2017, *DJe* 15-12-2017) (grifamos)

Expliquemos, exemplificativamente: se o doador beneficiou um dos seus filhos com um apartamento, tendo registrado que esse imóvel sai da sua parte disponível, caso existam outras doações sem a mesma ressalva, deverão estas servir para a recomposição do acervo reservado, mantendo-se o apartamento como integrante da parte disponível, desde que, é claro, não corresponda a mais de 50% de todo o patrimônio.

A partilha em vida, evidentemente, por configurar doação, tem natureza contratual, e os seus efeitos são *inter vivos* e imediatos, diferentemente do testamento, que somente produzirá efeitos após a morte do testador.

Observadas, portanto, as normas em vigor – especialmente sucessórias e tributárias – a partilha em vida é figura bastante comum no âmbito do planejamento sucessório – com eventual repercussão até mesmo no Direito Societário –, sendo frequente a sua coexistência com o usufruto, conforme já anotado linhas acima:

> "É comum, em planejamentos sucessórios em que os pais desejem fazer doação de participações societárias para seus filhos, porém sem perder o controle da empresa e tampouco a percepção de seus rendimentos, procederem à transferência da nua-propriedade das participações para os filhos, mantendo para si o usufruto e salvaguardando o poder político (direito de voto) e o poder econômico (recebimento de dividendos e juros sobre o capital)"[30].

Conclui-se, portanto, que o usufruto "dialoga" com outros institutos do Direito Civil, na perspectiva do princípio da autonomia privada.

7. USUFRUTO E FIDEICOMISSO

Um ponto que sempre causou perplexidade em doutrina diz respeito à diagnose diferencial entre o **usufruto** e o **fideicomisso**.

Para que se possa compreender, adequadamente, a questão, delineando-se as características próprias de cada instituto, é recomendável que passemos em revista o que se entende por fideicomisso ou substituição fideicomissária.

ITABAIANA DE OLIVEIRA, em grandiosa e clássica obra, assim conceituava o fideicomisso:

> "A substituição fideicomissária é a instituição de herdeiros ou legatários, feita pelo testador, impondo a um deles, o gravado ou fiduciário, a obrigação de, por sua morte, a certo tempo, ou sob certa condição, transmitir a outro, que se qualifica de fideicomissário, a herança ou o legado; por exemplo: instituo por meu herdeiro (ou legatário) Pedro, e, por sua morte, ou findo tal prazo, ou verificada tal condição, seja herdeiro (ou legatário) Paulo"[31].

Da tradicional noção, já se pode concluir que o fideicomisso consiste em uma forma indireta ou derivada de substituição testamentária, que visa a beneficiar, em sequência, mais de um sucessor.

Vale dizer, a teor do art. 1.951 do Código Civil, poderá o testador instituir herdeiros ou legatários, estabelecendo que, por ocasião de sua morte, a herança ou o legado se trans-

---

[30] LONGO, Henrique José. Op. cit. p. 213.
[31] OLIVEIRA, Arthur Vasco Itabaiana de. *Curso de Direito das Sucessões*. 2. ed. Rio de Janeiro: Andes, 1954. p. 192.

mita ao fiduciário (1.º substituto), resolvendo-se o direito deste, por sua morte, a certo tempo ou sob certa condição, em favor de outrem, que se qualifica de fideicomissário (2.º substituto)[32].

Lembram TARTUCE e SIMÃO que há três espécies de substituição fideicomissária:

"a) Substituição fideicomissária por morte do fiduciário – caso nada diga o testador, a transmissão dos bens do fiduciário ao fideicomissário ocorre com a morte do primeiro (fideicomisso *quum morietur*)[33].

b) Substituição fideicomissária sob certa condição – é aquela relacionada com um evento futuro e incerto. A título de exemplo: JOSÉ deixa os bens ao fiduciário JOÃO que os transmitirá ao primeiro filho de seu sobrinho PEDRO, se este for homem. Caso seja menina a filha de PEDRO, não haverá transmissão ao fideicomissário. Mesmo que se possa reconhecer o 'machismo' da condição, ela é válida em respeito à vontade manifestada por quem poderia dispor livremente de seu patrimônio.

c) Substituição fideicomissária a termo – está relacionada com um evento futuro e certo. Exemplo: JOSÉ deixa os bens ao fiduciário JOÃO pelo prazo de 10 anos, após o que este, então, os transmitirá ao primeiro filho de seu sobrinho PEDRO. Há um prazo determinado para que os bens sejam transmitidos ao fideicomissário"[34].

Três atores, portanto, participam da dinâmica do instituto:

a) o testador – denominado fideicomitente;

b) o 1.º sucessor – denominado fiduciário;

c) o 2.º sucessor – denominado fideicomissário.

Como lembra ORLANDO GOMES, o fideicomisso "caracteriza-se, subjetivamente, pela duplicidade da posição jurídica dos destinatários. Ocupam posições diversas, mas conexas. Uma, de titularidade temporária, outra definitiva", para concluir, em seguida, referindo-se ao fiduciário e ao fideicomissário:

"As duas posições assumem-se, logicamente, no mesmo momento, com a abertura da sucessão, adquirindo o fideicomissário a titularidade de um direito eventual diferido. Converte-se esse direito em adquirido e atual num segundo momento cronologicamente posterior, o da resolução do direito do fiduciário. Coincidem e se identificam no mesmo instante a perda do direito para um e a aquisição pelo outro"[35].

Sem ofuscar o brilho dessas ideias, reputamos um tanto vaga a expressão "direito eventual diferido", relativo ao fideicomissário, mas, de fato, na ausência de melhor expressão, é útil para traduzir a potencialidade de um direito que não se concretizou, que tanto poderá ser condicional como sujeito a um termo.

---

[32] "Art. 1.959. São nulos os fideicomissos além do segundo grau."

[33] Por outro lado, conforme dispõe o art. 1.958, caducará o fideicomisso se o *fideicomissário* morrer antes do *fiduciário*, ou antes de realizar-se a condição resolutória do direito deste último; nesse caso, a propriedade consolida-se no fiduciário, nos termos do art. 1.955.

[34] TARTUCE, Flávio. *Direito Civil*: Direito das Coisas. 7. ed. São Paulo: Gen-Método, 2015. v. 4. p. 388.

[35] GOMES, Orlando. *Direitos Reais*. 19. ed. Atualizada por Luiz Edson Fachin. Rio de Janeiro: Forense, 2008. p. 195-196. Nesse ponto da sua obra, o brilhante civilista passa em revista as teorias explicativas dessa forma de substituição testamentária sucessiva (*teorias da titularidade temporária, da relação modal e da transmissão diferida*), cuja leitura aqui recomendamos.

É digno de nota que o fiduciário tem a propriedade da herança ou legado, mas restrita e resolúvel – ou seja, temporária –, cabendo-lhe proceder ao inventário dos bens gravados, e a prestar caução de restituí-los se o exigir o fideicomissário (art. 1.953 do CC).

Nesse ponto, salientamos não haver óbice, em nosso pensar, a que o fiduciário possa alienar o bem fideicometido, posto o gravame o acompanhe, o que implicará risco de perda por parte do adquirente[36].

Situação peculiar, por seu turno, é a do fideicomisso residual, aquele que recai apenas sobre os bens remanescentes, não alienados pelo fiduciário[37]. Em outras palavras, o testador poderá, à luz do princípio da autonomia privada, autorizar que o fiduciário aliene livremente parte dos bens, recaindo o fideicomisso apenas no que sobejar.

E, caso o fiduciário renuncie à herança ou ao legado, salvo disposição em contrário do testador, defere-se ao fideicomissário o poder de aceitar (art. 1.954 do CC), afastando-se, por óbvio, qualquer pretensão dos eventuais sucessores legítimos.

Por outro lado, se o próprio fideicomissário renunciar à herança ou ao legado, o fideicomisso caducará, deixando de ser resolúvel a propriedade do fiduciário, se não houver disposição contrária do autor da herança (art. 1.955). O mesmo raciocínio é aplicável para a situação de falecimento anterior do fideicomissário[38].

E, caso aceite, terá o fideicomissário direito à parte que, ao fiduciário, em qualquer tempo, acrescer, respondendo pelos encargos remanescentes da herança, nos termos dos arts. 1.956 e 1.957 do Código Civil[39].

Um importante aspecto deve, ainda, ser enfrentado.

---

[36] O fideicomisso deve, inclusive, ser averbado no Registro Imobiliário, à luz da Lei n. 6.015, de 1973 (Lei de Registros Públicos), cujo art. 167 dispõe: "No Registro de Imóveis, além da matrícula, serão feitos: (*Renumerado do art. 168 com nova redação pela Lei n. 6.216, de 1975.*) (...) II – a averbação: (*Redação dada pela Lei n. 6.216, de 1975.*) (...) 11) das cláusulas de inalienabilidade, impenhorabilidade e incomunicabilidade impostas a imóveis, *bem como da constituição de fideicomisso*" (grifamos).

[37] ALVARENGA, Robson de. Fideicomisso. *Instituto do Registro Imobiliário do Brasil*. Disponível em: <http://www.irib.org.br/html/boletim/boletim-iframe.php?be=1194>. Acesso em: 30 jul. 2013.

[38] "Direito processual e civil. Sucessões. Recurso especial. Disposição testamentária de última vontade. Substituição fideicomissária. Morte do fideicomissário. Caducidade do fideicomisso. Obediência aos critérios da sucessão legal. Transmissão da herança aos herdeiros legítimos, inexistentes os necessários.

– Não se conhece do recurso especial quanto à questão em que a orientação do STJ se firmou no mesmo sentido em que decidido pelo Tribunal de origem.

– A substituição fideicomissária caduca se o fideicomissário morrer antes dos fiduciários, caso em que a propriedade destes consolida-se, deixando, assim, de ser restrita e resolúvel (arts. 1.955 e 1.958 do CC/02).

– Afastada a hipótese de sucessão por disposição de última vontade, oriunda do extinto fideicomisso, e, por consequência, consolidando-se a propriedade nas mãos dos fiduciários, o falecimento de um destes sem deixar testamento impõe estrita obediência aos critérios da sucessão legal, transmitindo-se a herança, desde logo, aos herdeiros legítimos, inexistindo herdeiros necessários.

Recurso especial parcialmente conhecido e, nessa parte, provido" (STJ, REsp 820.814/SP, Recurso Especial 2006/0031403-9, rel. Min. Nancy Andrighi, 3.ª Turma, j. 9-10-2007, *DJ*, 25-10-2007, p. 168).

[39] Em nosso Código Civil:

"Art. 1.956. Se o fideicomissário aceitar a herança ou o legado, terá direito à parte que, ao fiduciário, em qualquer tempo acrescer.

O Código Civil de 2002 foi explícito no sentido de que a substituição fideicomissária somente se permite em favor dos não concebidos ao tempo da morte do testador (art. 1.952).

Trata-se de uma construção inovadora, ausente no diploma anterior.

E que, no plano fático, aniquilou o instituto.

Aliás, é bem verdade que, na prática, o fideicomisso já era de pouca utilidade social, dada a complexidade da sua dinâmica operacional.

E, nos dias de hoje, com a limitação imposta pelo Código de 2002, no sentido de que a substituição somente será permitida em favor da prole não concebida ao tempo da morte do testador – vedação inexistente no diploma anterior –, é forçoso convir que a sua aplicação torne-se muito mais frequente nos abstratos exercícios acadêmicos do que na realidade da vida.

Não há o menor sentido em se limitar um instituto já limitado por sua própria natureza e sem uma razoável justificativa social ou de ordem pública.

Por outro lado, e se, ao tempo da morte do testador, já houver nascido o fideicomissário?

Em tal caso, consoante o parágrafo único do referido art. 1.952 do Código Civil (sem equivalente na codificação anterior), o fideicomissário adquirirá a propriedade dos bens fideicometidos, **convertendo-se em usufruto o direito do fiduciário**.

Trata-se de uma solução confusa.

E que piora ainda mais o contexto de decrepitude social do instituto.

Vale dizer, se, ao tempo da morte do testador, o fideicomissário (2.º substituto) já houver nascido, a propriedade resolúvel dos bens fideicometidos não tocará ao fiduciário (1.º substituto), mas, tão somente, o direito real de usufruto.

Significa que o fiduciário exercerá as faculdades reais de gozo, uso e fruição do bem[40], tocando ao fideicomissário apenas a nua-propriedade.

E, como a lei não estabeleceu o período do usufruto, poderá, em tese, ser vitalício, caso não haja manifestação do testador em sentido contrário.

É interessante notar que, por tradição, a doutrina brasileira sempre se esforçou em diferenciar o fideicomisso do usufruto, na medida em que:

> "(...) por vezes, o testador não é suficientemente claro, o que dá margem a dúvidas. Não importa o rótulo dado pelo testador, mas sua verdadeira intenção. Se o testador determinou na disposição que os bens passem a outra pessoa, estaremos geralmente diante de fideicomisso (Monteiro, 1977, v. 6:234). Se a instituição do benefício é simultânea, haverá usufruto. Na dúvida, a melhor solução é entender que houve usufruto, porque já se atribuem direitos imediatos a ambos os nomeados, porque os direitos do fideicomissário são falíveis, o que não ocorre com o nu-proprietário. No usufruto, não se pode beneficiar prole eventual de uma pessoa. Isso só ocorrerá por fideicomisso"[41].

Art. 1.957. Ao sobrevir a sucessão, o fideicomissário responde pelos encargos da herança que ainda restarem".

[40] Código Civil, art. 1.394: "O usufrutuário tem direito à posse, uso, administração e percepção dos frutos".

[41] VENOSA, Sílvio de Salvo. *Direito das sucessões*. 3. ed. São Paulo: Atlas, 2003. (Coleção direito civil, v. 7). p. 291-292.

Com efeito, posto a diagnose diferencial ainda possa ter eventual utilidade na interpretação de uma cláusula testamentária, caso o fideicomissário já haja nascido ao tempo da morte do testador, os institutos sob análise – fideicomisso e usufruto – acabam, em tal hipótese, por se confundir.

Finalmente, cumpre-nos observar que eventual nulidade da substituição fideicomissária, reputada ilegal, não prejudicará, a teor do art. 1.960, a instituição, que valerá sem o encargo resolutório.

É o caso, por exemplo, de o testador (fideicomitente) instituir como fideicomissário um animal de estimação, que, como visto, não tem vocação sucessória, caso em que a instituição valerá em favor do fiduciário, consolidando-se a propriedade do bem transmitido.

8. EXTINÇÃO DO USUFRUTO

Em conclusão ao Título VI, dedicado ao usufruto, o codificador civil tratou da **extinção do usufruto**[42].

A teor do art. 1.410, o usufruto extingue-se, cancelando-se o registro no Cartório de Registro de Imóveis, nas seguintes hipóteses:

"I – pela renúncia ou morte do usufrutuário;

II – pelo termo de sua duração;

III – pela extinção da pessoa jurídica, em favor de quem o usufruto foi constituído, ou, se ela perdurar, pelo decurso de trinta anos da data em que se começou a exercer;

IV – pela cessação do motivo de que se origina;

V – pela destruição da coisa, guardadas as disposições dos **arts. 1.407, 1.408, 2.ª parte**, e **1.409**;

VI – pela consolidação;

VII – por culpa do usufrutuário, quando aliena, deteriora, ou deixa arruinar os bens, não lhes acudindo com os reparos de conservação, ou quando, no usufruto de títulos de crédito, não dá às importâncias recebidas a aplicação prevista no parágrafo único do art. 1.395;

VIII – Pelo não uso, ou não fruição, da coisa em que o usufruto recai (**arts. 1.390 e 1.399**)".

Compreendamos cada uma dessas modalidades extintivas do usufruto.

8.1. Renúncia ou morte do usufrutuário

O ato negocial de abdicação formal do direito real de usufruto (renúncia) ou a morte do usufrutuário opera a extinção do direito.

Nesse contexto, vale lembrar que, por ser personalíssimo, não se admite a modalidade de usufruto sucessivo, razão por que, em havendo dois ou mais usufrutuários, o usufruto será extinto na proporção do direitos dos que forem falecendo, ressalvada a existência de cláusula de indivisibilidade, a teor do art. 1.411 do Código Civil:

---

[42] No campo processual, a extinção do usufruto é regida pelas normas atinentes ao procedimento de jurisdição voluntária, nos termos do art. 725 do Código de Processo Civil de 2015.

"Art. 1.411. Constituído o usufruto em favor de duas ou mais pessoas, extinguir-se-á a parte em relação a cada uma das que falecerem, salvo se, por estipulação expressa, o quinhão desses couber ao sobrevivente".

Em havendo esta cláusula, que deverá ser pactuada expressamente, o usufruto permanecerá íntegro até que se dê a morte de todos os usufrutuários[43].

Por fim, ainda sobre essas formas de extinção do usufruto, anotou PABLO STOLZE GAGLIANO:

"O Código revogado, neste mesmo dispositivo, apenas previa a *morte* como causa de extinção do usufruto. (...) Reconhecida, pois, a morte do usufrutuário (real ou presumida), na estrita forma da legislação em vigor, o usufruto extingue-se. Aliás, já asseveramos que o usufruto é sempre **temporário,** no máximo vitalício. Nunca, portanto, perpétuo. Nesse diapasão, observamos que também a **renúncia do usufrutuário** poderá operar a extinção do direito. Linhas acima já tivemos oportunidade de escrever que a renúncia caracteriza-se por ser um *negócio jurídico unilateral*, que somente terá eficácia, em se tratando de bens imóveis, se observada a forma ou a solenidade estabelecida por lei. Salientando a natureza *negocial* da renúncia, lembre-se, ORLANDO GOMES preleciona: '*Negócio unilateral é o que se forma com a declaração de vontade de uma só parte, com o testamento,* **a renúncia,** *a procuração e a despedida de um empregado*'"[44].

8.2. Termo final

O usufruto, em essência, é temporário.

Não pode ser instituído indefinidamente, admitindo-se, em perspectiva mais ampla, a modalidade vitalícia, caso em que, com a morte do usufrutuário, finda-se.

Nessa linha, alcançado o termo[45] de sua duração, o direito real de usufruto está, por conseguinte, extinto.

8.3. Extinção da pessoa jurídica, em favor de quem o usufruto foi constituído, ou, se ela perdurar, pelo decurso de trinta anos da data em que se começou a exercer

O inciso III do art. 1.410 do Código Civil regula situação peculiar de dissolução do usufruto, ao preceituar o seu fim na hipótese de "extinção da pessoa jurídica, em favor de quem o usufruto foi constituído, ou, se ela perdurar, pelo decurso de trinta anos da data em que se começou a exercer".

De fato, estabelecido o usufruto de forma personalíssima, o usufruto instituído em benefício da pessoa jurídica cessa com a sua extinção, que equivale à "morte do usufrutuário" – pessoa natural – do inciso I.

---

[43] DINIZ, Maria Helena. Op. cit. v. 4, p. 512.

[44] GAGLIANO, Pablo Stolze. *Código Civil Comentado*: arts. 1.369 a 1.418. São Paulo: Atlas, 2004. v. 13. p. 185-187.

[45] Sobre o termo como elemento acidental do Negócio Jurídico, confira-se o Capítulo XV ("Plano de eficácia do negócio jurídico") do volume 1 ("Parte geral") desta coleção, notadamente o subtópico 2.2 ("Termo").

Nesse mesmo diapasão, como o usufruto é essencialmente temporário, caso não haja sido instituído formalmente o seu termo e a pessoa jurídica perdurar, a parte final do inciso III atuará supletivamente, considerando-se o prazo máximo de 30 (trinta) anos, contados da data em que se começou a exercê-lo, como o limite máximo da sua duração.

8.4. Cessação do motivo do qual se origina o usufruto

O usufruto findará, a teor do inciso IV do art. 1.410, pela "cessão do motivo de que se origina", pois poderá ter sido constituído para certa finalidade – por exemplo, em caráter alimentar – e, uma vez exaurido este fim, o direito não mais se justificaria.

O talentoso FLÁVIO TARTUCE observa:

> "O Código Civil de 2002 substitui a expressão 'causa' por 'motivo', de forma correta. Isso porque a causa é uma razão objetiva do conteúdo da relação, sendo invariável. Sendo assim, o termo motivo constitui uma cláusula geral, um conceito legal indeterminado a ser preenchido caso a caso. A título de ilustração, Maria Helena Diniz cita o usufruto a favor do pai sobre os bens do filho menor sob o poder familiar, havendo extinção do usufruto com a maioridade do filho, pois o direito real perde sua razão de ser"[46].

De nossa parte, seria preferível que o legislador utilizasse a expressão "fundamento".

Vale dizer, o usufruto extingue-se, em verdade, pela cessação daquilo que lhe serviu de base, fundamento, de que se originou.

É o caso de a menoridade cessar, na hipótese do usufruto legal dos pais (art. 1.689, I, CC).

Assim pensamos pois o termo "motivo" é acentuadamente subjetivo, de cunho eminentemente psicológico.

Por exemplo, se o sujeito vende a sua casa de praia, a causa (a finalidade negocial) é a obtenção do numerário, pouco importando os *motivos* que o levaram a tomar tal atitude (pretender comprar uma fazenda, querer mudar de cidade etc.).

Da mesma forma, nos negócios benéficos, como na doação pura, a *causa* seria a própria liberalidade, independentemente dos motivos do doador – altruísmo, exibicionismo hipócrita, ou mesmo compaixão.

Com efeito, o que faz cessar o usufruto não é propriamente o fim do seu "motivo", mas da própria circunstância que lhe serviu de fundamento constitutivo: a necessidade alimentar, a menoridade etc.

8.5. Destruição da coisa

O art. 1.410, V, estabelece que se extingue o usufruto **pela destruição da coisa, guardadas as disposições dos arts. 1.407, 1.408, 2.ª parte, e 1.409**, do Código Civil.

Uma vez operada a destruição da coisa objeto do usufruto, por consequência, o próprio direito real extingue-se.

---

[46] TARTUCE, Flávio. Op. cit. p. 448.

Todavia, em havendo sido pactuado o seguro, se a indenização respectiva for aplicada à reconstrução do prédio, restabelecer-se-á o usufruto.

Na mesma linha, caso se trate de usufruto incidente sobre imóvel, também fica sub-rogada no ônus do usufruto, em lugar do prédio, a indenização paga, se ele for desapropriado, ou a importância do dano, ressarcido pelo terceiro responsável no caso de danificação ou perda.

Comentando o dispositivo, preleciona PABLO STOLZE GAGLIANO:

"Operada a destruição da coisa, desaparece o objeto do usufruto, que acaba por extinguir-se. Imagine-se, apenas a título de exemplo, um incêndio determinado por causas fortuitas, e que culminasse por reduzir a coisa usufruída a cinzas. Vale observar, entretanto, que o próprio Código cuida de estabelecer ressalvas: *tendo havido o pagamento de indenização*, correspondente ao ressarcimento pela perda ou danificação da coisa, o usufruto não se extinguirá, uma vez que, conforme já vimos, operar-se-á a sub-rogação no ônus do usufruto, em lugar da coisa perdida. Nesse sentido, confiram-se os comentários aos arts. 1.407, 1.408, segunda parte, e 1.409"[47].

8.6. Consolidação

Esta figura tem raiz no Direito Romano, que consagrou a noção de *consolidatio*. Sobre o tema, escrevem RIPERT e BOULANGER:

"Los romanos llamaban *consolidatio* a la adquisición de la propiedad por el usufructuario. '*Finitur usas fructus... si fructuarius proprietatem rei adquisierit, quae res consolidatio apellatur*' (Institutas, lib. II, título 4, § 3.º, Comp. Paul, *Sententiae*, III, 6, 28). La consolidación extingue al usufructo porque nadie puede tener una servidumbre sobre su propia cosa: '*Nemine res sua servit*' (...). Pero 'pérdida del usufructo' no significa en este caso 'pérdida del disfrute'; el antiguo usufructuario conserva el derecho de disfrute, pero ese derecho le pertenece ahora en su condición de propietario y no en condición de usufructuario".

Em seguida, os referidos autores firmam entendimento no sentido de que a consolidação somente poderá se operar em favor do usufrutuário, porquanto, em face do nu-proprietário, a ideia de "consolidação" seria inadequada e, até mesmo, imprestável:

"Sin embargo, es fácil demostrar que la consolidación en la persona del nudo propietario es una invención inútil. Se concibe que el usufructuario pueda adquirir la nuda propiedad, que es un derecho transmisible. Pero todos los hechos que permiten al nudo propietario reunir el usufructo con la propiedad pueden ser considerados como causas de extinción, sin que sea necesario recurrir a la ideia de una consolidación"[48].

De fato, se interpretarmos o sistema brasileiro na perspectiva do pensamento de RIPERT e BOULANGER, aparenta ser convincente a ideia de que somente em favor do usufrutuário operar-se-ia a consolidação, em virtude da transmissão, em seu favor, do direito de propriedade.

---

[47] GAGLIANO, Pablo Stolze. *Código Civil Comentado*: arts. 1.369 a 1.418. Op. cit. p. 193.

[48] RIPERT, Georges; BOULANGER, Jean. *Tratado de Derecho Civil*: Los Derechos Reales. Buenos Aires: La Ley, 1987. t. 6. p. 518-519.

Isso porque, uma vez que o usufruto é intransferível, a teor da expressa dicção da primeira parte do art. 1.393, não seria possível, em rota contrária, a sua transmissibilidade em favor do nu-proprietário, resultando em consequente "consolidação".

No entanto, parece-nos haver prevalecido, no Direito Brasileiro, a possibilidade de consolidação em favor de qualquer das partes, usufrutuário ou nu-proprietário, configurando-se, pois, em face deste último, uma exceção à regra da intransmissibilidade do usufruto.

Nessa linha, CRISTIANO CHAVES FARIAS e NELSON ROSENVALD anotam que a consolidação

> "(...) consiste na reunião do domínio e do usufruto em uma mesma pessoa, ocorrendo tanto quando o usufrutuário adquire a nua-propriedade como quando o nu-proprietário adquire o usufruto (corresponde à confusão nas servidões prediais). Conforme observado anteriormente, a consolidação é a única exceção ao princípio da intransmissibilidade do direito real de usufrut"o[49].

Em conclusão, temos que, em nosso ordenamento jurídico, a consolidação, prevista no art. 1.410, VI, do Código Civil, poderá se dar em favor de qualquer dos partícipes da relação real de usufruto (usufrutuário ou nu-proprietário).

8.7. Culpa do usufrutuário

Estabelece o inciso VII do art. 1.410 do Código Civil que se extingue o usufruto "por culpa do usufrutuário, quando aliena, deteriora, ou deixa arruinar os bens, não lhes acudindo com os reparos de conservação, ou quando, no usufruto de títulos de crédito, não dá às importâncias recebidas a aplicação prevista no parágrafo único do art. 1.395".

Essa regra tem, sem dúvida, uma natureza sancionatória.

Por óbvio, o usufrutuário deve exercer diligentemente o direito que lhe é conferido.

Com efeito, se atua com culpa ou dolo – a expressão "culpa" empregada na regra legal deve ser interpretada em sentido amplo –, alienando, estragando ou arruinando o bem usufruído, poderá perder o seu direito.

Caso se trate de usufruto incidente sobre título de crédito, poderá ter o seu direito extinto, se, uma vez cobrada a dívida, não aplicar, "de imediato, a importância em títulos da mesma natureza, ou em títulos da dívida pública federal, com cláusula de atualização monetária segundo índices oficiais regularmente estabelecidos" (parágrafo único, art. 1.395).

Note-se que a aplicação em títulos de governo tem, em geral, caráter conservador, com baixo risco e rentabilidade relativamente segura, o que reforça a ideia de que o legislador busca, em essência, a própria salvaguarda do valor mobiliário objeto do usufruto.

8.8. Pelo não uso ou não fruição da coisa

Por fim, preceitua o inciso VIII do art. 1.410 do Código Civil que o usufruto será extinto "pelo não uso, ou não fruição, da coisa em que o usufruto recai (arts. 1.390 e 1.399)".

Caso o usufrutuário deixe de usar a coisa ou de fruir as utilidades geradas, poderá o usufruto extinguir-se.

---

[49] FARIAS, Cristiano Chaves de; ROSENVALD, Nelson. *Direitos Reais*. 6. ed. Rio de Janeiro: Lumen Juris, 2009. p. 570.

Em geral, tal comportamento traduz abandono, o que, sem dúvida, vai em rota de colisão com a própria finalidade do usufruto.

Aliás, ampliando um pouco mais a nossa reflexão, embora o estudo da causa esteja situado no âmbito da Teoria do Negócio e nem todo direito real de usufruto derive necessariamente de um ato negocial, em nosso pensar, este inciso pode ser bem explicado em uma perspectiva **causalista**.

As fontes da doutrina clássica da causa, lembra VICENTE RÁO, encontram-se em DOMAT e POTHIER[50].

Em linhas gerais, duas correntes de pensamento digladiam-se tentando explicar a natureza jurídica da causa, a saber, as correntes **subjetivista** e **objetivista**.

Na trilha de pensamento da corrente subjetivista, a causa seria a razão determinante, a motivação típica do ato que se pratica.

A corrente objetivista, por seu turno, não atrela a noção de causa ao aspecto interior, subjetivo ou finalístico.

Preocupa-se mais, lembra ORLANDO GOMES, com a "significação social do negócio e sua função, desprendendo a noção de causa de sua conotação psicológica, que dificultava distingui-la da concepção subjetivista"[51].

Para os adeptos de tal teoria, rica em tons e matizes doutrinários, *a causa seria a função econômico-jurídica do ato* (ASCARELLI) ou *a função prático-social do negócio jurídico reconhecida pelo Direito* (CARIOTA FERRARA), de forma que o ordenamento só poderia tutelar aqueles atos *socialmente úteis*[52].

Projetando-se tais ideias para o nosso estudo, concluímos que o não uso – por abandono da coisa ou cessação de fruição – traduz, em última análise, um desvirtuamento da função socioeconômica do direito real de usufruto, ou seja, da sua própria causa.

Finalmente, vale lembrar que o Enunciado n. 252, da III Jornada de Direito Civil, firmou entendimento no sentido de que "a extinção do usufruto pelo não-uso, de que trata o art. 1.410, inc. VIII, independe do prazo previsto no art. 1.389, inc. III" (que regula a extinção da servidão pelo desuso durante dez anos contínuos).

No próximo capítulo, analisaremos um outro instituto muito próximo ao usufruto: **o direito real de uso**.

Vamos a ele!

---

[50] Cf. Les Lois Civiles dans Leur Ordre Naturel, t. I, e Obligations, n. 42 (RÁO, Vicente. *Ato Jurídico*. 4. ed. São Paulo: Revista dos Tribunais, 1999).

[51] GOMES, Orlando. *Introdução ao Direito Civil*. 18. ed. Rio de Janeiro: Forense, 2001. p. 390.

[52] RÁO, Vicente. *Ato Jurídico*. 4. ed. São Paulo: Revista dos Tribunais, 1999. p. 94.

Capítulo XXI
Uso

Sumário: 1. Noções introdutórias. 2. Conceito e principais características 3. Modos de constituição e extinção do direito real de uso. 4. Direitos e deveres do usuário e do constituinte. 5. Interpretação constitucional das normas do direito real de uso.

1. NOÇÕES INTRODUTÓRIAS

O uso é um direito real de menor expressão.

Trata-se de um usufruto de pequena monta.

Sua previsão legal específica encontra-se nos arts. 1.412 e 1.413 do Código Civil de 2002:

"Art. 1.412. O usuário usará da coisa e perceberá os seus frutos, quanto o exigirem as necessidades suas e de sua família.

§ 1.º Avaliar-se-ão as necessidades pessoais do usuário conforme a sua condição social e o lugar onde viver.

§ 2.º As necessidades da família do usuário compreendem as de seu cônjuge, dos filhos solteiros e das pessoas de seu serviço doméstico.

Art. 1.413. São aplicáveis ao uso, no que não for contrário à sua natureza, as disposições relativas ao usufruto".

Nessa linha, já é possível apresentar um conceito do direito real de uso.

2. CONCEITO E PRINCIPAIS CARACTERÍSTICAS

Se o usufruto, estudado no capítulo anterior[1], é o direito real, conferido a uma pessoa, durante certo tempo, que a autoriza a retirar da coisa alheia os frutos e utilidades que ela produz, o conceito de uso, como se depreende da já transcrita previsão do *caput* do art. 1.412, torna-se intuitivo, pois, de forma simples, é como se estivéssemos tratando de um **usufruto limitado**.

Ou seja, o uso nada mais é do que o direito real, conferido a uma pessoa, de usar a coisa e perceber os seus frutos, na medida das suas necessidades e de sua família.

Nesse diapasão, anota CARLOS ROBERTO GONÇALVES:

"O uso nada mais é do que um usufruto limitado. Destina-se a assegurar ao beneficiário a utilização imediata de coisa alheia, limitada às necessidades do usuário e de sua família. Por isso, a tendência de se reduzir a um conceito único (...) Ao contrário do usufruto, é

---
[1] Releia-se o Capítulo XX ("Usufruto") desta obra.

indivisível, não podendo ser constituído por partes em uma mesma coisa, bem como incessível. Nem seu exercício pode ceder-se"[2].

Podemos apontar as seguintes caraterísticas do direito real de uso:

a) é um direito restrito, com conteúdo eminentemente alimentar ou assistencial;

b) o seu elemento teleológico ou finalístico é legalmente determinado: o atendimento das necessidades do usuário e da sua família;

c) é indivisível;

d) é intransferível.

Saliente-se que tais características decorrem do próprio sistema legal do direito real de uso, bem como da projeção supletiva das disposições relativas ao usufruto, na forma autorizada pelo art. 1.413 do Código Civil de 2002.

3. MODOS DE CONSTITUIÇÃO E EXTINÇÃO DO DIREITO REAL DE USO

A forma ordinária de constituição do direito de uso é pela manifestação da vontade de uma pessoa, denominada **constituinte**, titular do bem no qual se gravará tal direito real em benefício de outra pessoa, denominada **usuário**.

Constituindo-se tal direito real pelo exercício da autonomia da vontade, ou seja, por meio de um **negócio jurídico**, naturalmente submeter-se-á à análise dos seus planos de existência, validade e eficácia[3].

Concordamos com o pensamento de ALMACHIO DINIZ no sentido de o direito de uso não poder ser instituído, obrigatoriamente, por força de lei ("uso legal"), diferentemente do que se dá com o usufruto, conforme vimos no capítulo anterior: "Não há, portanto, o uso legal, como há o usufruto legal, e aqui está uma das suas diferenças"[4].

Também são modos de constituição do direito real de uso, além do **negócio jurídico** (contrato ou testamento), a **sentença judicial** e a **usucapião**, como bem observa MARIA HELENA DINIZ:

> "O uso não pode ser constituído por lei. Deriva ele de ato jurídico 'inter vivos', isto é, por meio de contrato, exigindo, conforme a natureza da coisa seja móvel ou imóvel, a tradição ou escritura pública transcrita no competente registro imobiliário. Pode-se constituir, ainda, por ato jurídico 'mortis causa', ou seja, através de testamento; por sentença judicial, quando o próprio juiz, por necessidades impostas por determinadas circunstâncias, o instituir, para partilhar, dividir ou executar forçosamente, com a observância do disposto no art. 2.017 do Código Civil, e por usucapião, desde que cumpridos os requisitos exigidos por lei"[5].

---

[2] GONÇALVES, Carlos Roberto. *Direito Civil Brasileiro*: Direito das Coisas. 15. ed. São Paulo: Saraiva, 2020. v. 5. p. 519-520.

[3] Confira-se sobre o tema o volume 1 ("Parte geral") desta coleção, notadamente os Capítulos XI ("Plano de existência do negócio jurídico"), XII ("Plano de validade do negócio jurídico") e XV ("Plano de eficácia do negócio jurídico").

[4] DINIZ, Almachio. *Direito das cousas segundo o Código Civil de 1916*. Rio de Janeiro: Livraria Francisco Alves, 1916. p. 230.

[5] DINIZ, Maria Helena. *Curso de direito civil brasileiro*: Direito das coisas. 34. ed. São Paulo: Saraiva, 2020. v. 4. p. 526.

Uma observação, neste tópico, ainda deve ser feita.

A nossa análise, neste capítulo, está voltada para o direito de uso previsto nos arts. 1.412 e 1.413 do Código Civil.

Todavia, merecem referência a "concessão de uso especial para fins de moradia" e "a concessão de direito real de uso", constantes nos incisos XI e XII do art. 1.225 do nosso Código, que trataremos em capítulo próprio desta obra[6].

Por fim, registramos que, por força da aplicação supletiva autorizada pelo art. 1.413, o uso se extingue, *mutatis mutandis*, pelas mesmas causas que autorizam a extinção do direito real de usufruto[7].

4. DIREITOS E DEVERES DO USUÁRIO E DO CONSTITUINTE

A Professora MARIA HELENA DINIZ fez uma respeitável catalogação dos direitos e deveres do usuário, que merece ser transcrita:

"O usuário tem os seguintes direitos:

1) Fruir a utilidade da coisa;

2) Extrair do bem todos os frutos para atender às suas próprias necessidades e às de sua família;

3) Praticar todos os atos indispensáveis à satisfação de suas necessidades e às de sua família, sem comprometer a substância e a destinação do objeto;

4) Melhorar o bem, introduzindo benfeitorias que o tornem mais cômodo ou agradável;

5) Administrar a coisa.

Tem, por outro lado, os seguintes deveres:

1) Conservar a coisa como se fosse sua, com diligência e zelo, para que possa restituí-la como a recebeu.

2) Não retirar rendimentos ou utilidades que excedam àquela necessidade prevista em lei.

3) Proteger o bem com os remédios possessórios, não só contra terceiros, mas também contra o próprio constituinte se este não respeitar seus direitos.

4) Não dificultar ou impedir o exercício dos direitos do proprietário.

6) Restituir a coisa, pois só detém a sua posse direta, a título precário, uma vez que o uso é temporário. Deve devolvê-la na época e nas condições estabelecidas, sob pena de responder por perdas e danos a que sua mora der causa"[8].

Apenas complementamos que, como todo direito ordinariamente correspondente a um dever, a visão analítica desta sistematização também nos permite compreender qual é a gama dos direitos e deveres correspectivos do constituinte do direito real de uso.

---

[6] Confira-se o Capítulo XXVIII ("Concessão de uso especial para fins de moradia e concessão de direito real de uso") desta obra.

[7] Confira-se o tópico 8, do Capítulo XX ("Usufruto") desta obra.

[8] DINIZ, Maria Helena. *Curso de direito civil brasileiro*: Direito das coisas. 34. ed. São Paulo: Saraiva, 2020. v. 4. p. 526-527.

5. INTERPRETAÇÃO CONSTITUCIONAL DAS NORMAS DO DIREITO REAL DE USO

Observe, caro leitor, em uma perspectivava constitucional, que o legislador, com amparo no princípio da operabilidade[9], conferiu ao julgador uma certa margem de liberdade interpretativa, ao tratar dos limites do uso.

Nessa linha, confiram-se os já transcritos §§ 1.º e 2.º do art. 1.412, CC:

"§ 1.º Avaliar-se-ão as necessidades pessoais do usuário conforme a sua condição social e o lugar onde viver.

§ 2.º As necessidades da família do usuário compreendem as de seu cônjuge, dos filhos solteiros e das pessoas de seu serviço doméstico".

Com efeito, se, por um lado, o direito de uso justifica-se em face do atendimento das necessidades pessoais do usuário, tais "necessidades" – conceito aberto ou indeterminado – devem ser aferidas e sopesadas "conforme a sua condição social e o lugar onde viver".

Por outro lado, ao fazer menção às necessidades "de seu cônjuge, dos filhos solteiros e das pessoas de seu serviço doméstico", rendeu-se ensejo a um casuísmo marcado pela incompletude, eis que o conceito de família abrange e vai além dessas pessoas.

Recordemo-nos, aliás, que a Constituição consagra um sistema normativo de Direito de Família **aberto, inclusivo e não discriminatório.**

É preciso compreender que a família, hoje, não é um fim em si mesmo, mas o meio para a busca da felicidade, ou seja, da realização pessoal de cada indivíduo, ainda que existam – e infelizmente existem – arranjos familiares constituídos sem amor.

O que não se pode prescindir, nesse contexto, é a sua finalidade consistente na formação de um núcleo existencial que vise a proporcionar uma tessitura emocional (e afetiva) que permita a realização da família como comunidade e dos seus membros como indivíduos, em perspectiva isonômica, quer se trate de casamento, união estável, núcleo monoparental ou, enfim, qualquer outro *standard familiar* socialmente consolidado, à luz do princípio maior da dignidade da pessoa humana.

Afinal, "a mesma dignidade prescreve", segundo o grande ANTONIO JUNQUEIRA DE AZEVEDO, como consequência da especificidade do ser humano, isto é, "de ser apto ao diálogo com o próximo e aberto ao amor, o respeito aos pressupostos mínimos de liberdade e convivência igualitária"[10].

---

[9] Trata-se, vale relembrar, de um dos princípios norteadores do Código Civil de 2002, ao lado dos princípios da socialidade e da eticidade: "Isto posto, o princípio da operabilidade leva, também, a redigir certas normas jurídicas, que são normas abertas, e não normas cerradas, para que a atividade social mesma, na sua evolução, venha a alterar-lhe o conteúdo através daquilo que denomino 'estrutura hermenêutica'. Porque, no meu modo de entender, a estrutura hermenêutica é um complemento natural da estrutura normativa. E é por isso que a doutrina é fundamental, porque ela é aquele modelo dogmático, aquele modelo teórico que diz o que os demais modelos jurídicos significam. Estão verificando que tivemos em vista esses três princípios, e outros também, que levam em conta a concreção humana. Poderia acrescentar, aqui, o 'princípio da concretitude', que, de certo modo, está implícito no de operabilidade" (REALE, Miguel. Visão geral do projeto do Código Civil. *Site do Professor Miguel Reale*. Disponível em: <http://www.miguelreale.com.br/artigos/vgpcc.htm>. Acesso em: 2 jan. 2018).

[10] AZEVEDO, Antônio Junqueira de. Caracterização jurídica da dignidade da pessoa humana. *Revista USP*, São Paulo, n. 53, p. 95, mar./maio de 2002.

Capítulo XXII
Habitação

Sumário: 1. Conceito e características. 2. Registro imobiliário. 3. Direito de habitação e as relações sucessórias. 4. Duração do direito de habitação. 5. Direito de habitação do(a) companheiro(a).

1. CONCEITO E CARACTERÍSTICAS

O conceito do direito real de habitação deflui da expressa dicção do art. 1.414 do Código Civil:

"Art. 1.414. Quando o uso consistir no direito de habitar gratuitamente casa alheia, o titular deste direito não a pode alugar, nem emprestar, mas simplesmente ocupá-la com sua família".

Trata-se, pois, do direito real de morar gratuitamente em casa alheia.

Figura, como seu beneficiário, o **habitador**.

Trata-se de um direito personalíssimo e intransferível.

Sobre ele, observa ORLANDO GOMES:

"Tal como o direito de uso, do qual é, afinal, simples modalidade, o direito de habitação tem cunho personalíssimo, não podendo ser transferido, nem mesmo seu exercício. O titular o exerce, residindo na casa alheia. Tem, portanto, destinação invariável. A casa não pode ser habitada por outrem, nem ser usada para outro fim"[1].

Note-se que o beneficiário não poderá fruir da coisa – alugando o imóvel, por exemplo –, limitando-se, portanto, a residir.

Nesse sentido, também no Direito Português, a lição de JOSÉ DE OLIVEIRA ASCENSÃO, ao traçar a diagnose diferencial entre a habitação e o uso:

"A expressão direito de uso é imprópria. Este abrange também a fruição para a satisfação direta de necessidades (...) e não apenas o uso em sentido técnico. Já no direito de habitação não se encontra nenhuma modalidade de fruição"[2].

Se o direito real de habitação for conferido a mais de uma pessoa, qualquer delas que sozinha habite a casa não terá de pagar aluguel à outra, ou às outras, mas não as pode inibir de exercerem, querendo, o direito, que também lhes compete, de habitá-la (art. 1.415.).

---

[1] GOMES, Orlando. *Direitos Reais*. 19. ed. Atualizada por Luiz Edson Fachin. Rio de Janeiro: Forense, 2008. p. 310.

[2] ASCENSÃO, José de Oliveira. *Direito Civil*: Reais. 5. ed. Coimbra: Coimbra Editora, 2000. p. 479.

São aplicáveis à habitação, no que não for contrário à sua natureza, as disposições relativas ao usufruto, conforme dispõe o art. 1.416[3].

Refletindo sobre a referida previsão legal, aponta FLÁVIO TARTUCE:

"Em razão desse dispositivo, caberá ao titular do direito real de habitação pagar os impostos incidentes sobre o imóvel, bem como as despesas ordinárias. Além disso, a extinção do direito de habitação ocorre pelas mesmas razões que se extingue o usufruto (art. 1.410 do CC)"[4].

Nesse diapasão, é forçoso convir que o sistema jurídico do direito real de usufruto atua como uma **matriz normativa complementar** tanto do uso (art. 1.413), como da habitação (art. 1.416).

2. REGISTRO IMOBILIÁRIO

Acerca da necessidade de registro imobiliário, dispõe o art. 167 da Lei n. 6.015 de 1973 (Lei de Registros Públicos):

"Art. 167 – No Registro de Imóveis, além da matrícula, serão feitos.

I – o registro:

(...)

7) do usufruto e do uso sobre imóveis e da habitação, quando não resultarem do direito de família";

Nessa linha, a título exemplificativo, caso JOÃO, mediante contrato, constitua direito de habitação em favor de PEDRO, será necessário o respectivo registro desse direito real na coisa alheia no Cartório de Registro Imobiliário.

Isso porque a habitação constituída convencionalmente deve ser levada a registro (**habitação convencional**).

Por outro lado, derivando de norma legal (**habitação legal**), a exemplo do que se dá, analogamente, no usufruto dos pais sobre os bens dos filhos menores (art. 1.689, I, CC), dispensa-se a realização do registro no Cartório de Imóveis.

Nessa linha, o Superior Tribunal de Justiça já entendeu que a habitação derivada de acordo homologado judicialmente em procedimento de divórcio, por decorrer do próprio Direito de Família, dispensaria o registro:

"CIVIL. DIVÓRCIO. NULIDADE. ALEGAÇÃO. JULGAMENTO DO MÉRITO. CELERIDADE E ECONOMIA PROCESSUAL. ARTIGO 249, § 2.º DO CÓDIGO DE PROCESSO CIVIL. PARTILHA DE BENS. SEPARAÇÃO JUDICIAL. ACORDO HOMOLOGADO. DISSOLUÇÃO DE CONDOMÍNIO. INADEQUAÇÃO DA VIA. ERRO DE DIREITO EM RELAÇÃO À PROVA ABSTRATAMENTE CONSIDERADA. CONSTITUIÇÃO DE DIREITO REAL DE HABITAÇÃO. TRANSCRIÇÃO NO REGISTRO. DIREITO DE FAMÍLIA. PRESCINDIBILIDADE.

I – Apesar de reconhecidas as apontadas nulidades, decorrentes da violação aos artigos 132 e 535, I e II, do Código Processual, em homenagem aos princípios da celeridade e da

---

[3] Art. 1.416. São aplicáveis à habitação, no que não for contrário à sua natureza, as disposições relativas ao usufruto.

[4] TARTUCE, Flávio. *Direito Civil*: Direito das Coisas. 7. ed. São Paulo: Gen-Método, 2015. v. 4. p. 384.

economia processual, e nos exatos termos do artigo 249, § 2.º, da lei processual, em virtude do exame meritório do recurso favorável à recorrente, não há necessidade de pronunciá-las, ou mesmo de determinar a repetição de qualquer ato processual.

II – O acordo homologado judicialmente, nos autos de ação de divórcio, em que fica convencionado que um dos divorciandos permanecerá residindo num dos imóveis do casal, com isenção de quaisquer ônus, pelo tempo que desejar, renunciando, inclusive, ao direito à pensão, implica na constituição do direito real de habitação, sendo desnecessário o registro em cartório, conforme se extrai da redação dos artigos 715 c/c 748 do Código Civil, bem como do artigo 167, I, 7, da Lei 6.015/75.

Recurso provido".

(REsp 282.716/SP, rel. Min. CASTRO FILHO, TERCEIRA TURMA, julgado em 21-2-2006, DJ 10-4-2006, p. 168) (grifamos)

E aqui um ponto interessante deve ser destacado.

Entendemos que também não é necessário o registro na hipótese prevista no art. 1.831 do Código Civil – objeto de análise no próximo item – que reconhece ao cônjuge sobrevivente, qualquer que seja o regime de bens, sem prejuízo da participação que lhe caiba na herança, "o direito real de habitação relativamente ao imóvel destinado à residência da família, desde que seja o único daquela natureza a inventariar"[5], uma vez que a própria norma legal reconhece o direito, conferindo-lhe publicidade.

Sobre o tema, afirma CHRISTIANO CASSETTARI, em entrevista concedida ao respeitável Colégio Notarial do Brasil:

"Consulta n. 4 – Deve o tabelião de notas informar, na escritura de inventário a existência do Direito Real de Habitação? E essa informação deve ir para o registro imobiliário?

Resposta: Sim, a existência do Direito Real de Habitação obriga o tabelião a colocar essa informação na escritura, para que a mesma seja também registrada na matrícula do imóvel, pois o registro é ato constitutivo de Direito Real de Habitação conferido ao cônjuge, por força do art. 1.831 do CC que elenca os seus requisitos, sendo o mesmo também conferido ao companheiro que vive em união estável hétero ou homoafetiva"[6].

Em nosso sentir, a informação na escritura pública de inventário acerca do direito de habitação é recomendável, mas não imperiosa, dada a desnecessidade de se efetuar o registro de um **direito de habitação que derive de norma legal**.

Vale dizer, o registro, neste caso, tem uma natureza declaratória, mas não tem cunho constitutivo.

---

[5] Embargos de terceiro. Direito real de habitação. Art. 1.611, § 2.º, do Código Civil de 1916. Usufruto. Renúncia do usufruto: repercussão no direito real de habitação. Registro imobiliário do direito real de habitação. Precedentes da Corte. 1. A renúncia ao usufruto não alcança o direito real de habitação, que decorre de lei e se destina a proteger o cônjuge sobrevivente mantendo-o no imóvel destinado à residência da família. 2. O direito real de habitação não exige o registro imobiliário. 3. Recurso especial conhecido e provido. (REsp 565.820/PR, rel. Min. CARLOS ALBERTO MENEZES DIREITO, TERCEIRA TURMA, julgado em 16-9-2004, DJ 14-3-2005, p. 323).

[6] *Boletim Eletrônico INR* n. 4.674, de 22-6-2011, Assessoria de Imprensa, entrevista com Christiano Cassettari. Disponível em: <http://www.cnbsp.org.br/?pG=X19leGliZV9ub3RpY2lhcw==&in=MzQ3OA==&filtro=1&Data=>. Acesso em: 4 jan. 2018.

Ou seja, a publicidade e a constituição do direito decorrem da própria lei, independentemente do registro.

3. DIREITO DE HABITAÇÃO E AS RELAÇÕES SUCESSÓRIAS

Como já mencionado acima, o direito real de habitação poderá surgir no âmbito das relações sucessórias.

Trata-se, em essência, não propriamente de uma "herança" ou de um "legado de habitação", mas de um **direito sucessório paralelo** que deriva da própria norma legal.

Sobre o tema, discorre o talentoso PABLO MALHEIROS:

"Diante disso, no Direito Sucessório, o DRH é qualificado como herança, como legado ou como um direito diverso de ambos? Não pode ser herança pelo fato de este direito não estar contido no patrimônio do(a) falecido(a), a impedir a sua transferência para o cônjuge ou para o(a) companheiro(a) sobrevivente. Há quem defenda ser legado por o cônjuge sobrevivente receber o bem em legado legítimo, todavia dependeria da entrega feita pelos herdeiros para que pudesse ser imitido na posse do bem, que não se transmite pela *saisine* nos casos de legado (CC, art. 1.923, § 1.º). Ocorre que o cônjuge ou o(a) companheiro(a) se encontram na posse do bem, já que servia de residência da família, com a moradia coadunando-se com a situação de continuidade. Por tudo isso é que o DRH não pode ser compreendido como herança ou legado, mas deve ser considerado um direito próprio do cônjuge ou do(a) companheiro sobrevivente, desde que os requisitos para a sua configuração estejam preenchidos"[7].

Com efeito, temos que o direito real de habitação, em favor do <u>cônjuge sobrevivente</u>, previsto originalmente no § 2.º do art. 1.611 do Código Civil brasileiro de 1916[8], permaneceu consagrado no Código Civil de 2002.

E vale ainda registrar que a Lei n. 9.278, de 1996, ao disciplinar importantes aspectos da união estável, também previu o instituto, em favor do <u>companheiro supérstite</u>, mais precisamente no parágrafo único do seu art. 7.º:

"Art. 7.º Dissolvida a união estável por rescisão, a assistência material prevista nesta Lei será prestada por um dos conviventes ao que dela necessitar, a título de alimentos.

---

[7] FROTA, Pablo Malheiros da Cunha. O direito real de habitação e a sua possível relativização no direito sucessório brasileiro: primeiras reflexões. *Revista de Direito Civil Contemporâneo*, RDCC, v. 8, jul.-set./2016. Disponível em: <http://www.mpsp.mp.br/portal/page/portal/documentacao_e_divulgacao/doc_biblioteca/bibli_servicos_produtos/bibli_boletim/bibli_bol_2006/RDCivCont_n.8.12.PDF>. Acesso em: 17 jun. 2018.

[8] "Art. 1.611. À falta de descendentes ou ascendentes será deferida a sucessão ao cônjuge sobrevivente, se, ao tempo da morte do outro, não estava dissolvida a sociedade conjugal.

§ 1.º O cônjuge viúvo, se o regime de bens do casamento não era o da comunhão universal, terá direito, enquanto durar a viuvez, ao usufruto da quarta parte dos bens do cônjuge falecido, se houver filhos, deste ou do casal, e à metade, se não houver filhos embora sobrevivam ascendentes do *de cujus*.

§ 2.º Ao cônjuge sobrevivente, casado sob regime de comunhão universal, enquanto viver e permanecer viúvo, será assegurado, sem prejuízo da participação que lhe caiba na herança, o direito real de habitação relativamente ao imóvel destinado à residência da família, desde que seja o único bem daquela natureza a inventariar."

Parágrafo único. Dissolvida a união estável por morte de um dos conviventes, o sobrevivente terá direito real de habitação, enquanto viver ou não constituir nova união ou casamento, relativamente ao imóvel destinado à residência da família".

Pois bem.

O já citado art. 1.831 do vigente Código Civil assegura ao cônjuge sobrevivente, qualquer que seja o regime de bens, sem prejuízo da participação que lhe caiba na herança, direito real de habitação relativamente ao imóvel destinado à residência da família, desde que seja o único daquela natureza a inventariar[9].

A norma é bem-intencionada.

Pretende-se, com isso, na perspectiva do direito constitucional à moradia (art. 6.º da CF), impedir que a viúva (ou viúvo) – mormente aquele de idade mais avançada – seja alijado do único imóvel integrante do monte partível, em que residiu durante toda uma vida com o falecido.

Se o direito sucessório paralelo não existisse, havendo outros herdeiros, o bem seria partilhado e, certamente, salvo acordo entre os próprios interessados, culminaria por ser alienado, repartindo-se a receita gerada e, por consequência, desalojando-se a viúva (ou viúvo) que lá residia.

O espectro da norma, aliás, é expressivo, alcançando, inclusive, segundo já decidiu o STJ, imóvel que fora doado, em antecipação de legítima, com reserva de usufruto:

"RECURSO ESPECIAL. AÇÃO REIVINDICATÓRIA. SUCESSÕES. CÓDIGO CIVIL DE 1916. ANTECIPAÇÃO DA LEGÍTIMA. DOAÇÃO COM CLÁUSULA DE USUFRUTO. CÔNJUGE SOBREVIVENTE QUE CONTINUOU NA POSSE. IMÓVEL. COLAÇÃO DO PRÓPRIO BEM (EM SUBSTÂNCIA). DIREITO REAL DE HABITAÇÃO. INOCORRÊNCIA.

1. A colação é obrigação imposta aos descendentes que concorrem à sucessão comum, por exigência legal, para acertamento das legítimas, na proporção estabelecida em lei, sob pena de sonegados e, consequentemente, da perda dos direitos sobre os bens não colacionados, voltando esses ao monte-mor, para serem sobrepartilhados.

2. A doação é tida como inoficiosa, caso exceda a parte a qual pode ser disposta, sendo nula a liberalidade deste excedente, podendo haver ação de anulação ou de redução. Da mesma forma, a redução será do bem em espécie e, se esse não mais existir em poder do donatário, se dará em dinheiro (CC, art. 2.007, § 2.º).

3. É possível a arguição de direito real de habitação ao cônjuge supérstite em imóvel que fora doado, em antecipação de legítima, com reserva de usufruto.

4. Existem situações em que o imóvel poderá ser devolvido ao acervo, volvendo ao seu *status* anterior, retornando ao patrimônio do cônjuge falecido para fins de partilha, abrindo, a depender do caso em concreto, a possibilidade de reconhecimento do direito real de habitação ao cônjuge sobrevivente.

5. Na hipótese, a partilha dos bens fora homologada em 18/5/1993, não havendo alegação de nulidade da partilha ou de resolução da doação, além de se ter constatado que o imóvel objeto de reivindicação não era o único bem daquela natureza a inventariar.

---

[9] Enunciado n. 271, III Jornada de Direito Civil: "O cônjuge pode renunciar ao direito real de habitação nos autos do inventário ou por escritura pública, sem prejuízo de sua participação na herança".

6. Recurso especial não provido".

(STJ – Resp 1.315.606/SP, rel. Min. LUIS FELIPE SALOMÃO, QUARTA TURMA, julgado em 23-8-2016, *DJe* 28-9-2016) (grifamos)

E um aspecto deve ser explicitado.

Diferença fundamental há entre a vigente norma do Código Civil e a sua correspondente regra na lei revogada.

Isso porque, no Código de 1916, o direito real, posto existisse, conforme se lê no referido § 2.º do art. 1.611, sofria uma limitação legal, na medida em que a viúva (ou viúvo) somente poderia exercê-lo se fosse casada(o) "sob o regime da comunhão universal".

Corretamente, em nosso sentir, o codificador de 2002 suprimiu a referência ao regime da comunhão universal, para consagrar o benefício a todo cônjuge sobrevivente, nos termos do referido art. 1.831, qualquer que fosse o regime de bens.

Ora, se o fundamento da norma é a garantia maior, de índole constitucional, de resguardo do próprio direito à moradia, sentido não haveria em condicioná-lo a determinado regime de bens[10].

Registre-se, por fim, que o fato de assim acreditarmos e defendermos não importa em dar efeitos pretéritos à previsão do Código Civil de 2002, pelo que, por óbvio, dispensa maior digressão o fato de a norma constante no referido artigo, em prol da segurança jurídica, não ter retroatividade:

"DIREITO DAS SUCESSÕES. RECURSO ESPECIAL. SUCESSÃO ABERTA NA VIGÊNCIA DO CÓDIGO CIVIL DE 1916. CÔNJUGE SOBREVIVENTE. DIREITO DE USUFRUTO PARCIAL. ART. 1.611, § 1.º. DIREITO REAL DE HABITAÇÃO. ART. 1.831 DO CÓDIGO CIVIL DE 2002. INAPLICABILIDADE. VEDAÇÃO EXPRESSA DO ART. 2.041 DO NOVO DIPLOMA. ALUGUÉIS DEVIDOS PELA VIÚVA À HERDEIRA RELATIVAMENTE A 3/4 DO IMÓVEL.

1. Em sucessões abertas na vigência do Código Civil de 1916, a viúva que fora casada no regime de separação de bens com o *de cujus*, tem direito ao usufruto da quarta parte dos bens deixados, em havendo filhos (art. 1.611, § 1.º, do CC/16). O direito real de habitação conferido pelo Código Civil de 2002 à viúva sobrevivente, qualquer que seja o regime de bens do casamento (art. 1.831 do CC/02), não alcança as sucessões abertas na vigência da legislação revogada (art. 2.041 do CC/02).

2. No caso, não sendo extensível à viúva o direito real de habitação previsto no art. 1.831 do atual Código Civil, os aluguéis fixados pela sentença até 10 de janeiro de 2003 – data em que entrou em vigor o Estatuto Civil –, devem ser ampliados a período posterior.

3. Recurso especial provido" (REsp 1.204.347/DF, rel. Min. Luis Felipe Salomão, 4.ª Turma, j. 12-4-2012, *DJe*, 2-5-2012) (grifamos).

Mas, nesse ponto, uma indagação instigante merece ser feita.

Esse direito real de habitação durará até quando?

É o que analisaremos no próximo tópico.

---

[10] Por outro lado, lamentamos que o codificador de 2002 haja suprimido o direito real de habitação em favor do filho com necessidade especial, na falta do pai ou da mãe, conforme previa o § 3.º do art. 1.611 do Código revogado, incluído pela Lei n. 10.050 de 2000. Tratava-se de louvável e valorosa regra, que merece ser reeditada pelo legislador brasileiro.

4. DURAÇÃO DO DIREITO DE HABITAÇÃO

O direito real de habitação do cônjuge sobrevivente é, logicamente, um direito temporário.

Extingue-se "pela morte ou pelo término do estado de viuvez do sobrevivente"[11].

Conclui-se, pois, que, se a viúva (ou viúvo) morrer ou casar-se novamente, o direito que lhe fora conferido desaparecerá, consolidando-se a propriedade em poder dos demais herdeiros.

Por outro lado, temos que, em caso de concubinato ou união estável – posto configurarem-se como situações não modificativas do estado civil –, o direito real de habitação, dado o seu caráter assistencial, também se extinguirá.

Sobre a diferença entre "concubinato" e "união estável", já tivemos a oportunidade de anotar, em nosso volume dedicado ao Direito de Família:

"Hoje em dia, o concubinato (relação entre amantes), sob o prisma eminentemente técnico, não pode ser confundido com a união estável, uma vez que, a teor do art. 1.727 do Código Civil – posto que possa gerar determinados efeitos jurídicos, como veremos em capítulo próprio – não consubstancia, em geral, um *paradigma* ou *standard familiar*, traduzindo, simplesmente, uma relação não eventual entre o homem e a mulher, impedidos de casar[12].

A união estável, por seu turno, não se coaduna com a mera eventualidade na relação e, por conta disso, ombreia-se ao casamento em termos de reconhecimento jurídico, firmando-se como uma forma de família, inclusive com expressa menção constitucional (CF, § 3.º do art. 226)"[13].

Em síntese: enquanto durar a viuvez ou não se constituir nova relação de companheirismo ou concubinato, o direito real de habitação deverá ser preservado.

Assim, uma relação de simples namoro da viúva (ou viúvo) não deve conduzir à extinção do direito, como também se dá, analogamente, no caso da percepção de pensão alimentícia.

Sobre o tema, confira-se esta peculiar decisão do Superior Tribunal de Justiça, ainda que anterior ao vigente Código Civil brasileiro:

"DIREITO DE FAMÍLIA. CIVIL. ALIMENTOS. EX-CÔNJUGE. EXONERAÇÃO. NAMORO APÓS A SEPARAÇÃO CONSENSUAL. DEVER DE FIDELIDADE. PRECEDENTE. RECURSO PROVIDO.

I – Não autoriza exoneração da obrigação de prestar alimentos à ex-mulher o só fato desta namorar terceiro após a separação.

---

[11] VENOSA, Sílvio de Salvo. *Direito das sucessões*. 3. ed. São Paulo: Atlas, 2003. (Coleção direito civil, v. 7) p. 112.

[12] De fato, o art. 1.727, do CC, expressamente dispõe que "as relações não eventuais entre o homem e a mulher, impedidos de casar, constituem concubinato". Apenas a título de complementação, vale lembrar que este tipo de relação (de concubinato) poderá ainda se dar entre pessoas do mesmo sexo.

[13] GAGLIANO, Pablo Stolze; PAMPLONA FILHO, Rodolfo. *Novo Curso de Direito Civil*: Direito de Família – As Famílias em Perspectiva Constitucional. 8. ed. São Paulo: Saraiva, 2018. v. 6. p. 428.

II – A separação judicial põe termo ao dever de fidelidade recíproca. As relações sexuais eventualmente mantidas com terceiros após a dissolução da sociedade conjugal, desde que não se comprove desregramento de conduta, não têm o condão de ensejar a exoneração da obrigação alimentar, dado que não estão os ex-cônjuges impedidos de estabelecer novas relações e buscar, em novos parceiros, afinidades e sentimentos capazes de possibilitar-lhes um futuro convívio afetivo e feliz.

III – Em linha de princípio, a exoneração de prestação alimentar, estipulada quando da separação consensual, somente se mostra possível em uma das seguintes situações: a) convolação de novas núpcias ou estabelecimento de relação concubinária pelo ex-cônjuge pensionado, não se caracterizando como tal o simples envolvimento afetivo, mesmo abrangendo relações sexuais; b) adoção de comportamento indigno; c) alteração das condições econômicas dos ex-cônjuges em relação às existentes ao tempo da dissolução da sociedade conjugal" (STJ, REsp 111.476/MG, rel. Min. Salvio de Figueiredo Teixeira, 4.ª Turma, j. 25-3-1999, *DJ* de 10-5-1999, p. 177).

Interessante também acrescentar que o Superior Tribunal de Justiça já entendeu que o direito de habitação beneficiará a viúva (ou viúvo) sobrevivente, mesmo que haja filhos oriundos de união anterior do falecido:

"Em abril de 2013, o STJ reconheceu o direito real de habitação sobre imóvel à segunda família de um falecido que tinha filhas do primeiro casamento. A relatora do caso, ministra Nancy Andrighi, adotou entendimento diverso, mas ficou vencida. Em seu voto, ela deu provimento ao recurso especial das filhas do primeiro casamento e determinou a alienação judicial do bem.

A maioria seguiu a posição do ministro Sidnei Beneti, que proferiu o voto vencedor. Ele verificou no processo que todo o patrimônio do falecido já havia sido transferido à primeira esposa e às filhas após a separação do casal. Além disso, enfatizou que o imóvel objeto do conflito era uma 'modesta casa situada no interior'.

Para Beneti, de acordo com a jurisprudência do STJ, o direito real de habitação sobre o imóvel que servia de residência do casal deve ser conferido ao cônjuge/companheiro sobrevivente, 'não apenas quando houver descendentes comuns, mas também quando concorrerem filhos exclusivos do *de cujos*'.

Ele citou vários precedentes da Corte, entre os quais, 'a exigência de alienação do bem para extinção do condomínio, feita pelas filhas e também condôminas, fica paralisada diante do direito real de habitação titulado ao pai'.

'A distinção entre casos de direito de habitação relativos a 'famílias com verticalidade homogênea' não está na lei, que, se o desejasse, teria distinguido, o que não fez, de modo que realmente pretendeu o texto legal amparar o cônjuge supérstite que reside no imóvel do casal', destacou Beneti (REsp 1.134.387)"[14].

Essa diretriz também nos parece a melhor, preservando os interesses de quem convivia diretamente, no mesmo teto, com o falecido, até a chegada da "indesejada das gentes", na antonomásia consagrada de Manuel Bandeira.

---

[14] Notícia extraída do *site Migalhas*. Disponível em: <http://www.migalhas.com.br/Quentes/17,-MI182472,51045-Materia+especial+do+STJ+aborda+o+direito+real+de+habitacao>. Acesso em: 4 jan. 2018.

5. DIREITO DE HABITAÇÃO DO(A) COMPANHEIRO(A)

Merece, por fim, reflexão mais detida a aplicação do direito de habitação no campo das relações de companheirismo.

Isso porque, com a entrada em vigor do Código Civil de 2002, muito se discutiu acerca da revogação ou não do parágrafo único do art. 7.º, da Lei n. 9.278 de 1996[15], acima referido.

Sobre o tema, escreveu PABLO STOLZE GAGLIANO[16]:

"Em nosso sentir (...) concordamos com a corrente doutrinária que aponta no sentido da mantença do direito de habitação referido na Lei n. 9278/96, considerando-se não ter havido, em nosso pensamento, revogação tácita ou expressa. Ademais, a negação deste direito afigura-se grave, na medida em que a difícil situação sucessória do companheiro deve ser atenuada, segundo uma interpretação constitucional, e em atenção ao superior princípio da vedação ao retrocesso".

O Enunciado n. 117 da I Jornada de Direito Civil, por sua vez, aponta no sentido da equiparação:

Enunciado n. 117 – Art. 1831: "O direito real de habitação deve ser estendido ao companheiro, seja por não ter sido revogada a previsão da Lei n. 9.278/96, seja em razão da interpretação analógica do art. 1.831, informado pelo art. 6.º, *caput*, da CF/88".

O Superior Tribunal de Justiça, por seu turno, manteve essa diretriz:

"DIREITO DAS SUCESSÕES E DAS COISAS. RECURSO ESPECIAL. SUCESSÃO. VIGÊNCIA DO CÓDIGO CIVIL DE 2002. COMPANHEIRA SOBREVIVENTE. MANUTENÇÃO DE POSSE. POSSIBILIDADE DE ARGUIÇÃO DO DIREITO REAL DE HABITAÇÃO. ART. 1.831 DO CÓDIGO CIVIL DE 2002.

1. É entendimento pacífico no âmbito do STJ que a companheira supérstite tem direito real de habitação sobre o imóvel de propriedade do falecido onde residia o casal, mesmo na vigência do atual Código Civil. Precedentes.

2. É possível a arguição do direito real de habitação para fins exclusivamente possessórios, independentemente de seu reconhecimento anterior em ação própria declaratória de união estável.

3. No caso, a sentença apenas veio a declarar a união estável na motivação do decisório, de forma incidental, sem repercussão na parte dispositiva e, por conseguinte, sem alcançar a coisa julgada (CPC, art. 469), mantendo aberta eventual discussão no tocante ao reconhecimento da união estável e seus efeitos decorrentes.

4. Ademais, levando-se em conta a posse, considerada por si mesma, enquanto mero exercício fático dos poderes inerentes ao domínio, há de ser mantida a recorrida no imóvel, até porque é ela quem vem conferindo à posse a sua função social.

---

[15] "Art. 7.º Dissolvida a união estável por rescisão, a assistência material prevista nesta Lei será prestada por um dos conviventes ao que dela necessitar, a título de alimentos. Parágrafo único. Dissolvida a união estável por morte de um dos conviventes, o sobrevivente terá direito real de habitação, enquanto viver ou não constituir nova união ou casamento, relativamente ao imóvel destinado à residência da família."

[16] GAGLIANO, Pablo Stolze. *Código Civil Comentado*: arts. 1.369 a 1.418. São Paulo: Atlas, 2004. v. 13. p. 217-218.

5. Recurso especial desprovido".

(REsp 1.203.144/RS, rel. Min. LUIS FELIPE SALOMÃO, QUARTA TURMA, julgado em 27-5-2014, DJe 15-8-2014)

Por fim, temos que, com a manifestação do Supremo Tribunal Federal, no âmbito do RE n. 878.694, no sentido da inconstitucionalidade do art. 1.790 do CC – que disciplinou o direito sucessório da(o) companheira(o) –, a fim de que haja uma equiparação com o direito do cônjuge sobrevivente, a extensão do direito de habitação em favor de quem viveu em união estável com o falecido (ou falecida) ganhou mais força, justificando-se, portanto, em uma inafastável perspectiva constitucional[17].

---

[17] STF, Recurso Extraordinário n. 878.694/MG:
"DIREITO CONSTITUCIONAL E CIVIL. RECURSO EXTRAORDINÁRIO. REPERCUSSÃO GERAL. INCONSTITUCIONALIDADE DA DISTINÇÃO DE REGIME SUCESSÓRIO ENTRE CÔNJUGES E COMPANHEIROS.
1. A Constituição brasileira contempla diferentes formas de família legítima, além da que resulta do casamento. Nesse rol incluem-se as famílias formadas mediante união estável.
2. Não é legítimo desequiparar, para fins sucessórios, os cônjuges e os companheiros, isto é, a família formada pelo casamento e a formada por união estável. Tal hierarquização entre entidades familiares é incompatível com a Constituição de 1988.
3. Assim sendo, o art. 1.790 do Código Civil, ao revogar as Leis ns. 8.971/94 e 9.278/96 e discriminar a companheira (ou o companheiro), dando-lhe direitos sucessórios bem inferiores aos conferidos à esposa (ou ao marido), entra em contraste com os princípios da igualdade, da dignidade humana, da proporcionalidade como vedação à proteção deficiente, e da vedação do retrocesso.
4. Com a finalidade de preservar a segurança jurídica, o entendimento ora firmado é aplicável apenas aos inventários judiciais em que não tenha havido trânsito em julgado da sentença de partilha, e às partilhas extrajudiciais em que ainda não haja escritura pública.
5. Provimento do recurso extraordinário. Afirmação, em repercussão geral, da seguinte tese: 'No sistema constitucional vigente, é inconstitucional a distinção de regimes sucessórios entre cônjuges e companheiros, devendo ser aplicado, em ambos os casos, o regime estabelecido no art. 1.829 do CC/2002'".

Capítulo XXIII
Direito do Promitente Comprador de Imóvel

Sumário: 1. Introdução. 2. Considerações acerca do contrato de promessa de compra e venda. 3. Natureza jurídica e conceito do direito do promitente comprador. 4. Breve histórico sobre o direito do promitente comprador: um passeio no tempo. 5. O direito do promitente comprador e o direito de família. 6. Adjudicação compulsória.

1. INTRODUÇÃO

Uma das inovações do Código Civil de 2002, em relação à codificação anterior, especificamente na parte dos direitos reais, foi trazer previsão específica do "direito do promitente comprador".

Mas em que consiste esse direito real?

É o que veremos neste capítulo.

E, para isso, precisamos compreender a natureza do contrato de promessa ou compromisso de compra e venda.

2. CONSIDERAÇÕES ACERCA DO CONTRATO DE PROMESSA DE COMPRA E VENDA

Toda vez que fazemos exposições, em sala de aula, sobre o tema "contrato de compra e venda", dúvidas surgem no que diz respeito à sua diferença para a promessa ou compromisso de compra e venda[1].

Assim sendo, parece-nos relevante tecer algumas rápidas considerações sobre o tema, notadamente no campo conceitual, especialmente para que possamos compreender o direito real que decorre da promessa.

Aliás, a promessa de compra e venda tem sua prática tão disseminada, que, comumente, se verifica uma confusão com o contrato definitivo de compra e venda.

Não há motivos, porém, do ponto de vista conceitual, para tanto.

O **contrato de compra e venda** é o contrato principal pelo qual uma das partes (vendedora) se obriga a transferir a propriedade de uma coisa móvel ou imóvel à outra (compradora), mediante o pagamento de uma quantia em dinheiro (preço).

---
[1] Este capítulo é baseado na pesquisa que fizemos para o item 9, do Capítulo XV, do nosso volume 4 – "Contratos".

Já o **contrato de promessa ou compromisso de compra e venda** é um contrato preliminar que tem como objeto um contrato futuro de venda e compra. Por meio dele, o vendedor continua titular do domínio, que somente será transferido após a quitação integral do preço, constituindo excelente garantia para o alienante.

Trata-se, como dito, de um **contrato preliminar especial**, que, outrora regulado somente em legislação especial, passou a ser tratado expressamente pelo Código Civil de 2002, no campo dos direitos reais, por meio dos seus arts. 1.417 e 1.418, que assim preceituam:

> "Art. 1.417. Mediante promessa de compra e venda, em que se não pactuou arrependimento, celebrada por instrumento público ou particular, e registrada no Cartório de Registro de Imóveis, adquire o promitente comprador direito real à aquisição do imóvel.
>
> Art. 1.418. O promitente comprador, titular de direito real, pode exigir do promitente vendedor, ou de terceiros, a quem os direitos deste forem cedidos, a outorga da escritura definitiva de compra e venda, conforme o disposto no instrumento preliminar; e, se houver recusa, requerer ao juiz a adjudicação do imóvel".

Na precisa observação de ORLANDO GOMES, não se trata, por certo, de um contrato preliminar comum, mas, sim, de uma verdadeira promessa bilateral *sui generis*, na medida em que, potencialmente, gera eficácia real e comporta execução específica[2].

Isso porque, ao celebrá-lo, as partes envolvidas (promitente ou compromissário vendedor e promitente ou compromissário comprador) **assumem a obrigação de fazer o contrato definitivo de compra e venda, mediante a outorga de escritura de venda do imóvel compromissado, após o adimplemento das obrigações financeiras assumidas.**

Claro está, porém, que, na hipótese de o promitente comprador não cumprir as obrigações financeiras que lhe foram impostas, poderá ele, após ser devidamente constituído em mora, vir a perder a posse do bem, por meio da resolução do contrato[3].

---

[2] GOMES, Orlando. *Contratos*. 15. ed. Rio de Janeiro: Forense, 1995. p. 324-5. O mestre baiano, aliás, prefere tratá-lo como um verdadeiro *novum genus*, embora optemos por considerar o compromisso um contrato preliminar *especial* de compra e venda.

[3] Sobre a responsabilidade por débitos condominiais, vale conferir o seguinte acórdão do Superior Tribunal de Justiça:
"AGRAVO REGIMENTAL NO RECURSO ESPECIAL. EXECUÇÃO DE TAXAS CONDOMINIAIS. PENHORA DO IMÓVEL. OBRIGAÇÃO *PROPTER REM*. LEGITIMIDADE PASSIVA DO PROPRIETÁRIO QUE READQUIRE O BEM RECONHECIDA. RECURSO DESPROVIDO.
1. Em regra, o promitente vendedor não pode ser responsabilizado pelos débitos condominiais posteriores à alienação, contemporâneos à posse do promissário comprador, pois, ao alienar o imóvel, tem a intenção de justamente desvincular-se do direito real sobre o bem.
2. Diversa, todavia, é a situação em que o promitente vendedor obtém a retomada do bem anteriormente alienado, pois, nessa hipótese, em virtude da reaquisição do imóvel, sua condição de proprietário e/ou titular de direito real sobre a coisa, na verdade, nunca se rompeu.
3. No caso, há ainda que se ressaltar a prudência do Colegiado estadual que, ao manter a penhora sobre o imóvel, assegurou à embargante, ora recorrente, o exercício do contraditório, ao determinar sua intimação a fim de que, no prazo legal, possa oferecer embargos do devedor na ação de execução.
4. Agravo regimental a que se nega provimento"
(STJ, AgRg no REsp 1.293.855/PR, rel. Min. MARCO AURÉLIO BELLIZZE, TERCEIRA TURMA, julgado em 17-12-2015, *DJe* 2-2-2016).

A forma deste contrato, como se pode perceber da simples leitura do art. 1.417, poderá ser pública ou particular, cabendo-nos advertir que este artigo é de aplicação específica em face do art. 108, que exige a escritura pública nos atos de alienação ou constituição de direitos reais imobiliários que superem o teto de 30 (trinta) salários mínimos.

Trata-se, em verdade, de uma grande vantagem da promessa de compra e venda, pois possibilita sua formalização sem os rigores do instrumento público, o que, de certa maneira, evita a ocorrência de nulidades formais.

3. NATUREZA JURÍDICA E CONCEITO DO DIREITO DO PROMITENTE COMPRADOR

Sobre sua natureza jurídica, o direito do promitente comprador não se subsume, perfeitamente, na subcategoria de direitos de gozo ou garantia.

Como já mencionado por PABLO STOLZE GAGLIANO, em obra dedicada ao estudo dos direitos reais na coisa alheia:

> "(...) trata-se, pois, do direito real conferido ao promitente-comprador de um imóvel, em virtude de um contrato preliminar especial de compra e venda (compromisso de venda), firmado com o promitente-vendedor, sem cláusula de arrependimento, em instrumento público ou particular, e devidamente registrado no Cartório de Registro Imobiliário.
>
> Por isso, melhor seria colocá-lo em categoria própria, qual seja, de direito real à aquisição da coisa (*ad rem*), uma vez que não guarda a suficiente identidade com as duas

---

No que tange, outrossim, à obrigação de pagar IPTU, manifestou-se o STJ no seguinte sentido:

"TRIBUTÁRIO. IPTU. PAGAMENTO. CONTRIBUINTES RESPONSÁVEIS. PROMITENTE COMPRADOR OU PROMITENTE VENDEDOR. ENTENDIMENTO DESTA CORTE. DIREITO REAL. CONTRATO DE COMPRA E VENDA REGISTRADO EM CARTÓRIO. APLICABILIDADE.

I – A Primeira Seção do Superior Tribunal de Justiça, no julgamento do Tema 122, vinculado aos Recursos Especiais Repetitivos ns. 1.110.511/SP e 1.111.202/SP, da relatoria do Min. Mauro Campbell Marques, firmou entendimento no sentido de que tanto o promitente comprador (possuidor a qualquer título) do imóvel quanto seu promitente vendedor (que tem a propriedade do imóvel registrada no Registro de Imóveis) são contribuintes responsáveis pelo pagamento do IPTU, podendo o legislador municipal eleger quaisquer deles.

II – O art. 34 do Código Tributário Nacional, ao apontar como contribuinte do IPTU o possuidor a qualquer título, engloba também a relação de direito real advinda do contrato de promessa de compra e venda irretrável, senão vejamos: 'Segundo o art. 34 do CTN, consideram-se contribuintes do IPTU o proprietário do imóvel, o titular do seu domínio útil ou o seu possuidor a qualquer título.

Quando o CTN considera contribuinte do IPTU o possuidor a qualquer título, refere-se às hipóteses de relações de direito real, no qual se inclui o contrato de promessa de compra e venda irretrável.

Assim, analisando-se o art. 34 do CTN, conclui-se que o proprietário do imóvel, na qualidade de promitente vendedor, é contribuinte do IPTU, cuja responsabilidade deve ser somada a do promitente comprador (possuidor do imóvel).

III – Ressalte-se que essa orientação quanto à legitimidade aplica-se, inclusive, às hipóteses em que o contrato de compra e venda foi devidamente registrado em cartório. Neste sentido: REsp 1.576.319/SP, rel. Min. HERMAN BENJAMIN, SEGUNDA TURMA, *DJe* 19-5-2016; AgRg no REsp 1.519.072/SP, rel. Min. HERMAN BENJAMIN, SEGUNDA TURMA, *DJe* 2-2-2016.

IV – Agravo interno improvido" (STJ, AgInt no REsp 1.655.107/SP, rel. Min. FRANCISCO FALCÃO, SEGUNDA TURMA, julgado em 19-6-2018, *DJe* 22-6-2018).

outras categorias (gozo/fruição ou garantia) para o fim de encontrar assento em qualquer delas"[4].

Ressalte-se, pois, que, em nosso sentir, o direito do promitente comprador, na perspectiva do Direito das Coisas, quanto a sua natureza jurídica, pode ser definido como um **direito real à aquisição da coisa (*ad rem*)**[5].

No STJ, confira-se:

"CIVIL E PROCESSUAL CIVIL. AÇÃO DE ALIENAÇÃO JUDICIAL DE BEM IMÓVEL, EXTINÇÃO DE CONDOMÍNIO E ARBITRAMENTO DE ALUGUÉIS ENTRE EX-CÔNJUGES. DO PEDIDO DE ALIENAÇÃO JUDICIAL DE BEM OBJETO DE COMPROMISSO DE COMPRA E VENDA. VIABILIDADE JURÍDICA DO PEDIDO. DIREITO REAL DO PROMITENTE COMPRADOR. DIREITO À AQUISIÇÃO SUBORDINADO AO ADIMPLEMENTO DA OBRIGAÇÃO, INOCORRENTE NA HIPÓTESE. ALIENAÇÃO CONDICIONADA A CONCORDÂNCIA DA PROMITENTE VENDEDORA. INEXISTÊNCIA. ARBITRAMENTO DE ALUGUEL AO EX-CÔNJUGE POR USO DE IMÓVEL QUE SERVE TAMBÉM A PROLE. POSSIBILIDADE, EM TESE. ARBITRAMENTO CONDICIONADO À PARTILHA OU IDENTIFICAÇÃO DA FRAÇÃO IDEAL DE CADA CÔNJUGE. CONDENAÇÃO SOLIDÁRIA DOS CÔNJUGES EM AÇÃO DE COBRANÇA AJUIZADA PELA PROMITENTE VENDEDORA. REFLEXOS NA PARTILHA ANTERIORMENTE REALIZADA. DISSÍDIO JURISPRUDENCIAL. AUSÊNCIA DE COTEJO ANALÍTICO.

1 – Ação distribuída em 24/09/2010. Recurso especial interposto em 01/10/2014 e atribuído à Relatora em 25/08/2016.

2 – O propósito recursal consiste em definir se é juridicamente possível a alienação judicial de bem imóvel sobre o qual apenas houve compromisso de compra e venda e se é admissível o arbitramento de alugueis em favor de ex-cônjuge, em decorrência da ocupação exclusiva de imóvel comum, seja em razão da necessidade de preservação do direito à moradia da prole menor, seja em virtude de as partes serem somente promitentes compradoras do bem.

3 – É juridicamente possível o pedido de alienação judicial de bem imóvel objeto de compromisso de compra e venda, especialmente diante da possibilidade, em tese, de aquiescência da promitente vendedora quanto aos termos da pretendida alienação.

4 – O direito real de propriedade não se confunde com o direito real do promitente comprador, que se consubstancia em um direito à aquisição do imóvel condicionado ao cumprimento da obrigação de pagar a quantia contratualmente estabelecida.

5 – Na hipótese, ausentes quaisquer elementos que demonstrem a aquiescência da promitente vendedora para com a pretendida alienação e tendo em vista a possibilidade, em tese, da retomada da coisa após o trânsito em julgado da ação em que se reconheceu a culpa dos promitentes compradores, é inviável a alienação judicial do bem em nome de terceiro.

6 – O simples fato de a prole residir com um dos ex-cônjuges não é suficiente, por si só, para impedir o arbitramento de aluguel devido ao outro que se vê privado da fruição do bem comum.

---

[4] GAGLIANO, Pablo Stolze. *Código Civil Comentado*: arts. 1.369 a 1.418. São Paulo: Atlas, 2004. v. 13. p. 225.

[5] Enunciado n. 253, III Jornada de Direito Civil: o promitente comprador, titular de direito real (art. 1.417), tem a faculdade de reivindicar de terceiro o imóvel prometido a venda.

7 – É admissível o arbitramento de alugueis após a partilha de bens do casal ou, antes dessa, se houver meio de identificação da fração ideal a que fazem jus cada um dos cônjuges. Precedentes.

8 – Na hipótese, ausente direito real de propriedade das partes sobre o bem imóvel e tendo sido a partilha do direito decorrente do compromisso de compra e venda diretamente impactada pela condenação solidária dos promitentes compradores em ação de cobrança ajuizada pela promitente vendedora, não há que se falar em arbitramento de alugueis.

9 – Não se conhece do recurso especial interposto ao fundamento de dissídio jurisprudencial se ausente o cotejo analítico dos julgados supostamente divergentes.

10 – Recurso especial conhecido em parte e, nessa extensão, desprovido".

(STJ, REsp 1.501.549/RS, rel. Min. NANCY ANDRIGHI, TERCEIRA TURMA, julgado em 8-5-2018, *DJe* 11-5-2018)

ARNOLDO WALD, após passar em revista o aceso debate doutrinário em torno do tema, lembra que BARBOSA LIMA SOBRINHO considerou-o "um direito real sobre coisa própria equiparado à propriedade", sendo que, para outros autores, seria um direito real na coisa alheia equiparado aos de gozo ou aos de garantia. Ao final, contudo, o culto professor da UERJ esposa o seguinte entendimento:

"Preferimos conceituar a promessa como um direito real *ad rem*, direito de adquirir a coisa, ou seja, de incluir o imóvel em seu patrimônio – formando uma nova categoria no campo dos direitos reais, na qual incluiríamos, ao lado da promessa, o direito criado pelo pacto de retrovenda, cujas consequências são aliás análogas"[6].

De fato, encontraríamos intransponíveis barreiras ao tentarmos enquadrá-lo como simples direito de gozo ou fruição, uma vez que a sua precípua finalidade é a consolidação da propriedade, circunstância esta não verificada nos direitos reais limitados. Na mesma linha, direito de garantia também não seria, na medida em que a sua constituição não geraria necessariamente uma obrigação acessória, atrelada a uma principal.

4. BREVE HISTÓRICO SOBRE O DIREITO DO PROMITENTE COMPRADOR: UM PASSEIO NO TEMPO

Para uma efetiva compreensão do contrato de promessa de compra e venda, parece-nos relevante recordar a evolução legislativa sobre o tema.

Preceituava o art. 1.088 do CC/1916:

"Art. 1.088. Quando o instrumento público for exigido como prova do contrato, qualquer das partes pode arrepender-se, antes de o assinar, ressarcindo à outra perdas e danos resultantes do arrependimento, sem prejuízo do estatuído nos arts. 1.095 a 1.097".

Interpretando historicamente este artigo, que consagrava nítido direito de arrependimento, observamos que ele seguia uma natural e obsoleta tendência do legislador do século passado no sentido de tudo "resolver" por meio da "mágica fórmula" das **perdas e danos**.

---

[6] WALD, Arnoldo. *Direito das Coisas*. 11. ed. São Paulo: Saraiva, 2002. p. 253.

A legislação codificada, a despeito de não defini-la com precisão, até por não ser função precípua do legislador fazê-lo, preferiu simplesmente traçar os seus contornos, delimitando o seu alcance, e deixando para a doutrina a difícil missão de apresentar uma conceituação teórica a seu respeito, consoante se depreende da leitura do seu art. 402 do CC/2002:

"Salvo as exceções expressamente previstas em lei, as perdas e danos devidas ao credor abrangem, além do que ele efetivamente perdeu, o que razoavelmente deixou de lucrar".

Em outras palavras, as perdas e danos devidas ao credor deverão compreender o dano emergente (o que efetivamente perdeu) e o lucro cessante (o que razoavelmente deixou de lucrar).

Ocorre que a consequente obrigação de pagar perdas e danos, no atual estágio do Direito Processual Civil, pode não significar, na prática, a real e justa satisfação da parte credora, à luz do princípio da efetividade, sobretudo em se considerando o inadimplemento resultante das obrigações de fazer ou não fazer.

Nesse sentido, já anotamos que:

"A visão tradicional do direito das obrigações, pelo seu cunho intrinsecamente patrimonialista, sempre defendeu que seria uma violência à liberdade individual da pessoa a prestação coercitiva de condutas, ainda que decorrentes de disposições legais e contratuais.

Tal concepção de intangibilidade da vontade humana, embora possa se identificar com vetustas regras romanas, reflete, em verdade, a essência dos princípios liberais que influenciaram a formação e consolidação do Direito Civil, em especial no século XIX, com o advento do *Code Napoléon*. Nesse sentido, o 'dogma da intangibilidade da vontade humana', zelosamente guardado nas tradições francesas pandectistas, fazia o mundo aceitar que '*toute obligation de faire, ou de ne pas faire, se resout en dommages et intérêts, en cas d'inexecution de la part du débiteur*' (art. 1.142 do Código Civil francês)[7].

Assim, pela convicção de que a liberdade humana é o valor maior na sociedade, a resolução em perdas e danos seria a única consequência para o descumprimento das obrigações de fazer ou não fazer.

Essa visão, no nosso entendimento, é, todavia, inaceitável na atualidade.

Isso porque o vigente ordenamento jurídico brasileiro há muito vem relativizando o princípio tradicional do *nemo praecise potest cogi ad factum*, reconhecendo que a incoercibilidade da vontade humana não é um dogma inafastável[8], desde que respeitados direitos fundamentais"[9].

---

[7] DINAMARCO, Candido Rangel. *A reforma do Código de Processo Civil*. 4. ed. São Paulo: Malheiros, 1997. p. 152.

[8] Como observa o brilhante FREDIE DIDIER JR.: 'Imaginava-se, de um lado, que toda espécie de obrigação poderia ser convertida em dinheiro, acaso descumprida. A par do manifesto equívoco deste pensamento, que olvidava os hoje inquestionáveis direitos não patrimoniais, como os personalíssimos e os transindividuais (estes últimos de avaliação pecuniária bastante difícil exatamente em razão do caráter difuso dos seus elementos e caracteres), a tese ainda padecia de terrível enfermidade: autorizava, simplesmente, o descumprimento contratual, privilegiando a parte mais rica da relação, apta que estaria a arcar com perdas e danos existentes – se existentes, pois danos não se presumem' (DIDIER JR., Fredie. Tutela específica do adimplemento contratual. *Revista Jurídica dos Formandos em Direito da UFBA*, 2001.2, Salvador: s/ed., 2001, p. 322, também acessável na *Revista Eletrônica do Curso de Direito da UNIFACS*, Seção Corpo Docente, jul. 2002, disponível em: <www.unifacs.br/revistajuridica>.).

[9] GAGLIANO, Pablo Stolze; PAMPLONA FILHO, Rodolfo. *Novo Curso de Direito Civil*: obrigações. 21. ed. São Paulo: Saraiva, 2020. v. 2. p. 78.

Aliás, dada a natural complexidade do procedimento comum, desencadeado pelo ajuizamento de uma demanda indenizatória, não é demais afirmar que, muitas vezes, as "perdas e danos" no Brasil tornaram-se uma forma juridicamente elegante de fingir ao credor que se está lhe dando alguma coisa, sem dar-lhe efetivamente nada.

Em verdade, esta velha fórmula, dissecada nos labirintos de uma ação ordinária, poderá resultar em desrespeito ao direito do credor, que não experimentará a adequada cobertura da lesão sofrida, e, sobretudo, no indesejável descrédito do Poder Judiciário.

Ressaltando a necessidade de a sentença, real e concretamente, reparar a lesão sofrida pelo credor, a partir dos fatos ocorridos, evitando-se, assim, afronta ao princípio processual da efetividade, o grande professor ARRUDA ALVIM pondera que:

"Os efeitos jurídicos, que se produzem na sentença, normalmente, reportam-se à própria ocorrência dos fatos. Há que se ter presente que ... o 'processo não é mais do que o corretivo da imperfeita realização automática do direito objetivo'.

Se assim não fosse, consequentemente, não se constituiria o processo em corretivo ou substitutivo do direito material, em seu funcionamento automático, pois, se os efeitos oriundos da sentença não encontrassem o seu momento *a quo* na própria verificação dos fatos, causa remota de demanda, não haveria 'cobertura integral' de uma lesão sofrida"[10].

Pois bem.

Diante de tudo isso, o referido art. 1.088 do Código Civil de 1916, deparando-se com uma insurgente realidade social que reclamava a efetividade do processo, converteu-se, em poucos anos, em uma norma inegavelmente injusta.

Muitos foram os casos, postos sob a apreciação judicial, mormente após a década de 1930, em que promitentes compradores (compromissários), após longos anos residindo no imóvel compromissado, adimplindo pontualmente as prestações decorrentes da promessa, deparavam-se com a odiosa situação em que o promitente vendedor, escudado no referido art. 1.088 da codificação anterior, negava-se a outorgar, em instrumento público, a tão desejada escritura, optando por pagar-lhe "perdas e danos", visando a alienar o imóvel por preço muitas vezes maior à indenização devida.

E se é que efetivamente iria pagar a indenização devida, dadas as manobras processuais protelatórias de que lançava mão.

A falta, pois, de instrumentos de tutela processual específica acabava por favorecer a especulação imobiliária, em detrimento, inclusive, da função social da posse e da propriedade.

Com inegável precisão, WASHINGTON DE BARROS MONTEIRO preleciona:

"A extraordinária valorização obtida pela propriedade imobiliária nestes últimos anos, num crescendo realmente vertiginoso, teve inesperadas repercussões no cenário jurídico. Inúmeros promitentes-vendedores, em virtude das valorizações alcançadas pelos imóveis compromissados, valendo-se do direito de arrependimento assegurado pelo art. 1.088 do Código Civil de 1916, preferiam sujeitar-se ao pagamento das indenizações, quase sempre a devolução do preço em dobro, a terem de outorgar escritura definitiva, evidentemente

---

[10] ALVIM, Arruda. *Manual de Direito Processual Civil*: processo de conhecimento. 8. ed. São Paulo: Revista dos Tribunais, 2003. v. 2. p. 651.

mais desvantajosa, do ponto de vista econômico. O compromissário-comprador ficava praticamente ao desamparo, sem recurso algum para coagir o contratante inadimplente ao cumprimento da palavra empenhada.

Tais compradores tinham de fiar, exclusivamente, na seriedade e na lisura do vendedor, nem sempre presentes".

E mais adiante acrescenta:

"A situação tornou-se mais grave e aflitiva com relação aos lotes de terrenos vendidos a prestações, mediante oferta pública. Numerosos compromissários viram-se despojados dos imóveis compromissados, valorizados com o produto do seu esforço e operosidade"[11].

Diante de todo esse contexto, visando conferir proteção ao promitente comprador de um compromisso registrado, editou-se o Decreto-Lei n. 58, de 10 de dezembro de 1937, que, em seu art. 22, dispôs:

"Art. 22. Os contratos, sem cláusula de arrependimento, de compromisso de compra e venda e cessão de direitos de imóveis não loteados, cujo preço tenha sido pago no ato de constituição ou deva sê-lo em uma ou mais prestações, desde que inscritos a qualquer tempo, atribuem aos compromissários direito real oponível a terceiros, e lhes conferem o direito de adjudicação compulsória nos termos do art. 16 desta Lei, 640 e 641 do Código de Processo Civil".

Observe-se ainda que, por força do Decreto-Lei n. 745, de 7 de agosto de 1969, mesmo que do contrato preliminar de compra e venda (promessa de compra e venda) constasse cláusula resolutiva expressa, a constituição em mora do promitente comprador dependeria de prévia interpelação judicial[12], ou por intermédio do Cartório de Registro de Títulos e Documentos, com 15 (quinze) dias de antecedência[13].

Com a edição desta lei, portanto, conferiu-se ao compromissário comprador o direito de ingressar com pedido de adjudicação compulsória do imóvel compromissado, sob o rito sumaríssimo – posteriormente denominado sumário (Lei n. 9.245/95), o qual foi extinto com o advento do CPC/2015[14] –, viabilizando, assim, que, dada a inércia do vendedor na outorga da escritura definitiva, o comando sentencial pudesse surtir o mesmo efeito pretendido.

Em seguida, o Decreto n. 3.079, de 15 de setembro de 1938, regulamentaria o diploma legal anterior, estabelecendo, dentre outras diretrizes, que "as escrituras de compromisso de compra e venda de imóveis não loteados, cujo preço deva pagar-se a prazo, em uma ou mais prestações, serão averbadas à margem das respectivas transcrições aquisitivas, para os efeitos

---

[11] MONTEIRO, Washington de Barros. *Curso de Direito Civil*: Direito das Coisas. 37. ed. São Paulo: Saraiva, 2003. p. 324-325.

[12] Nesse sentido, aliás, a Súmula 76 do STJ exige-a até mesmo para os compromissos não registrados: "A falta de registro do compromisso de compra e venda de imóvel não dispensa a prévia interpelação para constituir em mora o devedor".

[13] Nota de Nelson Nery Jr. e Rosa Maria de Andrade Nery. *Código de Processo Civil Comentado*. 4. ed. São Paulo: Revista dos Tribunais, 1999. p. 1786.

[14] CPC/2015, art. 1.049: "Sempre que a lei remeter a procedimento previsto na lei processual sem especificá-lo, será observado o procedimento comum previsto neste Código. Parágrafo único. Na hipótese de a lei remeter ao procedimento sumário, será observado o procedimento comum previsto neste Código, com as modificações previstas na própria lei especial, se houver". (grifamos)

desta Lei, compreendidas nesta disposição as escrituras de promessa de venda de imóveis em geral" (art. 22).

Já no final da década de 1940, seria aprovada a Lei n. 649, de 11 de março de 1949, que deu nova redação ao art. 22 do Decreto-Lei n. 58/37, abandonando a expressão "escrituras" para permitir a execução compulsória e a oponibilidade a terceiros dos "contratos", sem cláusula de arrependimento, de compromisso de compra e venda de imóveis não loteados, cujo preço tenha sido pago no ato de sua constituição ou deva sê-lo em uma ou mais prestações, desde que registrados a qualquer tempo no Cartório de Registro de Imóveis (com a modificação da Lei n. 6.014, de 27-12-1973)[15].

Finalmente, em 19 de dezembro de 1979 seria aprovada a Lei n. 6.766 (Lei do Parcelamento do Solo Urbano) que, revogando parcialmente o Decreto-Lei n. 58, disporia sobre os compromissos de venda de imóveis loteados urbanos.

Saliente-se, ademais, que o seu art. 25 prevê expressamente a irretratabilidade da promessa, admitida hoje, apenas, para os imóveis não loteados[16]:

> "Art. 25. São irretratáveis os compromissos de compra e venda, cessões e promessas de cessão, os que atribuam direito à adjudicação compulsória e, estando registrados, confirm direito real oponível a terceiros".

Observe-se ainda que, diferentemente do contrato definitivo de compra e venda, que, em geral, deverá ser lavrado em instrumento público (art. 108 do CC/2002), a promessa poderá ser documentada em instrumento público ou particular, consoante dispõe o art. 26 da própria lei:

> "Art. 26. Os compromissos de compra e venda, as cessões ou promessas de cessão poderão ser feitos por escritura pública ou por instrumento particular, de acordo com o modelo depositado na forma do inciso VI do art. 18 e conterão, pelo menos, as seguintes indicações (...)".

Firmado, pois, o compromisso e levado ao Registro Imobiliário, **o referido título passaria a surtir efeitos reais, em caráter *erga omnes*.**

Com a palavra, o Supremo Tribunal Federal:

> "12. (...) **Com o registro, o direito meramente obrigacional da promessa de compra e venda se transforma em direito real à aquisição (oponível *erga omnes*), com o poder de sequela que é próprio dos direitos dessa natureza.** (...) 14. Veja-se que, antes mesmo do novo Código Civil, a promessa de compra e venda já era considerada direito real oponível a terceiros, desde que devidamente registrada. Confira-se: Art. 5. A averbação atribue ao compromissário direito real aponível a terceiros, quanto à alienação ou oneração posterior, e far-se-á à vista do instrumento de compromisso de venda, em que o oficial lançará a nota indicativa do livro, página e data do assentamento. (art. 5 do Decreto-Lei 58 de 1937) 15. Veio, então, o Decreto 4.857/1939, que dispôs: Art. 287. À margem da inscrição da propriedade loteada, no livro 8, serão averbados os contratos de promessa de compra e venda de lotes a prazo, em prestações, quer por escrito particular, quer por escritura pú-

---

[15] WALD, Arnoldo. Op. cit. p. 253.

[16] Nesse sentido, o Professor Carlos Gonçalves: "Em se tratando de imóvel não loteado, lícito afigura-se convencionar o arrependimento, afastando-se, com isso, a constituição do direito real" (*Direito das Coisas*. São Paulo: Saraiva, 1997. v. 3. p. 157).

blica, não só para sua validade jurídica, como para assegurar ao promitente comprador direito real oponível a terceiros, nos termos do art. 5 do Decreto-lei 58, e, Decreto 3.079, de 10 de dezembro de 1937, e 15 de setembro de 1938, respectivamente. 16. Posteriormente, a Lei 649/1949 deu nova redação ao art. 22 do referido Decreto-Lei 58/1937, para enunciar: 'Os contratos, sem cláusula de arrependimento, de compromisso de compra e venda de imóveis não loteados, cujo preço tenha sido pago no ato da sua constituição ou deva sê-lo em uma ou mais prestações desde que inscritos em qualquer tempo, atribuem aos compromissários direito real oponível a terceiros e lhes confere o direito de adjudicação compulsória, nos termos dos artigos 16 desta lei e 346 do Código do Processo Civil'. Finalmente, a Lei 6.766, de dezembro de 1979, vocaliza o seguinte enunciado: Art. 25. São irretratáveis os compromissos de compra e venda, cessões e promessas de cessão, os que atribuam direito a adjudicação compulsória e, estando registrados, confiram direito real oponível a terceiros. 18. De se ver que o Supremo Tribunal Federal iterativamente confirmou a validade das mencionadas normas [Cf. Súmulas 166, 167 e 168, todas do STF], firmando jurisprudência que assegurava o direito do promitente comprador".

(Supremo Tribunal Federal, **MS 24.908 AgR**, rel. Min. **Joaquim Barbosa**, voto do min. Ayres Britto, P, j. 27-10-2005, *DJe* 47 de 29-6-2007, republicação no *DJe* 77 de 10-8-2007.)

Com a aprovação da Lei n. 10.406, de 10 de janeiro de 2002 (o vigente Código Civil Brasileiro), o direito real do promitente comprador passou a ter regulamentação expressa (arts. 1.417 e 1.418), permanecendo em vigor os dispositivos das leis anteriores apenas naquilo que com a mesma não fossem incompatíveis.

Por fim, vale mencionar que a Lei n. 14.382, de 27 de junho de 2022, inseriu o art. 216-B na Lei de Registros Públicos (Lei n. 6.015/73), consagrando a "adjudicação compulsória extrajudicial"[17].

---

[17] Art. 216-B. Sem prejuízo da via jurisdicional, a adjudicação compulsória de imóvel objeto de promessa de venda ou de cessão poderá ser efetivada extrajudicialmente no serviço de registro de imóveis da situação do imóvel, nos termos deste artigo.

§ 1.º São legitimados a requerer a adjudicação o promitente comprador ou qualquer dos seus cessionários ou promitentes cessionários, ou seus sucessores, bem como o promitente vendedor, representados por advogado, e o pedido deverá ser instruído com os seguintes documentos:

I – instrumento de promessa de compra e venda ou de cessão ou de sucessão, quando for o caso;

II – prova do inadimplemento, caracterizado pela não celebração do título de transmissão da propriedade plena no prazo de 15 (quinze) dias, contado da entrega de notificação extrajudicial pelo oficial do registro de imóveis da situação do imóvel, que poderá delegar a diligência ao oficial do registro de títulos e documentos;

III – (VETADO);

IV – certidões dos distribuidores forenses da comarca da situação do imóvel e do domicílio do requerente que demonstrem a inexistência de litígio envolvendo o contrato de promessa de compra e venda do imóvel objeto da adjudicação;

V – comprovante de pagamento do respectivo Imposto sobre a Transmissão de Bens Imóveis (ITBI);

VI – procuração com poderes específicos.

§ 2.º (VETADO

§ 3.º À vista dos documentos a que se refere o § 1º deste artigo, o oficial do registro de imóveis da circunscrição onde se situa o imóvel procederá ao registro do domínio em nome do promitente comprador, servindo de título a respectiva promessa de compra e venda ou de cessão ou o instrumento que comprove a sucessão.

5. O DIREITO DO PROMITENTE COMPRADOR E O DIREITO DE FAMÍLIA

Nesse ponto, lembremo-nos de que a outorga da escritura definitiva afigura-se, para o compromissário vendedor que teve todas as parcelas devidamente adimplidas, como sendo um ato devido.

Segundo ORLANDO GOMES,

"Considerando-se esse contrato um *novum genus*, a escritura definitiva não é o instrumento de outro negócio jurídico, mas a forma de um ato devido que apenas documenta o cumprimento de obrigação oriunda de contrato no qual o intento negocial das partes foi definido e a atribuição patrimonial, determinada"[18].

Pelo exposto, seguindo essa linha de pensamento, podemos concluir que os pressupostos gerais de validade do negócio jurídico, assim como a exigência de outorga uxória para o promitente vendedor, são aspectos a serem considerados apenas quando da celebração do contrato preliminar, e não quando da outorga de escritura definitiva.

Sobre a autorização conjugal, escreve FLÁVIO TARTUCE:

"Na linha do que era defendido nas edições anteriores desta obra, deve ser considerada como necessária a outorga conjugal para o compromisso irretratável de compra e venda, com exceção de ser o vendedor casado pelo regime da separação absoluta de bens, entendida esta como a separação convencional (art. 1.647, inc. I, do CC)"[19].

Mas essa outorga somente será necessária se a promessa tiver caráter real, ou seja, tiver sido devidamente **registrada**:

"Por outra via, consigne-se que, no caso de compromisso de compra e venda não registrado, entende-se pela desnecessidade da outorga, diante da existência de efeitos meramente obrigacionais do ato, o que está plenamente correto (STJ, AgRg no REsp 1.141.156/AM, rel. Min. Luiz Felipe Salomão. Resp 677.117/PR, rel. Min. Nancy Andrighi)"[20].

Pois bem.

Figuremos agora, ainda no campo das relações familiares, uma outra situação hipotética.

Imaginemos o caso de um promitente comprador, solteiro, pactuar uma promessa, e, após a quitação das suas prestações, mas antes da lavratura de escritura, casar-se, em regime de comunhão parcial de bens.

Poderia a sua esposa, em uma eventual separação judicial ou divórcio, exigir a meação do imóvel compromissado, argumentando que o mesmo somente se integrou ao patrimônio do seu marido após o casamento?

Vale indagar, outorgando-se a escritura definitiva somente após o casamento do compromissário comprador, a sua esposa teria direito a 50% do bem?

Entendemos que não.

Primeiramente, pela circunstância, já mencionada, de que a outorga da escritura definitiva de compra e venda apenas concretiza, exaure, finaliza um negócio jurídico anterior,

---

[18] GOMES, Orlando. Op. cit. p. 334.
[19] TARTUCE, Flávio. *Direito Civil*: Direito das Coisas. 7. ed. São Paulo: Gen-Método, 2015. v. 4. p. 433.
[20] Idem. p. 434.

perfeito e acabado, e que não poderia ser alterado por fatos ocorridos posteriormente à sua celebração.

Finalmente, ao encontro desse pensamento, lembremo-nos de que o art. 1.661 reconhece serem incomunicáveis os bens cuja aquisição tiver por título uma causa anterior ao casamento, como na hipótese sob análise.

Entretanto, se o compromissário comprador casar no curso da execução do contrato, as parcelas pagas firmarão uma presunção de esforço comum, possibilitando, portanto, que a esposa tenha sobre o imóvel direito correspondente à meação das prestações adimplidas no curso do casamento.

Assim, por exemplo, se o adquirente pagou 5 das 15 parcelas, antes do seu matrimônio, a sua esposa terá direito, por metade, ao valor correspondente às 10 parcelas pagas no curso do casamento.

O mesmo raciocínio, aliás, pode ser aplicado à união estável, porquanto o art. 1.725 do Código Civil estabelece o regime de comunhão parcial de bens para os companheiros que não hajam firmado contrato escrito em sentido contrário.

6. ADJUDICAÇÃO COMPULSÓRIA

O grande diferencial da **promessa irretratável de compra e venda** é, indubitavelmente, a possibilidade de adjudicação compulsória do bem, decorrente de sua eficácia real[21].

---

[21] Como já mencionamos anteriormente, vale lembrar que a Lei n. 14.382, de 27 de junho de 2022, inseriu o art. 216-B na Lei de Registros Públicos (Lei n. 6.015/73), consagrando a "adjudicação compulsória extrajudicial". A sua regulamentação consta no Provimento n. 150, de 11 de setembro de 2023, do Conselho Nacional de Justiça. Destacamos alguns dos seus dispositivos:

"Art. 440-A. Este Capítulo estabelece regras para o processo de adjudicação compulsória pela via extrajudicial, nos termos do art. 216-B da Lei n. 6.015, de 31 de dezembro de 1973. Art. 440-B. Podem dar fundamento à adjudicação compulsória quaisquer atos ou negócios jurídicos que impliquem promessa de compra e venda ou promessa de permuta, bem como as relativas cessões ou promessas de cessão, contanto que não haja direito de arrependimento exercitável. Parágrafo único. O direito de arrependimento exercitável não impedirá a adjudicação compulsória, se o imóvel houver sido objeto de parcelamento do solo urbano (art. 2.º da Lei n. 6.766, de 19 de dezembro de 1979) ou de incorporação imobiliária, com o prazo de carência já decorrido (art. 34 da Lei n. 4.591, de 16 de dezembro de 1964).

Art. 440-C. Possui legitimidade para a adjudicação compulsória qualquer adquirente ou transmitente nos atos e negócios jurídicos referidos no art. 440-B, bem como quaisquer cedentes, cessionários ou sucessores. Parágrafo único. O requerente deverá estar assistido por advogado ou defensor público, constituídos mediante procuração específica. (...)

Art. 440-K. O interessado apresentará, para protocolo, ao oficial de registro de imóveis, requerimento de instauração do processo de adjudicação compulsória. Parágrafo único. Os efeitos da prenotação prorrogar-se-ão até o deferimento ou rejeição do pedido.

Art. 440-L. O requerimento inicial atenderá, no que couber, os requisitos do art. 319 da Lei Federal n. 13.105, de 16 de março de 2015 – Código de Processo Civil, trazendo, em especial: I – identificação e endereço do requerente e do requerido, com a indicação, no mínimo, de nome e número de Cadastro de Pessoas Físicas – CPF ou de Cadastro Nacional de Pessoas Jurídicas – CNPJ (art. 2.º do Provimento n. 61, de 17 de outubro de 2017, da Corregedoria Nacional de Justiça); II – a descrição do imóvel, sendo suficiente a menção ao número da matrícula ou transcrição e, se necessário, a quaisquer outras características que o identifiquem; III – se for o caso, o histórico de atos e negócios

Cumpre-nos observar, ainda, que a promessa irretratável somente gera eficácia real com o respectivo registro no Cartório de Registro de Imóveis.

Nessa vereda, EDUARDO PACHECO RIBEIRO DE SOUZA salienta:

"Ao exigir o registro da promessa sem cláusula de arrependimento para a adjudicação, os art. 1.417 e 1.418 nada mais fazem do que ser fiéis ao sistema que integram, posto que sendo o direito do promitente comprador direito real (art. 1.225, VII), e adquirindo-se os direitos reais sobre imóveis constituídos ou transmitidos por atos entre vivos pelo registro (princípio da inscrição – art. 1.227), é inafastável a necessidade do registro da promessa para que se torne o promitente comprador titular de direito real e, então, possa exercê-lo *erga omnes*. A segurança das relações jurídicas envolvendo promitente vendedor e promitente comprador, bem como terceiros de boa-fé, só se faz presente com o registro da promessa, pois eventual adjudicação compulsória embasada em título à parte do fólio real poderia não ser eficaz se, durante o trâmite do processo, o bem fosse adquirido por terceiro de boa-fé, protegido pela prioridade decorrente da prenotação de seu título"[22].

No Superior Tribunal de Justiça, leia-se o seguinte julgado:

"PROCESSUAL CIVIL. AGRAVO INTERNO NO AGRAVO EM RECURSO ESPECIAL. REEXAME DO CONJUNTO FÁTICO-PROBATÓRIO DOS AUTOS. INADMISSIBILIDADE. INCIDÊNCIA DA SÚMULA N. 7/STJ. PROMESSA DE COMPRA E VENDA. REGISTRO. OPOSIÇÃO A TERCEIROS. DECISÃO MANTIDA.

1. O recurso especial não comporta o exame de questões que impliquem revolvimento do contexto fático-probatório dos autos (Súmula n. 7 do STJ).

2. No caso concreto, o Tribunal de origem concluiu que a Juíza que presidiu a audiência foi removida para outra vara sem competência cível. Alterar esse entendimento, a fim de concluir pela possibilidade de outro juiz sentenciar o feito, demandaria o reexame dos elementos fáticos dos autos, o que é vedado em recurso especial.

3. '<u>A promessa de compra e venda identificada como direito real ocorre quando o instrumento público ou particular é registrado no cartório de registro de imóveis</u>' (REsp 1.185.383/MG, rel. Ministro LUIS FELIPE SALOMÃO, QUARTA TURMA, julgado em 8-4-2014, *DJe* 5-5-2014).

4. Agravo interno a que se nega provimento".

(AgInt no AREsp 304.012/MG, rel. Min. ANTONIO CARLOS FERREIRA, QUARTA TURMA, julgado em 13-3-2018, *DJe* 23-3-2018) (grifamos)

---

jurídicos que levaram à cessão ou à sucessão de titularidades, com menção circunstanciada dos instrumentos, valores, natureza das estipulações, existência ou não de direito de arrependimento e indicação específica de quem haverá de constar como requerido; IV – a declaração do requerente, sob as penas da lei, de que não pende processo judicial que possa impedir o registro da adjudicação compulsória, ou prova de que tenha sido extinto ou suspenso por mais de 90 (noventa) dias úteis; V – o pedido de que o requerido seja notificado a se manifestar, no prazo de 15 (quinze) dias úteis; e VI – o pedido de deferimento da adjudicação compulsória e de lavratura do registro necessário para a transferência da propriedade".

[22] SOUZA, Eduardo Ribeiro Pacheco de. A promessa de compra e venda no NCC reflexos das inovações nas atividades notarial e registral. *Instituto de Registro Imobiliário do Brasil*. Disponível em: <http://www.irib.org.br/obras/a-promessa-de-compra-e-venda-no-ncc-reflexos-das-inovacoes-nas-atividades-notarial-e-registral>. Acesso em: 29 set. 2018.

Nada impede, contudo, que, para imóveis compromissados não loteados, pactuado o arrependimento, sejam previstas arras penitenciais com o escopo compensatório da parte que não se arrependeu[23].

No Cartório de Registro de Imóveis, é feito o registro "dos contratos de compromisso de compra e venda de cessão deste e de promessa de cessão, com ou sem cláusula de arrependimento, que tenham por objeto imóveis não loteados e cujo preço tenha sido pago no ato de sua celebração, ou deva sê-lo a prazo, de uma só vez ou em prestações", nos termos do art. 167, I, 9, da Lei n. 6.015, de 31 de dezembro de 1973 (Lei de Registros Públicos).

Caso a promessa de compra e venda esteja devidamente registrada, poderá o compromissário comprador, na forma da legislação especial, **ajuizar demanda de adjudicação compulsória**, caso em que, por sentença, o juiz adjudicará o imóvel compromissado ao seu patrimônio, se o vendedor não lhe houver outorgado a escritura definitiva, consoante convencionado[24].

A demanda, aliás, poderá ser intentada também contra terceiros, cessionários dos direitos do promitente vendedor.

Entretanto, o que fazer se o compromisso de compra e venda não houver sido registrado, situação tão comum em nosso país?

Uma vez não registrado o compromisso de compra e venda, concluímos naturalmente que o direito real do promitente comprador não se teria constituído.

De fato.

---

[23] Nesse sentido, aliás, a antiga Súmula 412 do STF: "No compromisso de compra e venda com cláusula de arrependimento, a devolução do sinal, por quem deu, ou a restituição em dobro, por quem o recebeu, exclui indenização a maior, a título de perdas e danos, salvo os juros moratórios e os encargos do processo".

[24] Por outro lado, caso haja inadimplemento do promitente comprador, é nula a cláusula que preveja a perda de todas as parcelas pagas – **cláusula de decaimento** – a teor do art. 53, do CDC.
Sobre o tema, confira-se o seguinte REsp Repetitivo:
"RECURSO ESPECIAL REPRESENTATIVO DE CONTROVÉRSIA. ART. 543-C DO CPC. DIREITO DO CONSUMIDOR. CONTRATO DE COMPRA DE IMÓVEL. DESFAZIMENTO. DEVOLUÇÃO DE PARTE DO VALOR PAGO. MOMENTO.
1. Para efeitos do art. 543-C do CPC: em contratos submetidos ao Código de Defesa do Consumidor, é abusiva a cláusula contratual que determina a restituição dos valores devidos somente ao término da obra ou de forma parcelada, na hipótese de resolução de contrato de promessa de compra e venda de imóvel, por culpa de quaisquer contratantes. Em tais avenças, deve ocorrer a imediata restituição das parcelas pagas pelo promitente comprador – integralmente, em caso de culpa exclusiva do promitente vendedor/construtor, ou parcialmente, caso tenha sido o comprador quem deu causa ao desfazimento.
2. Recurso especial não provido."
(REsp 1.300.418/SC, rel. Min. LUIS FELIPE SALOMÃO, SEGUNDA SEÇÃO, julgado em 13-11-2013, DJe 10-12-2013) (grifamos)
Observe-se que o julgado representativo da controvérsia abrange o inadimplemento de uma ou outra parte, tendo em vista a restituição de parcelas pagas, valendo lembrar que se o inadimplemento é apenas do vendedor, o promitente comprador pode optar por exigir a outorga da escritura definitiva.

Todavia, a nossa realidade, mormente para os que militam no interior do país, demonstra que o registro da promessa é uma atitude, embora necessária, pouco frequente, e, por vezes, até certo ponto desconhecida.

Nem sempre por ignorância, mas também por inocência ou, não podemos negar, falta de condições para o pagamento das taxas cartorárias ou do tributo de transmissão, inúmeras promessas de compra e venda são pactuadas, diariamente, *a latere* do sistema registrário oficial.

Se fosse afastada a possibilidade de se ingressar com o pedido direto de adjudicação compulsória, inaugurado pelo art. 16 do DL n. 58/37, como se poderia amparar o direito – ainda que meramente pessoal – do compromissário comprador que honrou com a sua palavra?

Seguindo essa tendência, a legislação processual civil passou a alargar o âmbito de eficácia concreta da sentença nas obrigações de fazer e de não fazer[25].

Por tudo isso, não seria justo que ao promitente comprador de um compromisso não registrado restasse apenas a alternativa das "perdas e danos".

Em verdade, firmada uma promessa de compra e venda, ainda que não registrado o seu instrumento, o contrato terá gerado efeitos entre as próprias partes contratantes, caso em que, posto não se afigure constituído o esperado direito real, a parte prejudicada pelo inadimplemento da outra poderá lançar mão dos meios comuns de execução específica da obrigação de fazer, para o fim de satisfazer seu direito.

Na jurisprudência do STJ, destacamos:

"DIREITO CIVIL. RECURSO ESPECIAL INTERPOSTO SOB A ÉGIDE DO CPC/73. EMBARGOS DE TERCEIRO. COMPROMISSO DE COMPRA E VENDA NÃO REGIS-

---

[25] No Código de Processo Civil de 2015, a matéria passou a ser disciplinada pelos arts. 497 a 501, que preceituam, *in verbis*:

"Art. 497. Na ação que tenha por objeto a prestação de fazer ou de não fazer, o juiz, se procedente o pedido, concederá a tutela específica ou determinará providências que assegurem a obtenção de tutela pelo resultado prático equivalente.

Parágrafo único. Para a concessão da tutela específica destinada a inibir a prática, a reiteração ou a continuação de um ilícito, ou a sua remoção, é irrelevante a demonstração da ocorrência de dano ou da existência de culpa ou dolo.

Art. 498. Na ação que tenha por objeto a entrega de coisa, o juiz, ao conceder a tutela específica, fixará o prazo para o cumprimento da obrigação.

Parágrafo único. Tratando-se de entrega de coisa determinada pelo gênero e pela quantidade, o autor individualizá-la-á na petição inicial, se lhe couber a escolha, ou, se a escolha couber ao réu, este a entregará individualizada, no prazo fixado pelo juiz.

Art. 499. A obrigação somente será convertida em perdas e danos se o autor o requerer ou se impossível a tutela específica ou a obtenção de tutela pelo resultado prático equivalente.

Art. 500. A indenização por perdas e danos dar-se-á sem prejuízo da multa fixada periodicamente para compelir o réu ao cumprimento específico da obrigação.

Art. 501. Na ação que tenha por objeto a emissão de declaração de vontade, a sentença que julgar procedente o pedido, uma vez transitada em julgado, produzirá todos os efeitos da declaração não emitida".

Observe-se, em especial, esse último dispositivo transcrito, perfeitamente aplicável para o tema do presente tópico.

TRADO. NATUREZA JURÍDICA. EFEITOS. ALEGAÇÃO DE NEGATIVA DE PRESTAÇÃO JURISDICIONAL AFASTADA. AUSÊNCIA DO REGISTRO DO MEMORIAL DE INCORPORAÇÃO E DEMAIS DOCUMENTOS PREVISTOS NO ART. 32 DA LEI N. 4.591/1964. ÔNUS DA INCORPORADORA. NULIDADE AFASTADA. SUCUMBÊNCIA. PRINCÍPIO DA CAUSALIDADE.

1. Inexiste ofensa ao art. 535 do CPC quando o tribunal de origem pronuncia-se de forma clara e precisa sobre a questão posta nos autos.

2. O descumprimento, pela incorporadora, da obrigação prevista no art. 32 da Lei 4.591/64, consistente no registro do memorial de incorporação no Cartório de Imóveis e dos demais documentos nele arrolados, não implica a nulidade ou anulabilidade do contrato de promessa de compra e venda de unidade condominial. Precedentes.

3. É da natureza da promessa de compra e venda devidamente registrada a transferência, aos adquirentes, de um direito real denominado direito do promitente comprador do imóvel (art. 1.225, VII, do CC/02).

4. <u>A promessa de compra e venda gera efeitos obrigacionais adjetivados, que podem atingir terceiros, não dependendo, para sua eficácia e validade, de ser formalizada em instrumento público. Precedentes.</u>

5. Mesmo que o promitente-vendedor não outorgue a escritura definitiva, não tem mais ele o poder de dispor do bem prometido em alienação. Está impossibilitado de oferecê-lo em garantia ou em dação em pagamento de dívida que assumiu ou de gravá-lo com quaisquer ônus, pois o direito atribuído ao promissário-comprador desfalca da esfera jurídica do vendedor a plenitude do domínio.

6. Como consequência da limitação do poder de disposição sobre o imóvel prometido, eventuais negócios conflitantes efetuados pelo promitente-vendedor tendo por objeto o imóvel prometido podem ser tidos por ineficazes em relação aos promissários-compradores, ainda que atinjam terceiros de boa-fé.

7. Recurso especial provido".

(REsp 1.490.802/DF, rel. Min. MOURA RIBEIRO, TERCEIRA TURMA, julgado em 17-4-2018, *DJe* 24-4-2018) (grifamos)

Nesse sentido, recordemos ainda que o mesmo Superior Tribunal editou duas súmulas, reconhecendo ao promitente comprador direito decorrente da promessa, mesmo que não registrada.

A primeira delas, mais antiga, dispõe que:

Súmula 84 – "É admissível a oposição de embargos de terceiro fundados em alegação de posse advinda do compromisso de compra e venda de imóvel, ainda que desprovido de registro".

A segunda, posterior, prevê que:

Súmula 239 – "O direito à adjudicação compulsória não se condiciona ao registro do compromisso de compra e venda no cartório de imóveis".

Neste último caso, teremos uma demanda fundada em mero direito pessoal, por meio da qual o compromissário comprador, valendo-se do disposto no já transcrito art. 501 do Código de Processo Civil de 2015, exigirá que a parte adversa outorgue a escritura definitiva, e, não sendo isso possível, a própria sentença surtirá o mesmo efeito da declaração de vontade não emitida.

Finalmente acrescentamos que, na hipótese da Súmula 239, a despeito de se manter a referência à expressão "direito à adjudicação compulsória", é bom que fique claro ao(à) nosso(a) estimado(a) leitor(a) que essa forma de "adjudicação" é exigida no bojo de uma **demanda de natureza obrigacional**, uma vez que, não estando o instrumento preliminar registrado, não há falar-se em direito real[26].

---

[26] Observação que nos convida à reflexão é feita por Marcos Bernardes de Mello (*Teoria do fato jurídico*: plano da eficácia. 2. ed. São Paulo: Saraiva, 2004. 1.ª parte. p. 202-3):
"Por essa razão não se pode considerar direito real, mas, apenas, direito com eficácia *erga omnes*, o direito de adjudicação compulsória que a lei atribui ao promitente comprador de bem imóvel. O exercício do direito de adjudicação pressupõe o inadimplemento do promitente vendedor (devedor) consubstanciado na recusa de outorga da escritura definitiva. Esse inadimplemento somente pode ser feito pelo vendedor, não por outra pessoa qualquer, o que demonstra a relatividade da relação jurídica. Quando há exercício do direito de adjudicação compulsória por meio judicial, a 'ação' é proposta contra o devedor para que outorgue a escritura definitiva; se, mesmo intimado, não o faz, o juiz ordena o registro, fazendo-se a adjudicação ao promitente comprador. Nessa decisão judicial o juiz como que substitui o devedor na outorga da definitividade da transmissão; sua decisão se põe no lugar do ato que o promitente vendedor deveria praticar. A eficácia *erga omnes* que tem o direito do promitente comprador lhe dá o caráter de direito absoluto, nunca, porém, de direito real. Em solução inadequada e tecnicamente incorreta que já vem do art. 69 da Lei n. 4.380, de 21-4-1964, e do art. 25 da Lei n. 6.766/79, o Código Civil, art. 1.417, erigiu à categoria de direito real o direito do promitente comprador à aquisição do imóvel objeto de contrato preliminar de compra e venda, quando pactuado sem cláusula de arrependimento e inscrito no registro de imóveis. A solução correta dessa matéria já estava no Decreto n. 58, de 10-12-1937, que reconhecia a eficácia *erga omnes* do contrato preliminar de compra e venda de bens imóveis loteados, sem cláusula de arrependimento, quando registrado, e o direito à adjudicação compulsória, sem contudo falar em direito real, que, em verdade, não existe, como se mostrou".

Capítulo XXIV
Uma Visão Geral sobre os Direitos Reais de Garantia

Sumário: 1. Introdução. 2. Princípio da acessoriedade ou da gravitação jurídica e características. 3. Legitimidade (plano subjetivo) e objeto (plano objetivo) do direito real de garantia. 4. Efeitos do pagamento parcial da dívida e o princípio da indivisibilidade. 5. Direito de preferência. 6. Prazo do direito real da anticrese. 7. Vencimento da dívida. 8. Garantia prestada por terceiro. 9. Proibição do pacto comissório. 10. Responsabilidade remanescente do devedor.

1. INTRODUÇÃO

Direitos reais de garantia, em precisa definição de ORLANDO GOMES, são os que conferem **"ao credor a pretensão de obter o pagamento da dívida com o valor de bem aplicado exclusivamente à sua satisfação"**[1].

Cuidaremos de analisar, neste capítulo, as suas disposições gerais, constantes nos arts. 1.419 a 1.430 do Código Civil.

Em essência, tais preceitos normativos consistem em regras gerais aplicáveis ao penhor, à hipoteca e à anticrese, cuja compreensão prévia é necessária para o adequado entendimento de cada um desses direitos.

2. PRINCÍPIO DA ACESSORIEDADE OU DA GRAVITAÇÃO JURÍDICA E CARACTERÍSTICAS

A dinâmica geral dos direitos reais de garantia é simples de ser compreendida.

Tais direitos emanam de um ato negocial acessório[2], subordinado a um ato principal.

Um exemplo permitirá esclarecer tal afirmação.

Visando a pactuar um financiamento (ato negocial principal), o sujeito celebra, em caráter acessório, um outro ato negocial, que, uma vez levado a registro, constituirá a hipoteca sobre determinado bem imóvel, em garantia do adimplemento da dívida.

---

[1] GOMES, Orlando. *Direitos Reais*. 19. ed. Atualizada por Luiz Edson Fachin. Rio de Janeiro: Forense, 2008. p. 343.

[2] Código Civil, art. 1.424. Os contratos de penhor, anticrese ou hipoteca declararão, sob pena de não terem eficácia:

I – o valor do crédito, sua estimação, ou valor máximo;

II – o prazo fixado para pagamento;

III – a taxa dos juros, se houver;

IV – o bem dado em garantia com as suas especificações.

Com efeito, caso se declare a nulidade ou a anulabilidade do ato negocial principal, o ato acessório, por força do princípio da gravitação jurídica, restará também invalidado, embora a recíproca não ocorra[3].

Vale ressaltar que a acessoriedade imanente ao direito de garantia também é notada quando o defrontamos com o direito de propriedade:

"DIREITO DAS COISAS. RECURSO ESPECIAL. USUCAPIÃO. IMÓVEL OBJETO DE PROMESSA DE COMPRA E VENDA. INSTRUMENTO QUE ATENDE AO REQUISITO DE JUSTO TÍTULO E INDUZ A BOA-FÉ DO ADQUIRENTE. EXECUÇÕES HIPOTECÁRIAS AJUIZADAS PELO CREDOR EM FACE DO ANTIGO PROPRIETÁRIO. INEXISTÊNCIA DE RESISTÊNCIA À POSSE DO AUTOR USUCAPIENTE. HIPOTECA CONSTITUÍDA PELO VENDEDOR EM GARANTIA DO FINANCIAMENTO DA OBRA. NÃO PREVALÊNCIA DIANTE DA AQUISIÇÃO ORIGINÁRIA DA PROPRIEDADE. INCIDÊNCIA, ADEMAIS, DA SÚMULA N. 308.

(...)

5. Os direitos reais de garantia não subsistem se desaparecer o 'direito principal' que lhe dá suporte, como no caso de perecimento da propriedade por qualquer motivo. Com a usucapião, a propriedade anterior, gravada pela hipoteca, extingue-se e dá lugar a uma outra, *ab novo*, que não decorre da antiga, porquanto não há transferência de direitos, mas aquisição originária. Se a própria propriedade anterior se extingue, dando lugar a uma nova, originária, tudo o que gravava a antiga propriedade – e lhe era acessório – também se extinguirá.

6. Assim, com a declaração de aquisição de domínio por usucapião, deve desaparecer o gravame real hipotecário constituído pelo antigo proprietário, antes ou depois do início da posse *ad usucapionem*, seja porque a sentença apenas declara a usucapião com efeitos *ex tunc*, seja porque a usucapião é forma originária de aquisição de propriedade, não decorrente da antiga e não guardando com ela relação de continuidade.

7. Ademais, 'a hipoteca firmada entre a construtora e o agente financeiro, anterior ou posterior à celebração da promessa de compra e venda, não tem eficácia perante os adquirentes do imóvel' (Súmula n. 308).

8. Recurso especial conhecido e provido".

(STJ, REsp 941.464/SC, rel. Min. LUIS FELIPE SALOMÃO, QUARTA TURMA, julgado em 24-4-2012, *DJe* 29-6-2012) (grifamos)

E, enquanto vigente e válida uma garantia real – quer seja o penhor, a hipoteca ou a anticrese – é correto dizer que o bem móvel ou imóvel que lhe serve de lastro está vinculado, em caráter real, ao cumprimento da obrigação.

Nessa linha, preceitua o art. 1.419, CC/2002:

"Art. 1.419. Nas dívidas garantidas por penhor, anticrese ou hipoteca, o bem dado em garantia fica sujeito, por vínculo real, ao cumprimento da obrigação".

Por tal razão, sabemos que a garantia real "acompanha o bem", ainda que alienado, em virtude da característica da **sequela,** sem olvidarmos que também são aspectos dos di-

---

[3] Código Civil, Art. 184: Respeitada a intenção das partes, a invalidade parcial de um negócio jurídico não o prejudicará na parte válida, se esta for separável; a invalidade da obrigação principal implica a das obrigações acessórias, mas a destas não induz a da obrigação principal. (grifamos)

reitos reais de garantia a **preferência, a indivisibilidade e a excussão**[4] (**a venda da coisa para a satisfação do crédito**).

Nessa linha, pontifica ORLANDO GOMES:

"Os atributos de *sequela* e *preferência* atestam sua natureza substantiva e real. O vínculo não se descola da coisa cujo valor está afetado ao pagamento da dívida. Se o devedor a transmite a outrem, continua onerada, transferindo-se, com ela, o gravame. Acompanha, segue a coisa, subsistindo, íntegro e ileso, seja qual for a modificação que sofra a titularia do direito. O direito de credor tem, portanto, *sequela*.

Demais disso, tem o credor direito a pagamento preferencial, obtendo a satisfação do seu crédito antes de outros credores. O bem gravado é aplicado à satisfação exclusiva da dívida, sendo subtraído, no limite do seu valor, à execução coletiva. O credor tem, desse modo, *direito de preferência*.

O direito de preferência é próprio dos *direitos reais de garantia*, assegurando-lhes sólida superioridade no sistema de segurança dos créditos.

A *garantia real* atribui ao credor direito a promover a venda judicial da coisa para, do preço apurado, receber a quantia devida, de preferência a qualquer credor comum, mas, esse direito somente pode ser exercido pelo credor pignoratício, e pelo credor hipotecário; na *anticrese,* o direito do credor é de *retenção* da coisa dada em garantia"[5].

Dialogando um pouco com a Parte Geral do Código Civil, um aspecto peculiar merece ser relembrado, no âmbito da fraude contra credores[6].

A fraude contra credores, considerada tradicionalmente um "vício social", consiste no ato de alienação ou oneração de bens, assim como de remissão de dívida, praticado pelo devedor insolvente, ou à beira da insolvência, com o propósito de prejudicar credor preexistente, em virtude da diminuição experimentada pelo seu patrimônio.

Com efeito, se um devedor insolvente pratica ato que diminui o seu patrimônio, em detrimento de credor preexistente, poderá estar praticando um ato fraudulento, passível de ser atacado por meio de uma ação pauliana.

Em regra geral, o credor quirografário (credor sem garantia) preexistente tem legitimidade ativa para ajuizar a ação (art. 158 do CC/2002).

Nesse contexto, indagamos: se, todavia, o credor tem, em seu favor, uma garantia real, caso o devedor pratique ato que diminua o seu patrimônio, haverá interesse em manejar a ação pauliana?

Em princípio, não.

Imaginemos, por exemplo, que o credor tenha, em seu favor, uma hipoteca constituída sobre uma fazenda do devedor. Se este devedor, já insolvente, pratica ato doando um outro bem, integrante do seu minguado patrimônio, a um terceiro, o credor, em tese, não teria interesse em ajuizar ação impugnando o ato, pois o seu crédito, por vínculo real hipotecário, já se encontraria protegido e atrelado à referida fazenda.

Todavia, caso a garantia hipotecária se mostre insuficiente – por exemplo, em virtude de uma enchente severa, o valor da fazenda depreciou-se consideravelmente –, não tendo

---

[4] TARTUCE, Flávio. *Direito Civil*: Direito das Coisas. 7. ed. São Paulo: Gen-Método, 2015. v. 4. p. 454.
[5] GOMES, Orlando. Op. cit. p. 344.
[6] Arts. 158 a 165, CC.

havido reforço da garantia, eventual ato praticado pelo devedor que diminua o seu patrimônio remanescente pode ser considerado fraudulento, sendo, pois, passível de impugnação.

Em outras palavras, o credor com garantia real, em princípio, por já deter um bem vinculado à satisfação da dívida, careceria de interesse processual. Todavia, caso se torne insuficiente a mencionada garantia, poderá manejar a referida *actio*, consoante se depreende da análise do § 1.º do art. 158 do CC/2002, sem similar no Código de 1916[7].

3. LEGITIMIDADE (PLANO SUBJETIVO) E OBJETO (PLANO OBJETIVO) DO DIREITO REAL DE GARANTIA

Por imperativo lógico, *no plano subjetivo (ou da legitimidade para constituição do direito)*, **só quem pode alienar poderá empenhar (dar em penhor), hipotecar ou dar em anticrese** (art. 1.420, 1.ª parte, CC).

De já, registramos que a garantia tanto pode ser constituída **pelo próprio devedor** como pode ser constituída **por terceiro**.

Pois bem.

Nessa perspectiva, merece atenção a questão atinente à constituição de garantia por parte de **pessoas incapazes**.

Na lição de FLÁVIO TARTUCE:

"Partindo para os casos específicos, quanto aos incapazes, de início, devem ser observadas as regras relativas à teoria geral das nulidades, tratadas na Parte Geral da codificação. Assim, os absolutamente incapazes somente podem constituir direito real de garantia se representados, sob pena de nulidade absoluta do ato (art. 166, inc. I, do CC). Os relativamente incapazes, devem estar assistidos, sob pena de anulabilidade (art. 171, inc. I, do CC). Porém, existem outros requisitos, mais específicos"[8].

---

[7] Sobre o tema, na III Jornada de Direito Civil da Justiça Federal, de novembro/2004, foi proposto o Enunciado n. 151: "Art. 158: O ajuizamento da ação pauliana pelo credor com garantia real (art. 158, § 1.º) prescinde de prévio reconhecimento judicial da insuficiência da garantia". Acrescente-se, ainda no que tange ao polo ativo da pauliana, que há decisão admitindo o *nascituro* como passível de proteção por meio dessa *actio*: "Ação Pauliana. Crédito alimentar. Investigação de paternidade. Alienação feita para irmãos durante a gravidez. Bens que retornam à esposa. Direitos do nascituro. Pressupostos de fraude contra credores. Ônus probatório. Presunção que deriva do negócio com familiar. Ineficácia e não nulidade da alienação. 1. A ação pauliana, com sede nos direitos privado e material, tem seu fundamento na insolvabilidade do devedor para satisfazer direitos dos credores e não exige demanda judicial que a preceda. São suficientes a anterioridade do crédito à alienação ou oneração, o conflito fraudatório entre os negociantes e que o terceiro tenha consciência do prejuízo a causar ou possa prever o dano. 2. Os direitos do nascituro são assegurados desde a concepção, o que transforma suas expectativas em direitos subjetivos, como ocorre com os alimentos, que têm concreção neste estágio. 3. Ao credor cumpre informar sobre a insolvência e suas consequências, tocando ao devedor a prova de inexistência daquela situação, e aos terceiros que não tinham ciência de tal fraude e do prejuízo. 4. Os atos fraudulentos não são nulos, mas ineficazes, não havendo retorno do bem à propriedade do alienante, preservando-se a possibilidade de sua sujeição ao credor. A sentença, com carga declaratória, não anula a alienação/oneração, mas pronuncia sua ineficácia perante o credor, que pode manejar a ferramenta instrumental para constranger o patrimônio registrado em nome de terceiro. Apelação provida, em parte. (9 fls.) – Segredo de justiça" (TJRS, Apelação Cível 700.039.206.34, 7.ª Câm. Cív., rel. José Carlos Teixeira Giorgis, j. 12-6-2002).

[8] TARTUCE, Flávio. Op. cit. p. 459.

Especificamente quanto aos **menores** e aos **pródigos**, confiram-se os arts. 1.691 e 1.782:

"Art. 1.691. Não podem os pais alienar, ou gravar de ônus real os imóveis dos filhos, nem contrair, em nome deles, obrigações que ultrapassem os limites da simples administração, salvo por necessidade ou evidente interesse da prole, mediante prévia autorização do juiz.

Parágrafo único. Podem pleitear a declaração de nulidade dos atos previstos neste artigo:

I – os filhos;

II – os herdeiros;

III – o representante legal.

(...)

Art. 1.782. A interdição do pródigo só o privará de, sem curador, emprestar, transigir, dar quitação, alienar, hipotecar, demandar ou ser demandado, e praticar, em geral, os atos que não sejam de mera administração".

Questão especial diz respeito à eventual garantia real convencionada por **pessoa com deficiência**[9].

Como se sabe, a Convenção Internacional sobre os Direitos das Pessoas com Deficiência e o seu Protocolo Facultativo, assinados em Nova York, em 30 de março de 2007, foram ratificados pelo Congresso Nacional por meio do Decreto Legislativo n. 186, de 9 de julho de 2008.

Trata-se de uma Convenção dotada de natureza jurídica diferenciada, na medida em que **tem força de Emenda Constitucional**.

Pois bem.

Essa Convenção, em seu artigo 12, item 2, expressamente dispôs:

"Artigo 12[10]

Reconhecimento igual perante a lei

---

[9] Cf. GAGLIANO, Pablo Stolze. A invalidade do negócio jurídico em face do novo conceito de capacidade civil. *Revista Jus Navigandi*, ISSN 1518-4862, Teresina, ano 23, n. 5.538, 30 ago. 2018. Disponível em: <https://jus.com.br/artigos/68666>. Acesso em: 25 set. 2018.

[10] Convenção de Nova York: Artigo 12. Reconhecimento igual perante a lei 1. Os Estados Partes reafirmam que as pessoas com deficiência têm o direito de ser reconhecidas em qualquer lugar como pessoas perante a lei. 2. Os Estados Partes reconhecerão que as pessoas com deficiência gozam de capacidade legal em igualdade de condições com as demais pessoas em todos os aspectos da vida. 3. Os Estados Partes tomarão medidas apropriadas para prover o acesso de pessoas com deficiência ao apoio que necessitarem no exercício de sua capacidade legal. 4. Os Estados Partes assegurarão que todas as medidas relativas ao exercício da capacidade legal incluam salvaguardas apropriadas e efetivas para prevenir abusos, em conformidade com o direito internacional dos direitos humanos. Essas salvaguardas assegurarão que as medidas relativas ao exercício da capacidade legal respeitem os direitos, a vontade e as preferências da pessoa, sejam isentas de conflito de interesses e de influência indevida, sejam proporcionais e apropriadas às circunstâncias da pessoa, se apliquem pelo período mais curto possível e sejam submetidas à revisão regular por uma autoridade ou órgão judiciário competente, independente e imparcial. As salvaguardas serão proporcionais ao grau em que tais medidas afetarem os direitos e interesses da pessoa. 5. Os Estados Partes, sujeitos ao disposto neste Artigo, tomarão todas as medidas apropriadas e efetivas para assegurar às pessoas com deficiência o igual direito de possuir ou herdar bens, de controlar as próprias finanças e de ter igual acesso a empréstimos bancários, hipotecas e outras formas de crédito financeiro, e assegurarão que as pessoas com deficiência não sejam arbitrariamente destituídas de seus bens.

12. Os Estados Partes reconhecerão que **as pessoas com deficiência gozam de capacidade legal em igualdade de condições com as demais pessoas em todos os aspectos da vida**". (grifamos)

Friso: capacidade legal em igualdade de condições.

É de clareza meridiana, portanto, que a nova concepção da "capacidade", em uma perspectiva inclusiva e não discriminatória, não é fruto do Estatuto da Pessoa com Deficiência – que atuou apenas em nível legal regulamentar, conforme lembra o excelente FLÁVIO TARTUCE[11] – mas da própria Convenção – inserida no ordenamento pátrio com matiz de norma constitucional.

Vale dizer, foi a própria Convenção de Nova York que estabeleceu o novo paradigma da capacidade, para, nesse novo conceito – rompendo com a antiga dualidade capacidade de direito x de fato – contemplar todas as pessoas, mesmo aquelas que, para atuarem, se valham de um instituto assistencial ou protetivo[12].

Por isso, é fácil perceber que o novo conceito de capacidade foi moldado não no simples cadinho da regra civil, mas na poderosa forja da norma constitucional.

Tal aspecto, inclusive, já havia sido observado pelo grande jurista PAULO LÔBO, quando, discorrendo sobre o tema, afirmou que a "Convenção, nessa matéria, já tinha derrogado o Código Civil"[13].

Ora, se a deficiência não é mais causa de incapacidade civil, a invalidade (nulidade ou anulabilidade) do negócio jurídico por incapacidade derivada de deficiência não existe mais[14], **mesmo aquele que tenha por objeto a constituição de um direito real de garantia.**

Nesse ponto, há de se reconhecer, a Convenção de Nova York e a Lei Brasileira de Inclusão poderiam nos conduzir ao reconhecimento de uma indesejável "desproteção".

Tal preocupação não passou despercebida ao atento olhar de JOSÉ FERNANDO SIMÃO:

"Isso significa que hoje, se alguém com deficiência leve, mas com déficit cognitivo, e considerado relativamente incapaz por sentença, assinar um contrato que lhe é desvantajoso (curso por correspondência de inglês ofertado na porta do metrô) esse contrato é

---

[11] "A propósito, cabe lembrar que o Estatuto da Pessoa com Deficiência regulamenta a Convenção de Nova York, tratado de direitos humanos do qual o Brasil é signatário, e que gera efeitos como emenda constitucional (art. 5.º, § 3.º, da CF/1988 e Decreto 6.949/2009)" – TARTUCE, Flávio. Alterações do Código Civil pela Lei 13.146/2015 (Estatuto da Pessoa com Deficiência). Repercussões para o direito de família e confrontações com o Novo CPC. Parte II. *Migalhas*. 26 ago. 2015. Disponível em: <http://www.migalhas.com.br/FamiliaeSucessoes/104,MI225871,51045-Alteracoes+do+Codigo+Civil+pela+lei+131462015+Estatuto+da+Pessoa+com>. Acesso em: 13 ago. 2016.

[12] O insuperável civilista LUIZ EDSON FACHIN, por ocasião do julgamento da medida liminar da ADI n. 5.357, afirmou que "a Convenção Internacional sobre os Direitos da Pessoa com Deficiência concretiza o princípio da igualdade como fundamento de uma sociedade democrática que respeita a dignidade humana".

[13] LÔBO. Paulo. Com avanço legal pessoas com deficiência mental não são mais incapazes. *Consultor Jurídico*. 16 ago. 2016. Disponível em: <http://www.conjur.com.br/2015-ago-16/processo-familiar-avancos-pessoas-deficiencia-mental-nao-sao-incapazes>. Acesso em: 13 ago. 2016.

[14] Ver arts. 166, I, e 171, I, do Código Civil.

anulável, pois não foi o incapaz assistido. Com a vigência do Estatuto esse contrato passa a ser, em tese, válido, pois celebrado por pessoa capaz"[15].

É compreensível que a entrada em vigor de um microssistema tão amplo e poderoso, como o Estatuto da Pessoa com Deficiência, a despeito do seu viés inclusivo e isonômico, deflagre certos efeitos colaterais indesejados.

Mas é tarefa da doutrina e da jurisprudência, cientes da matriz constitucional do Estatuto, imprimir-lhe uma interpretação justa, razoável e harmônica, que preserve os seus próprios fins.

É preciso ter em mente que o legislador, seguindo as normas do Direito Internacional, optou por tratar a pessoa com deficiência em uma perspectiva que priorizasse a sua autonomia e capacidade de autodeterminação.

Até porque, na multifária escala da deficiência, coexistem diversos matizes, graus e especificidades.

Nesse mosaico, preferiu-se abolir o rótulo da incapacidade – mesmo em favor dos que se valem da curatela para atuar na vida social –, o que pode não parecer muito para certos intérpretes, mas, para aqueles que vivem a realidade da deficiência, em diferentes escalas, é uma imensa conquista.

Vale dizer, no sistema anterior, sob o argumento da "proteção estatal", impunha-se ao deficiente o rótulo da incapacidade, oficializado em sua interdição, alijando-o, na prática, das suas potencialidades; no sistema atual, prestigia-se a sua autonomia, reconhecendo-o legalmente capaz, ainda que, excepcionalmente, dependa de certos instrumentos oficiais de proteção.

Nessa linha, considerando-se que a deficiência não é mais causa de incapacidade civil, não se podendo, pois, como visto, invalidar (por nulidade absoluta ou relativa) o negócio celebrado com esse fundamento, pergunta-se: **se a pessoa, em virtude da sua deficiência, experimenta prejuízo ao celebrar um negócio jurídico, o que fazer?**

Imagine, por exemplo, que uma pessoa inserida em um espectro autista moderado ou com síndrome de Down celebra um contrato, por força do qual pactua, em caráter acessório, o penhor de um relógio.

Caso venha a experimentar um suposto prejuízo no negócio firmado, em virtude da sua condição, o que fazer, eis que a deficiência não é mais causa de incapacidade civil (e por conseguinte, como já dito, de invalidade do negócio)?

Nesse ponto, algumas situações devem ser consideradas.

a) a pessoa com deficiência tem curador nomeado:

A curatela, restrita a atos relacionados aos direitos de natureza patrimonial e negocial, passou a ser, com o advento do Estatuto da Pessoa com Deficiência, uma medida extraordinária (art. 85):

"Art. 85. A curatela afetará tão somente os atos relacionados aos direitos de natureza patrimonial e negocial.

---

[15] SIMÃO, José Fernando. EPD causa perplexidade. *Consultor Jurídico*. 6 ago. 2015. Disponível em: <https://www.conjur.com.br/2015-ago-06/jose-simao-estatuto-pessoa-deficiencia-causa-perplexidade>. Acesso em: 29 ago. 2018.

§ 1.º A definição da curatela não alcança o direito ao próprio corpo, à sexualidade, ao matrimônio, à privacidade, à educação, à saúde, ao trabalho e ao voto.

§ 2.º A curatela constitui <u>medida extraordinária</u>, devendo constar da sentença as razões e motivações de sua definição, preservados os interesses do curatelado.

§ 3.º No caso de pessoa em situação de institucionalização, ao nomear curador, o juiz deve dar preferência a pessoa que tenha vínculo de natureza familiar, afetiva ou comunitária com o curatelado". (grifamos)

Note-se que a lei não diz que se trata de uma medida "especial", mas, sim, "extraordinária", o que reforça a sua excepcionalidade.

Pois bem.

Nessa linha, temos que a prática de ato negocial sem a presença do curador – e note-se que estamos diante de uma modalidade nova e especial de curatela, protetiva de uma pessoa capaz – resulta na inexistência ou nulidade absoluta do ato negocial[16].

A hipótese em que, por exemplo, consegue-se apor a digital de uma pessoa com grave paralisia (não alfabetizada) no documento de constituição do penhor, sem a intervenção do seu curador, poderia nos conduzir a uma hipótese de inexistência do negócio por ausência de manifestação da vontade.

Todavia, a depender da escola filosófica que se siga, caso não se admita o plano existencial do negócio jurídico, pode-se concluir que o ato praticado nessas circunstâncias é nulo por vício em sua própria forma, dada a indispensável participação do curador na realização do ato negocial (art. 166, IV, CC).

b) a pessoa com deficiência tem apoiadores nomeados:

Se a curatela é uma medida extraordinária, é porque existe uma outra via assistencial de que pode se valer a pessoa com deficiência – livre do estigma da incapacidade – para que possa atuar na vida social: a "tomada de decisão apoiada", processo pelo qual a pessoa com deficiência elege pelo menos 2 (duas) pessoas idôneas, com as quais mantenha vínculos e que gozem de sua confiança, para prestar-lhe apoio na tomada de decisão sobre atos da vida civil, fornecendo-lhe os elementos e informações necessários para que possa exercer sua capacidade[17].

Pessoas com deficiência e que sejam dotadas de grau de discernimento que permita a indicação dos seus apoiadores, até então sujeitas a uma inafastável interdição e curatela geral, poderão se valer de um instituto menos invasivo em sua esfera existencial.

Note-se que, com isso, a autonomia privada projeta as suas luzes em recantos até então inacessíveis.

Imagine-se, por exemplo, que uma pessoa com síndrome de Down, após amealhar recursos provenientes do seu trabalho, pretenda comprar um apartamento.

Pode ser que tenha dificuldade no ato da lavratura do instrumento contratual e na eventual constituição de uma garantia real[18].

---

[16] Caso não exista curador nomeado, as soluções propostas, com mais razão ainda, se justificam.

[17] Cf. art. 1.783-A, CC.

[18] O próprio vendedor pode solicitar a presença dos apoiadores: art. 1.783-A, § 5.º, CC: Terceiro com quem a pessoa apoiada mantenha relação negocial pode solicitar que os apoiadores contra-assinem o contrato ou acordo, especificando, por escrito, sua função em relação ao apoiado.

Dada a desnecessidade da nomeação de um curador para atuar em espectro amplo no campo negocial, a própria pessoa interessada indicará os seus apoiadores que irão assisti-lo (apoiá-lo), especificamente, na compra do bem.

Em tal contexto, designados os apoiadores, judicialmente chancelados para a prática do ato negocial de aquisição do imóvel pretendido pela pessoa com síndrome de Down, a ausência de manifestação deles na lavratura do contrato e constituição de eventual garantia, a despeito da presença do interessado, resultará na nulidade absoluta do ato negocial, por inobservância de aspecto formal (art. 166, IV, CC).

Isso porque a participação dos apoiadores integra o revestimento formal da própria declaração de vontade negocial.

c) pessoa com deficiência sem curador ou apoiador:

Figuremos ainda a hipótese de uma pessoa, inserida em um espectro autista[19] moderado, celebrar negócio que lhe seja prejudicial.

Se, por um lado, não se pode reconhecer invalidade diretamente com fulcro na deficiência (que varia consideravelmente em cada caso), pensamos que a aplicação da teoria dos defeitos do negócio jurídico deve lhe ser mais vantajosa.

Tendo sido, por exemplo, vítima de dolo ou lesão, defendemos a inversão do ônus da prova em favor da pessoa deficiente, visando a imprimir paridade de armas, tal como já se dá no âmbito das relações de consumo.

Em resumo: não se invalida mais negócio por deficiência, mas nada impede que a deficiência comprovada conduza ao reconhecimento mais facilitado de um defeito invalidante do negócio jurídico, inclusive da garantia pactuada.

Ainda na *perspectiva subjetiva*, ou seja, pela ótica do sujeito que constitui a garantia real, é importante salientar que, a teor do § 1.º do art. 1.420, *a propriedade superveniente torna eficaz, desde o registro, as garantias reais estabelecidas por quem não era dono*.

Um exemplo ilustrará a hipótese: CARMELO empenha relógio que não lhe pertence (fora-lhe emprestado pelo seu tio), caso em que duas situações podem ocorrer:

a) o seu tio anui, hipótese em que, a rigor, **a garantia é constituída por terceiro**, o que é perfeitamente possível;

b) CARMELO adquire, posteriormente, o bem (consolida a propriedade superveniente), tornando eficaz, desde o registro, a garantia real.

E se a pessoa que constitui a garantia real for casada, é necessária a autorização do outro cônjuge?

A denominada "autorização conjugal" pode ser conceituada como a manifestação de consentimento de um dos cônjuges ao outro, para a prática de determinados atos, sob pena de invalidade.

A matéria está atualmente disciplinada nos arts. 1.647 a 1.650 do vigente Código Civil brasileiro.

---

[19] É preciso que haja respeito e atenção em torno do autismo, inclusive em se levando em conta os dados estatísticos atuais: "About 1 in 59 children has been identified with autism spectrum disorder (ASD) according to estimates from CDC's" (Fonte: CENTERS FOR DISEASE CONTROL AND PREVENTION. Autism Spectrum Disorder (ASD): Data & Statistics. Disponível em: <https://www.cdc.gov/ncbddd/autism/data.html>. Acesso em: 26 ago. 2018).

Dispõe o mencionado art. 1.647, CC/2002:

"Art. 1.647. Ressalvado o disposto no art. 1.648, nenhum dos cônjuges pode, sem autorização do outro, exceto no regime da separação absoluta:

I – alienar ou gravar de ônus real os bens imóveis;

II – pleitear, como autor ou réu, acerca desses bens ou direitos;

III – prestar fiança ou aval;

IV – fazer doação, não sendo remuneratória, de bens comuns, ou dos que possam integrar futura meação.

Parágrafo único. São válidas as doações nupciais feitas aos filhos quando casarem ou estabelecerem economia separada".

Todas as hipóteses legais se referem a situações em que o patrimônio do casal é potencialmente afetado, motivo pelo qual se exige a autorização.

Da leitura do *caput* do dispositivo, observamos, de logo, que a necessidade da autorização conjugal é dispensável para aqueles casados "no regime de separação absoluta".

Nesse ponto, poderia o legislador ter facilitado o trabalho do intérprete, evitando a confusa expressão "separação absoluta".

Isso porque, em nosso sistema, como se sabe, convivem dois tipos de separação: a legal ou obrigatória e a convencional.

Afinal, ao mencionar "separação absoluta", a qual das duas estaria o codificador se referindo?

Em nosso sentir, a dita expressão caracteriza a separação convencional de bens – aquela livremente pactuada pelo casal – e não a separação obrigatória, pela simples razão de que, nessa última hipótese, existe a possibilidade de comunhão de bens, a teor da Súmula 377 do Supremo Tribunal Federal.

Ora, se existe a possibilidade de meação na separação obrigatória é porque, logicamente, não poderemos reputá-la "absoluta", havendo, portanto, razão e interesse na manutenção da autorização do outro cônjuge.

Em suma, somente os cônjuges casados sob o regime de separação convencional (absoluta) de bens estão dispensados da necessidade da autorização conjugal para a prática dos atos previstos no art. 1.647 do Código Civil.

Nesse mesmo sentido, observa RICARDO KOLLET:

"Assim, entendemos que o único regime em que não existe possibilidade de comunicação entre os bens é o da separação expressamente convencionada mediante pacto antenupcial, o que nos leva a concluir que o legislador a qualifica como absoluta. No que diz respeito à separação obrigatória (legal), entende-se aplicável, ainda, a súmula referida, havendo assim possibilidade de comunicação entre os bens adquiridos durante o casamento, razão pela qual ela se desqualifica como absoluta. O que permite concluir que, em relação ao primeiro problema formulado neste estudo, a outorga uxória ou marital somente é dispensada nos casos arrolados nos incisos do artigo 1.647, quando o regime de bens for o da separação convencional.

Com mais propriedade ainda pode-se ratificar o que já foi dito, baseado no que dispõe o artigo 1.687 do Código Civil, que possibilita a cada um dos cônjuges alienar ou gravar livremente os bens, quando for 'estipulada' a separação de bens"[20].

---

[20] KOLLET, Ricardo. A outorga conjugal nos atos de alienação ou oneração de bens imóveis. *Instituto de Registro Imobiliário do Brasil*. Disponível em: <http://www.irib.org.br/biblio/boletimel722a.asp>. Acesso em: 2 jun. 2010.

Acrescente-se a essa exceção a ressalva prevista no art. 1.656, segundo a qual, no pacto antenupcial que adotar o regime de participação final nos aquestos, podem os cônjuges convencionar a livre disposição dos bens imóveis, desde que particulares.

Mas vale salientar que, neste último caso, a dispensa somente se refere à "disposição de bens imóveis" – o que alcança, em nosso sentir, por imperativo lógico, a constituição dos direitos reais de garantia imobiliária – de maneira que, se qualquer dos consortes pretender praticar outros atos previstos no art. 1.647, precisará da anuência do parceiro.

E é bom ainda ressaltar, amigo(a) leitor(a), que a dispensa da autorização (em favor das pessoas casadas em regime de separação convencional ou participação final nos termos do art. 1.656), fora dessas situações excepcionais mencionadas, não se estenderá a outros regimes, ainda que se pretenda alienar bens do próprio patrimônio pessoal.

Um exemplo tornará claro o nosso raciocínio.

Ainda que JOÃO, casado com MARIA em comunhão parcial, pretenda hipotecar um bem exclusivamente seu, necessitará da anuência da sua esposa, uma vez que a ressalva legal para a dispensa do consentimento tomou por conta o tipo de regime adotado e não a origem do bem!

Ora, se casados estão em comunhão parcial, em face da potencial repercussão na estabilidade econômica do casal que qualquer dos atos previstos no art. 1.647 pode ocasionar, a hipoteca deste bem, no exemplo dado, demandará a necessária aquiescência do outro.

Isso porque, repita-se, o legislador apenas dispensou a outorga para pessoas casadas em regime de separação convencional ou participação final nos termos do art. 1.656, independentemente da origem do bem[21].

Posto isso, voltemos os nossos olhos, em especial, à hipótese prevista no inciso I do art. 1.647, que toca ao tema deste capítulo[22].

Estabeleceu-se a necessidade da outorga uxória ou da autorização marital, salvo se o regime for o da separação absoluta (convencional), para a prática de atos de alienação ou estipulação de ônus reais sobre imóveis (inciso I).

Assim, se o marido, por exemplo, pretende vender um imóvel, ou hipotecá-lo, precisará da anuência da sua esposa. Todavia, vale anotar que para a aquisição de um bem imobiliário – um apartamento, por exemplo – a autorização não é exigida pela norma legal.

Na mesma linha, o inciso II, de impacto mais profundamente processual, exige a autorização conjugal para se pleitear, como autor ou réu, acerca de bens imóveis ou dos direitos a eles relacionados.

---

[21] E não permita, nesse diapasão, que o art. 1.665 conduza-o a uma conclusão diversa e equivocada. O referido dispositivo, ao mencionar que "a administração e a disposição dos bens constitutivos do patrimônio particular competem ao cônjuge proprietário, salvo convenção diversa em pacto antenupcial", como bem adverte José Fernando Simão, *é norma que merece total censura*, por aparentemente colidir com o sistema do art. 1.647, razão pela qual "deve ser lida, à luz do sistema, com a seguinte ressalva: desde que não sejam imóveis, pois nessa hipótese aplicam-se as disposições do art. 1.647, I. Outra possível solução, para conciliar as disposições, é que as regras sejam lidas como se dissessem: o cônjuge proprietário pode dispor de seus bens imóveis particulares, havendo autorização do outro ou suprimento judicial. Por essa razão, diante do evidente conflito de normas, o Projeto 276/07 pretende suprimir a palavra 'disposição' do artigo em questão" (SIMÃO, José Fernando. Artigos 1.672 a 1.688 CC. In: ALVES, Leonardo Barreto Moreira (coord.). *Código das Famílias comentado*. 2. ed. Belo Horizonte: Del Rey, 2011. p. 414).

[22] Para a análise dos demais incisos, confira-se o nosso volume de Direito de Família, a saber, o volume 6 da coleção *Novo Curso de Direito Civil*.

Duas fundamentais indagações, nesse ponto, deverão ser feitas.

Qual a solução para o caso de o cônjuge injustamente negar a sua anuência?

E qual seria a consequência jurídica decorrente da prática de qualquer dos atos capitulados no art. 1.647 sem a necessária autorização conjugal?

À primeira pergunta, responde-nos o art. 1.648, CC/2002:

> "Art. 1.648. Cabe ao juiz, nos casos do artigo antecedente, suprir a outorga, quando um dos cônjuges a denegue sem motivo justo, ou lhe seja impossível concedê-la".

Caso o cônjuge não possa dar a autorização – por estar doente, por exemplo – o suprimento, em tal caso, desafiará um simples procedimento de jurisdição voluntária, instaurado pelo interessado, nos termos dos arts. 719 e s. do Código de Processo Civil de 2015.

Mas, se não quiser autorizar, diante da resistência apresentada e da lide configurada, deverá o interessado, consequentemente, deduzir a sua pretensão em juízo, propondo efetivamente uma demanda contra o seu consorte.

Nesse ponto, uma reflexão de cunho eminentemente processual merece ser feita.

Vimos que, à luz do inciso II do art. 1.647, a anuência do outro cônjuge, em regra, é imperiosa para se pleitear, como autor ou réu, acerca de bens imóveis ou dos direitos a eles relacionados.

Se, no polo passivo, a presença do outro cônjuge como litisconsorte necessário resolve qualquer dúvida de adequação procedimental, nas demandas que versem sobre direitos imobiliários, questionável é a exigência de participação dos dois cônjuges no polo ativo, como autores.

Afinal, e se um dos cônjuges não puder ou não quiser propor a demanda?

Como se sabe, não existe litisconsórcio ativo necessário.

Em nosso sentir, caso esteja impedido de participar da propositura da demanda, deverá o outro cônjuge, via procedimento de jurisdição voluntária, como dito acima, buscar o necessário suprimento judicial; mas, em caso de recusa, haverá indiscutível lide, de maneira que, diante da resistência operada, impõe-se seja efetivamente citado, para tomar ciência da demanda.

Muito bem.

No que toca ao segundo questionamento (consequência da ausência da autorização conjugal), de repercussão mais profunda, a sua solução encontra-se logo no dispositivo seguinte, que merece transcrição:

> "Art. 1.649. A falta de autorização, não suprida pelo juiz, quando necessária (art. 1.647), tornará anulável o ato praticado, podendo o outro cônjuge pleitear-lhe a anulação, até dois anos depois de terminada a sociedade conjugal.
>
> Parágrafo único. A aprovação torna válido o ato, desde que feita por instrumento público, ou particular, autenticado".

Pela dicção legal, a ausência da autorização do outro cônjuge para a prática dos atos capitulados no art. 1.647 resulta na sua anulabilidade, que poderá ser arguida no prazo decadencial de até dois anos após o fim da sociedade conjugal.

Note-se que após o biênio, contado a partir da extinção da sociedade conjugal, não poderá mais ser pleiteada a invalidade do ato praticado.

Acrescente-se ainda a previsão de convalescimento do ato inválido, constante no parágrafo único do referido artigo, mediante a confirmação do outro cônjuge, por instrumento público ou particular, desde que devidamente autenticado.

E no que tange à legitimidade para a propositura da ação anulatória, o art. 1.650 admite que, em caso de morte do cônjuge prejudicado, a demanda poderá ser proposta pelos seus herdeiros, supostamente prejudicados pela prática do ato.

Já no *plano objetivo (ou do objeto do direito real de garantia)*, a regra legal (art. 1.420) é expressa no sentido de que **só os bens que se podem alienar poderão ser dados em penhor, anticrese ou hipoteca**.

Um bem gravado com cláusula de inalienabilidade, por exemplo, ou o próprio bem de família, quando convencional (arts. 1.711 a 1.722) do Código Civil, não pode ser dado em garantia, por ser inalienável. Mas o bem de família legal, regulado pela Lei n. 8.009 de 1990, pode ser dado em hipoteca, pois é apenas impenhorável, mas não inalienável (cf. o art. 3.º da Lei n. 8.009/90)[23].

Finalmente, acrescentamos que, à luz do § 2.º do art. 1.420, *a coisa comum a dois ou mais proprietários não pode ser dada em garantia real, na sua totalidade, sem o consentimento de todos; mas cada um pode individualmente dar em garantia real a parte que tiver*.

Trata-se de uma regra de clareza meridiana, aplicável ao condomínio. Afirma SÍLVIO VENOSA:

> "O Código Civil de 2002 altera em parte a regra antiga, o art. 1.420, § 2.º. Como vimos, divisível ou indivisível a coisa, o condômino pode dar em garantia, fazendo-o exclusivamente sobre sua parte ideal, sem necessidade do consentimento dos demais condôminos. Com isso, pretendeu o legislador facilitar a utilização da propriedade pelo condômino, tantos eram os problemas que surgiam quando um deles pretendesse dar em garantia sua parte. Se por outro lado, pretender o condômino dar em garantia toda a coisa, persiste a necessidade de autorização dos demais consortes"[24].

Muito objetiva e precisa a explicação do ilustre professor paulista.

4. EFEITOS DO PAGAMENTO PARCIAL DA DÍVIDA E O PRINCÍPIO DA INDIVISIBILIDADE

Do art. 1.421 do Código Civil de 2002, emana o **princípio da indivisibilidade**:

> "Art. 1.421. O pagamento de uma ou mais prestações da dívida não importa exoneração correspondente da garantia, ainda que esta compreenda vários bens, salvo disposição expressa no título ou na quitação".

Vale dizer, salvo estipulação expressa em contrário, o pagamento parcial da dívida não resulta na liberação proporcional e correspondente do gravame.

---

[23] TARTUCE, Flávio. Op. cit. p. 463.
[24] VENOSA, Sílvio de Salvo. *Direitos Reais*. 3. ed. São Paulo: Atlas, 2003. p. 470.

Essa indivisibilidade, lembra VENOSA, também se estende "aos sucessores do devedor, que não podem remir[25] parcialmente o penhor ou a hipoteca na proporção de seus limites"[26], senão pagando o débito total:

> "Art. 1.429. Os sucessores do devedor não podem remir parcialmente o penhor ou a hipoteca na proporção dos seus quinhões; qualquer deles, porém, pode fazê-lo no todo.
>
> Parágrafo único. O herdeiro ou sucessor que fizer a remição fica sub-rogado nos direitos do credor pelas quotas que houver satisfeito".

Caso um dos herdeiros ou sucessores efetue o resgate do débito total, a teor do referido parágrafo único, sub-rogar-se-á, de pleno direito, na condição do credor satisfeito.

Trata-se de uma hipótese de **sub-rogação legal**.

5. DIREITO DE PREFERÊNCIA

O art. 1.422 consagra, em letra expressa, o direito de preferência em favor dos credores hipotecário (garantido pela hipoteca) e pignoratício (garantido pelo penhor):

> "Art. 1.422. O credor hipotecário e o pignoratício têm o direito de excutir a coisa hipotecada ou empenhada, e preferir, no pagamento, a outros credores, observada, quanto à hipoteca, a prioridade no registro.
>
> Parágrafo único. Excetuam-se da regra estabelecida neste artigo as dívidas que, em virtude de outras leis, devam ser pagas precipuamente a quaisquer outros créditos".

Por certo, como bem destacado no parágrafo único, esta ordem de preferência não é absoluta[27].

Na forma do art. 961 do CC/2002, o "crédito real prefere ao pessoal de qualquer espécie; o crédito pessoal privilegiado, ao simples; e o privilégio especial, ao geral".

Em linguagem direta, temos, portanto, a seguinte ordem de preferência no Código Civil brasileiro:

a) crédito real;

b) crédito pessoal privilegiado especial;

c) crédito pessoal privilegiado geral;

d) crédito pessoal simples (quirografário).

Todavia, a ordem de preferência, no Direito brasileiro, não se encerra aí.

De fato, poderá o devedor ter ainda, no seu passivo, dívidas de natureza jurídica distintas das concebidas pelo Diploma Civil, como, por exemplo, débitos de natureza trabalhista (salários e indenizações) ou tributária (impostos, taxas e contribuições fiscais ou parafiscais), sendo tais créditos ainda mais preferenciais que os mencionados.

---

[25] Remir significa, no caso, resgatar o bem garantido, pagando o débito.

[26] VENOSA, Sílvio. Op. cit. p. 469.

[27] Um simples exemplo, extraído da jurisprudência sumulada do STJ, ilustra a hipótese: "Na execução de crédito relativo a cotas condominiais, este tem preferência sobre o hipotecário" (Súmula 478, SEGUNDA SEÇÃO, julgado em 13-6-2012, DJe 19-6-2012).

6. PRAZO DO DIREITO REAL DA ANTICRESE

Em capítulo próprio[28], trataremos do direito real de anticrese, o qual é regulado por regras próprias, constantes nos arts. 1.506 a 1.510.

Sucede que o legislador, em vez de assentar no próprio capítulo dedicado à anticrese a norma atinente ao seu prazo máximo de vigência, cuidou de situá-la entre o regramento geral dos direitos reais de garantia:

> "Art. 1.423. O credor anticrético tem direito a reter em seu poder o bem, enquanto a dívida não for paga; extingue-se esse direito decorridos quinze anos da data de sua constituição". (grifamos)

Esse dispositivo, como se pode notar, além de expressamente consagrar o direito de retenção em favor do credor anticrético, estabelece o **prazo máximo de vigência de 15 anos** para o exercício da anticrese.

7. VENCIMENTO DA DÍVIDA

Como sabemos, o direito real de garantia tem por finalidade a garantia do adimplemento de determinado débito.

E o Código Civil traz situações em que pode se operar o vencimento antecipado da obrigação (art. 1.425):

a) **se, deteriorando-se, ou depreciando-se o bem dado em segurança, desfalcar a garantia, e o devedor, intimado, não a reforçar ou substituir** – trata-se de regra de clareza solar, porquanto a diminuição da expressão econômica da garantia, em virtude de deterioração ou depreciação do bem, sem que haja reforço ou substituição, opera o vencimento antecipado da obrigação contraída.

b) **se o devedor cair em insolvência ou falir** – se o devedor cai em insolvência ou em falência é compreensível que a dívida garantida se torne vencida, valendo lembrar que, em eventual concurso de credores, posto a garantia real represente uma provável situação preferencial, créditos outros há, como os trabalhistas e tributários, que podem prevalecer sobre o interesse do credor hipotecário, pignoratício ou anticrético.

c) **se as prestações não forem pontualmente pagas, toda vez que deste modo se achar estipulado o pagamento. Neste caso, o recebimento posterior da prestação atrasada importa renúncia do credor ao seu direito de execução imediata** – se o pagamento foi ajustado em parcelas, o inadimplemento de uma delas resulta no vencimento antecipado de toda a dívida e na possibilidade de excussão da garantia. Todavia, caso o credor aceite o recebimento intempestivo, não poderá proceder com a execução imediata do todo.

d) **se perecer[29] o bem dado em garantia, e não for substituído** – perecimento, aqui, traduz a situação de destruição total ou parcial por caso fortuito ou força maior. É o caso de uma fazenda, hipotecada, ser destruída por uma enchente. Não havendo substituição do

---

[28] Confira-se o Capítulo XXVII ("Anticrese") deste volume.
[29] "Nos casos de perecimento da coisa dada em garantia, esta se sub-rogará na indenização do seguro, ou no ressarcimento do dano, em benefício do credor, a quem assistirá sobre ela preferência até seu completo reembolso" (§ 1.º do art. 1.425, CC).

bem, opera-se o vencimento do débito, podendo, o credor, adotar as providências cabíveis para a satisfação do seu direito.

e) **se se desapropriar o bem dado em garantia, hipótese na qual se depositará a parte do preço que for necessária para o pagamento integral do credor** – com a expropriação, opera-se o vencimento da dívida, mas o credor terá direito de receber a parte do preço satisfativa do seu crédito. Sobre a hipótese, escreve MARIA HELENA DINIZ: "Sub-roga-se o bem onerado, no preço da desapropriação até o equivalente ao da coisa gravada que foi objeto da expropriação, garantindo o crédito, evitando prejuízos ao credor, recebendo, é claro, o devedor, o saldo, se houver, do valor da indenização do prédio desapropriado que era objeto do ônus real. Sendo parcial a expropriação da coisa onerada, tendo sido pago parcialmente o credor, continua gravado o objeto, pelo remanescente da dívida.

Afirma, ainda, o art. 31 do Decreto-Lei n. 3.365/41 que "ficam sub-rogados no preço quaisquer ônus que recaiam sobre o bem expropriado". Acrescenta o § 2.º do art. 1.425 do Código Civil que nos casos dos incisos IV e V, só se vencerá a hipoteca antes do prazo estipulado, se o perecimento, ou a desapropriação recair sobre o bem dado em garantia, e esta não abranger outras; subsistindo, no caso contrário, a dívida reduzida, com a respectiva garantia sobre os demais bens, não desapropriados ou destruídos"[30].

Nos casos das alíneas *d* e *e* (**se perecer o bem dado em garantia, e não for substituído ou se se desapropriar o bem dado em garantia, hipótese na qual se depositará a parte do preço que for necessária para o pagamento integral do credor**), só se vencerá a hipoteca antes do prazo estipulado se o perecimento ou a desapropriação recaírem sobre o bem dado em garantia, e esta não abranger outras; subsiste, no caso contrário, a dívida reduzida, com a respectiva garantia sobre os demais bens, não desapropriados ou destruídos (§ 2.º, art. 1.425).

Por fim, vale acrescentar que, nas hipóteses de vencimento antecipado reguladas no art. 1.425, não se compreendem os juros correspondentes ao tempo ainda não decorrido, para que não haja enriquecimento sem causa (art. 1.426).

8. GARANTIA PRESTADA POR TERCEIRO

Como sabemos, **nada impede que terceiro preste a garantia real**.

CARMELO, por exemplo, pode contrair um débito perante SALÓ, garantido pelo imóvel hipotecado de JOÃO REGINO.

Mas uma importante regra legal, nesse ponto, deve ser considerada:

"Art. 1.427. Salvo cláusula expressa, o terceiro que presta garantia real por dívida alheia não fica obrigado a substituí-la, ou reforçá-la, quando, sem culpa sua, se perca, deteriore, ou desvalorize".

Assim, se, no exemplo dado, o imóvel sofre deterioração ou desvalorização – por conta de um incêndio acidental ou obras próximas em uma usina, por exemplo –, **salvo cláusula expressa em contrário**, JOÃO REGINO não está obrigado a substituir ou reforçar a garantia prestada.

---

[30] DINIZ, Maria Helena. *Curso de Direito Civil Brasileiro*: Direito das Coisas. 29. ed. São Paulo: Saraiva, 2014. v. 4. p. 558.

9. PROIBIÇÃO DO PACTO COMISSÓRIO

Inicialmente, devemos observar que a expressão "pacto comissório" pode ter sentido **contratual**.

Cuida-se de uma reminiscência do art. 1.163 do Código Civil de 1916:

"Art. 1.163. Ajustado que se desfaça a venda, não se pagando o preço até certo dia, poderá o vendedor, não pago, desfazer o contrato, ou pedir o preço.

Parágrafo único. Se, em 10 (dez) dias de vencido o prazo, o vendedor, em tal caso, não reclamar o preço, ficará de pleno direito desfeita a venda".

O Código revogado, portanto, fazia menção a uma cláusula resolutiva expressa, na compra e venda, também conhecida como **pacto comissório**.

Sua utilidade era dispensar a notificação e a ação constitutiva negativa, para desfazimento do negócio jurídico.

No nosso entender, fez bem o codificador ao retirar o pacto comissório das cláusulas especiais da compra e venda.

Isso por dois motivos.

O primeiro é que se trata de matéria ligada à teoria geral dos contratos (cláusula resolutória contratual), e não especificamente ao contrato de compra e venda.

O segundo é também terminológico, pois o Código de 2002 reservou a expressão "pacto comissório" para denominar instituto jurídico distinto, regulado pelas normas de Direitos Reais, a teor do art. 1.428, ora estudado.

Neste último sentido, pois, o **pacto comissório real – estipulação que confira ao credor poderes para ficar com a propriedade da coisa dada em garantia real** – é proibido:

"Art. 1.428. É nula a cláusula que autoriza o credor pignoratício, anticrético ou hipotecário a ficar com o objeto da garantia, se a dívida não for paga no vencimento.

Parágrafo único. Após o vencimento, poderá o devedor dar a coisa em pagamento da dívida"[31].

Concordamos com a vedação, razão por que estamos ao lado de FLÁVIO TARTUCE:

"Segundo doutrina, de ontem e de hoje, várias são as justificativas para a proibição do pacto comissário real, como a presença de várias razões morais, a proteção da parte mais fraca, a vedação do enriquecimento sem causa e da usura e a exigência do devido processo legal (BEVILÁQUA, Clóvis. *Direito...* v. II, p. 38; MELO, Marco Aurélio Bezerra de. *Direito...*, 2007, p. 382; FARIAS, Cristiano Chaves de; ROSENVALD, Nelson. *Curso...*, 2012, v. 5, p. 867; MAMEDE, Gladston. *Código...*, 2003, v. XIV, p. 112-113). Todos os argumentos contam com o apoio deste autor, sendo inafastáveis por estarem em sintonia com a principiologia do Direito Privado Contemporâneo"[32].

De fato, a vedação à apropriação do bem dado em garantia é medida moralmente elogiável e de negável prudência jurídica, especialmente em face da provável ou potencial vulnerabilidade do devedor.

---

[31] **Após o vencimento**, poderá haver "dação em pagamento", segundo a vontade do próprio devedor, cabendo ao credor aceitá-la ou não (arts. 356 a 359, CC).

[32] TARTUCE, Flávio. Op. cit. p. 467.

Julgado do Superior Tribunal de Justiça, salientando a natureza nociva do pacto comissário, refere, peculiarmente, que nele há, em verdade, um "ato simulado":

> "RECURSO ESPECIAL. CIVIL E PROCESSUAL CIVIL. AÇÃO DE ADJUDICAÇÃO COMPULSÓRIA. CONTRATO DE MÚTUO GARANTIDO POR IMÓVEL. INEXISTÊNCIA DE PACTO COMISSÓRIO. AUSÊNCIA DE NULIDADE. DAÇÃO EM PAGAMENTO. RECONHECIMENTO.
>
> 1. <u>O pacto comissório, vedado pelos ordenamentos jurídicos pretérito (art. 765 do CC/1916) e hodierno (art. 1.428 do CC/2002), é aquele que, em contratos simultâneos, permite o credor ficar, diretamente, com o bem dado em garantia, se a dívida não for paga no vencimento, caracterizando verdadeiro ato simulado.</u>
>
> 2. Consoante a orientação jurisprudencial firmada nesta Corte Superior, é nulo o compromisso de compra e venda que se traduz, em verdade, como instrumento para o credor obter o bem dado em garantia em relação a obrigações decorrentes de contrato de mútuo, quando estas não forem adimplidas.
>
> 3. O próprio art. 1.428, parágrafo único, do CC/2002 permite ao devedor, após o vencimento, dar a coisa em pagamento da dívida.
>
> 4. No caso em exame, não se verifica a cristalização de pacto comissório, mormente porque o contrato de mútuo foi firmado em 30-7-2002, ao passo que o compromisso de compra e venda do imóvel ocorreu em 6-5-2003, isto é, quase 1 (ano) após a celebração do contrato primevo.
>
> 5. Além disso, não houve previsão, no contrato de mútuo, de cláusula que estabelecesse que, em caso de não pagamento, o imóvel passaria a pertencer ao credor.
>
> 6. Verifica-se, portanto, que, na hipótese vertente, não ocorreu nulidade, notadamente porque os contratos não foram celebrados concomitantemente, sendo o ato de compra posterior ao mútuo, caracterizando-se, em verdade, a legítima possibilidade de dar a coisa em pagamento da dívida após o vencimento, máxime em virtude da natureza jurídica alternativa das obrigações que ficaram à livre escolha do devedor, consubstanciadas no pagamento do empréstimo ou na venda de 61% (sessenta e um por cento) dos imóveis oferecidos em garantia.
>
> 7. Recurso especial provido".
>
> (REsp 1.424.930/MT, rel. Min. MARCO BUZZI, rel. p/ acórdão Min. LUIS FELIPE SALOMÃO, QUARTA TURMA, julgado em 13-12-2016, *DJe* 24-2-2017) (grifamos)

E, uma vez que *ubi eadem ratio ibi idem jus* (onde há a mesma razão, há o mesmo direito), entendemos que a vedação persiste mesmo no caso do denominado **pacto marciano (cláusula que, em essência, permite ao credor se apropriar da coisa mediante a aferição do preço justo)**:

> ENUNCIADO n. 626, VIII Jornada de Direito Civil – Art. 1.428: "Não afronta o art. 1.428 do Código Civil, em relações paritárias, o pacto marciano, cláusula contratual que autoriza que o credor se torne proprietário da coisa objeto da garantia mediante aferição de seu justo valor e restituição do supérfluo (valor do bem em garantia que excede o da dívida)".

Por cautela, prudência e respeito ao próprio devedor – frequentemente vulnerável jurídica, técnica e economicamente em face do tomador da garantia – é imperativo de equilíbrio e justiça que, uma vez operado o inadimplemento, se proceda com a **execução do**

crédito, segundo as leis processuais, não se admitindo uma "carta branca" ao credor, para que se aproprie do bem conferido, ainda que mediante a aferição de preço supostamente justo (o que geralmente é feito pelo próprio titular do direito).

Com efeito, respeitando posições em contrário, posicionamo-nos contrariamente tanto ao **pacto comissório** como ao **pacto marciano**.

10. RESPONSABILIDADE REMANESCENTE DO DEVEDOR

Finalmente, é importante salientar, com amparo no art. 1.430, que, uma vez excutido o penhor, ou executada a hipoteca, se o produto não bastar para pagamento da dívida e despesas judiciais, continuará o devedor obrigado pessoalmente pelo restante[33].

A regra é compreensível.

Se a garantia pignoratícia ou hipotecária não for suficiente para a satisfação do crédito, o patrimônio do devedor responderá pelo remanescente, respeitando, sempre, os limites ditados pela preservação do patrimônio mínimo, à luz do princípio da dignidade da pessoa humana:

> "A pessoa natural, ao lado de atributos inerentes à condição humana, inalienáveis e insuscetível de apropriação, pode ser também, à luz do Direito Civil brasileiro contemporâneo, dotada de uma garantia patrimonial que integra sua esfera jurídica. Trata-se de um partimos mínimo mensurado consoante parâmetros elementares de uma vida digna e do qual não pode ser expropriada ou desapossada. Por força desse princípio, independente de previsão legislativa específica instituidora dessa figura jurídica, e, para além de mera impenhorabilidade como abonação, ou inalienabilidade como gravame, sustenta-se existir essa imunidade juridicamente inata ao ser humano, superior aos interesses dos credores"[34].

Nada mais a acrescentar, diante dessas sábias palavras do Professor LUIZ EDSON FACHIN.

---

[33] A ausência de referência à garantia anticrética é natural, porquanto, dada a sua dinâmica peculiar, o credor perceberá os frutos e rendimentos gerados pelo bem até que se pague, respeitado o prazo máximo de 15 anos já mencionado.

[34] FACHIN, Luiz Edson. *Estatuto jurídico do patrimônio mínimo*. Rio de Janeiro: Renovar, 2001. p. 1.

Capítulo XXV
Penhor

Sumário: 1. Conceito. 2. Modos de constituição e espécies de penhor. 3. Direitos e deveres do credor pignoratício. 3.1. Direitos do credor pignoratício. 3.2. Obrigações do credor pignoratício. 4. Modalidades especiais de penhor. 4.1. Penhor rural. 4.1.1. Penhor agrícola. 4.1.2. Penhor pecuário. 4.2. Penhor industrial e mercantil. 4.3. Penhor de direitos e de títulos de crédito. 4.4. Penhor de veículos. 5. Extinção do penhor.

1. CONCEITO

O direito real de penhor **realiza a garantia de um crédito, mediante a transferência efetiva da posse de coisa móvel alienável ao credor pignoratício (ou a quem o represente)**, a teor do art. 1.431, do Código Civil.

Essa garantia pode ser prestada pelo próprio devedor ou por terceiro, uma vez que o nosso sistema obrigacional, inspirado na teoria dualista, admite a distinção entre *Schuld* (o débito) e *Haftung* (a responsabilidade patrimonial respectiva)[1].

Schuld (*debitum*) traduz o dever do sujeito passivo de satisfazer a prestação positiva ou negativa em benefício do credor, enquanto *Haftung* (*obligatio*) se refere à autorização, dada pela lei, ao credor que não foi satisfeito, de demandar o devedor, alcançando seu patrimônio, que responderá pela prestação.

Em geral, toda obrigação descumprida permite a responsabilização patrimonial do devedor, não obstante existam obrigações sem responsabilidade (obrigações naturais – *debitum* sem *obligatio*), como as dívidas de jogo e as pretensões prescritas.

Por outro lado, poderá haver responsabilidade sem o débito em sentido estrito, a exemplo do que ocorre com o fiador, que poderá ser responsabilizado pelo inadimplemento de devedor, sem que a obrigação seja sua, ou do terceiro que dá bem móvel em garantia de penhor em favor da dívida de outrem.

Com efeito, é correto dizer que o penhor, ao ser prestado, impõe àquele que o constituiu a assunção de uma obrigação acessória em face do débito principal.

Tal aspecto, inclusive, já era salientado por CLÓVIS BEVILÁQUA, em clássica obra, publicada nas primeiras décadas do século passado:

"Penhor é o direito real que submete uma coisa móvel ou mobilizável ao pagamento de uma dívida.

Constitui-se por escrito, e completa-se com a tradição efetiva, quando o penhor é comum ou a caução de títulos, e pelo constituto possessório seguido da transcrição, quando o penhor é agrícola ou pecuário.

---

[1] Tais expressões alemãs corresponderiam às noções de *debitum* e *obligatio*, respectivamente.

O penhor, sendo um direito real de garantia, pressupõe uma obrigação, de que seja acessório como garantia do seu cumprimento"[2]. (grifamos)

Pressupõe-se ordinariamente que aquele que presta a garantia real do penhor (o próprio devedor ou o terceiro) é, certamente, o dono da coisa a ser empenhada.

Mas pode ocorrer que a propriedade seja adquirida *a posteriori,* tornando, assim, eficaz o penhor, como bem observa THIAGO ARAÚJO:

"Quanto ao devedor pignoratício (*reus debendi*), evidentemente, deve ser pessoa capaz para celebrar atos jurídicos, ser o proprietário do bem dado em garantia e ter ainda a livre disposição da coisa, de modo que esta seja alienável (CC, art. 1.420).

Ainda que a legislação exija que o devedor pignoratício ofereça em garantia bem de sua propriedade, admite-se que a propriedade superveniente torne eficaz, desde o registro, as garantias reais estabelecidas por quem não era dono (CC, art. 1.420, § 1.º). Tal se dá com efeitos retroativos à data do registro do instrumento do penhor. É uma solução bastante diferente daquela prevista no Código Civil argentino (Código de Vélez Sarsfield), na segunda parte de seu art. 3.213, *in verbis*:

'El acreedor que de buena fe ha recibido del deudor un objeto del cual éste no era propietario, puede, si la cosa no fuese perdida o robada, negar su entrega al verdadero propietario.'

Que, por sua vez, já é também diferente da solução que vem prevista no art. 2.224 do novo Código Civil y Comercial de la Nación:

'ARTICULO 2.224 – Prenda de cosa ajena. Si el acreedor que recibe en prenda una cosa ajena que cree del constituyente la restituye al dueño que la reclama, puede exigir al deudor la entrega en prenda de otra de igual valor. Si el deudor no lo hace, el acreedor puede pedir el cumplimiento de la obligación principal aunque tenga plazo pendiente; si el crédito está sujeto a condición se aplica el artículo 2.197.'

Observe-se que terceiro, estranho à relação jurídica obrigacional de onde exsurge a dívida, pode oferecer bem de sua propriedade, alienável, em garantia à dívida de outrem"[3].

Uma importante advertência, ainda, deve ser feita.

O penhor, excepcionalmente, **pode não resultar na efetiva entrega da coisa ao credor** e, ainda, **pode ter por objeto bens que não sejam de natureza mobiliária.**

Preleciona FLÁVIO TARTUCE:

"Como primeiro direito real de garantia sobre coisa alheia o penhor é constituído sobre bens móveis (em regra), ocorrendo a transferência efetiva da posse do bem do devedor ao credor (também em regra). Diz-se *duplamente em regra*, pois, no penhor rural, indus-

---

[2] BEVILÁQUA, Clóvis. *Código Civil dos Estados Unidos do Brasil Comentado.* 4. ed. Rio de Janeiro: Francisco Alves, 1933. p. 350. Na versão original da obra que consultamos, o grande jurista utiliza palavras segundo antigas regras da língua portuguesa, já superadas, como "escripto" e "effectiva". Atualizamos a redação sem alterar o conteúdo, para facilitar a leitura. Tal pode ocorrer, ao longo deste volume, ao citarmos autores clássicos.

[3] ARAÚJO, Thiago Cássio D'Ávila. Do penhor. *Revista Jus Navigandi,* ISSN 1518-4862, Teresina, ano 21, n. 4.653, 28 mar. 2016. Disponível em: <https://jus.com.br/artigos/47617>. Acesso em: 15 set. 2018.

trial, mercantil e de veículos, as coisas empenhadas continuam em poder do devedor, que as deve guardar e conservar. Ademais, nem sempre o penhor recairá sobre coisa móvel, nos termos do que consta do art. 1.431 do CC"[4].

Quanto à efetiva entrega da coisa ao credor, como bem dito pelo talentoso jurista, pode não ocorrer.

De fato, o parágrafo único do art. 1.431 expressamente dispõe que *no penhor rural, industrial, mercantil e de veículos, as coisas empenhadas*[5] *continuam em poder do devedor, que as deve guardar e conservar.*

Ou seja, nessas hipóteses, opera-se uma tradição simbólica, como, inclusive, já observou o próprio Superior Tribunal de Justiça:

> "SOCIEDADE ANÔNIMA, PENHOR MERCANTIL E CÉDULA DE CRÉDITO BANCÁRIO. RECURSO ESPECIAL. APRECIAÇÃO DE MATÉRIA CONSTITUCIONAL, EM SEDE DE RECURSO ESPECIAL. DESCABIMENTO. DECISÃO MONOCRÁTICA DO RELATOR DA APELAÇÃO CONFIRMADA, NO JULGAMENTO DO AGRAVO INTERNO, PELO COLEGIADO LOCAL. SUPERAÇÃO DA QUESTÃO ACERCA DA ALEGADA VIOLAÇÃO AO ART. 557 DO CPC. OMISSÃO. INEXISTÊNCIA. PENHOR MERCANTIL. AVENÇA PRATICADA POR DIRETORES DE SOCIEDADE ANÔNIMA, QUE NÃO DISCREPA DO OBJETO SOCIAL DA COMPANHIA. INEXISTÊNCIA DE MÁ-FÉ DO TERCEIRO CONTRAENTE. POSSIBILIDADE DE DESCUMPRIMENTO DO PACTUADO, AO ARGUMENTO DE QUE O NEGÓCIO DEVERIA TER ANUÊNCIA DO CONSELHO DE ADMINISTRAÇÃO DA COMPANHIA. DESCABIMENTO. NECESSIDADE DE SE RESGUARDAR A SEGURANÇA E PREVISIBILIDADE NAS RELAÇÕES MERCANTIS. A REVOGAÇÃO DOS ARTIGOS 271 E 274 DO CÓDIGO COMERCIAL NÃO IMPLICOU ALTERAÇÃO SUBSTANCIAL DA DISCIPLINA DO PENHOR MERCANTIL, QUE, A TEOR DO ART. 1.431 DO CC/2002, ADMITE A TRADIÇÃO SIMBÓLICA DO BEM EMPENHADO. GARANTIA DA CÉDULA DE CRÉDITO BANCÁRIO, AINDA QUE CONSTITUÍDA POR BEM DE TERCEIRO. POSSIBILIDADE EXPRESSAMENTE PREVISTA NO ARTIGO 31 DA LEI N. 10.931/2004.
>
> 1. Os atos praticados pelos diretores de sociedades anônimas, em nome destas, não ocorre por mera intermediação ou representação da pessoa jurídica. Vale dizer que, a rigor, essas sociedades não são propriamente representadas pelos seus órgãos administrativos nos atos praticados, tendo em vista que é mediante estes que elas próprias se apresentam perante o mundo exterior.
>
> 2. Não cabe ao Judiciário apreciar o mérito dos atos administrativos, isto é, questão acerca de 'critérios variáveis que se contêm na apreciação subjetiva dos administradores, a quem cabe decidir acerca da conveniência e oportunidade do ato' – no caso, pactuação acessória pela qual a companhia, que não é devedora na avença principal, figura como dadora em penhor mercantil acessório à cédula de crédito bancário, emitida por empresa com quem mantém estreita relação.
>
> 3. Com efeito, os atos praticados pelos diretores da companhia – que, a rigor, são atos da própria sociedade –, ao menos em relação a terceiros, desloca-se do poder conven-

---

[4] TARTUCE, Flávio. *Direito Civil*: Direito das Coisas. 7. ed. São Paulo: Gen-Método, 2015. v. 4. p. 1060.

[5] Embora o dispositivo legal mencione "coisas empenhadas", poderá haver o **Penhor de Direitos e Títulos de Crédito** (cf. arts. 1.451 a 1.460).

cional das pessoas físicas para a capacidade legal e estatutária das pessoas jurídicas em praticar este ou aquele ato, devendo a adequada representação da pessoa jurídica e a boa-fé do terceiro contratante serem somadas ao fato de ter ou não a sociedade praticado o ato nos limites do seu objeto social, na pessoa de quem ostentava ao menos aparência de poder.

4. A sentença, invocando a boa-fé, apura que há documentação nos autos demonstrando ser evidente que a Refinaria – que ofereceu garantia real no penhor mercantil – e a Distribuidora, emitente da cédula de crédito bancário, mantêm 'estreita relação' e mesmo 'endereço comercial' e que a recorrente 'é empresa de grande porte, com longa experiência em negócios comerciais, não sendo crível que, somente na hora em que a credora foi em busca do bem dado em garantia é que tenha se lembrado que não havia recebido tais bens'.

Em vista dessa moldura fática, a tese de que o negócio jurídico firmado pela Refinaria necessitaria de prévia anuência do Conselho de Administração da Companhia testilha com a essência do direito comercial, que repele o formalismo exacerbado, em benefício do dinamismo do tráfego jurídico, da celeridade e segurança das relações mercantis.

5. Nas avenças mercantis típicas, em que não há dependência econômica de nenhuma das sociedades empresárias, 'as partes sabem que, estabelecido o vínculo do acordo, as vontades devem orientar-se segundo um princípio geral, mais forte e mais constante do que os mutáveis interesses individuais. Nesse esquema, a liberdade (autonomia privada) é sacrificada em prol da segurança, da previsibilidade (ou, literalmente, da 'proteção externa')', não sendo "desejável que seja dada ao contrato uma interpretação diversa daquela que pressupõe o comportamento normalmente adotado (usos e costumes). Isso poderia levar ao sacrifício da segurança e da previsibilidade jurídicas, a um nível insuportável".

6. <u>O Código Comercial, a teor do revogado artigo 271, tratava o penhor mercantil como contrato, todavia o Código Civil inclui o penhor entre os direitos reais de garantia, sem que tenha procedido à substancial modificação em sua disciplina. Com efeito, em que pese o Diploma civilista não dispor textualmente acerca da possibilidade de fazer-se a tradição simbólica, isso ressai nítido da leitura de seu art. 1.431, parágrafo único, que estabelece que no penhor rural, industrial, mercantil e de veículos, 'as coisas empenhadas continuam em poder do devedor'.</u>

7. À luz do artigo 1.431, parágrafo único, do Código Civil c/c os artigos 31 e 35, da Lei 10.931/2004, ainda que o dador não figure como emitente (devedor) da cédula de crédito bancário (obrigação principal); sendo, pois, terceiro em relação a essa avença, é possível que a garantia real seja constituída por bem de sua titularidade.

8. Recurso especial não provido".

(REsp 1.377.908/RJ, rel. Min. LUIS FELIPE SALOMÃO, QUARTA TURMA, julgado em 21-5-2013, *DJe* 1-7-2013) (grifamos)

Feitas tais considerações, avancemos no estudo da matéria.

2. MODOS DE CONSTITUIÇÃO E ESPÉCIES DE PENHOR

Quanto aos **modos de constituição,** fundamentalmente, o penhor decorre de um ajuste de vontades (penhor convencional) ou de determinação da própria lei (penhor legal).

O **penhor convencional** é mais frequente, por ser expressão da autonomia privada das próprias partes: por meio da pactuação de um contrato, constituem uma garantia real sobre bem que acautelará a satisfação de um crédito.

Lembra ORLANDO GOMES:

"Este contrato é acessório de outrem, geralmente o de mútuo. Mas não precisa ser celebrado pelo devedor do contrato principal. Terceiro pode oferecer bem seu em garantia do débito, tornando-se, em consequência, sujeito passivo da relação jurídica do penhor"[6].

Naturalmente, como direito real que é, o penhor deve ser levado a registro, conforme preceitua o art. 1.432, CC[7].

Outra especial modalidade é o **penhor legal**.

Como a expressão sugere, este penhor independe de contrato, derivando, diretamente, da própria lei.

Nessa linha, são considerados, por força de lei, credores pignoratícios (art. 1.467):

a) os hospedeiros, ou fornecedores de pousada ou alimento, sobre as bagagens, móveis, joias ou dinheiro que os seus consumidores ou fregueses tiverem consigo nas respectivas casas ou estabelecimentos, pelas despesas ou consumo que aí tiverem feito[8];

b) o dono do prédio rústico ou urbano, sobre os bens móveis que o rendeiro ou inquilino tiver guarnecendo o mesmo prédio, pelos aluguéis ou rendas.

Na primeira hipótese (alínea *a*), deve-se levar em conta a aparente colisão com a normatização protetiva do Direito do Consumidor. Por isso, a efetivação da garantia deve ocorrer de forma não abusiva e proporcional, o que, na prática, nem sempre será fácil.

Os credores poderão tomar em garantia um ou mais objetos até o valor da dívida (art. 1.469).

Na mesma linha, podem fazer efetivo o penhor, antes de recorrerem à autoridade judiciária, sempre que haja perigo na demora, dando aos devedores comprovante dos bens de que se apossarem (art. 1.470)[9].

Finalmente, lembremo-nos de que pode o locatário impedir a constituição do penhor mediante caução idônea (art. 1.472).

Na jurisprudência:

"AGRAVO DE INSTRUMENTO. LOCAÇÃO. RESOLUÇÃO CONTRATUAL. PENHOR LEGAL. POSSIBILIDADE. DEFERIMENTO LIMINAR, EM PARTE, PARA PERMITIR À LOCATÁRIA RETIRAR OS MÓVEIS E EQUIPAMENTOS OBJETO DO PENHOR LEGAL, PARA UTILIZÁ-LOS NO NOVO EMPREENDIMENTO QUE POSSUI, DESDE QUE SEUS SÓCIOS ASSUMAM O ENCARGO DE DEPOSITÁRIOS FIÉIS. RECURSO PROVIDO, EM PARTE". (Agravo de Instrumento n. 70068075332, Décima Sexta Câmara Cível, Tribunal de Justiça do RS, rel. Ana Maria Nedel Scalzilli, Julgado em 26-1-2016).

---

[6] GOMES, Orlando. *Direitos Reais*. 19. ed. Atualizada por Luiz Edson Fachin. Rio de Janeiro: Forense, 2008. p. 361.

[7] "Art. 1.432. O instrumento do penhor deverá ser levado a registro, por qualquer dos contratantes; o do penhor comum será registrado no Cartório de Títulos e Documentos."

[8] A conta das dívidas será extraída conforme a tabela impressa, prévia e ostensivamente exposta na casa, dos preços de hospedagem, da pensão ou dos gêneros fornecidos, sob pena de nulidade do penhor, na forma do art. 1.468.

[9] Art. 1.471, CC. Tomado o penhor, requererá o credor, ato contínuo, a sua homologação judicial.

"EMBARGOS DE DECLARAÇÃO. MEDIDA CAUTELAR PREVENTIVA DE NATUREZA SATISFATIVA – DE EFETIVAÇÃO E HOMOLOGAÇÃO DE PENHOR LEGAL – INTERESSE DE AGIR – AUSÊNCIA – PENHOR LEGAL NÃO SE CONFUNDE COM MEDIDA CAUTELAR – OMISSÃO VERIFICADA – SUPRIMENTO – EMBARGOS ACOLHIDOS SEM EFEITOS MODIFICATIVOS. 1. O interesse de agir está escoimado no binômio necessidade e adequação; 2. A necessidade ocorre quando imprescindível para que o sujeito obtenha o bem desejado; a adequação diz respeito à escolha do meio processual adequado; 3. Penhor legal é uma garantia real, não se justifica a determinação judicial da efetivação do penhor com posterior homologação, se não houver certeza da inexistência de outras garantias; 4. Nos contratos de locação, inaplicabilidade do penhor legal diante da existência de outra garantia – inteligência do art. 37 da Lei 8.245/91".
(TJ-PR – EMBDECCV: 619204901 PR 0619204-9/01, rel. Rafael Augusto Cassetari, Data de Julgamento: 31-3-2010, 12.ª Câmara Cível, Data de Publicação: *DJ* 371)

Passemos, em seguida, a enfrentar a questão dos direitos e deveres do credor pignoratício.

3. DIREITOS E DEVERES DO CREDOR PIGNORATÍCIO

O Código Civil brasileiro abre seções específicas para a apresentação de um rol de direitos e obrigações do credor pignoratício.

Apreciemos, separadamente, cada uma dessas facetas.

3.1. Direitos do credor pignoratício

São **direitos do credor pignoratício**, a teor do art. 1.433:

a) direito à posse da coisa empenhada

Não se deve mencionar "coisa penhorada", mas, sim, empenhada.

Isso porque a penhora (ato de constrição judicial) não se confunde com o penhor (direito real de garantia).

Posto isso, temos que, em regra, o credor tem o direito à posse da coisa objeto da garantia pignoratícia.

b) direito à retenção da coisa, até que o indenizem das despesas devidamente justificadas que tiver feito, não sendo ocasionadas por culpa sua

O *jus retentionis* é, aqui, perfeitamente justificável.

Ora, se, no exercício da posse da coisa empenhada, o credor realiza despesas de conservação – a exemplo de uma manutenção necessária em um relógio suíço delicado transferido em garantia –, é justo que exerça o direito de retenção, até que seja indenizado pela despesa realizada, ainda que o débito principal já haja sido quitado pelo devedor.

Trata-se, em nosso sentir, de um direito potestativo, por meio do qual o credor pignoratício força o cumprimento de uma prestação que lhe é devida.

Sobre o tema, SILVIO RODRIGUES pontifica:

"O direito de retenção, já vimos, é um meio direto de defesa que a lei confere ao credor, para coagir o devedor a efetuar o pagamento de um débito, oriundo de relação com determinada coisa, que pertence ao devedor mas que se encontra em mãos do credor. Como meio compulsório de defesa, estimula o proprietário da coisa, que procura reavê-la, a resgatar dívida que de sua guarda resultou"[10].

Não se trata – o direito de retenção – de um direito real, mas, sim, de um direito de natureza pessoal com eficácia coercitiva, especialmente porque, se direito real fosse, figuraria, à luz do princípio da tipicidade, no rol do art. 1.225 do CC/2002.

Só existe, pois, na medida em que visa a forçar o cumprimento de uma prestação devida ao seu titular.

Analogamente é o que se dá na relação obrigacional decorrente do contrato de depósito.

De fato, excepcionalmente, poderá o **depositário** exercer o direito de retenção da coisa, nas seguintes situações (art. 644 do CC/2002), que merecem ser relembradas:

I) até que lhe seja paga a retribuição devida

Vale dizer, pactuado o depósito em sua modalidade onerosa, poderá o depositário reter a coisa depositada até que seja pago.

É o caso, por exemplo, do sujeito que guarda sua bagagem no maleiro de um aeroporto.

Enquanto não pagar o valor, não poderá ter acesso aos seus bens.

Aplicando a regra para o contrato de estacionamento de veículo, imagine, por exemplo, que você deixou seu carro no estacionamento pago do *shopping*. Enquanto não houver o pagamento, não há liberação do veículo.

II) até que lhe seja pago o valor líquido da despesa que tenha realizado

Se o depositário efetuou despesas extraordinárias (não imputadas a ele) durante a execução do contrato, poderá exercer o direito de retenção, até ser compensado.

Tal dispositivo visa a evitar o enriquecimento sem causa do depositante.

Figure-se, a título exemplificativo, a situação em que o depositante entrega um cavalo, a título de depósito.

Ao efetuar a entrega, forneceu também a quantidade de ração que reputou suficiente para alimentar o animal durante o período do contrato.

Ora, verificando o término do alimento, antes da data de restituição do animal, o depositário, às suas expensas, adquiriu mais ração, para alimentar o cavalo.

Terá, pois, direito de retê-lo, enquanto não for ressarcido por essa despesa imprevista.

III) até que seja indenizado por eventual prejuízo decorrente do depósito

Esta hipótese, também conectada ao princípio que veda o enriquecimento sem causa, é de clareza meridiana.

---

[10] RODRIGUES, Silvio. *Direito Civil*: dos contratos. São Paulo: Saraiva, 1995. p. 279.

Ora, se por força do depósito, o depositário sofre dano, é mais do que justo que seja devidamente ressarcido.

É o caso em que a vaca, entregue a título de depósito, está contaminada por aftosa, e o depositário, insciente do fato, a coloca com animais seus, que vêm a perecer.

Em tal situação, poderá reter o animal depositado até que o depositante o indenize pelas despesas que teve.

Pensamos, por fim, que o parágrafo único do art. 644, que regula o depósito, é, por analogia, aplicável em favor do credor pignoratício, se as dívidas, despesas ou prejuízos decorrentes da conservação do bem empenhado não forem provados suficientemente, ou forem ilíquidos (de valor ainda não determinado): poderá exigir caução (garantia) idônea do devedor ou, na falta desta, a remoção da coisa para o depósito público, até que se liquidem.

c) direito ao ressarcimento do prejuízo que houver sofrido por vício da coisa empenhada

Com isso, respeita-se o princípio de que a ninguém é dado causar dano a outrem (*neminem laedere*).

Ora, se a coisa empenhada, por exemplo, é um maquinário, portador de defeito que, ao eclodir, causa prejuízo no estabelecimento do credor, nada mais justo que seja ressarcido.

d) direito a promover a execução judicial, ou a venda amigável, se lhe permitir expressamente o contrato, ou lhe autorizar o devedor mediante procuração

O direito de promover a execução judicial é um corolário lógico e natural do sistema, em caso de descumprimento da obrigação principal.

A peculiaridade da norma é permitir a alienação extrajudicial (consentida), em caso de expressa permissão contratual ou autorização do devedor mediante outorga de procuração ao credor.

e) direito a apropriar-se dos frutos da coisa empenhada que se encontra em seu poder

Soa estranho o legislador mencionar que o credor pignoratício pode se apropriar dos frutos da coisa (imagine, por exemplo, os bezerros advindos de um rebanho objeto de penhor pecuário), porquanto tal perspectiva não seria própria da dinâmica do penhor, mas sim da anticrese.

Ademais, ainda que se reconheça esse "direito", logo em seguida, o art. 1.435, III, estabelece expressamente que é dever do credor pignoratício "imputar o valor dos frutos, de que se apropriar (art. 1.433, inciso V) nas despesas de guarda e conservação, nos juros e no capital da obrigação garantida, sucessivamente". Ou seja, aquilo de que eventualmente se aproprie, será abatido da obrigação garantida.

f) direito a promover a venda antecipada, mediante prévia autorização judicial, sempre que haja receio fundado de que a coisa empenhada se perca ou deteriore, devendo o preço ser depositado

A venda antecipada da coisa empenhada exige a autorização judicial, oportunidade em que o magistrado deverá apurar se há, de fato, fundado receio de que a coisa se destrua total ou parcialmente (se perca ou se deteriore), caso em que o preço deve ser devidamente depositado[11].

Nada impede, outrossim, que o dono da coisa impeça a venda, mediante a substituição do bem ou oferecendo outra garantia real idônea.

No primeiro caso, temos uma típica hipótese de sub-rogação real.

Segundo o léxico CALDAS AULETE, sub-rogação (s.f.) é

> "(...) o ato de sub-rogar. Ato pelo qual se substitui uma pessoa ou coisa em lugar de outra. (For.) Ato pelo qual o indivíduo que paga pelo devedor com o consentimento deste, expressamente manifestado ou por fatos donde claramente se deduza, fica investido nos direitos do credor (*Cód. Civ. Port.*, art. 778). F. lat. *Subrogatio*"[12].

Para a ciência jurídica, da mesma forma, sub-rogação traduz a ideia de "substituição" de sujeitos ou de objeto, em uma determinada relação jurídica.

Citando pensamento de HENRI DE PAGE, CAIO MÁRIO observa que:

> "(...) na palavra mesma que exprime o conceito (do latim 'sub rogare, sub rogatio'), está contida a ideia de substituição, ou seja, o fato de uma pessoa tomar o lugar da outra, assumindo a sua posição e a sua situação"[13].

Assim, se um indivíduo gravou determinado bem de sua herança com cláusula de inalienabilidade, o sucessor não poderá, sem a devida autorização judicial, aliená-lo, e, caso o faça, justificará o gasto, aplicando o valor remanescente na aquisição de outro bem, que substituirá o primeiro, o qual passará a suportar a cláusula restritiva.

Diz-se, no caso, haver se operado uma sub-rogação (substituição) objetiva ou real, ocorrida entre coisas.

Nesse sentido, confira-se, por exemplo, o art. 1.848, § 2.º, do Código Civil de 2002:

> "Art. 1.848. Salvo se houver justa causa, declarada no testamento, não pode o testador estabelecer cláusula de inalienabilidade, impenhorabilidade, e de incomunicabilidade, sobre os bens da legítima.
>
> (...)
>
> § 2.º Mediante autorização judicial e havendo justa causa, podem ser alienados os bens gravados, convertendo-se o produto em outros bens, que ficarão sub-rogados nos ônus dos primeiros". (grifos nossos)

Com efeito, **haverá também uma sub-rogação real, caso o dono da coisa empenhada, visando a impedir a venda antecipada, a substitua por outra.**

---

[11] Outro aspecto legal deve ainda ser mencionado: Art. 1.434. O credor não pode ser constrangido a devolver a coisa empenhada, ou uma parte dela, antes de ser integralmente pago, podendo o juiz, a requerimento do proprietário, determinar que seja vendida apenas uma das coisas, ou parte da coisa empenhada, suficiente para o pagamento do credor.

[12] AULETE, Caldas Aulete. *Dicionário Contemporâneo da Língua Portuguesa*. Rio de Janeiro: Delta, 1958. v. 5. p. 4.780.

[13] PAGE, Henri de. *Traité*, III, segunda parte, n. 513, apud PEREIRA, Caio Mário da Silva. *Instituições de Direito Civil*. 19. ed. Rio de Janeiro: Forense, 2001. v. 2. p. 131.

Poderá, por fim, impedir a referida alienação mediante o oferecimento de outra garantia real, a exemplo da hipoteca.

Vejamos, agora, os deveres do credor pignoratício.

3.2. Obrigações do credor pignoratício

São deveres do credor pignoratício, na forma do art. 1.435:

a) a custódia da coisa, como depositário, e a ressarcir ao dono a perda ou deterioração de que for culpado, podendo ser compensada na dívida, até a concorrente quantia, a importância da responsabilidade

Como já anunciamos linhas acima, a situação do credor pignoratício, em face da coisa, é análoga à de quem se obriga por força do contrato de depósito.

Em geral, o depósito impõe obrigações apenas ao depositário, a quem incumbe, precipuamente, *guardar, conservar e devolver* a coisa depositada, respondendo por qualquer dano decorrente de sua má atuação, ressalvadas a consumação do risco por caso fortuito ou força maior.

b) a defesa da posse da coisa empenhada e a dar ciência, ao dono dela, das circunstâncias que tornarem necessário o exercício de ação possessória

Uma vez que o credor pignoratício é possuidor direto, deve, sem dúvida, atuar para defender a posse da coisa empenhada, comunicando, inclusive, *à luz do dever de informação emanado da cláusula geral de boa-fé objetiva*, o proprietário acerca dos fatos que tornem necessário o ajuizamento de interdito possessório.

Nessa linha, tanto o credor pignoratício (possuidor direto) como o dono da coisa empenhada (possuidor indireto) têm legitimidade para manejar as ações possessórias correspondentes.

c) imputar o valor dos frutos de que se apropriar (art. 1.433, V) nas despesas de guarda e conservação, nos juros e no capital da obrigação garantida, sucessivamente

Como vimos acima, o valor correspondente aos frutos de que eventualmente o devedor se aproprie poderá ser abatido da própria obrigação garantida, evitando o indesejável enriquecimento indevido.

d) restituir a coisa empenhada, com os respectivos frutos e acessões, uma vez paga a dívida

Afastada a hipótese já ventilada – de o credor imputar na obrigação garantida os frutos já percebidos (apropriados) – os demais frutos não apropriados – pendentes, acondicionados (estantes), ou percipiendos[14] – uma vez paga a dívida, deverão ser devolvidos, juntamente com as eventuais acessões existentes (a exemplo de uma plantação no penhor agrícola).

Em nosso sentir, a devolução também se impõe, mesmo não paga a dívida, caso vencido o prazo do penhor.

---

[14] Sobre o tema dos "bens jurídicos", confira-se o Capítulo VIII do volume 1 ("Parte geral") desta coleção, notadamente o seu subtópico 4.2.1 ("Classificação dos bens acessórios").

e) entregar o que sobeje do preço, quando a dívida for paga, no caso do inciso IV do art. 1.433

Uma vez promovida a execução judicial, ou a venda amigável da coisa empenhada (se lhe permitir expressamente o contrato, ou lhe autorizar o devedor mediante procuração), deverá o credor pignoratício devolver (a quem prestou a garantia real) o que sobrar do preço apurado e pago.

Tal providência, sem dúvida, visa a evitar o enriquecimento sem causa.

4. MODALIDADES ESPECIAIS DE PENHOR

Anteriormente, apresentamos a classificação básica do penhor, quanto ao seu modo de constituição: poderá ser **convencional** (se derivar do ajuste de vontades) ou **legal** (se derivar de determinação da lei).

Todavia, a depender do seu objeto, o legislador cuida de tipificar modalidades especiais de penhor.

Vamos a elas.

4.1. Penhor rural

O denominado **penhor rural** é gênero, do qual derivam duas espécies: **o penhor agrícola** e o **penhor pecuário**[15].

Constitui-se o penhor rural mediante instrumento público ou particular, registrado no Cartório de Registro de Imóveis da circunscrição em que estiverem situadas as coisas empenhadas (art. 1.438.), a exemplo de máquinas agrícolas, colheitas pendentes ou um rebanho de gado bovino.

Prometendo pagar em dinheiro a dívida, que garante com penhor rural, o devedor poderá emitir, em favor do credor, cédula rural pignoratícia, na forma determinada em lei especial, conforme se lê no parágrafo único do mesmo dispositivo.

Observa GLADSTON MAMEDE:

"A emissão da cédula rural pignoratícia faz-se por escrito, em tantas vias quantas forem as partes que nela intervierem; são assinados pelo emitente e pelo terceiro garantidor, se houver, ou por seus respectivos mandatários, devendo cada parte receber uma via na qual estará impressa a expressão *não negociável*, uma vez que somente a via do credor pode ser transferida, por endosso ou cessão de crédito"[16].

Vale lembrar que, se o imóvel estiver hipotecado, o penhor rural poderá constituir-se **independentemente da anuência do credor hipotecário**, mas não lhe prejudica o direito de preferência, nem restringe a extensão da hipoteca, ao ser executada (art. 1.440).

---

[15] Código Civil: "Art. 1.439. O penhor agrícola e o penhor pecuário não podem ser convencionados por prazos superiores aos das obrigações garantidas. (Redação dada pela Lei n. 12.873, de 2013)

§ 1.º Embora vencidos os prazos, permanece a garantia, enquanto subsistirem os bens que a constituem.

§ 2.º A prorrogação deve ser averbada à margem do registro respectivo, mediante requerimento do credor e do devedor".

[16] MAMEDE, Gladston. *Código Civil Comentado*: Direito das Coisas. Penhor. Hipoteca. Anticrese. São Paulo: Atlas, 2003. v. 14. p. 180-181.

Dada a natureza do penhor rural, por norma expressa (art. 1.441), tem o credor direito a verificar o estado das coisas empenhadas, inspecionando-as onde se acharem, por si ou por pessoa que credenciar.

4.1.1. Penhor agrícola

O **penhor agrícola**, espécie de penhor rural, tem por objeto, como preceitua o art. 1.442:

a) máquinas e instrumentos de agricultura;
b) colheitas pendentes, ou em via de formação;
c) frutos acondicionados ou armazenados;
d) lenha cortada e carvão vegetal;
e) animais do serviço ordinário de estabelecimento agrícola.

Conforme preleção de CRISTIANO CHAVES FARIAS e NELSON ROSENVALD,

> "Na letra do art. 1.442, do Código Civil, o penhor agrícola é o vínculo real que grava bens afetados à atividade de cultivo e facultam ao produtor rural a obtenção de financiamento. Abrange as pertenças (art. 93 do CC) – máquinas (carros, tratores), instrumentos (enxadas) e animais do serviço ordinário (cavalo, boi) – além da lenha cortada e carvão vegetal, dos frutos armazenados ou acondicionados, bem como colheitas pendentes ou em vias de formação (bens imóveis por acessão física)"[17].

E, de fato, como bem observam os renomados autores, o penhor agrícola que tem por objeto colheitas em vias de formação traduz, na perspectiva da sua causa constitutiva, um **contrato aleatório**.

Quando as obrigações se equivalem, conhecendo os contratantes, *ab initio*, as suas respectivas prestações, como, por exemplo, na compra e venda de um carro ou no contrato individual de emprego, fala-se em um *contrato comutativo*.

Já quando a obrigação de uma das partes somente puder ser exigida em função de coisas ou fatos futuros, cujo risco da não ocorrência for assumido pelo outro contratante, fala-se em *contrato aleatório ou de esperança*, previsto nos arts. 458 a 461, como é o caso, por exemplo, dos contratos de seguro.

Registre-se, por isso, que, embora o Código Civil brasileiro expressamente declare uma disciplina sobre os contratos aleatórios, as regras dos arts. 458 a 461 se referem basicamente a um de seus exemplos, a saber, justamente **o contrato de compra e venda aleatória**.

Todavia, não se pode esquecer que, por ser a disciplina geral da matéria, tais dispositivos devem ser aplicados, no que couber, a todas as avenças com tal característica de álea, típicos ou atípicos, nominados ou inominados.

E é o que se dá na hipótese vertente, em que, à constituição negocial do penhor, aplicam-se as regras do contrato aleatório.

E um detalhe deve ser destacado.

---

[17] FARIAS, Cristiano Chaves de; ROSENVALD, Nelson. *Direitos Reais*. 6. ed. Rio de Janeiro: Lumen Juris, 2009. p. 602.

Na medida em que o art. 1.443 do Código civil dispõe que "o penhor agrícola que recai sobre colheita pendente, ou em via de formação, abrange a imediatamente seguinte, no caso de frustrar-se ou ser insuficiente a que se deu em garantia", é forçoso convir que tal negócio aleatório assemelha-se à figura da compra na modalidade *"emptio rei speratae"*[18], pois, por segurança do credor, é assegurada a **mínima colheita** necessária para a cobertura do crédito, sob pena de extensão da garantia[19].

E um importante aspecto não pode ser esquecido: se o credor não financiar a nova safra, poderá o devedor constituir com outrem novo penhor, em quantia máxima equivalente à do primeiro; o segundo penhor terá preferência sobre o primeiro, abrangendo este apenas o excesso apurado na colheita seguinte (parágrafo único, art. 1.443).

4.1.2. *Penhor pecuário*

O **penhor pecuário**, também espécie de penhor rural, tem por objeto os animais que integram a atividade pastoril, agrícola ou de laticínios (art. 1.444).

---

[18] Código Civil: "Art. 459. Se for aleatório, por serem objeto dele coisas futuras, tomando o adquirente a si o risco de virem a existir em qualquer quantidade, terá também direito o alienante a todo o preço, desde que de sua parte não tiver concorrido culpa, ainda que a coisa venha a existir em quantidade inferior à esperada.

Parágrafo único. Mas, se da coisa nada vier a existir, alienação não haverá, e o alienante restituirá o preço recebido".

[19] No STJ:

"DIREITO CIVIL. RECURSO ESPECIAL. EXECUÇÃO. ARRESTO. PENHORA. SUBPRODUTO DA CANA DE AÇÚCAR EMPENHADA. POSSIBILIDADE DE TRANSFERÊNCIA. EXCESSIVA ONEROSIDADE NÃO VERIFICADA NA HIPÓTESE. ARTIGOS ANALISADOS: ARTS. 620; 655, § 1.º; DO CPC E ART. 1.443 DO CÓDIGO CIVIL.

1. Execução de título extrajudicial, ajuizada em outubro de 2008. Recurso especial concluso ao Gabinete em 12-11-2013.

2. Discussão relativa à penhora dos subprodutos da lavoura de cana-de-açúcar empenhada para garantia da execução.

3. Inexiste ofensa ao art. 535 do CPC, quando o tribunal de origem pronuncia-se de forma clara e precisa sobre a questão posta nos autos.

4. Se o próprio contrato de penhor agrícola prevê a transferência do encargo ao subproduto da safra, não se pode argumentar com a impossibilidade dessa transferência.

5. Qualquer penhora de bens, em princípio, pode mostrar-se onerosa ao devedor, mas essa é uma decorrência natural da existência de uma dívida não paga. O princípio da vedação à onerosidade excessiva não pode ser convertido em uma panaceia, que leve a uma ideia de proteção absoluta do inadimplente em face de seu credor. Alguma onerosidade é natural ao procedimento de garantia de uma dívida, e o art. 620 do CPC destina-se apenas a decotar exageros evidentes, perpetrados em situações nas quais uma alternativa mais viável mostre-se clara.

6. Transferir o penhor sobre uma safra para safras futuras pode se revelar providência inócua, gerando um efeito cascata, notadamente se tais safras futuras forem objeto de garantias autônomas, advindas de outras dívidas: a safra que garante uma dívida, nessa hipótese, poderia ser vendida livremente pelo devedor (como se sobre ela não pesasse qualquer ônus), fazendo com que a safra futura garanta duas dívidas, e assim sucessivamente, esvaziando as garantias.

7. Recurso especial desprovido".

(STJ, REsp 1.417.531/SP, rel. Min. NANCY ANDRIGHI, TERCEIRA TURMA, julgado em 10-6-2014, *DJe* 18-6-2014)

O devedor não poderá alienar os animais empenhados sem prévio consentimento, por escrito, do credor, a teor do art. 1.445.

Por segurança, a norma é revestida de acentuado formalismo, pois não apenas exige anuência expressa, mas a forma escrita.

Nessa mesma linha, se devedor pretende alienar o gado empenhado ou, por negligência, ameaçar prejudicar o credor, poderá este requerer se depositem os animais sob a guarda de terceiro, ou exigir que se lhe pague a dívida de imediato (parágrafo único, art. 1.445).

Admite-se, por fim, a substituição (sub-rogação) dos animais que venham a morrer, visando a manter a efetividade da garantia real[20].

4.2. Penhor industrial e mercantil

Esta especial modalidade de penhor tem por objeto máquinas, aparelhos, materiais, instrumentos, instalados e em funcionamento, com os acessórios ou sem eles; animais, utilizados na indústria; sal e bens destinados à exploração das salinas; produtos de suinocultura, animais destinados à industrialização de carnes e derivados; matérias-primas e produtos industrializados, regulando-se pelas disposições relativas aos armazéns gerais[21] o penhor das mercadorias neles depositadas (art. 1.447).

A constituição do penhor industrial, ou o mercantil, opera-se mediante instrumento público ou particular, registrado no Cartório de Registro de Imóveis da circunscrição onde estiverem situadas as coisas empenhadas (art. 1.448)[22].

Mais uma vez, aqui, nota-se o rigor legal quanto à alteração da situação do penhor, em prol da satisfação do crédito garantido:

> "Art. 1.449. O devedor não pode, sem o consentimento por escrito do credor, alterar as coisas empenhadas ou mudar-lhes a situação, nem delas dispor. O devedor que, anuindo o credor, alienar as coisas empenhadas, deverá repor outros bens da mesma natureza, que ficarão sub-rogados no penhor".

Por fim, assim como se dá no penhor rural, tem o credor direito a verificar o estado das coisas empenhadas, inspecionando-as onde se acharem, por si ou por pessoa que credenciar (art. 1.450).

---

[20] Código Civil: "Art. 1.446. Os animais da mesma espécie, comprados para substituir os mortos, ficam sub-rogados no penhor.

Parágrafo único. Presume-se a substituição prevista neste artigo, mas não terá eficácia contra terceiros, se não constar de menção adicional ao respectivo contrato, a qual deverá ser averbada".

[21] "O Código retira do âmbito específico das normas que regulam os penhores mercantis (industrial, comercial e de exportação), ou seja, das disposições anotadas nos artigos 1.447 a 1.450 do novo Código Civil, o penhor das mercadorias depositadas nos armazéns gerais. Nessa linha, preserva-se válido o Decreto n. 1.102/1903, que cuida dos armazéns gerais (...) Os depósitos neles efetuados são representados por dois tipos de títulos de crédito especiais, emissíveis pelas empresas de armazéns gerais, sempre que tanto lhes for pedido por aquele que utiliza dos seus serviços, representando as mercadorias que ali foram depositadas: o conhecimento de depósito e o *warrant*" (MAMEDE, Gladston. Op. cit. p. 229).

[22] "Prometendo pagar em dinheiro a dívida, que garante com penhor industrial ou mercantil, o devedor poderá emitir, em favor do credor, cédula do respectivo crédito, na forma e para os fins que a lei especial determinar" (parágrafo único, art. 1.448).

4.3. Penhor de direitos e de títulos de crédito

Admitem-se, ainda, visando à garantia do crédito constituído, o **penhor de direitos e de títulos de crédito**.

Note-se, que, em tais casos, diferentemente do que se dá no penhor comum, incidente em coisas, empenham-se valores incorpóreos (créditos)[23].

Segundo REGINA SERAPHICO:

"O **penhor de direitos creditórios** é uma espécie interessante de garantia real que recai sobre os direitos (créditos) do devedor, possibilitando ao credor obter na fonte de receita do devedor os valores para recebimento do seu crédito.

O penhor de direitos está previsto nos artigos 1.451 e seguintes do Código Civil e deve ser constituído mediante instrumento público ou particular, registrado no Registro de Títulos e Documentos.

Na prática o credor poderá bloquear os recebíveis (receita) do devedor através da assinatura de instrumento particular de vinculação de receitas, com a expressa indicação dos direitos que estão sendo empenhados a favor do credor e a forma em que se dará a constituição da garantia – nome da empresa fonte de receita do devedor, dados bancários para depósito dos valores que serão empenhados etc."[24].

Ainda sobre o tema, escreve THIAGO ARAÚJO:

"Há também previsão legal do Penhor de Direitos e Títulos de Crédito. Com efeito, podem ser objeto de penhor direitos, suscetíveis de cessão, sobre coisas móveis (CC, art. 1.451). Giovanna Luz Podcameni faz a necessária distinção, de que, '... o objeto do penhor do título de crédito é o documento representativo do crédito (coisa corpórea) e não os respectivos direitos (coisas incorpóreas), caso em que se tem o penhor de direitos'"[25].

Confira-se, por exemplo, a referência ao **penhor de quotas de uma sociedade** (que, em essência, traduzem-se não em coisas, mas em valores incorpóreos), neste julgado do STJ:

"RECURSO ESPECIAL. DIREITO SOCIETÁRIO E PROCESSUAL CIVIL. REQUERIMENTO DE ANTECIPAÇÃO DOS EFEITOS DA TUTELA EM SUSTENTAÇÃO ORAL. VIABILIDADE. AÇÃO DE DISSOLUÇÃO PARCIAL DE SOCIEDADE LIMITADA. <u>SÓCIO QUE DETÉM PARTE DAS QUOTAS SOCIAIS EMPENHADAS</u>. DEFERIMENTO DE HAVERES REFERENTES APENAS ÀQUELAS LIVRES DE ÔNUS REAIS, COM EXCLUSÃO DE QUALQUER POSSIBILIDADE DE PARTICIPAÇÃO DOS SÓCIO RETIRANTE NAS DELIBERAÇÕES. POSSIBILIDADE.

1. O pedido de antecipação dos efeitos da tutela poderia ser formulado ao relator, e o art. 273 do CPC/1973 deixa nítido que novas circunstâncias podem autorizar o pedido, não havendo razoabilidade na tese de que o requerimento não pode ser feito, em sede de sustentação oral, ao Colegiado que apreciará o recurso.

---

[23] "Art. 1.451. Podem ser objeto de penhor direitos, suscetíveis de cessão, sobre coisas móveis."

[24] SERAPHICO, Regina. Penhor de direitos creditório. *Migalhas*. 5 abr. 2004. Disponível em: <https://www.migalhas.com.br/dePeso/16,MI4269,31047-Penhor+de+direitos+creditorios>. Acesso em: 15 set. 2018.

[25] ARAÚJO, Thiago Cássio D'Ávila. Do penhor. *Revista Jus Navigandi*, ISSN 1518-4862, Teresina, ano 21, n. 4.653, 28 mar. 2016. Disponível em: <https://jus.com.br/artigos/47617>. Acesso em: 15 set. 2018.

2. Por um lado, cuida-se de ação de dissolução parcial de sociedade limitada para o exercício do direito de retirada do sócio, por perda da *affectio societatis*, em que o autor reconhece que parte de suas quotas sociais estão empenhadas, requerendo os haveres correspondentes apenas àquelas que estão livres de ônus reais. Por outro lado, é um lídimo direito de sócio de sociedade limitada, por prazo indeterminado, o recesso, coibindo eventuais abusos da maioria e servindo de meio-termo entre o princípio da intangibilidade do pacto societário e a regra da sua modificabilidade.

3. A boa-fé atua como limite ao exercício de direitos, não sendo cabível cogitar-se em pleito vindicando a dissolução parcial da sociedade empresária, no tocante aos haveres referentes às quotas sociais que estão em penhor, em garantia de débito com terceiros.

4. A solução conferida, no tocante às quotas empenhadas – consoante decidido pelo Tribunal de origem, permanecerão 'em tesouraria', em nada afetando a boa gestão social –, é equânime e se atenta às peculiaridades do caso, contemplando os interesses das partes e dos credores do autor, e tem esteio no princípio da conservação da empresa (evitando-se dissolução nem mesmo requerida para pagamento de haveres referentes às quotas empenhadas).

5. A manutenção das quotas sociais empenhadas 'em tesouraria' é harmônica com a teleologia do art. 1.027, combinado com o art. 1.053, ambos do Código Civil, que, para, simultaneamente, evitar a dissolução parcial da sociedade e a ingerência de terceiros na gestão social, estabelece que os herdeiros do cônjuge de sócio, ou o cônjuge do que se separou judicialmente, não podem exigir, desde logo, a parte que lhes couber na quota social, mas devem concorrer à divisão periódica dos lucros, até que se liquide a sociedade.

6. Recurso especial não provido".

(REsp 1.332.766/SP, rel. Min. LUIS FELIPE SALOMÃO, QUARTA TURMA, julgado em 1-6-2017, *DJe* 1-8-2017) (grifamos)

Constitui-se o penhor de direitos mediante **instrumento público ou particular**, registrado no Registro de Títulos e Documentos, não se podendo olvidar que o titular de direito empenhado deverá entregar ao credor pignoratício os documentos comprobatórios desse direito, salvo se tiver interesse legítimo em conservá-los (art. 1.452).

Caso conserve o documento comprobatório respectivo, teremos a especificidade de que tal modalidade de penhor pode não operar, como comumente se dá, a entrega do bem empenhado ao credor pignoratício[26].

O penhor de crédito não tem eficácia senão quando notificado ao devedor; por notificado tem-se o devedor que, em instrumento público ou particular, declarar-se ciente da existência do penhor (art. 1.453).

Trata-se de regra semelhante àquela prevista no art. 290 do Código Civil:

"Art. 290. A cessão do crédito não tem eficácia em relação ao devedor, senão quando a este notificada; mas por notificado se tem o devedor que, em escrito público ou particular, se declarou ciente da cessão feita".

Esse dever de informar emana da **cláusula geral de boa-fé objetiva**.

O Código Civil cuida, ainda, de disciplinar **direitos** e **deveres**[27] do titular do penhor de direitos e títulos de crédito, que merecem aqui ser mencionados:

---

[26] TARTUCE, Flávio. *Manual de Direito Civil*. 7. ed. Rio de Janeiro: Forense; São Paulo: Método, 2017. p. 604.

[27] Arts. 1.454, 1.455, 1.459, 1.460, CC.

a) O credor pignoratício deve praticar os atos necessários à conservação e defesa do direito empenhado e cobrar os juros e mais prestações acessórias compreendidas na garantia.

b) Deverá o credor pignoratício cobrar o crédito empenhado, assim que se torne exigível. Se este consistir numa prestação pecuniária, depositará a importância recebida, de acordo com o devedor pignoratício, ou onde o juiz determinar; se consistir na entrega da coisa, nesta se sub-rogará o penhor. Estando vencido o crédito pignoratício, tem o credor direito a reter, da quantia recebida, o que lhe é devido, restituindo o restante ao devedor; ou a excutir a coisa a ele entregue.

c) Ao credor, em penhor de título de crédito, compete o direito de: conservar a posse do título e recuperá-la de quem quer que o detenha; usar dos meios judiciais convenientes para assegurar os seus direitos, e os do credor do título empenhado; fazer intimar ao devedor do título que não pague ao seu credor, enquanto durar o penhor[28]; receber a importância consubstanciada no título e os respectivos juros, se exigíveis, restituindo o título ao devedor, quando este solver a obrigação.

---

[28] "Art. 1.460. O devedor do título empenhado que receber a intimação prevista no inciso III do artigo antecedente, ou se der por ciente do penhor, não poderá pagar ao seu credor. Se o fizer, responderá solidariamente por este, por perdas e danos, perante o credor pignoratício.

Parágrafo único. Se o credor der quitação ao devedor do título empenhado, deverá saldar imediatamente a dívida, em cuja garantia se constituiu o penhor."

No Superior Tribunal de Justiça, confira-se:

"AGRAVO INTERNO NO RECURSO ESPECIAL. AÇÃO DE COBRANÇA DE CRÉDITO OBJETO DE PENHOR (CESSÃO DE CRÉDITOS EM CAUÇÃO). POSTERIOR EXTINÇÃO DA GARANTIA (POR RESILIÇÃO DO CONTRATO PRINCIPAL) NÃO NOTIFICADA AO CREDOR PIGNORATÍCIO QUE ACIONOU O DEVEDOR DO TÍTULO.

1. Nos termos do *caput* do artigo 1.460 do Código Civil, o devedor do título empenhado, que se der por ciente do penhor, não poderá pagar ao seu credor, mas, se o fizer, responderá solidariamente pela dívida, por perdas e danos, perante o credor pignoratício. Por outro lado, consoante disposto no parágrafo único do referido dispositivo, se o credor der quitação ao devedor do título empenhado, deverá saldar imediatamente a dívida, em cuja garantia se constituiu o penhor.

2. Na hipótese, é certo que não houve quitação da dívida existente entre o titular do crédito empenhado (devedor pignoratício) e o devedor do título, mas sim a resilição do contrato de promessa de compra e venda de imóvel e a restituição das partes ao *status quo ante*.

3. O banco (credor pignoratício), por sua vez, fundado na mesma norma legal, ajuizou ação em face do devedor do título, por considerar configurada hipótese de responsabilidade solidária, notadamente por não ter sido notificado da citada negociação extintiva da garantia.

4. À luz do quadro fático delineado nas instâncias ordinárias, verifica-se a inexistência de má-fé, dolo ou malícia por parte do credor, não se configurando hipótese de abuso do direito de ação a ser sancionado nos termos dos artigos 940 do Código Civil (pagamento em dobro por cobrança de dívida paga) ou 18 do CPC de 1973 (multa por litigância de má-fé).

5. Não se configura, pois, conduta do autor (credor pignoratício) que tenha dado azo ao pagamento de indenização por dano material ou moral, como requerido pelo réu (devedor do título).

6. Agravo interno não provido".

(STJ, AgInt no REsp 1.360.515/SP, rel. Min. LUIS FELIPE SALOMÃO, QUARTA TURMA, julgado em 14-8-2018, *DJe* 21-8-2018)

O titular do crédito empenhado só pode receber o pagamento com a anuência, por escrito, do credor pignoratício, caso em que o penhor se extinguirá, a teor do art. 1.457.

Comentando este dispositivo, escrevem CHAVES e ROSENVALD:

"Excepcionalmente, poderá o credor pignoratício autorizar ao titular do crédito empenhado (devedor pignoratício) a receber diretamente o pagamento, por meio de autorização escrita (art. 1.457 do CC). Parece-nos, por via oblíqua, que a referida autorização provoca a própria extinção do penhor, por renúncia tácita do credor pignoratício ao crédito empenhado"[29].

E se o mesmo crédito for objeto de vários penhores?

Responde-nos o art. 1.456:

"Art. 1.456. Se o mesmo crédito for objeto de vários penhores, só ao credor pignoratício, cujo direito prefira aos demais, o devedor deve pagar; responde por perdas e danos aos demais credores o credor preferente que, notificado por qualquer um deles, não promover oportunamente a cobrança".

Ora, da mesma forma que um imóvel, a depender do seu valor, pode suportar mais de uma hipoteca (pluralidade de hipotecas), nada impede que o mesmo crédito, por conta da sua expressão econômica, admita mais de um penhor. Mas o credor preferente deverá, sob pena de responsabilidade civil, adotar, oportunamente, a necessária providência de cobrança.

Finalmente, à luz do art. 1.458, vale salientar que o penhor, que recai sobre título de crédito, a exemplo de um cheque, constitui-se mediante **instrumento público ou particular** ou **endosso pignoratício**, com a tradição do título ao credor, regendo-se pelas Disposições Gerais do Título X e, no que couber, pela Seção VII, do Código Civil.

4.4. Penhor de veículos

Merece especial destaque o **penhor de veículos**, inovação consagrada no Código Civil de 2002.

Esta modalidade de penhor tem por objeto os veículos empregados em qualquer espécie de transporte ou condução (art. 1.461).

Constitui-se por instrumento público ou particular, e respectivo registro no Cartório de Títulos e Documentos do domicílio do devedor, anotando-se, ainda, no certificado de propriedade do bem.

E, caso o devedor se comprometa a pagar em dinheiro a dívida garantida com o penhor, poderá emitir **cédula de crédito**, na forma da norma em vigor (art. 1.462).

Uma importante regra constava no artigo seguinte:

"Art. 1.463. Não se fará o penhor de veículos sem que estejam previamente segurados contra furto, avaria, perecimento e danos causados a terceiros".

Alinhávamo-nos com a corrente doutrinária segundo a qual a ausência da contratação do seguro resultaria na **nulidade** do penhor, uma vez que, sem dúvida, a dicção legal é imperativa.

---

[29] FARIAS, Cristiano Chaves de; ROSENVALD, Nelson. Op. cit. p. 607.

Sobre o tema FLÁVIO TARTUCE, discorreu:

"Esclareça-se que, como ocorre com os demais penhores especiais, a posse direta do veículo empenhado fica com o devedor ou com o terceiro proprietário, que continuará a usar o bem, sem qualquer restrição. Diante dessa realidade, visando à sua funcionalidade, o penhor de veículos não será efetivado sem que estejam previamente segurados (...) Para uma primeira corrente, a falta do citado seguro gera a nulidade do penhor. Assim pensam Maria Helena Diniz (*Código*..., 2010. p. 1016), Francisco Loureiro (*Código*..., 2010, p. 1565), Gustavo Tepedino, Maria Celina Bodin de Moraes e Heloísa Helena Barboza (*Código*..., 2011, v. III, p. 907). Por outra via, há quem entenda que a falta do seguro repercute na eficácia do penhor (...) é a posição de Marco Aurélio Viana (*Comentários*..., 2003, v. XVI, p. 777), Cristiano Chaves de Farias e Nelson Rosenvald (*Curso*..., 2012, v. 5, p. 902). Das duas correntes a razão parece estar com a primeira, uma vez que a expressão "não se fará" interpreta-se no sentido de gerar a nulidade absoluta virtual (...)"[30].

Ademais, a exigência do seguro justificar-se-ia como garantia da própria efetividade do penhor e consequente satisfação do crédito.

Sucede que o referido art. 1.463, a despeito das razões supra, foi revogado pela Lei n. 14.179, de 30 de junho de 2021.

Tem o credor direito a verificar o estado do veículo empenhado, inspecionando-o onde se achar, por si ou por pessoa que credenciar, conforme o art. 1.464. Trata-se de providência justificável, na medida em que a integridade e boa conservação do veículo são pressupostos da plena eficácia do penhor constituído.

Opera-se o vencimento antecipado do crédito pignoratício caso haja, segundo o art. 1.465, a alienação, ou a mudança, do veículo empenhado **sem prévia comunicação ao credor**.

E qual é o prazo de vigência do penhor de veículo?

A resposta encontra-se no dispositivo seguinte:

"Art. 1.466. O penhor de veículos só se pode convencionar pelo prazo máximo de dois anos, prorrogável até o limite de igual tempo, averbada a prorrogação à margem do registro respectivo".

Note-se haver uma limitação temporal para esta modalidade de penhor (dois anos), admitindo-se prorrogação (que deverá ser averbada à margem do registro).

Embora se trate de um instituto bastante interessante, a sua aplicação prática e difusão social, em nosso sentir, ainda não são tão frequentes.

5. EXTINÇÃO DO PENHOR

O art. 1.436 do Código Civil elenca hipóteses extintivas do penhor, extinção esta que, naturalmente, produz efeitos depois da averbação do cancelamento do registro[31].

Vejamos quais são estas hipóteses codificadas.

O penhor **finda-se**:

---

[30] TARTUCE, Flávio. *Direito Civil*: Direito das Coisas. 7. ed. São Paulo: Gen-Método, 2015. v. 4. p. 511-512.

[31] Art. 1.437, CC. Produz efeitos a extinção do penhor depois de averbado o cancelamento do registro, à vista da respectiva prova.

a) extinguindo-se a obrigação

Por óbvio, o cumprimento da obrigação principal, da qual deriva a garantia real do penhor, opera a extinção deste último.

Escreve THIAGO ARAÚJO:

"Na hipótese do inciso I do art. 1.436 do Código Civil, como o penhor é acessório da obrigação principal, extinta esta, extingue-se aquele, seja qual for a causa da extinção da obrigação principal, se por pagamento direto, pagamento indireto, como na consignação em pagamento, ou sucedâneo de pagamento, como na compensação, transação ou novação. Mas, como já vimos, admitem-se exceções, como a ressalva expressa, na novação (CC, art. 364), transmitindo a garantia para a nova obrigação"[32].

Trata-se, sem sombra de dúvida, de aplicação do princípio da gravitação jurídica, secular regra de que o acessório segue o principal.

b) perecendo a coisa

Temos, aqui, a destruição ou desaparecimento da coisa empenhada, como se dá no furto de um Rolex, objeto de penhor, ou na morte dos animais dados em garantia, por conta de uma enchente.

Não há, no caso, responsabilidade civil imputável ao devedor pignoratício, se partirmos da premissa de que tal perecimento decorreu de circunstância imprevisível ou inevitável (caso fortuito ou força maior)[33].

c) renunciando o credor[34]

Opera-se o fim do penhor se o credor pignoratício formalmente manifestar a vontade de abdicar do seu direito.

Salientando a natureza *negocial* da renúncia, ORLANDO GOMES preleciona:

"Negócio unilateral é o que se forma com a declaração de vontade de uma só parte, com o testamento, **a renúncia**, a procuração e a despedida de um empregado"[35] (grifamos).

d) confundindo-se na mesma pessoa as qualidades de credor e de dono da coisa (confusão)[36]

Como sabemos, além de poder significar mistura de coisas líquidas (art. 1.272), a confusão pode traduzir também modo de extinção obrigacional por meio da identidade das qualidades de credor e devedor na mesma pessoa.

Opera-se, em outras palavras, quando as qualidades de credor e devedor são reunidas em uma mesma pessoa, extinguindo-se, consequentemente, a relação jurídica obrigacional.

---

[32] ARAÚJO, Thiago Cássio D'Ávila. Op. cit.

[33] Sobre o tema, confira-se a Súmula 638 do STJ: "É abusiva a cláusula contratual que restringe a responsabilidade de instituição financeira pelos danos decorrentes de roubo, furto ou extravio de bem entregue em garantia no âmbito de contrato de penhor civil".

[34] Art. 1.436, § 1.º: Presume-se a renúncia do credor quando consentir na venda particular do penhor sem reserva de preço, quando restituir a sua posse ao devedor, ou quando anuir à sua substituição por outra garantia.

[35] GOMES, Orlando. *Introdução ao Direito Civil*. 10. ed. Rio de Janeiro: Forense, 1993. p. 317.

[36] Art. 1.436, § 2.º: Operando-se a confusão tão-somente quanto a parte da dívida pignoratícia, subsistirá inteiro o penhor quanto ao resto.

É o que ocorre, por exemplo, quando um sujeito é devedor de seu tio e, por força do falecimento deste, adquire, por sucessão, a sua herança. Em tal hipótese, passará a ser credor de si mesmo, de forma que o débito desaparecerá por meio da confusão.

Nada impede, por outro lado, que a confusão se dê por ato *inter vivos*: se o indivíduo subscreve um título de crédito (nota promissória, p. ex.), obrigando-se a pagar o valor descrito no documento, e a cártula, após circular, chega às suas próprias mãos, por endosso, também será extinta a obrigação.

Nesse sentido, dispõe o art. 381 do CC/2002, cuja redação é idêntica à da norma anterior correspondente: "Art. 381. Extingue-se a obrigação, desde que na mesma pessoa se confundam as qualidades de credor e devedor".

Pois bem.

Na hipótese ora estudada, se as qualidades de credor e devedor pignoratício confundem-se na mesma pessoa, o penhor, por consequência lógica, desaparece.

e) dando-se a adjudicação judicial, a remissão ou a venda da coisa empenhada, feita pelo credor ou por ele autorizada

A primeira hipótese, a **adjudicação judicial**, está regulada pelo Código de Processo Civil, a partir do art. 876:

"Art. 876. É lícito ao exequente, oferecendo preço não inferior ao da avaliação, requerer que lhe sejam adjudicados os bens penhorados.

§ 1.º Requerida a adjudicação, o executado será intimado do pedido:

I – pelo Diário da Justiça, na pessoa de seu advogado constituído nos autos;

II – por carta com aviso de recebimento, quando representado pela Defensoria Pública ou quando não tiver procurador constituído nos autos;

III – por meio eletrônico, quando, sendo o caso do § 1.º do art. 246, não tiver procurador constituído nos autos.

§ 2.º Considera-se realizada a intimação quando o executado houver mudado de endereço sem prévia comunicação ao juízo, observado o disposto no art. 274, parágrafo único.

§ 3.º Se o executado, citado por edital, não tiver procurador constituído nos autos, é dispensável a intimação prevista no § 1.º.

§ 4.º Se o valor do crédito for:

I – inferior ao dos bens, o requerente da adjudicação depositará de imediato a diferença, que ficará à disposição do executado;

II – superior ao dos bens, a execução prosseguirá pelo saldo remanescente.

§ 5.º Idêntico direito pode ser exercido por aqueles indicados no art. 889, incisos II a VIII, pelos credores concorrentes que hajam penhorado o mesmo bem, pelo cônjuge, pelo companheiro, pelos descendentes ou pelos ascendentes do executado.

§ 6.º Se houver mais de um pretendente, proceder-se-á a licitação entre eles, tendo preferência, em caso de igualdade de oferta, o cônjuge, o companheiro, o descendente ou o ascendente, nessa ordem.

§ 7.º No caso de penhora de quota social ou de ação de sociedade anônima fechada realizada em favor de exequente alheio à sociedade, esta será intimada, ficando responsável por informar aos sócios a ocorrência da penhora, assegurando-se a estes a preferência".

Ora, operada a adjudicação em favor do exequente, sem dúvida, o penhor que tinha por objeto a coisa adjudicada extingue-se.

Na mesma linha, a **remição**[37] opera o fim do penhor.

Trata-se, neste caso, do **resgate do próprio bem pelo executado**.

Nessa linha, o art. 826 do CPC:

> "Art. 826. Antes de adjudicados ou alienados os bens, o executado pode, a todo tempo, remir a execução, pagando ou consignando a importância atualizada da dívida, acrescida de juros, custas e honorários advocatícios".

Finalmente, extingue-se por meio da **venda da coisa empenhada, feita pelo credor ou por ele autorizada**, porquanto, operada a alienação da coisa, consequentemente, o penhor extingue-se.

Em conclusão, salientamos que as formas de extinção previstas em lei **não são exaustivas**. Vale dizer, o rol apresentado no art. 1.436 é meramente exemplificativo, podendo ocorrer situações outras, ali não mencionadas, a exemplo da consumação do prazo de vigência do penhor[38].

---

[37] A referência legal à "remissão" (que significa "perdão") é equivocada.
[38] Cf. TARTUCE, Flávio. *Direito Civil*: Direito das Coisas. 7. ed. São Paulo: Gen-Método, 2015. v. 4. p. 516.

Capítulo XXVI
Hipoteca

Sumário: 1. Introdução. 2. Conceito e importância. 3. Características. 4. Espécies de hipoteca. 5. Objeto da hipoteca. 5.1. Os imóveis e os acessórios dos imóveis conjuntamente com eles. 5.2. O domínio direto. 5.3. O domínio útil. 5.4. As estradas de ferro. 5.5. Os recursos naturais a que se refere o art. 1.230, independentemente do solo onde se acham. 5.6. Os navios. 5.7. As aeronaves. 5.8. O direito de uso especial para fins de moradia. 5.9. O direito real de uso. 5.10. A propriedade superficiária. 6. Registro da hipoteca e princípios jurídicos. 7. Sub-hipoteca. 8. Aquisição de imóvel hipotecado. 9. Reflexões sobre a Súmula 308 do STJ. 10. Extinção da hipoteca. 10.1. Extinção da obrigação principal. 10.2. Perecimento da coisa. 10.3. Resolução da propriedade. 10.4. Renúncia do credor. 10.5. Remição. 10.6. Arrematação ou adjudicação. 10.7. Cancelamento do registro ou da hipoteca. 11. Perempção da hipoteca. 12. Garantia hipotecária e bem de família.

1. INTRODUÇÃO

Neste capítulo, analisaremos um dos mais importantes direitos reais de garantia, a saber, a hipoteca.

Compreendamos, inicialmente, seu conceito e suas principais características.

2. CONCEITO E IMPORTÂNCIA

"Hipoteca", escreve CARLOS ROBERTO GONÇALVES, na linha de SILVIO RODRIGUES, "é o direito real de garantia que tem por objeto bens imóveis, navio ou avião pertencentes ao devedor ou a terceiro e que, embora não entregues ao credor, asseguram-lhe, preferencialmente, o recebimento do seu crédito"[1].

SÍLVIO VENOSA, por sua vez, ensina que

> "A hipoteca, como direito real acessório de garantia, mantém os mesmos preceitos da última fase do Direito Romano. Aplicam-se-lhe os princípios gerais estabelecidos no Código Civil (artigos 755 a 767 do código de 1916 e artigos 1.419 a 1.430 do novo código). Tal como os outros direitos de igual natureza, a hipoteca é acessória a uma garantia e indivisível. Não se admite entre nós a chamada hipoteca abstrata, existente por si mesma, independente de qualquer crédito"[2].

---

[1] GONÇALVES, Carlos Roberto. *Direito Civil Brasileiro*: Direito das Coisas. 15. ed. São Paulo: Saraiva, 2020. v. 5. p. 615.

[2] VENOSA, Sílvio. A hipoteca no Novo Código Civil. *Migalhas*. 8 jan. 2003. Disponível em: <https://www.migalhas.com.br/dePeso/16,MI917,91041-A+hipoteca+no+novo+Codigo+Civil>. Acesso em: 30 set. 2018.

A sua importância, no Brasil, é histórica.

CLÓVIS BEVILÁQUA[3] já anotava:

> "Ainda que a hipoteca[4] seja uma relação acessória, cuja constituição pressupõe uma obrigação, de que ela é garantia, avulta de tal modo, na vida econômica da sociedade, que se destaca, formando um vasto e complicado instituto autônomo, de organização rigorosa e de influência considerável".

De fato, **é um dos mais importantes direitos reais de garantia, figurando, de um lado, o credor hipotecário (em favor de quem é instituída a garantia), e, de outro, o devedor hipotecário (o sujeito que concede o bem em garantia)**.

Vale lembrar que não apenas o devedor principal (sujeito passivo da relação obrigacional-base), mas também um terceiro pode prestar a garantia.

É digno de nota, por fim, que, para facilitar a cobrança de dívida hipotecária, o legislador permite que a execução ocorra, não apenas pela via judicial, mas também extrajudicialmente, perante o cartório de registro imobiliário, conforme os arts. 9.º e 10 da Lei do Marco Legal das Garantias (Lei n. 14.711, de 30 de outubro de 2023).

3. CARACTERÍSTICAS

Quanto às suas **caraterísticas**[5], trata-se de um instituto eminentemente **civil**, pois, "sendo civil a lei que institui e regulamenta a hipoteca, civil deve ser a sua jurisdição"[6].

Além disso, a hipoteca é **indivisível**, pois grava o bem em sua totalidade, valendo frisar que *o pagamento de uma ou mais prestações da dívida não importa exoneração correspondente da garantia, ainda que esta compreenda vários bens, salvo disposição expressa no título ou na quitação* (art. 1.421, CC).

Todavia, tal característica não marca, em caráter absoluto, o instituto da hipoteca, por conta do temperamento derivado da norma contida no art. 1.488 do Código Civil:

> "Art. 1.488. Se o imóvel, dado em garantia hipotecária, vier a ser loteado, ou se nele se constituir condomínio edilício, poderá o ônus ser dividido, gravando cada lote ou unidade autônoma, se o requererem ao juiz o credor, o devedor ou os donos, obedecida a proporção entre o valor de cada um deles e o crédito.
>
> § 1.º O credor só poderá se opor ao pedido de desmembramento do ônus, provando que o mesmo importa em diminuição de sua garantia.
>
> § 2.º Salvo convenção em contrário, todas as despesas judiciais ou extrajudiciais necessárias ao desmembramento do ônus correm por conta de quem o requerer.
>
> § 3.º O desmembramento do ônus não exonera o devedor originário da responsabilidade a que se refere o art. 1.430, salvo anuência do credor".

---

[3] BEVILAQUA, Clóvis. *Código Civil dos Estados Unidos do Brasil Comentado*. 4. ed. Rio de Janeiro: Francisco Alves, 1933. p. 395.

[4] Na grafia original da antiga obra que utilizamos em nossa pesquisa, para a elaboração deste ponto do capítulo, consta a palavra "hypotheca".

[5] Cf. DINIZ, Maria Helena. *Curso de Direito Civil Brasileiro*: Direito das Coisas. 34. ed. São Paulo: Saraiva, 2020. v. 4. p. 619.

[6] BEVILÁQUA, Clóvis. Op. cit. p. 395.

Sobre este "fracionamento da hipoteca", escreveu o Professor da Universidade de São Paulo, JOSÉ FERNANDO SIMÃO:

> "Com o advento do Código Civil de 2002, a hipoteca sofreu mais um abalo com relação à aclamada indivisibilidade. Isso porque o art. 1.488 proclama que:
>
> Art. 1.488. Se o imóvel, dado em garantia hipotecária, vier a ser loteado, ou se nele se constituir condomínio edilício, poderá **o ônus ser dividido, gravando cada lote ou unidade autônoma**, se o requererem ao juiz o credor, o devedor ou os donos, obedecida a proporção entre o valor de cada um deles e o crédito.
>
> A lei permitiu, excepcionalmente, a possibilidade de divisão da hipoteca se esta recair sobre unidades autônomas ou lotes. Por que abriu a lei tamanha exceção? Em razão da função social do contrato. Nesse sentido, de maneira clara e indiscutível, entendeu o Superior Tribunal de Justiça no julgamento do REsp. 691.738/SC, rel. Ministra NANCY ANDRIGHI, TERCEIRA TURMA, julgado em 12-5-2005, DJ 26-9-2005, p. 372:
>
> O art. 1.488 do CC/02 consubstancia um dos exemplos de materialização do princípio da *função social dos contratos*, que foi introduzido pelo novo código. Com efeito, a ideia que está por trás dessa disposição é a de proteger terceiros que, de boa-fé, adquirem imóveis cuja construção – ou loteamento – fora anteriormente financiada por instituição financeira mediante garantia hipotecária. Inúmeros são os casos em que esses terceiros, apesar de terem, rigorosamente, pago todas as prestações para a aquisição de imóvel – pagamentos esses, muitas vezes, feitos às custas de enorme esforço financeiro – são surpreendidos pela impossibilidade de transmissão da propriedade do bem em função da inadimplência da construtora perante o agente financeiro"[7].

Também comentando o citado art. 1.488, sublinha SÍLVIO VENOSA:

> "Ocorre com frequência que um imóvel de apartamentos em construção ou um imóvel de um empreendimento como um futuro loteamento aberto ou fechado seja dado em hipoteca. Essa hipoteca, como é evidente, de início onera a totalidade do imóvel. Posteriormente, quando instituído o condomínio e passam a ser vários os adquirentes-condôminos, a totalidade do imóvel continua gravada. Essa situação tem gerado questões complexas, gerando problemas sociais quando, por exemplo, o empreendedor originário se torna insolvente ou vai à bancarrota. Pois não sem atraso em nosso ordenamento, o artigo 1.488 do novo Código procura socorrer essas situações: se o imóvel, dado em garantia hipotecária, vier a ser loteado, ou se nele se constituir condomínio edilício, poderá o ônus ser dividido, gravando cada lote ou unidade autônoma, se o requererem ao juiz o credor, o devedor ou os donos, obedecida a proporção entre o valor de cada um deles e o crédito"[8].

---

[7] SIMÃO, José Fernando. O Código Civil e as decisões dos tribunais II: função social do contrato e fracionamento da hipoteca. *Site do Professor Simão*. Disponível em: <http://professorsimao.com.br/artigos_simao_regime_bens_TRIBUNAIS_II.htm>. Acesso em: 30 set. 2018.

[8] VENOSA, Sílvio. A hipoteca no Novo Código Civil. *Migalhas*. 8 jan. 2003. Disponível em: <https://www.migalhas.com.br/dePeso/16,MI917,91041-A+hipoteca+no+novo+Codigo+Civil>. Acesso em: 7 out. 2018. No mesmo texto, o ilustrado jurista traz outras interessantes reflexões sobre a dinâmica das normas constantes no art. 1.488: "A dúvida que o dispositivo não esclarece é saber se cada titular do domínio, isoladamente, pode requerer essa divisão no tocante ao seu próprio quinhão. A melhor opinião é, sem dúvida, nesse sentido, pois exigir que todos o façam coletivamente, ou que a entidade condominial o faça, poderá retirar o alcance social que pretende a norma. Isto porque pode ocorrer que não exista condomínio regular instituído, como nos casos de loteamento, e principalmente porque todas as despesas judiciais ou extrajudiciais necessárias ao desmembramento correm

É, ainda, a hipoteca, como sabemos, um direito **acessório,** pois garante o cumprimento de uma dívida principal, que pode, inclusive, ser futura e condicionada:

"Art. 1.487. A hipoteca pode ser constituída para garantia de dívida futura ou condicionada, desde que determinado o valor máximo do crédito a ser garantido.

§ 1.º Nos casos deste artigo, a execução da hipoteca dependerá de prévia e expressa concordância do devedor quanto à verificação da condição, ou ao montante da dívida.

§ 2.º Havendo divergência entre o credor e o devedor, caberá àquele fazer prova de seu crédito. Reconhecido este, o devedor responderá, inclusive, por perdas e danos, em razão da superveniente desvalorização do imóvel".

Comentando este dispositivo, ensina MARIA HELENA DINIZ:

"A execução dessa hipoteca dependerá, em razão da aleatoriedade ou da condicionalidade do crédito garantido, de prévia e expressa concordância do devedor quanto à verificação da condição (suspensiva ou resolutiva) ou ao montante da dívida"[9].

Também tem por característica, típica dos direitos reais, a **sequela,** de maneira que a garantia hipotecária acompanha o bem gravado, mesmo em caso de alienação.

Aliás, é importante, de logo, frisar, a teor do art. 1.475, que é **nula a cláusula que proíbe ao proprietário alienar imóvel hipotecado**, podendo se convencionar que vencerá o crédito hipotecário, se o imóvel for alienado.

Ora, ao permitir que o credor hipotecário possa "perseguir" o bem, a própria sequela justifica a possibilidade de alienação, sem prejuízo da garantia real, como bem destacou o Superior Tribunal de Justiça no seguinte julgado:

---

por conta do requerente. Ainda que se convencione em contrário, como menciona a lei, as custas e emolumentos de cunho oficial serão sempre pagos pelo interessado que requerer a medida, o qual poderá não ter meios ou não ter sucesso em uma ação de regresso. Se fosse exigido que a integralidade da divisão proporcional fosse feita em ato único, o elevado custo inviabilizaria, sem dúvida, a medida, nessa situação narrada. Nada impede, pois, que cada proprietário requeira que se atribua a seu imóvel ou sua unidade a proporção do gravame, independentemente do próprio condomínio ou da totalidade de interessados fazê-lo. Por outro lado, não haverá problema registrário pois a nova situação ficará averbada junto a cada matrícula. A lei regulamentadora desse dispositivo deve atentar para esse fato, ainda porque raramente haverá interesse do credor ou devedor requerer esse desmembramento da hipoteca. De qualquer forma, mesmo que lei alguma permita expressamente o ato registrário, o decreto de desmembramento será feito por sentença judicial, como estatui esse dispositivo, e não se discute o seu mandamento. Deverá, no entanto, ser adaptada a lei registrária a essa problemática. Por outro lado, no que é mais relevante nesse dispositivo, o credor somente poderá se opor ao pedido de desmembramento se provar que este importa em diminuição da sua garantia, o que, na prática, raramente deverá ocorrer. Ademais, como é de justiça e decorre da lei, ainda que ocorra o desmembramento do gravame, o devedor originário continuará responsável por toda a dívida hipotecária, salvo anuência expressa do credor. Como esse direito de divisão proporcional do gravame deflui de uma situação de comunhão, não há prazo para que os proprietários das unidades, o credor ou o devedor requeiram essa medida, pois esse direito subjetivo se insere na categoria dos direitos potestativos. Enquanto perdurar a indivisão do ônus, pode o requerimento ser feito. Ainda, por essa razão, nada impede seja requerida a divisão ainda que iniciada a excussão de todo o imóvel ou que se oponha a esta o interessado por meio de embargos de terceiro. Aliás, no sistema atual do Código de 1916 já defendíamos essa posição".

[9] DINIZ, Maria Helena. Op. cit. v. 4, p. 622.

"ADMINISTRATIVO. SISTEMA FINANCEIRO DA HABITAÇÃO. FCVS. CESSÃO DE OBRIGAÇÕES E DIREITOS. 'CONTRATO DE GAVETA'. TRANSFERÊNCIA DE FINANCIAMENTO. NECESSIDADE DE CONCORDÂNCIA DA INSTITUIÇÃO FINANCEIRA MUTUANTE. LEI N. 10.150, DE 2000 (ART. 20).

(...)

7. O Código Civil de 1916, de feição individualista, privilegiava a autonomia da vontade e o princípio da força obrigatória dos vínculos. Por seu turno, o Código Civil de 2002 inverteu os valores e sobrepõe o social em face do individual. Dessa sorte, por força do Código de 1916, prevalecia o elemento subjetivo, o que obrigava o juiz a identificar a intenção das partes para interpretar o contrato. Hodiernamente, prevalece na interpretação o elemento objetivo, vale dizer, o contrato deve ser interpretado segundo os padrões socialmente reconhecíveis para aquela modalidade de negócio.

8. Sob esse enfoque, o art. 1.475 do diploma civil vigente considera nula a cláusula que veda a alienação do imóvel hipotecado, admitindo, entretanto, que a referida transmissão importe no vencimento antecipado da dívida. Dispensa-se, assim, a anuência do credor para alienação do imóvel hipotecado em enunciação explícita de um princípio fundamental dos direitos reais.

9. Deveras, jamais houve vedação de alienação do imóvel hipotecado, ou gravado com qualquer outra garantia real, porquanto função da sequela. O titular do direito real tem o direito de seguir o imóvel em poder de quem quer que o detenha, podendo excuti-lo mesmo que tenha sido transferido para o patrimônio de outrem distinto da pessoa do devedor.

(...)"

(AgRg no REsp 838.127/DF, rel. Min. LUIZ FUX, PRIMEIRA TURMA, julgado em 17-2-2009, *DJe* 30-3-2009)

São claros, sem dúvida, os argumentos expostos pelo julgador.

4. ESPÉCIES DE HIPOTECA

Além da **hipoteca convencional** – mais comum, constituída por convenção ou ajuste de vontades –, temos, ainda, a **hipoteca judiciária**[10], a **hipoteca cedular**[11] e a **hipoteca legal** – que deriva da lei, para beneficiar pessoas determinadas.

---

[10] O CPC/2015 traz uma profunda inovação, ao tratar da **hipoteca judiciária,** derivada, como a expressão sugere, de uma decisão judicial:

Art. 495. A decisão que condenar o réu ao pagamento de prestação consistente em dinheiro e a que determinar a conversão de prestação de fazer, de não fazer ou de dar coisa em prestação pecuniária valerão como título constitutivo de hipoteca judiciária.

§ 1.º A decisão produz a hipoteca judiciária:

I – embora a condenação seja genérica;

II – ainda que o credor possa promover o cumprimento provisório da sentença ou esteja pendente arresto sobre bem do devedor;

III – mesmo que impugnada por recurso dotado de efeito suspensivo.

§ 2.º A hipoteca judiciária poderá ser realizada mediante apresentação de cópia da sentença perante o cartório de registro imobiliário, independentemente de ordem judicial, de declaração expressa do juiz ou de demonstração de urgência.

A hipoteca legal é bastante peculiar.

"Art. 1.489. A lei confere hipoteca[12]:

I – às pessoas de direito público interno (art. 41) sobre os imóveis pertencentes aos encarregados da cobrança, guarda ou administração dos respectivos fundos e rendas;

II – aos filhos, sobre os imóveis do pai ou da mãe que passar a outras núpcias, antes de fazer o inventário do casal anterior;

III – ao ofendido, ou aos seus herdeiros, sobre os imóveis do delinquente, para satisfação do dano causado pelo delito e pagamento das despesas judiciais;

IV – ao coerdeiro, para garantia do seu quinhão ou torna da partilha, sobre o imóvel adjudicado ao herdeiro reponente;

V – ao credor sobre o imóvel arrematado, para garantia do pagamento do restante do preço da arrematação".

Está claro que o sistema normativo constante neste dispositivo pretende acautelar eventual direito das pessoas ali mencionadas que, em virtude da posição ou situação em que se encontram, experimentam potencial risco de dano.

A hipoteca legal, pois, sem dúvida, é uma especial garantia real instituída por norma cogente.

---

§ 3.º No prazo de até 15 (quinze) dias da data de realização da hipoteca, a parte informá-la-á ao juízo da causa, que determinará a intimação da outra parte para que tome ciência do ato.

§ 4.º A hipoteca judiciária, uma vez constituída, implicará, para o credor hipotecário, o direito de preferência, quanto ao pagamento, em relação a outros credores, observada a prioridade no registro.

§ 5.º Sobrevindo a reforma ou a invalidação da decisão que impôs o pagamento de quantia, a parte responderá, independentemente de culpa, pelos danos que a outra parte tiver sofrido em razão da constituição da garantia, devendo o valor da indenização ser liquidado e executado nos próprios autos.

[11] Sobre a **hipoteca cedular** dispõe o art. 1.486 do Código Civil: "Podem o credor e o devedor, no ato constitutivo da hipoteca, autorizar a emissão da correspondente cédula hipotecária, na forma e para os fins previstos em lei especial". Sobre esta modalidade de hipoteca, escreve MARIA HELENA DINIZ: "Para certas hipotecas constitui-se a cédula crédito-hipotecária, que consiste num título representativo de crédito com este ônus real, sempre nominativo mas transferível por endosso e emitido pelo credor (Decs.-Leis n. 70/66, que instituiu a cédula hipotecária destinada a financiamentos do Sistema Financeiro de Habitação, e 1.494/76; Lei n. 5.741/71; CC, art. 1.486).

(...)

Essa cédula deverá conter o nome, qualificação e endereço do credor e do devedor, o valor do crédito que representa, a indicação do número, data, livro e folha do registro da hipoteca e averbação da própria cédula, a individuação do imóvel gravado, a data da emissão e do vencimento e o local do pagamento. Exigindo-se, ainda, para maior segurança dos cessionários, sua autenticação pelo oficial do registro imobiliário e averbação sob pena de nulidade, à margem da inscrição da hipoteca integrante, não sendo permitida se houver prenotação ou inscrição de outro ônus real, ação, penhora ou cédula anterior" (*Curso de Direito Civil Brasileiro*, citado, p. 603-604).

[12] Código Civil: "Art. 1.490. O credor da hipoteca legal, ou quem o represente, poderá, provando a insuficiência dos imóveis especializados, exigir do devedor que seja reforçado com outros. Art. 1.491. A hipoteca legal pode ser substituída por caução de títulos da dívida pública federal ou estadual, recebidos pelo valor de sua cotação mínima no ano corrente; ou por outra garantia, a critério do juiz, a requerimento do devedor".

Nada impede, outrossim, que haja a substituição da hipoteca legal **por caução de títulos da dívida pública federal ou estadual** ou **por outra garantia**:

> "Art. 1.491. A hipoteca legal pode ser substituída por caução de títulos da dívida pública federal ou estadual, recebidos pelo valor de sua cotação mínima no ano corrente; ou por outra garantia, a critério do juiz, a requerimento do devedor".

Na mesma trilha, como já decidiu o Superior Tribunal de Justiça, poderá haver, ainda, **substituição do próprio bem objeto da hipoteca legal**:

> "PENAL E PROCESSO PENAL. EMBARGOS DE DECLARAÇÃO NO RECURSO ORDINÁRIO. MANDADO DE SEGURANÇA. MEDIDA ACAUTELATÓRIA PATRIMONIAL. SUBSTITUIÇÃO DE BEM. IMÓVEL DE TERCEIRO. FALTA DE LEGITIMIDADE. CONFUSÃO PATRIMONIAL. PERDIMENTO CABÍVEL. RECURSO IMPROVIDO. AUSÊNCIA DE AMBIGUIDADE, OBSCURIDADE OU CONTRADIÇÃO.
>
> 1 – É cediço que os embargos de declaração consubstanciam instrumento processual apto a suprir omissão do julgado ou dele excluir ambiguidade, obscuridade e contradição, nos termos do art. 619 do CPP, vícios não verificados na espécie.
>
> 2 – Embora cabível a substituição do bem na hipoteca legal, pois mera garantia patrimonial, e tendo expressado a decisão fixadora da cautelar que esta era de fato a constrição decretada, pois se atingiam inclusive imóveis adquiridos antes da prática criminosa perseguida, acaba por ficar sem sentido a discussão ante a indicação pelo Tribunal local de que o bem é de terceiro, assim não possuindo o impetrante legitimidade para o pleito.
>
> 3 – Ademais, a apontada confusão patrimonial entre empresas seria parte do fato criminoso, a indicar como possível o efeito de perdimento – que independe de formal sequestro prévio.
>
> 4 – O rito do mandado de segurança e de seu consectário recursal pressupõe prova pré-constituída do direito alegado, devendo a parte demonstrar, de maneira inequívoca, por meio de documentos que evidenciem a pretensão aduzida, a existência da aventada ofensa a direito líquido e certo suportado pelo impetrante.
>
> 5 – Embargos de declaração rejeitados".
>
> (EDcl no RMS 49.375/SP, rel. Min. NEFI CORDEIRO, SEXTA TURMA, julgado em 6-10-2016, DJe 25-10-2016) (grifamos)

E, por fim, transcrevemos uma advertência feita por VENOSA que, após ressaltar a inadmissibilidade da **hipoteca abstrata**, aquela existente por si mesma, independentemente de um crédito que lhe seja correlato, acrescenta:

> "No estudo da hipoteca, não se deve perder de vista que, ao lado das normas estruturais estabelecidas pelo Código Civil, a Lei dos Registros Públicos confere-lhe a necessária instrumentalidade, mostrando-se indissociáveis o exame de ambos os diplomas legais"[13].

De fato, razão assiste ao ilustre autor, na medida em que a compreensão dos princípios e regras gerais de qualquer espécie de hipoteca exige a interpretação harmônica do Código Civil e da Lei n. 6.015 de 1973 (Lei de Registros Públicos – LRP).

5. OBJETO DA HIPOTECA

Na perspectiva do seu "requisito objetivo"[14], podem ser **objeto** de hipoteca (art. 1.473):

---

[13] VENOSA, Sílvio de Salvo. *Direitos Reais*. 3. ed. São Paulo: Atlas, 2003. p. 516.

[14] No que tange ao **"requisito subjetivo"**, por sua vez, para constituir a hipoteca, lembremo-nos de que só quem pode alienar poderá empenhar (dar em penhor), **hipotecar** ou dar em anticrese (art. 1.420,

5.1. Os imóveis e os acessórios dos imóveis conjuntamente com eles

Trata-se do objeto hipotecário mais comum.

Um imóvel rural, por exemplo, juntamente com os seus acessórios, a exemplo de um sistema mecânico de irrigação nele instalado (uma pertença) podem ser hipotecados[15].

Vale lembrar que a Lei do Marco Legal das Garantias (Lei n. 14.711, de 30 de outubro de 2023), ao alterar o Código Civil, estabeleceu que "o inadimplemento da obrigação garantida por hipoteca faculta ao credor declarar vencidas as demais obrigações de que for titular garantidas pelo mesmo imóvel" (§ 2.º do art. 1.477).

5.2. O domínio direto

O domínio direto traduz o poder conferido ao senhorio, na antiga enfiteuse[16].

Sobre a enfiteuse, vale relembrar a preleção de PABLO STOLZE GAGLIANO:

"Nos termos do revogado art. 678 do Código de 1916, constituía-se a enfiteuse quando: *'Por ato entre vivos, ou de última vontade, o proprietário atribui a outrem o domínio útil do imóvel, pagando a pessoa, que o adquire, e assim se constitui enfiteuta, ao senhorio direto uma pensão, ou foro, anual, certo e invariável'.*

Tal direito real, de duração indeterminada, somente poderia ter por objeto terras não cultivadas ou terrenos que se destinassem à edificação (art. 680).

Nota-se, pois, da análise de tais características, que a razão histórica de sua existência assentava-se na necessidade de povoamento e colonização do vasto Império Romano, razão porque o nosso legislador, extremamente influenciado nesse particular pela concepção romanista, imprimiu especial caráter fundiário a este direito.

Comentando a evolução histórica do instituto, Orlando Gomes pontifica que:

'As cidades concediam a particulares, mediante arrendamento a longo prazo, terras incultas, para que as cultivassem. Esses arrendamentos para o aproveitamento econômico da terra, que eram temporários, tornaram-se, a pouco e pouco, perpétuos, desde que se veio a admitir que o terreno arrendado não poderia ser retomado, enquanto o arrendatário estivesse pagando pontualmente a renda'.

E arremata o ilustre jurista baiano: *'Na Idade Média, o instituto transformou-se, modificando-se até a sua função econômica. Opera-se a desintegração da propriedade, e, sobre a mesma coisa, incide o domínio, fragmentado em domínio eminente e domínio útil'*[17].

De fato, esta fragmentação do domínio, na enfiteuse, chegou até os nossos dias: de um lado, o enfiteuta, titular do domínio útil, exercente de uma quase-propriedade, apenas condicionada ao pagamento de um foro anual e do laudêmio para cada ato de transmissão onerosa do bem; do outro, o senhorio, titular do domínio eminente, senhor de uma coisa que somente podia ser considerada sua, na medida em que mantinha o direito de

---

1.ª parte, CC). Salientamos que a garantia tanto pode ser constituída **pelo próprio devedor** como pode ser constituída **por terceiro**.

[15] Quanto ao alcance, portanto, a hipoteca abrange todas as acessões, melhoramentos ou construções do imóvel, subsistindo os ônus reais constituídos e registrados, anteriormente à hipoteca, sobre o mesmo imóvel (art. 1.474).

[16] Cf. art. 2038, CC.

[17] GOMES, Orlando. *Direitos Reais*. 15. ed. Rio de Janeiro: 1999. p. 264.

preferência em caso de venda ou dação em pagamento, e, bem assim, em virtude de fazer jus ao foro e ao laudêmio"[18].

5.3. O domínio útil

Trata-se, por seu turno, como mencionado na alínea anterior, do poder correlato conferido ao enfiteuta.

5.4. As estradas de ferro[19]

Vinculadas ao solo, compreendem "a superestrutura metálica (trilhos assentados e dormentes), oficinas, estações, linhas telegráficas, equipamentos fixos de sinalização, vagões, locomotivas e carros, passíveis de serem hipotecadas ante a importância econômica e social dessa via de comunicação", na afirmação de MARIA HELENA DINIZ que, logo em seguida, acrescenta que uma característica importante da hipoteca das ferrovias consiste "na continuidade do seu funcionamento, devendo o credor, portanto, respeitar a administração e suas decisões concernentes à exploração da linha, às modificações deliberadas no leito da estrada, em suas dependências, ou no seu material"[20].

5.5. Os recursos naturais a que se refere o art. 1.230, independentemente do solo onde se acham

Os recursos minerais que integrem o domínio público não são hipotecáveis (art. 1.230[21]), como jazidas, minas e recursos minerais, pois integram o domínio da União (art. 20, VIII,

---

[18] GAGLIANO, Pablo Stolze. *Comentários ao Código Civil Brasileiro*. Coord. Arruda Alvim e Thereza Alvim. Rio de Janeiro: Forense, 2008. p. 19-20.

[19] Código Civil:
"Art. 1.502. As hipotecas sobre as estradas de ferro serão registradas no Município da estação inicial da respectiva linha.
Art. 1.503. Os credores hipotecários não podem embaraçar a exploração da linha, nem contrariar as modificações, que a administração deliberar, no leito da estrada, em suas dependências, ou no seu material.
Art. 1.504. A hipoteca será circunscrita à linha ou às linhas especificadas na escritura e ao respectivo material de exploração, no estado em que ao tempo da execução estiverem; mas os credores hipotecários poderão opor-se à venda da estrada, à de suas linhas, de seus ramais ou de parte considerável do material de exploração; bem como à fusão com outra empresa, sempre que com isso a garantia do débito enfraquecer.
Art. 1.505. Na execução das hipotecas será intimado o representante da União ou do Estado, para, dentro em quinze dias, remir a estrada de ferro hipotecada, pagando o preço da arrematação ou da adjudicação".

[20] DINIZ, Maria Helena. Op. cit. v. 4, p. 624-625.

[21] "Art. 1.230. A propriedade do solo não abrange as jazidas, minas e demais recursos minerais, os potenciais de energia hidráulica, os monumentos arqueológicos e outros bens referidos por leis especiais.
Parágrafo único. O proprietário do solo tem o direito de explorar os recursos minerais de emprego imediato na construção civil, desde que não submetidos a transformação industrial, obedecido o disposto em lei especial."

IX, X, CF). Mas, por outro lado, os recursos minerais de emprego imediato na construção civil são hipotecáveis, conforme lembram FARIAS e ROSENVALD[22].

5.6. Os navios[23]

Ainda que, em essência, se trate de bens móveis, os navios se submetem às regras da hipoteca.

"Embora sejam móveis", escreve CARLOS ROBERTO GONÇALVES sobre a hipoteca de navios e aeronaves, "é admitida a hipoteca, por conveniência econômica e porque são suscetíveis de identificação e individuação, tendo registro peculiar, possibilitando a especialização e a publicidade, princípios que norteiam o direito real de garantia"[24].

A hipoteca naval, é importante lembrar, deverá ser feita no Tribunal Marítimo, sob pena de não valer contra terceiros[25].

O referido Tribunal, segundo a Lei n. 2.180, de 5 de fevereiro de 1954, "é um órgão autônomo, com jurisdição em todo o território nacional, auxiliar do Poder Judiciário, vinculado ao Comando da Marinha"[26].

---

[22] FARIAS, Cristiano Chaves de; ROSENVALD, Nelson. *Direitos Reais*. 6. ed. Rio de Janeiro: Lumen Juris, 2009. p. 617-618.

[23] "§ 1.º A hipoteca dos navios e das aeronaves reger-se-á pelo disposto em lei especial" (cf. Leis ns. 7.652/88 e 7.565/86).

[24] GONÇALVES, Carlos Roberto. *Direito Civil Brasileiro*: Direito das Coisas. 15. ed. São Paulo: Saraiva, 2020. v. 5. p. 619.

[25] Lei n. 7.652 de 3 de fevereiro de 1988:
"Art. 12. O registro de direitos reais e de outros ônus que gravem embarcações brasileiras deverá ser feito no Tribunal Marítimo, sob pena de não valer contra terceiros.
§ 1.º Enquanto não registrados, os direitos reais e os ônus subsistem apenas entre as partes, retroagindo a eficácia do registro à data da prenotação do título.
§ 2.º Os direitos reais e os ônus serão registrados em livro próprio, averbados à margem do registro de propriedade e anotados no respectivo título, devendo o interessado promover previamente o registro das embarcações ainda não registradas ou isentas.
Art. 13. A hipoteca ou outro gravame poderão ser constituídos em favor do construtor ou financiador, mesmo na fase de construção, qualquer que seja a arqueação bruta da embarcação, devendo, neste caso, constar do instrumento o nome do construtor, o número do casco, a especificação do material e seus dados característicos e, quando for o caso, o nome do financiador.
Art. 14. Os interessados, para requererem o registro dos direitos reais e de outros ônus, apresentarão o contrato que deverá conter, obrigatoriamente, além dos elementos intrínsecos ao ato:
I – as características principais da embarcação, arqueação bruta, tonelagem de porte bruto e outros dados que a identifiquem devidamente; e
II – a declaração de estar segurada a embarcação, exceto quando constituída hipoteca ou outro gravame real na forma permitida pelo art. 13 desta lei.
§ 1.º O pedido de registro será apresentado mediante requerimento do proprietário ou de seu representante legal, acompanhado dos documentos necessários, à Capitania dos Portos ou órgão subordinado, em cuja jurisdição estiver incluído o porto de inscrição da embarcação, a quem caberá encaminhar o requerimento e documentos a este apensos ao Tribunal Marítimo.
§ 2.º O registro do direito real ou do ônus será comunicado pelo Tribunal Marítimo à Capitania dos Portos em cuja jurisdição estiver incluído o porto de inscrição da embarcação, para a devida anotação".

[26] Cf., disponível em: <https://www.marinha.mil.br/tm/?q=atribuicao>. Acesso em: 6 out. 2018.

5.7. As aeronaves

Na mesma linha, e pelos mesmos fundamentos da alínea anterior, uma aeronave poderá ser hipotecada para a garantia de determinado crédito.

O diploma legal que rege a matéria (Código Brasileiro de Aeronáutica – Lei n. 7.565 de 19 de dezembro de 1986), além de definir que aeronave é "todo aparelho manobrável em voo, que possa sustentar-se e circular no espaço aéreo, mediante reações aerodinâmicas, apto a transportar pessoas ou coisas"[27], dispõe ainda acerca da *hipoteca convencional*[28] e da *hipoteca legal*[29] de aeronaves, admitindo, inclusive, a alienação fiduciária[30].

---

[27] Trata-se da dicção do *caput* do art. 106 que, em seu parágrafo único, acrescenta: "A aeronave é bem móvel registrável para o efeito de nacionalidade, matrícula, aeronavegabilidade (artigos 72, I, 109 e 114), transferência por ato entre vivos (artigos 72, II e 115, IV), constituição de hipoteca (artigos 72, II e 138), publicidade (artigos 72, III e 117) e cadastramento geral (artigo 72, V)" (grifamos).

[28] Código Brasileiro de Aeronáutica – **Hipoteca Convencional**:

"Art. 138. Poderão ser objeto de hipoteca as aeronaves, motores, partes e acessórios de aeronaves, inclusive aquelas em construção.

§ 1.º Não pode ser objeto de hipoteca, enquanto não se proceder à matrícula definitiva, a aeronave inscrita e matriculada provisoriamente, salvo se for para garantir o contrato, com base no qual se fez a matrícula provisória.

§ 2.º A referência à aeronave, sem ressalva, compreende todos os equipamentos, motores, instalações e acessórios, constantes dos respectivos certificados de matrícula e aeronavegabilidade.

§ 3.º No caso de incidir sobre motores, deverão eles ser inscritos e individuados no Registro Aeronáutico Brasileiro, no ato da inscrição da hipoteca, produzindo esta os seus efeitos ainda que estejam equipando aeronave hipotecada a distinto credor, exceto no caso de haver nos respectivos contratos cláusula permitindo a rotatividade dos motores.

§ 4.º Concluída a construção, a hipoteca estender-se-á à aeronave se recair sobre todos os componentes; mas continuará a gravar, apenas, os motores e equipamentos individuados, se somente sobre eles incidir a garantia.

§ 5.º Durante o contrato, o credor poderá inspecionar o estado dos bens, objeto da hipoteca.

Art. 139. Só aquele que pode alienar a aeronave poderá hipotecá-la e só a aeronave que pode ser alienada poderá ser dada em hipoteca.

Art. 140. A aeronave comum a 2 (dois) ou mais proprietários só poderá ser dada em hipoteca com o consentimento expresso de todos os condôminos.

Art. 141. A hipoteca constituir-se-á pela inscrição do contrato no Registro Aeronáutico Brasileiro e com a averbação no respectivo certificado de matrícula.

Art. 142. Do contrato de hipoteca deverão constar:

I – o nome e domicílio das partes contratantes;

II – a importância da dívida garantida, os respectivos juros e demais consectários legais, o termo e lugar de pagamento;

III – as marcas de nacionalidade e matrícula da aeronave, assim como os números de série de suas partes componentes;

IV – os seguros que garantem o bem hipotecado.

§ 1.º Quando a aeronave estiver em construção, do instrumento deverá constar a descrição de conformidade com o contrato, assim como a etapa da fabricação, se a hipoteca recair sobre todos os componentes; ou a individuação das partes e acessórios se sobre elas incidir a garantia.

§ 2.º No caso de contrato de hipoteca realizado no exterior, devem ser observadas as indicações previstas no artigo 73, item III.

5.8. O direito de uso especial para fins de moradia

Conceitualmente, trata-se de um direito que confere ao seu titular o uso de um imóvel público, insuscetível de usucapião[31], em caráter real, com a finalidade de morar.

Art. 143. O crédito hipotecário aéreo prefere a qualquer outro, com exceção dos resultantes de:

I – despesas judiciais, crédito trabalhista, tributário e proveniente de tarifas aeroportuárias;

II – despesas por socorro prestado; gastos efetuados pelo comandante da aeronave, no exercício de suas funções, quando indispensáveis à continuação da viagem; e despesas efetuadas com a conservação da aeronave.

Parágrafo único. A preferência será exercida:

a) no caso de perda ou avaria da aeronave, sobre o valor do seguro;

b) no caso de destruição ou inutilização, sobre o valor dos materiais recuperados ou das indenizações recebidas de terceiros;

c) no caso de desapropriação, sobre o valor da indenização".

[29] Código Brasileiro de Aeronáutica – **Hipoteca Legal:**

"Art. 144. Será dada em favor da União a hipoteca legal das aeronaves, peças e equipamentos adquiridos no exterior com aval, fiança ou qualquer outra garantia do Tesouro Nacional ou de seus agentes financeiros.

Art. 145. Os bens mencionados no artigo anterior serão adjudicados à União, se esta o requerer no Juízo Federal, comprovando:

I – a falência, insolvência, liquidação judicial ou extrajudicial, antes de concluído o pagamento do débito garantido pelo Tesouro Nacional ou seus agentes financeiros;

II – a ocorrência dos fatos previstos no artigo 189, I e II deste Código.

Art. 146. O débito que tenha de ser pago pela União ou seus agentes financeiros, vencido ou vincendo, será cobrado do adquirente ou da massa falida pelos valores despendidos por ocasião do pagamento.

§ 1.º A conversão da moeda estrangeira, se for o caso, será feita pelo câmbio do dia, observada a legislação complementar pertinente.

§ 2.º O valor das aeronaves adjudicadas à União será o da data da referida adjudicação.

§ 3.º Do valor do crédito previsto neste artigo será deduzido o valor das aeronaves adjudicadas à União, cobrando-se o saldo.

§ 4.º Se o valor das aeronaves for maior do que as importâncias despendidas ou a despender, pela União ou seus agentes financeiros, poderá aquela vender em leilão as referidas aeronaves pelo valor da avaliação.

§ 5.º Com o preço alcançado, pagar-se-ão as quantias despendidas ou a despender, e o saldo depositar-se-á, conforme o caso, em favor da massa falida ou liquidante.

§ 6.º Se no primeiro leilão não alcançar lance superior ou igual à avaliação, far-se-á, no mesmo dia, novo leilão condicional pelo maior preço.

§ 7.º Se o preço alcançado no leilão não for superior ao crédito da União, poderá esta optar pela adjudicação a seu favor.

Art. 147. Far-se-á *ex officio* a inscrição no Registro Aeronáutico Brasileiro:

I – da hipoteca legal;

II – da adjudicação de que tratam os artigos 145, 146, § 7.º e 190 deste Código.

Parágrafo único. Os atos jurídicos, de que cuida o artigo, produzirão efeitos ainda que não levados a registro no tempo próprio".

[30] Arts. 148 a 152, do Código Brasileiro de Aeronáutica.

[31] Como sabemos, os imóveis públicos não são suscetíveis de usucapião, a teor do § 3.º, art. 183 e do parágrafo único do art. 191, da Constituição Federal. No Código Civil, confira-se o art. 102.

Trata-se de um direito mais específico do que a concessão de direito real de uso, tratado em capítulo próprio[32], pois o seu elemento teleológico é claramente delineado: a moradia.

5.9. O direito real de uso[33]

O uso nada mais é do que o direito real, conferido a uma pessoa, de usar a coisa e perceber os seus frutos, <u>na medida das suas necessidades e de sua família</u>.

Nesse diapasão, anota CARLOS ROBERTO GONÇALVES:

"O uso nada mais é do que um usufruto limitado. Destina-se a assegurar ao beneficiário a utilização imediata de coisa alheia, limitada às necessidades do usuário e de sua família. Por isso, a tendência de se reduzir a um conceito único (...) Ao contrário do usufruto, é indivisível, não podendo ser constituído por partes em uma mesma coisa, bem como incessível. Nem seu exercício pode ceder-se"[34].

A matéria é objeto de capítulo próprio, ao qual remetemos o(a) amigo(a) leitor(a)[35].

5.10. A propriedade superficiária

Superada a antiga enfiteuse, o codificador de 2002 consagrou o direito de superfície: o proprietário pode conceder a outrem o direito de construir ou de plantar em seu terreno, por tempo determinado, mediante escritura pública devidamente registrada no Cartório de Registro de Imóveis, segundo o *caput* do art. 1.369, CC/2002.

Figuram como partes, na relação real emanada da superfície:

a) o proprietário ou fundieiro – aquele que cede o uso do imóvel, experimentando a limitação da superfície;

b) o superficiário – o titular do direito de superfície, que recebe o imóvel do fundieiro para construir ou plantar.

Com efeito, admite-se seja hipotecada a propriedade superficiária, ou seja, o direito que toca ao proprietário ou fundieiro.

Consultado sobre o tema, transcrevemos resposta formulada pelo Instituto de Registro Imobiliário do Brasil – IRIB, em edição do seu Boletim Eletrônico:

Pergunta

É possível hipoteca sobre a propriedade gravada com Direito de Superfície?

Resposta

Acerca deste assunto, vejamos como se pronunciou Eduardo Sócrates Castanheira Sarmento Filho, em publicação do IRIB intitulada "Coleção Cadernos IRIB – O Direito de Superfície", Vol. 2, p. 20:

---

[32] Confira-se o Capítulo XXVIII ("Concessão de uso especial para fins de moradia") deste volume.

[33] Sobre o **direito real de uso** e a **propriedade superficiária**, como objetos de hipoteca, o § 2.º do art. 1.473 dispõe que os respectivos direitos de garantia instituídos ficam limitados à duração da concessão ou direito de superfície, caso tenham sido transferidos por período determinado.

[34] GONÇALVES, Carlos Roberto. Op. cit. p. 519-520.

[35] Confira-se o Capítulo XXI ("Uso") deste volume.

"12) Onerações: é possível instituir hipoteca ou alienação fiduciária sobre a propriedade do fundeiro, independentemente da propriedade superficiária, assim como se admite a oneração da propriedade superficiária sem atingir a propriedade do fundeiro. A constituição da hipoteca sobre a propriedade do fundeiro não alcançará a construção ou a plantação objeto da superfície anteriormente constituída, derrogando, assim, o art. 1.474 do CC. A hipoteca não abrangerá todas as acessões e melhoramentos do imóvel, como indica a primeira parte do dispositivo mencionado, incidindo a parte final dessa norma, no sentido de que subsistem os ônus reais registrados anteriormente à hipoteca."

Finalizando, recomendamos sejam consultadas as Normas de Serviço da Corregedoria-Geral da Justiça de seu Estado, para que não se verifique entendimento contrário ao nosso. Havendo divergência, proceda aos ditames das referidas Normas, bem como a orientação jurisprudencial local.

Seleção: Consultoria do IRIB

Fonte: Base de dados do IRIB Responde[36].

6. REGISTRO DA HIPOTECA E PRINCÍPIOS JURÍDICOS

Alguns importantes "requisitos formais" devem ser observados.

As hipotecas serão registradas no cartório do lugar do imóvel, ou no de cada um deles, se o título se referir a mais de um (art. 1.492). Vale dizer, compreensivelmente, não apenas para melhor aplicação e cumprimento do próprio instituto, mas por imperativo de segurança jurídica, projeta-se o **princípio da publicidade** em face da necessidade do registro público do direito real de hipoteca, competindo, por óbvio, aos interessados, exibido o título, requerer a efetivação do ato.

Correlato ao princípio da publicidade, temos o da **especialização** (art. 1.424), que impõe a descrição detalhada do débito, do bem garantido e das partes envolvidas.

Os registros e averbações (eventuais alterações objetivas ou subjetivas no objeto do registro), com amparo no **princípio da prioridade**, seguirão a ordem em que forem requeridas, verificando-se ela pela da sua numeração sucessiva no protocolo. O número de ordem, por sua vez, determina a prioridade, e esta a preferência entre as hipotecas (art. 1.493).

A Lei n. 14.382/2022 revogou o art. 1.494, quedando-se a restrição no sentido de que "não se registrarão no mesmo dia duas hipotecas, ou uma hipoteca e outro direito real, sobre o mesmo imóvel, em favor de pessoas diversas, salvo se as escrituras, do mesmo dia, indicarem a hora em que foram lavradas".

O art. 1.495, por sua vez, prevê que, caso se apresente título de hipoteca que mencione a constituição de anterior, **não registrada**, que o oficial suspenda a inscrição da nova, depois de a prenotar, até trinta dias, aguardando que o interessado inscreva a precedente. E, uma vez esgotado o prazo, sem que se requeira a inscrição desta, a hipoteca ulterior será registrada e obterá preferência.

E se houver dúvida na legalidade do registro requerido?

---

[36] IRIB Responde – Imóvel gravado com Direito de Superfície – hipoteca – possibilidade (12-11-2013). *Instituto de Registro Imobiliário do Brasil.* Disponível em: <http://www.irib.org.br/noticias/detalhes/irib-responde-im-oacute-vel-gravado-com-direito-de-superf-iacute-cie-hipoteca-possibilidade>. Acesso em: 9 out. 2018.

Em tal hipótese, o oficial fará, ainda assim, a prenotação do pedido. Se a dúvida, no entanto, dentro em noventa dias, for julgada improcedente, o registro efetuar-se-á com o mesmo número que teria na data da prenotação; no caso contrário, cancelada esta (prenotação), receberá o registro o número correspondente à data em que se tornar a requerer[37].

Note-se, portanto, que a importância da prenotação é, em especial, para a situação em que a suspeita de ilegalidade é afastada, por meio do desacolhimento da dúvida.

As hipotecas legais[38] (aquelas determinadas não por ajuste de vontades, mas por força de lei – a exemplo da hipoteca conferida aos filhos, sobre os imóveis do pai ou da mãe que passar a outras núpcias, antes de fazer o inventário do casal anterior), de qualquer natureza, deverão ser **registradas** e **especializadas (ou seja, além do registro do direito real em si, o bem deve ser devida e cuidadosamente individualizado e descrito)**[39].

Finalmente, por expressa dicção do art. 1.498, vale o registro da hipoteca, enquanto a obrigação a ser garantida perdurar. Todavia, a especialização, em completando **vinte anos**, deve ser renovada.

7. SUB-HIPOTECA

Admite-se, ainda, que sobre o mesmo bem incida mais de uma hipoteca:

"Art. 1.476. O dono do imóvel hipotecado pode constituir outra hipoteca sobre ele, mediante novo título, em favor do mesmo ou de outro credor".

A segunda hipoteca sobre o mesmo imóvel recebe a denominação de **sub-hipoteca**.

O raciocínio é simples.

Quando se diz que determinado bem está hipotecado, em garantia de um crédito, o que, em verdade, assegura o direito do credor não é a coisa em si, mas o seu valor, a sua expressão econômica, até porque, como vimos em capítulo anterior, é vedado ao titular do direito se apropriar do bem (vedação ao pacto comissório)[40].

Com efeito, se a envergadura econômica da coisa suportar, admitem-se, em tese, sobre si, múltiplas hipotecas.

E se o valor do bem não for suficiente?

Nessa hipótese, pode até mesmo ser efetivada a nova hipoteca, ainda que o valor do imóvel não a comporte, adverte CARLOS ROBERTO GONÇALVES, caso em que, observada a ordem de preferência entre os credores hipotecários, o sub-hipotecário passará a ser conside-

---

[37] Art. 1.496, CC.

[38] Art. 1.489, CC.

[39] Art. 1.497 (...):

"§ 1.º O registro e a especialização das hipotecas legais incumbem a quem está obrigado a prestar a garantia, mas os interessados podem promover a inscrição delas, ou solicitar ao Ministério Público que o faça.

§ 2.º As pessoas, às quais incumbir o registro e a especialização das hipotecas legais, estão sujeitas a perdas e danos pela omissão".

[40] Confira-se o tópico 9 ("Proibição do pacto comissório") do Capítulo XXIV ("Uma visão geral sobre os direitos reais de garantia") deste volume.

rado um credor quirografário (sem garantia), podendo, se o quiser, remir (resgatar) a hipoteca anterior, "a fim de evitar execução devastadora, que não deixe sobra para o pagamento do seu crédito"[41].

Sobre o tema, destacamos julgado do Supremo Tribunal Federal:

"AGRAVO EM RECURSO EXTRAORDINÁRIO. CIVIL E PROCESSUAL CIVIL. LIQUIDAÇÃO SENTENÇA. CÁLCULOS. LAUDO PERICIAL. CÉDULA DE CRÉDITO INDUSTRIAL. BEM HIPOTECADO. IMPOSSIBILIDADE DE REEXAME DO CONJUNTO FÁTICO-PROBATÓRIO E DE ANÁLISE PRÉVIA DE LEGISLAÇÃO INFRACONSTITUCIONAL: SÚMULA N. 279 DO SUPREMO TRIBUNAL FEDERAL. OFENSA CONSTITUCIONAL INDIRETA. LIMITES DA COISA JULGADA: AUSÊNCIA DE REPERCUSSÃO GERAL. AGRAVO AO QUAL SE NEGA SEGUIMENTO. Relatório 1. Agravo nos autos principais contra decisão que não admitiu recurso extraordinário, interposto com base no art. 102, inc. III, alínea *a*, da Constituição da República, contra o seguinte julgado do Tribunal de Justiça da Paraíba: PROCESSO E CIVIL. PRELIMINAR NÃO-CONHECIMENTO. RECURSO ADEQUADO. REJEIÇÃO. MÉRITO. LIQUIDAÇÃO SENTENÇA. LAUDO PERICIAL. QUESITOS COMPLRES. IMPERTINÊNCIA. EXCESSO DE GARANTIA. CÉDULA DE CRÉDITO INDUSTRIAL. HIPOTECA EM SEGUNDO GRAU. VALOR GARANTIDO. REMANESCENTE DA PRIMEIRA HIPOTECA. DANOS MATERIAIS. NECESSIDADE DE CÁLCULO. PROVIMENTO PARCIAL DO AGRAVO DE INSTRUMENTO. (...) – <u>Na hipoteca em segundo grau ou sub-hipoteca, o valor dado em garantia corresponde ao remanescente da primeira garantia, ou seja, somente à parcela do valor do imóvel onerado que restaria após o pagamento da primeira hipoteca</u>. – Não se pode confundir os danos emergentes do excesso de garantia com o próprio valor que não deveria ter sido onerado, pois os danos carecem ser provados, podendo ser superiores ou inferiores à quantia que deveria ter sido liberada do excesso de garantia, ou excepcionalmente, até mesmo inexistentes. Necessário, portanto, o cálculo para se apurar o valor do dano material (emergente, no caso) e não simples e indevida equiparação ao valor irregularmente em garantia. Os embargos de declaração opostos pelo Agravante foram rejeitados. (...) 8. Pelo exposto, nego seguimento ao agravo (art. 544, § 4.º, inc. II, alínea *a*, do Código de Processo Civil e arts. 21, § 1.º, e 327, § 1.º, do Regimento Interno do Supremo Tribunal Federal). Publique-se. Brasília, 13 de dezembro de 2013. Ministra CÁRMEN LÚCIA Relatora".

(STF – ARE: 788.114 PB, rel. Min. CÁRMEN LÚCIA, Data de Julgamento: 13-12-2013, Data de Publicação: *DJe*-250 DIVULG 17-12-2013 PUBLIC 18-12-2013) (grifamos)

Em respeito à ordem de preferência, salvo o caso de insolvência do devedor, o credor da segunda hipoteca, embora vencida, não poderá executar o imóvel antes de vencida a primeira[42].

Uma regra importante deve ser mencionada:

"Art. 1.478. O credor hipotecário que efetuar o pagamento, a qualquer tempo, das dívidas garantidas pelas hipotecas anteriores sub-rogar-se-á nos seus direitos, sem prejuí-

---

[41] GONÇALVES, Carlos Roberto. Op. cit. p. 641. O erudito jurista ainda lembra que "o devedor deve revelar, ao construir nova hipoteca, a existência da anterior, mencionando esse fato no título constitutivo do ônus posterior, sob pena de, silenciando, cometer crime de estelionato na modalidade *alienação ou oneração fraudulenta de coisa própria* (CP, art. 171, § 2.º, II)".

[42] "Art. 1.477 (...) § 1.º Não se considera insolvente o devedor por faltar ao pagamento das obrigações garantidas por hipotecas posteriores à primeira. (Incluído pela Lei n. 14.711, de 2023)."

zo dos que lhe competirem contra o devedor comum. (Redação dada pela Lei n. 14.711, de 2023)

Parágrafo único. Se o primeiro credor estiver promovendo a execução da hipoteca, o credor da segunda depositará a importância do débito e as despesas judiciais".

Comentando o dispositivo, reflete o Prof. GLADSTON MAMEDE:

"(...) uma vez vencida a primeira hipoteca, espera-se que o devedor, mesmo inadimplente com outras obrigações garantidas por sub-hipotecas, vá pagar aquela obrigação; fazendo-o, extingue a primeira hipoteca, realizando a condição para que o credor da dívida garantida pela segunda hipoteca exercite seus direitos sobre o bem gravado com o ônus real. Se não paga, o primeiro credor hipotecário poderá executar a garantia, devendo o segundo credor hipotecário esperar a satisfação do crédito para, então, pretender seu direito sobre o montante que restou. Facilmente se percebe que esse movimento pode alongar-se, contrariando – e muito! – os interesses do segundo credor hipotecário; por isso, o artigo 1.478 do Código Civil previu uma forma de antecipação do exercício da segunda hipoteca (...) A forma é simples: a resolução da primeira hipoteca por intervenção do segundo credor hipotecário, que solve a dívida com garantia preferencial, sub-roga-se nos direitos do primeiro credor hipotecário e, destarte, poderá executar a hipoteca pelo valor de ambas as obrigações"[43].

A redação atual, decorrente da Lei do Marco Legal das Garantias (Lei n. 14.711/2023), é mais enxuta e objetiva se comparada com a redação anterior.

De fato, a solução aventada pelo legislador pode imprimir mais eficiência no cumprimento das obrigações assumidas e garantidas por mais de uma hipoteca.

Finalmente, é importante acrescentar que a Lei do Marco Legal das Garantias disciplinou a denominada cláusula *cross default.*

No dizer do excelente civilista CARLOS EDUARDO ELIAS DE OLIVEIRA, trata-se da regra segundo a qual "no caso de inadimplemento de uma obrigação, há o vencimento antecipado de outras"[44].

Ademais, vale acrescentar que o art. 1487-A do Código Civil previu a figura do **recarregamento da hipoteca**, que, em síntese, permite a uma mesma hipoteca garantir, simultaneamente, mais de uma dívida. Uma hipoteca de primeiro ou de segundo grau, por exemplo, pode, ao mesmo tempo, garantir mais de uma dívida:

"Art. 1.487-A. A hipoteca poderá, por requerimento do proprietário, ser posteriormente estendida para garantir novas obrigações em favor do mesmo credor, mantidos o registro e a publicidade originais, mas respeitada, em relação à extensão, a prioridade

---

[43] MAMEDE, Gladston. *Código Civil comentado*: Direito das Coisas. Penhor. Hipoteca Anticrese. São Paulo: Atlas, 2003. v. 14, p. 353.

[44] Sobre o tema, confiram-se o art. 22 da Lei n. 9.514/97, §§ 6.º a 8.º, e o art. 1.477, § 2.º, do Código Civil. Em doutrina: OLIVEIRA, Carlos E. Elias de Oliveira. *Lei das Garantias (Lei n. 14.711/2023)*: uma análise detalhada e *Continuação da Análise Detalhada da Lei das Garantias (Lei n. 14.711/2023)*. No segundo texto, gentilmente cedido, afirma o ilustre autor: "Se o credor for o mesmo, o § 2.º do art. 1.477 do CC prevê uma cláusula *cross default* por lei. Trata-se da regra em virtude da qual, no caso de inadimplemento de uma dívida, o credor pode considerar as demais vencidas antecipadamente". Disponível em: <https://www.migalhas.com.br/coluna/migalhas-notariais-e-registrais>. Acesso em: 6 nov. 2023.

de direitos contraditórios ingressos na matrícula do imóvel. (Incluído pela Lei n. 14.711, de 2023)

§ 1.º A extensão da hipoteca não poderá exceder ao prazo e ao valor máximo garantido constantes da especialização da garantia original. (Incluído pela Lei n. 14.711, de 2023)

§ 2.º A extensão da hipoteca será objeto de averbação subsequente na matrícula do imóvel, assegurada a preferência creditória em favor da: (Incluído pela Lei n. 14.711, de 2023)

I – obrigação inicial, em relação às obrigações alcançadas pela extensão da hipoteca; (Incluído pela Lei n. 14.711, de 2023)

II – obrigação mais antiga, considerando-se o tempo da averbação, no caso de mais de uma extensão de hipoteca. (Incluído pela Lei n. 14.711, de 2023)

§ 3.º Na hipótese de superveniente multiplicidade de credores garantidos pela mesma hipoteca estendida, apenas o credor titular do crédito mais prioritário, conforme estabelecido no § 2º deste artigo, poderá promover a execução judicial ou extrajudicial da garantia, exceto se convencionado de modo diverso por todos os credores. (Incluído pela Lei n. 14.711, de 2023)"

Merece transcrição, nesse ponto, a detalhada síntese feita por CARLOS EDUARDO ELIAS DE OLIVEIRA:

"88. A Lei das Garantias disciplina o 'recarregamento da garantia real' para as hipotecas e para as alienações fiduciárias de imóveis por meio do art. 1.487-A do CC, dos arts. 9.º-A a 9.º-D da Lei n. 9.514/1997 e do item '33' do inciso II do art. 167 da Lei de Registros Públicos.

89. O instituto pode ser chamado de extensão, recarregamento, compartilhamento ou 'refil' de garantia real. O legislador valeu-se da expressão extensão, mas é tecnicamente correto o uso dos demais epítetos doutrinários. Em investidas anteriores, houve Medida Provisória que utilizou o termo compartilhamento da alienação fiduciária, mas o diploma urgente caducou.

90. Neste artigo, preferiremos utilizar recarregamento por considerarmos termo mais gráfico da figura.

(...)

91. A Lei das Garantias disciplinou o recarregamento da garantia real apenas para dois tipos de garantias reais: a hipoteca e para a alienação fiduciária em garantia sobre imóvel.

(...)

103. Inspirado no direito francês, o recarregamento da garantia real consiste em facilitar, do ponto de vista registral, a formalização de novas operações de crédito entre as mesmas partes aproveitando-se de um imóvel que já havia sido oferecido em garantia.

104. Consiste em estender a hipoteca ou a alienação fiduciária em garantia sobre um determinado imóvel para garantir novas obrigações perante o mesmo credor (art. 1.487-A, *caput*, do CC; e art. 9.º-A, I, da Lei n. 9.514/97).

105. A ideia é facilitar o aproveitamento do 'capital morto'.

106. Ilustremos.

107. Suponha que um cidadão financiou um imóvel que vale um milhão de reais, hipotecando-o ou alienando-o fiduciariamente em garantia.

108. Após efetuar os pagamentos de várias prestações, o saldo devedor da dívida garantida ficou em apenas cem mil reais.

109. Como se vê, há um 'capital morto' de novecentos mil reais, que poderia ser utilizado para servir de garantia real de novas operações de crédito.

110. O cidadão, então, poderá contrair um novo empréstimo com o mesmo banco e estender a hipoteca ou a alienação fiduciária para servir de garantia.

111. Trata-se de um 'refil' da garantia, na metáfora de Fábio Rocha Pinto e Silva, um dos mentores dessa figura. O interessado, geralmente após amortizar parcialmente uma dívida, poderá contrair novo empréstimo aproveitando-se da mesma garantia real.

112. A importância na disciplina da figura é para facilitar e baratear a formalização registral.

113. Antes da Lei das Garantias, para formalizar esse 'refil', as partes, na prática, precisariam fazer um registro de uma hipoteca de segundo grau ou de uma alienação fiduciária de segundo grau. Pagariam, assim, os emolumentos de um ato de registro, que costumam ser mais caros do que os de averbação.

114. Com a Lei das Garantias, bastará a averbação do recarregamento na matrícula do imóvel, conforme item 37 do inciso II do art. 167 da LRP, art. 1.487-A, 2.º, e art. 9.º-B, *caput*, da Lei n. 13.476/2017.

(...)

115. O recarregamento da garantia real foi positivado para lidar com hipóteses de surgimento de novas obrigações, que coexistirão com uma anterior. A ideia é plugar essas novas obrigações à mesma garantia real da obrigação anterior.

116. É o caso, por exemplo, de alguém que contrai um novo empréstimo perante o mesmo banco e, como garantia, estende-lhe a hipoteca ou a propriedade fiduciária relativas ao empréstimo anterior.

117. Em consequência, quando há o recarregamento, haverá uma pluralidade de obrigações penduradas em uma mesma garantia real.

118. O legislador exige que, para haver o recarregamento, as novas obrigações têm de ser contraídas perante o mesmo credor da obrigação anterior (art. 1.487-A, *caput*, do CC; art. 9.º-A, I, da Lei n. 13.476/2017).

119. O motivo é óbvio: dívidas perante credores diversos devem ser objeto de garantias reais diferentes.

120. Não se admitirá o recarregamento se a nova obrigação for contraída perante um credor diferente. Nesse caso, essa nova obrigação deverá ser objeto de uma garantia real própria, como uma hipoteca de segundo grau.

121. A regra, portanto, é a unicidade de credor no caso de recarregamento de garantias reais.

122. Indaga-se, porém: pode ou não, por um fato superveniente, a regra unicidade do credor ser flexibilizada, de modo a que as obrigações garantidas passem a ter credores diferentes?

123. A resposta é diferente, a depender do tipo de garantia real.

124. Se se tratar de uma hipoteca recarregada, a resposta é positiva. Poderá por exemplo, surgir uma diversidade de credores em razão de uma cessão de um crédito a terceiros. O § 3.º do art. 1.487-A do CC dá suporte a isso, quando, sem qualquer ressalva, trata da superveniência de multiplicidade de credores.

125. Suponha, por exemplo, uma hipoteca que tenha sido instituída para garantir um Empréstimo 1 contraído perante determinado banco. Posteriormente, o devedor contrai

um Empréstimo 2 com o mesmo banco, estendendo-lhe, em garantia, aquela hipoteca. Nesse caso, uma única hipoteca garante dois empréstimos, perante o mesmo credor.

126. Imagine que o banco ceda o seu crédito referente ao Empréstimo 1 para um fundo de investimento. Essa cessão de crédito deverá ser averbada na matrícula do imóvel, de modo que a hipoteca estendida garantirá o Empréstimo 1 (de titularidade do fundo de investimento) e o Empréstimo 2 (de titularidade do banco).

127. Se, porém, se tratar de propriedade fiduciária em garantia recarregada, a resposta é negativa: é vedado flexibilizar a regra da unicidade de credor. O § 2.º do art. 9.ºA da Lei n. 13.476/2017 é textual nesse sentido, exigindo que, independentemente da causa jurídica, os créditos pendurados na mesma garantia fiduciária só podem ser transferidos em conjunto (transferência em globo).

128. Assim, não pode o banco credor ceder uma das obrigações a um fundo de investimento e reter, para si, a outra obrigação. Nem mesmo se o banco sofresse uma extinção seria admitido distribuir os créditos pendurados em uma mesma garantia fiduciária recarregada entre sócios diferentes. Isso porque o § 2.º do art. 13.476/2017 textualmente impõe que a transferência, a qualquer título, das obrigações seja feita em globo.

129. Entendemos injustificado o tratamento diferenciado entre a hipoteca e a alienação fiduciária em garantia nesse particular, a ponto de violar a máxima latina do *ubi eadem ratio ubi eadem jus* (onde há a mesma razão, há o mesmo direito). O correto seria que houvesse uma solução uniforme para a propriedade fiduciária em garantia e a hipoteca. Seja como for, é preciso curvar-se ao texto legal expresso: *legem habemus*".

8. AQUISIÇÃO DE IMÓVEL HIPOTECADO

Como vimos linhas acima, nada impede que se aliene imóvel objeto de hipoteca, caso em que, por conta da característica da **sequela**, o gravame acompanhará o bem.

Nessa vereda, é importante analisarmos certos aspectos atinentes à aquisição de um bem hipotecado.

O adquirente do imóvel hipotecado, desde que não se tenha obrigado pessoalmente a pagar as dívidas aos credores hipotecários, poderá exonerar-se da hipoteca, abandonando-lhes o imóvel (art. 1.479).

Nessa linha, se CARMELO vende a ROBERTO uma fazenda, hipotecada ao credor SALOMÃO, poderá o adquirente (ROBERTO), caso não haja assumido pessoalmente o débito, exonerar-se do gravame, abandonando o bem.

O adquirente ROBERTO, pois, notificará o vendedor CARMELO e o credor hipotecário SALOMÃO, deferindo-lhes, conjuntamente, a posse do imóvel, ou o depositará em juízo, à luz do art. 1.480[45].

Por outro lado, o adquirente poderá, facultativamente, **remir** (resgatar) o imóvel hipotecado, desde que pague valor não inferior ao preço da aquisição:

> "Art. 1.481. Dentro em trinta dias, contados do registro do título aquisitivo, tem o adquirente do imóvel hipotecado o direito de remi-lo, citando os credores hipotecários e propondo importância não inferior ao preço por que o adquiriu.

---

[45] "Art. 1. 480 (...): Parágrafo único. Poderá o adquirente exercer a faculdade de abandonar o imóvel hipotecado, até as vinte e quatro horas subsequentes à citação, com que se inicia o procedimento executivo."

§ 1.º Se o credor impugnar o preço da aquisição ou a importância oferecida, realizar-se-á licitação, efetuando-se a venda judicial a quem oferecer maior preço, assegurada preferência ao adquirente do imóvel.

§ 2.º Não impugnado pelo credor, o preço da aquisição ou o preço proposto pelo adquirente, haver-se-á por definitivamente fixado para a remissão do imóvel, que ficará livre de hipoteca, uma vez pago ou depositado o preço.

§ 3.º Se o adquirente deixar de remir o imóvel, sujeitando-o a execução, ficará obrigado a ressarcir os credores hipotecários da desvalorização que, por sua culpa, o mesmo vier a sofrer, além das despesas judiciais da execução.

§ 4.º Disporá de ação regressiva contra o vendedor o adquirente que ficar privado do imóvel em consequência de licitação ou penhora, o que pagar a hipoteca, o que, por causa de adjudicação ou licitação, desembolsar com o pagamento da hipoteca importância excedente à da compra e o que suportar custas e despesas judiciais".

Sobre o tema, escreve FLÁVIO TARTUCE:

"A ação a ser proposta em casos envolvendo esse tipo de remição é a de consignação em pagamento, visando a liberar o direito real que recai sobre o bem. Os quatro parágrafos da norma material consagram detalhes a respeito dos procedimentos dessa demanda. De início, se o credor impugnar o preço da aquisição ou a importância oferecida, será realizada uma licitação, efetuando-se a venda judicial a quem oferecer maior preço, assegurada a preferência ao adquirente do imóvel"[46].

De fato, temos, no dispositivo sob análise, um verdadeiro **sistema normativo procedimental** que regula, expressa e claramente, a dinâmica do resgate da hipoteca por parte do adquirente do imóvel.

9. REFLEXÕES SOBRE A SÚMULA 308 DO STJ[47]

A adequada compreensão deste tópico recomenda passarmos em revista o relevante **princípio da função social do contrato**[48].

A partir do momento em que o Estado passou a adotar uma postura mais intervencionista, abandonando o ultrapassado papel de mero expectador da ambiência econômica, a *função social do contrato* ganhou contornos mais específicos.

Registre-se, nesse ponto, a observação de GISELDA HIRONAKA a respeito da intelecção da palavra "social":

---

[46] TARTUCE, Flávio. *Direito Civil*: Direito das Coisas. 7. ed. São Paulo: Gen-Método, 2015. v. 4. p. 600.

[47] Serviu de base para este tópico o Capítulo II ("Função social do contrato e equivalência material") do volume 4 ("Contratos") desta coleção.

[48] Os princípios vetores de uma ordem econômica sustentada e equilibrada, em que haja respeito ao direito do consumidor, ao meio ambiente e, como já observamos, à própria função social da propriedade, todos eles, reunidos e interligados, dão sustentação constitucional à *função social do contrato*. Nesse diapasão, o novo Código Civil, abrindo o capítulo dedicado à teoria geral dos contratos, consagrou esse importante preceito, nos seguintes termos: "Art. 421. A liberdade de contratar será exercida em razão e nos limites da função social do contrato". A interpretação desse dispositivo nos leva a conclusões interessantes. Ao mencionar que a liberdade de contratar será exercida *em razão* e *nos limites* da função social do contrato, o legislador estabeleceu, de uma só vez, um critério *finalístico ou teleológico* e outro critério *limitativo* para a caracterização desse princípio.

"Ainda que o vocábulo social sempre apresente esta tendência de nos levar a crer tratar-se de figura da concepção filosófico-socialista, deve restar esclarecido tal equívoco. Não se trata, sem sombra de dúvida, de se estar caminhando no sentido de transformar a propriedade em patrimônio coletivo da humanidade, mas tão apenas de subordinar a propriedade privada aos interesses sociais, através desta ideia-princípio, a um só tempo antiga e atual, denominada 'doutrina da função social'"[49].

O contrato é figura que acompanha, por certo, a dinâmica da propriedade (**direito real na coisa própria que serve de matriz para os demais direitos reais**).

Ora, ao constatarmos o inafastável conteúdo político da propriedade, erigida à condição de direito fundamental na Constituição Federal[50], é forçoso convir que as modificações no seu trato ideológico refletir-se-iam na seara contratual e dos outros direitos reais na coisa alheia.

A partir do momento em que se começou a perceber que a propriedade somente mereceria tutela se atendesse a uma determinada finalidade social, abandonou-se o antigo modelo *oitocentista* de concepção desse direito, que cederia lugar a uma doutrina mais afinada aos anseios da sociedade atual.

Com isso, socializando-se a noção de propriedade, o contrato, e os outros direitos reais, naturalmente, experimentariam o mesmo fenômeno, ainda que o reconhecimento legal dessa alteração no seu trato ideológico não se houvesse dado de forma imediata.

Em um primeiro plano, a socialização da ideia de contrato, na sua perspectiva intrínseca, propugna por um tratamento idôneo das partes, na consideração, inclusive, de sua desigualdade real de poderes contratuais.

Nesse sentido, repercute necessariamente no trato ético e leal que deve ser observado pelos contratantes, em respeito à clausula de boa-fé objetiva.

E nessa perspectiva temos que a relação contratual deverá compreender os *deveres jurídicos gerais* e de cunho patrimonial (de dar, fazer, ou não fazer), bem como deverão ser levados em conta os *deveres anexos ou colaterais* que derivam desse esforço socializante.

Com isso, obrigações até então esquecidas pelo individualismo cego da concepção clássica de contrato ressurgem gloriosamente, a exemplo dos *deveres de informação, confidencialidade, assistência, lealdade* etc. E todo esse sistema é, sem sombra de dúvidas, informado pelo princípio maior de *proteção da dignidade da pessoa humana*.

Em um segundo plano, o contrato é considerado um instrumento não só de circulação de riquezas, mas, também, de desenvolvimento social.

Isso mesmo: desenvolvimento social.

Sem o contrato, a economia e a sociedade se estagnariam por completo, fazendo com que retornássemos a estágios menos evoluídos da civilização humana.

Ocorre que todo desenvolvimento deve ser sustentado, racionalizado e equilibrado.

Por isso, ao concebermos a figura do contrato – quer seja o firmado entre particulares, quer seja o pactuado com a própria Administração Pública – não poderíamos deslocá-lo da conjuntura social que lhe dá ambiência.

---

[49] HIRONAKA, Giselda Maria F. Novaes. *Direito Civil*: estudos. Belo Horizonte: Del Rey, 2000. p. 105.
[50] CF/88, ver art. 5.º, XXII e XXIII.

Consoante inferimos linhas acima, como chancelar como válido, por exemplo, um negócio que, posto atenda aos seus pressupostos formais de validade, desrespeite leis ambientais ou pretenda fraudar leis trabalhistas?

Na mesma linha, não se pode admitir contratos que violem a livre concorrência, as leis de mercado ou os postulados de defesa do consumidor, sob o pretexto de se estar incentivando a livre-iniciativa.

Nessa mesma linha de intelecção, é o pensamento de EDUARDO SENS SANTOS:

"(...) o contrato não pode mais ser entendido como mera relação individual. É preciso atentar para os seus efeitos sociais, econômicos, ambientais e até mesmo culturais. Em outras palavras, tutelar o contrato unicamente para garantir a equidade das relações negociais em nada se aproxima da ideia de função social. O contrato somente terá uma função social – uma função pela sociedade – quando for dever dos contratantes atentar para as exigências do bem comum, para o bem geral. Acima do interesse em que o contrato seja respeitado, acima do interesse em que a declaração seja cumprida fielmente e acima da noção de equilíbrio meramente contratual, há interesse de que o contrato seja socialmente benéfico, ou, pelo menos, que não traga prejuízos à sociedade – em suma, que o contrato seja socialmente justo"[51].

E precisamente nesse ponto insere-se a nossa reflexão sobre o enunciado da **Súmula 308 do STJ**:

"A hipoteca firmada entre a construtora e o agente financeiro, anterior ou posterior à celebração da promessa de compra e venda, não tem eficácia perante os adquirentes do imóvel".

(Súmula 308, SEGUNDA SEÇÃO, julgado em 30-3-2005, *DJ* 25-4-2005, p. 384)

De acordo com a sua dicção, em respeito aos limites impostos pela função social projetada no contrato, é abusiva, por afrontar o direito constitucional à moradia, a cláusula negocial que resulte na incidência, em seu imóvel, de hipoteca que não fora firmada pelo adquirente.

A imposição desta cláusula, **especialmente em contratos por adesão**, é abusiva, iníqua, quedando-se nula de pleno direito.

Imagine-se, por exemplo, o indivíduo que, com grande esforço, ajusta a compra de um imóvel, mediante promessa, em prestações corrigidas pelo INCC, e que se depare com a (surreal) situação de ter o seu bem hipotecado para a garantia de dívida da construtora.

Frise-se: no caso, não houve financiamento tomado pelo promitente comprador e consequente constituição, por si voluntariamente realizada, de garantia real hipotecária.

Por óbvio, se houvesse voluntariamente constituído o gravame por conta de um financiamento, a hipoteca estaria justificada.

Mas não é essa a situação tratada no enunciado da Súmula.

O que a súmula quer evitar é a absurda situação de se impor a alguém os efeitos de uma hipoteca constituída por terceiro.

---

[51] SANTOS, Eduardo Sens. O Novo Código Civil e as cláusulas gerais: exame da função social do contrato. *Revista Brasileira de Direito Privado*, n. 10. São Paulo: Revista dos Tribunais, abr./jun. 2002. p. 29.

Com isso, não se está pretendendo aniquilar os princípios da *autonomia privada* ou do *pacta sunt servanda*, mas apenas relativizá-los em prol de um valor social preponderante, traduzido, em especial, no **direito constitucional à moradia**.

10. EXTINÇÃO DA HIPOTECA

E como se opera o fim da hipoteca?

A hipoteca extingue-se em diversas hipóteses, previstas no art. 1.499[52] do Código Civil.

Conheçamos cada uma delas.

10.1. Extinção da obrigação principal

Naturalmente, como um direito real de garantia, a hipoteca está vinculada a uma obrigação principal.

Assim, por óbvio, o cumprimento (ou extinção por qualquer outra modalidade distinta do adimplemento direto) da obrigação principal, da qual deriva a garantia real, opera a sua extinção.

Trata-se, sem sombra de dúvida, de aplicação do **princípio da gravitação jurídica**, secular regra de que o acessório segue o principal.

10.2. Perecimento da coisa

Trata-se da destruição ou desaparecimento da coisa hipotecada – como no naufrágio da embarcação ou a enchente do imóvel rural dado em garantia.

Não há, no caso, responsabilidade civil imputável ao devedor hipotecário, se partirmos da premissa de que tal perecimento decorreu de circunstância imprevisível ou inevitável (caso fortuito ou força maior).

No Superior Tribunal de Justiça, leia-se o seguinte julgado:

"DIREITO DAS COISAS. RECURSO ESPECIAL. USUCAPIÃO. IMÓVEL OBJETO DE PROMESSA DE COMPRA E VENDA. INSTRUMENTO QUE ATENDE AO REQUISITO DE JUSTO TÍTULO E INDUZ A BOA-FÉ DO ADQUIRENTE. EXECUÇÕES HIPOTECÁRIAS AJUIZADAS PELO CREDOR EM FACE DO ANTIGO PROPRIETÁRIO. INEXISTÊNCIA DE RESISTÊNCIA À POSSE DO AUTOR USUCAPIENTE. HIPOTECA CONSTITUÍDA PELO VENDEDOR EM GARANTIA DO FINANCIAMENTO DA OBRA. NÃO PREVALÊNCIA DIANTE DA AQUISIÇÃO ORIGINÁRIA DA PROPRIEDADE. INCIDÊNCIA, ADEMAIS, DA SÚMULA N. 308.

1. O instrumento de promessa de compra e venda insere-se na categoria de justo título apto a ensejar a declaração de usucapião ordinária. Tal entendimento agarra-se no valor que o próprio Tribunal – e, de resto, a legislação civil – está conferindo à promessa de compra e venda. Se a jurisprudência tem conferido ao promitente comprador o direito à adjudicação

---

[52] "Art. 1.501. Não extinguirá a hipoteca, devidamente registrada, a arrematação ou adjudicação, sem que tenham sido notificados judicialmente os respectivos credores hipotecários, que não forem de qualquer modo partes na execução."

compulsória do imóvel independentemente de registro (Súmula n. 239) e, quando registrado, o compromisso de compra e venda foi erigido à seleta categoria de direito real pelo Código Civil de 2002 (art. 1.225, inciso VII), nada mais lógico do que considerá-lo também como 'justo título' apto a ensejar a aquisição da propriedade por usucapião.

2. A própria lei presume a boa-fé, em sendo reconhecido o justo título do possuidor, nos termos do que dispõe o art. 1.201, parágrafo único, do Código Civil de 2002: 'O possuidor com justo título tem por si a presunção de boa-fé, salvo prova em contrário, ou quando a lei expressamente não admite esta presunção'.

3. Quando a lei se refere a posse 'incontestada', há nítida correspondência com as causas interruptivas da prescrição aquisitiva, das quais é exemplo clássico a citação em ação que opõe resistência ao possuidor da coisa, ato processual que possui como efeito imediato a interrupção da prescrição (art. 219, CPC). Por esse raciocínio, é evidente que os efeitos interruptivos da citação não alcançam a posse de quem nem era parte no processo. Assim, parece óbvio que o ajuizamento de execução hipotecária por credores contra o proprietário do imóvel, por não interromper o prazo prescricional da usucapião, não constitui resistência à posse *ad usucapionem* de quem ora pleiteia a prescrição aquisitiva.

4. A declaração de usucapião é forma de aquisição originária da propriedade ou de outros direitos reais, modo que se opõe à aquisição derivada, a qual se opera mediante a sucessão da propriedade, seja de forma singular, seja de forma universal. Vale dizer que, na usucapião, a propriedade não é adquirida do anterior proprietário, mas, em boa verdade, contra ele. A propriedade é absolutamente nova e não nasce da antiga. É adquirida a partir da objetiva situação de fato consubstanciada na posse *ad usucapionem* pelo interregno temporal exigido por lei. Aliás, é até mesmo desimportante que existisse antigo proprietário.

5. <u>Os direitos reais de garantia não subsistem se desaparecer o 'direito principal' que lhe dá suporte, como no caso de perecimento da propriedade por qualquer motivo. Com a usucapião, a propriedade anterior, gravada pela hipoteca, extingue-se e dá lugar a uma outra, *ab novo*, que não decorre da antiga, porquanto não há transferência de direitos, mas aquisição originária. Se a própria propriedade anterior se extingue, dando lugar a uma nova, originária, tudo o que gravava a antiga propriedade – e lhe era acessório – também se extinguirá.</u>

6. Assim, com a declaração de aquisição de domínio por usucapião, deve desaparecer o gravame real hipotecário constituído pelo antigo proprietário, antes ou depois do início da posse *ad usucapionem*, seja porque a sentença apenas declara a usucapião com efeitos *ex tunc*, seja porque a usucapião é forma originária de aquisição de propriedade, não decorrente da antiga e não guardando com ela relação de continuidade.

7. Ademais, 'a hipoteca firmada entre a construtora e o agente financeiro, anterior ou posterior à celebração da promessa de compra e venda, não tem eficácia perante os adquirentes do imóvel' (Súmula n. 308).

8. Recurso especial conhecido e provido".

(REsp 941.464/SC, rel. Min. LUIS FELIPE SALOMÃO, QUARTA TURMA, julgado em 24-4-2012, *DJe* 29-6-2012)

10.3. Resolução da propriedade

Pode-se definir a condição como o acontecimento futuro e incerto que subordina a aquisição de direitos, deveres e a deflagração de efeitos de um determinado ato negocial (condição suspensiva), ou, *a contrario sensu*, que determina o desaparecimento de seus efeitos jurídicos (condição resolutiva).

De referência à condição suspensiva, é preciso que se esclareça que a aposição de cláusula desta natureza no ato negocial subordina não apenas a sua eficácia jurídica (exigibilidade), mas, principalmente, os direitos e obrigações decorrentes do negócio.

Quer dizer, se um sujeito celebra um contrato de compra e venda com outro, subordinando-o a uma condição suspensiva, enquanto esta se não verificar, não se terá adquirido o direito a que ele visa (art. 125 do CC/2002).

Se for resolutiva a condição, enquanto esta não se realizar, vigorará o negócio jurídico, podendo exercer-se desde a conclusão deste o direito por ele estabelecido.

Verificada a condição resolutiva, para todos os efeitos extingue-se o direito a que ela se opõe (art. 127 do CC/2002).

Pois bem.

Nessa mesma linha, **pode ser que a propriedade haja se constituído com caráter resolúvel**.

Imagine-se, por exemplo, que se constituiu uma hipoteca em face de um terreno cujo direito do proprietário tenha caráter resolúvel, em virtude de uma condição resolutiva – ou, até mesmo, em face da aposição de um termo final (acontecimento futuro e certo – art. 135, CC) –, situação em que, operada a resolução da propriedade, por consequência lógica, a hipoteca extingue-se.

Ao encontro de todo o exposto, leia-se o art. 1.359, CC: resolvida a propriedade pelo implemento da condição ou pelo advento do termo, entendem-se também resolvidos os direitos reais concedidos na sua pendência, e o proprietário, em cujo favor se opera a resolução, pode reivindicar a coisa do poder de quem a possua ou detenha.

10.4. Renúncia do credor

Se o credor hipotecário, formalmente, manifestar a vontade de abdicar do seu direito, por consequência lógica, a hipoteca queda-se extinta.

Realçando a natureza *negocial* da renúncia, ORLANDO GOMES preleciona: "Negócio unilateral é o que se forma com a declaração de vontade de uma só parte, com o testamento, **a renúncia**, a procuração e a despedida de um empregado"[53].

10.5. Remição

A remição, segundo CARLOS ROBERTO GONÇALVES, é "a **liberação ou resgate** do imóvel hipotecado mediante o pagamento, ao credor, da dívida que visa garantir"[54].

Não é demais lembrar que não se trata da remissão regulada nos arts. 385 a 388 do Código Civil, que dispõe acerca do "perdão" de uma dívida.

No entanto, obviamente, caso se opere o perdão da obrigação principal, a hipoteca, que é acessória, extingue-se.

---

[53] GOMES, Orlando. *Introdução ao Direito Civil*. 10. ed. Rio de Janeiro: Forense, 1993. p. 317 (grifamos).

[54] GONÇALVES, Carlos R. Op. cit. p. 646. No Código Civil, cf. o já referido art. 1.481 (grifamos).

Note-se que a remição ora estudada pressupõe todo o pagamento da dívida principal:

"AÇÃO ORDINÁRIA DE REMIÇÃO DE HIPOTECA. LIBERAÇÃO DA HIPOTECA, PELO DEVEDOR, MEDIANTE O PAGAMENTO DO VALOR DO BEM, E NÃO DA DÍVIDA E SEUS ACESSÓRIOS. IMPOSSIBILIDADE JURÍDICA DO PEDIDO. A liberação da hipoteca pelo devedor exige o pagamento do total da dívida garantida, ou seja, principal e acessórios. Portanto, mostra-se juridicamente impossível o pedido de livrar tal gravame mediante, simplesmente, o pagamento do valor do bem. APELAÇÃO IMPROVIDA. (Apelação Cível N. 70008266413, Décima Sétima Câmara Cível, Tribunal de Justiça do RS, Relator: Elaine Harzheim Macedo, Julgado em 13-4-2004). No CPC-15, confira-se: Art. 826. Antes de adjudicados ou alienados os bens, o executado pode, a todo tempo, remir a execução, pagando ou consignando a importância atualizada da dívida, acrescida de juros, custas e honorários advocatícios".

10.6. Arrematação ou adjudicação[55]

Por certo, uma vez *arrematado* o bem (arts. 879 a 903, CPC), no curso de um procedimento de execução, a hipoteca extingue-se.

É importante destacar que, caso a alienação judicial não haja sido requerida pelo próprio credor hipotecário, ele deverá ser cientificado, a teor do art. 899, V, do CPC, caso em que, por exemplo, poderá discutir a eficácia do ato (relativamente a si mesmo), ou adotar providências para que eventual valor remanescente, já exigível, lhe seja pago, se não for credor preferencial.

Em verdade, vale lembrar que o art. 899 juntamente com o art. 799 e o art. 804 compõem um acurado sistema protetivo:

"Sucede que o art. 799 do CPC integra, em verdade, um conjunto de dispositivos do qual se extrai um significativo complexo de normas voltadas para a proteção dos interesses de terceiros. Esse conjunto é integrado também pelos arts. 804 e 889 do próprio CPC e os elencos de terceiros constantes em tais dispositivos, malgrado amplo, não é exaustivo. Por meio do complexo normativo extraível dos mencionados dispositivos estabelece-se um quadro de cuidados a serem adotados quando a penhora recai sobre bens que, de algum modo, sofrem reflexos de uma eventual relação jurídica mantida entre um terceiro e o executado. Assim, por exemplo, se a penhora recair sobre um bem gravado por hipoteca, o credor hipotecário deve ser intimado da penhora (CPC, art. 799, I) e cientificado, com pelo menos cinco dias úteis de antecedência, a respeito da data marcada para início do leilão (CPC, art. 889, V), caso contrário o ato de alienação será ineficaz em relação a ele (CPC, art. 804, *caput*). Situação similar ocorre com todos os terceiros mencionados nos três dispositivos, o que conduz o intérprete à clara – e correta – conclusão de que o mesmo elenco de terceiros que devem ser intimados da ocorrência da penhora (CPC, art. 799), também deve ser cientificado a respeito da data designada para início do leilão (CPC, art. 889) e goza da proteção da norma segundo a qual, havendo alienação do bem sem que os mencionados atos de comunicação tenham sido praticados, a alienação será, quanto ao terceiro, ineficaz"[56].

---

[55] "Art. 1.484. É lícito aos interessados fazer constar das escrituras o valor entre si ajustado dos imóveis hipotecados, o qual, devidamente atualizado, será a base para as arrematações, adjudicações e remições, dispensada a avaliação."

[56] GAGLIANO, Pablo Stolze; VIANA, Salomão. Direito real de laje: finalmente, a lei! *Revista Jus Navigandi*, ISSN 1518-4862, Teresina, ano 22, n. 5.125, 13 jul. 2017. Disponível em: <https://jus.com.br/artigos/59131>. Acesso em: 7 out. 2018.

A *adjudicação,* por sua vez, é regulada nos arts. 876 a 878 do CPC.

É lícito ao exequente, oferecendo preço não inferior ao da avaliação, requerer que lhe sejam adjudicados os bens penhorados.

Nessa linha, é importante frisar que se o valor do crédito for: a) inferior ao dos bens, o requerente da adjudicação depositará de imediato a diferença, que ficará à disposição do executado ou b) superior ao dos bens, a execução prosseguirá pelo saldo remanescente.

Tais aspectos realçam o fato de que não pode o credor se assenhorar diretamente da coisa dada em pagamento, dada a vedação do **pacto comissário** (art. 1.428, CC).

10.7. Cancelamento do registro ou da hipoteca

Extingue-se ainda a hipoteca com a averbação, no Registro de Imóveis, do cancelamento do registro, à vista da respectiva prova (art. 1.500).

Com habitual precisão, o culto Professor GLADSTON MAMEDE lembra que o art. 1.500 deve ser compreendido como um "consentâneo necessário do artigo anterior: realizada a hipótese de extinção da hipoteca, deve-se averbá-la"[57].

O cancelamento efetuar-se-á mediante averbação, assinada pelo oficial, seu substituto legal ou escrevente autorizado, e declarará o motivo que o determinou, bem como o título em virtude do qual foi feito, a teor do art. 248 da Lei de Registros Públicos (Lei n. 6.015/73).

Na vereda do art. 250, o cancelamento de um registro, em geral, será feito: a) em cumprimento de decisão judicial transitada em julgado; b) a requerimento unânime das partes que tenham participado do ato registrado, se capazes, com as firmas reconhecidas por tabelião; c) A requerimento do interessado, instruído com documento hábil; d) a requerimento da Fazenda Pública, instruído com certidão de conclusão de processo administrativo que declarou, na forma da lei, a rescisão do título de domínio ou de concessão de direito real de uso de imóvel rural, expedido para fins de regularização fundiária, e a reversão do imóvel ao patrimônio público.

Já especificamente no que diz respeito ao **cancelamento de uma hipoteca,** só poderá ser feito: a) à vista de autorização expressa ou quitação outorgada pelo credor ou seu sucessor, em instrumento público ou particular; b) em razão de procedimento administrativo ou contencioso, no qual o credor tenha sido intimado; c) na conformidade da legislação referente às cédulas hipotecárias (art. 251).

11. PEREMPÇÃO DA HIPOTECA

A hipoteca convencional tem **prazo máximo de 30 anos.**

Uma vez superado este prazo, opera-se a sua extinção por perempção:

"Art. 1.485. Mediante simples averbação, requerida por ambas as partes, poderá prorrogar-se a hipoteca, até 30 (trinta) anos da data do contrato. Desde que perfaça esse prazo, só poderá subsistir o contrato de hipoteca reconstituindo-se por novo título e novo registro; e, nesse caso, lhe será mantida a precedência, que então lhe competir".

---

[57] MAMEDE, Gladston. Op. cit. p. 458.

Comentando o instituto, ensina CARLOS ROBERTO GONÇALVES:

"Na redação original do aludido dispositivo o prazo fixado para o vencimento da hipoteca era de vinte anos. Foi, todavia, estendido para trinta anos pela Lei n. 10.931, de 2 de agosto de 2004.

Embora possam as partes estipular o prazo que lhes convier, e prorrogá-lo mediante simples averbação, este não ultrapassará o referido limite. Quando atingido, dá-se a *perempção* da hipoteca. Somente mediante novo instrumento, submetido a outro registro, pode-se preservar o mesmo número de ordem, na preferência da execução hipotecária, mantendo-se a garantia.

(...)

Urge salientar que a perempção pelo decurso do prazo atinge somente a hipoteca convencional. A *legal* prolonga-se indefinidamente, enquanto perdurar a situação jurídica que ela visa resguardar, '*mas a especialização, em completando vinte anos, deve ser renovada*' (CC, art. 1.498)"[58].

Um aspecto, todavia, deve ser salientado.

Não devemos confundir a *perempção* aqui tratada, que traduz a extinção da hipoteca após o decurso do prazo de 30 anos, com a *perempção processual*, aplicável somente àqueles que acionam a máquina judiciária, com a extinção do processo civil ou criminal, como sanção pelo não cumprimento de diligências que lhe cabiam[59].

Também não se deve confundir com a *preempção ou preferência*:

"Celebrado um negócio jurídico de compra e venda, e, em seguida, a transmissão da propriedade (pela tradição ou registro), o normal é que não haja mais qualquer vinculação entre os contratantes.

Todavia, podem os pactuantes estabelecer uma cláusula que obrigue o comprador de coisa móvel ou imóvel, no caso de pretender vendê-la ou dá-la em pagamento, a oferecê--la a quem lhe vendeu originalmente, para que este tenha a preferência em readquiri-la, em igualdade de condições, com quem também está interessado em incorporá-la em seu patrimônio.

É a cláusula de preempção, também chamada de cláusula de preferência, prelação ou *pactum protimiseos*, disciplinada pelos arts. 513 a 520 do CC-02.

---

[58] GONÇALVES, Carlos Roberto. Op. cit. p. 650-651.

[59] "Perempção. *1. Direito processual civil*. Caducidade ou extinção de processo, sem julgamento do mérito, quando o autor, por não promover atos e diligências que lhe competiam, abandonar a causa por mais de trinta dias, ou melhor, quando o autor der causa, por três vezes, à extinção do processo por não ter promovido as diligências, não poderá intentar a reproposita da quarta ação contra o réu com o mesmo objeto. É a perda do direito de demandar sobre o mesmo objeto. É o modo extintivo da relação processual fundado na desídia e inação do autor. *2. Direito processual penal*. Forma extintiva da punibilidade, em caso de ação penal privada, resultante da inércia do querelante, no que atina à movimentação processual, ou seja, por deixar de promover o andamento do processo durante trinta dias seguidos; ou não comparecer, sem motivo justificado, a qualquer ato processual a que deva estar presente; ou não formular o pedido de condenação nas alegações finais; ou pelo não comparecimento em juízo, dentro de sessenta dias, em caso de morte ou incapacidade do querelante, de pessoa habilitada a fazê-lo; ou, ainda, pela extinção da pessoa jurídica, querelante, sem deixar sucessor" (DINIZ, Maria Helena. *Dicionário Jurídico*. São Paulo: Saraiva, 1998. v. 3. p. 570).

Trata-se de um pacto, decorrente unicamente da autonomia da vontade, e estipulado, evidentemente, em favor do alienante, aqui chamado preferente, prestigiando o seu desejo eventual de retomar o bem que outrora lhe pertenceu.

Por isso mesmo, não somente o comprador tem a obrigação de cientificar, na forma do *caput* do art. 513 do Código Civil[60] como também o vendedor tem o direito de exercitá-lo, independentemente de provocação do comprador"[61].

Para que o direito de preempção seja exercido, o vendedor, sob pena de perda da sua preferência, está *"obrigado a pagar, em condições iguais, o preço encontrado, ou o ajustado"* (art. 515 do CC/2002). Isso quer dizer que, para readquirir o bem, o vendedor originário deve igualar as condições oferecidas por terceiros, tanto no que se refere ao valor pecuniário (preço), quanto em relação às vantagens oferecidas[62].

Na jurisprudência, confira-se:

"APELAÇÃO CÍVEL. PROPRIEDADE E DIREITOS REAIS SOBRE COISAS ALHEIAS. AÇÃO DE EXTINÇÃO DE HIPOTECA. PRELIMINARES DE ILEGITIMIDADE ATIVA E AUSÊNCIA DE INTERESSE PROCESSUAL. AFASTAMENTO. MÉRITO. PEREMPÇÃO DA GARANTIA REAL. OCORRÊNCIA. EXTINÇÃO DO GRAVAME. SENTENÇA DE PROCEDÊNCIA MANTIDA. I. Tem legitimidade ativa e interesse processual para propor ação de desconstituição do gravame o adquirente de imóvel sobre o qual recai hipoteca dada pelo antigo proprietário. Preliminares afastadas. II. O registro de hipoteca convencional valerá pelo prazo de 30 (trinta) anos, findo o qual só será mantido o número anterior se reconstituída por novo título e novo registro artigo 238 da Lei de Registros Públicos. Caso em que reconhecida a perempção do gravame firmado no longínquo ano de 1983, porquanto ausente averbação de reconstituição posterior ao seu registro. Sentença que determinou o cancelamento do gravame mantida. APELO DESPROVIDO. UNÂNIME". (Apelação Cível n. 70076728450, Décima Sétima Câmara Cível, Tribunal de Justiça do RS, rel. Liege Puricelli Pires, Julgado em 10-5-2018) (grifamos)

Diferentemente de outros prazos do Código Civil, o lapso de 30 anos para a consumação da perempção da hipoteca é, sem dúvida, extenso, sendo maior, inclusive, do que o peculiar prazo previsto para a prescrição aquisitiva de uma servidão (20 anos – art. 1.379, CC).

12. GARANTIA HIPOTECÁRIA E BEM DE FAMÍLIA

Ao lado do bem de família voluntário (arts. 1.711 a 1.722, CC), convive, amparado pela Lei n. 8.009, de 29 de março de 1990 (resultado da conversão da Medida Provisória n. 143/90), o denominado bem de família legal.

Essa espécie legal traduz a impenhorabilidade do imóvel residencial próprio do casal, ou da entidade familiar, isentando-o de dívidas civil, comercial, fiscal, previdenciária ou de

---

[60] CC/2002: "Art. 513. A preempção, ou preferência, impõe ao comprador a obrigação de oferecer ao vendedor a coisa que aquele vai vender, ou dar em pagamento, para que este use de seu direito de prelação na compra, tanto por tanto".

[61] CC/2002: "Art. 514. O vendedor pode também exercer o seu direito de prelação, intimando o comprador, quando lhe constar que este vai vender a coisa".

[62] GAGLIANO, Pablo Stolze; PAMPLONA FILHO, Rodolfo. *Manual de Direito Civil*. 4. ed. São Paulo: Saraiva, 2020. p. 595-596.

qualquer natureza, contraída pelos cônjuges ou pelos pais ou filhos que sejam seus proprietários e nele residam, ressalvadas as hipóteses previstas em lei.

Tal isenção "compreende o imóvel sobre o qual se assentam a construção, as plantações, as benfeitorias de qualquer natureza e todos os equipamentos, inclusive os de uso profissional, ou móveis que guarnecem a casa, desde que quitados" (art. 1.º, parágrafo único, da Lei n. 8.009/90).

Adotando a mesma diretriz do Novo Código Civil, a Lei n. 8.009/90 protege não só a família casamentária, mas também outras entidades familiares, alcançando, segundo jurisprudência, eventualmente, o próprio devedor que resida só[63].

Essa impenhorabilidade – note que a lei não trata da inalienabilidade do bem – compreende, além do imóvel em si, as construções, plantações, benfeitorias de qualquer natureza e todos os equipamentos, inclusive os de uso profissional, ou móveis que guarnecem a casa, ressalvados, nesse último caso, os veículos de transporte, obras de arte e adornos suntuosos (arts. 1.º e 2.º).

A impenhorabilidade, como dispõe o art. 3.º da Lei n. 8.009/90[64], é oponível em qualquer processo de execução civil, fiscal, previdenciária, trabalhista[65], ou de outra natureza, <u>salvo se movido (exceções à impenhorabilidade legal)</u>:

a) pelo titular do crédito decorrente do financiamento destinado à construção ou à aquisição do imóvel, no limite dos créditos e acréscimos constituídos em função do respectivo contrato;

b) pelo credor de pensão alimentícia, resguardados os direitos, sobre o bem, do seu coproprietário que, com o devedor, integre união estável ou conjugal, observadas as hipóteses em que ambos responderão pela dívida (ressalva inserida pela Lei n. 13.144, de 6 de julho de 2015);

c) para a cobrança de impostos, predial ou territorial, taxas e contribuições devidas em função do imóvel familiar;

d) <u>para a execução de hipoteca sobre o imóvel oferecido como garantia real pelo casal ou pela entidade familiar</u>;

e) por ter sido adquirido com produto de crime ou para a execução de sentença penal condenatória a ressarcimento, indenização ou perdimento de bens;

f) por obrigação decorrente de fiança concedida em contrato de locação.

Pois bem.

---

[63] O conceito de impenhorabilidade de bem de família abrange também o imóvel pertencente a pessoas solteiras, separadas e viúvas.

(STJ, Súmula 364, CORTE ESPECIAL, julgado em 15-10-2008, *DJe* 3-11-2008)

[64] Em nosso sentir, as previsões constantes neste art. 3.º da Lei n. 8.009 de 1990 aplicam-se ao **bem de família voluntário,** pois, *onde há a mesma razão, há o mesmo direito* (*Ubi eadem ratio ibi idem jus*).

[65] Registre-se que a Lei Complementar n. 150, de 1.º de junho de 2015, que deu nova regulamentação ao contrato de trabalho doméstico, revogou expressamente, em seu art. 46, o inciso I do art. 3.º da Lei n. 8.009/90, que admitia a penhora de bem de família "em razão de créditos de trabalhadores da própria residência e das respectivas contribuições previdenciárias".

Não sendo este o momento oportuno para analisarmos pormenorizadamente cada uma das exceções, o que cuidamos de fazer em nosso volume dedicado ao estudo da Parte Geral[66], interessa-nos sublinhar que a **execução de hipoteca sobre o imóvel oferecido como garantia real pelo casal ou pela entidade familiar afasta a proteção legal do bem de família.**

O Superior Tribunal de Justiça, aliás, tem salientado que a garantia real tem de haver sido constituída **em favor da própria família, e não de terceiro:**

"AGRAVO INTERNO NO RECURSO ESPECIAL. EXECUÇÃO. IMPENHORABILIDADE DO BEM DE FAMÍLIA. IMÓVEL DADO EM GARANTIA DE EMPRÉSTIMO DE TERCEIROS, PESSOA JURÍDICA.

1. 'É iterativa a jurisprudência deste e. Superior Tribunal de Justiça que entende ser admissível a penhora do bem de família hipotecado quando a garantia real for prestada em benefício da própria entidade familiar, e não para assegurar empréstimo obtido por terceiro ou pessoa jurídica, sendo vedado se presumir que a garantia fora dada em benefício da família, para, assim, afastar a impenhorabilidade do bem com base no art. 3.º, V, da Lei n. 8.009/90' (AgInt no AgInt no AREsp 927.036/MG, Rel. Ministro Marco Buzzi, Quarta Turma, julgado em 24-10-2017, DJe 10-11-2017).

2 Na hipótese, o próprio acórdão recorrido reconhece que, apesar de entender irrelevante, trata-se de hipoteca voltada a assegurar empréstimo obtido por terceiro, pessoa jurídica, da qual a executada não fazia parte.

3. Agravo interno não provido".

(AgInt no REsp 1.689.748/GO, rel. Min. LUIS FELIPE SALOMÃO, QUARTA TURMA, julgado em 11-9-2018, DJe 18-9-2018) (grifamos)

Com efeito, se PEDRO e JÚLIA constituem a hipoteca da casa em que residem, para a garantia de um empréstimo bancário, em seu próprio favor, não poderão, *a posteriori*, alegar a proteção do bem de família, para evitar a execução hipotecária.

Nesse mesmo diapasão, os seguintes julgados:

"AGRAVO INTERNO. AGRAVO EM RECURSO ESPECIAL. EXECUÇÃO DE TÍTULO EXTRAJUDICIAL. PENHORA. BEM DE FAMÍLIA. GARANTIA PRESTADA PELO SÓCIO TAMBÉM EM NOME PRÓPRIO. ART. 3.º, V, DA LEI N. 8.009/90.

1. A jurisprudência desta Corte orienta que a exceção prevista no artigo 3.º, V, da Lei n. 8.009/90 não se aplica aos casos em que a hipoteca é dada como garantia de empréstimo contraído em favor de terceiro, somente quando garante empréstimo tomado diretamente em favor do próprio devedor, o que ocorreu no caso em exame.

2. Agravo interno a que se nega provimento".

(AgInt nos EDcl no AREsp 665.233/SC, rel. Min. MARIA ISABEL GALLOTTI, QUARTA TURMA, julgado em 6-2-2018, DJe 9-2-2018)

"PROCESSUAL CIVIL. AGRAVO INTERNO NO RECURSO ESPECIAL. BEM DE FAMÍLIA. PENHORABILIDADE. GARANTIA HIPOTECÁRIA. BENEFÍCIO REVERTIDO À FAMÍLIA. REEXAME DE CONTEÚDO FÁTICO-PROBATÓRIO. SÚMULA N. 7/STJ. DECISÃO MANTIDA.

---

[66] Confira-se o tópico 5 ("Bem de família") do Capítulo VIII ("Bens jurídicos") do volume 1 ("Parte geral") desta coleção.

1. A jurisprudência desta Corte Superior, interpretando o artigo 3.º, V, da Lei n. 8.009/1990, tem se posicionado no sentido de que a impenhorabilidade do bem de família, na hipótese em que este é oferecido como garantia real hipotecária, somente fica afastada quando o ato de disponibilidade reverter em proveito da entidade familiar.

2. O recurso especial não comporta o exame de questões que impliquem revolvimento do contexto fático dos autos (Súmula n. 7 do STJ).

3. No caso concreto, o Tribunal de origem analisou as provas contidas no processo para concluir que a garantia hipotecária foi revertida em benefício da entidade familiar. Alterar esse entendimento demandaria o reexame do conjunto probatório do feito, o que é vedado em recurso especial.

4. Agravo interno improvido".

(AgInt no REsp 1.466.650/PR, rel. Min. ANTONIO CARLOS FERREIRA, QUARTA TURMA, julgado em 16-2-2017, *DJe* 22-2-2017)

Há, todavia, um aspecto peculiar na jurisprudência do STJ, que merece a nossa reflexão.

Embora a garantia hipotecária constituída em favor da família afaste, como vimos, a proteção da impenhorabilidade legal do bem de família, se o devedor, simplesmente, no curso de uma execução, "indica" o bem de família à penhora, poderá, posteriormente, "voltar atrás", invocando a proteção legal, dado o seu **caráter irrenunciável**:

"AGRAVO REGIMENTAL NO AGRAVO EM RECURSO ESPECIAL. CIVIL E PROCESSUAL CIVIL. AÇÃO MONITÓRIA. CHEQUE PRESCRITO. PENHORA DE BEM DE FAMÍLIA. IMPENHORABILIDADE ABSOLUTA.

1. A proteção conferida ao instituto de bem de família é princípio concernente às questões de ordem pública, não se admitindo nem mesmo a renúncia por seu titular do benefício conferido pela lei, sendo possível, inclusive, a desconstituição de penhora anteriormente feita.

2. A jurisprudência do STJ tem, de forma reiterada e inequívoca, pontuado que o benefício conferido pela Lei 8.009/90 trata-se de norma cogente, que contém princípio de ordem pública, e sua incidência somente é afastada se caracterizada alguma hipótese descrita no art. 3.º da Lei 8.009/90, o que não é o caso dos autos.

3. A finalidade da Lei 8.009/90 não é proteger o devedor contra suas dívidas, mas visa à proteção da entidade familiar no seu conceito mais amplo, motivo pelo qual as hipóteses de exceção à impenhorabilidade do bem de família, em virtude do seu caráter excepcional, devem receber interpretação restritiva.

4. Agravo regimental não provido".

(AgRg no AREsp 537.034/MS, rel. Min. RAUL ARAÚJO, QUARTA TURMA, julgado em 26-8-2014, *DJe* 1-10-2014)

"PROCESSUAL CIVIL. EXECUÇÃO FISCAL. IMÓVEL. LEI 8.009/1990. DIREITO À MORADIA. RESIDÊNCIA DA FAMÍLIA. IMPENHORABILIDADE. PRECEITO DE ORDEM PÚBLICA. IRRENUNCIABILIDADE.

1. O art. 1.º da Lei 8.009/1990 estabelece que o imóvel residencial próprio do casal, ou da entidade familiar, é impenhorável, ressalvadas as hipóteses excepcionais previstas no próprio diploma legal. O preceito é de ordem pública e deve ser interpretado de modo a conferir máxima efetividade ao direito social à moradia (art. 6.º da CF/1988) e à norma

que impõe ao Estado o dever de proteger a família, base da sociedade (art. 226 da CF/1988).

2. *In casu*, ao analisar as circunstâncias fáticas dos autos, o Tribunal *a quo* concluiu ser 'inquestionável que o imóvel penhorado constitui 'bem de família" e que, nos Embargos de Terceiro, os autores buscam proteger a própria moradia, e não apenas o direito à propriedade (fls. 124-125).

3. Conforme já assentado pelo STJ, a proteção conferida pela Lei 8.009/1990 não admite renúncia pelo proprietário (REsp 1.200.112/RJ, rel. Ministro Castro Meira, Segunda Turma, *DJe* 21-8-2012; REsp 828.375/RS, Rel. Ministra Eliana Calmon, Segunda Turma, *DJe* 17-2-2009).

4. A jurisprudência do STJ admite a condenação do exequente em honorários advocatícios, com base nos critérios de sucumbência e de causalidade, quando procedentes os Embargos de Terceiro. Avaliar a ocorrência de possível omissão dos autores quanto à situação registral do imóvel é tarefa que esbarra no óbice da Súmula 7/STJ.

5. Recurso Especial parcialmente conhecido e, nessa parte, não provido".

(REsp 1.487.028/SC, rel. Min. HERMAN BENJAMIN, SEGUNDA TURMA, julgado em 13-10-2015, *DJe* 18-11-2015)

Vale dizer, se o devedor constituiu **hipoteca** em favor de sua família, não poderá, posteriormente, nos termos supra, reclamar a proteção legal do bem de família; mas, se apenas **indicou ou nomeou o bem à penhora**, poderá fazê-lo, pois a garantia seria irrenunciável.

Na medida em que a orientação pretoriana justifica a possibilidade de o devedor – que voluntariamente indicou bem de família à penhora – poder invocar a proteção legal, **sob o argumento do matiz cogente e de ordem pública das normas do bem de família**, o mesmo fundamento, em tese, poderia ser invocado para justificar a ineficácia da garantia hipotecária constituída.

Posto não nos agrade esta última conclusão – inclusive pela insegurança jurídica que causaria – preocupa-nos, academicamente, esta aparente contradição, à luz da regra proibitiva do ***venire contra factum proprium***.

Capítulo XXVII
Anticrese

Sumário: 1. Conceito. 2. Direitos e deveres do credor anticrético. 3. Extinção e remissão da anticrese.

1. CONCEITO

Tecer considerações sobre a anticrese é falar de um direito real na coisa alheia sem grande repercussão pragmática, pois raramente utilizado no dia a dia das relações de direito material.

Com efeito, trata-se efetivamente de um instituto jurídico obsoleto.

Segundo SÍLVIO VENOSA,

"A anticrese é instituição paralela ao penhor e à hipoteca, ficando a meio caminho entre ambos. Enquanto no penhor típico se transfere a posse da coisa ao credor, que dela não pode se utilizar, e na hipoteca o bem continua na posse do devedor, na anticrese o credor assume necessariamente a posse do bem para usufruir seus frutos, a fim de amortizar a dívida ou receber juros. O credor anticrético recebe a posse de coisa móvel frugífera, ficando os frutos vinculados à extinção da dívida.

A palavra anticrese deriva do grego *anti* (contra) e *chresis* (uso). O vocábulo dá a ideia de uso do capital recebido pelo credor perante a entrega da coisa pelo devedor. A expressão não era usual no Direito Romano. Suas raízes situam-se no direito grego e egípcio"[1].

Por meio da anticrese, portanto, pode o devedor (ou outrem por ele), com a entrega do imóvel ao credor, ceder-lhe o direito de perceber, em compensação da dívida, os frutos e rendimentos (art. 1.506)[2].

A teor do § 1.º do referido dispositivo legal, "é permitido estipular que os frutos e rendimentos do imóvel sejam percebidos pelo credor à conta de juros, mas se o seu valor ultrapassar a taxa máxima permitida em lei para as operações financeiras, o remanescente será imputado ao capital".

Trata-se de uma norma que limita a percepção dos frutos, quando consistentes em juros de dívida, ao limite legal que coíbe a usura.

---

[1] VENOSA, Sílvio de Salvo. *Direitos Reais*. 3. ed. São Paulo: Atlas, 2003. p. 505.

[2] "Art. 1.506, § 1.º É permitido estipular que os frutos e rendimentos do imóvel sejam percebidos pelo credor à conta de juros, mas se o seu valor ultrapassar a taxa máxima permitida em lei para as operações financeiras, o remanescente será imputado ao capital. § 2.º Quando a anticrese recair sobre bem imóvel, este poderá ser hipotecado pelo devedor ao credor anticrético, ou a terceiros, assim como o imóvel hipotecado poderá ser dado em anticrese."

O § 2.º do referido art. 1.506 também merece referência: "quando a anticrese recair sobre bem imóvel, este poderá ser hipotecado pelo devedor ao credor anticrético, ou a terceiros, assim como o imóvel hipotecado poderá ser dado em anticrese".

Nesse ponto, revela-se, aqui, um aspecto que, segundo o Professor GLADSTON MAMEDE, é uma das *virtudes* da anticrese, a despeito de o instituto não gozar da simpatia da doutrina:

> "Qual é, então, a virtude que, discordante, vejo na anticrese? A preservação de um meio pelo qual o credor tem a certeza de que é um meio para o pagamento de seu crédito: os frutos naturais, industriais ou rendimentos do imóvel que lhe é transferido em anticrese. Por outro lado, considerando-se que o artigo 1.506, § 2.º, do novo Código Civil, como se verá adiante, permite a cumulação da hipoteca com a anticrese, tem-se a possibilidade negocial de, no plano dos bens listados no artigo 1.473 do novo Código Civil, listados como passíveis de serem dados em hipoteca, criar uma situação análoga à que se tem, em relação ao penhor, pela conjunção dos artigos 1.431, 1.433, V, e 1.435 do novo Código Civil. Assim, o credor hipotecário não só teria a segurança da garantia hipotecária, como também poderia conservar o bem em seu poder – ampliando seu controle sobre a garantia –, bem como remunerar-se em seu crédito, abatendo, com o valor dos frutos aferidos, juros e, sucessivamente, o capital da obrigação garantida.
>
> A anticrese, como adiantei há pouco, pode ser convencionada simultaneamente à hipoteca, como é permitido pelo artigo 1.506, § 2.º, do novo Código Civil. Não há, porém, exigência de que a hipoteca seja constituída a favor da mesma dívida ou de outra dívida, nem mesmo de que deva ser convencionada a favor de um mesmo credor. Portanto, é perfeitamente lícito que o proprietário constitua o ônus hipotecário a favor de A e lhe entregue o imóvel em anticrese. Poderá, ainda, constituir o ônus hipotecário a favor de A e entregar o imóvel em anticrese para B. Poderá, ainda, constituir sub-hipotecas, utilizando-se, para tanto, da licença anotada no artigo 1.476 do novo Código Civil. Realce-se, ainda, que não há ordem específica para a instituição dos gravames: pode-se primeiro dar em anticrese para depois hipotecar"[3].

De todo o exposto, resta claro que a dinâmica deste direito é simples: **o devedor anticrético transfere a posse do imóvel ao seu respectivo credor, para que este aufira os seus respectivos frutos**[4].

---

[3] MAMEDE, Gladston. *Código Civil Comentado*: Direito das Coisas. Penhor. Hipoteca. Anticrese. São Paulo: Atlas, 2003. v. 14. p. 470 e 474-475.

[4] Sobre a **administração** da anticrese, dispõe o art. 1.507: "O credor anticrético pode administrar os bens dados em anticrese e fruir seus frutos e utilidades, mas deverá apresentar anualmente balanço, exato e fiel, de sua administração. § 1.º Se o devedor anticrético não concordar com o que se contém no balanço, por ser inexato, ou ruinosa a administração, poderá impugná-lo, e, se o quiser, requerer a transformação em arrendamento, fixando o juiz o valor mensal do aluguel, o qual poderá ser corrigido anualmente. § 2.º O credor anticrético pode, salvo pacto em sentido contrário, arrendar os bens dados em anticrese a terceiro, mantendo, até ser pago, direito de retenção do imóvel, embora o aluguel desse arrendamento não seja vinculativo para o devedor". A parte final deste último parágrafo dispõe que o eventual valor estipulado a título de aluguel, a ser pago pelo arrendatário, não obriga o devedor anticrético, mas, por outro lado, o beneficia, por meio da amortização da sua dívida em face do rendimento gerado pelo contrato de arrendamento.

Esta dinâmica é tão peculiar que, em doutrina, há quem prefira considerar a anticrese como uma "forma especial de pagamento".

Nessa linha, ADRIANO ROCHA SOUZA:

"(...) a figura da garantia somente é exercida caso não seja pago o débito. Já na anticrese, o credor anticrético, tão logo assim se constitua, já passa a receber o seu crédito imediatamente, por sua própria administração, não ficando, por isto mesmo, condicionado a nenhum fato anterior (inadimplemento da obrigação). Afinal, o inadimplemento, em sede de anticrese, significaria, exatamente, o seu não exercício.

Note, então, que o que ocorre na anticrese se assemelha mais a uma modalidade especial de pagamento, ou de contrato creditício, do que a uma garantia. O professor Caio Mário da Silva Pereira, em sua clássica obra Instituições de Direito Civil, já opinava que o futuro deste instituto seria de tender, senão ao desaparecimento, ao menos de mudança de seu caráter (...)"[5].

Uma questão final merece a nossa atenção.

De acordo com a lei em vigor, a anticrese tem por objeto **bens imóveis**, razão por que se constitui por meio do respectivo registro imobiliário, como já decidiu, inclusive, o Superior Tribunal de Justiça:

"AGRAVO REGIMENTAL NO AGRAVO DE INSTRUMENTO. DIREITO CIVIL. ANTICRESE. DIREITO REAL SOBRE IMÓVEL. AQUISIÇÃO. REGISTRO.

1. A anticrese, direito real sobre imóvel, nos termos do art. 1.225 do CC, só se adquire com o registro no Cartório de Registro de Imóveis.

2. A pretensão de simples reexame de provas, além de escapar da função constitucional deste Tribunal, encontra óbice nas Súmula 7 do STJ, cuja incidência é induvidosa no caso presente.

3. Agravo regimental a que se nega provimento".

(STJ, AgRg no Ag 1.185.129/SP, rel. Min. ALDERITA RAMOS DE OLIVEIRA (DESEMBARGADORA CONVOCADA DO TJ/PE), SEXTA TURMA, julgado em 19-2-2013, *DJe* 12-3-2013)

O referido Professor MAMEDE[6], acima citado, apresenta interessante reflexão acerca da possibilidade de se instituir **anticrese sobre coisa móvel ou até mesmo sobre um direito (uma marca ou uma patente, por exemplo)**.

Afirma o jurista:

"Existem incontáveis contratos jurídicos atípicos, alguns deles já tipificados socialmente, isto é, reconhecidos socialmente em suas linhas gerais, como é o caso do contrato de hospedagem ou do contrato de viagem organizada. Por esse ângulo de análise, é forçoso reconhecer não haver qualquer vedação legal para que se proceda como estipulado na proposição, ainda que não seja, no sentido próprio do Código, uma anticrese."

---

[5] SOUZA, Adriano Stanley Rocha. Anticrese: direito real de garantia ou forma especial de pagamento? *Revista da Faculdade Mineira de Direito*, v. 12, n. 24, jul./dez. 2009. Disponível em: <http://periodicos.pucminas.br/index.php/Direito/article/view/P.2318-7999.2009v12n24p22/3951>. Acesso em: 8 set. 2018.

[6] MAMEDE, Gladston. Op. cit. p. 475-476.

Todavia, o próprio autor reconhece que, no caso, teríamos um instituto obrigacional assemelhado ao direito real de anticrese:

"Obviamente, não se tratará de um vínculo de Direito Real, mas de Direito Obrigacional, pessoal, não havendo falar em oponibilidade *erga omnes*, nem mesmo em direito de sequela, como se passa com a anticrese. Mais: vínculo que se regerá pelo acordo das partes e não pelas previsões dos artigos 1.506 a 1.510 do novo Código Civil, embora possam essas ser utilizadas na resolução de conflitos, por analogia".

Sem dúvida, são ponderações acadêmicas extremamente interessantes.

O fato, porém, é que, por mais que se busque uma efetiva utilidade à anticrese, parece-nos que a existência de outras modalidades de garantia de créditos, com muito maior efetividade, tem levado o instituto ao desuso.

2. DIREITOS E DEVERES DO CREDOR ANTICRÉTICO

Conforme já vimos, o direito precípuo do credor anticrético é perceber, em compensação da dívida, os frutos e rendimentos gerados pelo bem.

E, uma vez satisfeito o seu direito, tem o dever de liberar a coisa frugífera.

Responderá, por outro lado, a teor do art. 1.508, *pelas deteriorações que, por culpa sua, o imóvel vier a sofrer, e pelos frutos e rendimentos que, por sua negligência, deixar de perceber* (frutos percipiendos).

Note-se que, segundo a norma legal, o credor não responderá por danos acidentais (decorrentes de caso fortuito ou força maior), mas somente quando atuar com culpa ou dolo.

Por óbvia razão, em decorrência da **característica da sequela**, o credor anticrético pode defender os seus direitos contra o adquirente dos bens, os credores quirografários (credores sem garantia) e em face dos credores hipotecários **posteriores ao registro da anticrese** (art. 1.509).

Se o credor executar os bens por falta de pagamento da dívida, ou permitir que outro credor o execute[7], sem opor o seu direito de retenção ao exequente, não terá preferência sobre o preço (§ 1.º).

Vale dizer, se o credor executa a dívida ou permite que terceiro execute (sem lhe opor direito de retenção) não terá preferência sobre o preço.

Por fim, vale lembrar que o credor anticrético não terá preferência sobre a indenização do seguro, caso o prédio seja destruído, nem, se forem desapropriados os bens, com relação à desapropriação (§ 2.º). Tais valores tocam ao proprietário do imóvel destruído ou expropriado, devendo, o titular da anticrese, buscar outros meios para se pagar.

3. EXTINÇÃO E REMISSÃO DA ANTICRESE

Além do **perecimento ou destruição da coisa**, bem como da eventual **desapropriação**, hipóteses acima mencionadas, a anticrese extingue-se, naturalmente, por meio da **satisfação do crédito garantido**.

---

[7] No CPC/2015: "Art. 799. Incumbe ainda ao exequente: I – requerer a intimação do credor pignoratício, hipotecário, <u>anticrético</u> ou fiduciário, quando a penhora recair sobre bens gravados por penhor, hipoteca, anticrese ou alienação fiduciária" (grifamos).

Poderá, ainda, o direito de retenção derivado da anticrese extinguir-se pelo **decurso do tempo (prazo de 15 anos)**, conforme previsto no Código Civil:

"Art. 1.423. O credor anticrético tem direito a reter em seu poder o bem, enquanto a dívida não for paga; extingue-se esse direito decorridos quinze anos da data de sua constituição".

Na medida em que a dinâmica peculiar da anticrese permite a exploração do bem frugífero de outrem, a limitação no tempo do direito de retenção da coisa (e consequente percepção dos frutos e rendimentos) é medida justificável.

Vale lembrar que se trata de **prazo decadencial**[8], porquanto, além de se referir ao exercício de um direito potestativo[9] (retenção), no Código Civil os prazos prescricionais situam-se nos arts. 205 e 206 da Parte Geral.

Por fim, poderá, ainda, haver a **remissão**[10] do(s) bem(ns) objeto do direito real de anticrese, por parte do seu adquirente:

"Art. 1.510. O adquirente dos bens dados em anticrese poderá remi-los, antes do vencimento da dívida, pagando a sua totalidade à data do pedido de remição e imitir-se-á, se for o caso, na sua posse".

Temos, no caso, também, o exercício de um direito potestativo, previsto expressamente em lei, em favor do adquirente, que se sub-rogará nos direitos do credor satisfeito.

Nesse caso, considerando-se que a dívida sequer venceu e o adquirente realizou o pagamento integral da dívida, prejuízo algum há ao credor anticrético.

---

[8] Sustentam também a natureza decadencial deste prazo FARIAS e ROSENVALD, na obra *Direitos Reais*. 6. ed. Rio de Janeiro: Lumen Juris. p. 639.

[9] Direito potestativo é, em essência, um "direto de interferência" sem conteúdo prestacional, ou seja, aquele que, ao ser exercido, interfere ou repercute na esfera jurídica de outrem, sem que esta pessoa possa fazer algo. Exemplo: direito ao divórcio, direito de renunciar a um mandato etc. Quando este direito tiver prazo para o seu exercício, este prazo será **decadencial**.

[10] Sobre as múltiplas acepções que o termo "remissão" pode denotar, confira-se o tópico 2 ("Esclarecimentos terminológicos") do Capítulo XIX ("Remissão") do volume 2 ("Obrigações") desta coleção.

Capítulo XXVIII
Concessão de Uso Especial para Fins de Moradia

Sumário: 1. Considerações introdutórias. 2. Conceito. 3. Disciplina normativa.

1. CONSIDERAÇÕES INTRODUTÓRIAS

A **concessão de direito real de uso para fins de moradia** e a **concessão de direito real de uso** (este último tratado no próximo capítulo) são reguladas por legislação especial[1] e são institutos com forte repercussão no Direito Administrativo.

Há, sem dúvida, em seus respectivos regramentos, a projeção do **princípio da função social da posse**.

Aliás, recordando as palavras de TEPEDINO,

"(...) a posse também se reveste de aspecto funcional, associado à destinação conferida ao bem jurídico pela titularidade possessória. Como a função da posse não se vincula necessariamente à do domínio, torna-se objeto de valoração (e, conseguintemente, de disciplina jurídica) autônoma por parte do ordenamento (...) Se a estrutura do direito determina os poderes do possuidor, a função estabelece sua legitimidade e limites, isto é, a justificativa finalística desses poderes em razão das exigências suscitadas por outros interesses tutelados pelo ordenamento na concreta utilização dos bens jurídicos"[2].

Nessa linha, atentos ao aspecto de completude da nossa obra, mas sem perder o seu corte metodológico, passaremos em revista tais institutos, com a intenção de dar, ao(à) nosso(a) leitor(a), uma visão geral a respeito deles.

Voltemos, pois, a nossa atenção, neste capítulo, à **concessão de uso especial para fins de moradia**.

2. CONCEITO

Conceitualmente, trata-se de um direito que confere ao seu titular **o uso de um imóvel público, insuscetível de usucapião[3], em caráter real, com a finalidade de morar**.

---

[1] Cf. Decreto-Lei n. 271, de 1967, MP n. 2.220 de 2001, Lei n. 11.481, de 2007, Lei n. 13.465, de 2017.

[2] TEPEDINO, Gustavo. Posse e propriedade na constitucionalização do Direito Civil: função social, autonomia da posse e bens comuns. In: SALOMÃO, Luís Felipe; TARTUCE, Flávio (Coordenadores). *Direito Civil*: diálogos entre a doutrina e a jurisprudência. São Paulo: Atlas, 2018. p. 485.

[3] Como sabemos, os imóveis públicos não são suscetíveis de usucapião, a teor do § 3.º, art. 183, e do parágrafo único do art. 191, da Constituição Federal. No Código Civil, confira-se o art. 102.

Segundo LEONARDO CARNEIRO SOUSA:

"A origem da concessão de uso especial para fins de moradia se inicia com a emenda popular de reforma urbana apresentada no processo da Assembleia Nacional Constituinte de 1987 (SAULE JUNIOR, 2004, p. 398).

Na proposta inicial, a posse não contestada por até três anos de terras públicas ou privadas, com metragem até o limite de 300 m², utilizando para sua moradia adquiriria o domínio, independente de justo título e boa-fé. Nota-se que nessa proposta não se cogitou a concessão de uso, simplesmente a usucapião urbana.

Essa proposta não foi aceita, pois com relação à propriedade pública os Constituintes ainda tinham a postura absolutista do Código Civil de 1916, afirmando que as terras públicas são bens públicos, detendo assim de inalienabilidade, imprescritibilidade e impenhorabilidade. Portanto, não é possível a aquisição do domínio sobre tal bem.

Entretanto, mesmo os constituintes assumindo esta posição e não aceitando a proposta, eles ao menos incorporaram o sentido teleológico desta emenda popular, reconhecendo o 'direito à moradia da população de baixa renda que mora em assentamentos consolidados para fins de moradia', em áreas públicas, através do instrumento da concessão de uso (SAULE JUNIOR, 2004, p. 400).

Foi instituída então a concessão de uso especial para fins de moradia, tendo em vista que a usucapião urbana serve para garantir a destinação social dos imóveis urbanos privados, a concessão de uso vem a atender a função social da propriedade urbana pública.

Neste sentido, foi consagrado em nossa Carta Magna de 1988 a concessão de uso especial para fins de moradia, em seu artigo 183, que ficou assim expresso:

Art. 183. Aquele que possuir como sua área urbana de até duzentos e cinquenta metros quadrados, por cinco anos, ininterruptamente e sem oposição, utilizando-a para sua moradia ou de sua família, adquirir-lhe-á o domínio, desde que não seja proprietário de outro imóvel urbano ou rural.

§ 1.º O título de domínio e a **concessão de uso** serão conferidos ao homem ou à mulher, ou a ambos, independentemente do estado civil.

§ 2.º Esse direito não será reconhecido ao mesmo possuidor mais de uma vez.

§ 3.º Os imóveis públicos não serão adquiridos por usucapião. (Grifo nosso)

Desta forma, a concessão de uso passa a ter *status* constitucional, garantindo a segurança da posse aos cidadãos que habitam imóveis públicos, assegurando o princípio da igualdade, conferindo assim, tratamento isonômico à garantia do direito a moradia, independente do fato de se estar habitando uma área pública ou privada (SAULE JUNIOR, 2004, p. 399)"[4].

Trata-se de um direito **mais específico** do que a concessão de direito real de uso, a ser tratado no próximo capítulo, pois o seu elemento teleológico é claramente delineado: **a moradia**.

Sobre o instituto, escreveu ADRIANO FERRIANI:

---

[4] SOUSA, Leonardo da Silva Carneiro. A constitucionalidade do aspecto temporal na regulamentação da concessão de uso especial para fins de moradia (CUEM). *Revista Jus Navigandi*, ISSN 1518-4862, Teresina, ano 18, n. 3.716, 3 set. 2013. Disponível em: <https://jus.com.br/artigos/25213>. Acesso em: 19 set. 2018.

"Apesar de a lei 11.481 ter incorporado o inciso XI ao art. 1225 do CC somente em 2007, o instituto já existe desde 2001. A ideia inicial do legislador era a de inseri-lo no ordenamento jurídico por meio do Estatuto da Cidade (lei 10.257/01), dentre os diversos mecanismos então criados para dar efetividade à função social das cidades e também à função social da propriedade. Tanto isso é verdade que a concessão especial para fins de moradia estava disciplinada nos artigos 10 a 15 do referido Estatuto. Porém, tais artigos foram vetados pelo Presidente da República.

O veto presidencial ocorreu não por ser contrário ao mecanismo, mas sim por alguns aspectos do regramento contido no Estatuto da Cidade. Por essa razão, houve o comprometimento de apresentação de um texto para substituir a supressão feita, com as correções julgadas necessárias. E assim surgiu, logo em seguida, no mesmo ano, a MP 2.220, de 4 de setembro de 2001, que vige até hoje, por ser anterior à Emenda Constitucional 32, também de 2001"[5].

Sem desmerecer a sua importância, a consagração dessa modalidade de direito real, em nosso sentir, não alcançou o resultado social esperado, na medida em que o problema de fundo no âmbito da política governamental de habitação, no Brasil, exige medidas mais amplas e efetivas, de cunho programático e geral.

3. DISCIPLINA NORMATIVA

A já referida MP n. 2.220/2001 experimentou o impacto da Lei n. 13.465/2017, consolidando-se uma modalidade de **prescrição aquisitiva** que resultará na obtenção não da propriedade, mas da concessão de uso de um imóvel público com o propósito de assegurar o direito constitucional à moradia.

Vale dizer, embora não se possa usucapir propriedade de imóvel público, **admite-se a prescrição aquisitiva da concessão de uso com finalidade de moradia:**

"Art. 1.º Aquele que, até 22 de dezembro de 2016, possuiu como seu, por cinco anos, ininterruptamente e sem oposição, até duzentos e cinquenta metros quadrados de imóvel público situado em área com características e finalidade urbanas, e que o utilize para sua moradia ou de sua família, tem o direito à concessão de uso especial para fins de moradia em relação ao bem objeto da posse, desde que não seja proprietário ou concessionário, a qualquer título, de outro imóvel urbano ou rural. (Redação dada pela Lei n. 13.465, de 2017)

§ 1.º A concessão de uso especial para fins de moradia será conferida de forma gratuita ao homem ou à mulher, ou a ambos, independentemente do estado civil.

§ 2.º O direito de que trata este artigo não será reconhecido ao mesmo concessionário mais de uma vez.

§ 3.º Para os efeitos deste artigo, o herdeiro legítimo continua, de pleno direito, na posse de seu antecessor, desde que já resida no imóvel por ocasião da abertura da sucessão.

Art. 2.º Nos imóveis de que trata o art. 1.º, com mais de duzentos e cinquenta metros quadrados, ocupados até 22 de dezembro de 2016, por população de baixa renda para sua moradia, por cinco anos, ininterruptamente e sem oposição, cuja área total dividida pelo

---

[5] FERRIANI, Adriano. Brevíssimas considerações sobre a concessão especial para fins de moradia. *Migalhas*. 21 dez. 2011. Disponível em: <http://www.migalhas.com.br/Civilizalhas/94,MI147158,31047-Brevissimas+consideracoes+sobre+a+concessao+especial+para+fins+de>. Acesso em: 2 jan. 2018.

número de possuidores seja inferior a duzentos e cinquenta metros quadrados por possuidor, a concessão de uso especial para fins de moradia será conferida de forma coletiva, desde que os possuidores não sejam proprietários ou concessionários, a qualquer título, de outro imóvel urbano ou rural. (Redação dada pela Lei n. 13.465, de 2017)

§ 1.º O possuidor pode, para o fim de contar o prazo exigido por este artigo, acrescentar sua posse à de seu antecessor, contanto que ambas sejam contínuas.

§ 2.º Na concessão de uso especial de que trata este artigo, será atribuída igual fração ideal de terreno a cada possuidor, independentemente da dimensão do terreno que cada um ocupe, salvo hipótese de acordo escrito entre os ocupantes, estabelecendo frações ideais diferenciadas.

§ 3.º A fração ideal atribuída a cada possuidor não poderá ser superior a duzentos e cinquenta metros quadrados".

Note-se que, enquanto o art. 1.º trata de uma usucapião em perspectiva **individual**[6], o art. 2.º regula uma modalidade **coletiva** de usucapião da concessão de uso para fins de moradia, de forma semelhante ao que se dá com a propriedade, nos termos dos arts. 9 e 10 do Estatuto da Cidade[7].

E um detalhe deve ser salientado.

O Superior Tribunal de Justiça já decidiu no sentido de que, na hipótese prevista no art. 1.º da Medida Provisória n. 2.220/2001, o legislador limitou a **parcela do imóvel ocupada pelo possuidor, mas não o tamanho total do imóvel público**:

"CIVIL E PROCESSUAL CIVIL. AÇÃO DE REINTEGRAÇÃO DE POSSE. AGRAVO REGIMENTAL NO AGRAVO EM RECURSO ESPECIAL. CONCESSÃO DE USO ESPECIAL PARA FINS DE MORADIA. BEM PÚBLICO. MP N. 2.220/2001. *ANIMUS DOMINI*. AUSÊNCIA DE PREQUESTIONAMENTO. ÁREA EFETIVAMENTE OCUPADA. IRRELEVÂNCIA DA ÁREA DO IMÓVEL.

1. A ausência de oposição de embargos de declaração para sanar, na origem, eventuais omissões do julgado, atrai a aplicação do óbice contido nos enunciados n. 282 e 356 do STF.

2. No caso concreto, não foi analisada na instância ordinária a tese apresentada no recurso especial no sentido de que os réus não teriam comprovado o requisito da ocupação do imóvel como próprio, com *animus domini*. Não cuidando a recorrente de provocar a Corte local para o exame da questão, via recurso declaratório, a argumentação carece do necessário prequestionamento.

3. O art. 1.º da Medida Provisória n. 2.220/2001 não limita o tamanho total do imóvel público, mas exclusivamente a parcela ocupada pelo possuidor, para fins de concessão do uso especial previsto no art. 183, § 1.º, da Constituição Federal.

4. O Tribunal local, com suporte nos elementos probatórios dos autos e aplicando o dispositivo legal, concluiu estarem preenchidos os requisitos legais, fazendo constar expressa observação de que a área ocupada pelo interessado estaria discriminada. Sobre o tema, o

---

[6] Para uma revisão sobre o tema, confira-se o Capítulo X ("Usucapião") deste volume.

[7] O art. 9.º da Medida Provisória admite, ainda, observados os seus pressupostos, a mera **autorização de uso** de imóvel público situado em área com características e finalidade urbanas para fins comerciais.

agravo regimental não trouxe argumentos capazes de infirmar a decisão agravada, sobretudo em relação à incidência do enunciado n. 7 da Súmula do STJ.

5. Agravo regimental improvido".

(AgRg no AREsp 333.647/RS, rel. Min. ANTONIO CARLOS FERREIRA, QUARTA TURMA, julgado em 10-2-2015, DJe 19-2-2015) (grifamos)

Acrescentamos, ainda, que, a teor do art. 8.º da MP n. 2.220/2001, o direito à concessão de uso especial para fins de moradia extingue-se nos casos de:

a) o concessionário dar ao imóvel destinação diversa da moradia para si ou para sua família; ou

b) o concessionário adquirir a propriedade ou a concessão de uso de outro imóvel urbano ou rural.

A extinção da concessão especial será averbada no cartório de registro de imóveis, por meio de declaração do Poder Público concedente.

Em conclusão, pensamos que, posto a concessão de uso para fins de moradia seja, sem dúvida, um elogiável instrumento, com forte matiz socializante, a ausência de sérias políticas públicas de regularização fundiária urbana, como dito acima, é, em verdade, a principal causa a ser combatida, com seriedade e empenho, pelo Estado Brasileiro.

Capítulo XXIX
Concessão de Direito Real de Uso

Sumário: 1. Noções conceituais. 2. Tratamento legal. 3. Extensão do direito e diferenciações relevantes. 4. Prazo prescricional da pretensão de cobrança da contraprestação devida pelo direito de uso.

1. NOÇÕES CONCEITUAIS

Como vimos no capítulo anterior, a **concessão de uso especial para fins de moradia** e a **concessão de direito real de uso**, ora estudada, são reguladas por legislação especial[1] e são institutos com forte impacto na seara do Direito Público, notadamente no campo do Direito Administrativo.

Sem dúvida, a **concessão de direito real de uso** também tem um acentuado matiz publicista, na perspectiva da função social.

Trata-se de **um direito real assemelhado, posto não idêntico, à propriedade, pelo qual o concessionário poderá usar o imóvel para finalidades úteis, socialmente relevantes**[2].

E como se dá o seu tratamento legal?

É o que veremos em seguida.

2. TRATAMENTO LEGAL

A raiz da disciplina da concessão do direito real de uso encontra-se no art. 7.º do Decreto-Lei n. 271, de 1967, com os temperamentos da Lei n. 11.481, de 2007:

---

[1] Cf. Decreto-Lei n. 271, de 1967, MP n. 2.220, de 2001, Lei n. 11.481 de 2007, Lei n. 13.465, de 2017.

[2] Não se deve confundir a concessão de direito real de uso (CDRU) com a mera concessão de uso (instituto típico do Direito Administrativo): "Diferente da concessão de uso, que não possui uma regulamentação geral em lei nacional, sofrendo alterações em suas características em virtude do que disciplinam as leis dos entes federados, a CDRU é direito real e, deste modo, dotado de tipicidade e com condições e hipóteses de aplicação normatizadas em leis editadas pela União (art. 22, I, CF)" (grifamos). LUFT, Rosângela. Concessão de direito real de uso. In: CAMPILONGO, Celso Fernandes; GONZAGA, Alvaro de Azevedo; FREIRE, André Luiz (coords.). *Enciclopédia jurídica da PUC-SP*. Tomo: Direito Administrativo e Constitucional. Coordenadores de tomo Vidal Serrano Nunes Jr., Maurício Zockun, Carolina Zancaner Zockun, André Luiz Freire. 1. ed. São Paulo: Pontifícia Universidade Católica de São Paulo, 2017. Disponível em: <https://enciclopediajuridica.pucsp.br/verbete/16/edicao-1/concessao-de-direito-real-de-uso>. Acesso em: 23 set. 2018.

"Art. 7.º É instituída a concessão de uso de terrenos públicos ou particulares remunerada ou gratuita, por tempo certo ou indeterminado, como direito real resolúvel, para fins específicos de regularização fundiária de interesse social, urbanização, industrialização, edificação, cultivo da terra, aproveitamento sustentável das várzeas, preservação das comunidades tradicionais e seus meios de subsistência ou outras modalidades de interesse social em áreas urbanas. (Redação dada pela Lei n. 11.481, de 2007)

§ 1.º A concessão de uso poderá ser contratada, por instrumento público ou particular, ou por simples termo administrativo, e será inscrita e cancelada em livro especial.

§ 2.º Desde a inscrição da concessão de uso, o concessionário fruirá plenamente do terreno para os fins estabelecidos no contrato e responderá por todos os encargos civis, administrativos e tributários que venham a incidir sobre o imóvel e suas rendas.

§ 3.º Resolve-se a concessão antes de seu termo, desde que o concessionário dê ao imóvel destinação diversa da estabelecida no contrato ou termo, ou descumpra cláusula resolutória do ajuste, perdendo, neste caso, as benfeitorias de qualquer natureza.

§ 4.º A concessão de uso, salvo disposição contratual em contrário, transfere-se por ato *inter vivos*, ou por sucessão legítima ou testamentária, como os demais direitos reais sobre coisas alheias, registrando-se a transferência.

§ 5.º Para efeito de aplicação do disposto no *caput* deste artigo, deverá ser observada a anuência prévia: (Incluído pela Lei n. 11.481, de 2007)

I – do Ministério da Defesa e dos Comandos da Marinha, do Exército ou da Aeronáutica, quando se tratar de imóveis que estejam sob sua administração; e (Incluído pela Lei n. 11.481, de 2007)

II – do Gabinete de Segurança Institucional da Presidência de República, observados os termos do inciso III do § 1.º do art. 91 da Constituição Federal. (Incluído pela Lei n. 11.481, de 2007)"

A restrição mencionada no inciso II deve ser compreendida à luz do inciso III do § 1.º do art. 91 da Constituição Federal, quando se tratar de *áreas indispensáveis à segurança do território nacional, especialmente na faixa de fronteira e nas relacionadas com a preservação e a exploração dos recursos naturais de qualquer tipo*.

3. EXTENSÃO DO DIREITO E DIFERENCIAÇÕES RELEVANTES

O elemento teleológico da concessão do direito real de uso **não é propriamente o mesmo do direito de uso especial para fim de moradia, pois o seu escopo é mais amplo**, traduzindo-se na "regularização fundiária de interesse social, urbanização, industrialização, edificação, cultivo da terra, aproveitamento sustentável das várzeas, preservação das comunidades tradicionais e seus meios de subsistência ou outras modalidades de interesse social em áreas urbanas".

Escreve ROSÂNGELA LUFT:

"Muitos autores fundamentam que a CDRU[3] gera ao particular a faculdade de utilizar um bem. No entanto, a partir do momento que se afirma que as finalidades sociais vinculam o concessionário, a CDRU obriga – não faculta – a efetiva destinação do bem, caso con-

---

[3] Trata-se de sigla atribuída à "Concessão de direito real de uso".

trário o caráter resolúvel desse instrumento permite à Administração Pública retomar o imóvel.

A autonomia administrativa confere a cada ente federado uma liberdade para regular as possibilidades de gestão e de disposição dos seus bens. Ocorre que grande parte dos Municípios e Estados-membros não mantém um cadastro e o controle efetivo dos seus imóveis, nem tem claramente definidas em suas normas as possibilidades jurídicas de emprego desses bens, notadamente para fins sociais. Muitos ainda preferem alienar os bens – por meio de doação ou compra e venda –, pois a CDRU demanda um serviço administrativo permanente de controle.

Na CDRU, o particular usa o imóvel, mas a titularidade e o controle desse uso ficam nas mãos do Estado. Na obra de Meirelles bem se observa que a CDRU é preferível à venda e à doação, pois assegura o uso para o qual o terreno foi destinado, 'evitando prejudiciais especulações imobiliárias dos que adquirem imóveis públicos para aguardar a valorização vegetativa, em detrimento da coletividade'"[4].

Não há que se confundir, nessa linha, a concessão do direito real de uso com a **doação**, inclusive para o fim de incidência tributária:

"TRIBUTÁRIO. AGRAVO INTERNO NO RECURSO ESPECIAL. ITCMD. CONCESSÃO DE DIREITO REAL DE USO. EQUIPARAÇÃO AO INSTITUTO DA DOAÇÃO PARA FINS TRIBUTÁRIOS. IMPOSSIBILIDADE.

1. Os institutos da concessão de direito real de uso e da doação não são caracterizados somente pelo efeito da transferência do direito real correlato, pois têm outros efeitos e finalidades distintas, razão pela qual, na falta de previsão legal específica sobre a incidência do ITCMD sobre a concessão de direito real, não é possível a tributação, sob pena de violação dos arts. 108, § 1.º, 109 e 110 do Código Tributário Nacional.

2. Hipótese em que o Tribunal de Justiça decidiu pela não incidência do imposto de transmissão sobre o contrato de concessão de direito real de uso, na falta de previsão na lei local, pois constituem institutos diversos.

3. Por força do enunciado da Súmula 284 do STF, o recurso não pode ser conhecido quanto à tese de violação dos arts. 538 e 1.225 do Código Civil, pois estes não contêm comando normativo que permita a equiparação dos institutos.

4. Se a conclusão do acórdão recorrido resulta da análise da legislação local, sua revisão não pode ser feita em recurso especial, à luz da Súmula 280 do STF.

5. Agravo interno desprovido".

(AgInt no REsp 1.576.169/DF, rel. Min. GURGEL DE FARIA, PRIMEIRA TURMA, julgado em 15-9-2016, *DJe* 24-10-2016)

De fato, a conclusão exposta no acórdão se justifica, na medida em que a concessão de uso não opera a transferência da propriedade, a exemplo do que se dá na doação.

---

[4] LUFT, Rosângela. Concessão de direito real de uso. In: CAMPILONGO, Celso Fernandes; GONZAGA, Alvaro de Azevedo; FREIRE, André Luiz (coords.). *Enciclopédia jurídica da PUC-SP*. Tomo: Direito Administrativo e Constitucional. Coordenadores de tomo Vidal Serrano Nunes Jr., Maurício Zockun, Carolina Zancaner Zockun, André Luiz Freire. 1. ed. São Paulo: Pontifícia Universidade Católica de São Paulo, 2017. Disponível em: <https://enciclopediajuridica.pucsp.br/verbete/16/edicao-1/concessao--de-direito-real-de-uso>. Acesso em: 2 jan. 2018.

4. PRAZO PRESCRICIONAL DA PRETENSÃO DE COBRANÇA DA CONTRAPRESTAÇÃO DEVIDA PELO DIREITO DE USO

Diante de todo o exposto, é forçoso convir que a concessão de direito real de uso tem nítidas características do uso, com os temperamentos da superfície[5].

Mas, a despeito deste caráter, não se pode negar que se trata de uma categoria bem próxima do Direito Administrativo.

A despeito dessa inegável "preponderância publicista", o Superior Tribunal de Justiça já entendeu que o prazo prescricional para a cobrança da contraprestação devida pelo direito de uso concedido é regida pelo Código Civil:

"ADMINISTRATIVO. DIREITO CIVIL. RECURSO ESPECIAL. CONTRATO DE CONCESSÃO DE DIREITO REAL DE USO DE IMÓVEL PÚBLICO. COBRANÇA DE PARCELAS INADIMPLIDAS. NATUREZA JURÍDICA DA CONTRAPRESTAÇÃO. PREÇO PÚBLICO. PRAZO PRESCRICIONAL. DEZ ANOS. PRECEDENTES.

1. De acordo com a jurisprudência do STJ, nas demandas que visam à cobrança de remuneração pactuada em contrato de concessão de direito real de uso sobre imóvel público, o prazo prescricional da pretensão é decenal, nos termos do art. 205 do Código Civil, por se tratar de valores cuja natureza jurídica é a de preço público. Precedentes: AgRg no REsp 1.429.724/DF, Rel. Ministro Mauro Campbell Marques, Segunda Turma, *DJe* 19-11-2015 e AgRg no REsp 1.428.576/DF, Rel. Ministro Og Fernandes, Segunda Turma, *DJe* 19-11-2015.

2. Recurso especial a que se dá provimento".

(REsp 1.601.386/DF, rel. Min. SÉRGIO KUKINA, PRIMEIRA TURMA, julgado em 7-3-2017, *DJe* 17-3-2017)

"ADMINISTRATIVO. COBRANÇA. TERRACAP. CONTRATO DE CONCESSÃO DE DIREITO REAL DE USO. CONTRAPRESTAÇÃO. NATUREZA JURÍDICA DE PREÇO PÚBLICO. PRESCRIÇÃO. ART. 205 DO CÓDIGO CIVIL DE 2002.

1. A jurisprudência desta Corte é no sentido de que, em se tratando de ação de cobrança de taxa de ocupação em virtude de celebração de contrato de direito real de uso com a Administração Pública, o prazo prescricional é o previsto no art. 205 do Código Civil, isto é, de dez anos, uma vez que se trata de preço público. Precedentes: AgRg no REsp 1.426.927/DF, Rel. Ministro HUMBERTO MARTINS, SEGUNDA TURMA, julgado em 7-8-2014, *DJe* 15-8-2014; AgRg no REsp 1.207.622/DF, Rel. Ministro HERMAN BENJAMIN, SEGUNDA TURMA, julgado em 22-2-2011, *DJe* 16-3-2011.

2. Agravo regimental não provido".

(AgRg no REsp 1.429.724/DF, rel. Min. MAURO CAMPBELL MARQUES, SEGUNDA TURMA, julgado em 10-11-2015, *DJe* 19-11-2015)

Isso reforça a ideia de que, de fato, o Direito não é, definitivamente, uma ciência exata.

---

[5] Nesse sentido, TARTUCE, Flávio. *Direito Civil*: Direito das Coisas. 7. ed. São Paulo: Gen-Método, 2015. v. 4. p. 378.

Capítulo XXX
Direito de Laje

Sumário: 1. Introdução. 2. Conceito. 3. Tratamento jurídico. 3.1. Cessão da superfície superior ou inferior de uma propriedade (art. 1.510-A, *caput*, do Código Civil). 3.2. Autonomia do direito de laje (art. 1.510-A, §§ 3.º e 4.º, do Código Civil). 3.3. Direito a sobrelevações sucessivas (art. 1.510-A, § 6.º, do Código Civil). 3.4. Compartilhamento das despesas necessárias à conservação e fruição das partes que sirvam a todo o edifício (art. 1.510-C do Código Civil). 3.5. Direito de preferência (art. 1.510-D do Código Civil). 3.6. Matrícula do direito real de laje (art. 176 da Lei n. 6.015, de 31 de dezembro de 1973 – Lei de Registros Públicos – LRP). 4. O direito real de laje e o art. 799, X e XI, do Código de Processo Civil. 5. Ruína da construção e o direito de laje.

1. INTRODUÇÃO[1]

A Lei n. 13.465, de 11 de julho de 2017, dentre várias providências, disciplinou, em definitivo, o **direito real de laje**, que, até então, era objeto da Medida Provisória n. 759, de 22 de dezembro de 2016.

Com precisão, o excelente jurista e amigo FLÁVIO TARTUCE[2] adverte que o tema já havia sido enfrentado, em doutrina, por grandes autores brasileiros, a exemplo de RODRIGO MAZZEI e RICARDO PEREIRA LIRA.

Segundo o MICHAELIS, entende-se por "laje":

"laje

la·je

sf

1 Pedra de superfície plana, de pouca espessura, de material resistente, que serve para cobrir tetos, pisos, pavimentos, sepulturas etc.: '– *Bom dia, d. Antônia. Como vai dos seus incômodos? – O reumatismo não me deixa. É desta laje fria. – Que se há de fazer? É a vontade de Deus*' (JR).

2 Qualquer pedra lisa, chata e larga, de grandes dimensões: '*O pajé tornara à cabana; sopesando de novo a grossa laje, fechou com ela a boca do antro. Caubi chegara também da*

---

[1] Serviram de base para este capítulo os seguintes textos: GAGLIANO, Pablo Stolze. Direito real de laje: primeiras impressões. *Revista Jus Navigandi*, ISSN 1518-4862, Teresina, ano 22, n. 4.936, 5 jan. 2017. Disponível em: <https://jus.com.br/artigos/54931>. Acesso em: 8 jan. 2018 e GAGLIANO, Pablo; VIANA, Salomão. Direito real de laje: finalmente, a lei!. *Revista Jus Navigandi*, ISSN 1518-4862, Teresina, ano 22, n. 5.125, 13 jul. 2017. Disponível em: <https://jus.com.br/artigos/59131>. Acesso em: 8 jan. 2018.

[2] TARTUCE, Flávio. Medida provisória introduz o direito real de laje no código civil. *Site do Professor Flávio Tartuce*. 23 dez. 2016. Disponível em: <http://professorflaviotartuce.blogspot.com.br/2016/12/medida-provisoria-introduz-o-direito.html>. Acesso em: 4 jan. 2017.

grande taba, onde com seus irmãos guerreiros se recolhera depois que bateram a floresta, em busca do inimigo pitiguara' (JAl1).

3 Rocha extensa, de superfície mais ou menos plana.

4 CONSTR Bloco de concreto armado, formando um piso, especialmente cada um dos que separam os andares de um prédio: '*Sobre a grande laje do teto do Planalto, Pedrozo dispusera observadores capazes de controlar as cercanias do palácio. O chefe da segurança, considerado um obsessivo até por seus amigos, propôs a Geisel que um de seus homens ficasse no gabinete durante a audiência, para evitar qualquer possível contratempo*' (CA).

EXPRESSÕES **Laje nervurada**, CONSTR: qualquer bloco de concreto armado, de espessura regular, que pode ser preenchido com outro material.

INFORMAÇÕES COMPLEMENTARES DIM IRREG: *lajeola, lajota*.

SIN: *laja, lájea* e *lajem*.

ETIMOLOGIA *ibero*-romano **lagenam*"[3].

O instituto consagrado pelo novo diploma, em essência, mais se aproxima da ideia de construção, mencionada pelo dicionarista, uma vez que consiste no direito real sobre a unidade imobiliária autônoma existente acima ou abaixo da propriedade de outrem.

Em linguagem tipicamente brasileira, foi concedido *status* oficial ao direito sobre o "puxadinho".

A sua repercussão social, no Brasil, especialmente em zonas urbanas menos desenvolvidas, como as favelas, é marcante, como já observavam CORRÊA e MENEZES:

"Pontua-se, preliminarmente, as circunstâncias socioantropológicas já contextualizadas que levaram os moradores de favelas a adotar uma maneira tão *sui generis* de moradia, sob a forma de crescimento vertical, como meio de alcançar e concretizar um direito tão fundamental.

O 'Direito de Laje', por conseguinte, consiste em uma prática resultante da necessidade de institucionalizar arranjos que empreendam segurança para as formas de morar, oriundas da autoconstrução. Foram as próprias práticas que consolidaram regras socializadas na favela que ditaram as maneiras de como construir e como negociar.

Por definição podemos afirmar que o 'Direito de Laje' é uma categoria imobiliária comum em favelas, de maneira especial nas favelas cariocas, que traduz a apropriação de um bem imóvel em posição verticalizada, também sem previsão no ordenamento jurídico pátrio, pois decorre da plena ocupação horizontal de moradias primitivas, constituídas sobre o solo, na superfície terrestre.

(...)

O 'Direito de Laje' concede nova versão à arquitetura da favela, configurando moradias verticais, como pequenos edifícios, pois o morador que construiu sua casa sobre uma laje pode vender a laje de cobertura de sua casa a outro comprador, o que caracteriza mais uma modalidade de transação envolvendo o 'Direito de Laje' do comprador, que assim tem acesso a sua moradia. Outra modalidade em que se faz presente o 'Direito de Laje' ocorre quando o comprador de uma casa construída na superfície compromete-se a construir um prédio com alguns andares, geralmente de 3 (três) ou 4 (quatro), cujos espaços são dispostos em quitinetes, destinadas à locação de unidades superpostas para moradia

---

[3] MICHAELIS *Dicionário Brasileiro da Língua Portuguesa*. São Paulo: Editora Melhoramentos Ltda., 2016. (versão eletrônica: ISBN: 978-85-06-04024-9)

de terceiros, exceto uma delas, que é destinada à moradia do vendedor da casa primitiva.

É fato que o processo de verticalização das favelas em grandes centros urbanos, como o Rio de Janeiro, cresce consideravelmente a partir da década de oitenta"[4].

Em verdade, poderia o legislador, em vez de inaugurar disciplina específica, tratar do instituto no âmbito do próprio **direito de superfície**, como bem observa ROBERTO PAULINO DE ALBUQUERQUE JR.:

"O que caracteriza o direito de superfície e distingue o seu tipo dos demais direitos reais é a possibilidade de constituir um direito tendo por objeto construção ou plantação, separadamente do direito de propriedade sobre o solo.

Em sentido mais técnico, há superfície quando se suspende os efeitos da acessão sobre uma construção ou plantação a ser realizada ou já existente. O implante que, por força da acessão, seria incorporado ao solo, passa a ser objeto de um direito real autônomo, o direito real de superfície.

Vê-se que, a partir dessa definição de direito de superfície, sequer seria necessário prever expressamente a possibilidade de sua constituição para a construção no espaço aéreo ou para o destacamento de pavimentos superiores já construídos. Da mesma forma, é desnecessária a menção expressa à possibilidade de superfície constituída sobre construções no subsolo. Se é possível construir no espaço aéreo ou no subsolo e essas construções sofrem, de ordinário, os efeitos da acessão, pode-se tê-las como objeto do direito real de superfície.

Do próprio tipo da superfície deriva a possibilidade de sobrelevação, portanto.

(...)

Se o que se queria era ressaltar a possibilidade do direito de superfície por sobrelevação, bastava para tanto inserir um artigo no título V do livro do direito das coisas. Para acrescentar à disciplina do direito de superfície a possibilidade de abertura de matrícula separada para a propriedade superficiária e a desnecessidade de atribuição de fração ideal do terreno, outros dois artigos bastariam"[5].

Na mesma linha, pontificam OTAVIO LUIZ RODRIGUES JR. e RODRIGO MAZZEI:

"Enfim, o novo direito de laje não merece monopolizar toda a coluna. Sobre ele, por certo, escrever-se-ão futuras colunas na Direito Civil Atual nos próximos meses. Deve-se, porém,

---

[4] CORRÊA, Cláudia Franco; MENEZES, Juliana Barcellos da Cunha e. A regularização fundiária nas favelas nos casos de "direito de laje": construindo pontes entre o direito inoficial e o direito vigente. In: SALEME, Edson Ricardo; ARAÚJO, Ludmila Albuquerque Douettes; CATÃO, Marconi do Ó (Coordenadores). *Direito urbanístico, cidade e alteridade*. XXV Encontro Nacional do Conpedi – Brasília/DF. 2016. Disponível em: <https://www.conpedi.org.br/publicacoes/y0ii48h0/929a805v/1P-20biS8TwWoxxf8.pdf>. Acesso em: 27 maio 2018. Na mesma linha, FERNANDA MACHADO AMARANTE pontua: "As cidades brasileiras se desenvolvem, mas tal crescimento não consegue acompanhar a majoração populacional. Como consequência, as camadas de baixa renda acabam se instalando em aglomerados urbanos – locais de exclusão social. Na busca de acesso à moradia, essas pessoas, usando de criatividade típica dos brasileiros, acabam por se adaptar. Surge, assim, o direito de laje, fato social corriqueiro no Brasil" (AMARANTE, Fernanda Machado. O pluralismo jurídico e o direito de laje. *Revista Jus Navigandi*, ISSN 1518-4862, Teresina, ano 17, n. 3.403, 25 out. 2012. Disponível em: <https://jus.com.br/artigos/22888>. Acesso em: 27 maio 2018).

[5] ALBUQUERQUE JR., Roberto Paulino de. O direito de laje não é um novo direito real, mas um direito de superfície. *Consultor Jurídico*. 2 jan. 2017. Disponível em: <http://www.conjur.com.br/2017-jan-02/direito-laje-nao-direito-real-direito-superficie>. Acesso em: 4 jan. 2017.

registrar o assombro com a falta de cuidado técnico na elaboração dessa norma, especialmente porque soluções muito mais adequadas poderiam ter sido alcançadas com o já existente direito de superfície[6].

(...)

Pensamos na aplicação da sobrelevação não como instrumento para a criação de obras e construções com muitos fracionamentos, mas com moldagem para permitir o direito à laje, com a regularização de diversas situações hoje já criadas (...) não podemos esquecer a motivação com que foi trazido o direito de superfície pra o quadro legal pátrio contemporâneo, eis que deve ser visto como instrumento da função social (...)"[7].

A despeito dessas argutas ponderações, o legislador preferiu conferir autonomia a este direito, desgarrando-o da disciplina da superfície.

E, embora a nova regulamentação não resolva a delicada questão social atinente ao crescimento urbano desordenado – que exige não apenas promessas ou leis, mas também sérias políticas públicas –, ao menos retirou do "limbo da invisibilidade" uma situação social tão comum nas cidades brasileiras.

2. CONCEITO

Os direitos reais, diferentemente dos pessoais ou obrigacionais (a exemplo de um direito de crédito), não podem derivar, direta e exclusivamente, da manifestação volitiva das partes, uma vez que, dentre as suas características, destaca-se a **legalidade**, conforme já destacamos em momento anterior[8].

E foi exatamente em respeito a essa característica que a Lei n. 13.465, de 11 de julho de 2017, alterou o texto do art. 1.225 do Código Civil, que apresenta o rol dos direitos reais, para acrescentar, em seu inciso XIII, o direito sobre a laje.

A sua disciplina, outrossim, está contida logo após as normas da anticrese (arts. 1.506 a 1.510), nos arts. 1.510-A a 1.510-E, do Código Civil.

Imaginemos, a título meramente ilustrativo, o sujeito que constrói um segundo andar em sua casa, e, em seguida, transfere o direito sobre o mesmo, mediante pagamento, para um terceiro, que passa a morar, com a sua família, nessa unidade autônoma.

Não se tratando, em verdade, de transferência de "propriedade" – que abrangeria, obviamente, o solo ou a área comum –, este terceiro passa a exercer direito apenas sobre o que se encontra acima da superfície superior da construção original, ou seja, sobre a laje.

O mesmo ocorreria se a transferência, mediante pagamento, tivesse por objeto um pavimento construído abaixo do piso da casa, o que é muito comum acontecer em terrenos

---

[6] RODRIGUES JR., Otávio Luiz. Um ano longo demais e os seus impactos no direito civil contemporâneo. *Consultor Jurídico*. 26 dez. 2016. Disponível em: <http://www.conjur.com.br/2016-dez-26/retrospectiva-2016-ano-longo-impactos-direito-civil-contemporaneo>. Acesso em: 4 jan. 2017.

[7] MAZZEI, Rodrigo. *O direito de superfície no ordenamento jurídico brasileiro*. 2007. Dissertação (Mestrado em Direito), PUCSP. Disponível em: <http://www.dominiopublico.gov.br/download/teste/arqs/cp040916.pdf>. Acesso em: 4 jan. 2017. Este texto é anterior à publicação da MP n. 759/2016.

[8] Confira-se o tópico 4 ("Natureza da relação jurídica real e a distinção entre 'direitos reais' e 'direitos pessoais'") do Capítulo I ("Noções introdutórias sobre Direitos Reais") deste volume.

inclinados: o terceiro passaria a exercer direito apenas sobre o que se encontra abaixo da superfície inferior da construção original.

Trata-se, portanto, de **um direito real sobre coisa alheia, com amplitude considerável – mas que com a propriedade não se confunde –, limitado à unidade imobiliária autônoma erigida acima da superfície superior ou abaixo da superfície inferior de uma construção original de propriedade de outrem**.

Melhor seria, em nosso sentir, que se utilizasse a expressão "direito sobre a laje"[9], como empregado no Enunciado n. 18, da I Jornada dos Juízes das Varas de Família da Comarca de Salvador:

> Enunciado n. 18 – "Nos termos do regime de bens aplicável, admite-se, em nível obrigacional, a comunicabilidade do direito sobre a construção realizada no curso do casamento ou da união estável – acessão artificial socialmente conhecida como 'direito sobre a laje' –, subordinando-se, todavia, a eficácia real da partilha ao regular registro no Cartório de Imóveis, a cargo das próprias partes, mediante recolhimento das taxas ou emolumentos e tributos devido"s[10].

Note-se que, na hipótese do enunciado, não se discute direito real de terceiro sobre a laje, mas sim a disciplina própria do direito à meação sobre a extensão construída do imóvel, segundo o regime de bens aplicável.

O instituto de que estamos aqui a tratar, como vimos, tem natureza diversa e diz respeito à esfera jurídica de terceiro que, com exclusividade, imprime, em perspectiva constitucional, destinação socioeconômica sobre a unidade imobiliária autônoma superior ou inferior.

3. TRATAMENTO JURÍDICO

Visando a permitir que o(a) nosso(a) estimado(a) leitor(a) tenha uma visão simultaneamente ampla e profunda, passaremos em revista, aqui, os **principais dispositivos do**

---

[9] A própria expressão "laje", posto não seja a mais adequada, recebeu a consagração social, como bem observa CARLOS ELIAS DE OLIVEIRA: "Em primeiro lugar, o nome 'Laje' não foi o mais técnico, pois esse novo direito real retrata um direito real de superfície de graus sucessivos (segundo, terceiro etc.), que também poderia ser chamado de direito real de sobrelevação. Todavia, por força da fama popular granjeada pela expressão, o Parlamento preferiu manter o nome atécnico. Perceba que, apesar de ser nomeado como direito real de laje, esse direito real também pode ser instituído para formalizar a titularidade de um direito real sobre 'andares subterrâneos', de modo que não é apenas a 'laje' que serve de ponto de partida, mas também o solo. Deveras, o direito real de laje não abrange apenas o espaço aéreo acima da laje ('andares ascendentes'), mas também o espaço abaixo do solo ('andares subterrâneos'). Isso demonstra a incoerência taxonômica do legislador: o Direito Real não é apenas de Laje, mas também de Subsolo. Para adaptação terminológica, quando o Código Civil refere-se ao 'titular da laje', está implícito que se está a falar do titular da laje aérea e da laje subterrânea". Conclui o talentoso autor que a opção pela expressão "laje" culmina por aproximar o Direito do homem comum (O que é o direito real de laje à luz da Lei n. 13.465/2017? (parte 1). *Consultor Jurídico*. 18 set. 2017. Disponível em: <https://www.conjur.com.br/2017-set-18/direito-civil-atual-direito-real-laje-luz-lei-134652017-parte>. Acesso em: 27 maio 2018.

[10] Fonte: <http://www5.tjba.jus.br/images/pdf/enunciados_ordem_numerica.pdf>. Acesso em: 4 jan. 2017.

Código Civil, referentes ao direito real de laje, ao tempo em que faremos importantes reflexões acadêmicas[11].

3.1. Cessão da superfície superior ou inferior de uma propriedade (art. 1.510-A, *caput*, do Código Civil)

"Art. 1.510-A. O proprietário de uma construção-base poderá ceder a superfície superior ou inferior de sua construção a fim de que o titular da laje mantenha unidade distinta daquela originalmente construída sobre o solo".

Houve, aqui, manifesto aprimoramento, em relação ao texto da Medida Provisória n. 759, de 22 de dezembro de 2016.

Efetivamente, do texto anterior, que não era preciso, extraía-se a definição do direito de laje como uma "possibilidade de coexistência".

Com efeito, não se afigura adequado conceituar um direito real como uma "possibilidade".

Nesse sentido, com razão, já disparava uma flecha crítica OTAVIO LUIZ RODRIGUES JR.:

"Especificamente quanto ao Código Civil, o artigo 25 da MP 759, de 2016, alterou a redação do artigo 1.225 do código, ao incluir o inciso XIII, que institui a 'laje' como novo direito real. A laje é definida no novo artigo 1.510-A, de um modo extremamente atécnico. A laje é um direito real que 'consiste na possibilidade de coexistência de unidades imobiliárias autônomas de titularidades distintas situadas em uma mesma área, de maneira a permitir que o proprietário ceda a superfície de sua construção a fim de que terceiro edifique unidade distinta daquela originalmente construída sobre o solo'. Um direito que é uma possibilidade! Trata-se de uma nova categoria, a qual se recomenda ao estudo nos cursos de Filosofia"[12].

Note-se, ainda, que o legislador admitiu, expressamente, que este direito poderá ser constituído acima ou abaixo do imóvel, denominado de "construção-base"[13].

Poderá haver, pois, a constituição da laje acima da superfície superior ou abaixo da superfície inferior da construção-base, o que vai ao encontro da função social.

Nessa perspectiva, a "laje", como unidade autônoma, vai ao encontro do **direito constitucional à moradia** (art. 6.º, CF), cabendo, ao seu titular, responder pelos seus respectivos encargos e tributos, a exemplo do IPTU[14].

---

[11] A disciplina deste novo direito real, como dito, está nos arts. 1.510-A a 1.510-E, do Código Civil.

[12] RODRIGUES JR., Otávio Luiz. Um ano longo demais e os seus impactos no direito civil contemporâneo. *Consultor Jurídico*. 26 dez. 2016. Disponível em: <http://www.conjur.com.br/2016-dez-26/retrospectiva-2016-ano-longo-impactos-direito-civil-contemporaneo>. Acesso em: 12 jul. 2017.

[13] Art. 1.510-A, § 1.º. O direito real de laje contempla o espaço aéreo ou o subsolo de terrenos públicos ou privados, tomados em projeção vertical, como unidade imobiliária autônoma, não contemplando as demais áreas edificadas ou não pertencentes ao proprietário da construção-base.

[14] Art. 1.510-A, § 2.º. O titular do direito real de laje responderá pelos encargos e tributos que incidirem sobre a sua unidade.

3.2. Autonomia do direito de laje (art. 1.510-A, §§ 3.º e 4.º, do Código Civil)

"§ 3.º Os titulares da laje, unidade imobiliária autônoma constituída em matrícula própria, poderão dela usar, gozar e dispor.

§ 4.º A instituição do direito real de laje não implica a atribuição de fração ideal de terreno ao titular da laje ou a participação proporcional em áreas já edificadas".

O texto do § 3.º permite estabelecer uma diagnose diferencial entre **o direito de propriedade** e o **direito real de laje**.

Observe-se que, assim como se dá com a superfície – e anteriormente com a enfiteuse – o direito de laje é de ampla dimensão, compreendendo quase todos os poderes inerentes à propriedade, como usar, gozar e dispor[15].

Mas não poderá o titular da laje pretender "reivindicar" o imóvel ou exercer direito de sequela, eis que tais poderes emanam apenas do direito de propriedade.

Com isso, por óbvio, não se pode concluir que o titular da laje esteja impedido de lançar mão de interditos possessórios.

Outra diferença para a propriedade, especialmente na modalidade de condomínio, é que não há, na laje, direito projetado sobre "áreas comuns", como jardim e quintal.

É o que se depreende do enunciado do § 4.º ("A instituição do direito real de laje não implica a atribuição de fração ideal de terreno ao titular da laje ou participação proporcional em áreas já edificadas").

Com isso, temos firme a ideia de que **o direito real de laje não é direito na coisa própria, mas sim, na coisa alheia**[16].

Aliás, ainda que se reconheça a amplitude do direito de laje, tal perspectiva não o alça à condição de direito na coisa própria, da mesma forma que a enfiteuse e a superfície, tão amplos quanto, também são, tradicionalmente, direitos em coisa alheia.

Vale salientar ainda que o novo diploma não faz menção, para a caracterização da laje, aos requisitos "isolamento funcional e acesso independente", como estava previsto na Medida Provisória n. 759, de 22 de dezembro de 2016.

Compreendemos não se exigir mais a exclusividade de acesso, pois, em inúmeros casos, mormente em áreas economicamente menos desenvolvidas, a via de acesso é, comumente, compartilhada.

Todavia, o direito de laje pressupõe, em nosso sentir, em perspectiva funcional, que a unidade esteja isolada da construção original e das eventuais lajes sucessivas, configurando uma célula habitacional distinta, sob pena de se caracterizar como uma mera extensão da propriedade existente.

---

[15] Vale lembrar, nesse ponto, que, a teor do art. 1.510-A, § 5.º, "os Municípios e o Distrito Federal poderão dispor sobre posturas edilícias e urbanísticas associadas ao direito real de laje".

[16] Há, na doutrina, quem entenda se tratar de direito real na coisa própria: OLIVEIRA, Carlos Eduardo Elias de. O que é o direito real de laje à luz da Lei 13.465/2017? (parte 2). *Consultor Jurídico*. 25 set. 2017. Disponível em: <https://www.conjur.com.br/2017-set-25/direito-civil-atual-direito-real-laje-luz-lei-134652017-parte>. Acesso em: 11 jan. 2017).

3.3. Direito a sobrelevações sucessivas (art. 1.510-A, § 6.º, do Código Civil)

"§ 6.º O titular da laje poderá ceder a superfície de sua construção para a instituição de um sucessivo direito real de laje, desde que haja autorização expressa dos titulares da construção-base e das demais lajes, respeitadas as posturas edilícias e urbanísticas vigentes".

Aparentemente, a norma que se extrai desse texto pôs por terra a restrição prevista na Medida Provisória n. 759, de 22 de dezembro de 2016, que impedia "sobrelevações sucessivas".

PABLO STOLZE GAGLIANO, em estudo sobre o tema, já tecia considerações críticas a respeito da restrição então imposta:

"Além disso, dada a autonomia registral que lhe foi conferida, o § 5.º da MP admitiu ainda a alienação da laje: 'as unidades autônomas constituídas em matrícula própria poderão ser alienadas e gravadas livremente por seus titulares, não podendo o adquirente instituir sobrelevações sucessivas, observadas as posturas previstas em legislação local'.

Um ponto, aqui, nos despertou atenção.

Temos certa dúvida quanto ao alcance e constitucionalidade deste dispositivo, na perspectiva do princípio da função social, no que tange à vedação de extensões ou lajes sucessivas.

Uma vez que o legislador cuidou de conceder dignidade legal ao direito sobre a laje, desde que as limitações administrativas e o Plano Diretor sejam respeitados, sobrelevações sucessivas, regularmente edificadas, mereceriam, talvez, o amparo da norma.

Fica o convite à reflexão"[17].

Com isso, serão legitimadas inúmeras situações, existentes nas cidades brasileiras, em que lajes sucessivas foram edificadas ao longo do tempo, umas sobre as outras.

Andou bem, aqui, o legislador.

Por fim, um aspecto ainda deve ser considerado.

Quer se trate de lajes sucessivas, quer se trate de laje única (sobreposta ou sotoposta[18]), é "expressamente vedado ao titular da laje prejudicar com obras novas ou com falta de reparação a segurança, a linha arquitetônica ou o arranjo estético do edifício, observadas as posturas previstas em legislação local" (art. 1.510-B).

Em outras palavras, somente poderá o titular da laje realizar obras que, a par de respeitarem as normas municipais, não resultem em dano ou ponham em risco a segurança, o desenho arquitetônico e a estética do prédio.

3.4. Compartilhamento das despesas necessárias à conservação e fruição das partes que sirvam a todo o edifício (art. 1.510-C do Código Civil)

"Art. 1.510-C. Sem prejuízo, no que couber, das normas aplicáveis aos condomínios edilícios, para fins do direito real de laje, as despesas necessárias à conservação e fruição das partes que sirvam a todo o edifício e ao pagamento de serviços de interesse comum

---

[17] GAGLIANO, Pablo Stolze. Direito real de laje: primeiras impressões. *Revista Jus Navigandi*, ISSN 1518-4862, Teresina, ano 22, n. 4.936, 5 jan. 2017. Disponível em: <https://jus.com.br/artigos/54931>. Acesso em: 12 jul. 2017.

[18] Ou seja, construída acima ou abaixo da construção-base.

serão partilhadas entre o proprietário da construção-base e o titular da laje, na proporção que venha a ser estipulada em contrato:

§ 1.º São partes que servem a todo o edifício:

I – os alicerces, colunas, pilares, paredes mestras e todas as partes restantes que constituam a estrutura do prédio;

II – o telhado ou os terraços de cobertura, ainda que destinados ao uso exclusivo do titular da laje;

III – as instalações gerais de água, esgoto, eletricidade, aquecimento, ar condicionado, gás, comunicações e semelhantes que sirvam a todo o edifício; e

IV – em geral, as coisas que sejam afetadas ao uso de todo o edifício.

§ 2.º É assegurado, em qualquer caso, o direito de qualquer interessado em promover reparações urgentes na construção na forma do parágrafo único do art. 249 deste Código".

Não havia dispositivo semelhante na Medida Provisória n. 759, de 22 de dezembro de 2016.

Em verdade, posto a laje não se confunda com o regime de condomínio, certas normas, de fato, lhe são aplicáveis, na medida em que o concedente e o beneficiário compartilharão uma mesma estrutura física básica.

Note-se que o texto normativo faz referência ao **contrato**, que, em geral, deve ser o fato constitutivo mais comum da laje.

Nada impede, outrossim, que a constituição da laje se dê inclusive por **testamento**, como bem observa o culto Professor FRANCISCO LOUREIRO:

"Pode também o direito real de laje ser criado por negócio jurídico *causa mortis*, mediante testamento, no qual o testador atribua a primeira construção a um legatário, e a segunda construção, sobreposta, em favor de outro legatário. A aquisição do direito real, em tal hipótese, se dá pela morte, por força do princípio da *saisine* (art. 1.790 CC), e o registro terá natureza meramente regularizatória"[19].

Outro modo de constituição é a usucapião, como anotou PABLO STOLZE GAGLIANO:

"Por fim, interessantes serão os reflexos do novo regramento no Direito de Família, na medida em que não é incomum o titular da construção original ceder a unidade sobrelevada a um parente, que passa a exercer direito sobre a unidade autônoma.

Dependendo da circunstância, poderá, até mesmo, operar-se a aquisição do direito real de laje por usucapião, observados os requisitos legais da prescrição aquisitiva.

E mesmo que a cessão seja gratuita, a título de comodato, se o cessionário passa a se comportar como titular exclusivo da laje, alterando o seu 'animus' e a própria natureza da posse precária até então exercida, poderá, em nosso sentir, consolidar o seu direto sobre a construção sobrelevada (direito real de laje), mediante usucapião, contando-se o prazo de prescrição a partir do momento em que deixa de se comportar como simples comodatário, por aplicação da regra da 'interversio possessionis'"[20].

---

[19] LOUREIRO, Francisco Eduardo. Direito de superfície e laje. *Colégio Notarial do Brasil*. Seção São Paulo. 14 jul. 2017. Disponível em: <http://www.cnbsp.org.br/index.php?pG=X19leGliZV9ub3RpY2lhcw==&in=MTQzMDg=&filtro=&Data=>. Acesso em: 26 maio 2018.

[20] GAGLIANO, Pablo Stolze. Op. cit.

Aliás, sobre a possibilidade de se constituir a laje por meio da prescrição aquisitiva, confira-se o Enunciado 627 da VIII Jornada de Direito Civil: "*O direito real de laje é passível de usucapião*".

Nessa linha, caso o ato negocial seja omisso quanto à proporção da despesa ou, como dito, o direito real haja se constituído por usucapião, caberá ao juiz, não havendo composição extrajudicial, fixar o valor a ser pago por cada um dos sujeitos[21].

Finalmente, no que toca ao art. 249 do Código Civil, mencionado no § 2.º supra, já afirmamos em outra oportunidade:

"Atento a isso, o Código Civil admite a possibilidade de o fato ser executado por terceiro, havendo recusa ou mora do devedor, nos termos do seu art. 249:

'Art. 249. Se o fato puder ser executado por terceiro, será livre ao credor mandá-lo executar à custa do devedor, havendo recusa ou mora deste, sem prejuízo da indenização cabível.

Parágrafo único. Em caso de urgência, pode o credor, independentemente de autorização judicial, executar ou mandar executar o fato, sendo depois ressarcido'.

Comentando esse dispositivo, concernente às obrigações fungíveis, SILVIO VENOSA pontifica:

'É interessante notar que, no parágrafo único, a novel lei introduz a possibilidade de procedimento de justiça de mão própria, no que andou muito bem. Imagine-se a hipótese de contratação de empresa para fazer a laje de concreto de um prédio, procedimento que requer tempo e época precisos. Caracterizada a recusa e a mora, bem como a urgência, aguardar uma decisão judicial, ainda que liminar, no caso concreto, poderá causar prejuízo de difícil reparação'.

Assim, poderá o credor, independentemente de autorização judicial, contratar terceiro para executar a tarefa, pleiteando, depois, a devida indenização, o que, se já era possível ser admitido no sistema anterior por construção doutrinária, agora se torna norma expressa"[22].

3.5. Direito de preferência (art. 1.510-D do Código Civil)

"Art. 1.510-D. Em caso de alienação de qualquer das unidades sobrepostas, terão direito de preferência, em igualdade de condições com terceiros, os titulares da construção-base e da laje, nessa ordem, que serão cientificados por escrito para que se manifestem no prazo de trinta dias, salvo se o contrato dispuser de modo diverso.

§ 1.º O titular da construção-base ou da laje a quem não se der conhecimento da alienação poderá, mediante depósito do respectivo preço, haver para si a parte alienada a

---

[21] Outro modo de constituição da laje mencionado pelo Professor LOUREIRO é a **sentença**: "Finalmente, a aquisição pode ocorrer mediante sentença judicial, especialmente útil nas ações de família. Tome-se como exemplo partilha judicial em divórcio, na qual, diante da impossibilidade da divisão, ou inconveniência da venda, determine o juiz que o primeiro piso seja atribuído a um dos cônjuges e o segundo piso ao outro, mediante realização de obras que permitam acessos independentes" (artigo citado). Nesse caso, parte-se da premissa da divisibilidade do bem. Tecnicamente, em nosso sentir, a solução é, sem dúvida, possível. Restará apenas ao juiz analisar a sua conveniência, na perspectiva do próprio Direito de Família, porquanto a proximidade entre os divorciados pode não ser recomendável.

[22] GAGLIANO, Pablo Stolze; PAMPLONA FILHO, Rodolfo. *Manual de Direito Civil*. 4. ed. São Paulo: Saraiva, 2020. p. 276.

terceiros, se o requerer no prazo decadencial de cento e oitenta dias, contado da data de alienação.

§ 2.º Se houver mais de uma laje, terá preferência, sucessivamente, o titular das lajes ascendentes e o titular das lajes descendentes, assegurada a prioridade para a laje mais próxima à unidade sobreposta a ser alienada".

Este dispositivo regula o direito de preferência em caso de alienação.

Trata-se de um direito que pode ser regulado pelo próprio contrato que conferiu o direito de laje, conforme preleciona SÍLVIO VENOSA:

"Esse direito de preempção ou preferência é nada mais do que aplicação da regra geral do art. 513. Trata-se de cláusula que pode ser aposta no contrato de compra e venda.

Aqui, as partes envolvidas na laje podem dispor que a preferência não operará, ou operará de modo diverso, se for disposto em sentido contrário em contrato. Na verdade, para evitar problemas futuros, parece mais conveniente que os interessados contratem nesse sentido"[23].

Mas, caso o contrato seja omisso ou remeta diretamente à norma legal, é importante sabermos como o Código disciplina a situação.

Em linhas gerais, temos que a preferência na aquisição da laje, a ser exercida em igualdade de condições, deverá ser conferida, segundo o referido art. 1.510-D, obedecendo-se à seguinte ordem:

1.º – ao titular da construção-base;

2.º – ao titular de outra laje (em havendo mais de um titular interessado, prevalecerá o direito da laje ascendente, sobre a descendente, com prioridade para a unidade mais próxima).

Um exemplo servirá para ilustrar.

Imagine-se um edifício em que, originalmente, havia apenas a construção-base, de propriedade do Sr. ALISSON. Ao longo do tempo, foram sendo erigidas lajes sucessivas. Atualmente, o prédio já conta com 5 andares: a unidade-base do Sr. ALISSON e mais quatro andares, que configuram lajes sucessivas, em que residem: a) o Sr. SALÓ no 1.º andar; b) o Sr. RICHARD no 2.º andar; c) o Sr. BUCK no 3.º andar; e d) o Sr. BRUNO no 4.º andar.

Pois bem.

O Sr. RICHARD (2.º andar) resolve vender a sua laje.

De acordo com a norma em vigor, terá direito de preferência, em igualdade de condições com outro comprador (ou seja, cobrindo a mesma oferta que o vendedor fez a terceiro), o titular da construção-base: o Sr. ALISSON.

Caso o Sr. ALISSON não exerça o seu direito, como previsto em lei, a preferência será dada ao titular de uma outra laje.

Em havendo mais de um interessado – figure a hipótese de o Sr. SALÓ (1.º andar), o Sr. BUCK (3.º andar) e o Sr. BRUNO (4.º andar) pretenderem comprar a unidade do Sr.

---

[23] VENOSA, Sílvio de Salvo. Direito real de laje (criado pela Lei 13.465 de 2017). *Migalhas*. 24 out. 2017. Disponível em: <http://www.migalhas.com.br/dePeso/16,MI267743,91041-Direito+real+de+laje+-criado+pela+lei+13465+de+2017>. Acesso em: 27 maio 2018.

RICHARD (2.º andar) –, prevalecerá o direito do titular da laje ascendente mais próxima: o simpático Sr. BUCK, morador do 3.º andar.

Note-se que, em caso de alienação, todos os interessados serão cientificados por escrito, para que se manifestem no prazo de trinta dias, salvo se o contrato constitutivo da(s) laje(s) dispuser de modo diverso.

Por fim, vale também frisar que, se ao titular da construção-base ou da laje não for dado conhecimento da alienação, o interessado poderá, mediante depósito do respectivo preço, haver para si a parte alienada a terceiros, se o requerer no **prazo decadencial de cento e oitenta dias**, contado da data de alienação.

Trata-se, sem dúvida, de um **direito potestativo** decorrente do descumprimento da normatização que regula o direito de preferência.

3.6. Matrícula do direito real de laje (art. 176 da Lei n. 6.015, de 31 de dezembro de 1973 – Lei de Registros Públicos – LRP)

Visando a aprofundar a nossa análise, faremos, aqui, uma breve e relevante incursão em diploma diverso, que experimentou efeito do novo instituto: a Lei n. 6.015 de 1973.

De fato, a notória Lei de Registros Públicos (LRP) sofreu o impacto da nova disciplina jurídica:

> "Art. 176, LRP. (...)
>
> § 9.º A instituição do direito real de laje ocorrerá por meio da abertura de uma matrícula própria no registro de imóveis e por meio da averbação desse fato na matrícula da construção-base e nas matrículas de lajes anteriores, com remissão recíproca". (NR)

Quanto à referência à matrícula, aspecto peculiar deste direito real, contida no texto do § 9.º, vimos, linhas acima, que, de acordo com o enunciado do § 3.º do art. 1.510-A do Código Civil, deverá ser aberta uma matrícula própria para a laje.

Permite-se, pois, que o titular de uma laje possa "documentar" o seu direito, saindo de um limbo de "invisibilidade jurídica".

Passará a ter o seu próprio endereço!

Importante frisar, nesse contexto, que a regulamentação legal do direito de laje não é, por óbvio, um "salvo conduto" para edificações ilícitas.

Se, por um lado, abre espaço para legitimar um justo direito, não significa que a realização de obras e construções passou a prescindir de seus respectivos alvarás ou que a Prefeitura não possa, no âmbito da sua competência, embargar eventuais edificações irregulares.

A matrícula, em linhas gerais, consiste no primeiro número de registro do imóvel, a sua "numeração de registro original"[24].

Cada nova alienação receberá, por sua vez, novo número de registro, mantendo-se a matrícula original.

Já no que toca à alusão a averbação, lembra CARLOS ROBERTO GONÇALVES:

---

[24] Sobre o tema, relembrem-se os conceitos fundamentais trazidos no tópico 3 ("Distinções terminológicas") do Capítulo XI ("Registro imobiliário") deste volume.

"(...) é qualquer anotação feita à margem de um registro, para indicar as alterações ocorridas no imóvel, seja quanto a sua situação física (edificação de uma casa, mudança de nome de rua) seja quanto à situação jurídica do seu proprietário (mudança de solteiro para casado, p. ex.)"[25].

Nessa linha, o novo § 9.º do art. 176 da LRP está em perfeita consonância com o sistema do Código Civil, explicitando, inclusive, a necessidade "da averbação desse fato na matrícula da construção-base e nas matrículas de lajes anteriores, com remissão recíproca", previsão que não estava contida na Medida Provisória anteriormente em vigor.

Um importante ponto ainda deve ser analisado.

Considerando-se que, em essência, assim como a superfície, o direito real de laje tem uma natureza derivada, ou seja, decorre da propriedade originária, se esta for irregular, é juridicamente impossível, em nosso sentir, a abertura de matrícula própria[26].

A prudência registral recomenda este cuidado.

Fundada dúvida se instala, todavia, quando a laje é adquirida – não por meio de contrato –, mas mediante usucapião.

Imagine a hipótese de JOÃO usucapir o direito à uma unidade sobrelevada (laje), erigida sobre uma construção-base sem registro (irregular).

Se a pretendida constituição da "laje" decorresse de um contrato (negócio jurídico), concluiríamos pela sua impossibilidade jurídica, pelas razões acima mencionadas.

Todavia, uma vez que a usucapião é modo originário de aquisição do direito, a irregularidade da propriedade-base não impediria a constituição da laje, à luz do princípio maior da função social.

Nessa vereda, assim defende o Professor FRANCISCO LOUREIRO:

"A terceira possibilidade de aquisição pode ocorrer mediante usucapião, em diversas modalidades: extraordinária, ordinária, especial urbana, ou mesmo entre ex-cônjuges ou companheiros. Apenas as modalidades de usucapião especial rural e coletiva são incompatíveis com o novo instituto. Os requisitos de cada modalidade se encontram nos artigos 1.238 e seguintes do Código Civil. A usucapião pode ter por objeto a propriedade ou outros direitos reais. Logo, nada impede que o titular de posse prolongada e qualificada sobre a construção erigida sobre laje alheia possa requerer a usucapião somente da unidade que ocupa, sem abranger a acessão abaixo, nem o terreno onde se assenta. O problema pode surgir se o concedente, titular de direitos sobre o terreno, não tiver o domínio formal do imóvel. Embora singular, pode ser declarada a usucapião e descerrada a matrícula, levando em conta a natureza originária da aquisição, com descrição da construção e mera menção ao terreno onde está erigida. Nada impede, também, a usucapião administrativa, desde que com a concordância do titular dominial do terreno e confrontantes"[27].

Por certo, é a melhor solução.

---

[25] GONÇALVES, Carlos Roberto. *Direito Civil Brasileiro*: Direito das Coisas. 15. ed. São Paulo: Saraiva, 2020. v. 5. p. 310.

[26] Posição sustentada pelo coautor PABLO STOLZE GAGLIANO em palestra proferida no 76.º ENCOGE – Encontro do Colégio Permanente de Corregedores-Gerais dos Tribunais de Justiça do Brasil, ocorrido em Salvador, Bahia, no dia 26 de outubro de 2017 (http://www.tjba.jus.br/encoge76/wp-content/uploads/2017/08/ata_76_encoge.pdf).

[27] LOUREIRO, Francisco Eduardo. Op. cit.

4. O DIREITO REAL DE LAJE E O ART. 799, X E XI, DO CÓDIGO DE PROCESSO CIVIL[28]

A lei que regulou o direito real de laje (Lei n. 13.465, de 11 de julho de 2017) alterou o art. 799, X e XI, do CPC/2015:

"Art. 799. Incumbe ainda ao exequente:

X – requerer a intimação do titular da construção-base, além, se for o caso, do titular de lajes anteriores, quando a penhora recair sobre o direito real de laje.

XI – requerer a intimação do titular das lajes, quando a penhora recair sobre a construção-base". (NR)

No que se refere aos impactos da disciplina do direito real de laje no âmbito processual, houve, infelizmente, inexplicável falha na atuação legislativa.

Com efeito, ao constatar que as alterações no texto do CPC se limitaram ao enunciado do art. 799, o intérprete pode ter a equivocada impressão de que a mudança teria se restringido ao acréscimo de mais duas situações em que há necessidade de intimação de terceiros a respeito da ocorrência da penhora.

Sucede que o art. 799 do CPC integra, em verdade, um conjunto de dispositivos do qual se extrai um significativo complexo de normas voltadas para a proteção dos interesses de terceiros. Esse conjunto é integrado também pelos arts. 804 e 889 do próprio CPC, e o elenco de terceiros constantes em tais dispositivos, malgrado amplo, não é exaustivo.

Por meio do complexo normativo extraído dos mencionados dispositivos, estabelece-se um quadro de cuidados a serem adotados quando a penhora recai sobre bens que, de algum modo, sofrem reflexos de uma eventual relação jurídica mantida entre um terceiro e o executado.

Assim, por exemplo, se a penhora recair sobre um bem gravado por hipoteca, o credor hipotecário deve ser intimado da penhora (CPC, art. 799, I) e cientificado, com pelo menos cinco dias úteis de antecedência, a respeito da data marcada para início do leilão (CPC, art. 889, V); caso contrário, o ato de alienação será ineficaz em relação a ele (CPC, art. 804, *caput*).

Situação similar ocorre com todos os terceiros mencionados nos três dispositivos, o que conduz o intérprete à clara – e correta – conclusão de que o mesmo elenco de terceiros que devem ser intimados da ocorrência da penhora (CPC, art. 799) também deve ser cientificado a respeito da data designada para início do leilão (CPC, art. 889) e goza da proteção da norma segundo a qual, havendo alienação do bem sem que os mencionados atos de comunicação tenham sido praticados, a alienação será, quanto ao terceiro, ineficaz.

É por isso que falhou o legislador: os acréscimos feitos no texto do art. 799 deveriam também ser realizados nos enunciados dos arts. 804 e 889.

Contudo, não o foram, o que é lamentável.

À vista do equívoco cometido, deve o intérprete, portanto, ficar atento e, sempre que se deparar com situações fáticas decorrentes da existência de relação jurídica de direito material entre o executado e terceiro, com algum tipo de reflexo, mesmo indireto, sobre o bem penhorado, lembrar-se de que os elencos mencionados nos arts. 799, 804 e 889, além de não serem exaustivos, comunicam-se entre si.

---

[28] Tópico resultante de brilhante contribuição acadêmica do Professor e Processualista Salomão Viana.

Diante de todo o exposto, não se pode negar que, comparativamente com o que constava na Medida Provisória n. 759, de 22 de dezembro de 2016, a Lei n. 13.465, de 11 de julho de 2017, promoveu evidente aperfeiçoamento na disciplina do direito real de laje, embora o legislador, especialmente no âmbito processual, houvesse perdido a oportunidade de tornar o nosso sistema mais preciso e equilibrado.

5. RUÍNA DA CONSTRUÇÃO E O DIREITO DE LAJE

A teor do art. 1.510-E, do Código Civil, a ruína da construção-base implica extinção do direito real de laje, salvo:

a) se o direito de laje tiver sido instituído sobre o subsolo – pois neste caso, a ruína da edificação-base não opera necessariamente o desfazimento da laje que se encontra abaixo.

b) se a construção-base for reconstruída no prazo de cinco anos – neste caso, a ausência prolongada de reconstrução da edificação-base que se arruinou opera o fim da laje[29].

Pensamos que a reconstrução do imóvel-base, no prazo quinquenal, pode ser feita, caso o proprietário não o faça, pelo próprio titular da laje, cabendo-lhe direito ao ressarcimento.

Imagine-se, por exemplo, que o dono da edificação-base recuse-se a reconstruir.

Não seria justo negar ao titular da laje o direito de salvaguardar o seu direito.

No caso de lajes inferiores, caso a ruína da edificação principal não haja interferido em sua estrutura fundamental, é defensável a tese de que permanecem incólumes.

Sobre o caráter autônomo da laje inferior, escreve CARLOS ELIAS DE OLIVEIRA:

> "Não se pode estabelecer direitos reais de lajes sucessivos no espaço aéreo sem a existência material e concreta de uma construção. A propósito, uma prova de que a existência concreta de construção é requisito para o direito real de laje no espaço aéreo é a previsão expressa de extinção da laje no caso de ruína do prédio sem posterior reedificação (artigo 1.510-E, CC).
>
> É diferente do que sucede com as lajes subterrâneas, pois, como o subsolo possui existência concreta, não há necessidade de se exigir uma prévia averbação de uma construção na laje anterior. Veja que a ruína da construção não extingue os direitos de lajes subterrâneas exatamente em razão da intangibilidade desse espaço (art. 1.510-E, I, CC)"[30].

Vale salientar que o titular da laje, prejudicado pela destruição da construção-base, poderá pleitear reparação civil "contra o culpado pela ruína", conforme dispõe o parágrafo único do art. 1.510-E.

---

[29] Entendíamos haver, nesse ponto, uma imprecisão no texto legal anterior. O dispositivo encontrava-se assim redigido: "Art. 1.510-E. A ruína da construção-base implica extinção do direito real de laje, salvo: I – se este tiver sido instituído sobre o subsolo; II – se a construção-base não for reconstruída no prazo de cinco anos" (grifamos). Sucede que não se justificaria uma dupla negativa, vale dizer, após a ressalva, o correto seria dizer que a laje se extinguiria, salvo se a reconstrução ocorresse em 5 anos. Com alegria, observamos que o texto legal fora, posteriormente, corrigido pela Lei n. 14.382/2022: "I – se a construção-base for reconstruída no prazo de 5 (cinco) anos. (Redação dada pela Lei n. 14.382, de 2022)".

[30] OLIVEIRA, Carlos Eduardo Elias de. O que é o direito real de laje à luz da Lei 13.465/2017? (parte 2). *Consultor Jurídico*. 25 set. 2017. Disponível em: <https://www.conjur.com.br/2017-set-25/direito-civil-atual-direito-real-laje-luz-lei-134652017-parte>. Acesso em: 11 jan. 2017.

Pensamos que mais adequado seria o legislador haver estabelecido a responsabilidade civil objetiva do causador da ruína, seguindo a mesma esteira da matéria disciplinada no Código Civil quanto à reparação de danos pela ruína de edifício ou construção[31].

Mas, certamente, não foi a sua opção, uma vez que, inexplicavelmente, fez expressa menção à culpa do responsável, o que importa, em tese, em investigação do elemento volitivo quando da apuração da reparabilidade dos danos.

Propugnamos, porém, por um repensar do dispositivo, pois acreditamos que a expressão "culpado pela ruína" foi utilizada pelo legislador de maneira atécnica, como sinônimo de "responsável pela ruína", sendo possível a discussão, em casos concretos, da prescindibilidade do elemento "culpa" para tal responsabilidade civil.

---

[31] Sobre o tema, confira-se o subtópico 5.2 ("Responsabilidade civil pela ruína de edifício ou construção") do Capítulo XII ("Responsabilidade civil pelo fato da coisa e do animal") do volume 3 ("Responsabilidade civil") desta coleção.

Capítulo XXXI
Direitos Oriundos da Imissão Provisória na Posse nos termos da Lei n. 14.620/2023

Sumário: 1. Noções gerais. 2. Breve reflexão crítica.

1. NOÇÕES GERAIS

A Lei n. 14.620, de 13 de julho de 2023, que dispôs sobre o programa Minha Casa, Minha Vida, alterou diversos dispositivos em nosso ordenamento jurídico, havendo, ainda, acrescentado o inciso XIV ao art. 1.225 do nosso Código Civil:

"Art. 1.225. São direitos reais:
I – a propriedade;
II – a superfície;
III – as servidões;
IV – o usufruto;
V – o uso;
VI – a habitação;
VII – o direito do promitente comprador do imóvel;
VIII – o penhor;
IX – a hipoteca;
X – a anticrese;
XI – a concessão de uso especial para fins de moradia;
XII – a concessão de direito real de uso;
XIII – a laje;
XIV – os direitos oriundos da imissão provisória na posse, quando concedida à União, aos Estados, ao Distrito Federal, aos Municípios ou às suas entidades delegadas e a respectiva cessão e promessa de cessão".

Com isso, consagrou-se, segundo o texto expresso de lei, um novo direito real, decorrente da imissão provisória na posse em favor de entes públicos da Administração direta ali mencionados, bem como das suas entidades delegadas. Na mesma linha, também tem natureza real os direitos decorrentes de eventual cessão ou promessa de cessão.

Note-se que se trata de uma previsão inserida no âmbito de estudo do instituto da desapropriação, o que, por certo, escaparia do escopo desta obra.

2. BREVE REFLEXÃO CRÍTICA

Devemos, todavia, tecer algumas respeitáveis considerações críticas.

A previsão legal, em nosso sentir, é confusa, especialmente se considerarmos a natureza peculiar da posse, que não pode ser confundida com os direitos reais em geral.

Com precisão, nesse ponto, ponderam ROSENVALD e FREITAS DIAS:

"A posse pode ser oriunda de um direito real, mas, para além de ser dele independente (pois tem outras origens), produz efeitos tão especiais (como os interditos) que são inimagináveis para o universo dos direitos reais. Ou seja, em que pese a posse confira efeitos similares aos dos direitos reais, ela os transcende.

Entretanto, tal compreensão não geraria um risco de tornar letra morta o novel inciso XIV do art. 1.225 do Código Civil? Na realidade, tal classificação é absolutamente desnecessária, isso porque 'os direitos oriundos da imissão provisória na posse, em benefício do poder público, equiparam-se a direitos próprios de quem é titular do domínio (mesmo antes de pagar a prévia e justa indenização e antes de se efetivar a transferência do bem expropriado para o seu patrimônio): ele já pode fazer a cessão a terceiros, pode oferecer o bem como garantia em contratos de alienação fiduciária; pode oferecer em hipoteca (...)'"[1].

CARLOS EDUARDO ELIAS DE OLIVEIRA é, sobre o tema, enfático:

"Todo esse cenário normativo desenhado em torno dos direitos oriundos da imissão provisória na posse em favor do ente desapropriante foi, na verdade, impulsionado pelo interesse utilitarista de remover obstáculos registrais que eram opostos à formalização de desapropriações e de regularizações fundiárias.

Acontece que esse ímpeto finalístico acabou traçando um percurso tortuoso do ponto de vista da dogmática civilista, o que reclamará da doutrina e da jurisprudência certo esforço malabarista para repelir riscos jurídicos.

De fato, apesar de haver expresso texto legal, é atécnico afirmar que os direitos oriundos da imissão provisória são direitos reais.

É que, no caso de desapropriação, o momento da imissão na posse marca a aquisição originária da propriedade pelo ente desapropriante. Eventual registro posterior no Cartório de Imóveis não tem eficácia constitutiva, mas apenas declaratória. Trata-se de uma exceção ao princípio da inscrição (segundo o qual os direitos reais nascem com o registro na matrícula do imóvel, conforme arts.1.227 e 1.245 do CC-02)"[2].

Concordamos com o ilustre autor, de maneira que, se, por um lado, formalmente não há como se negar que fora acrescentado ao rol do art. 1.225 um novo "direito real", em essência, tal categorização sucumbe, *data venia*, diante de uma análise crítica mais aprofundada.

---

[1] ROSENVALD, Nelson; DIAS, Wagner Inácio Freitas. Lei 14.620/23 e o novo direito real decorrente da imissão na posse – O remendo do soneto que jamais existiu. Disponível em: <https://www.migalhas.com.br/depeso/391517/lei-14-620-23-e-o-novo-direito-real-decorrente-da-imissao-na-posse https://www.migalhas.com.br/depeso/391517/lei-14-620-23-e-o-novo-direito-real-decorrente-da-imissao-na-posse>. Acesso em: 12 out. 2023.

[2] OLIVEIRA, Carlos Eduardo Elias de. Novo direito real com a lei 14.620/23: uma atecnia utilitarista diante da imissão provisória na posse. Disponível em: https://www.migalhas.com.br/coluna/migalhas-notariais-e-registrais/390037/novo-direito-real-com-a-lei-14-620-23. Acesso em: 12 out. 2023.

Referências

ALBUQUERQUE JR., Roberto Paulino de. O direito de laje não é um novo direito real, mas um direito de superfície. *Consultor Jurídico*. 2 jan. 2017. Disponível em: <http://www.conjur.com.br/2017-jan-02/direito-laje-nao-direito-real-direito-superficie>. Acesso em: 4 jan. 2017.

ALBUQUERQUE JR., Roberto Paulino de. O usucapião extrajudicial no Novo Código de Processo Civil. *Consultor Jurídico*. 18 maio 2015. Disponível em: <http://www.conjur.com.br/2015-mai-18/direito-civil-atual-usucapiao-extrajudicial-codigo-processo-civil>. Acesso em 22 set. 2016.

ALVARENGA, Robson de. Fideicomisso. *Instituto do Registro Imobiliário do Brasil*. Disponível em: <http://www.irib.org.br/html/boletim/boletim-iframe.php?be=1194>. Acesso em: 30 jul. 2013.

ALVES, Fernanda Valeriano. Questões polêmicas acerca do artigo 1.228, parágrafos 4.º e 5.º do Código Civil de 2002. 2011. Artigo científico apresentado à Escola da Magistratura do Estado do Rio de Janeiro, como exigência para obtenção do título de Pós-Graduação. Disponível em: <http://www.emerj.tjrj.jus.br/paginas/trabalhos_conclusao/1semestre2011/trabalhos_12011/FernandaValerianoAlves.pdf>. Acesso em: 21 set. 2016).

ALVES, Jones Figueiredo. Animal só pode ser proibido em condomínio se for perigoso. *Consultor Jurídico*. 23 nov. 2012. Disponível em: <http://www.conjur.com.br/2012-nov-23/jones-alves-animal-proibido-condominio-for-perigoso>. Acesso em: 23 jul. 2017.

ALVES, José Carlos Moreira. *Posse*: evolução histórica. 2. ed. Rio de Janeiro: Forense, 1997. v. 1.

ALVIM, Arruda. Confronto entre situação de direito real e de direito obrigacional. prevalência da primeira, prévia e legitimamente constituída – salvo lei expressa em contrário. Parecer publicado na *Revista de Direito Privado*, São Paulo: Revista dos Tribunais, jan./mar. 2000. v. 1.

ALVIM, Arruda. *Manual de Direito Processual Civil*: processo de conhecimento. 8. ed. São Paulo: Revista dos Tribunais, 2003. v. 2.

ALVIM, Arruda; COUTO, Mônica Bonetti. *Comentários ao Código Civil Brasileiro*: do Direito das Coisas. Coord. Arruda Alvim, Thereza Alvim e Alexandre Clápis. Rio de Janeiro: Forense, 2009.

ALVIM, Arruda; COUTO, Mônica; VELASQUEZ, Victor; ARAÚJO, Fábio. *Comentários ao Código Civil*: arts. 1.196 a 1.276. Rio de Janeiro: Gen-Forense, 2008.

AMARANTE, Fernanda Machado. O pluralismo jurídico e o direito de laje. *Revista Jus Navigandi*, ISSN 1518-4862, Teresina, ano 17, n. 3.403, 25 out. 2012. Disponível em: <https://jus.com.br/artigos/22888>. Acesso em: 27 maio 2018.

ARAÚJO, Thiago Cássio D'Ávila. Do penhor. *Revista Jus Navigandi*, ISSN 1518-4862, Teresina, ano 21, n. 4.653, 28 mar. 2016. Disponível em: <https://jus.com.br/artigos/47617>. Acesso em: 15 set. 2018.

ARONNE, Ricardo. Os Direitos Reais na constitucionalização do Direito Civil. *Direito & Justiça*, Porto Alegre, v. 39, n. 2, p. 180, jul./dez. 2013.

ASCENSÃO, José de Oliveira. *A tipicidade dos Direitos Reais*. Lisboa: Petrony, 1968.

ASCENSÃO, José de Oliveira. *Direito Civil*: Reais. 5. ed. Coimbra: Coimbra Editora, 2000.

ATAÍDE, Rui Paulo Coutinho de Mascarenhas. Sobre a distinção entre posse e detenção. *Revista da Ordem dos Advogados*, Seção "Doutrina", Lisboa, ano 75, n. 1 e 2, jan./jun. 2015), p. 79-120. Disponível em: <https://portal.oa.pt/upl/%7B4513b71a-245e-4bdd-ac4a-8c64a-6757bc4%7D.pdf>. Acesso em: 10 fev. 2018.

AULETE, Caldas. *Dicionário Contemporâneo da Língua Portuguesa*. Rio de Janeiro: Delta, 1958. v. 5.

AZEVEDO, Antônio Junqueira de. Caracterização jurídica da dignidade da pessoa humana. *Revista USP*, São Paulo, n. 53, mar./maio 2002, p. 95.

AZEVÊDO, Pedro Pontes de. *Usucapião da propriedade possível em terras públicas*: o direito de superfície e à moradia em áreas de exclusão social. Curitiba: Juruá, 2016.

BARBOSA, Rui. *Posse de direitos pessoais*. EPUB.

BARROS, Clauber Santos., Os Direitos Reais e a aplicabilidade do *nemo potest venire contra factum proprium*. Âmbito Jurídico. Disponível em: <http://www.ambito-juridico.com.br/site/index.php?n_link=revista_artigos_leitura&artigo_id=9394>. Acesso em: 4 fev. 2018.

BARRUFFINI, José Carlos Tosetti. *Usucapião constitucional urbano e rural*. São Paulo: Atlas, 1998.

BEVILÁQUA, Clóvis. *Código Civil dos Estados Unidos do Brasil Comentado*. 4. ed. Rio de Janeiro: Francisco Alves, 1933.

BEVILÁQUA, Clóvis. *Comentários ao Código Civil dos Estados Unidos do Brasil*. Rio de Janeiro: Ed. Rio. 1975.

BEVILÁQUA, Clóvis. *Direito das Coisas*. 4. ed. Rio de Janeiro: Revista Forense, 1956.

BEVILÁQUA, Clóvis. *Direito das Coisas*. 5. ed. Rio de Janeiro: Forense, s/d. v. 1.

BEVILÁQUA, Clóvis. *Theoria Geral do Direito Civil*. São Paulo: RED Livros, 1999.

BOLETIM ELETRÔNICO INR N. 4.674, de 22-6-2011, Assessoria de Imprensa, entrevista com Christiano Cassettari. Disponível em: <http://www.cnbsp.org.br/?pG=X19leGliZV9u-b3RpY2lhcw==&in=MzQ3OA==&filtro=1&Data=>. Acesso em: 4 jan. 2018.

BOULOS, Daniel M. *Abuso do Direito no Novo Código Civil*. São Paulo: Método, 2006.

CAMBI, Eduardo. Aspectos inovadores da propriedade no Novo Código Civil. *Revista Trimestral de Direito Civil*. Rio de Janeiro: PADMA, 2000.

CARVALHO, Cláudio Oliveira de; RODRIGUES, Raoni. O Novo Código de Processo Civil e as ações possessórias: novas perspectivas para os conflitos fundiários coletivos? *Revista de Direito da Cidade*. v. 7, n. 4. Número Especial. Disponível em: <http://www.e-publicacoes.uerj.br/index.php/rdc/article/viewFile/20912/15356>. Acesso em: 23 fev. 2018.

CARVALHO NETO, Inácio de. Indenização de atos possessórios. In: RODRIGUES JR., Otávio Luiz; MAMEDE, Gladston; ROCHA, Maria Vital da (Coordenadores). *Responsabilidade civil contemporânea*: em homenagem a Sílvio de Salvo Venosa. São Paulo: Atlas, 2011.

CENTERS FOR DISEASE CONTROL AND PREVENTION. Autism Spectrum Disorder (ASD): Data & Statistics. Disponível em: <https://www.cdc.gov/ncbddd/autism/data.html>. Acesso em: 26 ago. 2018.

CHALHOUB, Melhim Namem. *Alienação fiduciária*: negócio fiduciário. 5. ed. Rio de Janeiro: Forense, 2017.

CHAVES, Raul. *A usucapião e o crime*. São Paulo: Saraiva, 1981.

COLANI, Camilo. Condomínio geral e condomínio edilício. *Jusbrasil*. 10 ago. 2015. Disponível em: <http://camilocolani.jusbrasil.com.br/artigos/218041919/condominio-geral-e-condominio-edilicio>. Acesso em: 12 out. 2016.

COMTE-SPONVILLE, André. *Pequeno tratado das grandes virtudes*. São Paulo: Martins Fontes, 1999.

CONSELHO NACIONAL DE JUSTIÇA. Perguntas frequentes: Qual a diferença entre conciliação e mediação? *Portal do Conselho Nacional de Justiça*. Disponível em: <http://www.cnj.jus.br/programas-e-acoes/conciliacao-e-mediacao-portal-da-conciliacao/perguntas-frequentes/85619-qual-a-diferenca-entre-conciliacao-e-mediacao>. Acesso em: 23 fev. 2018.

CORDEIRO, Carlos José. *Usucapião constitucional urbano*: aspectos de direito material. São Paulo: Max Limonad, 2001.

CORRÊA, Cláudia Franco; MENEZES, Juliana Barcellos da Cunha e. A regularização fundiária nas favelas nos casos de "direito de laje": construindo pontes entre o direito inoficial e o direito vigente. In: SALEME, Edson Ricardo; ARAÚJO, Ludmila Albuquerque Douettes; CATÃO, Marconi do Ó (Coordenadores). *Direito urbanístico, cidade e alteridade*. XXV Encontro Nacional do Conpedi – Brasília/DF. 2016. Disponível em: <https://www.conpedi.org.br/publicacoes/y0ii48h0/929a805v/1P20biS8TwWoxxf8.pdf>. Acesso em: 27 maio 2018.

COSTA, Dilvanir José da. Usucapião: doutrina e jurisprudência. *Revista de Informação Legislativa*. Brasília, ano 36, n. 143, jul./set. 1999. Disponível em: <http://www2.senado.leg.br/bdsf/bitstream/handle/id/524/r143-25.PDF>. Acesso em: 17 maio 2018.

DELGADO, Mario Luiz. O condomínio edilício na jurisprudência do STJ: estado atual da arte. In: SALOMÃO, Luiz Felipe; TARTUCE, Flávio (Coordenadores). *Direito Civil*: diálogos entre a doutrina e a jurisprudência. São Paulo: Atlas, 2018.

DIDIER JR., Fredie. Tutela específica do adimplemento contratual. *Revista Jurídica dos Formandos em Direito da UFBA*, 2001.2, Salvador: s/ed., 2001, p. 322, também acessável na

Revista Eletrônica do Curso de Direito da UNIFACS, Seção Corpo Docente, jul. 2002. Disponível em: <www.unifacs.br/revistajuridica>.

DINAMARCO, Cândido Rangel. *A reforma do Código de Processo Civil*. 4. ed. São Paulo: Malheiros, 1997.

DINIZ, Almachio. *Direito das cousas segundo o Código Civil de 1916*. Rio de Janeiro: Livraria Francisco Alves, 1916.

DINIZ, Maria Helena. *Curso de Direito Civil Brasileiro*: Direito das Coisas. 29. ed. São Paulo: Saraiva, 2014. v. 4.

DINIZ, Maria Helena. *Curso de Direito Civil Brasileiro*: Direito das Coisas. 32. ed. São Paulo: Saraiva, 2018. v. 4.

DINIZ, Maria Helena. *Dicionário Jurídico*. São Paulo: Saraiva, 1998. v. 3.

DONIZETTI, Elpídio. Usucapião do lar serve de consolo para o abandonado. *Consultor Jurídico*. 20 set. 2011. Disponível em: <http://www.conjur.com.br/2011-set-20/consolo-abandonado-usucapiao-lar-desfeito>. Acesso em: 22 set. 2016.

DUGUIT, Leon. *Las transformaciones generales del derecho privado*. Madrid: Ed. Posada, 1931.

ESPÍNOLA, Eduardo. *Sistema do Direito Civil Brasileiro*. Rio de Janeiro: Ed. Rio, 1977.

FACHIN, Luiz Edson. A constitucionalidade da usucapião familiar do artigo 1.240-A do Código Civil brasileiro. *Jornal Carta Forense*. 3 out. 2011. Disponível em: <http://www.cartaforense.com.br/conteudo/artigos/a-constitucio-nalidade-da-usucapiao-familiar-do-artigo-1240-a-do-codigo-civil-brasileiro/7733>. Acesso em: 9 maio 2017.

FACHIN, Luiz Edson. *Estatuto jurídico do patrimônio mínimo*. Rio de Janeiro: Renovar, 2001.

FARIAS, Cristiano Chaves de; ROSENVALD, Nelson. *Direitos Reais*. 6. ed. Rio de Janeiro: Lumen Juris, 2009.

FARIAS, Cristiano Chaves de; ROSENVALD, Nelson. *Curso de Direito Civil*: Direitos Reais. 10. ed. Salvador: Editora JusPodivm, 2014. v. 5.

FERREIRA, Aurélio Buarque de Holanda. *Novo Dicionário Aurélio da Língua Portuguesa*. 2. ed. Rio de Janeiro: Editora Nova Fronteira, 1986.

FERREIRA, Rafael. O que são terras devolutas, *O eco*, ago. 2013. Disponível em: <http://www.oeco.org.br/dicionario-ambiental/27510-o-que-sao-terras-devolutas/>. Acesso em: 15 fev. 2018.

FERRIANI, Adriano. Brevíssimas considerações sobre a concessão especial para fins de moradia. *Migalhas*. 21 dez. 2011. Disponível em: <http://www.migalhas.com.br/Civilizalhas/94,MI147158,31047-Brevissimas+consideracoes+sobre+a+concessao+especial+para+fins+de>. Acesso em: 2 jan. 2018.

FIGUEIREDO, Roberto. O *time sharing* ou a multipropriedade imobiliária. *CERS*. 29 out. 2015. Disponível em: <https://www.cers.com.br/noticias-e-blogs/noticia/o-

time-sharing-ou-a-multipropriedade-imobiliaria;jsessionid=ek4wKnNQLUjAaga0uIpcSdy4.sp-tucson-prod-10>. Acesso em: 12 out. 2016).

FIGUEIREDO, Roberto. Propriedade resolúvel. *CERS*. Disponível em: <https://www.cers.com.br/noticias-e-blogs/noticia/propriedade-resoluvel;jsessionid=HpGloKVJ1dMz1a-ZBCL-QsduiMN2O5e509EimsV1G.cers>. Acesso em: 30 mar. 2018.

FISHER, Howard. *O sistema jurídico alemão e sua terminologia*. Rio de Janeiro: Gen-Forense, 2009.

FREITAS, Augusto Teixeira de. *Código Civil*: esboço, comentário ao art. 868. Brasília: MJ – Departamento de Imprensa Nacional e UNB, 1983 (edição conjunta). v. 1.

FREYESLEBEN, Luiz Eduardo Ribeiro. *A usucapião especial urbana*: aspectos doutrinários e jurisprudenciais. 2. ed. Florianópolis/SC: Livraria e Editora Obra Jurídica Ltda., 1998.

FROTA, Pablo Malheiros da Cunha. O direito real de habitação e a sua possível relativização no direito sucessório brasileiro: primeiras reflexões. *Revista de Direito Civil Contemporâneo*, RDCC, v. 8, jul.-set./2016. Disponível em: <http://www.mpsp.mp.br/portal/page/portal/documentacao_e_divulgacao/doc_biblioteca/bibli_servicos_produtos/bibli_boletim/bibli_bol_2006/RDCivCont_n.8.12.PDF>. Acesso em: 17 jun. 2018.

GAGLIANO, Pablo Stolze; PAMPLONA FILHO, Rodolfo. *Manual de Direito Civil*. 8. ed. São Paulo: SaraivaJur. 2024.

GAGLIANO, Pablo Stolze; PAMPLONA FILHO, Rodolfo. *O divórcio na atualidade*. 3. ed. São Paulo: Saraiva, 2018.

GAGLIANO, Pablo Stolze; PAMPLONA FILHO, Rodolfo. *Novo Curso de Direito Civil*: parte geral. 26. ed. São Paulo: SaraivaJur, 2024. v. 1.

GAGLIANO, Pablo Stolze; PAMPLONA FILHO, Rodolfo. *Novo Curso de Direito Civil*: obrigações. 25. ed. São Paulo: SaraivaJur, 2024. v. 2.

GAGLIANO, Pablo Stolze; PAMPLONA FILHO, Rodolfo. *Novo Curso de Direito Civil*: responsabilidade civil. 22. ed. São Paulo: SaraivaJur, 2024. v. 3.

GAGLIANO, Pablo Stolze; PAMPLONA FILHO, Rodolfo. *Novo Curso de Direito Civil*: teoria geral dos contratos. 7. ed. São Paulo, SaraivaJur, 2024, v. 4.

GAGLIANO, Pablo Stolze; PAMPLONA FILHO, Rodolfo. *Novo Curso de Direito Civil*: direitos reais. 6. ed. São Paulo: SaraivaJur, 2024. v. 5.

GAGLIANO, Pablo Stolze; PAMPLONA FILHO, Rodolfo. *Novo Curso de Direito Civil*: direito de família.14. ed. São Paulo: SaraivaJUr, 2024. v. 6.

GAGLIANO, Pablo Stolze; PAMPLONA FILHO, Rodolfo. *Novo Curso de Direito Civil*: direito das sucessões. 11. ed. São Paulo: SaraivaJur, 2024. v. 7.

GAGLIANO, Pablo Stolze; VIANA, Salomão. Direito real de laje: finalmente, a lei!. *Revista Jus Navigandi*, ISSN 1518-4862, Teresina, ano 22, n. 5.125, 13 jul. 2017. Disponível em: <https://jus.com.br/artigos/59131>. Acesso em: 7 out. 2018.

GAGLIANO, Pablo Stolze. *Código Civil Comentado*: arts. 1.369 a 1.418. São Paulo: Atlas, 2004. v. 13.

GAGLIANO, Pablo Stolze. *Comentários ao Código Civil Brasileiro*. Coord. Arruda Alvim e Thereza Alvim. Rio de Janeiro: Ed. Forense, 2008.

GAGLIANO, Pablo Stolze. *Contrato de doação*. 6. ed. São Paulo: SaraivaJur, 2024.

GAGLIANO, Pablo Stolze. Palestra proferida no 76.º ENCOGE – Encontro do Colégio Permanente de Corregedores-Gerais dos Tribunais de Justiça do Brasil, ocorrido em Salvador, Bahia, no dia 26 out. 2017. Disponível em: <http://www.tjba.jus.br/encoge76/wp-content/uploads/2017/08/ata_76_encoge.pdf>.

GAGLIANO, Pablo Stolze. A invalidade do negócio jurídico em face do novo conceito de capacidade civil. *Revista Jus Navigandi*, ISSN 1518-4862, Teresina, ano 23, n. 5.538, 30 ago. 2018. Disponível em: <https://jus.com.br/artigos/68666>. Acesso em: 25 set. 2018.

GAGLIANO, Pablo Stolze. Controvérsias constitucionais acerca do usucapião coletivo. *Revista Jus Navigandi*, Teresina, ano 11, n. 1.063, 30 maio 2006. Disponível em: <https://jus.com.br/artigos/8318>. Acesso em: 20 set. 2016.

GAGLIANO, Pablo Stolze. Deficiência não é causa de incapacidade relativa: a brecha autofágica. *Revista Jus Navigandi*, ISSN 1518-4862, Teresina, ano 21, n. 4.794, 16 ago. 2016. Disponível em: <https://jus.com.br/artigos/51407>. Acesso em: 5 fev. 2018.

GAGLIANO, Pablo Stolze. Direito real de laje: primeiras impressões. *Revista Jus Navigandi*, ISSN 1518-4862, Teresina, ano 22, n. 4.936, 5 jan. 2017. Disponível em: <https://jus.com.br/artigos/54931>. Acesso em: 8 jan. 2018.

GAGLIANO, Pablo Stolze. Responsabilidade civil pela perda do tempo. *Revista Jus Navigandi*, ISSN 1518-4862, Teresina, ano 18, n. 3.540, 11 mar. 2013. Disponível em: <https://jus.com.br/artigos/23925>. Acesso em: 16 abr. 2017.

GAGLIANO, Pablo Stolze. *Você sabe o que é "teoria do adimplemento substancial"?*. 9 set. 2012. Post do Facebook. Disponível em: <https://www.facebook.com/pablostolze/posts/você-sabe-o-que-é-teoria-do-adimplemento-substanciala-doutrina-do-adimplemento--s/364497743629611/>. Acesso em: 12 out. 2018.

GAGLIANO, Pablo Stolze; OLIVEIRA, Carlos Eduardo Elias de. Comentários à Lei da Pandemia (Lei n. 14.010, de 10 de junho de 2020 – RJET). Análise detalhada das questões de Direito Civil e Direito Processual Civil. *Revista Jus Navigandi*, ISSN 1518-4862, Teresina, ano 25, n. 6190, 12 jun. 2020. Disponível em: <https://jus.com.br/artigos/46412>. Acesso em: 16 set. 2020.

GARCEZ NETO, Martinho. *Responsabilidade civil no direito comparado*. Rio de Janeiro: Renovar, 2000.

GOMES, Mário A. Magalhães. *Do direito de retenção no Código Civil brasileiro*. São Paulo: Saraiva e Cia., 1931.

GOMES, Orlando. *Contratos*. 15. ed. Rio de Janeiro: Forense, 1995.

GOMES, Orlando. *Direitos Reais*. 21. ed. São Paulo: Gen, 2012.

GOMES, Orlando. *Direitos Reais*. 19. ed. Atualizada por Luiz Edson Fachin. Rio de Janeiro: Forense, 2008.

GOMES, Orlando. *Introdução ao Direito Civil*. 18. ed. Rio de Janeiro: Forense, 2001.

GONÇALVES, Carlos Roberto. *Direito Civil Brasileiro*: Direito das Coisas. 11. ed. São Paulo: Saraiva, 2016. v. 5.

GONÇALVES, Carlos Roberto. *Direito Civil Brasileiro*: teoria geral das obrigações. 9. ed. São Paulo: Saraiva, 2012.

HIRONAKA, Giselda Maria Fernandes Novaes. Conferência de encerramento proferida em 21 set. 2001, no Seminário Internacional de Direito Civil, promovido pelo NAP – Núcleo Acadêmico de Pesquisa da Faculdade Mineira de Direito da PUC/MG. Palestra proferida na Faculdade de Direito da Universidade do Vale do Itajaí – UNIVALI (SC), em 25 out. 2002, gentilmente cedida a Pablo Stolze Gagliano.

HIRONAKA, Giselda Maria Fernandes Novaes. *Direito Civil*: estudos. Belo Horizonte: Del Rey, 2000.

HIRONAKA, Giselda Maria Fernandes Novaes; CHINELATO, Silmara Juny de Abreu. Propriedade e posse: uma releitura dos ancestrais institutos. *Revista da Faculdade de Direito* da Universidade de São Paulo. Disponível em: <http://www.revistas.usp.br/rfdusp/article/view/67580/70190>. Acesso em: 10 fev. 2018.

IRIB Responde. Imóvel gravado com direito de superfície – hipoteca – possibilidade. *Instituto de Registro Imobiliário do Brasil*. 12 nov. 2013. Disponível em: <http://www.irib.org.br/noticias/detalhes/irib-responde-im-oacute-vel-gravado-com-direito-de-superf-iacute-cie-hipoteca-possibilidade>. Acesso em: 9 out. 2018.

JORDÃO, Eduardo. *Abuso de direito*. Salvador: JusPodivm, 2006.

KOJRANSKI, Nelson. *Condomínio edilício*: aspectos jurídicos relevantes. 2. ed. São Paulo: Malheiros, 2015.

KOLLET, Ricardo. A outorga conjugal nos atos de alienação ou oneração de bens imóveis. *Instituto de Registro Imobiliário do Brasil*. Disponível em: <http://www.irib.org.br/biblio/boletimel722a.asp>. Acesso em: 2 jun. 2010.

LEITE, Gisele. Os procedimentos especiais em face do CPC/2015. *Jusbrasil*. 16 mar. 2016. Disponível em: <http://giseleleite2.jusbrasil.com.br/artigos/315054766/os-procedimentos-especiais-em-face-do-cpc-2015>. Acesso em: 9 out. 2016.

LEITE, Rodrigo. *Desapropriação*. Salvador: JusPodivm, 2018. (Coleção Leis Especiais para Concursos, v. 39)

LIRA, Ricardo César Pereira. O Novo Código Civil, Estatuto da Cidade, Direito de Superfície. *Anais do "EMERJ Debate o Novo Código Civil"*, 11 out. 2002. Disponível em: <https://bdjur.stj.jus.br/jspui/bitstream/2011/54301/novo_codigo_civil_lira.pdf>. Acesso em: 22 abr. 2018.

LÔBO. Paulo. Com avanço legal pessoas com deficiência mental não são mais incapazes. *Consultor Jurídico*. 16 ago. 2016. Disponível em: <http://www.conjur.com.br/2015-ago-16/processo-familiar-avancos-pessoas-deficiencia-mental-nao-sao-incapazes>. Acesso em: 13 ago. 2016.

LÔBO. Paulo. *Direito Civil*: coisas. 2. ed. São Paulo: Saraiva, 2016.

LONGO, Henrique José. Sucessão familiar e planejamento tributário II. In: *Estratégias societárias, planejamento tributário e sucessório*. Petrópolis/RJ: Editora Sermograf, 2004.

LOUREIRO, Francisco Eduardo. Direito de superfície e laje. *Colégio Notarial do Brasil*. Seção São Paulo. 14 jul. 2017. Disponível em: <http://www.cnbsp.org.br/index.php?pG=X19leGliZ-V9ub3RpY2lhcw==&in=MTQzMDg=&filtro=&Data=>. Acesso em: 26 maio 2018.

LOUREIRO, Luiz Guilherme. *Registros públicos*: teoria e prática. 8. ed. Salvador: Editora JusPodivm, 2017.

LUFT, Rosângela. Concessão de direito real de uso. In: CAMPILONGO, Celso Fernandes; GONZAGA, Alvaro de Azevedo; FREIRE, André Luiz (coords.). *Enciclopédia jurídica da PUC-SP*. Tomo: Direito Administrativo e Constitucional. Coordenadores de tomo Vidal Serrano Nunes Jr., Maurício Zockun, Carolina Zancaner Zockun, André Luiz Freire. 1. ed. São Paulo: Pontifícia Universidade Católica de São Paulo, 2017. Disponível em: <https://enciclopediajuridica.pucsp.br/verbete/16/edicao-1/concessao-de-direito-real-de-uso>. Acesso em: 2 jan. 2018.

MADALENO, Rolf. O novo direito sucessório brasileiro. Disponível em: <http://www.rolfmadaleno.com.br/web/artigo/o-novo-direito-sucessorio-brasileiro>. Acesso em: 14 set. 2012.

MALDANER, Alisson Thiago; AZEVEDO, Fatima Gabriela Soares de. León Duguit e a Função Social da Propriedade no Ordenamento Jurídico Brasileiro – uma abordagem crítica na perspectiva da História do Direito. In: SIQUEIRA, Gustavo Silveira; WOLKMER, Antonio Carlos; PIERDONÁ, Zélia Luiza (Coordenadores). *História do Direito*. XXIV Encontro Nacional do Conpedi – UFS. Florianópolis: Conpedi, 2015. Disponível em <https://www.conpedi.org.br/publicacoes/c178h0tg/405y75l2/pwYDAX1whP0Pqf36.pdf>. Acesso em: 15 fev. 2018.

MALUF, Carlos Alberto Dabus. *Novo Código Civil Comentado*. Coord. Ricardo Fiúza. São Paulo: Saraiva, 2002.

MAMEDE, Gladston. *Código Civil Comentado*: Direito das Coisas. Penhor. Hipoteca. Anticrese. São Paulo: Atlas, 2003. v. 14.

MARCACINI, Daniela Tavares Rosa. *O abuso do direito*. 2006. Dissertação (Mestrado em Direito das Relações Sociais). PUCSP, São Paulo. Disponível em: <https://sapientia.pucsp.br/bitstream/handle/7426/1/DIR%20-%20Daniela%20Tavares%20R%20Marcacini.pdf>. Acesso em: 15 fev. 2018.

MAZZEI, Rodrigo. *Direito de superfície*. Salvador: Ed. JusPodivm, 2013.

MAZZEI, Rodrigo. *O direito de superfície no ordenamento jurídico brasileiro*. 2007. Dissertação (Mestrado em Direito). – PUCSP, São Paulo. Disponível em: <http://www.dominiopublico.gov.br/download/teste/arqs/cp040916.pdf>.

MELLO, Celso Antônio Bandeira de. *Curso de Direito Administrativo*. 11. ed. São Paulo: Malheiros, 1999.

MELLO, Marcos Bernardes de. *Teoria do fato jurídico*: plano da eficácia. 2. ed. São Paulo: Saraiva, 2004. 1. parte.

MELO, Marco Aurélio Bezerra de. Condomínio de lotes e a Lei 13.465/2017: breve apreciação. *GEN Jurídico*. 15. ago. 2017. Disponível em: <http://genjuridico.com.br/2017/08/15/condominio-de-lotes-e-lei-1346517-breve-apreciacao/>. Acesso em: 16. ago. 2017.

MELO, Marco Aurélio Bezerra de. Questões polêmicas sobre o condomínio edilício. In: SALOMÃO, Luiz Felipe; TARTUCE, Flávio (Coordenadores). *Direito Civil*: diálogos entre a doutrina e a jurisprudência. São Paulo: Atlas, 2018.

MELO, Marco Aurélio Bezerra de. *Apreciação Preliminar dos Fundos de Investimento na MP 881/19*. Disponível em: <http://genjuridico.com.br/2019/05/03/apreciacao-preliminar-dos-fundos-de-investimento-na-mp-881-19/>. Acesso em: 24 set. 2019.

MICHAELIS *Dicionário Brasileiro da Língua Portuguesa*. São Paulo: Editora Melhoramentos Ltda., 2016. (versão eletrônica ISBN: 978-85-06-04024-9)

MIRANDA, Pontes de. *Tratado de Direito Predial*. 2. ed. Rio de Janeiro: José Konfino, 1953.

MONTEIRO, Washington de Barros. *Curso de Direito Civil*: Direito das Coisas. 37. ed. São Paulo: Saraiva, 2003.

MONTEIRO, Washington de Barros. *Curso de Direito Civil*: parte geral. 37. ed. São Paulo: Saraiva, 2000. v. 1.

MONTENEGRO FILHO, Misael. *Ações possessórias no Novo CPC*. 3 ed. São Paulo: Gen-Atlas, 2015.

NERY JR., Nelson; NERY, Rosa Maria de Andrade. *Código de Processo Civil Comentado*. 4. ed. São Paulo: Revista dos Tribunais, 1999.

NUNES, Jorge Amaury Maia; NÓBREGA, Guilherme Pupe. Da manutenção e da reintegração de posse. *Migalhas*. 23 fev. 2016. Disponível em: <http://www.migalhas.com.br/ProcessoeProcedimento/106,MI234450,21048-Da+manutencao+e+da+reintegracao+de+posse>. Acesso em: 18 out. 2016.

NUNES, Pedro. *Do usucapião*. Rio de Janeiro: Freitas Bastos, 1953.

OLIVEIRA, Arthur Vasco Itabaiana de. *Curso de Direito das Sucessões*. 2. ed. Rio de Janeiro: Andes, 1954.

OLIVEIRA, Carlos Eduardo Elias de. *Análise Detalhada da Multipropriedade no Brasil após a Lei n. 13.777/2018:* Pontos Polêmicos e Aspectos de Registros Públicos. Disponível em: <https://www12.senado.leg.br/publicacoes/estudos-legislativos/tipos-de-estudos/textos-para-discussao/td255>. Acesso em: 27 jun. 2019.

OLIVEIRA, Carlos Eduardo Elias de. O que é o direito real de laje à luz da Lei n. 13.465/2017? (parte 1). *Consultor Jurídico*. 18 set. 2017. Disponível em: <https://www.conjur.com.br/2017-set-18/direito-civil-atual-direito-real-laje-luz-lei-134652017-parte>. Acesso em: 27 maio 2018.

OLIVEIRA, Carlos Eduardo Elias de. O que é o direito real de laje à luz da Lei 13.465/2017? (parte 2). *Consultor Jurídico*. 25 set. 2017. Disponível em: <https://www.conjur.com.br/2017-set-25/direito-civil-atual-direito-real-laje-luz-lei-134652017-parte>. Acesso em: 11 jan. 2017.

OLIVEIRA, Carlos Eduardo Elias de. Novo direito real com a lei 14.620/23: uma atecnia utilitarista diante da imissão provisória na posse. Disponível em: <https://www.migalhas.com.br/coluna/migalhas-notariais-e-registrais/390037/novo-direito-real-com-a-lei-14-620-23>. Acesso em: 12 out. 2023.

OLIVEIRA, Carlos Eduardo Elias de. Lei das Garantias (Lei n. 14.711/2023): Uma análise detalhada. Disponível em: <https://www.migalhas.com.br/coluna/migalhas-notariais-e-registrais/396275/lei-das-garantias-lei-14-711-23--uma-analise-detalhada>. Acesso em: 4 nov. 2023.

OLIVEIRA, Carlos Eduardo Elias de. Continuação da análise detalhada da Lei das Garantias (Lei n. 14.711/2023). Disponível em: <https://www.migalhas.com.br/coluna/migalhas-notariais-e-registrais>. Acesso em: 6 nov. 2023.

OLIVEIRA, Diego Garcia. Da ação reivindicatória de imóvel. *Conteúdo Jurídico*. 25 jan. 2016. Disponível em: <https://conteudojuridico.com.br/artigo,da-acao-reivindicatoria-de-imovel,55099.html>. Acesso em: 1 abr. 2018.

PAMPLONA FILHO, Rodolfo; BARBOSA, Camilo de Lelis Colani. Compreendendo os novos limites à propriedade: uma análise do artigo 1.228 do Código Civil brasileiro. *Revista Trabalhista Direito e Processo*. v. 12. Rio de Janeiro/RJ: Forense, out./nov./dez. 2004.

PAPEANDO COM PAMPLONA com Rodrigo Mazzei. Disponível em: <https://www.youtube.com/watch?v=Gg9KiSGKlPE&index=4&list=PLRz8jhdmNsMS1PqSs5Lnj21Oa-Z-65q2UG>.

PEREIRA, André Gonçalo Dias. Servidões prediais e obrigações *propter rem*. In: *Congresso Comemorativo dos 35 anos do Código Civil (Direitos Reais)*, 28 e 29 nov. 2003, Faculdade de Direito de Coimbra. Disponível em: <https://estudogeral.sib.uc.pt/bitstream/10316/2799/1/Servidões%20e%20Obrigações%20Propter%20rem%20-%20Congresso%20Reais.pdf>. Acesso em: 2 jul. 2018.

PEREIRA, Caio Mário da Silva. *Instituições de Direito Civil*: Direitos Reais. 20. ed. Rio de Janeiro: Forense, 2009. v. 4.

PEREIRA, Caio Mário da Silva. *Instituições de Direito Civil*. 19. ed. Rio de Janeiro: Forense, 2001. v. 2.

PEREIRA, Caio Mário da Silva. *Condomínio e incorporações*. 12. ed. Rio de Janeiro: Forense, 2016.

PEREIRA, Leonardo Cotta. *MP 881/19: Individualização de Responsabilidade Fiduciária em Fundos de Investimento*. Disponível em: <https://www.migalhas.com.br/dePeso/16,MI303784,-91041-MP+88119+individualizacao+de+responsabilidade+fiduciaria+em+fundos+de>. Acesso em: 25 set. 2019.

PEREIRA, Régis Fichtner. *A responsabilidade civil pré-contratual*. São Paulo: Renovar, 2001.

PINTO, Nelson Luiz. *Ação de usucapião*. São Paulo: Revista dos Tribunais, 1991.

PIRES, Luis Manuel Fonseca. Limitações administrativas à liberdade e à propriedade e sacrifícios de direitos. *Enciclopédia Jurídica da PUCSP*. Tomo Direito Administrativo e Constitucional, Edição 1, abr. 2017. Disponível em: <https://enciclopediajuridica.pucsp.br/verbete/112/edicao-1/limitacoes-administrativas-a-liberdade-e-a-propriedade-e-sacrificios--de-direitos>. Acesso em: 29 jul. 2018.

RANGEL, Tauã Lima Verdan. Da usucapião indígena: explicitações à modalidade consagrada no Estatuto do Índio (Lei n. 6.001/1973). *Boletim Jurídico*, jan. 2015. Disponível em: <http://www.boletimjuridico.com.br/doutrina/texto.asp?id=3972>. Acesso em: 3 maio 2017.

RÁO, Vicente. *Ato jurídico*. 4. ed. São Paulo: Revista dos Tribunais, 1999.

REALE, Miguel. Visão geral do projeto de Código Civil. *Site do Professor Miguel Reale*. Disponível em: <http://www.miguelreale.com.br/artigos/vgpcc.htm>. Acesso em: 8 out. 2016.

REDAÇÃO MUNDO ESTRANHO. Qual é a diferença entre um lago e uma lagoa? *Revista Mundo Estranho*. 4 jul. 2018. Disponível em: <http://mundoestranho.abril.com.br/geografia/qual-e-a-diferenca-entre-um-lago-e-uma-lagoa/>. Acesso em: 4 jun. 2017.

REZENDE, Afonso Celso F. Multipropriedade imobiliária. *Escritório Online*. 2 out. 1999. Disponível em: <http://www.escritorioonline.com/webnews/noticia.php?id_noticia=1308&>. Acesso em: 12 out. 2016.

REZENDE, Astolpho. *A posse e sua proteção*. São Paulo: Saraiva, 1937. v. 2.

REZENDE, Élcio Nacur. *Direito de superfície*. Belo Horizonte: Del Rey, 2010.

RIBEIRO, Benedito Silvério. *Tratado de usucapião*. 2. ed. São Paulo: Saraiva, 1998. v. 1.

RIBEIRO, J. *Da posse e das acções possessórias*. Rio de Janeiro: Jacintho Ribeiro dos Santos Editor, 1918.

RICHTER, Luiz Egon. Fragmentos teóricos da base matricial do imóvel no registro de imóveis. *Registro de Imóveis de Lajeado*. Disponível em: <http://www.regimo.com.br/doutrina/13>. Acesso em: 21 fev. 2018.

RIPERT, Georges; BOULANGER, Jean. *Tratado de Derecho Civil*: Los Derechos Reales. Buenos Aires: La Ley, 1987. t. 6.

RODRIGUES JR., Otávio Luiz. Um ano longo demais e os seus impactos no direito civil contemporâneo. *Consultor Jurídico*. 26 dez. 2016. Disponível em: <http://www.conjur.com.br/2016-dez-26/retrospectiva-2016-ano-longo-impactos-direito-civil-contemporaneo>. Acesso em: 4 jan. 2017.

RODRIGUES, Marcelo Guimarães. *Tratado de registros públicos e direito notarial*. 2. ed. São Paulo: Atlas, 2016.

RODRIGUES, Silvio. *Direito Civil*: Direito das Coisas. 22. ed. São Paulo: Saraiva, 1995. v. 5.

RODRIGUES, Silvio. *Direito Civil*: dos contratos, São Paulo: Saraiva. 1995.

ROSENVALD, Nelson. A propriedade aparente no Código Civil de 2002. *Revista jurídica do Ministério Público*, v. 6. Disponível em: <https://aplicacao.mpmg.mp.br/xmlui/bitstream/handle/123456789/294/propriedade%20aparente_Rosenvald.pdf?sequence=1>. Acesso em: 14 abr. 2018.

ROSENVALD, Nelson; DIAS, Wagner Inácio Freitas. Lei 14.620/23 e o novo direito real decorrente da imissão na posse – O remendo do soneto que jamais existiu. Disponível em: <https://www.migalhas.com.br/depeso/391517/lei-14-620-23-e-o-novo-direito-real-decorrente-da-imissao-na-posse https://www.migalhas.com.br/depeso/391517/lei-14-620-23-e-o-novo-direito-real-decorrente-da-imissao-na-posse>. Acesso em: 12 out. 2023.

ROSPIGLIOSI, Enrique Varsi. *Tratado de Derechos Reales* – Posesión y Propiedad, Lima: Universidad de Lima, Fondo Editorial, 2018. t. 2.

ROSPIGLIOSI, Enrique Varsi. *Tratado de Derechos Reales* – Derechos Reales de Goce. Lima: Universidad de Lima, Fondo Editorial, 2019. t. 3.

SACCO, Rodolfo. *Antropologia jurídica*: contribuição para uma macro-história do direito. São Paulo: Martins Fontes, 2013.

SALLES, José Carlos de Moraes. *Usucapião de bens móveis e imóveis*. 6. ed. São Paulo: Revista dos Tribunais, 2005.

SANTOS, Eduardo Sens. O Novo Código Civil e as cláusulas gerais: exame da função social do contrato. *Revista Brasileira de Direito Privado*, n. 10. São Paulo: Revista dos Tribunais, abr./jun. 2002.

SANTOS, Francisco Cláudio de Almeida. *Breves considerações sobre o Direito das Coisas no Novo Código Civil*. Disponível em: <https://bdjur.stj.jus.br/jspui/bitstream/2011/16985/Breves_Considereações_Direito.pdf>. Acesso em: 29 abr. 2018.

SARMENTO FILHO, Eduardo Sócrates Castanheira. O direito de superfície na legislação brasileira. *Instituto de Registro Imobiliário do Brasil*. Disponível em: <http://www.irib.org.br/obras/o-direito-de-superficie-na-legislacao-brasileira>. Acesso em: 22 abr. 2018.

SERAPHICO, Regina. Penhor de direitos creditórios. *Migalhas*. 5 abr. 2004. Disponível em: <https://www.migalhas.com.br/dePeso/16,MI4269,31047-Penhor+de+direitos+creditorios>. Acesso em: 15 set. 2018.

SIMÃO, José Fernando. Artigos 1.672 a 1.688 CC. In: ALVES, Leonardo Barreto Moreira (coord.). *Código das Famílias comentado*. 2. ed. Belo Horizonte: Del Rey, 2011.

SIMÃO, José Fernando. EPD causa perplexidade. *Consultor Jurídico*. 6 ago. 2015. Disponível em: <https://www.conjur.com.br/2015-ago-06/jose-simao-estatuto-pessoa-deficiencia-causa-perplexidade>. Acesso em: 29 ago. 2018.

SIMÃO, José Fernando. O Código Civil e as decisões dos tribunais II: função social do contrato e fracionamento da hipoteca. *Site do Professor Simão*. Disponível em: <http://professorsimao.com.br/artigos_simao_regime_bens_TRIBUNAIS_II.htm>. Acesso em: 30 set. 2018.

SIMÃO, José Fernando. Usucapião familiar: problema ou solução? *Jornal Carta Forense*. 4 jul. 2011. Disponível em: <http://www.cartaforense.com.br/conteudo/colunas/usucapiao-familiar-problema-ou-solucao/7273>. Acesso em: 9 maio 2017.

SIQUEIRA, Alexis Mendonça Cavichini Teixeira de; MALLMANN, Jean Karlo WoicieChoski. *Presunção absoluta e os sistemas de registro de imóveis*. Rio de Janeiro: COP Editora, 2022.

SOUSA, Leonardo da Silva Carneiro. A constitucionalidade do aspecto temporal na regulamentação da concessão de uso especial para fins de moradia (CUEM). *Revista Jus Navigandi*, ISSN 1518-4862, Teresina, ano 18, n. 3.716, 3 set. 2013. Disponível em: <https://jus.com.br/artigos/25213>. Acesso em: 19 set. 2018.

SOUZA, Adriano Stanley Rocha. Anticrese: direito real de garantia ou forma especial de pagamento? *Revista da Faculdade Mineira de Direito*, v. 12, n. 24, jul./dez. 2009. Disponível em: <http://periodicos.pucminas.br/index.php/Direito/article/view/P.2318-7999.2009 v12n24p22/3951>. Acesso em: 8 set. 2018.

SOUZA, Eduardo Pacheco Ribeiro de. Georreferenciamento e Registro Torrens. *Instituto de Registro Imobiliário do Brasil*. Disponível em: <http://www.irib.org.br/boletins/detalhes/1615>. Acesso em: 24 set. 2016.

SOUZA, Eduardo Pacheco Ribeiro de. A promessa de compra e venda no NCC reflexos das inovações nas atividades notarial e registral. *Instituto de Registro Imobiliário do Brasil*.

Disponível em: <http://www.irib.org.br/obras/a-promessa-de-compra-e-venda-no-ncc-reflexos-das-inovacoes-nas-atividades-notarial-e-registral>. Acesso em: 29 set. 2018.

TALAVERA, Glauber Moreno. A função social como paradigma dos direitos reais limitados de gozo ou fruição sobre coisa alheia. In: VIANA, Rui Geraldo Camargo; NERY, Rosa Maria de Andrade (Coordenadores). *Temas atuais de Direito Civil*. São Paulo: Revista dos Tribunais, 2000.

TARTUCE, Flávio. Alterações do Código Civil pela Lei 13.146/2015 (Estatuto da Pessoa com Deficiência). Repercussões para o direito de família e confrontações com o Novo CPC. Parte II. *Migalhas*. 26 ago. 2015. Disponível em: <http://www.migalhas.com.br/FamiliaeSucessoes/104,MI225871,51045-Alteracoes+do+Codigo+Civil+pela+lei+131462015+Estatuto+-da+Pessoa+com>. Acesso em: 13 ago. 2016.

TARTUCE, Flávio. *Direito Civil*: Direito das Coisas. 7. ed. São Paulo: Gen-Método, 2015. v. 4.

TARTUCE, Flávio. *Manual de Direito Civil*. 7. ed. Rio de Janeiro: Forense; São Paulo: Método, 2017.

TARTUCE, Flávio. Medida provisória introduz o direito real de laje no Código Civil. *Site do Professor Flávio Tartuce*. 23 dez. 2016. <http://professorflaviotartuce.blogspot.com.br/2016/12/medida-provisoria-introduz-o-direito.html>. Acesso em: 4 jan. 2017.

TEPEDINO, Gustavo. Contornos constitucionais da propriedade privada. In: DIREITO, Carlos Menezes (coord.). *Estudos em homenagem ao Professor Caio Tácito*. Rio de Janeiro: Renovar, 1997.

TEPEDINO, Gustavo. Posse e propriedade na constitucionalização do Direito Civil: função social, autonomia da posse e bens comuns. In: SALOMÃO, Luís Felipe; TARTUCE, Flávio (Coordenadores). *Direito Civil*: diálogos entre a doutrina e a jurisprudência. São Paulo: Atlas, 2018.

TEPEDINO, Gustavo; SCHREIBER, Anderson. A garantia da propriedade no direito brasileiro. *Revista da Faculdade de Direito de Campos*, Campos dos Goytacazes, RJ, v. 6, n. 6, p. 101-119, jun. 2005. Disponível em: <http://bdjur.stj.jus.br/dspace/handle/2011/24705>. Acesso em: 1 abr. 2018.

VEIGA JR., Didimo Agapito da. *As servidões reaes*. Rio de Janeiro: B.L. Garnier, 1887.

VELOSO, Zeno. *Comentários ao Código Civil*: Parte especial – Do direito das sucessões, da sucessão testamentária, do inventário e da partilha (arts. 1.857 a 2.027). São Paulo: Saraiva, 2003. v. 21.

VENOSA, Sílvio. A hipoteca no Novo Código Civil. *Migalhas*. 8 jan. 2003. Disponível em: <https://www.migalhas.com.br/dePeso/16,MI917,91041-A+hipoteca+no+novo+Codigo+Civil>. Acesso em: 30 set. 2018.

VENOSA, Sílvio. *Código Civil Comentado*: Direito das Coisas. Posse. Direitos Reais. Propriedade. São Paulo: Atlas, 2003. v. 12.

VENOSA, Sílvio. Direito real de laje (criado pela lei 13.465 de 2017). *Migalhas*. 24 out. 2017. Disponível em: <http://www.migalhas.com.br/dePeso/16,MI267743,91041-Direito+real+de+laje+criado+pela+lei+13465+de+2017>. Acesso em: 27 maio 2018.

VENOSA, Sílvio. *Direitos Reais*. 3 ed. São Paulo: Atlas, 2003.

VENOSA, Sílvio. *Direito das sucessões*. 3. ed. São Paulo: Atlas, 2003. (Coleção direito civil. v. 7).

VENOSA, Sílvio. O condomínio edilício no Novo Código Civil. *Migalhas*. 6 jan. 2003. Disponível em: <http://www.migalhas.com.br/dePeso/16,MI912,101048-O+condominio+edilicio+no+novo+Codigo+Civil>. Acesso em: 12 out. 2016.

VENOSA, Sílvio. Usucapião coletivo no Novo Código Civil. *Migalhas*. 13 jan. 2003. Disponível em: <http://www.migalhas.com.br/dePeso/16,MI944,31047-Usucapiao+coletivo+no+-novo+Codigo+Civil>. Acesso em: 8 maio 2017.

WALD, Arnoldo. *Curso de Direito Civil Brasileiro*: Direito das Coisas. 11. ed. São Paulo: Saraiva, 2002.

WALD, Arnoldo. *Obrigações e contratos*. 12. ed. São Paulo: Revista dos Tribunais, 1995.

ZAVASCKI, Teori Albino. A tutela da posse na Constituição e no Projeto do Código Civil. In: MARTINS-COSTA, Judith (Org.). *A reconstrução do direito privado*. São Paulo: Revista dos Tribunais, 2002.